U0554908

·经/济/科/学/译/丛·

A Guide to Econometrics

(Sixth Edition)

计量经济学原理

（第六版）

[美] 彼得·肯尼迪（Peter Kennedy） 著

周尧 张伟 等 译

中国人民大学出版社

·北京·

《经济科学译丛》编辑委员会

学术顾问　高鸿业　王传纶　胡代光
　　　　　范家骧　朱绍文　吴易风

主　　编　陈岱孙

副 主 编　梁　晶　海　闻

编　　委　（按姓氏笔画排序）

王一江　王利民　王逸舟

贝多广　平新乔　白重恩

刘　伟　朱　玲　许成钢

张宇燕　张维迎　李　扬

李晓西　李稻葵　杨小凯

汪丁丁　易　纲　林毅夫

金　碚　姚开建　徐　宽

钱颖一　高培勇　梁小民

盛　洪　樊　纲

《经济科学译丛》总序

中国是一个文明古国，有着几千年的辉煌历史。近百年来，中国由盛而衰，一度成为世界上最贫穷、落后的国家之一。1949 年中国共产党领导的革命，把中国从饥饿、贫困、被欺侮、被奴役的境地中解放出来。1978 年以来的改革开放，使中国真正走上了通向繁荣富强的道路。

中国改革开放的目标是建立一个有效的社会主义市场经济体制，加速发展经济，提高人民生活水平。但是，要完成这一历史使命绝非易事，我们不仅需要从自己的实践中总结教训，也要从别人的实践中获取经验，还要用理论来指导我们的改革。市场经济虽然对我们这个共和国来说是全新的，但市场经济的运行在发达国家已有几百年的历史，市场经济的理论亦在不断发展完善，并形成了一个现代经济学理论体系。虽然许多经济学名著出自西方学者之手，研究的是西方国家的经济问题，但他们归纳出来的许多经济学理论反映的是人类社会的普遍行为，这些理论是全人类的共同财富。要想迅速稳定地改革和发展我国的经济，我们必须学习和借鉴世界各国包括西方国家在内的先进经济学的理论与知识。

本着这一目的，我们组织翻译了这套经济学教科书系列。这套译丛的特点是：第一，全面系统。除了经济学、宏观经济学、微观经济学等基本原理之外，这套译丛还包括了产业组织理论、国际经济学、发展经济学、货币金融学、公共财政、劳动经济学、计量经济学等重要领域。第二，简明通俗。与经济学的经典名著不同，这套丛书都是国外大学通用的经济学教科书，大部分都已发行了几版或十几版。作者尽可能地用简明通俗的语言来阐述深奥的经济学原理，并附有案例与习题，对于初学者来说，更容易理解与掌握。

经济学是一门社会科学，许多基本原理的应用受各种不同的社会、政治或经济体制的影响，许多经济学理论是建立在一定的假设条件上的，假设条件不同，结论也就不一定成立。因此，正确理解掌握经济分析的方法而不是生搬硬套某些不同条件下产生的结论，才是我们学习当代经济学的正确方法。

　　本套译丛于 1995 年春由中国人民大学出版社发起筹备并成立了由许多经济学专家学者组织的编辑委员会。中国留美经济学会的许多学者参与了原著的推荐工作。中国人民大学出版社向所有原著的出版社购买了翻译版权。北京大学、中国人民大学、复旦大学以及中国社会科学院的许多专家教授参与了翻译工作。前任策划编辑梁晶女士为本套译丛的出版做出了重要贡献，在此表示衷心的感谢。在中国经济体制转轨的历史时期，我们把这套译丛献给读者，希望为中国经济的深入改革与发展做出贡献。

《经济科学译丛》编辑委员会

前　言

　　计量经济学高年级本科生以及刚入学的研究生认为本书的前几版在对计量经济学的理解上给予了他们很大的帮助。从销量上也可以看出，越来越多该专业的老师也认识到了这一点，所以就像通过口碑得知本书一样，学生们可能通过课程大纲学习本书；这种现象使本书前几版如此成功。

　　这本书的哪些部分让学生感到如此有价值呢？这本书在各个层面上补充了计量经济学教材，提供了学科回顾和概念、技巧的直观认识，避免了作为计量经济学教材必要特征的符号和技术细节的常见混乱。人们常说计量经济学教材的读者"因为一棵树而失去了整个森林"。这是不可避免的，因为那些必须要教授的术语和技术细节不允许教材去传达一种正确的直观认识："这些都是关于什么的？""这些是怎样结合在一起的？"所有的计量经济学教科书都没能给出这样一个综述。这不是因为缺乏尝试——大多数教科书都有相关的见解和诠释。它们对于教授者是很有意义的，但没有对学生们产生预期的影响。为什么呢？因为这些见解和诠释过于零散，散见于整本书，杂糅在技术细节里。学生们费力地记住各种符号，学习这些技术细节，却忽略了对真正理解这些细节极为重要的整体认识。这本书为学生们提供了一个更易于理解这些细节的视角。

　　与第五版相比，本版有很大的变化，但保留了基本结构和特色。在第1章引言之后，第2章详细讨论了选择估计量的标准；在此过程中逐步提出了很多书中将用到的计量经济学的基本概念。第3章提出了关于主题的全面评述，介绍了经典线性回归模型的五个假设，并解释了计量经济学中常常遇到的一些问题如何被解释成对某个假设的违反。第 4 章解释了一些推论的概念，为以后的章节打下了基础。第 5 章讨论了设定一个计量经济学模型的基本方法，为后面 7 章的学习创建了一个平台。后面六章分别处理了违反经典线性回归模型某一假设的情况，描述它们的含义，讨论了相关的检验，并提出了针对随之产生的估计问题的解决方法。剩下的 11 章和附录 A、B、C 专注于所选的专题。附录 D 给出了一些练习题，附录 E 给出了偶数题的参考答案。难词表解释了本书主体未出现的常见计量术语。将本书作为课堂教材使用的教师可以要求从出版方拿到一套奇数题的参考答案。

本书主要的修订在于增加了两章：工具变量（第 9 章）和关于计算的讨论（第 23 章）。前者加入进来是因为工具变量应用十分广泛，并且充满争议；后者是由于计算技术的创新极大改变了高级计量经济学的面貌。两个章节简洁而直观，保留了本书特色性的技术性注释部分以给出推导细节。一些其他章节扩展了一般模型，从而提高了阐述水平。这其中最重要的是在广义矩方法（GMM）叙述当中加入了非球形误差项一章，在贝叶斯方法一章中完善了频率学派和贝叶斯学派的观点对比，在定性因变量一章中改进了多分因变量和计数数据的讨论，在有限因变量一章中补充了久期模型估计的表述，在时间序列一章中加入了小波估计，在稳健估计一章中补充了非参数估计内容。

为了尽量避免读者分心，本书没有脚注。所有参考文献、辅助要点和值得评论的细节，都归入每章之后的"一般性注释"中。书中出现的技术材料全部放在每章后面的"技术性注释"中。这些技术材料仍然按照补充而不是重复传统教科书的方式进行介绍。学生们应该能够发现，这些材料提供了一座有用的桥梁，引向在他们的主要教材中出现的更加复杂的陈述。如同之前几版一样，我尽力将非专家层次的文献列出。本书及参考文献的目的就是在读者阅读高阶文献之前，使其熟悉相关主题。

书中的错误和缺陷都是我的责任，但对于本书的改进我要感谢许多人，主要是很多研究生和本科生，因为他们的意见和反馈在第六版的修订中起到了重要的作用。一些匿名审稿人审阅了此版，他们中的很多人都提出了改进的详细建议；其中的一部分，但不是全部，得到了采纳。我还要感谢全世界所有为本书而向我致谢的学生们。我希望第六版能继续为正在做或已经完成正式课程论文的同学提供帮助。

献　词

献给 Anna 和 Red。直到知道了计量经济学家是什么，他们才深刻地认识到他们的儿子可能是其中一个。怀着对 K. A. C. Manderville 的歉意，我把他们的注意力吸引到如下改编自《Lamia Gurdleneck 的毁灭》的一段话。

"你还没有告诉我，"Nuttal 女士说，"你未婚夫是从事什么职业的？"

"他是一个计量经济学家。"Lamia 回答，带着一种对处于守势的厌恶感觉。

Nuttal 女士显然有些吃惊。她还不认为计量经济学家属于正常的社会关系。这种物种，她猜测，应当以某种间接的方式被永远纪念着，就像骡子。

"但是，Sara 姨妈，这是一种很有趣的职业。"Lamia 热情地说。

"我不怀疑，"她姨妈明显非常怀疑，"把任何重要的东西仅仅用数字表示明显是不可能的，以至于关于如何做到这一点的高回报建议将有无尽的余地。但是，你不认为与一个计量经济学家一起生活会很单调吗，可以这么讲吗？"

Lamia 沉默了。她不愿讨论她在 Edward 数字化表面下所发现的令人惊异的情感潜在深度。

"重要的不是数字本身，"她终于说，"而是你怎么处理它们。"

目 录

第 1 章 引 言[*]

1.1 什么是计量经济学

　　这个问题可能看起来很奇怪，但对此并没有一个公认的答案。从无聊的"计量经济学就是计量经济学家的研究对象"到呆板的"计量经济学是将统计方法应用于经济现象分析的学科"，答案千变万化；分歧太多，以至于用一整篇期刊文章都难以弄清楚这个问题。

　　这种混乱源自一个事实：计量经济学家扮演着许多角色。首先也是最重要的，他们是经济学家，能够运用经济理论来改进他们所处理的问题的经验分析。有时他们是数学家，按照适合于统计检验的方法设计经济学理论。有时他们是会计师，关注寻找和收集经济数据以及将理论经济变量与可观测变量联系起来的问题。有时他们是应用统计学家，将大量时间花在计算机上，试图估计经济关系或预测经济事件。有时他们又是理论统计学家，将他们的技能应用于统计技术（它们对于刻画经济学的经验问题来说是适当的）的发展中。术语"计量经济学理论"正是与这些角色中的最后一个相对应的，而该学科大多数教科书对计量经济学的关注也集中在这个方面。因此本书专注于计量经济学的"计量经济学理论"

---

[*] 其他译者有：冯丽君、刘兴坤等。——译者注

方面，讨论经济学的典型经验问题以及用来克服这些问题的统计技术。

　　计量经济学家和统计学家的区别在于前者的注意力集中在由违反统计学家的标准假定所引起的问题；由于经济关系的性质和缺乏可控实验，这些假设很少能够满足。修补统计方法来处理经济学经验研究中经常遇到的情况，产生了大量极其复杂的统计技术。实际上，计量经济学家时常被指责为：使用大锤子去砸开花生，却对数据不足以及成功运用这些技术所需的但却不可靠的许多假设熟视无睹。Valavanis 强烈地表达了这种感受：

　　　　计量经济学理论就像仔细斟酌过的法国食谱，清楚、精确地说明了混合调味料需要调几次，要加多少克拉的香料，以及在恰好 474 度下需要多少毫秒烘烤混合物。可是，当统计学的"厨师"转向原材料时，他发现没有仙人掌果的核，因此用几块哈密瓜代替；当食谱要求用粉条时他却用麦片；他还用绿色服装代替咖喱、乒乓球代替海龟蛋，还用一罐松脂油代替 1883 年的 Chalifougnac。（Valavanis，1959，p. 83）

　　为什么会发生这种事情呢？一个原因是在计量经济学同行中的声望依赖于专业技能而不是收集好数据所需要的努力工作。

　　　　真正能吸引专家目光的是计量经济学厨师的准备技巧，而不是这顿饭中原材料的品质或者在获得它们的过程中付出的努力。（Griliches，1994，p. 14）

　　沿着这些思路，对计量经济学的批评是常见的。Rebuttals 引用了数据收集上的进步，高度赞扬了计算机革命的成果，并提供了由于先进技术而改进估计的例子。不过事实依然是：在实践中，好的结果不仅依赖于引入合理而有想象力的经济理论，还依赖于应用正确的统计方法。计量经济学家的技能在于明智地将这两种基本要素混合在一起；用 Malinvaud 的话来说就是：

　　　　计量经济学家的技术在于找到一组足够明确和现实的假设，使他尽可能地充分利用可获得的数据。（Malinvaud，1966，p. 514）

　　现代计量经济学教科书试图通过提供大量实证应用中的详细例子来向学生灌输这种技术。尽管第 22 章在应用计量经济学方面提供了一些相关视角，但本书没有包括计量经济学课本的这个重要方面。读者在使用这本指南来增进他们对计量经济学纯统计方法的理解时必须牢记这一点。

1.2　干扰项

　　经济学家和计量经济学家的一个主要区别在于后者关注干扰项。例如，经济学家设定消费是收入的函数并记为 $C=f(Y)$，其中 C 是消费而 Y 是收入。计量经济学家要求该关系中必须包含一个干扰（或误差）项，而且可能将方程改为 $C=f(Y)+\varepsilon$，其中 ε（epsilon）是干扰项。不带干扰项的关系被称为是准确的或确定性的；有干扰项的关系被称为是随机的。

单词"stochastic"来自希腊语"stokhos"，意指一个目标或靶心。从预测被解释变量精确值的意义上说，随机关系并不总是完全准确的，就像一只射向目标的飞镖很少击中靶心。误差项被用来明确地获得这些"未击中"或"误差"的大小。通过三种主要的方法证明误差项的存在是合理的。（注意：这三者并不相互排斥。）

（1）忽略无数可能事件的影响。虽然收入可能是消费水平的主要决定因素，但它并不是唯一的决定因素。其他的变量，比如利率或者流动资产持有，可能对消费产生系统的影响。忽略它们会构成一类设定误差：经济关系的性质并没有被正确设定。然而，除了这些系统的影响，还有无数非系统的影响，比如天气变化、喜好改变、地震、流行病和邮局罢工。尽管这些变量中有些可能对消费有显著影响，因此毫无疑问应该加入设定的关系中，但还是有许多只有十分轻微、不规则的影响；干扰项通常被视为代表了大量这样微小而独立的影响因素的净影响。

（2）测量误差。被解释的变量可能不能被精确地测量；或者是由于数据收集的困难，或者是因为它固有的不可测性，从而需要使用一个代理变量代替它。这些情况下，误差项可以被认为代表了这种测量误差。解释变量测量中的误差（相对于被解释变量）产生了一个严重的计量经济学问题，这在第 10 章中讨论。术语变量中误差同样用来表示测量误差。

（3）人的不确定性。一些人认为人类的行为是不确定的，以至于在相同的环境下采取的行动会以随机的方式而不同。干扰项可被认为代表了这种人类行为中固有的随意性。

与任何解释关系相关的未知常数称为参数，参数将有关变量联系到一个方程中。例如，消费和收入的关系可以设定为

$$C=\beta_1+\beta_2 Y+\varepsilon$$

其中 β_1 和 β_2 是刻画了该消费函数特征的参数。经济学家通常对找出这些未知参数的值有强烈的兴趣。

误差项的存在，加上它的大小未知的事实，使得这些参数值的计算十分重要。它们必须被估计而不是计算。计量经济学理论的大部分就集中在这个任务上，即估计参数值。计量经济学家估计参数值的方法是否成功主要依赖于干扰项的性质。因此，关于干扰项特征的统计假设以及检验这些假设的方法在计量经济学理论中有显著的作用。

1.3 估计和估计量

计量经济学家在他们的数学符号中通常采用希腊字母来表示参数真实但未知

的值。这种条件下最经常使用的是希腊字母β。因此，贯穿本书，β被用作计量经济学家试图得到的参数值。当然，实际上不曾有人得知β的值，但是它能够被估计；通过统计技术，经验数据可以用来对β进行有根据的猜测。在任何单独应用中，一个β的估计就只是一个数。例如，β可能被估计为16.2。不过一般而言，计量经济学家很少会对估计单一参数感兴趣；经济关系通常十分复杂从而需要多个参数，而且因为这些参数出现在同一个关系中，所以如果它们被一起估计就能得到这些参数更好的估计（也就是说，一个解释变量的影响在同时考虑到其他解释变量影响的情况下能更加精确地得到）。结果，β很少是指单一参数值；它几乎一直是指一组参数值，每个参数值分别称为β_1，β_2，$\cdots$，β_k，其中k是这组参数值的个数。于是β被用来指一个向量，而且记为

$$\beta = \begin{bmatrix} \beta_1 \\ \beta_2 \\ \vdots \\ \beta_k \end{bmatrix}$$

在任何单独的应用中，一个β的估计就是一组数。例如，当估计三个参数时（即β是三维的），β可以被估计为

$$\begin{bmatrix} 0.8 \\ 1.2 \\ -4.6 \end{bmatrix}$$

一般来说，计量经济学理论关注的不是估计本身，而是估计量——将数据转换成一个实际估计的公式或"诀窍"。这样的原因是一个由特殊样本计算得到的估计的合理性是建立在估计方法（估计量）的合理性之上的。计量经济学家无法知道一个数据样本中固有的干扰项的实际值；由于依赖于这些干扰项，一个从该样本计算得到的估计可能十分不准确。所以不可能证明估计本身是正确的。然而，可能的情况是，如果计量经济学家"通常"能够获得"很接近"真实参数值的估计，那么就可能认为产生估计和估计量的方程是有效的，而不管所选样本的特定性。（这句话的意思将会在下一章用大篇幅讨论，并会特别关注"通常"和"很接近"的含义。）因此一个得自特殊样本的β估计由证明估计量的合理性得到辩护。

由于注意力都集中在β的估计量上，这样就需要一种表示这些估计量的简便方法。一种简单方法是在β上做标记或者加上上标。因此$\hat{\beta}$和β^*时常用来表示β的估计量。一个估计量——普通最小二乘（OLS）估计量——在计量经济学中十分普遍；符号β^{OLS}在整本书中都用来代表它。替代的估计量被表示为$\hat{\beta}$，β^*，或者一些相似符号。许多教科书使用字母b来表示OLS估计量。

1.4　良好和首选的估计量

任何人都能构造一个β的估计量，因为确实存在无穷多个；也就是说，存在

无穷多种不同的方法用一个数据样本来产生一个 β 估计，而几乎所有的方法都得到过"糟糕的"估计。计量经济学家的区别在于构造"良好的"估计量的能力，后者依次生成"良好的"估计量。这些"良好的"估计量中有一个可以被选作"最好的"或"首选的"估计量并用来产生"首选的" β 估计。进一步区分经济学家的是在各种不同估计条件下提供"良好的"估计量的能力。一组"良好的"估计量（以及对"首选的"估计量的选择）并不是在所有估计问题中都一样。实际上，一种估计情况下的一个"良好的"估计量可能是另一种情况下的一个"糟糕的"估计量。

计量经济学的研究反复思考如何在一种特定的估计情况下产生一个"良好的"或者"首选的"估计量。不过在解释"如何"之前，必须弄清"良好的"和"首选的"含义。这将讨论带入了主观领域："良好的"和"首选的"估计量的含义依赖于进行估计的人的主观评价。计量经济学家在这些情况下最应该做的就是认清在这点上使用的更加普遍的标准，然后生成符合一个或多个这样的标准的估计量。满足这些标准的某几个估计量可以称作"良好的"估计量。不过，对"首选的"估计量的最终选择权在进行估计的人的手上，因为正是他或她的价值判断决定了这些标准中的哪一个是最重要的。这种价值判断很可能被搜寻估计的目的以及个人的主观偏见所影响。

显然，我们对计量经济学学科的研究不可以进一步进行，直到讨论出一个"良好的"估计量的可能标准。这就是下一章的目的。

一般性注释

1.1 什么是计量经济学

●"计量经济学"这一术语是 20 世纪 30 年代早期伴随计量经济学协会的成立和《计量经济学》（*Econometrica*）期刊的创办而出现的。Dowling 和 Glahe (1970) 简要罗列了计量经济学中有重大意义的出版物。Geweke，Horowitz 和 Pesaran (2007) 则是一部计量经济学简史，并包含了近期发展的回顾。Hendry 和 Morgan (1995) 是一部综合了计量经济学发展历史上重要文章的论文集，并附有精彩评论。Epstein (1987)，Morgan (1990) 和 Qin (1993) 的综述范围更广泛；也可参见 Morgan (1990a)。Farebrother (2006)，Gilbert 和 Qin (2006) 互为补充，覆盖的历史区间较短。Hendry (1980) 注意到 "econometrics"（计量经济学）一词不应当与 "eco-nomystics"（经济统计学）、"economic-tricks"（伎俩经济学）以及 "icon-ometrics"（符号工具学）等相混淆。计量经济学事实上有好几种不同的风格来源，各自反映了不同的研究方法论；对此 Hoover (2006) 作了很好的综述。

●正如经济学研究分为微观经济学和宏观经济学两部分一样，计量经济学也分为微观计量学和时间序列分析。微观计量学处理的数据比时间序列分析数据要更为零散，所以个体和企业的一致性问题此时变得相对突出。加总使得异质性被平均掉，所以数据也就相应获得了连续和平滑的性质。另一方面，未经加总的数据经常反映离散的、非线性的行为，从而带来估计和统计推断上的问题。但时间序列数据也有自身的问题，比如单位根等。面板数据由于包含了微观经济决策者的时序行为，所以同时包括微观计量和时间序列数据，带来了更为特别的估计和统计推断问题。本书后续章节将陆续涉及这些问题。

● 20 世纪 60 年代及以前，计量估计方法都是基于数学公式的解析表达。在 70 年代和 80 年代，数值最优化方法（见第 23 章）应用到计量经济学当中来估计不存在解析解的情形。最近，新一代计量经济学方法已经出现了。这种方法基于模拟模型（也见第 23 章）。模拟模型能够在目标函数不存在可追踪表达式的情形下，或在应用贝叶斯方法的情形下进行估计。计算机在实现这些前沿技术的过程中扮演了突出角色。本书目标之一就是使计量经济学中这些技术内容以及其他技术内容更为易懂，从而规避学习过程中的两种风险。这两种风险被计量经济学界负有盛名的两位学者清楚地表述如下：

> 首先考虑清楚你为何进行你正在做的工作，不要一上来就提出方法武器库中的全部装备，或者拿出一张纸来写满数学上说得通但毫无实际用途的推演。（G. S. Maddala，转引自 Hsiao，2003，p. vii）
>
> 计算所耗时间成指数下降，但思考所用时间一如既往。这也正是为何大量文章充满回归，但是少有思想的原因。（Zvi Griliches，转引自 Mairesse，2003，p. xiv）。

● 计量经济学学科领域的发展非常迅速，方向也极为广泛，造成的结果是计量经济学本身的定义之争不减反增。有鉴于此，杰出的计量经济学家 Goldberger（1989，p. 151）总结说："时至今日，我认为计量经济学家做的事情就是计量经济学。这就是定义。"这一观点并非他一人所有。不过，有一件计量经济学家做的事情本书中未曾包含：在法庭上作为专家证人。Fisher（1986）对计量经济学这个方面的研究作了很有意思的说明；《计量经济学》期刊第 113 卷（2003）中包含法庭计量经济学方面几篇见识广博的文章。Judge 等（1988，p. 81）提醒读者："计量经济学其乐无穷！"

● Granger（2001）讨论了计量经济学家和统计学家之间的区别。计量经济学家的一个主要特征是，他们关注的是处理难用、不整齐数据的方法。这些数据之所以如此，是因为并非来自受控实验。然而，近几年中，经济学中的受控实验变得更常见。Burtless（1995）总结了这类实验的本质，并且预测了其未来应用空间。Heckman 和 Smith（1995）则强烈拥护使用传统类型数据。争论的焦点在于实验个体的样本选择问题（见第 17 章）——实验中的个体选择无法保证是从人群中随机挑选出来的，所以很可能带有某些未被观察到的共同特征，这样的话实验结果就不再那么可信。Friedman 和 Sunder（1994）是支持经济学实验的中坚。Meyer（1995）讨论了经济学实验的"本质"。

● 凯恩斯（Keynes，1939）将计量经济学称为"统计炼金术"，试图把不准确的数据（一般金属）炼成真实参数估计（黄金）。凯恩斯强调经济学中根本就没有所谓的"真实参数"，因为所有经济行为的参数都是特定时空下的局部逼近。Mayer（1993，第 10 章），Summers（1991），Brunner（1973），Rubner（1970），Streissler（1970），以及 Swann（2006，第 5 章和第 6 章）都对计量经济学持嘲讽态度。McCloskey（1994，p.359）将这些观点汇总成令人印象深刻的一句话："经济学中很多所谓的经验研究根本不可信，或一点意思也没有，或者二者兼备。" 10.3 节讨论变量误差或第 20 章讨论预测问题时，还会出现更多针对计量经济学的批评。以 Fair（1973），Fromm 和 Schink（1973）为代表的研究则站在维护复杂计量方法的一方。政策研究中，计量经济学的作用遭到（匪夷所思的）"Goodhart's 法则"（1978）的挑战。这一法则是说，进行政策研究的时候，所有计量模型都不成立。Dewald，Thursby 和 Anderson（1986）发现无法重现经济学经验研究结果的现象大量存在，这再次挑战了计量经济学家所持有的观点。

● Swann（2006）的书名极具火药味：《将计量经济学放回原位》（*Putting Econometrics in its place*）。书中作者抱怨计量经济学已经在应用经济学研究中扮演了过于统治性的角色，被看做是唯一的解决方案，实则根本无此威力。他辩称，其他一系列方法虽然有很多缺点，但应该与计量经济学构成互补。基于此，他用长篇幅讨论了实验经济学、问卷调查、模拟、工程经济学、经济史和经济思想史、案例分析、访谈、尝试与直觉，以及比喻等。针对每一种方法，包括计量经济学，他都列举了优点和缺点。然而，由于这些方法可以彼此补充，所以应当使用尽量多的方法来获取信息。他提出有必要尊重和吸收经济中的"乡土知识"（vernacular knowledge），意即经济学外行人在与市场的日常互动中获得的知识；作为对这一观点的支持，Bergmann（2007）批评经济学经验研究忽视了可以从经济决策者访谈中获得的知识；Bartel，Ichniowski 和 Shaw（2004）支持"内部人计量经济学"的观点，认为应当通过有见识的内部人（决策者）的访谈、调查等方法来获得数据，并作为传统计量经济分析的基础。遵循同样的思路，持女权主义观点的计量经济学家批评传统计量经济学具有男性偏向。他们促使计量经济学家扩大其教授和研究的方法种类，以处理不同种类的原始数据，比如调查数据和访谈数据；并且使用定性研究的方法，而不必只依赖于"客观"数据。见 MacDonald（1995）、Nelson（1995）和 Bechtold（1999）。King，Keohane 和 Verba（1994）讨论了如何使用定性分析以符合传统科学标准。也见 Helper（2000）。

● 计量经济学对经济学科的发展有什么贡献？一些人指出，经验研究经常揭示经验规律性，从而促进理论的进步。例如，关于 MPC 时间序列和横截面估计的不同激发了相对的、永久的和生命周期消费理论。但是其他许多人轻蔑地对待计量经济学，这一点可由下面的引述证实：

> 在经济学中我们并没有真正地认真对待经验研究。基本上这不是经济学家积累观点的来源。（Hendry，Leamer，and Poirier，1990，p.182）

有说服力的经验研究的历史——改变了人们对数据中的事实以及哪些经济模型通晓这些事实的理解——看起来与计量经济学教科书中鼓吹的统计理论大有不同。（Cochrane，2001，p. 302）

经济学家很少能确信他们所告诉你的，而且几乎没有哪篇初级课文的内容是通过回归发现的。对政府所收集的数据的回归主要用来支持一种理论论据而反对另一种理论论据。但是他们的支持是无力的、不确定的，而且很容易被其他人的回归反驳。（Bergmann，1987，p. 192）

不曾有经济理论因为被某些经验计量经济学检验拒绝而被放弃，同样根据这种检验的证明，不曾在相互竞争的理论之间做出清晰的决定。（Spanos，1986，p. 660）

我请读者尝试……去识别一个关于经济学行为的有意义的却由于一个正式的统计假设而背上坏名声的假设。（Summers，1991，p. 130）

这反映出了一种信念：经济数据并不足够有效，从而能在理论中进行检验和选择，因此计量经济学由检验理论的工具转变为展示/呈现理论的工具。因为经济学是非实验的学科，所以数据时常是无力的，因此计量经济学提供的经验证据常常是不确定的；在这些情况下经验证据应该同样有限制。Griliches（1986）详细评论了计量经济学中数据的作用，并注意到它们在不断改进；Aigner（1988）强调了改进后数据的潜在作用。Samuelson 对此进行了精细的总结（正如 Card 和 Krueger（1995，p. 355）所引用的）："经济学中需要用一种理论打破另一种理论，事实只能剥去一个理论家的皮。"

● 以上批评使得计量经济学看起来令人沮丧，但是 Masten（2002，p. 428）令人信服地指出，计量经济学家在经济学中确有一席之地：

大体上来说，经验研究作为理论的附属存在。理论家进行困难而富有创造力的工作，发现新的、有时候是天才的观点来解释我们身边的时间，而只留给经验学者相对平庸的工作：搜集数据、使用工具（由理论计量学家提供）来支持或拒绝理论中推导出来的假设。

确实，事实本身并无价值。科斯（Coase，1984，p. 230）以特有的口吻表示："这不过是一堆描述性的材料，有待理论解释，否则不如烧掉。"由此他推翻了老制度主义者。无意降低优秀理论工作的内在创造性，但是也需要指出，没有证据支撑的理论终究不过是猜想。有两类问题无法单凭理论回答：（1）逻辑上说得通的解释有好几种，那么对于观测到的现象来说，哪一种是最可能的？（2）猜想所研究的现象到底是不是重要的？

● 也许可以用 Malinvaud 的话来批评计量经济学：在未经证实的假设与已成过去的结论之间画弯曲线的艺术。在计量经济学可能输于包含灵感的理论分析时，应当正确理解计量经济方法的重要性。Samuelson（1965，p. 9）很好地捕捉到了答案：“即便（计量经济学）的科学性弱于高手的直觉所见，但是无数弱手能够将其运用起来这一事实也让计量经济学变得无比重要。”本书也正是为那些未能成为高手的人编写的！

1.2　干扰项

● 与一个关系相联系的误差项不一定是相加的，正如它在应用的例子中一样。对于某些非线性函数，通常更简便地设定误差项为倍乘形式。在其他情况下，通过设定参数是随机变量而不是常数，从而在关系中加入随机元素可能是适当的。（这被称为随机系数模型。）

● 一些计量经济学家倾向于将之前讨论的 C 和 Y 的关系定义为“C 在 Y 上的条件均值为 $f(Y)$”，记作 $E(C \mid Y) = f(Y)$。这更加清楚地说明了计量经济学家在使用该设定时在考虑什么。条件期望解释会引起某种混淆。假设工资被视为教育和婚姻状况的函数。考虑一个有 12 年教育经历且未婚的人。这个人收入的条件期望是关于所有具备 12 年教育经历且未婚的人的 y 的平均值。这没有说明他或她打算结婚的情况下特殊个体的收入会是什么水平。婚姻状况的系数告诉我们已婚和未婚的人的平均差别，这大部分可以归因于已婚和未婚的人之间不同的未测量的特征。婚姻状况的一个正系数说明已婚的人拥有不同的趋向于带来更高收入的未测量的特征；这并不意味着结婚能增加个人收入。另一方面，可能有人争论说结婚产生了安排非工作生活的经济，从而提高了收入空间。这说明结婚能在收入上带来一定的增加，可是根据之前的注释，该婚姻状况的系数无疑高估了这种效应。

● 根据向目标投掷飞镖的类比，刻画误差项的特征指的是描述未击中的性质：飞镖是均匀分布在靶心的四周吗？平均未击中率是大还是小？平均未击中率是否依赖于投掷飞镖的人？一个偏右的未击中率很可能紧跟着另一个偏右的未击中率吗？在下一章中将相当详细地解释这些特征的统计设定以及相关的术语（例如“同方差性”和“自相关误差”）。

1.3　估计和估计量

● 一个估计量只是一个可能的数据样本的代数函数；一旦样本被提取出来，该函数就会产生一个实际的数字估计。

● 第 2 章详细讨论了证明一个估计量是“合理的”以及将它同替代估计量比较的方法。例如，一个估计量可以被形容为“无偏”或者“有效的”。通常估计也用同样的术语描述，所以可能会提到“无偏”估计。技术上这是不正确的，因为估计只是单纯的数字——无偏的是估计公式，即估计量，而不是估计。这种技术上的错误已经十分普遍，以至于下面的现象被广泛理解：当某人提到一个“无偏”估计时仅仅是指它是由一个无偏估计量生成的。

1.4 良好和首选的估计量

● 术语"首选的"估计量被用来代替术语"最好的"估计量,因为后者在计量经济学中有特定的含义。这在第 2 章解释。

● 估计参数值不是计量经济学的唯一目的。可以确认有其他两个主题:假设检验和经济预测。因为这两个问题与估计参数值紧密联系,所以将计量经济学的特征刻画为主要关注参数估计并不会让人误解。

技术性注释

1.1 什么是计量经济学

● 在宏观经济学背景下,尤其是在对真实商业周期的研究中,一种称为校准的计算机模拟程序经常用作传统计量经济学分析的替代物。在该程序中经济理论发挥了比以往更加显著的作用。的确,Pagan (1998,p. 611) 声称"正是这种认为理论卓越的信念将校准仪(calibrator)从非校准仪(non-calibrator)中区分出来。"该理论为设计用于解决特定经济问题的一般均衡模型提供了要素。此后通过将参数设定为等于不随时间发生巨大改变的经济比例的平均值或等于来自微观经济研究的经验估计来"校准"这个模型。计算机模拟从模型中生成产物,并根据模型和所设参数调整,直到从这些模拟中得到的产物的定性特征(例如有意义的变量之间的关系)与真实世界的相匹配。一旦实现了这种定性匹配,模型就被模拟来解决所关注的主要问题。Kydland 和 Prescott (1996)对于这种方法做了很好的阐释。注意,与传统的计量经济学不同,它不包括真正的估计,也不会产生对不确定性的测量,例如置信区间。

计量经济学家并不赞同这种技术,主要是因为很少强调用传统的检验/评估程序评价产物的性质。Hansen 和 Heckman (1996,p. 90) 提供了一种有说服力的评论,他们注意到:"这样的模型通常都是优雅的,而且由于使用它们而产生的讨论经常是刺激且有煽动性的,不过它们的经验基础并不可靠。我们能在多大程度上相信从'计算机实验'中产生的数字,而且我们为什么应该使用它们的'校准模型'作为严肃的定量政策评价的基础?"Pagan (1998,p. 612) 更加直接:"一个模型只是因为'理论是强有力的'就应该使用,而不证实它对实际经济提出了一种拟合,这种想法是令人难以置信的。"

Dawkins,Srinivasan 和 Whalley (2001)对校准以及围绕它的争论做了极好的概括。尽管存在这种争论,但校准的使用仍然是传统计量经济学分析的有益补充,因为它扩展了用于研究问题的经验信息的范围。

第 2 章　估计量标准

2.1　引言

第 1 章曾经提出了一个问题：什么是"好"的估计量？这一章的目标就是通过描述很多计量经济学家认为是衡量优良性状的标准来回答那个问题。我们将要在以下标题的范围内讨论这些标准：

(1) 计算成本；

(2) 最小二乘；

(3) R^2 最大；

(4) 无偏性；

(5) 有效性；

(6) 均方误差；

(7) 渐近性；

(8) 最大似然。

对于一个主要标准的讨论，稳健性（当衡量上述标准时对于某些假设的背离不敏感；在这些假设下，估计量具有令人满意的性质）将在第 21 章中论述。既然计量经济学可以被描述为对满足上述一个或更多标准的估计量的搜寻，就必须注意在标准的讨论中确保读者完全理解了不同标准的含义以及与之相关联的术语。计量经济学的很多基本的思想，即"计量经济学究竟是什么"这一问题的关键，将在本章得以阐述。

2.2　计算成本

对于任何人，尤其是经济学家，选择某种估计量而不是其他的估计量所增加的收益必须与它所增加的成本相比较，这里成本涉及金钱和精力的花费。因而，无论何时挑选一种估计量，使用一种估计量而不是另一种所产生的计算简便和成本都必须被考虑进去。幸运的是，高速计算机的存在和即时可用性，连同大多数普遍的估计量的标准化软件包程序一起，使得计算成本很低。因此，计算成本这一标准已不像原来那样占有重要的地位。如今，只有当处理下面两种估计量的时候，它的影响才会被人们察觉。一是非典型估计程序的情况，这时不存在一个方便可用的计算机程序包，而且编程的成本很高。二是一种运行软件包程序的成本很高的估计方法，因为它需要大量的计算时间，例如，当使用迭代的方法为包括一些非线性的问题寻找参数时，就会发生这种情况。

2.3　最小二乘

对于任何一个描述一种关系的参数值集合来说，在这个数据集中，因变量（被解释变量）的估计值可以通过自变量（解释变量）的值计算出来。在数据集中，这些因变量的真实值（y）减去估计值（被称作$\hat{y}$）得到的就是残差（residuals）（$y-\hat{y}$）。残差被认为是对数据集中固有的未知干扰的估计。举例说明见图2—1。标注$\hat{y}$的曲线是一个估计关系，它对应于特定的未知参数值集合。图上的点代表对因变量y和自变量x的真实观测值。正如图中的双箭头指示的那样，每一个观测值与估计曲线都有一段垂直距离。双箭头的长度衡量了残差的大小。不同的特定参数值集合能够确定不同的估计曲线以及不同的残差集合。

很自然地，可以看出，一个"好"的估计量应该能够产生一系列的参数估计使这些残差"很小"。然而，在如何定义这个"小"的问题上，产生了争论。尽管人们一致认为应该选择那些使残差的加权和最小的估计量，但是关于如何赋予权重的一致看法仍是不存在的。例如，那些认为所有的残差应该被赋予同样的权重的人支持选择使这些残差的绝对值之和最小的估计量。那些认为大的残差应该被避免的人提倡通过选择使这些残差平方和最小的估计量来给大的残差赋予更大的权重。那些担心误位小数（misplaced decimal）以及其他数据误差的人支持赋予特别大的残差的平方值以一个不变的权重（有时是零）。那些只关心残差是否比某个特定值大的人提议给比临界值小的残差以零权重，而且对于比临界值大的残差赋予等同于这个残差倒数的权重。明显地，大量的可选择的定义都可能被提出，每一种都有吸引人的特点。

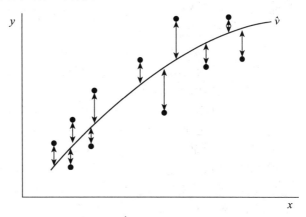

图 2—1　残差平方和最小化

到目前为止，最普遍的对"小"的定义是残差平方和最小。生成使残差平方和最小化的参数值集合的估计量被称作普通最小二乘（the ordinary least squares，OLS）估计量。在本书中它被称为 OLS 估计量，且被表示为 β^{OLS}。这种估计量对于做经验分析的研究人员而言或许是最普遍的估计量。然而，这种普及的原因并非来源于它通过最小化残差平方和的方法使残差"小"的事实。许多计量经济学家对这一标准很警惕，因为使残差平方和最小并没有明确地说出估计量和被估计的参数 β 的真实值之间的关系。事实上，它可能会在最小化残差平方和的路上走得过远，考虑了特殊样本的太多独特特性以至于估计量失去了它一般化的合理性，这时假如估计量应用于一个新的样本就会得到不良的估计。OLS 估计量的普及主要是由于在一些估计问题中（但不是全部），它在其他的一些标准方面评价较好；这被认为是最重要的原因，下面将要进行描述。普及的第二个原因是计算上的方便，所有的计算机软件包都包括线性关系的 OLS 估计量，而且许多软件包有非线性情况的程序。

由于 OLS 估计量被广泛应用于计量经济学领域，不同估计问题中的估计量特征在计量经济学课本中已经被详尽地探究过了。OLS 估计量总能使残差的平方和最小，但是它并不总能满足其他计量经济学家认为更加重要的标准。这如同我们在下一章将要清楚看到的那样，计量经济学的研究对象可以被描述为在 OLS 估计量不能满足当前问题最重要的估计标准的情况下，寻找 OLS 估计量替代者的一种尝试。

2.4　R^2 最大

在计量经济学中频繁出现的一个统计量就是判定系数 R^2。它表示被自变量的变化"解释"的因变量的变化所占的比例。在用 OLS 估计线性关系的情况中，它以一种极富含义的方式得到解释。在这种情况下，因变量围绕其均值的离差的平方和（因变量的"总"变化）可以被分为两个部分，分别是"被解释"的变化（因变量围绕其均值的估计值离差的平方和）和"未被解释"的变化（残差的平方和）。R^2 被测定为"被解释"的变化占"总"变化的比例，或者说是 1 减去"未被解释"的变化占"总"变化的比例，从而，R^2 表示被自变量的变化"解释"的因变量的变化所占的百分比。

因为 OLS 估计量使残差平方和（"未被解释"的变化）最小，这样就自动地使 R^2 最大。因此，作为估计量标准的 R^2 最大化，在形式上与最小二乘标准等同；同样，它实际上并不值得在本章占有单独的一节。它占有单独的章节是由于下面两点原因。一是 R^2 最大标准与最小二乘标准的形式等同是值得被强调的。二是明确地区分两种情况的不同：当函数形式和包含的自变量为已知时（正如现在讨论的情况），在搜寻"良好的"估计量的背景下应用 R^2 作为标准；使用 R^2 帮助确定合适的函数形式以及包含的适宜的自变量。R^2 的后一种使用和滥用将会在本书的后面章节（5.5 节和 6.2 节）中讨论。

2.5 无偏性

假设我们做一个被称作选取重复（repeated）样本的概念上的实验：保持自变量值不变，我们通过加入一系列新的干扰来获取因变量新的观测结果。这个过程可以被重复操作，如操作 2 000 次，获得 2 000 个重复样本。对于每一个样本我们可以用一个估计量 β^* 来计算 β 的估计值。因为样本是不同的，这 2 000 个估计结果也并不相同。这些估计分布的方式被称作 β^* 的抽样分布（sampling distribution）。一维的情况见图 2—2，在这里估计量的抽样分布被标记为 $f(\beta^*)$。它只不过是 β^* 的概率密度函数，通过使用这 2 000 个 β 估计值构造一个柱状图来近似，相应地，这个柱状图也用来近似对于估计量 β^* 的不同 β 估计值的相对频率。一种替代估计量 $\hat{\beta}$ 的抽样分布也在图 2—2 中显示出来了。

抽样分布，即在重复取样中估计量产生的估计的分布；它的概念对于计量经济学的理解是很关键的。本书最后的附录 A 对抽样分布进行了更详尽的讨论。大多数估计量因为它们的抽样分布具有"好"的性质而被采用；这里讨论的标准以及下面的三节都直接涉及估计量抽样分布的本质。

这些性质的第一点是无偏性。如果抽样分布的均值与 β 相等，也就是说，如果在重复的取样中 β^* 的平均值是 β，那么估计量 β^* 称为 β 的无偏估计量。β^* 抽样分布的均值被称为 β^* 的期望值，写为 $E\beta^*$；β^* 的偏误是 $E\beta^*$ 与 β 的差额。在图 2—2 中，β^* 被看作是无偏的，然而，$\hat{\beta}$ 有一个大小为 $(E\hat{\beta}-\beta)$ 的偏误。无偏的性质并不意味着 $\beta^*=\beta$；它仅仅说明了，如果我们采取无限次重复取样，"平均而言"我们可以得到正确的估计。从某种意义上来说这种解释没什么分量，因为事实上只有一个样本。更好地表述无偏性需求的方法是将所得样本看作从估计

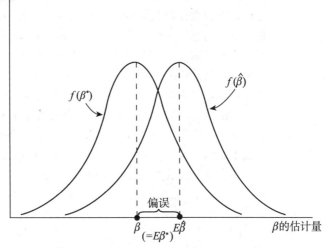

图 2—2　运用抽样分布来说明偏误

量抽样分布中抽取出来的单一随机值，并且思考：如果我有抽样分布的一个随机结果，那么我是希望从以此结果为中心的抽样分布中抽得一样本，还是希望从中心为其他值的抽样分布中抽得？

　　OLS 标准在没有关于数据是如何形成的信息的情况下可以被应用。这并不适用于无偏性标准（以及其他所有的涉及抽样分布的标准），因为这些信息是构造抽样分布所需要的。因此，计量经济学家发展出一系列标准的关于观测值形成方式的假设（在第 3 章讨论）。普遍的而不是特殊的干扰的分布形式是一个重要的组成部分。这些假设足以让许多估计量抽样分布的基本性质能够被计算出来，或者通过数学方法（计量经济学家的部分专门技能），或者在前者失败的情况下通过一种叫做蒙特卡洛研究的经验方法；这种方法将会在 2.10 节中讨论。

　　尽管一种分布的均值不一定是它的位置的理想量度（在一些情况下中位数和众数可能被认为是更优的），但是大多数计量经济学家认为无偏性是一个估计量应当具有的性质。无偏的估计量的优先选择来源于一种信念，即一个特定的估计（如从当前样本中得到的）会接近估计量抽样分布的均值。然而，在一种"信念"上证明一个特定的估计是正确的并不一定格外令人满意。因此，计量经济学家认识到了以待估参数为中心分布只是估计量的抽样分布所具有的一个好的性质。下面将要讨论的抽样分布的方差同样是非常重要的。

2.6　有效性

　　在一些计量经济学问题中，不可能找到无偏的估计量。但是无论什么时候只要一种无偏估计量可以被找出，那么通常大量的其他无偏估计量也能被找出。在这种情况下，抽样分布的方差最小的那种无偏估计量被认为是这些估计量中最合适的，它被称作最优无偏估计量（best unbiased estimator），或者是所有的无偏估计量中的有效率的估计量（efficient estimator）。我们可以明显地看出为什么它被认为是所有无偏估计量中最合适的。在图 2—3 中画出了两个无偏估计量的抽样分布。估计量 $\hat{\beta}$ 的抽样分布，表示为 $f(\hat{\beta})$，被描绘得比 β^* 的抽样分布更平坦、更宽，这说明了 $\hat{\beta}$ 具有更大的方差。尽管这两种估计量在重复样本中都会形成平均值为 β 的估计，但是从 $\hat{\beta}$ 而来的估计在更宽的范围内变动，因此相对不那么合适。与使用 β^* 的研究者相比，使用 $\hat{\beta}$ 的研究者对他或她的估计是否接近于 β 更加不确定。为了获得估计结果，你希望从无偏的小方差抽样分布中单次抽取样本，还是从无偏的大方差抽样分布中抽取？

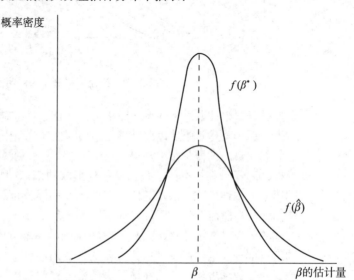

图 2—3　运用抽样分布来说明有效性

　　有时，文献涉及一种被称为"最小方差"的评判标准。这个标准，就它本身来讲，是没有意义的。考虑估计量 $\beta^* = 5.2$（也就是说，无论何时抽取一份样本，忽略样本而用 5.2 来估计 β）。这个估计量的方差是零，即最小的可能方差，但是没有人会用这个估计量，因为它在其他的诸如无偏性标准方面性能欠佳。（然而，有趣的是，它在计算成本标准方面具有不同寻常的好的性能！）因此，无论何时提到最小方差或是"有效性"标准，必须存在，至少是间接地存在一些附加的约束（如无偏性）与该标准一同使用。当最小方差标准的附加约束是考虑中的估计量无偏时，这个估计量被称为是最优无偏估计量。

　　不幸的是，在很多情况下从所有的无偏估计量中以数学方式确定哪一个具有最小的方差是不可能的。由于这个问题，计量经济学家们常常添加一个进一步的约束，即估计量应该是因变量观测值的线性函数。这样在数学上易处理的比例关系简化了寻找有效估计量的任务。所有的线性无偏估计量中具有最小方差的那个被称作最佳线性无偏估计量（best linear unbiased estimator，BLUE）。BLUE 在计量经济学家中非常流行。

上面对最小方差或有效性进行的讨论隐含在一维估计量的条件下，也就是说，在 β 是一个单独的数而不是包含几个数的向量的情况下。在多维情况下，$\hat{\beta}$ 的方差是一个矩阵，此矩阵被称为 $\hat{\beta}$ 的方差—协方差矩阵。这在确定哪个估计量具有最小的方差时引起了特殊的问题。在本节的技术性注释中会有更详尽的讨论。

2.7　均方误差（MSE）

由于只考虑无偏估计量，使用最优无偏的标准承认了在确定选择一种估计量的时候无偏性占据了极其重要的位置。有可能出现这样的情况：由于把注意力仅仅约束在了无偏的估计量上，我们忽略了那些只有轻微的偏误但方差相当小的估计量。图 2—4 说明了这个现象。最优无偏估计量 $\hat{\beta}$ 的抽样分布标记为 $f(\hat{\beta})$。β^* 是有偏误的估计量，它的抽样分布是 $f(\beta^*)$。从图 2—4 中可以明显地看出，尽管 $f(\beta^*)$ 并不是以 β 为中心，反映在 β^* 上有偏误，但是它比 $f(\hat{\beta})$ "更狭窄"，说明了它具有更小的方差。从图中可以清楚地看到，大多数的研究者很可能选择有偏误的估计量 β^*，而不是最优无偏估计量 $\hat{\beta}$。你更希望从 $f(\beta^*)$ 中进行单次抽样获得 β 的估计，还是希望从 $f(\hat{\beta})$ 的分布中获得？

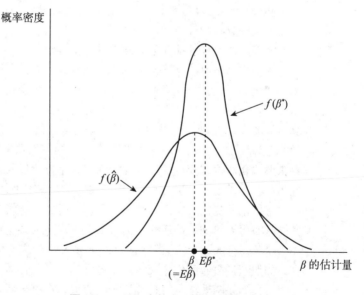

图 2—4　MSE 在偏误和方差中的权衡取舍

低偏误和低方差的权衡取舍通过运用一种使偏误和方差的加权平均值最小的标准来形式化（也就是说，选择使加权平均值最小的估计量）。然而，这并不是一种可行的形式化方法，因为偏误有可能是负的。纠正此问题的一种方法是使用偏误的绝对值，一种更普及的方法就是使用它的平方。当某种估计量被选择以使得方差和偏误平方的加权平均值最小时，它被称为加权平方误差（weighted square error）标准选择的估计量。当权重相等时，此标准为普及的均方误差（MSE）标准。均方误差标准的普及来自这一标准的另一种推导方法：巧合的是，由 β 与其估计值之差的平方组成的损失函数的预期值（也就是估计误差的平方）与方差和偏误平方之和相等。该损失函数预期值的最小化作为一种标准为估计量的选择提供了良好的直接的意义。

实践中，MSE 标准并不是经常被采用，除非最优无偏标准不能够提供具有小方差的估计。多重共线性的问题是此情况的实例，将会在第 12 章讨论。

2.8　渐近性

在以上 2.5 节、2.6 节、2.7 节中被讨论的估计量的性质涉及的是一个估计量抽样分布的性质。举例来说，一个无偏估计量是抽样分布以被估计参数的真实值为中心的估计量。这些性质并不依赖于当前的数据样本容量。例如，一个无偏估计量，无论样本范围大还是小，它都是无偏的。然而，在很多的计量经济学问题中，如果样本数较小，找到一个具有这些适宜的抽样分布性质的估计量是不可能的。当发生这种常见的情况时，计量经济学家会以估计量的渐近性（asymptotic properties）为基础来证明它是合适的，渐近性就是在足够大的样本空间中估计量抽样分布的性质。

大多数估计量的抽样分布随着其样本容量的大小而变化。例如，样本均值统计量的抽样分布以总体平均为中心，但它的方差随着样本容量的增大而变小。在很多情况下，随着样本容量的增大，估计量的偏误越来越小——随着样本容量的增大，它的抽样分布发生变化，这样它的抽样分布的平均值会朝着被估计参数的真实值的方向变动。计量经济学家通过构造渐近分布（asymptotic distribution）的概念以及定义估计量合意的渐近或"大样本性质"，并根据它的渐近分布的特性来形式化对这些现象的研究。下面对这个概念以及如何使用它的讨论是有启发性的（在技术上不正确）；一个更正式的说明在本书最后的附录 C 中提出。

考虑估计量 $\hat{\beta}$ 的抽样分布的序列，它通过在连续变大的样本容量中计算 $\hat{\beta}$ 的抽样分布得到。如果此序列中的分布在形式上与某个特定的分布越来越接近（例如一个正态分布），那么当样本容量足够大时，这一特定的分布称为 $\hat{\beta}$ 的渐近分布。按照渐近分布我们定义了两个基本的估计量性质。

（1）如果随着样本容量趋近于无穷大，$\hat{\beta}$ 的渐近分布逐渐趋近于一个特定值 k，k 称作 $\hat{\beta}$ 的概率极限（probability limit），写为 plim $\hat{\beta} = k$；如果 plim $\hat{\beta} = \beta$，则 $\hat{\beta}$ 称为是一致的（consistent）。

（2）$\hat{\beta}$ 渐近分布的方差称为 $\hat{\beta}$ 的渐近方差（asymptotic variance）；如果 $\hat{\beta}$ 是一致的并且它的渐近方差小于所有其他一致估计量的渐近方差，那么 $\hat{\beta}$ 称为是渐近有效的（asymptotically efficient）。

在相当大的过度简单化的风险下，plim 被认为在取大样本时等同于期望值，因此 plim $\hat{\beta} = \beta$ 在取大样本时等同于无偏。因为一致的估计量可以被（宽松地说）认为在取极限后具有零偏误和零方差，一致性可以被粗略地定义为在取大样本时等同于最小均方误差性质。渐近有效在取大样本时等同于最优无偏：渐近有效估计量的方差比任何其他一致估计量的方差更快地趋于零。

　　图2—5说明了渐近性质的基本优势。当样本容量为20时，β^* 的样本分布表示为 $f(\beta^*)_{20}$。因为这个抽样分布并不是以 β 为中心，估计量 β^* 是有偏误的。然而，正如图2—5所示，当样本容量增大为40、70，最后是100时，β^* 的样本分布变得越来越以 β 为中心（也就是说，它变得越来越无偏），而且它也变得越来越不扩散（也就是说，它的方差越来越小）。如果 β^* 是一致的，那么当样本容量趋向于无穷时，抽样分布在宽度上被收缩为一条单独的垂直线，具有无限的高度，且精确地处于 β 这一点上。

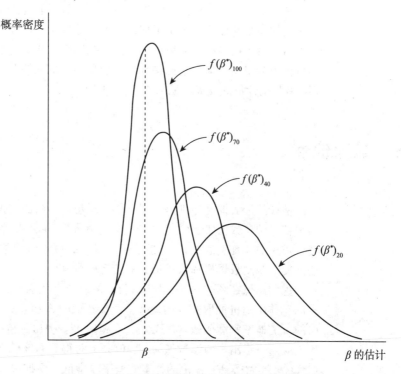

图2—5　随着样本容量的增大，抽样分布如何变化

　　需要强调的是，这个渐近标准只能被使用在具有传统合意的小样本性质的估计量不存在的情况下，如无偏性、最优无偏性和最小均方误差这些性质都不存在。因为计量经济学家通常必须使用小样本，只有在如下情况下才支持在渐近性质基础上的估计量是合理的：具有合意的渐近性质的估计量比不具有该性质的估计量有更合意的小样本性质。蒙特卡洛研究（见2.10节）显示这种推测大体上是正确的。

　　以上讨论所传达的信息是：当不能够找到具有吸引人的小样本性质的估计量时，就会根据大样本性质来选择估计量。然而，对于渐近性质的兴趣还有另外一个同样重要的原因。通常估计量的小样本性质的推导在代数上很难处理，而大样本性质的推导不是这样的。这是因为，统计量非线性方程的期望值不等于该统计量期望值的非线性方程，而统计量非线性方程的概率极限与该统计量概率极限的非线性方程是相等的，这些将在技术性注释中加以解释。

关于为什么在计量经济学中渐近理论发挥了显著作用的问题，渐近的这两个特征给出了以下四个原因。

(1) 正如通常的情况，当具有合意的小样本性质的估计量不能被找到时，计量经济学家被迫以渐近性质为基础来选择估计量。例如把因变量的滞后值作为一个回归元时对于 OLS 估计量的选择，见第 10 章。

(2) 一些估计量的小样本性质格外地难以计算，在这种情况下，运用渐近代数学能够提供一种指示，即该估计量的小样本性质可能是什么样子。一个例子是在联立方程的情况下 OLS 估计量的概率极限，见第 11 章。

(3) 对于一些很难推导和估计的公式，基于渐近推导的公式是其有用的近似值。例如在技术性注释中用于估计一种估计量非线性方程的方差的公式。

(4) 对于很多有用的估计量和检验统计量，若是使用渐近代数学进行代数简化后仍不能得到，那么它们将永远不能得到。例如检验非线性约束的 LR，W 和 LM 检验统计量的发展，见第 4 章。

2.9 　最大似然

估计的最大似然原则是基于下面的思想：当前的数据样本更可能来自一个被某个特定的参数值集合描述的"真实的世界"，而不是来自一个被其他的参数值集合描述的"真实的世界"。参数值向量 β 的最大似然估计（MLE）仅仅是一个能够使该观测数据概率取得最大的特定向量 β^{MLE}。

这种思想在图 2—6 中得到说明。每一个点代表一个从平均值为 μ 和方差为 σ^2 的总体中随机抽取的 x 的观察值。参数值的 A 组，μ^A 和 $(\sigma^2)^A$，得出了图 2—6 中的 x 的概率密度函数 A；B 组，μ^B 和 $(\sigma^2)^B$，得出了概率密度函数 B。对该图的检查应当显示出：与参数值为 μ^B 和 $(\sigma^2)^B$ 时得到的该样本的概率相比，参数值为 μ^A 和 $(\sigma^2)^A$ 时得到被讨论的样本的概率非常低。根据最大似然原则，作为 μ 和 σ^2 的估计，B 组优于 A 组。最大似然估计是为正被讨论的样本提供最大概率的一对特定参数值 μ^{MLE} 和 $(\sigma^2)^{\text{MLE}}$；也就是说，在 B 组优于 A 组的意义下，没有其他任何一对值比这一对最大似然值更好。计量经济学家寻找最大似然估计的方法会在本章的技术性注释中简要地讨论。

除了它的直觉上的吸引力以外，最大似然估计量还有一些合意的渐近性质。它是渐近无偏的，它是一致的，它是渐近有效的，它服从渐近正态分布，而且它的渐近方差可以通过一个标准公式得到（Cramer-Rao 下界——见本节的技术性注释）。它唯一一个主要的理论上的缺陷是：为了计算 MLE，计量经济学家必须为误差项假定一个特殊的分布（如正态分布）。大多数计量经济学家看来好像乐意这样做。

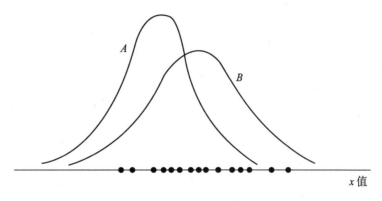

图2—6　最大似然估计

在不可能找到具有合意的小样本性质的估计量的情况下，这些性质使最大似然估计变得很有吸引力，这种情况在实践中极为常见。然而尽管这样，到目前为止，最大似然估计并没有被广泛应用，这主要是因为计算成本很高。在估计之前需要相当多的代数处理，而且 MLE 问题的大部分类型都需要为可用的计算机程序包提供重要的输入准备。但是最近计量经济学家对 MLE 的看法有了转变，有以下几点原因。计算机和相关软件方面的进步显著地减轻了计算上的负担。很多有意义的估计问题是通过使用 MLE 技术解决的，这也使这种方法变得更加有用（而且在此过程中更广泛地宣传了它的性质）。教师已经开始教授学生 MLE 技术的理论知识，使他们能够更加自如地使用他们需要的代数处理。

2.10　蒙特卡洛研究

蒙特卡洛研究是一种模拟练习，它被设计来清楚地显示在给定估计问题下竞争估计量的小样本性质。无论何时只要存在小样本性质不能在理论上推导出的有潜在吸引力的估计量，便使用它们来解决这种特定问题。在计量经济学文献中，具有未知小样本性质的估计量被频繁地提出，因此蒙特卡洛研究变得非常普遍，特别是现在，计算机技术已使该任务变得很廉价了。这是充分理解该技术的一个很好的理由。一个更重要的理由是：对蒙特卡洛研究的完全理解保证了对重复样本和抽样分布概念的理解，这些对计量经济学的理解是至关重要的。本书末尾的附录 A 对抽样分布和与蒙特卡洛研究的关系有更多的阐述。

蒙特卡洛研究背后的大体思想是：（1）模型化数据生成过程；（2）构造几个模拟数据集合；（3）使用这些数据和一个估计量来得到几个估计；（4）使用这些估计测量估计值抽样分布的特征，为正在研究的特别的数据生成过程做准备。图2—7显示了希望比较两种估计量性质时的做法。所采取的四步如下所示：

（1）模型化数据生成过程。这一过程的模拟被认为是为当前的问题生成真实世界的数据，它需要为计算机建立一个模型来模拟数据生成过程，其中包括它的随机成分。例如，可以设定为：根据 $Y = \beta_1 + \beta_2 X + \beta_3 Z + \varepsilon$，$X$、$Z$ 的 N（样本容量）个值和一个误差项形成了 Y 的 N 个值，其中 β_i 是特定的已知数，X、Z 的 N 个值是解释变量已知的外生的观察结果，而且 ε 的 N 个值是从一个均值为零和方差为 σ^2 的正态分布中随机抽取的。（计算机可以形成这样的随机误差项。）任何被认为可以描述该问题的特殊的特征都必须加入这个模型。例如，如果 $\beta_2 = \beta_3^{-1}$，则必须选择 β_2 和 β_3 以使其满足这种情况。或者，如果方差 σ^2 根据 Z 的值而在每个观察结果间变化，则误差项必须相应地调整。该研究的一个重要的特征就是所有的（通常是未知的）参数值必须为进行这一实验的人所知道（因为是他们对这些值做出选择）。

（2）构造数据集合。随着数据生成过程模型被输入到计算机中，人工数据就能被构造出来。做这一步的关键是数据生成过程的随机成分。通过获得随机变量 ε 的 N 个值，创造出了容量为 N 的样本，然后运用这些值，连同模型的其他部分，形成了 Y 的 N 个值。这产生了一个容量为 N 的完整样本，也就是对每一个 Y，X 和 Z 都有 N 个观测结果，它们与取出的 N 个误差项的特定集合相符。注意，这个模拟产生的样本数据集合可以被看作是一个真实世界数据的实例；当处理此模型代表的这种估计问题时，研究者就会面临这种真实世界数据。尤其要注意的是，得到的数据集合主要由选取的误差项的特定集合所决定。对于同一个问题来说，不同的误差项集合会产生不同的数据集合。通过选取不同的 N 个误差项的集合可以得到数据集合的若干个这样的实例。例如，假设这样操作 2 000 次，产生了 2 000 个样本数据集合，每一个样本容量都是 N。这些被称为重复样本。

（3）计算估计值。这 2 000 个重复样本中的每一个都可以被用作估计量 $\hat{\beta}_3$ 的数据，也就是说，产生了参数 β_3 的 2 000 个估计值 $\hat{\beta}_{3i}$（$i=1, 2, \cdots, 2\,000$）。这 2 000 个估计可以被看作是从 $\hat{\beta}_3$ 的抽样分布中随机取出的。

（4）估计抽样分布的性质。这 2 000 个从 $\hat{\beta}_3$ 的抽样分布中取出的估计值可以被用作估计抽样分布性质的数据。其中最有意义的性质是它的期望值和方差，它们的估计值可以被用来估计偏误和均方误差。

（a）通过 2 000 个估计值的平均值来估计 $\hat{\beta}_3$ 的抽样分布的期望值：

$$\text{估计的期望值} = \bar{\hat{\beta}}_3 = \sum_{i=1}^{2\,000} \hat{\beta}_{3i}/2\,000$$

（b）通过从平均值中减去 $\hat{\beta}_3$ 的已知真实值来估计 $\hat{\beta}_3$ 的偏误：

$$\text{估计的偏误} = \bar{\hat{\beta}}_3 - \beta_3$$

（c）通过估计方差的传统公式来估计 $\hat{\beta}_3$ 抽样分布的方差：

$$\text{估计的方差} = \sum_{i=1}^{2\,000} (\hat{\beta}_{3i} - \bar{\hat{\beta}}_3)^2/1\,999$$

（d）通过 $\hat{\beta}_3$ 与 β_3 的真实值之差的平方的平均值来估计 $\hat{\beta}_3$ 的均方误差：

$$\text{估计的 MSE} = \sum_{i=1}^{2\,000} (\hat{\beta}_{3i} - \beta_3)^2/2\,000$$

在上述的第三步中，一个替代的估计量 β_3^* 也可被用作计算 2 000 个估计值，如图 2—7 所示。如果是这样，β_3^* 抽样分布的性质也可以被估计，然后再和 $\hat{\beta}_3$ 抽样分布的性质相比较。（在这里，例如 $\hat{\beta}_3$ 是最小二乘估计量，β_3^* 是任一竞争估计量，如工具变数估计量、最小绝对误差估计量或推广的最小二乘估计量。这些估计量将在以后的章节讨论。）基于这种比较，做蒙特卡洛研究的人可能能够在样本容量为 N 的时候推荐使用优于其他估计量的某一种估计量。通过使 N 的值不断增大而重复这一研究，可以研究一个估计量能以多快的速度得出它的渐近性质。

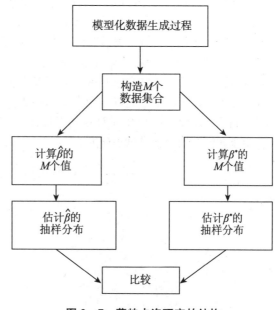

图 2—7　蒙特卡洛研究的结构

2.11　总结

由于在大多数估计情况下，并不存在一个在所有的或大多数标准上都比其他估计量优越的"超级估计量"，对估计量的最终选择通过形成一个对每个可行估计量都具有合意性的"总体评价"来做出；这个总体评价通过一个对这些标准的重要性的主观（计量经济学家角度的）评价和某个估计量来满足这些标准。有时计量经济学家会对某种特定的标准有极高的评价，这将会决定估计量的选取（如果符合这一标准的估计量可以找到）。更有代表性的是，其他的标准也会在计量经济学家选择估计量的时候发挥一定的作用，所以，举例来说，只有计算成本合理的估计量才会被考虑。在这些主要的标准中，大多数的注意力集中在了最优无偏标准，在所有无偏估计量都具有过大方差的情况下，会偶尔遵从均方误差标准。如果找不到符合这些标准的估计量（这也是常有的事），渐近标准将会被采用。

计量经济学家的主要技巧是确定关于本章讨论的作为标准的估计量性质的能力。这可以通过运用数学的理论推导（这是计量经济学家技术专业知识的一部分），或者通过蒙特卡洛研究来达到。用其中的任意一种方法来推导估计量的性质，形成观测结果的机制必须已知；观测值形成方式的改变产生了新的估计问题，旧的估计量可能具有新的性质，且必须形成新的估计量。

在所有这些内容中，OLS 估计量占据着特殊的地位。当面对任何一个估计问题时，计量经济学理论家通常首先考察 OLS 估计量，确定它是否具有合意的性质。正如将在下一章所要看到的，在一些情况下它具有合意的性质而且被选为"首选的"估计量，但在很多其他的情况下它并不具有合意的性质而且必须寻找它的替代品。计量经济学家必须研究情况是否满足 OLS 估计量具有合意性质条件；如果不满足的话，建议采用合适的替代估计量。（不幸的是，在实践中经常不能满足，从而采用 OLS 估计量是不具有正当理由的。）下一章将会解释计量经济学家如何系统地安排这项研究。

一般性注释

2.2　计算成本

● 随着为计量经济学家设计的大量的计算机软件的发展，计算成本已经被显著地降低了。其中突出的有 Eviews, GAUSS, LIMDEP, PC-GIVE, RATS, SAS, SHAZAM, SPSS, Stata 和 TSP。这些软件自带程序包来完成特定的计量方法，或者专业软件如 GAUSS、MATLAB 和 OX 也能够协助完成，而无须自己编程。《应用计量经济学期刊》（*Journal of Applied Econometrics*）和《经济观察杂志》（*Journal of Economic Surveys*）都定期地发布软件回顾。所有的这些软件包都是很全面的，包括大部分课本中提到的计量经济学技术。对于它们不包含的应用，大多数情况存在专业程序。然而，这些软件包应当只能被那些对计量经济学理论十分精通的人使用。如果在没有对它们可应用的情况、固有假设以及输出结果的本质形成一个全面深刻的理解的基础上使用这些软件包，就会很容易产生误导性的甚至错误的结果；完整的研究不会仅仅通过把数据输入到计算机中，说"SHAZAM"就可以产生。

● 计算机密集分析成本的迅速降低已经显著地改变了计量经济学。现在，有更多的分析应用制图法、非参数法、模拟法、自举法、蒙特卡洛法、贝叶斯（Bayesian）统计量以及数据探测/挖掘，这些都在后面的章节中讨论。

● 关于计算机计算精确性的问题在实践中被忽视了，但是它是值得考虑的，McCullough 和 Vinod（1999）有详细的讨论。也可参见 Aigner（1971，pp. 99 -

101）和 Rhodes（1975）。

2.3　最小二乘

- 实验表明，OLS 估计趋向于与外行尝试去拟合分散数据而"徒手画的"线的平均值相一致。见 Mosteller et al.（1981）。
- 在图 2—1 中残差被度量为观测结果到估计曲线的垂直距离。一种对垂直测量的自然的取代就是正交测量——观测结果沿着与估计曲线正交的线到估计曲线的距离。这种罕见的替代在 Malinvaud（1966, pp. 7 - 11）中被讨论；有时它也用于数据存在测量误差困扰的情况，这将在 10.2 节中讨论。

2.4　R^2 最大

- R^2 称为判定系数。它是 y 和它的 OLS 估计 $\hat{y}$ 的相关系数的平方。
- 因变量 y 与其均值的总变化 $\sum(y-\bar{y})^2$，称为 SST（总平方和）；"被解释"的变化，即因变量均值和估计值的离差平方和 $\sum(\hat{y}-\bar{y})^2$，称为 SSR（回归平方和）；以及"未被解释"的变化，即残差平方和，称为 SSE（误差平方和）。于是 R^2 被定义为 SSR/SST 或是 $1-(SSE/SST)$。
- 什么是大的 R^2？对于这个问题并没有一个普遍被人们认可的答案。在处理时间序列数据时，由于有共同的趋势，非常大的 R^2 也不是很罕见。例如，Ames 和 Reiter（1961）发现，平均来看，随机选取的变量与其滞后一期的值之间关联的 R^2 大约是 0.7；而且通过选择一个经济时间序列并将其对 2~6 个其他的随机选取的经济时间序列做回归的方式可以获得一个超过 0.5 的 R^2。对于横截面数据，典型的 R^2 绝对不会很大。对于时间序列数据，一个更有意义的 R^2 可以通过如下的方法计算：首先通过将 y 对一个时间趋势变量回归得到残差以去掉时间趋势；然后这些残差对解释变量和时间趋势进行回归。见 Wooldridge（1991）。
- OLS 估计量使 R^2 最大。因为 R^2 标准被用作衡量估计量对样本数据拟合程度的指标，OLS 估计量经常被称作"最佳拟合"估计量。大的 R^2 通常被称为一个"好的拟合"。
- 由于 R^2 和 OLS 标准在形式上是等同的，对于后者的反对意见也适用于前者。这些最常见的表达是：搜寻一个好的拟合可能是适合于当前的特定样本而不是潜在的"真实世界"。更进一步地，大的 R^2 不一定是"好的"估计所必需的；由于干扰项较大的差异，R^2 可能会较小，而我们对 β 的估计在其他的标准上可能是"好的"，正如在本章后面的小节中将要讨论的。
- 总变化到"被解释的"和"未被解释的"变化的简洁分解赋予 R^2 统计量以有意义的解释；但这种分解只在三种条件下有效。第一，正被讨论的估计量必须是 OLS 估计量。第二，被估计的关系必须是线性的。从而，R^2 统计量只能给出因变量的变化被自变量的变化线性解释的百分比。第三，被估计的线性关系必须包括一个常数项或是截距。R^2 的公式仍然可以用来计算除 OLS 估计量以外的估计量的 R^2 值，或者非线性情况以及截距项可以忽略的情况；然而，它不再具有相同的含义，且可能位于 0—1 区间的外部。零截距情况在 Aigner（1971，pp. 85-90）的研究中得到了详细的讨论。建议使用一种备选的 R^2 度量，其中 y 和 $\hat{y}$ 的变化是通过与零而不是与其均值的偏差来度量的。

● 无截距条件下进行一次回归是最常见的获得 0—1 范围之外的 R^2 的方法。为了看看这是如何发生的，我们从 (x, y) 空间中选取一些分散的点使其估计的 OLS 线有一个大的截距。现在，再从估计时将被迫通过原点的 OLS 线上选取一些散点。上面的两种情况中 SST 是等同的（因为使用了相同的观测结果）。但是在第二种情况中，SSE 和 SSR 可能会非常大，因为 $\hat{\varepsilon}$ 和 $(\hat{y} - \bar{y})$ 有可能会很大。这样的话，如果 R^2 按照 $1 - SSE/SST$ 来计算，就会产生一个负数；如果它是按照 SSR/SST 来计算，就会产生比 1 还大的数。

● R^2 对因变量的变化范围很灵敏，因此对 R^2 的比较必须慎重。阐释这个观点的一个非常好的例子是消费函数与储蓄函数的关系。如果储蓄被定义为收入减去消费，收入就会像解释储蓄变化那样很好地解释消费变化；在这种意义下，两种情况下的残差平方和即未被解释的变化是完全相同的。但是对于百分比的形式，未被解释的变化在储蓄变化中占的百分比要高于在消费变化中占的百分比，这是因为后者更大。因而储蓄函数情况中的 R^2 要比消费函数情况中的小一些。

● R^2 对自变量的变化范围也很灵敏，主要是因为自变量的一个更宽的范围会引起因变量更宽的范围，从而也就像上面描述的那样影响了 R^2。它导致的结果是使在不同样本中比较 R^2 变得没有意义——比如说，不要把一个国家的数据的 R^2 与另一个国家的数据的 R^2 进行比较。比较误差项方差的估计则要有意义得多。

● 一般而言，计量经济学家对于获得"好的"参数估计更感兴趣，这里的"好的"并不是根据 R^2 来定义的。因此在计量经济学中，R^2 的度量不是很重要。然而不幸的是，很多的实践者由于种种不完全清楚的原因，认为那很重要，正如 Cramer（1987，p. 253）所指出的：

> 这些拟合优度的测量具有致命的吸引力。尽管知情人普遍承认它们并没有什么意义，但是高拟合优度值仍然是它们的作者自豪和满足的源泉，无论他们多么艰辛地努力隐藏这些感觉。

由于这样，对 R^2 的意义和功能的详细讨论贯穿全书。5.5 节和它的一般性注释扩充了本节的讨论。在其他合适章节的一般性注释中对此给出了评论。例如，需要注意不同因变量的方程得出的 R^2 不可作比较，而且添加虚拟变量（比如用以获得季节性的影响）会使 R^2 高涨。由于误差项被平均化了，按组回归意味着夸大了 R^2。

2.5 无偏性

● 与 OLS 和 R^2 标准相对照,无偏性标准(以及其他与抽样分布有关的标准)关于估计量与被估计参数 β 的关系有明确的假定。

● 很多计量经济学家对无偏性标准印象不深刻,就像我们后面关于均方误差的讨论所要证明的那样。Savage(1954,p. 244)竟然说:"选择无偏估计的重要原因看来不可能被提出。"这种感觉大概源于如下事实:有可能有一个"不幸运的"样本,并因此产生一个差的估计,仅仅由"当选取此容量下的所有样本时,一般可以得到正确估计"的认知中获得索然无味的安慰。尤其是在一个关键的结果,例如生存或死亡的问题,或进行大量资本支出的决定,取决于一个单独的正确估计时。无偏性依然在实践者中被广为接受。部分原因是从这个术语得到了感情上的满足:谁能当众站起来宣称他们更喜欢有偏误的估计量?

● 无偏性标准的主要异议可以通过三个捕猎鸭子的计量经济学家的故事被很好地总结。第一个人射在了鸭子前面一英尺的地方,第二个人射在了鸭子后面一英尺的地方,而第三个人大喊:"我抓住它了!"

2.6 有效性

● Cochrane(2001,p. 303)对有效性有一个清醒的看法:"我认为不存在这种情况:应用一种灵敏的统计模型从数据集合中挤出最后一盎司的有效性,使 t 统计量从 1.5 改变到 2.5,以充分地改变人们考虑问题的方式。"

● 我们已经知道有效性与无偏性是一种权衡取舍的关系。它也和稳健性是权衡取舍的关系。为了得到有效性,额外的关于数据生成过程的信息被合并到估计当中,导致估计量对这些额外信息的准确性很敏感。而通过定义,将在第 21 章中讨论的稳健估计量并不会因为违背推导出它们的假设而受到很大的影响。

● 计量经济学家常常忘记了:尽管 BLUE 性质是很吸引人的,但是估计量必须是线性的这一要求有时是约束性的。比如,如果误差是从"宽尾"分布中生成,那么相对高的误差频繁地出现,线性无偏估计量就比不上一些普遍的被称为稳健估计量的非线性无偏估计量。参见第 21 章。

● 线性估计量不是对于所有的估计问题都适用的。例如估计干扰项的方差 σ^2,二次估计量就更加合适。传统的公式 $SSE/(N-K)$ 在一般情况下是 σ^2 的最佳二次无偏估计量,其中 N 是观测结果的数量,K 是解释变量的数量(包括一个常数)。当 K 不包括常数(截距)项时,此公式被写为 $SSE/(N-K-1)$。

● 尽管很多情况下在数学上不可能确定最优无偏估计量(与最佳线性无偏估计量相反),但是如果误差的具体分布是已知的,情况就不是这样了。在这种情况下,无偏估计量的方差(或方差—协方差矩阵)的下界可以计算出来,称作 Cramer-Rao 下界。此外,如果这一下界可以达到(并不总是这样),则它是通过最大似然估计量的转化（见 2.9 节）并产生一个无偏估计量而达到的。作为一个例子，考虑样本平均统计量 $\bar{x}$。如果产生该样本的总体是正态的，则其方差 σ^2/N 等于 Cramer-Rao 下界。从而 $\bar{x}$ 就是正态总体平均值的最优无偏估计量（不论它是否为线性的）。

2.7　均方误差（MSE）

● 相对于无偏准则，是否优先选择均方误差准则常常取决于估计的用处。例如，考虑一个打赌赛马比赛的人。如果他买了"第一"的票，他就想要一个获胜马的无偏估计；但是如果他买了"第三"的票，他的马有没有赢得比赛就不重要了（重要的是他的马是否位于前三名），因此他愿意在小方差的前提下采用一个获胜马的稍微有偏误的估计量。

● 估计量的方差与其 MSE 的区别在于：方差度量了估计量在其平均值周围的离散度，而 MSE 度量了在被估计参数的真实值周围的离散度。对于无偏估计量来讲它们是等同的。

● 与无偏估计量相比，具有更小方差的有偏误估计量很容易找到。例如，如果 $\hat{\beta}$ 是一个无偏估计量，其方差是 $V(\hat{\beta})$，那么 $0.9\,\hat{\beta}$ 是一个有偏估计量，其方差是 $0.81V(\hat{\beta})$。一个更相关的例子，考虑以下事实：尽管 $SSE/(N-K)$ 是 σ^2 的最佳二次无偏估计量，但是在 2.6 节中显示出，在二次估计量之中 σ^2 的 MSE 估计量是 $SSE/(N-K+2)$。

● 由于推导中数学上的困难，MSE 估计量并不像最优无偏估计量那样普及。此外，当它可以被推导出时，它的公式里常含有未知系数（β 值），使它的应用成为不可能。蒙特卡洛研究表明通过运用未知参数的 OLS 估计来逼近该估计量有时可以应对这个问题。

2.8　渐近性

● 对于估计量来说，多大的样本能够呈现出它们的渐近性质？这一关键性问题的答案取决于当前问题的特征。Goldfeld 和 Quandt（1972，p.277）提出了一个例子，其中样本大小为 30 已经足够大了；以及另一例子，其中样本大小为 200 是必需的。他们也提出了：如果关注估计量方差的估计而不是系数的估计，大样本就是必需的。

● 关于本章主体部分的讨论，敏锐的读者可能会想：为什么期望值在大样本时的等价物被定义为 plim 而不是被称作"渐近期望"。在实践中大多数人同义地使用这两项，但是在技术上后者指的是期望值的极限，它通常并不总是与 plim 相等。在渐近意义下作为相关性判别准则的一致性与极限概率相关，而不与渐近期望相关；如果统计推断需要基于渐近期望进行，那么分析起来就会变得很困难。讨论见附录 C 的技术性注释。

2.9　最大似然

● 注意 β^{MLE} 不是 β 最可能的值，正如有时被粗心地宣称的那样；β 最可能的值是 β 本身。（只有在贝叶斯解释中，前面的说明是有意义的，这将在本书后面讨论。）β^{MLE} 仅仅是使选取实际得到的样本的可能性最大的 β 值。

● MLE 的渐近方差通常等于 Cramer-Rao 下界，它是一致估计量能够具有的最小渐近方差。这就是为什么 MLE 是渐近有效的原因。因此，MLE 的方差（不仅是渐近方差）是通过对 Cramer-Rao 下界的估计来进行估计的。Cramer-Rao 下界的公式在本节的技术性注释中给出。

● 尽管 β^{MLE} 有时是 β 的有偏估计量（尽管是渐近无偏的），常常可以找到一个能够得到无偏估计量的简单调整，而且通过最大似然估计量和 Cramer-Rao 下界的关系可以看出，此无偏估计量是最优无偏的（不带有线性要求）。例如，随机变量 x 的方差的最大似然估计量通过下面的公式给出：

$$\frac{\sum_{i=1}^{N}(x_i - \bar{x})^2}{N}$$

这一表达式是真实方差的有偏（但是是渐近无偏的）估计量。通过将此表达式乘以 $N/(N-1)$，该估计量可转化为最优无偏估计量。这里 N 是样本容量。

● 最大似然估计量具有与一致估计量相似的不变性。某个参数的非线性函数的最大似然估计量是该参数最大似然估计量的非线性函数：$[g(\beta)]^{\text{MLE}} = g(\beta^{\text{MLE}})$，这里 g 是非线性函数。这在很大程度上简化了最大似然的代数推导，使这一准则的采用更具吸引力。

● Goldfeld 和 Quandt（1972）推断出最大似然技术在广泛的实际应用和相对小的样本中表现良好。通过阅读他们的书，可以很明显地看出最大似然技术对包含非线性的估计问题和异常估计问题很适用。甚至在 1972 年他们都没有感觉到 MLE 的计算成本非常高昂。

● 最大似然估计技术的应用要求必须为误差项选择一个特定的分布。在回归的背景下，出于这一目的，总是选择正态分布；这通常是因为误差项是由大量随机冲击之和组成的，因而通过中心极限定理可认为它遵循近似正态分布。（对于使用这一观点的警告，参见 Bartels，1977。）一个更有说服力的理由是，正态分布的处理相对简单。更多的阐述参见第 4 章的一般性注释。在后面的章节中我们将会遇到使用其他分布而不是正态分布的情况（例如计数模型和 logit 模型）。在此需要注意的是，最大似然估计方法通常被用于基于因变量不是误差项分布特征的估计，这一点将在后文的应用讨论中得到体现。但是，通常会涉及误差项的分布；根据 2.9 节技术性注释中所讨论的"变量替换定理"，误差项的密度可以转换为因变量的密度。

● Kmenta（1986，pp. 175 - 183）对最大似然估计有一个清晰的论述。Kane

(1968，pp. 177 - 180）给出了一个好的简明的阐述。Valavanis（1959，pp. 23 - 26）主编了一本加了小标题"最大似然方法的介绍"的计量经济学课本，其中对最大似然技术的意义做了一个有趣的说明。

2.10 蒙特卡洛研究

●作者认为，理解蒙特卡洛研究是学习计量经济学的最重要的部分之一；这不是因为学生事实上需要做蒙特卡洛研究，而是因为理解蒙特卡洛研究是理解抽样分布概念及其用途的保证。蒙特卡洛方法的实例和建议参见 Smith（1973）和 Kmenta（1986，ch. 2）。Hendry（1984）的研究是更高级的文献。Barreto 和 Howland（2006）对蒙特卡洛方法着重进行了研究。本书末尾的附录 A 提供了关于抽样分布和蒙特卡洛研究的更多的论述。附录 D 中的一些练习阐述了蒙特卡洛研究。

●如果研究者担心用于蒙特卡洛研究的特定的参数值会影响结果，那么明智的方法是选择参数值使其等于利用当前数据所估计出的参数值，因此这些参数值相当接近于真实的参数值。此外，蒙特卡洛研究应该重复使用附近的参数值来检查结果的灵敏性。自举法是特殊的蒙特卡洛研究，它用来降低对参数值和误差分布所做的假设的影响。第 4 章的 4.6 节有延伸的论述。

●蒙特卡洛技术可以用来检查检验统计量和参数估计量。例如，一个检验统计量可被检查来看它的抽样分布与某特定分布（比方说 χ^2 分布）的符合程度。在此背景下，兴趣无疑集中在确定它的大小（给定临界值的第一类错误）和推翻假设的概率上，尤其与替代的检验统计量相比较。

●通过对一些影响研究结果的不同要素值，例如样本大小或多余参数，重复进行蒙特卡洛研究可以获得比方说对检验统计量临界值的估计。这些估计的临界值可以被用作观测结果，通过它们可以估计临界值与影响临界值的要素之间的函数关系。这种关系称为响应曲面（response surface）。McDonald（1998）就寻找单位根和协整检验统计量的临界值的问题进行了很好的阐述。也可参见 Davidson and MacKinnon（1993，pp. 755 - 763）。MacKinnon（1991）提供了一个好例子。他明确说明了协整检验临界值的响应曲面是 $\beta_\infty + \beta_1 N^{-1} + \beta_2 N^{-2}$，其中 N 是样本容量，而且提供了显著性水平、协整关系中的变量个数、截距的存在性以及趋势的存在性的不同组合下的 β_i 值。注意：截距的下标提醒我们它是渐近临界值。

●当进行蒙特卡洛研究时，在重复抽样的过程中保持解释变量的值固定是很常见的。只要解释变量的值受误差项（如联立方程的情况）、测量误差的影响，或者因变量滞后值作为回归元出现，上面的做法就是不合理的，而且必须不能这么做——生成数据的过程必须被正确地模仿。但是在其他情况下，解释变量是否应当被固定就不明显了。如果样本涵盖了总体中的所有值，例如华盛顿州所有人口多于 30 000 的城市的观测结果的情况，那么允许解释变量的值在重复抽样中发生改变就变得没有意义。另一方面，如果工薪阶层的样本是从一个非常大的工薪阶层的潜在样本中选取的,那么应当使得重复样本显示出它包括了工薪阶层的选取以及误差项,因此应当允许解释变量的值在重复样本中以某种具有代表性的方式变化。这样做允许蒙特卡洛研究得到一个对样本中特定工薪阶层的特性不敏感的估计抽样分布;在重复样本中固定工薪阶层将得到一个以该工薪阶层的观测样本为条件的估计抽样分布,如果决定是基于该样本的,那么这个分布可能就是我们想要的。

2.11　总结

● 在选择点估计时也存在其他的不那么著名的准则,下面是一些例子。

（a）容许性(admissibility)。如果对于未知 β 的至少一个值,任何其他估计量在某个准则上都不好于它,则这一估计量称为是（关于该准则）容许的。

（b）极大极小(minimax)。极大极小估计量是使最大期望损失最小化的估计量,通常被度量为 MSE,当未知的 β 在其可能值中变化时通过竞争估计量来生成。

（c）稳健性(robustness)。如果某一估计量的合意性质对那些使它成为最佳选择的条件的违背不敏感,那么这个估计量称为是稳健的。一般而言,稳健估计量在很多情形中都是可应用的,而且它相对而言不受小部分不良数据值的影响。参见第 21 章。

（d）最小期望损失(MELO)。在统计量的贝叶斯方法中（参见第 14 章）,一种决策理论方法被引入到估计中;一种估计被选择是因为它使期望损失函数最小,且称为 MELO（最小期望损失）估计量。在一般的情况下,如果采用二次损失函数,那么 β 事后分布平均值被选为 β 的点估计,而且这在非贝叶斯方法中被解释为是符合平均风险最小化的。（风险是向量 β 估计量的单个元素的 MSE 之和。）参见 Zellner (1978)。

（e）类似原则(analogy principle)。通过样本统计量估计的参数在样本中与在总体中具有相同的性质。参见 Goldberger (1968b) 的第 2 章在这些方面对 OLS 估计量的阐释。Manski (1988) 给出了更完善的处理。这种方法有时称为矩法(method of moments),因为它意味着总体分布的矩应当通过样本相应的矩来估计。参见技术性注释。

（f）间接推断(indirect inference)。有时模型估计极其困难,但模拟模型（给定参数值 β^*）并且利用参数值 δ 估计近似模型可能比较容易。找到能够产生模拟数据的 β^* 来估计与利用真实数据估计所得的 δ 最接近的 δ 值。更详细的讨论见第 23 章。

（g）接近/集中(nearness/concentration)。一些估计量具有无穷大的方差,且因为这一原因经常被忽略。由于这种观念的存在,Fiebig(1985) 建议使用接近的概率（如果 $\mathrm{prob}(|\hat{\beta}-\beta|<|\beta^*-\beta|)\geqslant0.5$,则偏好 $\hat{\beta}$ 胜于 β^*）或者使用集中的概率（如果 $\mathrm{prob}(|\hat{\beta}-\beta|<\delta)>\mathrm{prob}(|\beta^*-\beta|<\delta)$,则偏好 $\hat{\beta}$ 胜于 β^*）作为准则。

● 对于本章的素材来说，两个较好的介绍性文献是 Kmenta（1986，pp. 9 -
16，97 - 108，156 - 172）和 Kane（1968，ch. 8）。

技术性注释

2.5 无偏性

● 变量 x 的期望值被正式地定义为 $Ex = \int xf(x)\mathrm{d}x$，这里的 f 是 x 的概率密
度函数（抽样分布）。从而，$E(\hat{\beta})$ 可以被看作是 $\hat{\beta}$ 所有可能值的加权平均，其
中权重与 $\hat{\beta}$ 的概率密度函数（即抽样分布）的高度成正比。

2.6 有效性

● 在作者的经验里，由于对如何计算估计量方差的疑惑，学生对抽样分布的
估算较之其他任何事情都更加困难。这一疑惑源于以下原因。

（1）一个方差与该方差的估计之间具有关键性的区别，这一点有时不能够很
好地理解。

（2）很多讲师假定一些方差公式是"常识"，可以从以前的课程中延续下来。

（3）方差公式的推导都遵循一个通用的形式，这一点常常不是显然的。

（4）认为学生们能够认出一些公式是更普遍的公式的特殊情况。

（5）关于方差和合适公式的论述很少被结合在一起以方便查询。

本书末尾的附录 B 减轻了这种混淆，补充了技术性注释中的材料。

● 在我们关于无偏性的论述中，多维的 β 不会产生混淆：一个估计量的期望
值或者等于 β（在每一个维度）或者不等于 β。但是在估计量方差的情况下，可
能出现混淆。k 维的估计量 β^* 实际上由 k 个不同的估计量组成，每一个对应 β 的
每一维。这 k 个不同的估计量都有自己的方差。如果估计量 β^* 的所有 k 个方差
都比估计量 $\hat{\beta}$ 的相应部分小，那么很清楚的是 β^* 的方差比 $\hat{\beta}$ 的方差小。例如，
如果 β 是二维的，它由两个单独的参数 β_1 和 β_2 组成（也就是说，$\beta = \begin{bmatrix} \beta_1 \\ \beta_2 \end{bmatrix}$）。估
计量 β^* 应当由两个估计量 β_1^* 和 β_2^* 组成。如果 β^* 是 β 的无偏估计量，那么 β_1^* 就
是 β_1 的无偏估计量，β_2^* 就是 β_2 的无偏估计量。估计量 β_1^* 和 β_2^* 都有方差。假设
它们的方差分别是 3.1 和 7.4。现在假定 $\hat{\beta}$（由 $\hat{\beta}_1$ 和 $\hat{\beta}_2$ 组成）是另一个无偏估计
量，其中 $\hat{\beta}_1$ 和 $\hat{\beta}_2$ 的方差分别是 5.6 和 8.3。在这个例子中，因为 β_1^* 的方差小于
$\hat{\beta}_1$ 的方差，β_2^* 的方差小于 $\hat{\beta}_2$ 的方差，所以可以很清楚地看出 β^* 的"方差"小

于 $\hat{\beta}$ 的方差。但是如果 $\hat{\beta}_2$ 的方差是 6.3 而不是 8.3，会出现什么情况呢？那么哪个估计量的"方差"最小就变得不那么清晰了。

● 一种额外的复杂因素存在于多维的 β 的估计量方差的比较之中。在 β 单独元素的估计量之中可能存在非零协方差。例如，$\hat{\beta}_1$ 和 $\hat{\beta}_2$ 之间正的协方差意味着，每当 $\hat{\beta}_1$ 高估了 β_1，就有 $\hat{\beta}_2$ 高估了 β_2 的趋势，使 β 的完整估计更差于协方差为零时的情况。因此多维估计量"方差"的比较应当在一定程度上考虑这一协方差现象。

● 多维估计量的"方差"称为方差—协方差矩阵。如果 β^* 是 k 维 β 的估计量，那么 β^* 的方差—协方差矩阵，表示为 $V(\beta^*)$，被定义为一个 $k \times k$ 阶矩阵（在每一个方向上都有 k 个条目的表格），它对角线上的元素为 β^* 的 k 个要素的方差，非对角线上的元素为协方差。于是有：

$$V(\beta^*) = \begin{bmatrix} V(\beta_1^*), C(\beta_1^*, \beta_2^*) & \cdots & C(\beta_1^*, \beta_k^*) \\ & V(\beta_2^*) & \ddots & \\ & & & V(\beta_k^*) \end{bmatrix}$$

其中 $V(\beta_k^*)$ 是 β^* 第 k 个要素的方差，$C(\beta_1^*, \beta_2^*)$ 是 β_1^* 和 β_2^* 之间的协方差。这一方差—协方差矩阵所做的就是将相关的方差和协方差排列在一个表格中。这样做了以后，计量经济学家就可以利用矩阵代数学的数学知识来得出何种方式下一个无偏估计量的方差—协方差矩阵"小于"另一个无偏估计量的方差—协方差矩阵。

● 考虑度量方差—协方差矩阵大小的四种可选择的方法，所有都是通过将矩阵变换为单独一个数然后比较这些数字来完成的：

（1）选择方差—协方差矩阵的迹（trace）（对角线上元素之和）最小的无偏估计量。

（2）选择方差—协方差矩阵的行列式最小的无偏估计量。

（3）选择任意给定元素的线性组合都具有最小方差的无偏估计量。

（4）选择方差—协方差矩阵使风险函数（risk function）最小的无偏估计量，风险函数由个体的方差和协方差的加权和构成。（风险函数是传统损失函数的期望值，例如估计量和它所估计的量的差的平方。）

最后一条准则看起来很明智：研究者可以根据选择估计量时他（她）对它们在最小化过程中的重要性的主观感觉来权衡方差和协方差。巧合的是，在无偏估计量的背景下，这一风险函数可以表示为一种替代形式，即一个关于估计与真实参数值之差的二次函数的期望值；也就是 $E(\hat{\beta} - \beta)'Q(\hat{\beta} - \beta)$。这种替代的解释在估计背景的使用中作为一种选择的准则也具有良好的直觉的意义。

● 如果风险函数中的权重如上所论，那么应选择使得风险函数不可能为负的 Q 的元素（这是一个合理的要求，因为如果它是负数，它就成为增益函数而不是损失函数），然后一件很幸运的事情发生了。在这些情形下这四个准则都带来了估计量的相同选择。更有甚者，结果并不是依据在风险函数中使用的特定权重。

● 尽管定义最小矩阵的这四种方法都相当简单明了，但是由于数学上的原因，计量经济学家选择了一个等同但是概念上更困难的概念作为它们的定义。这第五条规则说的是，选择一种无偏估计量，要求任何无偏估计量的方差—协方差矩阵减去该无偏估计量的方差—协方差矩阵后，所得为一非负定的矩阵。（一个矩阵 A，如果 A 的元素作为参数（$x'Ax$）所形成的二次函数只取非负值，那么这个矩阵称为非负定矩阵。这样，为了保证一个如上所述的非负风险函数，加权矩阵 Q 必须是非负定的。）

这五个选择规则的等价性的证明可以查阅 Rothenberg（1973，p.8），Theil（1971，p.121）以及 Goldberger（1964，p.38）。

● 从关于风险函数的一个特殊情况可以看出一些问题。假定我们选择的加权使得估计量的任意一个元素的方差都有很大的权重，而所有其他的权重都可以忽略。这意味着具有"最小"方差—协方差矩阵的估计量的每一个元素都有各自最小的方差。（这样，之前给出的具有个体方差 3.1 和 7.4 的估计量以及具有方差 5.6 和 6.3 的估计量的两个例子是不合理的；这两个估计量可以组合成一个新的估计量，其方差是 3.1 和 6.3。）这种特殊情况也显示了协方差通常在决定最佳估计量时不起作用。

2.7 均方误差（MSE）

● 在多元的背景下，MSE 准则可以用"最小"（在 2.6 节的技术性注释中定义的）MSE 矩阵来说明。这个由公式 $E(\hat{\beta}-\beta)(\hat{\beta}-\beta)'$ 给出的矩阵，是对 MSE 准则自然形成的矩阵概括。然而在实践中，避免了这一概括而使用 $\hat{\beta}$ 所有单独成分的 MSE 之和；这是风险（risk）的定义，并且已成为该术语的通常意义。

2.8 渐近性

● 计量经济学文献已经有太多对渐近性的阐述，以至于使得至少有一位著名计量经济学家 Leamer（1988）抱怨说这种讨论过多了。作为下文的补充，本书的附录 C 对计量经济学这一重要领域在技术维度上给出了介绍。

● 在 g 是非线性的情况下，图 2—8 阐述了 $Eg(x) \neq g(Ex)$ 这一重要结果的原因。在纵轴上度量 $\hat{\beta}$ 值，它的抽样分布由 pdf($\hat{\beta}$）描述，在横轴上度量 $g(\hat{\beta})$ 值。与 $E\hat{\beta}$ 等距的 $\hat{\beta}$ 的 A，B 值被描绘为 $g(A)$ 和 $g(B)$。注意，$g(B)$ 与 $g(A)$ 相比，距离 $g(E\hat{\beta})$ 远得多：$\hat{\beta}$ 的较高值使 $g(\hat{\beta})$ 的值明显高于 $g(E\hat{\beta})$，但是 $\hat{\beta}$ 的较低值只使 $g(\hat{\beta})$ 略低于 $g(E\hat{\beta})$。结果 $g(\hat{\beta})$ 的抽样分布是渐近的，正如 pdf[$g(\hat{\beta})$]所示，而且在这个例子中 $g(\hat{\beta})$ 的值要高于 $g(E\hat{\beta})$。

如果 g 是线性函数，图 2—8 所描述的渐近性将不会出现，这样我们就有 $Eg(\hat{\beta})=g(E\hat{\beta})$。然而，若 g 是非线性的，则此结果不成立。

假设现在我们允许样本容量变得很大，并且假设 plim $\hat{\beta}$ 存在且等于图 2—8 中的 $E\hat{\beta}$。随着样本变得很大，抽样分布 pdf($\hat{\beta}$）在 plim $\hat{\beta}$ 处坍塌成一条直线；也就是说，它的方差变得非常小。因为现在 A，B 两点附近的值出现的概率可忽略，这两点不再相关。只有非常接近 plim $\hat{\beta}$ 的 $\hat{\beta}$ 值是相关的；这样的值当被代入 $g(\hat{\beta})$ 时非常接近 $g(\text{plim}\ \hat{\beta})$。显然，$g(\hat{\beta})$ 的分布在 $g(\text{plim}\ \hat{\beta})$ 处坍塌成一条直线，正如 $\hat{\beta}$ 的分布在 plim $\hat{\beta}$ 处坍塌一样。这样的话，$\text{plim}\, g(\hat{\beta}) = g(\text{plim}\ \hat{\beta})$，因为 g 是连续函数。

作为这一现象的一个简单例子，令 g 是平方函数，则 $g(\hat{\beta}) = \hat{\beta}^2$。从 $V(x) = E(x^2) - (Ex)^2$ 这一著名的结果中，我们可以得出 $E(\hat{\beta}^2) = (E\hat{\beta})^2 + V(\hat{\beta})$。显然，$E(\hat{\beta}^2) \neq (E\hat{\beta})^2$，但如果随着样本大小趋于无限，$\hat{\beta}$ 的方差趋于零，那么 $\text{plim}\, g(\hat{\beta}^2) = g(\text{plim}\ \hat{\beta})^2$。$\hat{\beta}$ 等于样本平均统计量的情况对此给出了一个简单的例子。

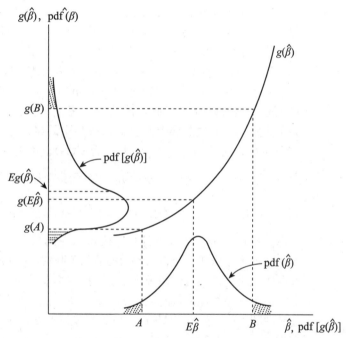

图 2—8　为何非线性函数的期望值不是期望值的非线性函数

注意，在图 2—8 中两种密度的众数以及它们的期望值并不一致。这个现象的解释是通过"变量替换"定理的帮助来进行的，这一定理将在 2.9 节的技术性注释中论述。

● 我们可以估计一个近似的纠正因子来减小这里讨论的小样本的偏误。例如，假设 β 的一个估计 $\hat{\beta}$ 是正态分布的，它的均值为 β，方差为 $V(\hat{\beta})$。那么 $\exp(\hat{\beta})$ 是对数正态分布，它的均值是 $\exp[\beta + \frac{1}{2}V(\hat{\beta})]$，这意味着 $\exp(\beta)$ 可以由 $\exp[\hat{\beta} - \frac{1}{2}\hat{V}(\hat{\beta})]$ 来估计，而它虽有偏误，但比 $\exp(\hat{\beta})$ 要小。如果在同一个例子中初始误差不是正态分布的，则 $\hat{\beta}$ 也就不是正态分布的，可以用一个泰勒级数展开式来得出一个合适的纠正因子。在 $E\hat{\beta} = \beta$ 附近展开 $\exp(\hat{\beta})$ 得到

$$exp(\hat{\beta}) = exp(\beta) + (\hat{\beta} - \beta)exp(\beta) + \frac{1}{2}(\hat{\beta} - \beta)^2 exp(\beta)$$

加上被忽略的高阶项。两边分别取期望值得到

$$Eexp(\hat{\beta}) = exp\beta\left[1 + \frac{1}{2}V(\hat{\beta})\right]$$

这意味着 $exp(\beta)$ 可以由下式来估计：

$$exp(\hat{\beta})\left[1 + \frac{1}{2}\hat{V}(\hat{\beta})\right]^{-1}$$

对于这些类型调整的讨论和例子参见 Miller（1984），Kennedy（1981a，1983）以及 Goldberger（1968a）。得出非线性函数 $g(\beta)$ 的估计的一种替代方法是计算 $g(\hat{\beta} + \varepsilon)$ 的大量值并取平均值，这里 ε 是一个误差，它的均值为零，方差等于 $\hat{\beta}$ 的估计方差。关于这一"去污"估计的更多论述可参见 Duan（1983）。

● 在一些情况中，回归可能得到 lny 的一个无偏估计 $\hat{lny}$，而想要预测 y，则上述调整可以应用于此，但是教科书中的阐述常常是错误的。把 $\hat{lny}$ 看作是 lny 加上一个预测误差 fe。如果回归中的误差是正态分布的，那么 $\hat{lny}$ 是正态分布的，它的均值为 lny，方差为 $V(fe)$。由上文可知，$exp(\hat{lny})$ 的期望值是 $exp\left\{lny + \frac{1}{2}V(fe)\right\}$，它作为 y 的预测是明显有偏误的。一个合理的纠正是使用 $exp\left\{\hat{lny} - \frac{1}{2}\hat{V}(fe)\right\}$ 来预测，其中 $\hat{V}(fe)$ 是预测误差的方差的估计。参见 Kennedy（1983）。这一方差的计算公式可以在附录 B 的第 5 部分中的例（d）中找到；它的大小依赖于与将被预测的值相关联的回归元的值。这一方差的估计最简单的方法是可以通过使用观测设定虚拟变量来得到，这将在第 15 章进行讨论。

● 当 g 是线性函数时，$g(\hat{\beta})$ 的方差通过 g 的斜率平方乘以 $\hat{\beta}$ 的方差给出；也就是说 $V(a + bx) = b^2V(x)$。当 g 是连续非线性函数时，方差更加难算；计量经济学家利用 $g(\hat{\beta})$ 的渐近估计来解决这一问题。正如图 2—8 指出的那样，当样本容量变得非常大时，只有极其接近 plim $\hat{\beta}$ 的 $\hat{\beta}$ 值才是相关的。而且，在这种范围内，$\hat{\beta}$ 的线性近似值就已足够。这样的线性近似值的斜率是 g 对 $\hat{\beta}$ 求一阶导数给出的。这样，$g(\hat{\beta})$ 的渐近方差常用该一阶导数的平方乘以 $\hat{\beta}$ 的渐近方差来计算，其中，求理论方差时导数在 $\hat{\beta}$ = plim $\hat{\beta}$ 处求得，而方差估计在 $\hat{\beta}$ 处求得。当 $g(\hat{\beta})$ 和 $\hat{\beta}$ 是向量时，处理见附录 B。

2.9 最大似然

● 一个样本的似然常常被认为是获得该样本的"概率"，但它严格来讲是不正确的。然而，这一术语的使用被人们所接受，这是因为一种含蓄的理解，如 Press 等（1992，p.652）表达的那样："如果 y_i 取连续的值，那么除非我们添加如下语句'在每一个数据点加上或减去某个固定的 Δy'，否则概率就一直是零。

因此，我们要理解并永远牢记这句话。"

● 似然函数与给定样本的联合密度函数是等同的。它被赋予一个新的名字（即"似然"）是为了指明下面的事实：在这一背景下，它被认为是参数值的函数（因为它是取关于那些参数值的最大值），而不是如通常的情况那样被认为是样本数据的函数。

● 在大多数计量经济学课本中都解释了寻找最大似然估计量的技巧。由于在计量经济学文献中最大似然估计的重要性，这里给出了一个例子。考虑在关系 $y=\beta_1+\beta_2 x+\beta_3 z+\varepsilon$ 中试图寻找向量

$$\beta=\begin{bmatrix}\beta_1\\\beta_2\\\beta_3\end{bmatrix}$$

的最大似然估计量这一典型的计量经济学问题，其中，x，y 和 z 的 N 个观测结果是可得到的。

（1）第一步是明确说明干扰项 ε 分布的性质。假定干扰项独立同分布，服从概率密度函数为 $f(\varepsilon)$ 的分布。例如，可以假定 ε 的分布是正态的，且均值为 0，方差为 σ^2，因此

$$f(\varepsilon)=(2\pi\sigma^2)^{-1/2}\exp\{-\varepsilon^2/2\sigma^2\}$$

（2）第二步是将给定的关系重写为 $\varepsilon=y-\beta_1-\beta_2 x-\beta_3 z$，因此我们可以得到 ε 的第 i 个值是

$$f(\varepsilon_i)=(2\pi\sigma^2)^{-1/2}\exp\left\{-\frac{1}{2\sigma^2}(y_i-\beta_1-\beta_2 x_i-\beta_3 z_i)^2\right\}$$

（3）第三步是形成似然函数（likelihood function），即样本的联合密度分布的公式；也就是说，一个与选取此样本中固有的特定误差项的概率成比例的公式。如果每个误差项之间是独立的，这个公式就由所有的 $f(\varepsilon)$ 的乘积给出；其中每一项对应于 N 个样本观测值中的一个。就这个例子而言，得到了似然函数：

$$L=(2\pi\sigma^2)^{-N/2}\exp\left\{-\frac{1}{2\sigma^2}\sum_{i=1}^{N}(y_i-\beta_1-\beta_2 x_i-\beta_3 z_i)^2\right\}$$

这是一个关于样本数据和未知参数 β_1，β_2 和 β_3，以及概率密度函数 f 本身具有的未知参数（在这个例子中为 σ^2）的复杂函数。

（4）第四步是将未知参数（β_1，β_2，β_3，σ^2）作为样本数据的函数，找到使似然函数最大的一组值。因为使 L 最大的参数值同样能使 $\ln L$ 最大且后者更为简单，所以我们的注意力通常放在对数似然函数上。在这个例子中，

$$\ln L=-\frac{N}{2}\ln(2\pi\sigma^2)-\frac{1}{2\sigma^2}\sum_{i=1}^{N}(y_i-\beta_1-\beta_2 x_i-\beta_3 z_i)^2$$

在一些像这个例子一样简单的情况中，该函数（即 MLE）的最大值可以运用代数学中求最大值的标准方法得到。然而，在大多数例子中，必须使用数值搜寻技术（在第 23 章中讨论）寻找 MLE。

● 下面是上述技术必须进行调整的两种情况。

(1) y 的密度不等于 ε 的密度。我们是对 y 进行观测，而不是对 ε。这样似然函数就应该由 y 的密度构造出来，而不是由 ε 的密度。上面描述的技术含蓄地假定了 y 的密度 $f(y)$ 等同于 ε 的密度 $f(\varepsilon)$；在这一公式中 ε 被 $y-X\beta$ 代替了，但事实并不一定是这样。在很小的范围 $d\varepsilon$ 中获得 ε 值的概率由 $f(\varepsilon)d\varepsilon$ 给定；这意味着 y 的相应概率由 $f(y)|dy|$ 给定，其中 $f(y)$ 是 y 的密度函数，$|dy|$ 是与 $d\varepsilon$ 对应的 y 值变动范围的绝对值。这样，由于 $f(\varepsilon)d\varepsilon = f(y)|dy|$，我们可以计算出 $f(y)=f(\varepsilon)|d\varepsilon/dy|$。

在上面给出的例子中，因为 $|d\varepsilon/dy|=1$，但是假设对上例稍作修改，令

$$(y^\lambda-1)/\lambda = \beta_1 + \beta_2 x + \beta_3 z + \varepsilon,$$

其中 λ 是新参数（这称为博克斯-考克斯转换，第 6 章将进行讨论）。此时，$d\varepsilon/dy = y^{\lambda-1}$，所以

$$
\begin{aligned}
f(y_i) &= y_i^{\lambda-1}f(\varepsilon_i) \\
&= y_i^{\lambda-1}(2\pi\sigma^2)^{-1/2}\exp\{-[(y^\lambda-1)/\lambda-\beta_1-\beta_2 x-\beta_3 z]^2/2\sigma^2\}
\end{aligned}
$$

这种方法称为"变量替换定理"（change-of-variable theorem），在 ε 的密度函数已知时，可以确定 ε 的函数 y 的密度函数。此时，多变量情形下，$|d\varepsilon/dy|$ 等于转换的雅可比行列式的绝对值。雅可比行列式是向量 ε 对向量 y 求一阶导数所得矩阵的行列式。Judge 等（1988，pp. 30 - 36）对此有很好的阐述。

(2) 观测结果不是独立的。在上面的例子中，各个观测结果之间是相互独立的，因此将每个观测结果的密度值简单相乘便可以得到似然函数。当观测结果不相互独立时，比如如果回归方程中回归子（regressand）的滞后值作为回归元（regressor）出现，或者如果误差项是自相关的，那么就必须使用另外的寻找似然函数的方法。处理这个问题有下面两种方法。

(a) 使用多元密度。多元密度函数给出的是整个向量 ε 的密度而不仅仅是该向量中某个元素的密度（也就是说，它给出了获得 ε_i 整个集合的"概率"）。例如，向量 ε 的多元正态密度函数是通过下面的公式给出的（在矩阵的术语中）：

$$f(\varepsilon)=(2\pi\sigma^2)^{-N/2}|\det\Omega|^{-1/2}\exp\left\{\frac{1}{-2\sigma^2}\varepsilon'\Omega^{-1}\varepsilon\right\}$$

其中 $\sigma^2\Omega$ 是向量 ε 的方差—协方差矩阵。这一公式本身可以作为似然函数（也就是说，没有必要再把一系列密度乘在一起，因为这一公式本身暗含了该乘积，同时把这些数据之间的相互依赖性考虑进去了）。注意，这一公式给出的是向量 ε 的密度而不是向量 y 的密度。因为需要的是 y 的密度，所以与前面用过的单变量 $|d\varepsilon/dy|$ 等价的多变量调整因子是必要的。这一调整因子就是 $|\det d\varepsilon/dy|$，其中 $d\varepsilon/dy$ 是一个矩阵，它的第 i 行第 j 列的元素是 ε 的第 i 个观测结果关于 y 的第 j 个观测结果的导数。它称为从 ε 到 y 的变换的雅可比行列式。Watts（1973）对雅可比行列式有很好的说明。

(b) 使用一个变换。可能变换问题中的变量使得问题变为对独立误差项的处理。例如，假设我们有

$$y = \beta_1 + \beta_2 x + \beta_3 z + \varepsilon$$

但是 ε 由 $\varepsilon_t = \rho \varepsilon_{t-1} + u_t$ 给出，其中 u_t 是一个正态分布的误差，它的均值是 0，方差是 σ_u^2。这些 ε 不是相互独立的，所以向量 ε 的密度不能由所有个体密度的乘积给出；必须应用前面给出的多变量密度公式，其中 Ω 是 ρ 的函数，σ^2 是 ρ 和 σ_u^2 的函数。但是误差项 u 是独立分布的，所以向量 u 的密度可以由所有的 u_t 的密度的乘积给出。一些代数处理可以把 u_t 表达成

$$u_t = (y_t - \rho y_{t-1}) - \beta_1(1-\rho) - \beta_2(x_t - \rho x_{t-1}) - \beta_3(z_t - \rho z_{t-1})$$

（对 u_1 有一个特别的变换；参见 8.4 节的技术性注释，其中论述了自相关误差。）向量 y 的密度，以及要求的似然函数，可以用向量 u 的密度乘以 u 到 y 的变换的雅可比行列式计算出。在现在的例子中，因为第一种方法（使用多变量密度函数）需要求得 Ω 的行列式，而这是很麻烦的，所以第二种方法看来更为简单。

● 考察关于这些技术应用的文献中的实例是熟悉适应它们以及了解利用 MLE 可以做什么的最好方法。参见 Beach and MacKinnon（1978a），Savin and White（1978），Lahiri and Egy（1981），Spitzer（1982），Seaks and Layson（1983），以及 Layson and Seaks（1984）。

● Cramer-Rao 下界是由下面的式子给出的矩阵：

$$-\left[E \frac{\partial^2 \ln L}{\partial \theta^2} \right]^{-1}$$

其中 θ 是 MLE 估计的未知参数（包括 σ^2）的向量，该 MLE 估计的 Cramer-Rao 下界是渐近的方差—协方差矩阵。它的估计是通过插入未知参数的 MLE 估计来完成的。Cramer-Rao 下界的逆矩阵被称为信息矩阵（information matrix）。

● 如果随机变量 x 服从方差为 σ^2 的正态分布，则 σ^2 的 MLE 估计量为 $\sum (x - \bar{x})^2 / N$，本章前文中给出了另一个估计量 $\sum (x - \bar{x})^2 / (N-1)$，是最优无偏估计量，以及 $\sum (x - \bar{x})^2 / (N+1)$，是最小的 MSE 估计量。这三个估计量近似相同，但是在小样本中有所差异。

2.11　总结

● 估计的类似原则常被称为矩法（method of moments），因为有代表性的矩条件（例如 $EX'\varepsilon = 0$，解释变量与误差之间的协方差为零）被用来推导使用该技术的估计量。例如，考虑一个有未知均值 μ 的变量 x，其中均值 μ 是一阶矩，所以我们用数据 x 的一阶矩（平均）$\bar{x}$ 来估计 μ。这一过程并不总是这样简单。例如，假设 x 的密度当 $0 \leqslant x \leqslant 1$ 时为 $f(x) = \lambda x^{\lambda-1}$，其他情况都为零。$x$ 的期望值是 $\lambda/(\lambda+1)$，所以 λ 的矩法估计量 λ^* 可以通过设定 $\bar{x} = \lambda^*/(\lambda^*+1)$ 以及由此推出的 $\lambda^* = \bar{x}/(1-\bar{x})$ 找到。一般来说，我们通常对估计一些参数有兴趣，因此需要与被估计参数一样多的这样的矩条件，在这种情况下寻找估计值伴随着同时求

解这些方程。

● 例如，考虑估计 $y=\alpha+\beta x+\varepsilon$ 中的 α 和 β。由于 ε 被指定为一个独立误差，所以 x 与 ε 乘积的期望值是零，这是一个"正交"或者说"矩"条件。这说明了估计建立在将 x 与残差 $\varepsilon^*=y-\alpha^*-\beta^*$ 的乘积设为零的基础上，其中 α^* 和 β^* 是要求的 α 和 β 的估计。相似地，ε（它的一阶矩）的期望值被设为零，说明了估计应当建立在将 ε^* 的平均值设为零的基础上。这就引出了两个未知数的两个方程：

$$\sum(y-\alpha^*-\beta^* x)x=0$$
$$\sum(y-\alpha^*-\beta^* x)=0$$

读者可能会认出来这是普通最小二乘估计量的正规方程。矩法估计量转变为一种熟知的估计量并不是不寻常的事，这一结果具有一定的吸引力。Greene（2008，pp. 429-436）对此有很好的规范说明。

● 只要矩条件的数量等于被估计参数的数量，估计的这种方法就是简单易懂的。但是如果矩条件多于参数时是怎样的呢？在这种情况下，方程的个数比未知数的个数多，而且如何进行下去并不明了。广义矩法（GMM）程序，在 8.5 节论述，可以用来处理这类情况。

● Bera 和 Bilias（2002）对各种不同的估计方法之间的关系有一个高深但很有趣的论述。

第 3 章 经典线性回归模型

3.1 作为一览表的教科书

在第 2 章我们认识到了很多受到计量经济学家较高关注的估计准则（例如最优无偏性和最小均方误差）是估计量抽样分布的特性。除非可以取到或是假定一系列的重复样本，否则这些特性不能够被确定；为了取到或假定这些重复的样本，关于观测结果生成方式的知识是必要的。很不幸，对于可以生成观测结果的所有方式，一个估计量并不具有相同的特性。这意味着，一个特定的估计量在某些估计情形中具有合意的性质，而在其他的估计情形中不具有合意的性质。由于不存在一种在所有的估计情形中都具有合意性质的"超级估计量"，因此对于每一个估计问题（即对于观测结果生成的每一种不同的方式），计量经济学家必须重新确定哪种估计量更好。计量经济学教材被刻画为描述何种估计量在何种情况下有合意性质的一览表。这样，面对特定估计问题的研究者只需求助于这个一览表就可以确定在这种情况下对他（她）而言最适合使用哪种估计量。本章的目的是解释这个一览表是如何构建出来的。

上面描述的编制此表的过程以被称为经典线性回归模型（classical linear regression model，CLR 模型）的标准估计情形为中心。在这种标准情形中，OLS 估计量被认为是最理想的估计量。这个模型由五个关于数据生成方式的假设组成。通过以一种或者另一种方式改变这些假设，可以得出不同的估计情况；其中很多情况下，OLS 估计量不再被认为是最佳估计量。大多数计量经济学问题可以被描述为以特定方式违反了这五个假设之一（或更多）的情形。一览表是简单明了的：估计情况在 CLR 模型的一般形式中被模拟，然后研究者确认这一情况区别于（被CLR 模型所描述的）标准情况的方式（即寻找在这个问题中违背了 CLR 模型的哪个假设）；最后他（她）求助于教材（一览表）查看这一 OLS 估计量是否仍然保持它合意的性质；以及如果没有，那么应该用哪一种替代估计量。由于计量经济学家经常不确定他们面对的估计情况是否违背了 CLR 模型的一个假设，这个一览表还包括了一列用来检验是否违背了 CLR 模型的假设的方法。

3.2　五个假设

CLR 模型包括了五个关于观测结果生成方式的基本假设。

（1）CLR 模型的第一个假设是：因变量作为一组特定自变量的一个线性函数加上一个干扰项可以被计算出来。这一线性函数的未知系数形成了向量 β，而且被假定为常数。对这一假设的若干违背情况称为设定误差，这将在第 6 章论述。

（a）错误回归元（wrong regressors）——忽略相关自变量或包含不相关自变量；

（b）非线性（nonlinearity）——因变量和自变量的关系不是线性的；

（c）参数改变（changing parameters）——在数据被选取的时期内，参数（β）没有保持不变。

（2）CLR 模型的第二个假设是：干扰项的期望值为零，即干扰项取自均值为零的分布。违背这一假设导致的截距偏误问题，将在第 7 章论述。

（3）CLR 模型的第三个假设是：所有的干扰项都具有相同的方差且彼此不相关。关于违背这一假设的两个主要的计量经济学问题，将在第 8 章论述。

（a）异方差（heteroskedasticity）——干扰项不是都具有相同的方差；

（b）自相关误差（autocorrelated errors）——干扰项彼此相关。

（4）CLR 模型的第四个假设是：自变量的观测结果在重复样本中可以被认为是固定的；也就是说，重复抽取具有相同自变量值的样本是可能的。有关违背这一假设的三个重要的计量经济学问题，将在第 10、11 章论述。

（a）变量中的误差（errors in variables）——度量自变量的误差；

（b）自回归（autoregression）——使用因变量的一个滞后值作为自变量；

（c）联立方程估计（simultaneous equation estimation）——因变量由几种关系同时相互作用而确定的情况。

（5）CLR 模型的第五个假设是：观测结果的个数多于自变量的个数，而且在自变量之间不存在确切的线性关系。尽管这被看作是一般情况的假设，但是对于某个特定的情况它也可以被很容易地检验出来，因此它不需要被假设。多重共线性（multicollinearity）（两个或更多的自变量在样本数据中大致线性相关）的问题与这一假设有关。这将在第 12 章论述。

所有这些都概括在表 3—1 中，表 3—1 呈现了 CLR 模型的这五个假设用数学符号表示时的情况，并列举出了与这些假设的违反有最密切关联的计量经济学问题。本书后面的章节评论了这些假设的意义和重要性，指明了违背它们对 OLS 估计量而言的含义，讨论了确定是否违背它们的方法，以及在这些假设之一必须被一个替代假设取代的情况下，提出了新的合适的估计量的建议。然而，在我们继续讨论以上内容之前，必须在 CLR 模型的背景下对 OLS 估计量的特性多说一些，这是因为它在计量经济学家的"一览表"中占据了中心地位。

表 3—1 CLR 模型的假设

假设	数学表达		违背	论述章节
	双变量	多变量		
（1）因变量为一组特定自变量的线性函数加上一个干扰项	$y_t = \beta_0 + \beta_1 x_t + \varepsilon_t$ $t=1, 2, \cdots, N$	$Y = X\beta + \varepsilon$	错误回归元 非线性 改变参数	6
（2）干扰项的期望值为零	$E\varepsilon_t = 0$，对所有 t	$E\varepsilon = 0$	截距偏误	7
（3）所有的干扰项都具有相同的方差且彼此不相关	$E\varepsilon_t\varepsilon_r = 0$，$t \neq r =$ σ^2，$t = r$	$E\varepsilon\varepsilon' = \sigma^2 I$	异方差 自相关误差	8
（4）自变量的观测结果在重复抽样中可以被认为是固定的	在重复抽样中 x_t 固定	在重复抽样中 X 固定	变量中的误差 自回归 联立方程	10 11
（5）自变量之间不存在确切的线性关系，而且观测结果的个数多于自变量的个数	$\displaystyle\sum_{t=1}^{N} (x_t - \bar{x})^2 \neq 0$	X 的秩 $= K$ $\leqslant N$	完全共线性	12

本节的技术性注释中解释了数学术语。符号如下：Y 是因变量观测值的向量；X 是自变量观测值的矩阵；ε 是干扰项的向量；σ^2 是干扰项的方差；I 是单位矩阵；K 是自变量的个数；N 是观测值的个数。

3.3 CLR 模型中的 OLS 估计量

在计量经济学家的一览表中，OLS 估计量的中心角色是作为其他所有的估计量用来比较的标准。其原因是 OLS 估计量非常普及。它的普及来源于如下事实：在 CLR 模型的背景下，OLS 估计量具有非常多的合意的性质，这使得当估计问题可以被 CLR 模型准确刻画时，它就成为"最佳"估计量的不二选择。通过阅读第 2 章列举的八条准则并确定在 CLR 模型的背景下 OLS 估计量在这些准则下所处的级别，上面的观点可以得到很好的说明。

（1）计算成本。所有的计量软件都能够瞬间完成 OLS 估计，并且，很多流行的非计量软件，如 Excel 等，也有这种功能。

（2）最小二乘。由于设计 OLS 估计量的目的就是使残差的平方和最小，OLS 估计量在这一准则上很自然是"最优的"。

（3）最大 R^2。由于 OLS 估计量在最小二乘准则上是最优的，因此，很自然地在最大 R^2 准则上，它也是最优的。

（4）无偏性。CLR 模型的假设显示了 OLS 估计量 β^{OLS} 是 β 的无偏估计量。

（5）最优无偏性。在 CLR 模型中 β^{OLS} 是线性估计量；也就是说，它可以写为误差项的一个线性函数。正如前面提到过的，它是无偏的。在 β 的所有线性无偏估计量中，可以说明它（在 CLR 模型的背景下）具有"最小的"方差—协方差矩阵。这样的话，在 CLR 模型中 OLS 估计量具有 BLUE 性质。如果我们加上一个额外的假设——干扰项是正态分布的（得到 CNLR 模型——经典正态线性回归模型（classical normal linear regression model）），就显示了 OLS 估计量是最优无偏估计量（即在所有的无偏估计量中，而不仅仅在线性无偏估计量中是最优的）。

（6）均方误差。在 CLR 模型中 OLS 估计量是最小均方误差估计量这一说法是不正确的。甚至在线性估计量中，采用一个有轻微偏误的估计量也有可能使方差有实质的减小。这是 OLS 估计量最差的一点；第 12、13 章讨论了几种估计量，它们的吸引力在于其在 MSE 准则上优于 OLS 估计量的可能性。

（7）渐近准则。由于在 CLR 模型的背景下，OLS 估计量是无偏的，因此在无限大的样本中它也是无偏的，这样它就是渐近无偏的。还可以看出：随着样本容量趋于无穷，β^{OLS} 的方差—协方差矩阵趋于零，因此，β^{OLS} 也是 β 的一个一致估计量。进一步说，在 CNLR 模型中它是渐近有效的。

（8）最大似然。给定 CLR 模型的假设，计算最大似然估计量是不可能的，这是因为这些假设没有明确指定干扰项分布的函数形式。然而，如果假设干扰项是正态分布的（CNLR 模型），则 β^{MLE} 等于 β^{OLS}。

这样，只要估计情况是由 CLR 模型来描述的，OLS 估计量在实际上就满足计量经济学家考虑的所有相关准则。那么，这一估计量变得如此普及就不足为奇了。事实上，它实在是太普及了：在不能被 CLR 模型精确描述的估计情况中，它经常没有经过证明就被使用。如果没有满足某些 CLR 模型的假设，OLS 估计量的很多合意的性质也就不复存在。如果 OLS 估计量不具有那些被认为最重要的性质，就必须寻找它的替代者。然而，在表述计量经济学检验之前，我们将用一章来讨论一些推论的概念和问题，为后面的章节打好基础。

一般性注释

3.1 作为一览表的教科书

● 计量经济学家的一览表并不能被所有人认可。考虑 Worswick（1972，p. 79）的看法："在我看来，（计量经济学家）与其说是致力于打造可以用来解决和衡量真实情形的工具，倒不如说是致力于制造一系列绝妙的伪工具；这些伪工具只有当一组事实以正确的形式出现时才会创造奇迹。"

● Bibby 和 Toutenburg(1977，pp. 72 - 73) 提到，被他们称为是 GLM（广义线性模型）的 CLR 模型，可以是圈套、陷阱和错觉。他们引用了 Whitehead 的话："寻求简单……然后不相信它"，并继续解释了线性模型的使用如何以不合需要的方式改变了一个关于正在讨论的研究中被检验现象的争论的本质。例如，通过将问题引向与 CLR 模型相同的模式可以将它所涉及的术语限定在基于一组特定数据的一个特定的模型内，缩小了问题；通过将注意力集中到表面上有意义但实质上微不足道的关于未知回归系数值的问题上，使问题简单化；而且通过把注意力转向只能被专家理解的技术统计问题，使争论技术化了，从而模糊了目前真正的问题。

他们警告 GLM 的使用者要注意"它的确会消除冷静思考的复杂性，尤其当存在非常多的计算机程序时。对于那些不想深入思考的无主见的分析者，一种现成的计算机程序包本身就是简单的，尤其当它跳过了大量复杂的数据并且提供一些易于报告的系数时。奥克姆的剃刀可以用来为更坏的暴行提供正当理由：但它是危险的物品，应该慎用"。

● 如果同时违背的 CLR 模型的假设不止一个，计量经济学家经常会感到很困惑，因为一览表通常告诉他们如果只违背了 CLR 模型的一个假设该怎样去做。近来很多计量经济学研究分析了同时违背 CLR 模型的两个假设的情形。这些情形会在适当的情况下讨论。

3.3 CLR 模型中的 OLS 估计量

● OLS 估计量应用于当前数据的过程通常用术语"运行回归"来描述。因变量（"回归子"）称为对自变量（"回归元"）进行"回归"以得到 OLS 估计。这个术语来源于一个开创性的经验研究；该研究发现了给定身高的父母生下的孩子的平均身高趋于向总体平均身高"回归"或移动。参见 Maddala（1977，pp. 97 - 101）对这一问题更深入的评论，以及他关于回归分析意义和解释的探讨。回归分析是计量经济学的核心和灵魂所在。正如 Fiedler（1977，p.63）所说："大部分经济学家认为上帝的工作就是在天上进行恢弘的多变量回归。"评论家注意到，《新标准字典》（*New Standard Dictionary*）将回归定义为："精神能量的转化……成为幻想的途径。"

● 在 CLR 模型中 OLS 估计量是 BLUE 的结果经常被描述为高斯-马尔可夫定理。

● 向量 β 的一个特定元素的 OLS 估计量的公式通常包括所有自变量的观测值（以及对因变量的观测值），而不仅仅是对应于 β 的那个特定元素的自变量的观测值。这是因为，为了得到一个自变量对因变量影响的准确估计，其他自变量对因变量的影响必须同时考虑进去。这样做确保了当保持其他所有的自变量不变时，β^{OLS} 的第 j 个元素反映了第 j 个自变量对因变量的影响。相似地，β^{OLS} 的一个元素的方差公式通常也包括了所有自变量的观测值。

● 由于 OLS 估计量如此普及，而且在替代估计量的公式表达中占有重要的地位，因此它很重要，以至于它的机械性质应该被很好地理解。阐释这些特性最有效的方法是通过使用被称作 Ballentine 的维恩图。假设使用 CLR 模型，其中 Y 取决于 X 和一个误差项。图 3—1 中圆圈 Y 代表因变量 Y 的变化，圆圈 X 代表自变量 X 的变化。X 和 Y 的重叠处，即蓝色区域，代表在 Y 的变化可以通过 OLS 回归被 X 解释的意义下，X 和 Y 共同具有的变化。蓝色区域反映了在估计斜率 β_x 的过程中所使用的信息；这一区域越大，就有越多的信息被用来进行估计，这样它的方差就越小。

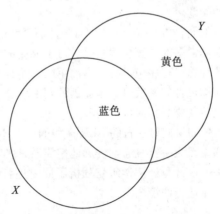

图 3—1 定义 Ballentine 维恩图

现在考虑图 3—2，Ballentine 描述了两个解释变量 X 和 Z 的情况（即现在 Y 是由 X 和 Z 共同决定的）。一般来说，圆圈 X 和 Z 会重叠，反映了两者间一定程度的共线性；正如图 3—2 所示的红色加桔色的区域。如果 Y 只对 X 回归，蓝色加红色区域的信息可以用来估计 β_x；如果 Y 只对 Z 回归，绿色加红色区域的信息可以用来估计 β_z。但是，如果 Y 同时对 X 和 Z 回归，会怎样呢？

在 Y 对 X 和 Z 共同回归的多重回归中，OLS 估计量用蓝色区域的信息来估计 β_x，用绿色区域的信息来估计 β_z，而放弃了红色区域的信息。蓝色区域的信息

对应于和 X 的变化唯一匹配的 Y 的变化；因此使用这些信息可以得到 β_x 的无偏估计。相似地，绿色区域的信息对应于和 Z 的变化唯一匹配的 Y 的变化；因此使用这些信息可以得到 β_z 的无偏估计。不使用红色区域的信息，这是因为它反映了由 X 和 Z 的变化确定的 Y 的变化，它们的相对贡献不是先验（priori）已知的。例如，在蓝色区域中，Y 的变化全都归因于 X 的变化，所以，把 Y 的变化和 X 的变化关联起来就可能得到 β_x 的精确估计。但是在红色区域里，将这些变化关联起来是具有误导性的，这是因为并不是所有 Y 的变化都取决于 X 的变化。

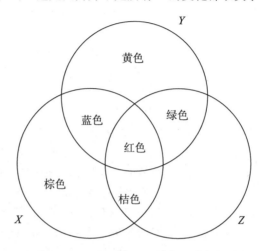

图 3—2　用 Ballentine 解释多重回归

● 要注意的是，Y 对 X 和 Z 的共同回归得到了 β_x 和 β_z 的无偏估计，然而，分别将 Y 对 X 和 Z 回归得到的是 β_x 和 β_z 的有偏估计，这是因为后面的方法用到了红色区域。但也要注意，由于前一种方法舍弃了红色区域，它使用更少的信息来得到斜率估计，这样，这些估计具有更大的方差。正如计量经济学中永恒的情况那样，得到无偏估计量的代价是更高的方差。

● 只要 X 和 Z 是相互正交的（具有零共线性），它们就不会像图 3—2 那样重叠，而且红色的区域会消失。由于这种情况不存在红色区域，将 Y 对 X 或 Z 单独回归得到的 β_x 和 β_z 的估计与将 Y 对 X 和 Z 共同回归时相同。这样，尽管一般来说向量 β 的一个特定元素的 OLS 估计包括了所有回归元的观测结果，但在正交回归元的情况中，它只包括了一个回归元的观测值（它就是这个回归元的斜率估计）。

● 只要 X 和 Z 是高度共线的，并因此很大的部分是重叠的，蓝色和绿色的区域就会变得十分小；这意味着当 Y 对 X 和 Z 共同回归时只有非常少的信息被用来估计 β_x 和 β_z。这使得这些估计的方差很大。这样，多重共线性的影响就是提高了 OLS 估计的方差。完全共线性使得圆圈 X 和 Z 完全重合；蓝色和绿色区域消失且估计不可能进行。多重共线性将在第 12 章中详细论述。

● 图 3—1 中蓝色区域代表由 X 解释的 Y 的变化。这样，R^2 是由蓝色区域占整个圆圈 Y 的比例给定的。图 3—2 中蓝色加红色加绿色的区域代表由 X 和 Z 共同解释的 Y 的变化。（注意，红色区域只是为了估计系数才被舍弃，而不是为了预

测 Y；一旦系数被估计，X 和 Z 的所有变化就可用来预测 Y。）这样，多元回归产生的 R^2 就是由蓝色加红色加绿色的区域占整个圆圈 Y 的比例给出的。注意我们没有办法把整个 R^2 分配给 X 和 Z，因为红色区域的变化是由二者用一种不能分开的方法共同解释的。只有当 X 和 Z 是正交的，而红色区域消失的时候，整个 R^2 才能被毫不含糊地分别分配给 X 和 Z。

● 黄色区域代表由误差项引起的 Y 的变化，这样黄色区域的面积代表了误差项方差 σ^2 的大小。举例来说，这意味着在图 3—2 中如果 Y 只对 X 回归，而忽略 Z，那么 σ^2 将由黄色加绿色的区域估计，这是个过高估计。

● Ballentine 是由它的发明人 Cohen 和 Cohen（1975）以一种标识与图 3—2 相似的美国啤酒命名的。他们对于 Ballentine 的应用被限制在解释和 R^2 有关的各种概念中。Kennedy（1981b）将它的用途扩展到了解释回归的其他方面。已经证明 Ballentine 偶然会产生误导，特别是当用来说明 R^2 概念的时候。Ballentine 的一个局限性是在某些情况下红色区域必须代表负值。（假设两个解释变量 X 和 Z 都有正的系数，但是在数据中 X 和 Z 是负相关的：X 单独不能很好地解释 Y 的变化，因为，比如说，X 的较高值的影响被一个较低的 Z 值抵消了。红色区域必须是负的！）尽管存在这个问题，本书还是保留了 Ballentine 来阐述偏误和方差的大小，这是因为其说明能力要超过带来的误差风险。Ballentine 在这里被用作隐喻的工具解释了一些回归结果；它不应该被赋予更多的意义。

● 有时会使用 OLS 的一个利用向量几何学的替代的几何学分析。Davidson 和 MacKinnon（1993，ch.1）对此有很好的阐述。

技术性注释

3.2 五个假设

● 回归模型 $y=g(x_1，\cdots，x_k)+\varepsilon$ 的确是对条件均值 $E(y\mid x_1，\cdots，x_k)$ 如何通过 x 彼此相关的一个详细说明。总体回归函数写为 $E(y\mid x_1，\cdots，x_k)=g(x)$；它描述了 y 的均值或期望值如何随 x 变化。假设 g 是一个线性函数，则回归函数可以写为 $y=\beta_1+\beta_2 x_2+\beta_3 x_3+\cdots+\beta_k x_k+\varepsilon$。$\beta^{OLS}$ 的每一个元素（例如，β_4）是在所有其他 x 保持不变的情况下，x_4 变化一单位对 y 的条件期望的影响的一个估计。

● CLR 模型中第四个假设是解释变量在重复抽样中可视为不变；也就是说，有可能重新抽得解释变量样本值。当解释变量随机但独立于误差项时，这一性质就被弱化。至于之前给出的违反此假设的例子（变量中的误差、自回归和联立方程等）都是解释变量随机并且不独立于误差项的情形。

● 很多情形下解释变量在重复抽样中可以看作保持固定的，例如，如果美国 50 个州每一个都有一个样本点，那么样本就穷尽了总体。但很多情况下样本没有穷尽总体。当前人口调查（Current Population Survey, CPS）中一个千人规模的样本就是一例。当后者的情形出现时，我们就会问，当重新抽取千人样本时，系数估计将会如何随着新的误差项而变化？这实际上是说，概念上的重复抽样在实际中本质上是不同的！

● 没有理由认为从 CPS 中重新抽取千人样本会与新的误差项相关，所以第四个假设的弱化情形成立。此时，OLS 估计量依然是 BLUE 的（虽然会有人批评在某种意义上其不再是线性的）。证明其具有无偏性是很容易的，但困难的是寻找合适的公式来估计其方差—协方差矩阵。一般的表达式为 $\sigma^2(X'X)^{-1}$，但是当 X 随机时，表达式就变为 $\sigma^2 E[(X'X)^{-1}]$。由于 $E[(X'X)^{-1}]$ 是随机变量的一个复杂的非线性函数的期望值，于是就出现了困难。2.8 节的技术性注释指出，非线性函数的期望值并不等于期望值的非线性函数。因此，$(X'X)^{-1}$ 是 $E[(X'X)^{-1}]$ 的有偏估计。计量经济学家通过两种方法来解决解释变量不固定的问题，但都不令人满意。第一，他们将 $\sigma^2(X'X)^{-1}$ 视为 OLS 估计量在 X 下的条件期望，并将其用在经典表达式中。但这种处理实则是在重复抽样中保持 X 值不变！第二，他们会转而利用渐近标准，称 $\sigma^2(X'X)^{-1}$ 虽然是有偏的，但是是一致的，所以继续使用经典表达式。然而这仍然有问题，因为在小样本中，其没有解释自变量观测值由于重复抽样带来的波动，所以会产生低估方差的偏误。Stock 和 Watson（2007）教授了如何利用渐近方法使用弱化的第四条假设。他们辩称，渐近方法在任何时候都是必要的，因为误差项几乎不可能是正态分布（大样本中，不管误差项服从何种分布，OLS 统计量都服从正态分布）。

● 在 CLR 模型中，回归模型被设定为 $y=\beta_1+\beta_2 x_2+\cdots+\beta_k x_k+$干扰项，这一公式可以被记录 N 次，每一次对应每一组因变量和自变量的观测值。这就给出了一大堆方程，可以用矩阵的符号合并为 $Y=X\beta+\varepsilon$。其中 Y 是一个包含因变量 y 的 N 个观测值的向量；X 是一个包含 K 个列向量的矩阵，每一列是由一个自变量的 N 个观测值组成的向量；ε 是一个包含 N 个未知干扰项的向量。

3.3　CLR 模型中的 OLS 估计量

● β^{OLS} 的公式是 $(X'X)^{-1}X'Y$。这一公式正确的推导是通过误差项平方和的最小化完成的。记忆此公式的简单方法是将 $Y=X\beta+\varepsilon$ 左乘 X'，得到 $X'Y=X'X\beta+X'\varepsilon$，舍弃 $X'\varepsilon$，解出 β。

● β^{OLS} 方差—协方差矩阵的公式是 $\sigma^2(X'X)^{-1}$，其中 σ^2 是误差项的方差。对于回归函数是 $y=\beta_1+\beta_2 x$ 的简单情况来说，β_2^{OLS} 的方差公式就是 $\sigma^2/\sum(x-\bar{x})^2$。注意，如果回归元值的方差很大，这一表达式的分母就会变得很大，导致 β^{OLS} 的方差变得很小。

● β^{OLS} 的方差—协方差矩阵通常是未知的，因为 σ^2 通常是未知的。它由 $s^2(X'X)^{-1}$ 来估计，其中 s^2 是 σ^2 的估计量。估计量 s^2 通常由公式 $\hat{\varepsilon}'\hat{\varepsilon}/(N-K)=\sum \hat{\varepsilon}_i^2/(N-K)$ 给出，这里的 $\hat{\varepsilon}$ 是干扰项向量的估计，被计算为 $(Y-\hat{Y})$，其中 $\hat{Y}$ 是 $X\beta^{OLS}$。在

CLR 模型中 s^2 是 σ^2 的最佳二次无偏估计量；在 CNLR 模型中它是最优无偏的。

● 通过舍弃图 3—2 中的红色区域，OLS 公式确保了一个自变量影响的估计是在同时控制其他自变量的影响时计算出来的，也就是说，例如，β^{OLS} 的第 j 个元素的解释是当所有其他解释变量保持不变时，对第 j 个解释变量影响的估计。可以通过指出以下事实来强调"红色区域被舍弃"：β_x 的 OLS 估计可以通过 Y 对 X 和 Z 共同回归来计算，或者通过 Y 对 X 关于 Z 的残差（即消除 Z 的影响）的回归来计算。在图 3—2 中，如果 X 对 Z 回归，就能够解释红色加桔色的区域；这一回归的残差，也就是蓝色加棕色的区域，称为 X 关于 Z 的残差。现在假设将 Y 对 X 关于 Z 的残差回归。圆圈 Y 与蓝色加棕色区域的重叠部分是蓝色的区域，所以在此方法中用来估计 β_x 的信息与将 Y 对 X 和 Z 共同回归时使用的信息是完全一样的，这就得到了 β_x 的同样的估计。

进一步注意到，如果 Y 同样是关于 Z 的残差，得到了黄色加蓝色的区域，那么将残差化的 Y 对残差化的 X 进行回归同样可以得到 β_x 相同的估计，这是因为它们重叠部分是蓝色区域。这个结果的一个重要推论是：例如，对已经去除线性时间趋势的数据进行回归所得的系数估计，与将线性时间趋势包含在回归元中而对原始数据进行回归时得到的系数估计完全一样。作为另一个例子，考虑线性季节影响的移除；对线性去除季节趋势的数据进行回归，与将线性季节影响作为额外估计量包含在原始数据中的回归会得到完全相同的系数估计。

● 应该避免使用称为分步回归的 OLS 变体。这种方法中，Y 对每个解释变量 X 分别回归，并保留具有最大 R^2 的方程（寻找有最高 t 值的回归元）。这决定了回归方程解释变量的斜率系数估计值。之后，将回归残差对其他解释变量进行回归，依次往复。考虑图 3—2 所示的情况，此时 Y 对 X 回归得到比 Y 对 Z 回归更高的 R^2。那么 β_x 的估计利用到的就是蓝色加红色区域。注意，此时估计是有偏的。计量经济学家经常贬低统计学家，称其热衷于进行这种回归结果的穷举。对此 Leamer（2007，p. 101）给出了令人信服的表述：

> 我们并不依赖于分步回归或任何自动统计模式识别方法来解释数据，一方面因为目前根本无法将关键的背景信息注入这些方程中，另一方面也因为理解背景是理解混杂非实验数据的关键。最不愿意分析经济学数据的就是统计学家了，而进行分步回归的时候你就成了统计学家。

● Ballentine 可被用来阐释 R^2 的一些变体。例如，图 3—2 考虑了 Y 和 Z 间的简单 R^2。如果圆圈 Y 的区域被标准化为单位 1，那么这一简单 R^2，记作 R^2_{yz}，由红色加绿色区域给出。Y 和 Z 的偏 R^2 被定义为在说明 X 的影响之后 Z 对 Y 的影响的反映。它可以通过由 X 校正过的 Y 对由 X 校正过的 Z 进行回归而得到的 R^2 来度量，记为 $R^2_{yz \cdot x}$。我们早先对 Ballentine 的使用可以轻易地推导出：在图 3—2 中它是由绿色区域除以黄色加绿色区域给出的。读者们或许愿意通过下面的公式来检验它：

$$R^2_{yz \cdot x} = (R^2 - R^2_{yx})/(1 - R^2_{yx})$$

● OLS 估计量有一些著名的机制性质；学生们对此应该非常熟悉——讲授者倾向于在关于 OLS 的第一、二讲之后假设这一信息。下面列出的是这些性质中比较重要的一些；它们的证明可以在大多数教材中找到。背景是 $y = \alpha + \beta x + \varepsilon$。

（1）如果 $\beta = 0$，那么唯一的估计量是截距，y 对 1 的列向量回归，得到 $\alpha^{OLS} = \bar{y}$，即 y 个观测结果的平均值。

（2）如果 $\alpha = 0$，那么不存在截距且有一个解释变量，y 对 x 值的列向量回归，得到 $\beta^{OLS} = \sum xy / \sum x^2$。

（3）如果有一个截距和一个解释变量 $\bar{x}$，则

$$\beta^{OLS} = \sum (x - \bar{x})(y - \bar{y}) / \sum (x - \bar{x})^2$$
$$= \sum (x - \bar{x}) y / \sum (x - \bar{x})^2$$

（4）如果观测值被表达为对其均值的离差，$y^* = y - \bar{y}$，$x^* = x - \bar{x}$，那么 $\beta^{OLS} = \sum x^* y^* / \sum x^{*2}$。这是由上面的（3）得出的。小写字体有时被用来标记对样本均值的离差。

（5）截距可被估计为 $\bar{y} - \sum \beta^{OLS} \bar{x}$，或者，如果有更多的解释变量，则被估计为 $\bar{y} - \sum \beta_i^{OLS} \bar{x}_i$。这来自第一正规方程；该方程是通过假设 SSE（误差平方和）关于 α 的偏导数等于零（将 SSE 最小化）而得到的。

（6）上面（5）的含义是这些 OLS 残差的和等于零；实际上截距是由令这些 OLS 残差的和为零的值来估计的。

（7）被预测或者说被估计的那些 y 的值是通过 $\hat{y}_i = \alpha^{OLS} + \beta^{OLS} x_i$ 来计算的。（6）的含义是这些 $\hat{y}$ 的均值等于实际的 y 的均值：$\bar{\hat{y}} = \bar{y}$。

（8）以上（5）、（6）、（7）的含意是 OLS 回归线通过数据点的总平均数。

（9）给一个变量加上一个常数，或者说对其进行等比例的缩放，将对 OLS 回归产生可预测的影响。例如，将 x 的观测值乘以 10 就会使 β^{OLS} 变为原值的十分之一；将 y 的观测值加上 6 就会使 α^{OLS} 增加 6。

（10）通过从方程中去掉一个系数并使用变换后的变量运行得到的回归，可以将对参数的线性约束引入回归中。作为例子可以参见 4.3 节的一般性注释。

（11）因变量的"变化"是"总平方和" $SST = \sum (y - \bar{y})^2 = y'y - N\bar{y}^2$，其中 $y'y$ 是 $\sum y^2$ 的矩阵记号，N 是样本容量。

（12）被自变量线性解释的"变化"是"回归平方和"，$SSR = \sum (\hat{y} - \bar{\hat{y}})^2 = \hat{y}'\hat{y} - N\bar{y}^2$。

（13）回归中的误差平方和是 $SSE = (y - \hat{y})'(y - \hat{y}) = y'y - \hat{y}'\hat{y} = SST - SSR$。（注意，不同教材的记号是不同的。一些作者用 SSE 表示"被解释的平方和"，用 SSR 表示"残差平方和"，这样得出的结果看起来与这里给出的正好相反。）

（14）SSE 经常被计算为 $\sum y^2 - \alpha^{OLS} \sum y - \beta^{OLS} \sum xy$，或者在更一般的矩阵记号中被记为 $y'y - \beta^{OLS}{}' X'y$。

（15）判定系数 $R^2 = SSR/SST = 1 - SSE/SST$ 被 OLS 最大化了，这是因为 OLS 使 SSE 最小化。R^2 是 y 和 $\hat{y}$ 的相关系数的平方；它是被解释变量线性解释的那一部分 y 的"变化"。

（16）当不包括截距时，R^2 有可能位于 [0，1] 区间之外。参见 2.4 节的一般性注释。

（17）借助某些额外帮助进行最小化不会使该最小化更加不成功。这样当加入一个附加的解释变量后，SSE 减少了（或者在不常见的情况中保持不变）；因此 R^2 必须增大（或保持不变）。

（18）由于为了解释 y 的变化给予解释变量尽可能多的肯定，而给予误差项尽可能少的肯定，因此 ε^{OLS} 与解释变量不相关，这样它与 $\hat{y}$ 也不相关（因为 $\hat{y}$ 是解释变量的线性函数）。

（19）第 i 个回归元的估计系数可以通过将 y 对被其他回归元"残差化"的该回归元（第 i 个回归元对所有其他回归元的回归得到的残差）进行回归得到。如果"残差化的"y 代替 y 被用作回归方程中的从属变量，能得到相同的结果。在 Ballentine 的帮助下，之前的技术性注释中解释了这些结果。

第 4 章　区间估计和假设检验

4.1　引言

除了估计参数，计量经济学家经常希望为他们的估计和关于参数的检验假设构造置信区间。在后面的章节中将通过此观点来看待对经典线性回归 CLR 模型的违背；为了加强这一观点，本章在计量经济学的传统应用的背景下提供了关于推论的这些原理的一个简要论述。

在零假设条件下，大多数检验统计量具有一个罗列在统计学书后附录表格中的分布，其中最常见的是标准正态分布、t 分布、χ^2 分布以及 F 分布。在小样本中，所有这些分布的适用性依赖于 CLR 模型的误差项服从正态分布，而这并不是 CLR 模型的假设之一。对于误差项的分布不是正态的情形，大多数的传统检验统计量具有一个等同于这些被罗列的分布中的某一个的渐近分布；这就给出了正当理由，使得检验/区间估计以通常的方式进行下去，而忽略了小样本偏误。为了达到解释说明的目的，本章关于推论的讨论依据经典正态线性回归（CNLR）的方式来表达，在这里通过假设误差服从正态分布而加强了 CLR 模型的假设。

4.2 单一假设的检验：t 检验

单一参数的假设检验和区间估计是所有接触过初等统计学的学生都熟悉的技巧的简单易懂的应用。在 CNLR 模型中，最小二乘（OLS）估计量 β^{OLS} 生成了在重复样本中服从联合正态分布的估计。这意味着 β_1^{OLS}，β_2^{OLS}，…，β_k^{OLS} 全都相互联系（通过它们的协方差）。特别地，这意味着，比方说 β_3^{OLS}，是正态分布，它的均值是 β_3（因为 OLS 估计量是无偏的），方差 $V(\beta_3^{OLS})$ 等于 β^{OLS} 的方差—协方差矩阵对角线上的第三个元素。$V(\beta_3^{OLS})$ 的平方根是 β_3^{OLS} 的标准差。使用正态分布表和这个标准差就可以进行区间估计以及假设检验。

这一过程的主要缺点是 β^{OLS} 的方差—协方差矩阵通常不是已知的（因为出现在这一方差—协方差矩阵公式中的干扰项的方差 σ^2 通常不是已知的）。正如在技术性注释的 3.3 节论述的那样，用 s^2 估计 σ^2 可以得到这个矩阵的估计。这个矩阵对角线上第三个元素的平方根是 β_3 的标准误，也就是 β_3 的标准差的估计。通过这个估计就可以用 t 分布表代替正态分布表来检验假设或建立区间估计。

这样的 t 检验的使用是相当常见的，以至于大多数被设计来计算 OLS 估计量（被设计运行 OLS 回归）的计算机程序包在它们的输出结果中使每一个参数估计都包含了一个称为 t 统计量的数字。这就给出了参数估计除以它的估计标准差（标准误）的商的值。这个值可以直接与 t 分布表中的临界值相比较来检验参数等于零的假设。在一些研究报告中，此 t 统计量被印在参数估计下面的括号中；这会引起一些混淆，因为有时候标准误出现在这个位置。（括号中的负数一定是一个 t 值，所以这预示这些数字是 t 值而不是标准误。）

4.3 联合假设的检验：F 检验

假设研究者想要检验联合假设，比方说，β 的第四、五个元素分别等于 1.0 和 2.0。也就是说，他希望检验一个假设：子向量

$$\begin{bmatrix} \beta_4 \\ \beta_5 \end{bmatrix}$$

等于向量

$$\begin{bmatrix} 1.0 \\ 2.0 \end{bmatrix}$$

这是一个异于两个单独问题（β_4 是否等于 1.0 和 β_5 是否等于 2.0）的问题。

例如，有可能接受 β_4 等于 1.0 的假设，也接受 β_5 等于 2.0 的假设，但是拒绝

$$\begin{bmatrix} \beta_4 \\ \beta_5 \end{bmatrix}$$

等于

$$\begin{bmatrix} 1.0 \\ 2.0 \end{bmatrix}$$

的联合假设。

本节的目的就是解释如何使用 F 检验来检验这样的联合假设。后面的小节解释了基于单独检验和联合检验的结果的差异是如何出现的。

检验 K 个参数（包括截距）和 N 个观测值的回归中的一组 J 个线性约束的 F 统计量采用最一般的形式：

$$\frac{[SSE(\text{受约束的}) - SSE(\text{无约束的})]/J}{SSE(\text{无约束的})/(N-K)}$$

其中 F 统计量的自由度是 J 和 $N-K$。这个一般形式值得牢记——对于在多种特殊的情况下构造 F 检验，它起到了相当大的作用，例如 Chow 检验（第 6 章）以及包含虚拟变量的检验（第 15 章）。

当约束为真时，由于误差项的存在，它们不能完全被数据所满足，因此当施加了约束时 SSE（误差平方和）会增大——有约束的最小化不像无约束的最小化那样成功。但是如果约束是真实的，相对于误差项的影响，SSE 中每个约束导致的增加不应该很大。分子包含"每个约束"所对应的由于引入约束而引起的 SSE 的变化，而分母包含"每个误差"对 SSE 的贡献。（表达式里 $-K$ 修正了自由度，这将在一般性注释中解释。）如果它们的比例"过大"，我们就不愿意相信它是偶然发生的，并得到结论：它是由于错误的约束才发生的。这样，F 统计量的较高值引导我们拒绝了约束为真的零假设。

如何来寻找有约束的 SSE？我们运行一个有约束的回归来获得有约束的 SSE。最简单的例子是约束一个系数等于零的情况——只是运行省略该系数所对应变量后的回归。进行一个将 β_4^{OLS} 约束为 1.0、将 β_5^{OLS} 约束为 2.0 的回归，从因变量中减去 1.0 乘以第四个回归元与 2.0 乘以第五个回归元的和，并且进行这个新构造的因变量对剩余回归元的回归。一般来说，为了在回归中引入一个线性约束，我们使用这一约束解出其中一个参数，并重新排列得到的等式以形成一个包含构造变量的新的回归。一般性注释中给出了明确清晰的例子。

4.4 参数向量的区间估计

多维情形下的参数估计可以由一个二维的实例来最好地阐述。假设我们对子

向量

$$\begin{bmatrix} \beta_4 \\ \beta_5 \end{bmatrix}$$

感兴趣。这个子向量的 OLS 估计在图 4—1 中显示为长方形中心的点。使用 t 分布表以及 β^{OLS} 估计的方差—协方差矩阵的第四个对角线元素的平方根，可以构造 β_4 的一个 95% 的置信区间。这在图 4—1 中显示为从 A 到 B 的区间；β_4^{OLS} 位于 A 与 B 的中间。类似地，也可以构造 β_5 的一个 95% 的置信区间；在图 4—1 中显示为从 C 到 D 的区间，它比区间 AB 更大，反映了 β_5^{OLS} 的一个更大的标准误。

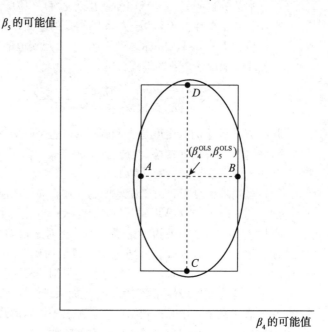

图 4—1　零协方差情况下的置信区间

子向量

$$\begin{bmatrix} \beta_4 \\ \beta_5 \end{bmatrix}$$

的区间估计是这样的一个区域或者面积：当在重复样本中构造它时，在 95%（比方说）的样本中它覆盖了 (β_4, β_5) 的真实值。更进一步地，有效估计的区域应该是这样的可能区域中最小的一个。如图 4—1 所示，出于这个目的而选择的、自然而然的一个区域是由个体区间估计形成的长方形。如果 β_4^{OLS} 和 β_5^{OLS} 的协方差为零，那么在重复抽样中以这种方式计算的长方形就会在 $0.95 \times 0.95 = 90.25\%$ 的样本中覆盖未知点 (β_4, β_5)。（在重复样本中 β_4 的置信区间覆盖 β_4 的概率是 0.95，同样 β_5 的置信区间覆盖 β_5 的概率也是 0.95；这样 β_4 和 β_5 同时被覆盖的概率为 0.95×0.95。）

　　显然，这个长方形用作一个 95% 的联合置信区间不是足够地"大"。那么，它应该被扩大到多大呢？由于区域要尽可能地小，就必须在重复样本中最有可能覆盖 (β_4, β_5) 的部分进行扩展。当 β_4^{OLS} 和 β_5^{OLS} 同时距离 β_4 和 β_5 的均值很远时，在重复样本中长方形的边角处就会覆盖 (β_4, β_5)。重复样本中这两种不太可能的事件同时发生的概率很小。这样的话，在重复样本中长方形外面靠近 A、B、C 和 D 的区域比长方形的四个角外面的区域更有可能覆盖 (β_4, β_5)；这个长方形在 A、B、C 和 D 四个点附近应该被扩大。更进一步的思考使人想到，在重复样本中，刚好处在点 A、B、C、D 外面的区域比刚好处在长方形四个角之内的区域更可能覆盖 (β_4, β_5)。于是，通过去掉角上的大块区域且轻微扩展点 A、B、C、D 附近的区域，会使整个区域变小。实际上，如图 4—1 所示，前面讨论的 F 统计量让计量经济学家得到椭圆的置信区间。

图 4—1 中的椭圆代表 β_4^{OLS} 和 β_5^{OLS} 之间的协方差为零的情况。如果 β_4^{OLS} 和 β_5^{OLS} 有正的协方差（这个协方差的估计可以从 β^{OLS} 的方差—协方差矩阵估计的第四列第五行或第五列第四行找出），当 β_4^{OLS} 高估了 β_4 时，β_5^{OLS} 就有可能高估了 β_5；当 β_4^{OLS} 低估了 β_4 时，β_5^{OLS} 就有可能低估了 β_5。这意味着在重复样本中，靠近长方形顶端右角的区域和底部左角的区域不再不可能覆盖 (β_4, β_5)；这也意味着靠近顶端左角的区域和底部右角的区域甚至更不可能覆盖 (β_4, β_5)。如图 4—2 所示，在这种情况下代表置信区间的椭圆向右倾斜。在 β_4^{OLS} 和 β_5^{OLS} 之间的协方差为负的情况下，椭圆向左倾斜。在所有的情况下，椭圆保持以点 $(\beta_4^{OLS}, \beta_5^{OLS})$ 为中心。

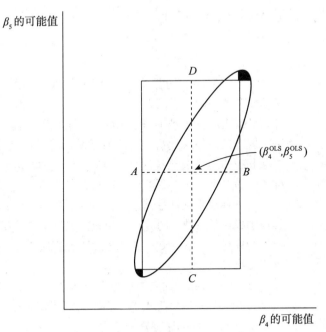

图 4—2　正的协方差情况下的置信区间

这个二维的例子说明了前面提到的接受两个单独假设而拒绝相应的联合假设的可能性。假定它的假设是 $\beta_4=0$ 和 $\beta_5=0$，并假定点 $(0, 0)$ 位于图 4—1 中长方形的内部，但位于椭圆的外部。用 t 检验来检验 $\beta_4 = 0$ 得出 β_4 不显著异于零（因为区间 AB 包括零）；检验 $\beta_5 = 0$ 得出 β_5 不显著异于零（因为区间 CD 包括零）。但是用 F 检验来检验联合假设

$$\begin{bmatrix} \beta_4 \\ \beta_5 \end{bmatrix} = \begin{bmatrix} 0 \\ 0 \end{bmatrix}$$

得出

$$\begin{bmatrix} \beta_4 \\ \beta_5 \end{bmatrix}$$

显著异于零向量，因为（0，0）位于椭圆外部。在这个例子中，我们可以有信心地说这两个变量中至少有一个对因变量有显著影响，但是不能有信心地将这种影响单独地分配给任一个变量。这种状况发生的一种典型情形是在多重共线性背景下（见第 12 章），此时自变量之间是相关的，以至于很难说出哪一个变量能够解释因变量的变化。图 4—2 就是多重共线性的代表情况。

三维的置信区间成了一个置信体，在图像上它用一个椭圆体来代表。更高的维数就不能用图形来代表了，但是对应于 F 统计量临界值的超曲面可以称为多维椭圆体。

4.5　LR，W 和 LM 统计量

在 CNLR 模型的背景下，只要检验线性约束我们就可以应用上面所讨论的 F 检验。只要问题不属于这一模式——例如，如果约束是非线性的，模型关于参数非线性或者误差不是正态分布的——这一程序就不正确；通常它被三种渐近等价的检验中的一种所代替。这三种检验分别是似然比（LR）检验、瓦尔德（W）检验和拉格朗日乘子（LM）检验。与这些检验有关的检验统计量具有未知的小样本分布，但是每个都渐近地服从自由度等于被检验约束个数的 χ^2 分布。

这三种检验统计量基于三种不同的原理。考虑图 4—3，对数似然（lnL）方程被画成待估参数 β 的方程。通过定义，β^{MLE} 是使得 lnL 最大的 β 值。假设被检验的约束记为 $g(\beta) = 0$，其在值 β_R^{MLE} 处得到满足，这里，函数 $g(\beta)$ 与水平坐标轴相交：

（1）LR 检验。如果约束为真，那么引入约束条件的 lnL 的最大值 $\ln L_R$ 不应该显著地小于没有约束条件的 lnL 的最大值 $\ln L_{\max}$。LR 检验被用来检验（$\ln L_{\max} - \ln L_R$）是否显著异于零。

（2）W 检验。如果约束 $g(\beta) = 0$ 为真，那么 $g(\beta^{\text{MLE}})$ 不应该显著地异于零。W 检验被用来检验 β^{MLE}（β 的无约束估计）是否显著地违背了约束条件。

（3）LM 检验。对数似然函数 lnL 在 A 点取最大值，该点处 lnL 关于 β 的斜率为零。如果约束为真，那么在 B 点的 lnL 的斜率不应该显著地异于零。LM 检

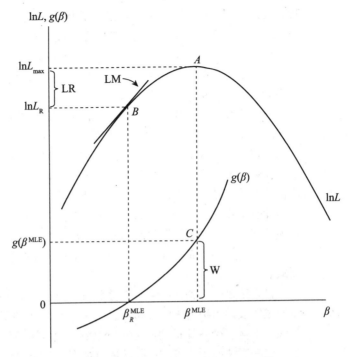

图 4—3　解释 LR、W 和 LM 统计量

验被用来检验在有约束估计中估计出的 $\ln L$ 的斜率是否显著异于零。

　　当面临这三个具有相同渐近性质的统计量时，计量经济学家通常根据它们的小样本性质来进行选择，正如蒙特卡洛研究中所确定的。然而，在这种情况下，计算成本就起到了一个主导的作用。为了计算 LR 统计量，β 的有约束与无约束估计都必须要计算。如果它们都不难计算，那么在计算上 LR 检验就是这三种检验中最有吸引力的。计算 W 统计量只要求知道无约束估计；如果是有约束估计而不是无约束估计不容易计算，比如由于一个非线性的约束条件，那么在计算上 W 检验就是最有吸引力的。计算 LM 统计量只要求知道有约束估计；如果是无约束估计而不是有约束估计不容易计算，比如当加上约束条件使非线性函数形式转化为线性函数形式时，LM 检验就是最有吸引力的。如果计算不是问题，那么 LR 检验是最佳选择。

4.6　自举法

　　当零假设为真时，假设检验要用到统计量抽样分布的知识，而且构造置信区间需要运用估计量样本分布的知识。遗憾的是，由于下面的各种原因，这一"知识"通常是有疑问的，或是难以得到的：

　　（1）对误差项分布所做出的假设有可能是错误的。例如，误差项有可能不像我们假设的那样服从正态分布，甚至不渐近服从正态分布。

（2）计算样本分布性质的困难经常会使计量经济学家们假设样本容量非常大来进行推导。这种"渐近"的结果可能并不是对实际样本的精密近似。

（3）对于一些估计技术，比如中位数平方误差的最小化，甚至连渐近代数学也不能得到估计量方差的公式。

（4）研究者可以通过进行一系列检验而得到估计，结果导致了一个最终估计公式的采用。这一搜寻过程使得利用代数推导出样本分布的特性是不可能的。

处理这些问题的一种方法是进行蒙特卡洛研究：用模拟数据来模仿被认为是生成该数据的过程，计算估计或检验统计量，重复这一过程几千次并计算估计量或检验统计量抽样分布的特性。为了使蒙特卡洛研究适合当前的问题，原始的参数估计被用作"真实的"参数值，解释变量的实际值被用作解释变量"在重复抽样中的固定值"。但是这种界定是不完全的，因为在蒙特卡洛研究中误差项必须取自一个已知的分布（如正态分布）。这是该背景下传统蒙特卡洛方法的一个主要缺点。

自举法是一种特殊的蒙特卡洛程序，避免了这一问题。它能够做到这一点，是通过假设误差项的未知分布可以由一个离散分布得到充分的接近，而该离散分布赋予了从原始估计得到的每一个残差以相同的权重。假定一个合理的样本容量，在一般情况下大多数残差的绝对值都应该非常小，因此尽管每个残差都被赋予了相同的权重（这样很可能就是从这个分布中随机抽取的），但小的残差占主要地位，使从这个分布中随机抽取而得到小的值比得到大的值频繁得多。这种只运用先前的数据来估计抽样分布的程序（自己被自身的提靴带而阻碍）被证明是非常成功的。事实上它用计算能力代替了定理证明；前者的成本已经急剧下降，而对于后者，当我们采用更为复杂的估计程序时，它的成本保持不变甚至在上升。

自举法起源于估计有疑问的模型和保留残差。进行一项蒙特卡洛研究，使用估计的参数值作为"真实的"参数值，使用解释变量的实际值作为固定的解释变量值。在蒙特卡洛研究中，误差项取自先前残差的集合，而且做了一些交换。这样的话考虑的是真实误差项的未知分布。这一"基于残差的"技术只在每个误差项等可能地取自每个观测值时是适用的。如果不是这种情况，就要使用另一种自举法。更详尽的讨论参见本节的一般性注释。

一般性注释

4.1 引言

● 假设误差项服从正态分布是非常方便的，但是几乎没有证据表明这个假设是合理的。Tiao 和 Box（1973，p. 13）推测，"对近似正态分布通用性的信赖，很可能能够追溯到早期对最大似然和其他估计量近似服从正态分布这一特殊信念的灌输。"据说，Poincaré 主张，"每个人都相信误差项的（高斯）法则；实验者们是因为它是一个数学定理，而数学家们是因为它是一个实证事实。"对正态性的检验是存在的，规范的阐述参见 Maddala（1977，pp. 305 - 308）。也可参见 Judge et al.（1985，pp. 882 - 887）。意味着无穷方差的宽尾型非正态的结果是很严重的，因为这时假设检验和区间估计不能有意义地进行。面对这种非正态性，有两种选择。第一，可以采用稳健估计量，这将在第 21 章介绍。第二，可以转换数据以得到经转换后更加接近正态分布的误差项。讨论参见 Maddala（1977，pp. 314 - 317）。

● 有些人对假设检验嗤之以鼻。比如 Johnson（1971，p. 2）评论道："'假设检验'通常只是为了选择理论和为一个先验基础辩护提供形式上合理充足的数字而找的托词。"作为一种截然相反的愤世嫉俗的观点，Blaug（1980，p. 257）认为，计量经济学家"以公式的形式表达一种假设，估计那个公式的各种形式，选择最适合的那个，舍弃其他的，然后调整理论观点以使得被检验的假设合理化。"

● 我们应该记住，不论假设检验有能力还是有其不足之处，只有当它被个人经验所支持时，结论才会对研究者有说服力。Nelson（1995，p. 141）捕捉到了实证研究的这一主观因素，他指出，"说服一个男同事确信性别歧视的存在，看起来真正关键的事情往往并不是研究 10 000 个'客观'的观测值，而是一个特殊的直接的观测：他自己女儿的经历"。

● 假设检验通常是在 5% 的第一类错误比率（拒绝真实零假设的概率）下进行的，但是没有一个很好的理由说明为什么选择 5% 而不是其他的百分比。统计学之父 R. A. Fisher 在 1923 年一篇晦涩的论文中提出过，从那时开始它就被盲目地遵从了。Rosnow 和 Rosenthal（1989，p. 1277）提到，"当然，上帝像喜欢 0.05 那样喜欢 0.06。"通过增加第一类错误比率，第二类错误比率（接受虚假的零假设的概率）就降低了，所以第一类错误比率的选择应该由两类错误的相对成本决定，但是这一问题通常被除了贝叶斯（参见第 14 章）以外的所有方法忽略。选择 0.05 如此频繁以至于这成为了一种传统，促使 Kempthorne 和 Doerfler（1969，p. 231）认为"统计学家就是那些生活的目标是成为犯错误时间为 5% 的人们！"

● 大部分假设检验都属于两类当中的一种。假设所检验的零假设是 x 的斜率是否为零。我们进行检验也许真的对斜率是否为零很感兴趣，因为这可能有比较重要的政策含义，或者能够为某种经济理论提供支撑。该类检验中，选择传统的 5% 第一类错误概率是合理的。但是，也许我们并不对系数是否为零感兴趣，而是关注回归方程中的其他参数。在这种情况下，进行检验的原因是，一旦不能够拒绝零假设，就可以将相关变量从回归方程中删除，从而改进其他变量的参数估计值。此时，传统的 5% 第一类错误概率就不实用了。正如第 6 章所解释的，删除相关解释变量会造成估计偏误。由于很多计量经济学者讨厌偏误的存在，所以在删除回归方程变量时就需要慎之又慎。这样就增加了检验效力（零假设不真时拒绝它的概率）的需求，来保证所删除的变量的确无关。但是，如果选择很低的第一类错误概率（如 5%），那么检验效力就远不如选择 30% 这样的水平。需要对第一类错误概率进行选择来最大化重要参数估计的检验质量。Maddala 和 Kim (1998，p. 140) 建议选取 25%。5.2 节的一般性注释、6.2 节的一般性注释，以及 13.5 节的技术性注释中对这个重要的实际问题有进一步的讨论。

● 由于一些原因，显著性检验有些时候会引起误导。一个好的论述可以在 Bakan (1966) 中找到。这方面的一个更有趣的问题是如果样本容量足够大，那么几乎所有的参数都显著地异于零。（几乎每个相关的自变量对因变量都有一定的影响，无论这个影响有多么小；增大样本容量会减小方差，最终会使这种影响在统计上是显著的。）这样，尽管研究者想要大的样本容量来生成更精确的估计，但是过大的样本容量可能会引起解释通常的显著性检验的困难。McCloskey 和 Ziliak (1996) 仔细地观察了很多经济学的实证研究，得出了研究者看来都还没有意识到统计上的显著性不意味着经济上的显著性的结论。读者们可能会问被讨论的系数的大小是否对其解释变量有足够大的有意义的（与"显著的"相对）影响。这称为过大样本问题 (too-large sample size problem)。处理这类问题的建议是报告出 β 系数估计——将通常的系数进行换算，使它们衡量由解释变量的标准差的变化所引起的因变量标准差变化的倍数。第二个建议是随着样本的增加向下调整显著性水平；正式的形式参见 Leamer (1978，pp. 88 - 89，pp. 104 - 105)，也可参见 Attfield (1982)。Leamer (1988，p. 331) 也认为如果研究者意识到真正感兴趣的假设都是邻域而不是点，问题就会解决。这个问题的另一个让人感兴趣的方面是当用新的数据重复一项试验时应选用何种显著性水平；必须把两组数据作为一个整体考虑来得出结论，不能只考虑新的数据组。讨论参见 Busche and Kennedy (1984)。在此背景下，另一个让人感兴趣的例子是含有不成比例的大的第一类错误的研究易于发表；结果在统计上显著的研究更容易发表，而那些不显著的则不是这样。评论参见 Feige (1975)。在这里需要指出的另一个例子是预检验偏误，在第 13 章有论述。

● 在心理测量学中这些显著性检验的问题促成了一篇文章的面世，题目是《如果没有显著性检验怎么办？》（Harlow，Mulaik，and Steiger，1997），杂志方面的政策是不能发表那些没有报告出影响大小（一种处理影响的大小，通常以被讨论现象的标准差的形式衡量）的论文。Loftus (1993，p. 250) 的观点是，"作为一种阐述某些实验中的数据试图告诉我们什么的方法，假设检验被过分夸大和过度使用了，且它在实践上是无用的。"这一观点得到了很多人的认同。Nester (1996) 有许多类似的指责显著性检验的引用。

在计量经济学中，McCloskey (1998，ch. 8) 总结了一些关于这方面的论文，因为赋予显著性检验以过度敬意的趋势而指责了同行。McCloskey 和 Ziliak (1996，p. 112) 总结出了以下令人信服的观点：

> 没有一个经济学家因为一个在统计上显著的系数而取得了学术成就。大量的观测、聪明的判断力、一流的定理、新的政策、有远见的经济学推断、历史的观点、相关的说明等等，通过这些都可以取得学术成就。但是统计显著性不行。

Ziliak 和 McCloskey（2004）更新了之前的研究，发现研究者还在滥用显著性检验；这篇文章中有一组很有意思的评论。

● Tukey（1969）把显著性检验看作是一个理论的"神圣化"，并产生了一个不幸的倾向，即研究者停止寻找更深层的理解。通过显著性检验的这种神圣化应该被对额外例证的搜寻所代替，包括两方面：用以确认的证据和（尤其是）证明不成立的证据。如果你的理论是正确的，那么存在可以检验的结论吗？你能解释一系列相互关联的发现吗？你能找到一组证据与你的假设相符而与别的假设不符吗？Abelson（1996，p. 186）提供了一些例子。一个相关的概念包括：在可以解释其他模型结果的意义上，你的理论能够包含它的竞争对手吗？参见 Hendry（1988）。

● 从一个模型中得到的推断对这个模型的具体设定很灵敏，它的正确性可能是值得怀疑的。推荐使用脆弱性分析来处理这个问题；它检验了由一系列可信的模型设定产生的一系列推论。参见 Leamer and Leonard（1983）和 Leamer（1983a）。

● Armstrong（1978，pp. 406-407）赞同多重假设法的使用，其中研究被设计为比较两种或更多合理的假设；与通常主张的策略形成对照，对于后者研究者试图找到能够证实中意的假设的证据。（计量经济学家与艺术家一样，有爱上他们模型的倾向！）据说，后一种程序使科学家对世界的感知有了倾向性，且科学家们更迅速地采用前面那种策略过程。

● Keuzenkamp 和 Magnus（1995）对假设检验的不同目的和"显著性"的意义有一个有趣而且有益的论述。

4.2 单一假设的检验：t 检验

● t 检验可以被用来检验任何单一的线性约束。假设 $y=\alpha+\beta x+\delta w+\varepsilon$，我们想要检验 $\beta+\delta=1$。通过把约束重新写为等于零的形式可以将 t 检验公式化，在这里就是 $\beta+\delta-1=0$，等式左边的估计为 $\beta^{OLS}+\delta^{OLS}-1$，然后除以它的估计方差的平方根，得到自由度为样本容量减去回归中被估计参数个数的 t 统计量。$\beta^{OLS}+\delta^{OLS}-1$ 的方差的估计有点麻烦，但是我们可以由从 OLS 回归得到的估计的方差—协方差矩阵中的元素得出。这一麻烦可以通过使用 F 检验来避免，这将要在后面章节的一般性注释中解释。

● 在单一线性假设中避免这一麻烦的另一种方法是转换设定以产生人为的回归，其中的"系数"之一是要检验的线性约束条件。考虑上面的例子，我们想要检验 $\beta+\delta=1$，重新写为 $\beta+\delta-1=0$。设 $\theta=\beta+\delta-1$，解出 $\beta=\theta-\delta+1$，代替原先的设定得到 $y=\alpha+(\theta-\delta+1)x+\delta w+\varepsilon$，重新整理得到 $y-x=\alpha+\theta x+\delta(w-x)+\varepsilon$。$y-x$ 对截距、x 和 $w-x$ 进行回归，将产生 θ 的估计及其方差。它的 t 统计量可以用来检验零假设。

● 非线性约束通常可以用 W，LR 或 LM 检验来检验，但是有时也可以用到"渐近的" t 检验：非线性约束被写为右边等于零的形式，其左边被估计并除以它的渐近方差的平方根，得到渐近 t 统计量。它是相应的 W 检验统计量的平方根。非线性函数的渐近方差曾在第 2 章中论述。

4.3 联合假设的检验：F 检验

● 如果只有两个观测值，那么不论使用哪个作为自变量，有一个自变量（即有两个参数）的线性方程都会完美地拟合数据。添加第三个观测结果会破坏这种完美拟合，但是也会保持相当好的拟合，这是因为只存在一个观测结果需要有效地解释。调整统计量的自由度（用于统计量计算的"自由"或线性独立观测值的个数）可以纠正这个现象。对于本节引用的所有的 F 检验，分子适当的自由度是被检验约束的个数。分母的自由度是 $N-K$，即观测值的个数减去被估计参数的个数。$N-K$ 同样也是 4.2 节中提到的 t 统计量的自由度。

● 统计量的自由度是参与统计量计算的数的个数减去与这些数相关的约束的个数。例如，用于计算样本方差的公式包括样本均值统计量。这在数据上加上了一个约束——给出样本均值，任何一个数据点可由其他 $N-1$ 个数据点决定。从而实际上存在 $N-1$ 个无约束的观测值来估计样本方差；样本方差统计量的自由度是 $N-1$。

● F 统计量的一种特殊情况被大多数的回归程序包自动地报告出来——"回归整体显著性"的 F 统计量。这种 F 统计量检验的是所有斜率系数都为零的假设。这种情况的有约束回归只有一个截距。

● 为了进一步阐明如何进行有约束回归，我们假设，例如 $y=\alpha+\beta x+\delta w+\varepsilon$，施加的约束为 $\beta+\delta=1$。替换 $\beta+\delta=1$ 为 $\beta=1-\delta$，重新整理得到 $y-x=\alpha+\delta(w-x)+\varepsilon$。构造变量 $y-x$ 对一个常数和构造变量 $w-x$ 做回归，得到有约束的 SSE。注意，由于因变量变化了，比较先前回归与这个回归的 R^2 是没有意义的。

● 在前面的例子中可以清楚看到构造 $\beta+\delta=1$ 这一假设的 F 检验很容易，F 统计量就是能用来检验相同假设的 t 统计量的平方值（上一节讨论过这个问题，并涉及标准误的复杂计算过程）。这说明了一个一般事实：t 统计量的平方是一个 F 统计量（分子自由度等于 1、分母自由度等于 t 检验的自由度）。一般来说，F 检验比 t 检验容易进行，检验单个系数是否等于特定值的情形除外。注意，除非分子自由度为 1，否则 F 统计量的平方根不是 t 统计量。

● 将 F 统计量的分子和分母同时除以 SST（总体平方和），F 可以写为 R^2 和 ΔR^2 的形式。然而，这一方法不被推荐，因为有约束的 SSE 有时是通过进行一个不同因变量的回归得到的，而不是通过无约束的 SSE 的回归得到的（正如上面的例子），这意味着有不同的 SST 和不可比的 R^2。

● 自由度为 p 和 n 的 F 统计量是两个独立的 χ^2 统计量的比值，每一个都除以其自由度，即分子除以 p，分母除以 n。标准的 F 统计量我们已经讨论过了，分母上的 χ^2 是 SSE（OLS 残差的平方和），其自由度是 $T-K$；将它除以 σ^2。渐近地，$SSE/(T-K)$ 等于 σ^2，因此分母成为了单位 1，使得 F 等于它的分子的

χ^2 分布除以其自由度 p。这样，pF 就渐近地服从自由度为 p 的 χ^2 分布。这就解释了由渐近变量推出的检验统计量为什么总是表示成 χ^2 统计量而不是 F 统计量。在小样本中，并不能说计算 χ^2 统计量和运用 χ^2 分布临界值的方法就一定比计算 F 统计量和运用 F 分布临界值的方法要好：这里选择 χ^2 统计量在计量上并不讨巧。

●F 检验的一项应用是检验因果关系。通常我们假设因变量的变化是由自变量的变化引起的，但是这些变量之间关系的存在性既不能证明因果关系的存在，也不能证明因果关系的方向。根据因果关系字面上的意思，是不可能检验出因果关系的。Granger 阐述了一种因果关系的特殊定义，计量经济学家用它来代替字典中的定义；严格地说，计量经济学家应该说"Granger 原因"而不是"原因"，但是通常他们不这样说。如果 y 的当前值的预测是根据 x 过去的值确定的，那么变量 x 称为 y 的 Granger 原因。这一定义通过将 y 对 x 过去的、当前的和未来的值做回归应用于实证检验；如果只在从 x 到 y 这一个方向上有因果关系，x 未来值的系数集合应该不显著地异于零向量（通过 F 检验），而且 x 过去值的系数集合应该显著地异于零向量。在进行回归以前每个数据集都是经过变换的（使用相同的变换），这是为了消除回归误差带有的自相关。（这是允许使用 F 检验所必需的；第 8 章仔细研究了自相关误差的问题。）关于进行这种变换的合适方法以及结果对变换选取的敏感程度存在着很大的争议。另一种批评的焦点在于 x 预期的未来值影响 y 的当前值的可能性，而且一般来说，Granger 因果与因果并不完全一致。（比如考虑圣诞卡销量是圣诞节的 Granger 原因！）本质上，Granger 因果仅仅意味着优先。Bishop（1979）对这一专题的主要研究有一个简明的回顾和概括。Darnell（1994，pp. 41 - 43）有简明的标准化阐述。

4.4 参数向量的区间估计

●图 4—2 可以阐述另一种有趣的事情——当在 t 检验的基础上拒绝 $\beta_4 = 0$ 和 $\beta_5 = 0$ 的假设时在 F 检验的基础上接受假设

$$\begin{bmatrix} \beta_4 \\ \beta_5 \end{bmatrix} = \begin{bmatrix} 0 \\ 0 \end{bmatrix}$$

的可能性。对于当前的样本，（0，0）点落在图 4—2 中椭圆的小阴影区域（在右上方或左下方）中的任一个上，就是这样的情况。对这里可能产生的情况以及这一罕见的有趣例子的一个总结性的论述，参见 Geary and Leser（1968）。

4.5 LR，W 和 LM 统计量

●图 4—3 取自 Buse（1982）；他利用这个图对 LR，W 和 LM 统计量进行了

一个更广泛的讨论；指出，例如被检验的几何距离依赖于对数似然函数的二阶导数，它通过方差被引入到检验统计量中（回忆在 Cramer-Rao 下界中出现的这些二阶导数）。Engle（1984）对 W，LR 和 LM 统计量有广泛的论述。Greene（2008，pp. 498－507）有一个很好的规范阐述。

● LM 统计量的名字来自这个统计量的另一种可替代的推导。为了在约束条件下达到最大化，通常采用拉格朗日乘子的方法；如果没有附加这些约束条件，拉格朗日乘子向量为零向量。这样，当满足约束条件的对数似然最大化时，如果约束条件是真实的，那么它们应该被数据精确地满足，而且拉格朗日乘子向量的值应该接近于零向量。因此，约束条件的有效性可以通过检验拉格朗日乘子向量是否等于零向量来检验。这就产生了 LM 检验。

● χ^2 分布的临界值被用作 LR，W 和 LM 检验，尽管在小样本中它们并不服从 χ^2 分布。这是这三种检验的共同弱点。更进一步，Berndt 和 Savin（1977）指出在小样本的线性模型中对于同样的数据检验相同的约束条件，得到这些统计量的值是这样的：W≥LR≥LM。因此，在小样本中约束条件可能在一种检验下被接受而在另一种检验下被拒绝；在这种意义下，这些检验之间有可能发生冲突。Zaman（1996，pp. 411－412）指出 W，LR 和 LM 检验的渐近展开式中的第三项是不同的，而且经检查显示 LR 检验最适用于小样本的情况。Dagenais 和 Dufour（1991，1992）得出了下面的结论：W 检验和 LM 检验的某些形式对计量单位、零假设的表达形式和再参量化并不保持不变，因此推荐使用LR 检验。

● 对于在 σ^2 已知的 CNLR 模型中检验线性约束的特殊情况，LR，W 和 LM 检验等同于 F 检验（在这种情况下，由于 σ^2 已知，成为了 χ^2 检验）。当 σ^2 未知时，这些检验之间的关系可参见 Vandaele（1981）。一般来说，W 检验统计量和 LM 检验统计量都是基于对数似然函数的二次逼近之上的（所以，如果似然函数是二次的，那么这二者就等价）；基于此，Meeker 和 Escobar（1995）称基于 LR 统计量的置信区间最好。

● 在很多情况下，描述某些错误设定的参数在函数关系上是互相独立的，因此信息矩阵是块状对角阵。这种情况下联合地检验所有错误设定的 LM 统计量是单独检验每一种错误设定的 LM 统计量之和。对 W 和 LR 统计量来说是一样的。

● 非线性约束也被写为很多不同的形式。例如，约束 $\alpha\beta-1=0$ 可以写为 $\alpha-1/\beta=0$，或者约束 $\theta=1$ 可以写为 $\ln\theta=0$。Gregory 和 Veall（1985）发现 Wald 统计量对约束以何种形式写出是敏感的。把约束写为避免出现商的最简可能形式是很明智的。推荐使用上面两例中的形式。

● 第 8 章将用大篇幅说明，只要误差项的方差—协方差矩阵不是球形的，那么 OLS 方差估计就是有偏的。第 8 章中将说明解决这一问题的常用（也是推荐的）方法是利用 OLS 协方差阵的"稳健"估计来避免大样本偏差问题。Wald 检验的一大好处就是能够适应这种变化，但 LM 检验和 LR 检验不行。这是 Wald

检验在 W，LR 和 LM 这三种检验中最为常用的原因之一；此外，研究者也对 Wald 检验最熟悉，因为软件会自动报出 t 值（W 检验的平方根）。

4.6 自举法

● Jeong 和 Maddala（1993）在计量经济学背景下对自举法提供了一个很好的综述。Li 和 Maddala（1996）扩展了这一综述并将注意力集中在时间序列数据上。Ruiz 和 Pascual（2002）对金融时间序列数据进行了自举法的综述。Veall（1987，1992）提供了计量经济学应用的较好例子，Veall（1989，1998）提供了这些应用的一个简明的综述。Kennedy（2001）有一个好的基本阐述。Efron 和 Tibshirani（1993）有一个详细的阐述。Brownstone 和 Valletta（2001）给了一个简明的阐述。MacKinnon（2006）进行了广泛调查，强调自举法并非在所有情形下都效果很好，经常需要用特殊方法来进行。

● Davidson 和 MacKinnon（2000）指出了一种如何决定为达到测试目的所需自举抽样次数的方法。Efron（1987）认为，要想得到估计值的偏差和方差，只需要继续进行约 200 次自举抽样，但是要想得到置信区间并继而用于假设检验，则需要进行约 2 000 次自举抽样。Booth 和 Sarkar（1998）则发现，要想得到方差的合理估计值，需要进行约 800 次自举重复抽样。

● 自举法的一个隐含的假设是误差项是可交换的，这意味着每个误差项——这里是 N 个残差的每一个（样本容量为 N），等可能地伴随着每一个观测值而出现。这不一定是真实的。例如，较大的误差方差可能与某个解释变量的较高值有关（这是异方差的一种形式。见第 8 章），在这种情况下只要有该解释变量的较大值，就更有可能出现大的误差。称为完全自举法（或配对自举法）的一个自举法变体被用来处理这个问题。原始样本中 N 个观测值的每一个都被写为包含因变量的一个观测值和每个解释变量的一个相关观测值的向量。蒙特卡洛重复样本中的观测值替代地取自这些向量的集合。

这种方法有三处创新。第一，它含蓄地用了真实的未知的误差项，因为它们是因变量值的一部分，而且保持了这些未知误差与原始解释变量相对应的值之间的配对。第二，没有采用未知参数的估计，而是含蓄地采用真实的参数值（和真实的函数形式）。第三，不再将重复样本中的解释变量值看作是固定的，而是假设这些值是取自一个可以被某离散分布充分接近的分布；这个离散分布赋予解释变量的每一个观测向量以相同的权重。为了代表解释变量值的总体，需要更大的样本容量。这在观测结果是某个大的类似观测值总体的一个较小子集的情况下是有意义的。遗憾的是，如果原先的观测结果涵盖整个总体，例如，观测结果是所有加拿大的大城市，这就是没有意义的。特别是如果有一个城市明显异于其他城市（比如说非常大）；自举样本会不止一次包含这个城市，从而造成误导。在研究者选择适合其研究的解释变量值而不是通过随机过程产生的背景下，那同样是无意义的。如果误差项自相关（即一个观测值的误差与另一个观测值的误差相关），那么它仍然不适用；在这种情况下，残差自举技术必须经过适当的修正，在每一个自举样本中构造合意的误差相关性才可以使用。这里要说明的是自举法程序必须经过仔细的思考方可应用。

● 蒙特卡洛重复抽样法应当利用零假设参数值来确定零假设检验统计量的抽样分布。一般来说，正如所有蒙特卡洛研究所强调的那样，应当努力找到某种方法使得自举样本包括数据生成过程中的所有已知信息。比如，考虑非线性函数估计残差。不同于估计线性函数，此时残差平均值不一定为零，所以在自举之前需要重新中心化（通过从每个残差中抽取均值来进行）。

● 实践中自举法最普遍的用处是在计算难度很大的情况下估算标准差。这里给出三个例子。

（a）估计过程可能包含两步：首先，计算某变量的估计或期望；然后，利用该变量去估计未知参数。但是，由于第一步包含其他随机因素，所以此时计算标准差也很难。

（b）有可能期望的参数估计是两个估计值的非线性形式，例如 $\hat{\theta} = \hat{\beta}/\hat{\delta}$。可以用 delta 法（见附录 B）来估计 $\hat{\theta}$ 的方差，但只具有渐近无偏性。

（c）如果异方差形式未知，那么也有一种估计方法可以用来估算，而不必依赖于软件的稳健方差估计（见第 8 章）。

每个例子中，自举法都能够生成 B 系数估计值，然后利用 B 估计的样本方差就能够估算估计量的方差。开方即得标准差。

● 自举法第二重要的用途是修改第一类错误率来调整假设检验。例如，非嵌套 J 检验的第一类错误率超过了阈值（重复抽样中，统计量在超过 $\alpha\%$ 的时间里超过 t 分布 $\alpha\%$ 的分位数）。类似地，LM 检验依赖于方差—协方差矩阵的梯度外积（outer product of the gradient）估计，也具有与正常形式不同的第一类错误率。在这些情况中，自举法可以用来产生相关检验统计量的 B 值，然后查看真实统计量在 B 统计量分布中所处的位置。所以，如果 B 为 1 999，那么我们就有 2 000 个统计量值（1 999 个自举值和 1 个原始真实值）。如果 39 个值超过真实统计量值，那么检验的 p 值（单侧）就为 2%。一般来说，如该例所示，自举法检验中，需要选择 B 使得 $\alpha(B+1)$ 为整数，其中 α 为第一类错误率。

● 细心的读者也许已经发现了自举法两种用途之间的不一致性。利用自举法来估算标准误的主要手段在于进行假设检验，或计算置信区间。而这可以通过查询多数教科书后面的统计表来完成。但是，这些表格需要在误差项服从正态分布，或者服从小样本无法满足的渐近正态分布时才有用。自举法的核心之一就是为了规避这一假设。另一方面，上述假设检验法的本质是为当前特定问题计算特殊阈值。这意味着，通过自举法计算得到的标准差不应该用于假设检验，除非检验者相信由通常的对照表得到的阈值是可用的。估计置信区间时也是如此。这原本可以利用标准差估计值（sterr）来完成，但不应当普遍应用其产生传统阈值。相反，我们应当自举出应用于当前问题的阈值。假设上例中我们有 1 000 个 t 值。

如果我们将其从小到大排列，并选出第 50 个值（下阈值）和第 950 个值（上阈值），那么这些值就是我们所寻找到的 90％的双边置信区间，由系数估计值减去下阈值（以及加上阈值）与标准差估计值的积构成。这是我们"自举"得到的置信区间；与传统置信区间不同，这一区间并不是围绕参数估计值对称的。这是渐近改进的一个例子，这使得自举法在小样本中的表现胜过基于传统渐近理论的方法。

技术性注释

4.1　引言

● 第一类错误是当零假设正确时断定它是错误的，第二类错误是当零假设错误时断定它是正确的。传统的检验方法是让第一类错误的概率（称为尺度（size），通常记为 α，称为显著性水平）等于一个任意的确定值（一般是 5％），然后最大化检验的推翻假设的能力（1 减去第二类错误的概率）。如果一种检验对于该假设所有程度的错误都比其他相同尺度的检验具有更高的效力，它就被称为一致最有力（UMP）。计量经济学理论学家努力发展具有高效力的复杂的检验，但是，正如 McAleer（1994，p. 334）指出的，不能被使用的检验是无效力的；他认为如果检验有效力，那么它们必须运行起来比较简单。

● 如果随着样本容量趋近于无穷，检验推翻假设的效力趋于 1，那么这个检验是一致的（consistent）；如果检验是基于一致估计的，这种情况就会发生。很多检验是在渐近的基础上被发展和维护的，其中大多数是一致的；这导致了一种困境——当它们都渐近地具有效力 1 时，这些检验的效力如何比较？这一问题可以通过局部备择（local alternative）和局部效力（local power）的概念来解决。对于零假设 $\beta = \beta_0$，其备择假设随着样本大小 N 接近无穷，呈指数化地接近零假设，以至于，例如备择假设 $\beta \neq \beta_0$ 变为局部备择假设 $\beta_N = \beta_0 + \Delta\beta/\sqrt{N}$。现在 N 的增加使能力增强，但这由备择假设向零假设的移动而平衡；局部备择一般来说是为了当 N 接近无穷时使效力接近一个容易定义的极限而构造出来的。这一极限称为局部效力，用它来比较一致的检验。

● 随着零假设真实程度的不同，检验效力也不尽相同。（当然，估计精确度也对效果有影响。样本大小、误差项方差和回归元方差等都对精确度有影响。）如果零假设为真，那么检验效力就等于第一类错误发生率，即检验的显著性水平。如果零假设基本不可能成立，那么检验效力应当接近 100％。由于零假设错误程度未知，所以检验效力也就未知。这就产生了下述麻烦的两难困境。假设零假设被"接受"（即未被拒绝）。我们希望将"接受"归因于零假设为真，但这可能仅仅是检验效力不足的结果。此时应当报告一些有价值的备择假设的效力，这大体上会向报告的阅读者指出应当在何等程度上重视某一假设检验的结果。

4.3 联合假设的检验：F 检验

● 出现在 F 统计量分子中的 ΔSSE 有时也以其他形式出现在教材中。例如，如果 β 的检验值等于一个特定的向量 β_0，那么 $\Delta SSE = (\beta^{OLS} - \beta_0)' X'X (\beta^{OLS} - \beta_0)$。这可以由代数方法表示出来，但是认识到它为什么有意义是有益的。假设 CNLR 模型是在零假设 β^{OLS} 服从均值为 β_0、方差—协方差矩阵为 $\sigma^2 (X'X)^{-1}$ 的正态分布的条件下应用的。这样 $(\beta^{OLS} - \beta_0)$ 就服从均值为零、方差为 $\sigma^2 (X'X)^{-1}$ 的正态分布，意味着 $(\beta^{OLS} - \beta_0)' X'X (\beta^{OLS} - \beta_0) / \sigma^2$ 服从 χ^2 分布。（这将在 4.5 节的技术性注释中解释。）这个 χ^2 是 F 统计量分子上的 χ^2（F 统计量是两个独立的 χ^2 的比值，每一个都除以它的自由度）；σ^2 被一个出现在分母的 χ^2 中的 σ^2 约掉了。

4.5 LR，W 和 LM 统计量

● LR 检验统计量由 $-2\ln\lambda$ 计算得出，其中 λ 是似然比（likelihood ratio），即似然函数（在零假设下）有约束的最大值与其无约束的最大值的比值。此即 $2(\ln L_{max} - \ln L_R)$。首先估计无约束的 MLE 模型，再估计受限模型，最后将最大化的对数似然函数值从软件汇报结果中挑出来。遵循这一流程就会很容易计算得到该值。

● W 统计量是用 χ^2 的广义形式来计算的，了解这种广义形式是有用的。J 个相互独立的标准正态变量的平方和服从自由度为 J 的 χ^2 分布。（实际上在大多数基础统计教材中是这样定义 χ^2 分布的。）因此，如果 θ 的第 J 个元素 θ_j 服从均值为零、方差为 σ_j^2、协方差是零的正态分布，那么 $Q = \sum \theta_j^2 / \sigma_j^2$ 服从自由度为 J 的 χ^2 分布。这也可以用矩阵形式写为 $Q = \theta' V^{-1} \theta$，其中 V 是对角线元素为 σ_j^2 的对角阵。以这种显而易见的方式进行推广，我们得到 $\theta' V^{-1} \theta$ 服从自由度为 J 的 χ^2 分布，其中 $J \times 1$ 向量 θ 服从均值为零、方差—协方差矩阵为 V 的多元正态分布。

对于 W 统计量，θ 是由 β^{MLE} 赋值的 J 个约束条件的向量 $\hat{g}$，而且 $\hat{g}$ 的方差—协方差矩阵 V 是由 $G'CG$ 给出的，其中 G 是 $\hat{g}$ 关于 β 的导数形成的 $K \times J$ 矩阵，C 是代表 β^{MLE} 的渐近方差的 Cramer-Rao 下界。（回忆 2.8 节的技术性注释中关于为什么 $\hat{g}$ 的渐近方差是由 $G'CG$ 给出的解释。）在 G 和 C 上加上"^"表明它们是由 β^{MLE} 赋值的，我们得到 $W = \hat{g}' [\hat{G}' \hat{C} \hat{G}]^{-1} \hat{g}$。

● LM 统计量的计算可以由公式 $\hat{d}' \hat{C} \hat{d}$ 给出，有时也称为得分检验（score test）。$\hat{d}$ 是 $\ln L$ 关于 β 的斜率（一阶导）的 $K \times 1$ 向量，由 β 的有约束估计 β_R^{MLE} 赋值。它被称为得分向量，或梯度向量，或有时简称得分。$\hat{C}$ 是 Cramer-Rao 下界的估计。估计 Cramer-Rao 下界的不同方法产生了很多具有相同渐近性质但小

样本性质稍微不同的 LM 统计量。计算 LM 统计量的多种不同方法的讨论，以及对它们相对优势的评价，参见 Davidson and MacKinnon（1983）。

● 如果当前的模型可写为 $Y=h(x;\ \beta)\ +\varepsilon$，其中 h 为线性或非线性函数形式，ε 服从均值为零、方差相同的独立正态分布，可采用辅助回归以使得检验 β 的某些部分等于特定向量的 LM 统计量的计算更加简便。考虑 H，即 h 关于 β 的 K 阶导数的向量。这个向量的每一个元素都可以用 N 个观测值中的每一个来计算，使用 β 的有约束估计 β_R^{MLE}。这会对每个 K 阶导数给出 N 个"观测值"的集合。同时考虑 $\hat{\varepsilon}$，它是由 β_R^{MLE} 的计算得出的 N 个残差的向量。假设将 $\hat{\varepsilon}$ 对 H 中的 K 阶导数回归，那么，得到的 R^2 和样本容量 N 的乘积产生了 LM 统计量：$LM=NR^2$。对于这个导数，阐明其应用的有益的例子参见 Breusch and Pagan（1980，pp. 242-243）。该导数和 LM 统计量应用的其他例子可在以下文献中找到：Godfrey（1978），Breusch and Pagan（1979），Harvey（1981，pp. 167 – 174）和 Tse（1984）。

● 这里给出一个文献中常见的 LM 检验的 NR^2 形式的简单例子。假设 CNLR 模型 $y=\alpha+\beta x+\gamma z+\delta w+\varepsilon$，我们希望检验联合零假设 $\gamma=\delta=0$ 是否为真。将 y 对 x 回归可得受限 MLE 残差 $\hat{\varepsilon}$。y 对 α 求导得元素全为 1 的列向量，对 β 求导得元素为 x 值的列向量，对 γ 求导得 z 值列向量，对 δ 求导得 w 值列向量。LM 检验通过将 $\hat{\varepsilon}$ 对截距项（元素为 1 的列向量）、x、z 和 w 回归来计算 NR^2。简言之，我们是在查看受限模型残差是否能够被 z 和 w 解释。

● 第 5 章讨论的条件矩检验给出了另一种 LM 检验的 NR^2 形式，其中元素为 1 的列向量对得分向量回归，此时 R^2 是回归的非中心 R^2（非中心的意思是因变量——此时元素都是 1——在计算总体平方和时没有减去均值）。在这一特殊情形下，NR^2 等于回归的解释平方和，所以该种 LM 检验也被描述为元素为 1 的列向量对分数回归的解释平方和。检验统计量极易计算，但可惜在小样本中不可靠，因为此时第一类错误概率可能大大增加。之所以概率大增，是因为检验基于信息矩阵的 OPG 变量，这在之后会解释。尽管如此，一些学者，如 Verbeek（2000）等，认为计算简便性可以弥补不可靠性。并且，如同很多此类统计量一样，这一问题可以通过自举大大缓解。

● 附录 B 指出，估计信息矩阵有三种不同的方法。这意味着估计计算 W 和 LM 检验所需的方差—协方差矩阵也有三种不同的方法。一般来说，OPG 变量较之其他选择更差，从而应该被避免，例如参见 Bera and McKenzie（1986）。然而，遗憾的是，LM 统计量的一些计算上吸引人的方法含蓄地把 OPG 计算引入了 MLE 的方差—协方差矩阵的计算中，导致产生的 LM 统计量过大了。特别地，以一列单位向量对一阶导进行回归得到的解释平方和的方法来计算统计量得到的 LM 检验的形式受到了怀疑。Davidson 和 MacKinnon（1983）建议对各种各样的应用应该使用一种替代方法来计算 LM 统计量，即通过进行所谓的双倍长回归（DLR），它保留了 LM 检验的 OPG 变量计算上的优势，而且避免了它的短处。Godfrey（1988，pp. 82-84）有一个很好的讨论，也可参见 Davidson and MacKinnon（1988）。Davidson 和 MacKinnon（1993，pp. 492-502）有一个好的规范化的阐述。自举法此时又可以发挥作用。

4.6 自举法

● 由自举法中得到的 OLS 残差，应该通过乘以 $N/(N-K)$ 的平方根向上调整，这是考虑到尽管 OLS 残差是误差的无偏估计，但仍低估了它们的绝对值。

● 一般性注释中一个不显而易见的结论是自举法应当查明"渐近枢轴量"统计量的抽样分布，该分布不取决于参数的真实值（大部分检验统计量是枢轴量）。例如，自举的对象是相关 t 统计量的抽样分布值，而不是参数估计的抽样分布值。在一般性注释中讨论过，t 统计量抽样分布可以用来间接估计置信区间，而非利用参数估计的抽样分布值直接计算置信区间。

● 自举法可以用来计算估计的偏误。利用 $\hat{\beta}$ 进行一般性自举，然后查看自举估计均值是否接近 $\hat{\beta}$。如果不是，那么很显然有偏误，也明显可以对 $\hat{\beta}$ 作出调整。然而，这种偏误纠正方法很少用，因为 $\hat{\beta}$ 自举值比其本身更加分散，任何偏误相对于 $\hat{\beta}$ 的标准差经常都是微不足道的。

● 自举法有很多变形。最奇怪、也是处理异方差（关于异方差的讨论见第 8 章）最成功的一种是不定自举法（wild bootstrap）。在该种方法下，自举残差时，每一个残差 $\hat{\epsilon}$ 都要么以 0.723 6 的概率被 $-0.618\hat{\epsilon}$ 取代，要么以 0.276 4 的概率被 $1.618\hat{\epsilon}$ 取代。这使得新残差均值为零，方差为 $\hat{\epsilon}^2$，迫使异方差消失在自举抽样当中。尽管这一方法无助于消除真实异方差，但其胜过配对自举法之处在于，当异方差在自举抽样中平均化时，所发生的事件较为相关。这与异方差一致方差—协方差矩阵估计（见第 8 章）有效的原理相似。这一奇怪分布产生的原理请见附录 D 的 HH 部分的问题 17。

● 另一种基于计算机的统计量抽样分布的计算方法与随机检验（或称置换检验）有关。检验的原理是：如果某解释变量对因变量没有影响，那么即使将该解释变量值重排来匹配不同的因变量值，检验统计量也不会有明显改变。如果重排上千次，并且每次重排都计算检验统计量，那么就可以检验原检验统计量在重排后上千个值中的位置是否奇怪。注意，这与抽样分布的含义大不相同：此时问题不在于"如果抽出不同种类的误差会如何"，而是关注"自变量值如果与不同因变量值配对会如何"。此时假设检验就建立在将检验统计量视为玩某种游戏的概率；随机检验指出，同样的数据下有不止一种玩游戏的概率！更深入的讨论请见 Kennedy（1995），Kennedy and Cade（1996）中的计量部分。Noreen（1989）提供了不错的基本参考。

第5章 设 定

5.1 引言

　　计量经济学家曾经倾向于假设由经济学理论提供的模型会精确地代表真实世界的数据产生机制，而且把他们自己的角色定位于为那个模型的关键参数提供"好的"估计。如果出现了关于模型设定的任何不确定性，那么会出现用计量经济学去"寻找"真实世界数据生成机制这种思维方式的倾向。这些观点都过时了。现在，我们通常承认计量经济学模型是"错误的"，而且通过它们来找到"真知"是没有希望和理由的。Feldstein（1982，p. 829）的评论是这种观点的典型代表："实际上，所有的计量经济学设定都必然是'错误的'模型……应用计量经济学家，正如理论家一样，很快就从经验中发现一个有用的模型不是'真实的'或'符合现实的'，而是简约的、合理的和能提供信息的。"这被 George Box 的一个经常被引用的评论——"所有的模型都是错误的，但有一些是有用的"——以及另一个来自 Theil（1971，p. vi）的看法："模型是拿来用的，而不是拿来相信的。"所附和。根据 Leamer（2004，p. 555）的观点，实证经济学家的目的不应该是确定某种经济模型的可信性，而应该是确定这一经济模型的应用范围。

根据这种认识的启发，计量经济学家被迫更清楚地表达计量经济学模型是什么，一种观点认为这些模型"只是理解的大体指导"（Quah，1995，p. 1596）。对此存在一些共识：模型是比喻，或者说是窗口，研究者通过它们审视可观察的世界，而且他们采用的标准不是依据这些模型能否被认为是"正确"的，而是依据它们是否被认为（1）符合事实，（2）有用的。因此，计量经济学设定分析是使"符合事实"与"有用的"的含义公式化的一种方法，从而也定义了一个"正确设定的模型"意味着什么。由这一观点，计量经济学分析不仅仅是在给定模型的框架下的估计和推断；连同经济学理论一起，它在寻找和评价模型、最终导致接受或拒绝的方面起到了至关重要的基础性的作用。根据 Learer（2004，p. 555）的观点，实证经济学家的目的不应该是确定某种经济模型的可信性，而应该是确定这一经济模型的应用范围。

计量经济学教材主要致力于在给定模型框架下的数据生成过程中阐述计量经济学的估计和推断。这个模型中更重要的模型设定问题没有得到足够重视的原因主要有下面三个。第一，设定是不容易的。用 Hendry 和 Richard（1983，p. 112）的话来说就是："数据生成过程是复杂的，数据是稀缺的且具有不确定的关联，实验是难以控制的，可用的理论是高度抽象的且很少是没有争议的"。第二，大多数计量经济学家认可设定是一个创造的/具有想象力的过程，不能被教授：

> 尽管存在大量的诊断法，写下用来指导数据分析的法则还是很困难的。很多确实是主观的和模糊的。……我们在应用统计学中教授的很多东西没有被写下来，更何况使用一种适合于正规编码的形式。这只是一门特殊的"学问"。

第三，不存在找到正确设定的公认的"最好的"方式。

对于上述第一条和第二条我们做不了什么；它们是避免不了的。然而，对于第三条，值得进一步的讨论：不管设定问题多么困难，或者研究者的创造力和想象力多么有限，当进行实证工作时，都应该采用一种合适的方法。然而，至于什么是最合适的方法，在同行间还存在着不可忽视的争议。本章的目的就是讨论这一问题；本章应看成是第 6 章中对 CLR 模型的第一条假设的具体违背所进行的检查的前奏，同时也是第 22 章中论述指导应用计量经济学家法则的基础。

5.2　三种方法

直到 20 世纪 70 年代中期左右，计量经济学家们过分地忙于进行计量经济学研究，以至于没有考虑那些指导或应该指导实证研究的原理。由于大型计量经济学模型的预测失败以及被对教授计量经济学和在实践中应用计量经济学二者间差距的不满所刺激，计量经济学家开始用挑剔的眼光来审视模型设定的方式。本章的部分章节是对这一正在进行的方法论争论状况的总结。在不可忽视的过分简化的风险下，下面以程式化的形式描述了设定问题中的三种主要方法。

(1) 平均经济回归（AER）

这种方法描述了被认为是在经济中进行实证工作的通常方法。研究者从一个被认为是正确的设定开始，使用主要的数据来确定少数几个未知参数大小的顺序。诊断检验统计量的显著值，如 Durbin - Watson 统计量，最初被解释为意味着应该采用更复杂的估计方法处理的估计问题，而不是指出已选模型的错误设定。如果这些更复杂的方法不能"解决"该问题，那么研究者就会进行"设定"检验，找出一个"更好的"（如使用证明模型正确的标准）替代设定；在此过程中使用古老的判断标准，如正确的符号、高的 R^2 值、"已知"异于零的系数的显著 t 值。这样在平均经济回归（AER）方法中，不管研究者关于理论设定有效性的最初看法怎样，数据最终都要在设定中起到一定的作用。这一作用被描述为由一个简单的模型开始并"向上检验"至一种特定的更一般的模型。

(2) 检验，检验，检验（TTT）

这种方法运用计量经济学来发现对一个经济体哪种模型是站得住脚的，并用来检验对手的观点。首先，使初始的设定比研究者最终选择的模型更加一般化，并且进行不同约束的检验，如系数集等于零向量，来简化这个一般化的设定；这个检验被描述为从一个一般的模型"向下检验"到一个更特殊的模型。然后，模型遵从一组诊断（或错误设定）检验，寻找该模型被错误设定的迹象。（注意，与寻找特殊的替代设定的 AER "设定"检验比较。）一种显著性诊断，比如小的 DW（Durbin-Watson）值，被解释为指出一个模型的错误设定，而不是指出需要更复杂的估计方法。模型不断地被再设定，直到一组诊断检验允许研究者得出结论：该模型在一些特定的标准下（在一般性注释中被讨论）是令人满意的；在这种情况下它被称为与证据是"一致的"。

(3) 脆弱性分析

通过典型的 AER 或 TTT 搜寻得到的最终设定可能是不合适的，这是因为它的选择对最初研究的设定是灵敏的；检验进行的顺序、第一类和第二类错误，以及研究者对参数的考虑敏锐地影响着决策制定的事前信念，这些（通过创造力/想象力的练习）贯穿于设定过程中。然而，或许由 AER 或 TTT 方法产生的不同的可能设定会导致关于研究目的的相同结论，在这种情况下为什么要担心设定呢？这是第三种方法所持有的对设定的态度。假设研究的目的是估计一些"关键"变量的系数。在识别了一簇一般模型之后，这一方法的第一步是采用"极限分析"，即关键变量的系数通过使用包含的/排除的"可疑"变量的所有组合来估计。如果估计得到的范围过于宽泛，就要试图通过进行"脆弱性分析"来使这一范围变窄。使用贝叶斯方法（见第14章）将非样本的信息合并到估计中去，但是在这种方法中为了考虑到各种贝叶斯信息，与这些信息的范围相对应，它的确会刻画对这个估计感兴趣的研究者的个性。这些信息会产生感兴趣的参数的一系列估计；窄的范围（"强健的"估计）说明当前的数据产生了有用的信息，但是如果不是这样（"脆弱的"估计），就会得出从这些数据中得到的推断过于脆弱以至于不可信的结论。

这三种普遍方法哪一种最好？最适合采用这些方法中的哪一种还没有一个明确的一致意见；每一种都面临着批评，下面是一些大致的总结。

（1）AER是受到最多批评的，或许是因为它最精确地反映了研究者事实上做了什么。它因为只用计量经济学来阐述假定已知的理论而饱受指责。显著性诊断反映了估计问题而不是设定误差的观点尤其被给予负面的评价，甚至那些维护这一方法的人也如此认为。"向上检验"引起了偏误，这是因为如果估计所使用的模型没有包括作为特例的"真实"数据生成过程，检验就不能断言它们特定的第一类错误。外部信息的特殊使用（与通过形式均值引入相反），例如系数估计的"正确的"符号，是被人们指责的，尤其是具有贝叶斯倾向的那些人。统计量的使用，如 R^2，在这一方法中是很普遍的，遭到了反对。或许最令批评者沮丧的是这一方法中缺乏有效定义的结构和标准集合；不存在一个关于引向最终设定的路径的充分描述。

（2）TTT方法同样也因为在实践中不能提供对引向最终设定的路径的充分描述而受到批评，这主要是由于创造力/想象力在设定中扮演的角色。这与一个潜在的怀疑相符合：使用这一方法的实践者发现使用很多 AER 方法中的特殊拇指法则是有必要的。由估计一个完整的一般模型来开始 TTT 分析是不可能的；这意味着该方法必须采用向上检验的一些步骤。这个方法对检验的严重依赖产生了夸大的第一类错误（产生先验偏误，在第13章讨论）；由于通常的最初设定，在自由度小的时候问题会加剧；在很多检验只有渐近合理性的时候，问题也会加剧。当向下检验时控制第一类错误要求对于检验采用一个更小的 α 值，但是这不是常规的做法。为了通过形式检验而对模型设定的要求可能会与模型的有用性产生冲突。

（3）对脆弱性分析的反对通常来自贝叶斯方法中不令人舒服的地方，即使对非贝叶斯来说也需要十分谨慎才能使之令人满意。这种反对在本质上是信仰上的，且不太可能被解决。关于参数估计应该多大才能得到它是脆弱的结论是不明确的；对这一问题形式化的尝试导致了这一方法想要避免的对检验统计量度量的比较。这种方法不会导致采用研究者认为不满意的特殊设定。最初选择的一般化模型族是没有范围的，它依据数据传达的信息而变化。很多研究者发现贝叶斯先验公式既困难又怪异。有人反对说，这一分析方法过于经常地得到估计结果脆弱的结论。

5.3 设定的一般原理

尽管计量经济学方法之间的争议不可能被解决，但在某些指导模型设定的一般原理上争论已有一些成果。

（1）经济学理论应该成为设定搜寻的基础和指导方向。尽管如此，只要研究者不使用相同的数据来检验这一理论，用数据来帮助创造一个"具有更多信息的"经济学理论就有着不可忽视的价值。

（2）残差没有被检验为不显著异于白噪声（随机误差）的模型应该首先被看作是反映了一种错误的设定，这不需要特殊的估计程序，很多研究者都倾向于持有这种观点。

（3）尽管"向下检验"的偏误小于"向上检验"，但开始就采用完全一般的模型是不合理的。因此，在实际中通常需要混合使用向下检验和向上检验。提出一个简单的设定，然后向下检验那个设定的一般变量。以这一过程中认识到的为基础提出更复杂的模型，并重复这一过程。

（4）错误设定的检验更应该通过同时检验几个错误设定来进行而不是逐个地检验这些错误设定。通过这样一个"过度检验"的方法我们可以避免一种类型的错误设定对其他某个类型的错误设定的检验有相反影响的问题。这种方法扭转了一种普遍的批评：这样的检验使它们的效力依赖于几乎未知的保留假设方面。

（5）模型在被接受之前应该程序化地进行一系列错误设定诊断的检验，但是与上述的（1）相符，以得到的结果必须讲述一个经济故事的约束为条件。数据的子集在模型设定和估计之前放到一边，这一点特别重要，以使得这些检验包括预测样本外观测值的检验。

（6）研究者应该证明他们的模型包含竞争对手模型；在这种意义下，我们可以预测运行竞争对手模型的回归得到的结果。被选择的模型可以解释数据以及考虑对于同样数据竞争对手模型的成功和失败。

（7）与不同的合理设定相对应的结果范围的界限应该被报告出来（一个"敏感性"分析），而不是仅仅提供最终采用的设定的结果，而且导致这一设定选择的路径应该被充分地叙述。

5.4 错误设定检验/诊断

尽管反对脆弱性分析，它还是在计量经济学工作的检验中扮演了越来越重要的角色。幸亏计量经济学理论家的创造力和渐近代数的力量创造了大量看起来能够迎合实践者每种可能需要的检验，但是同时未知的小样本性质、对较低推翻假设能力的怀疑和经常冲突的要求也引起了困惑。在本书中不可能讨论所有的甚至大部分的检验。当涉及的时候，我们将在后面的章节中简要地讨论它们当中较重要的检验；然而，在进一步讨论这些章节之前，对用于设定目的的检验进行综述可能是很有用的。它们分为下面几类。

（1）忽略变量（OV）检验。正如在第4章中讨论的一样，参数（或更一般的，参数的线性组合）的零约束的 F 和 t 检验通常用于设定的目的。一些更复杂的检验，如 Hausman 检验（见第9章），在辅助回归中可重新写为 OV 检验，极大地简化了检验。

（2）RESET 回归设定偏误检验。第6章讨论的 RESET 检验用于检验在一个回归设定中未知变量是否被忽略了，而且不会与检验已知变量的零系数的 OV 检验混淆。它们也可用于检测一个错误设定的函数形式。

（3）函数形式的检验。正如第6章将要讨论的，存在两类可用的、检验函数形式的检验。第一类，如基于回归参数的检验和彩虹检验，没有具体说明一种特定的替代函数形式。第二类，通过对更一般的函数形式进行约束检验来检验函数的形式，如 Box-Cox（博克斯-考克斯）转换。

（4）结构变化的检验。第6章将要讨论的参数稳定性检验属于这一类，如 Chow 检验、累积和累积平方和检验以及预测失败（或后样本预测）检验。第19章谈到的另外的检验是从现代时间序列分析中发展而来的。

（5）异常值检验。这些检验，其中包括正态性检验，有时被用作错误设定的一般检验。例如，Jarque-Bera 检验、Shapiro-Wilk 检验、Cook 异常值检验以及异常值影响测度的使用（见第21章）。

（6）非球形误差检验。正如第8章将要讨论的，存在对各种形式的序列相关性和异方差的检验。例如，Durbin-Watson 检验、Breusch-Godfrey 检验、Durbin h 和 m 检验、Goldfeld-Quandt 检验、Breusch-Pagan 检验以及 White 检验。

（7）外生性检验。这些检验通常称为 Hausman 检验，是对回归元和误差项之间的同期相关性的检验。这将在第9章讨论。

（8）数据转换检验。这些检验没有任何特定的备择假设，被认为是 Hausman 检验的变体。例如，有分组检验和差分检验。本章后面会对此进行讨论。

（9）非嵌套检验。如同检验是否包含竞争对手模型时可能出现的那样，当检验非嵌套的竞争对手模型时，就应该采用非嵌套检验。例如，非嵌套的 F 检验和 J 检验。本章后面会对此进行讨论。

（10）条件矩检验。这些检验基于一种非常一般的检验方法；该检验方法在特殊情况下产生大多数上面列举的检验。除了作为现有检验的一个整体的框架以外，这一检验方法的价值是在替代检验很难构造的情况下提出了如何进行设定检验。更多讨论将在本章给出。

将检验分成这样的类别是难以使用的，有如下几个原因。

（1）这样的一个列表难免是不完全的。例如，可以扩展到引入更深入的工作中遇到的设定检验。例如，应该为单位根和协整检验（见第19章）、识别检验（见第11章）、选择偏误检验（见第17章）设置类别吗？贝叶斯"检验"又如何？

（2）对于实践者来说，用诸如 Akaike 信息标准或调整后 R^2 的选择标准来辅助模型设定是很普遍的，尤其对于像确定所包含的滞后值数目这样的问题。这个方法是否应该被归类为一种检验？

（3）这些类别之间不是彼此无交集的。例如，存在非球形误差检验和函数形式检验的非嵌套变体，一些对函数形式的检验就是结构变化检验的变体，以及 RESET 检验是 OV 检验的一个特例。

（4）检验具有不同的形式。有些是拉格朗日乘子（LM）检验，有些是似然比（LR）检验，有些是 Wald（W）检验。有些使用 F 分布表，有些使用 t 分布表，有些使用 χ^2 分布表，有些需要它们特殊的表格。有些是精确的检验，而其他的是渐近的标准。

（5）有一些检验是"设定"检验，包括一个特定的备择假设，而其他的是"错误设定"检验，没有特定的备择假设。

最后一个特性与本章尤其相关。前面给出的一般原理列表的一个显著特征是使用错误设定检验，其中常用的检验经常被称为是诊断法。这些检验被设计来检测不充分的设定（与"设定"检验相反，后者检验特定的备择假设的有效性）。当然也要求研究者让他们的模型服从错误设定检验，而且计量程序包自动地输出选择的诊断法变得越来越普遍。

对于上面列举的检验，其中有几个归到了错误设定的类别。可能最明显的就是非球形误差检验。正如将要在第 8 章中强调的那样，DW 统计量的显著值可能是由于一些错误设定（忽略的变量、动态的错误设定或者不正确的函数形式）造成的，而不仅仅是因为自相关误差，而后者是根据 AER 方法得到的通常结论。同样，对异方差检验来说这也是正确的。正如第 6 章将要提出的，RESET 的显著值可能是由于不正确的函数形式造成的。且由于结构变化、忽略的变量或者不正确的函数形式，结构变化检验和第一类函数形式检验的统计量可能是显著的。因此，这些检验应该看作是错误设定检验。异常值可能由各种设定误差产生，因此异常性检验也可被归类为错误设定检验。

可以指出，前面段落中提到的错误设定检验在某种程度上是设定检验，这是因为它们与启发他们构造的特定的一类或更多备择假设有关。由于这个原因，它们在后面的章节中处理该类特定的备择假设时进行讨论。然而，上面列举的三种检验在本质上是完全可以通用的，以至于没有确定它们应该出现在后面章节中的何处的明显的备择假设。这三种检验是数据变换检验、非嵌套检验和条件矩检验。

数据变换检验。数据变换检验背后的思想是：如果具有特定解释变量的关于线性函数形式的零假设是正确的，那么使用原始数据进行回归得到的系数估计应该与使用线性变换数据得到的系数估计十分类似。如果两组系数估计不类似，我们就可以得出零假设不正确的结论，但是我们对于零假设的什么维度是不正确的还不能得出任何结论，因为很多不同的错误设定可能会产生这种不一致。选择一个特定的变化，并使"很类似"的含义公式化，从而得到一个检验统计量。幸运的是，正如技术性注释中解释的那样，数据变换检验与 OV 检验等同，极大地简化了它们的应用。

非嵌套检验。如果一个模型不能通过对另一个模型施加一个约束而得到，则这两个模型是非嵌套的（或"单独的"）。这一特性的重要性在于在这种情况下不可能遵循通常的检验方法，即采用有约束的检验作为设定检验。非嵌套假设提供了一种通过利用其他模型假设的"错误"来检验一个模型设定的方法。选择扮演"其他"模型的角色的模型不需要是研究中的可选模型，但通常都是这种情况。如果原模型是"正确的"模型，那么"其他的"模型应该不能够超越零模型来解释任何的东西。正如技术性注释中解释的那样，在零假设可能被拒绝或不拒绝/接受的基础上，使这个过程公式化会得到非嵌套的假设检验。如果是前一种情况，那么我们不能得到"另外的"模型应该被接受的结论——在这个使用过程中，"另外的"模型的作用只是作为衡量零假设表现的一种标准。（使这一检验成为错误设定检验，而不是设定检验。）如果我们想要对"另外的"模型说些什么，那么这两个假设的角色必须被颠倒过来，"另外的"模型成为零假设，重复刚才的检验。注意，在这一检验程序中，同时拒绝两个模型或同时接受两个模型是可能的。

条件矩检验。这类检验是通过选择数据和参数的函数进行的，在正确的设定下这些参数应该为零，对每一个观测值计算该函数（用最大似然估计（MLE）），对所有的观测值取平均值，检验这一平均值是否为零。用于这一目的的函数通常是矩或条件矩（例如一个外生变量和残差的乘积）；这解释了这些检验为什么被称为矩（moment，M）或条件矩（conditional moment，CM）检验。通过计算该平均值的方差—协方差矩阵的估计并利用 Wald 检验公式可以形成这一检验。它的主要吸引力是在一些情况下公式化合适的矩条件比推导备择检验更简单。

5.5　再说 R^2

判定系数 R^2 通常用于设定的搜寻。因为它经常被实践者滥用，所以我们对这个统计量早期讨论（见 2.4 节）的扩展就势在必行。

4.3 节的一般性注释中指出，F 检验统计量可以根据 R^2 和 R^2 的变化来解释。一组附加的自变量是否属于一种关系取决于加入这些额外的回归元 R^2 后统计量是否有显著的增加。这意味着，当人们试图确定哪一种自变量应该被包括在一种关系中时，他就应该寻找最高的 R^2。

这一法则会导致选择有过多的回归元（自变量）的关系，因为附加的回归元不能导致 R^2 统计量降低。（由于相同的原因，附加一个回归元不能使最小残差平方和变大——没有忽略附加回归元这一约束条件的最小化至少与施加这一约束条件的最小化一样小。）用自由度来纠正 R^2 统计量可以解决这个问题。根据自由度调整的 R^2 称为"调整后的 R^2"或 $\bar{R}^2$，而且现在大多数的电脑回归程序包都能报告它的值；实际上对于所有的研究者，它替代了没有调整的 R^2。

添加另一个回归元改变了与 R^2 统计量组成的衡量有关的自由度。如果一个附加的回归元几乎没有说明因变量中未解释的变化，则 $\bar{R}^2$ 可能降低（而 R^2 必然上升）。这样，只有当 $\bar{R}^2$ 上升的时候，一个附加的变量才应该被认真地考虑到自变量的集合中去。这说明了通过确定哪种潜在的自变量集合得到最高的 $\bar{R}^2$，计量经济学家能够找到自变量的“最优”集合。这一程序只有在下面的情况下有效：平均来说，在重复的样本中，自变量的“正确集合”能够产生比任何自变量的“不正确”集合更高的 $\bar{R}^2$。

R^2 的另一种常见的用处是衡量在确定因变量方面，不同自变量的相对重要性。教材展现了将 R^2 分解为几个组成部分的几种方法，每个组成部分与一个自变量为一体且被用作对回归中自变量相对重要性的衡量。遗憾的是，除非在当前样本中自变量之间不相关，否则 R^2 中没有任何一个部分是有意义的。（这只在实验设计或异常好的运气下才会发生，经济学家几乎从未处在一个能影响上面两者的位置上。）在样本中的自变量彼此相关的典型情况下，这些提出的分离方法是没有意义的，因为：（1）它们不再被合理地分配给自变量；（2）它们相加不再等于 R^2；（3）它们虽然和为 R^2，但同时包含正项和负项。

主要的原因可以由接下来的内容来解释。假设只有两个解释变量，而且在样本中它们是相关的。两个相关的变量可认为在它们之间存在三种变化：只有第一个变量才有的变化，只有第二个变量才有的变化，两个变量都有的变化。（当变量之间不相关时，第三种变化不存在。）在这两个变量的集合中这三种变化的每一种都“解释了”因变量中的一些变化。基本的问题是对于在两个自变量中如何分割共同变化的解释能力还没有统一的意见。如果因变量是对两个自变量做回归，得到的 R^2 反映了所有的三类自变量的变化的解释能力。如果因变量只对一个自变量做回归，另一个变量独有的变化就被移除了，得到的 R^2 反映了其他两类自变量变化的解释能力。这样，如果一个自变量被移除，所有的共同变化都被归因到剩下的变量。如果第二个自变量恢复正常且 R^2 的增加用来衡量第二个变量的影响，则没有任何共同变化被归因到这个变量。这样的话，通过因变量只对那个自变量所进行的回归中的 R^2 值或者通过当那个自变量加入到回归元集合中时 R^2 的增加量来衡量一个自变量的影响是不合理的。后一种衡量方法很明显取决于添加这些自变量的顺序。这样的程序以及其他类似于它们的程序只可用于样本中自变量之间不相关的情况。在这一框架下应该避免 R^2 统计量分解的使用。

一般性注释

5.1 引言

● 经济学家对于“真理”的探求持续了好多年，形成了“经济学家就是在黑暗的屋子里寻找不存在的黑猫的那种人”这一看法；计量经济学家通常被指责找到了那只猫。Leamer（1996，p. 189）表达了一种相关的诙谐的观点：“当你在模型的灌木丛中漫步时，你可能会开始质疑计量经济学圣经的意义，它假设一开始智慧和仁慈的圣灵就将模型给了你。"

●本章第二段中提到的一致意见有可能存在，也有可能不存在。Pesaran（1988，p.339）引用了一些与这一解释一致的观点，"计量经济学模型是为复杂和令人困惑的现实提供不同窗口的比喻"，Poirier（1988，p.139）也有这样的观点，"'真理'实际上只不过是与事实'一致'的东西，计量经济学的一项重要的作用是对能够形成一定满意度的那些东西清晰明白地做出说明"。

●"符合事实"可能同"有用的"是有冲突的。这是 TTT 方法的主要问题，因为 TTT 方法的王牌之一是需要一个模型，该模型能够通过一组评估模型是否与事实一致的检验。可能的冲突有两点原因。第一点由 Smith（1998）的问题引出："为什么你要做这个？"然后由 Magnus（1999，p.61）解释清楚：

> 我们所能希望的最好情况是模型是局部有效的。这意味着模型应该取决于研究者希望回答的中心问题。……其他的所有东西——你的模型，你需要的数据，你的估计方法——都取决于它。现在，这可能看起来是显然的，但是对大多数计量经济学家来说不是显然的。

第二点由 Cochrane（2001，p.303）进行了有力的说明：

> 很多模型具有在经济上令人感兴趣但统计上被拒绝的结果，而且更多的具有很强统计特征但没有讲述清楚一个故事的模型，很快就会被遗忘。

TTT 方法支持了下面的抱怨：它为"异想天开的理由"打开了大门（Hendry and Mizon，1990，p.133）。

有一个"符合事实"和"有用的"相矛盾的例子，发人深省。加拿大/美国软木材之争的解决有赖于寻找到计算伐木权市场容量的计量模型。而最终选择的作出基本上取决于对另一方是否会接受相应模型的推测。

●模型设定要求创造力，但是这种能力是不能够被教会的。这一观点被广泛承认。例如，考虑 Pagan（1987，p.20）的评论："为计量经济学家建造'系统神学'可能会扼杀创造力，而且一些证据已经明显地显现出来了。很少有人能否认这样一个事实：这些方法在熟练者手中的运用给人以深刻的印象，但在学生们手中说服力却要弱得多。"

5.2　三种方法

●Pagan（1987）关于在计量经济学方法中唤醒专业兴趣有一个很好的说明。Pagan（1995）又对其做了更新和完善；Granger（1990）包含了争议中著名文章的选集。Hendry，Leamer 和 Poirier（1990）对这些问题作了一个有益的非正式讨论。在这种框架下，"方法论"一词涉及在检验和量化经济学理论中采用的程序原理，并将它与更通常的作为计量经济学"技术"或"方法"的同义词相对照。Nakamura，Nakamura 和 Durleep（1990）对模型设定方法做了一个有用的综述。读者所要警惕的是，很多计量经济学家并不乐意审视这个计量经济学方法的讨论；他们宁愿不担心这些事情了。这难免意味着他们继续使用以前总是使用的设定方法，如 AER 方法，尽管现在比以前有更多的检验。但是很多人认为这些方法论没有一种精确地反映了计量经济学设定所采取的方式，正如 Cochrane（2001，p.303）所清楚地说明的："假设检验的古典方法、贝叶斯替代或科学哲学的潜在的假设检验观点是这种方法的糟糕的描述，从通常的科学到特别的经济学，从一种理论到另一种理论持续不断。"Dharmapala 和 McAleer（1996）在科学哲学的框架下讨论了计量经济学方法；Cochrane（2001，pp.302 - 305）对这些问题有一个有趣的论述。

● 术语 AER 是从 Gilbert（1986）的研究中得到的，其中包含了 TTT 方法的一个清晰的展示。Pagan（1987）对 TTT 方法和脆弱性分析以及对它们的批评有一个完美的介绍。Pagan 也确定了第四种方法即向量自回归（VAR）方法（在第 19 章中讨论）；这里并不包含这种方法，因为它不能被解释为一种通用的设定方法（它只在时间序列数据中应用），而且它没有努力地去寻找或评价传统的设定。

● Darnell 和 Evans（1990）对 AER 方法进行了辩护；他们把这种方法称为"传统的"方法。他们认为如果将传统方法进行修正，使之聚焦于在进行检验前寻找呈现非球形误差的设定，那么这种方法就比 TTT 方法和脆弱性分析方法更加合意。

● Johnston（1984，pp.498 - 510）对应该如何使用 AER 方法有一个很好的描述。他强调研究者需要同模拟这一领域的专家交流、熟悉相关的研究所、切实去看数据、认识到数据的局限、避免数据的挖掘、使用经济学理论，最重要的是利用有经验的批评家的判断。他给出了一个关于能源研究工程的自身经历的有趣叙述；直到有经验的批评家 Alex Cairncross 指出他"不会介意登上一架飞机并且乘坐它去利雅德"时，他的设定搜寻才停止。

● David Hendry 支持 TTT 方法，这是它的支持中最著名的。Hendry（1993，2000）是探寻计量经济学方法论进程的论文选集，其中 Hansen（199 - 6）对此有一个令人感兴趣的回顾和批判。特别有用的是 Hendry 在其研究的引言（pp.1 - 7）、对每一节进行的介绍、关于每一篇文章的序言以及第 19 章在总结的同时也描述了在时间序列背景下为这类设定工作设计的 PC-GIVE 软件。著名的应用是 Davidson et al.（1978）；更新的应用是 Hendry and Ericsson（1991），对此，Friedman 和 Schwartz（1991）提出了批评。术语 TTT 的选择参考的是 Hendry（1980，p.403）的研究中常用的引语："计量经济学的三条黄金法则是检验、检验和检验。"这一方法是在特定的时间序列模型框架中发展起来的，称为自回归分布滞后模型（在第 19 章"误差修正模型"的标题下讨论），其中滞后的数目由向下检验直接确定，但是一般原理应用于其他的内容。

● 对 TTT 和 AER 方法的主要批评是它们进行的检验是被误导的。例如，Magnus（2002）认为如果想要知道一个系数是否为零，那么传统的 t 统计量就是合适的。但是如果想知道是否包括一个回归元（这是设定搜寻的问题），那么我们对系数是否为零不感兴趣（很可能是不为零的）。就我们分析的目的而言，我们感兴趣的是包含一个回归元是否带来不同——例如，它的加入是否改善了估计或预测？相应地，这说明了敏感性分析比检验更合适。这也说明了显著性水平比传统的5％高许多也是可以接受的。Greenberg 和 Parks（1997）表达了相似的观点。Maddala 和 Kim（1998，p.140）建议使用25％的第一类错误的概率。4.1节的一般性注释中也讨论了这一问题。

● Granger，King 和 White（1995）讨论了模型选择标准对设定的使用（例如 Akaike 信息准则（AIC）和贝叶斯信息准则（BIC），在6.2节的一般性注释中讨论）。他们在其他事情上注意到，使用这些标准会避免传统假设检验中的一些缺点，如更喜欢零假设、使用随意选择的显著性水平和模型选择后的偏误诊断检验。事实上，AIC 和 BIC 用于选择滞后长度的目的是很常见的；关于这一点经济学理论几乎没有贡献。

● Hoover 和 Perez（1999）的研究及相关注解很好地总结了从一般到特殊设定搜索方面最近的创新和相关批评。也见 Faust 和 Whitman（1997）及相关评论。Hendry（2000，chapter 20）与 Hendry（2001）极力赞扬 Gets（从一般到特殊）软件的特点，并称这一软件在设定搜索方面带来了极大的改变。Hendry 和 Krolzig（2005）很好地阐述了 Gets. Campos，Ericsson 和 Hendry（2005）选择了关于这一问题的文献进行综述。

● 按照 TTT 方法，模型与证据"一致"说明了什么？下面是五个主要的标准。

（1）数据容许性。模型必须不能产生逻辑上不可能的预测。例如，如果被解释的数据是一个比例，那么模型所有的结果都必须落在0~1的范围内。

（2）理论一致。模型必须与推导出它的经济学理论相一致；它必须有很好的经济学含义。例如，如果经济理论说明某个长期的均衡可以描述一种关系，那么那种关系的动态形式应该使得它的均衡解服从长期均衡。

（3）预测有效性。模型应该能够充分地预测未在它的估计/设定中使用过的观测值。有时这称为参数恒定性。这一检验特别重要，因为它提出了通过研究数据来发展一种设定意味着这些数据不能用来检验该设定。

（4）数据一致性。模型中得到的残差应该是白噪声（即随机）的，因为否则的话一些规律就不能包含在设定中了。很多计量经济学家认为这一要求过强，因为这样就排除了真实自相关或者异方差。这个要求的一个更实际的解释是如果误差不是白噪声，研究者的第一个反应应为仔细地检查设定而不是采用广义最小二乘法（GLS）。

（5）包含。在一个模型能够解释其他模型的结果的意义下，模型应该能够包含它的竞争对手，这意味着其他模型不包含能改进现有模型的信息。

● Ed Leamer 认同了设定的"脆弱性"或"极限"分析方法，并成为它的最主要的支持者；标准的参考文献是 Leamer（1983a）以及 Leamer and Leonard（1983）。有益的批评是 McAleer，Pagan and Volker（1985）、Ehrlich and Liu（1999）。应用可参见 Cooley and LeRoy（1981），Leamer（1986）。Caudill（1988）认为脆弱性分析应通过呈现一个反映置信区间的直方图来报告出来；该置信区间是由进行与该分析相关的一系列回归产生的。Temple（2000）是对极限分析的辩解，建议把对异常值和稳健回归的检验结合起来。Leamer 对于 AER 和 TTT 方法的观点在 Leamer 和 Leonard（1983，p. 306）的研究的评价中反映出来：

> 在经济学杂志中发表的实证结果是从估计模型的一个大的集合中选择出来的。杂志通过其编辑政策，参与到一些选择的工作中，这继而刺激了未来的作者搜寻和预先筛选更大范围内的模型。因为专业读者很熟悉这一过程，发表的结果被广泛地认为是夸大了估计的准确性，而且可能也扭曲了它们。结果，统计分析或者被很大地低估或者被完全地忽略。

● Granger（1990）包括一些批评和支持 Leamer 的极限分析（EBA）的论文。也可参见 Ehrlich and Liu（1999）。一个通常的缺陷是 EBA 的结果对哪个变量被处理为可疑的过于敏感。McAleer，Pagan 和 Volker（1985）抱怨"在与读者传达'为了解释数据，可疑变量是必需的'这一事实中，EBA 是一种无效率（和不完全）的方法。"Breusch（1990）呈现了一种相反的观点："极限的一种观点是在容易理解的度量中，它们概括了信息；否则，这些信息会导致关于'脆弱性'的相同结论，但是在另外的形式中发表和同化会更困难。"Hendry 和 Mizon（1990）批评了它的贝叶斯基础，宣称贝叶斯的观点会扼杀创造性发现，这是因为大多数创造性的观点都在被广泛接受的先验之外。

● 从贝叶斯分析的角度（见第 14 章）看，识别"正确"设定是不可能的。替代性的方法是估计每种可能设定"正确"的概率，然后将这些估计依据所得概率进行加权平均，得到目标估计。Granger 和 Jeon（2004）进一步在非贝叶斯环境中推广了这一方法，他们清除了异常点后取相等权重来进行。第 20 章中将会说明，这一方法与一种"最佳预测"方法内在一致，该方法基于多种不同方法或模型设定的结果组合得到预测值。

● Leamer（1978，pp. 5 - 13）有关于设定搜寻的一个指导性的分类，总结可参见 Darnell and Evans（1990）。

● 作为 AER 方法的实践者经常被指责的做法，在搜寻高的 R^2 值和高的 t 统计量值的基础上采用设定的技术是"数据挖掘"的两个变体之一。Coase 很好地描述了这一方法："如果你拷问足够长的数据，自然就会承认。"Karni 和 Shapiro（1980）对数据曲解做了有趣的说明。关于详细指定关系的方法，Leamer（1983a）评论道："有两种东西在它制造的过程中你最好远离，不要看：香肠和计量经济学估计。"这种数据挖掘变体的问题几乎是它保证产生适合于特定数据集特性的设定，从而会在它对于潜在的数据生成过程所给出的信息方面引起误导。更进一步，传统的使设定"神圣化"的检验程序不再是合理的，因为这些数据被用来生成设定，如果再用于检验该设定就不能进行公正的判断。

● 对高的 R^2 值和高的 t 统计量值的搜寻都是模型选取的不良机制；在 T. Mayer（1975，1980），Peach 和 Webb（1983）以及 Lovell（1983）的研究中都可以找到令人信服的论点。Mayer 将焦点集中在调整后的 R^2 值上，说明了它在选择正确设定方面做得不好，这主要是因为它利用偶然的信息，选择适合于那一特定数据集特性的设定。这强调了在选择和估计（主张使用 TTT 方法）试探性的设定之后抛弃用作附加样本预测检验的数据的重要性。Peach 和 Webb 随机构造了 50 个宏观经济学模型并发现这些模型中的大多数显示出很高的 R^2 值和 t 统计量值。Lovell 将焦点集中在对显著的 t 值的寻找，标记为数据挖掘，并得出这样的寻找会导致不合适的设定这一结论，主要归因于进行的很多检验犯第一类错误的概率很高。Denton（1985）认为这一现象不只局限于单个的研究者——很多独立的研究者使用同样的数据，共同地进行这些检验，以确保杂志倾向于充满第一类错误。所有的这些 Lovell（1983，p. 10）都做了很好的总结：

> 具有讽刺意味的是，最可能得到回归结果的数据挖掘程序在惯常的标准方面给人以深刻的印象，但在对研究中潜在的数据生成过程的断言方面，它也可能是最具有误导性的。

● 数据挖掘的另一个问题是它的主观因素，由并 John Maynard Keynes（1940，p. 155）确定地给出：

> 我们应该记住《圣经旧约》希腊文版本的 70 位翻译者连同希伯来课本被关在 70 间单独的屋子里，当他们从屋子中出来时带出来了 70 种相类似的翻译。如果 70 倍的相关者和同样的统计材料一同被关起来，那么会有这样的奇事吗？

● TTT 方法的一个重要的方面是数据应该被允许帮助确定模型设定，尤其是如滞后长度等模型特性，关于这些经济学理论几乎没有提供指导。然而，数据挖掘早先的评论认为让数据为自己说话是很危险的事情。为了避免明显拟合得好的模型在样本数据之外表现得很差这一常见的现象，在模型中对逻辑一致性具有某些特定的特点可能是必要的，即使特定的数据样本没有反映它们。Belsley（1986a）赞成在设定分析中对先验信息的使用；Belsley 论文的讨论者想知道采用基于不良先验信息的不正确模型是否比让数据为自己说话更加危险。Belsley（1988a）在预测的框架下对这一问题有一个很好的综述。在让数据帮助设定和不让数据支配设定之间必须存在一个平衡，遗憾的是，这为我们带来了"设定是一种艺术，是不能被教会的"这种现象。

5.3 设定的一般原理

● Pagan（1987）要求对互相竞争的方法进行更大程度的整合，这与前文呈现的模型设定的一般原理具有相同的思想。由于这些原理可能没有被所有的计量经济学家认同，一些参考文献可以对此进行证实。要求白噪声残差的问题参见 Darnell and Evans（1990，ch. 4），他们采用这种观点来为传统的（AER）方法辩护。关于"过度检验"参见 Bera and Jarque（1982）。关于诊断法和增加样本的预测参见 Harvey（1990，pp. 187-189）。关于包含参见 Mizon（1984）。关于界限和设定路径的报告参见 Pagan（1987）。

● Magnus（1999，pp. 61-62）将主要的问题理解为从一般到特殊的方法。

> 它不好用。如果你试图估计这样一个大的模型，在其中有你能想到的所有问题，则你会得到没有意义的结果。每一个从事实证工作的人都知道这一点。第二个问题是你事实上不能用这种方法发现任何新鲜有趣的东西，这是因为那一点有趣的东西是上面模型的构建，而我们现在还不知道这是如何做的。因此，在这一方面没有应用经济学家能够继续走下去。替代地，他们采用自下而上的方法。在自下而上的方法中，人们可以从一个简单的模型起步，并由此逐渐建立复杂的模型。事实上，这也是其他学科的科学家们通常采用的方法。

Hansen（1996，p. 1411）支持自上而下和自下而上的混合使用：

> 的确，可以很容易地看出充分实施从一般到特殊的方法是不可能的。这要求进行一个很大的复杂的训练，包括所有变量联合分布的完整的模型，容许非线性、异方差、系数偏移和非高斯误差的存在。很明显，参数化方式的成本是很大的。唯一的解决方法是混合匹配地使用从一般到特殊和从特殊到一般的方法。

● 从一般到特殊的方法的主要优势是，如果通常的模型中引入了数据生成的真实模型，那么检验是无偏的。（无偏的检验意味着第一类错误是我们选择的，一般为 5%。）但是任何一般模型都引入未知的真实模型是不可能的，所以这个优势也是可疑的——那个能够得到的最好的从一般到特殊的方法可能会被较小的检验偏误所困扰。但是更多的情况是我们寻找"最好的"设定而不是使用无偏检验。自下而上的方法从一个简单的模型开始，它具有一些优势。它与科学推断/过程的历史相符合；模型构建的成本更低；经济学的不鲜明的非实验数据要求对数据没有不合实际需求的简单模型；复杂计量经济学模型的估计更可能对误差项和数据中的不一致性敏感；简单模型常常在估计方面胜过更复杂的模型；模型错误的来源更容易查找；了解一个简单模型如何和为什么有不良的表现是模型发展过程中重要的信息；简单模型比复杂模型更容易解释，而且更不可能导致严重的失误和疏忽；主观洞察力和对必要要素的发现更容易进行。Keuzenkamp 和 McAleer（1995）展示了简单化的详尽的有说服力的辩护，并处理了各种棘手的问题，例如简单化应如何定义。Zellner（2001）也处理了简单化的定义问题。Keuzenkamp 和 McAleer（1995，pp. 15-18）也为一般到特殊的方法提出了有说服力的批评。

● "数据挖掘"的第二个变体涉及用数据进行实验（或"搜寻（fishing through）"）来发现能够传达经济学理论的实证规律。这一数据挖掘的方法通过最近的《数据挖掘和信息恢复杂志》的创办成功进入了主流的统计分析。它最显著的特点是揭露指向理论设定中误差/疏忽的实证规律。Heckman（2000）强调了这一点："当使用暗示一种理论的数据而产生严重的问题时，检验该理论；拒绝从修订经济学模型的数据中学习会带来更重要的问题。"例如，通过数据挖掘我的一个同事偶然发现了一个结果，这个结果让他重新检查了英国哥伦比亚伐木计费系统的细节。他发现自己以前忽略了这种税的一些特点，而这些特点对森林工业的行为产生了重要的影响。因此，他可以发展一个更加令人满意的理论设定。

第二类"数据挖掘"确定了数据的规律或者特性，这应该在潜在理论的框架下被考虑和理解。这可能说明了重新思考模型背后的理论是必要的，产生了建立在更广泛的理解基础上的一种新的设定。它与通过机械地重新模拟旧的模型来拟合数据而产生的新设定是不同的；这可能招致前面讨论"数据挖掘"的另外一个不合意的变体时提到的风险。

● 在设定中不寻常的观测值经常有特殊的价值，因为它们能促使研究者更仔细地发展他们的理论模型来解释那些观测值。讨论和举例参见 Zellner（1981）。应该注意的是一些稳健估计程序（在第 21 章讨论）有舍弃这样的"异常值"的倾向，而这种事情只有在仔细的检查之后才可以做。

● Koenker（1988）认为设定受样本容量影响，随着样本容量的增加，发表的研究中解释变量的个数也有增加的趋势，增加的比率与样本容量的四分之一次幂成比例。更大的样本促使研究者询问新的问题、改进旧的问题；毫无疑问，面对由更大的样本带来的增加的精确性，他们越来越不愿意接受偏误。Koenker 提到了（p. 139）渐近理论的一个有趣的含义，它建立在"不相信的自愿怀疑"之上："每天非常勤奋的研究助手带来很多（独立的）新的观测结果，但是我们虚构的同事由于平凡的好奇心和对他原始模型有效性的坚信，以至于每天他仅仅是采用更大的样本重新估计他最开始的模型——没有任何变换。"

● Hogg（1988）为设定建议了一种有用的拇指法则：比较普通最小二乘（OLS）估计和稳健的方法；如果它们不一致，就重新认真地查看数据和模型。注意，这可被看作是 Hausman 设定检验方法的（非正式的）变体。

5.4 错误设定检验/诊断

● Kramer 和 Sonnberger（1986）对很多错误设定检验连同对它们应用的举例都有很好的阐述。Pagan（1984a）提出大多数检验都可写为 OV 检验的形式，他将 OV 检验称为变量增加检验。McAleer（1994）用表格列出了（pp. 330 - 331）诊断法失败的可能原因。对从业者而言，Beggs（1988），McGuirk, Driscoll 和 Alway（1993）有很好的讨论和例子。MacKinnon（1992）对使用人工回归计算各种设定检验做了一个有益的综述。

● 诊断检验/检查的扩展用法没有得到普遍赞同。Goldberger（1989）认为最近的实证研究更多地报告了诊断检验统计量，而不是数据集的观测值个数；Oxley（1996，p. 229）认为，"我们可能有更多的创造出新的检验统计量的论文，而没有很多使用这些统计量的论文。"一些缺陷和警告列在下面：

(1) 它们的使用可能会减少研究者调查他们的数据和理论设定的强度；

(2) 它可能会通过挖掘其他的数据来替代一种数据；

(3) 很多检验只在大样本中是有效的，这一点经常被忘记；

(4) 没有经验的研究者通常在不适合这些检验的背景下应用它们；

(5) 大多数检验只有当模型被"正确地设定"时才是有效的；

(6) 检验的顺序扭曲了一些东西，如第一类错误概率；

(7) 大多数使用的检验不是相互独立的；

(8) 预检验估计量（见第 13 章）的性质没有被很好地理解。

这些要点说明了在应用诊断检验时应该多加小心，而且应该持相当大程度的怀疑来看待那些结果。

● 使他们的模型遵从错误设定检验并没有困扰大多数的研究者。Kramer 等（1985）具有说服力地阐述了这一看法，他对一些实证研究应用了一组这样的检验，发现这些检验频繁失败。研究人员为何一般不进行模型设定检验？Cameron 和 Trivedi（2005，p. 291）对此持怀疑论调："特别地，对大样本来说，回归系数总是显著异于零，而这正是很多研究所期望的结果。然而，设定检验通常不会拒绝期望模型，所以就可以称模型已经正确设定。也许正是基于这一原因模型设定不怎么被使用。"

● Doran（1993）对非嵌套检验进行了很好的阐述。McAleer（1987）和 MacKinnon（1983）对非嵌套检验文献进行了较好的综述；对 MacKinnon 的论文的评论提供了关于这一领域的争议的有趣观点。所有考虑中的模型可能被拒绝（或接受）的非嵌套检验的特点由 Dastoor（1981）做了讨论。Kennedy（1989）使用 Ballentine 阐述了一些非嵌套检验及其一般特点。

● 由于计算上的简易和在蒙特卡洛研究中相对较好的表现，非嵌套 F 检验被认为是最佳非嵌套检验程序之一。假设有两种理论，H_0 和 H_1。根据 H_0，自变量是 X 和 Z；根据 H_1，自变量是 X 和 W。将 X，Z 和 W 作为解释变量建立一个一般模型（没有任何经济学原理！）——这被称为一个人工嵌套方程。为了检验 H_0，使用 F 检验来检验 W 的系数是否为零；为了检验 H_1，使用 F 检验来检验 Z 的系数是否为零。注意，如果 H_0 和 H_1 都不正确，两种假设都有可能被拒绝；而且如果 H_0 和 H_1 其中之一是正确的，但是 W 和 Z 有高度的共线性，这两种假设都有可能被接受。经常发生的情况是，自由度问题（人工嵌套模型会包含很多的变量）、共线性问题或者非线性函数形式都会使这一检验失去吸引力。最普遍的替代检验是 J 检验及其变体。

● J 检验与 F 检验类似，都来源于人工嵌套模型；这一点将在本节的技术性注释中更清楚地说明。为了进行这一检验，把因变量 y 对假设 H_0 的解释变量以及 $\hat{y}_1$ 作回归，其中 $\hat{y}_1$ 是与 H_1 相关的回归中估计的 y。如果 $\hat{y}_1$ 比 H_0 的解释变量的解释力强，则 H_0 不是"真实的"模型。这一问题通过使用 t 检验来检验 $\hat{y}_1$ 的系数是否显著异于零来处理；如果是这样的，就拒绝 H_0；否则的话就接受

H_0。对换 H_0 和 H_1 的角色并重复这一程序，来决定 H_1 被接受还是被拒绝。

● Mizon 和 Richard（1986）阐述了包含原则，并且使用它统一了一些检验程序。他们表明了不同的非嵌套检验都具有不同的隐含的零假设。例如，J 检验是一个"方差"包含检验——它检验了一种假设的模型是否能够预测由其他假设提出的回归得到的估计方差。与之相反，非嵌套 F 检验是一个"均值"包含检验——它检验了一种假设的模型是否能够预测由其他假设提出的回归得到的系数估计。这解释了 J 检验和非嵌套 F 检验不同的自由度。包含检验的第三种类型是"预测"包含检验。如果模型 2 的预测可由模型 1 来解释，则模型 1 预测包含模型 2。把模型 2 中的一步预测误差对模型 1 和模型 2 的一步预测误差作回归；这一回归中的斜率系数的 t 检验被用作预测包含检验。

● 数据变换检验称为 Hausman 类型检验，因为它们基于由 Hausman（1978）在回归元和误差同期相关（在第 9 章中进一步论述）的框架下推广的原理。这个原理如下：如果模型设定是正确的，则任何两个一致的方法得到的估计应该相互接近；如果它们不是相互接近的，模型就存在可疑之处。

● 数据变换检验存在着一些变体，比较流行的有 Farebrother（1979），其中变换的是对数据分组；Davidson，Godfrey and MacKinnon（1985），其中变换的是一阶微分；还有 Boothe and MacKinnon（1986），其中通常采用变换来做 GLS。Breusch 和 Godfrey（1986）有一个很好的讨论，Kramer 和 Sonnberger（1986，pp. 111 - 115）也有讨论。参见技术性注释中对于这些检验如何作为 OV 检验应用于实际操作的讨论。

● 对于条件矩检验比其他检验更容易构造的情况的举例，参见 Pagan and Vella（1989）。Newey（1985）和 Tauchen（1985）发展了一种通过进行人工回归来计算 CM 检验的在计算上具有吸引力的方法。（单位列向量对每一个参数的矩和对数似然函数的一阶导数做回归，并且检验矩的斜率项是否为零。）遗憾的是，这一方法依赖于方差—协方差矩阵的 OPG（梯度外积——参见附录 B）估计，而这导致了检验的第一类错误太大。此时自举法就成为必需。CM 检验的讨论参见 Godfrey（1988，pp. 37 - 39）以及 Davidson and MacKinnon（1993，pp. 571 - 578）。

● 尽管大多数检验的渐近分布对正态误差的假设不敏感，但在小样本中这应该被考虑到。秩和检验在这方面是稳健的；McCabe（1989）提出了用于错误设定检验的秩检验，并且认为它们有很强的推翻错误假设的能力。

5.5 再说 R^2

● $\bar{R}^2$，即调整后的 R^2，等于 1 减去扰动项的方差与因变量的方差之比（也就是说，它与方差有关，而不是与变化有关）。这些方差的估计包括对自由度的纠正，得到（处理过的）的表达式为

$$\bar{R}^2 = R^2 - \frac{K-1}{N-K}(1-R^2) \text{ 或者 } 1 - \frac{N-1}{N-K}(1-R^2)$$

其中 K 是自变量的个数，N 是观测值的个数。Armstrong（1978，p. 324）讨论了 R^2 的一些替代调整。有趣的是，如果真实的 R^2 是零（即如果因变量和自变量之间没有关系），则没有调整的 R^2 是 K/N，这个值可能非常大。真实的 R^2 不为零时的一般公式可参见 Montgomery and Morrison（1973）。

● R^2 和 $\bar{R}^2$ 都是"真实"或"总体"判定系数的有偏但一致的估计量。但是 $\bar{R}^2$ 比 R^2 的偏误更小。总体判定系数的无偏估计量至今没有找到，这是因为当这一总体系数非零时，R^2 和 $\bar{R}^2$ 的分布是难以处理的。

● Theil（1957）推导出，在重复样本中平均来说自变量的"正确"集合产生了更高的 $\bar{R}^2$。

● 如果增加一个自变量会增加 $\bar{R}^2$，则它的 t 值比整体的要大。参见 Edwards（1969）。这样，只要它们的 t 值在 5% 的水平是显著的，最大化 $\bar{R}^2$ 的法则与保持变量的法则就有很大的不同。

● 重申下面的内容是值得的：坚持不懈地寻找高的 R^2 或 $\bar{R}^2$ 值会带来找到一个虽然与数据拟合得很好但却不正确的方程的危险，这是因为它捕捉到了当前特定数据集中偶然的特点（称为"偶然利用"），而不是真正的潜在关系。Mayer（1975）和 Bacon（1977）以具有说服力的方式阐述了上述内容。

● Aigner（1971，pp. 101-107）提出了一种对于在确定因变量时用来捕捉自变量相对重要性的衡量方法的较好的批判性总结。他强调了单个回归元的相对强度应该在政策背景下讨论，因此，例如，每一美元的政策行动对因变量的影响是与此相关的。

● Anderson-Sprecher（1994）提供了对 R^2 测量的解释，他将很多问题按用途进行了分类。

技术性注释

5.1 引言

● Brieman（2001）发现了统计建模的一种新方法；由于是非理论的，它将不会吸引经济学家。他通过假设数据由特定的模型生成描述了旧的方法，因此，这意味着特定估计方法（如 OLS 或 logit）的应用。新的方法包含了大的数据集，严重依赖于进行研究的计算机能力来进行基于算法模型（如决策树和中性网）的搜寻；他将注意力集中在作为主要标准的预测中。他赞同合适时同时使用两种方法。

5.2 三种方法

● TTT 方法是在自回归分布滞后模型的框架下发展的，这里原始的"更一般"设定表现为对所有的解释变量都很宽松的滞后长度的形式，对滞后的因变量也是一样。这被用来反映经济学理论典型地很少说明动态关系的本质这一事实。利用常识来选择初始的滞后长度。例如，如果使用季度数据，考虑到四次差分和四次差分数据的一次差分，最初会设定 5 个滞后值。它产生的问题之一是缺少自由度。解决这个问题的倾向是对从一般到特殊方法的轻微要诈——首先通过不包含所有考虑中的解释变量（在初始过度参数化模型被简化之后将它们加入）。

● 脆弱性分析的主要输入是贝叶斯事前分布，它的方差—协方差矩阵由一个规模参数指数化。通过改变这一规模参数来反映不同研究者在这一先验中置信程度的不同，得出了参数估计的范围，这是脆弱性分析的输出。由 Granger 和 Uhlig(1990) 提出的一个替代的方法，通过只考虑一些设定来修正极限分析，这个设定得到的 R^2 在最高 R^2 的 10%～15% 以内。

● 在"向下检验"中，总体检验的大小（第一类错误的总体概率）α，是根据 $(1-\alpha)$ 等于 i 个 $1-\alpha_i$ 的乘积的结果来确定/控制的，这里的 α_i 是第 i 个单独检验的大小。这里假设检验是相互独立的；这在这一框架下是不可能的，但是尽管如此它也被用作一个简单的近似。例如，假设我们在向下检验过程中进行检验，而且我们想让总体的第一类错误为 5%。单独 n 个检验的公共的第一类错误 α^* 是多少时才能完成这个过程？通过计算 $0.95=(1-\alpha^*)^n$，得到 $\alpha^*=1-0.95^{1/n}$，随着 n 的增长它越来越小。应该注意的是，采用大约 25% 的 α 水平代替传统的 5% 在专业人士中有一些理由，尤其是在为了减少第二类错误而选择模型设定的背景下。

● 第六个标准经常出现在用来确定数据一致性的标准的列表中，即解释变量应该至少是弱外生的（也就是说，在这些回归元的条件上是有效的），因为否则就有必要建立从属变量和回归元联合模型。这一标准在 TTT 方法的一般应用中不适用。这意味着检验外生性并不是要检验一个模型的所有解释变量都是外生的；不论这可能有多么便利。如果一个解释变量被认为不是外生的，可能就需要一个替代的设定，而不必要引入该变量为外生的设定。

● 有三种类型的外生性。假设 y 被认为由 x 解释。如果现在的 y 并不能解释 x，则变量 x 被称为是弱外生的。这意味着估计和检验可以在 x 的条件下进行。如果 y 的滞后值也不能解释 x，它就是强外生的（也就是说，从 y 到 x 没有反馈）；强外生性主要对使用 x 预测 y 有意义。如果相互关系中确定 y 的 x 的系数不受 x 值的变化或 x 值生成过程的影响，则变量 x 是"超外生的"。这与政策相关；它反映了"卢卡斯批判"（Lucas，1976），它宣称政策变化会导致理性的经济代表人去改变他们的行为，并质疑个体与计量经济学中假设不变的参数估计相联系有什么样的逻辑内涵。Maddala（1988，pp. 325 - 331）对外生性有一个很好的规范阐述。

5.4 错误设定检验/诊断

● J 检验背后的原理可以通过构造它所依赖的人工嵌套模型而轻易地看出。假设有两种竞争的线性假设：

$$H_0 : y = X\beta + \varepsilon_0 \quad \text{和} \quad H_1 : y = Z\delta + \varepsilon_1$$

建立人工嵌套模型

$$y = (1-\lambda)X\beta + \lambda Z\delta + \varepsilon_2$$

将 H_0 和 H_1 分别赋予 $(1-\lambda)$ 和 λ 的权重，以把二者结合起来。在零假设下 H_0 是正确的设定，λ 为零，所以 H_0 的设定检验可由检验 $\lambda = 0$ 建立。y 对 X 和 Z 做回归会允许对 $(1-\lambda)\beta$ 和 $\lambda\delta$ 的估计，而不是 λ 的估计。如果 X 和 Z 有共同的变量，甚至这个都不能做到。这个困境能通过下面的两步程序解决：

（1）y 对 Z 做回归，得到 δ^{OLS}，即计算这一回归中估计的 y，即 $\hat{y}_1 = Z\delta^{OLS}$；

（2）y 对 X 和 $\hat{y}_1$ 做回归，并通过 t 检验来检验（单一的）$\hat{y}_1$ 的斜率系数估计（$\hat{\lambda}$）是否为零。

这允许 H_0 被接受或被拒绝。然后对换 H_0 和 H_1 的角色，重复这一程序使 H_1 可被接受或拒绝。（为什么不直接检验（2）中回归的 $\lambda = 1$？上述检验的逻辑基于 H_0 为零假设；当 H_1 为零假设时，$\hat{\lambda} - 1$ 除以其标准误差得到的分布不服从 t 分布。）

小样本中 J 检验的第一类错误概率容易过大。当以下情形出现时，情况尤其如此：误差项方差很大，替代模型之间的回归元相关性很低，或者错误模型比正确设定包含更多的回归元。很多研究人员实践中通过提高显著性水平来应对这一问题，但是 Fan 和 Li（1995），Godfrey（1998）发现自举法能够减弱问题的严重程度。见 Davidson and MacKinnon（2002，2002a）。Godfrey 和 Santos Silva（2004）很好地综述了现存的非嵌套检验，并特别参考了自举观点。Bera 等（1992）揭示了非嵌套检验如何与其他特性检验同时进行。

● 在非线性框架下，上面的 $X\beta$ 和/或 $Z\delta$ 可以被相关的非线性方程替代。如果这带来了计算上的困难，就采用 P 检验。假设竞争检验是（1）$y = f(X, \beta) + \varepsilon_1$ 和（2）$y = g(Z, \theta) + \varepsilon_2$，参数的估计为 $\hat{\beta}$ 和 $\hat{\theta}$，预测的 y 值为 $\hat{f}$ 和 $\hat{g}$。人工嵌套模型是 $y = (1-\lambda)f(X, \beta) + \lambda g(Z, \theta) + \varepsilon$。使用 $\beta = \hat{\beta}$，$\theta = \hat{\theta}$ 和 $\lambda = 0$ 处的泰勒序列展开，得到

$$y - \hat{f} = F\delta + \lambda(\hat{g} - \hat{f}) + \text{残差项}$$

其中 F 是 f 关于 β 的导数的行向量（在 $\hat{\beta}$ 处的估计），δ 是相关系数向量。对此使用 OLS 法估计，使用 λ 估计的 t 检验来接受或拒绝假设（1）。阐述参见 Davidson and MacKinnon（1993，pp. 382 - 383）；Smith 和 Smyth（1990）给出了一个很好的例子。Godfrey 和 Santos Silva（2004）推荐 P 检验来判断函数是线性还是对数

函数形式。

● Vuong（1989）接受了检验非嵌套假设的一种完全不同的方法，它的基础是检验一个模型的似然函数是否显著异于其他模型的似然函数。

● 假设我们设定 $y=X\beta+\varepsilon$ 且为了构造数据变换检验提出了变换矩阵 P。变换数据得到 $Py=PX\beta+P\varepsilon$，对它应用 OLS，我们得到 $\beta^*=(X'P'PX)^{-1}X'P'Py$。这要与 $\beta^{OLS}=(X'X)^{-1}X'y$ 进行比较。现在把 y 写作 $X\beta^{OLS}+\varepsilon^{OLS}$，其中 ε^{OLS} 是 OLS 残差向量，用它来替代表达式中的 β^*，得到 $\beta^*=\beta^{OLS}+(X'P'PX)^{-1}X'P'P\varepsilon^{OLS}$ 或者 $\beta^*-\beta^{OLS}=(X'P'PX)^{-1}X'P'P\varepsilon^{OLS}$。因为它是不显著异于零的，$P'PX$ 必须与 ε^{OLS} 不相关（或接近于不相关）。这证明了它可以使用熟悉的 F 检验来检验当 y 对 X 和 $P'PX$ 做回归时 $P'PX$ 的系数向量是否为零。（对于它的直观解释，参见 9.3 节的技术性注释，其中解释了衡量误差的 Hausman 检验。）这样数据变换检验可被表示为一个 OV 检验，其中忽略变量由 $P'PX$ 来定义。这种方法得到的任何多余部分（例如，$P'PX$ 的一列等于 X 的一列）可以通过忽略 $P'PX$ 中相应的令人不快的列和改变相应的 F 检验的自由度来处理。

● Hausman 类型的错误设定检验的一种不常见的变体是 White 信息矩阵检验；这里比较了信息矩阵（方差—协方差矩阵的倒数）的两种不同的估计。如果模型被正确地设定，这些估计是渐近等同的。一个估计基于对数似然函数的二阶导数的矩阵（海塞形式），而另一个是通过将对数似然的一阶导数向量的外积（OPG，或梯度形式的外积）相加求和得到的。Hall（1989）提供了计算这一检验统计量的一种计算上可行的方式。Davidson 和 MacKinnon（1993，pp. 578 - 581）做了规范化的阐述。

第 6 章 违反假设一：错误回归元，非线性和参数非常数

6.1 引言

CLR（经典线性回归）模型的第一个假设规定，因变量的条件期望是已知自变量的一个不变的线性函数。它通常是指"模型设定"。第 5 章大致讨论了如何找到一个与数据一致或"适合"的模型设定的问题。本章的目的在于对这个问题进行更具体的研究，研究第一个假设可能被违背的三种主要方式。第一种情况是自变量的设定忽略了相关的变量或者包含了无关的变量。第二种情况是遇到非线性函数形式。而第三种情况则是参数发生了改变。

6.2 错误的自变量集

使用一组错误的自变量的后果可以归为两类。本节的一般性注释给出了这些结果的直观解释。

（1）忽略一个相关的自变量。

（a）一般来说，剩余变量系数的普通最小二乘（OLS）估计量是有偏的。如果侥幸（或经验性设计，如果研究人员足够幸运能够控制数据）样本中那些被忽略的变量的观测值与其他的自变量无关（也就是说，如果被忽略的变量与被包括的变量正交），那么斜率系数的估计量是无偏的；除非被忽略的变量的观测值均值为零，否则截距项的估计量仍然有偏。

（b）β^{OLS}的方差—协方差矩阵变小了（但如果被忽略的变量正交于被包括的变量，则矩阵不变）。这一结果与上述（a）所指出的偏误一起，暗示忽略一个相关的变量可能会增大或减少估计量的 MSE；这依赖于方差减少的程度和偏误的大小。

（c）因为误差项的方差 σ^2 的估计量是向上偏误的，所以 β^{OLS} 的方差—协方差矩阵的估计量（现在变小了）也是向上偏误的。这使关于系数的推断发生错误，即使被忽略的变量与其余变量正交，也无法改变。

（2）包含一个无关的变量。

（a）β^{OLS} 和它的方差—协方差矩阵的估计量保持无偏。

（b）除非无关变量与其他自变量正交，否则 β^{OLS} 的方差—协方差矩阵会变大；该 OLS 估计量不如之前有效。因此，在这种情况下，估计量的 MSE（均方误差）无疑增大了。

乍一看，"把几乎所有东西都作为回归元加入"的策略好像是一个避免偏误的好办法。不过，它会产生一种有时称为"水槽"的两难局面——虽然避免了忽略变量及因此产生的偏误，但是这样必然会出现无关变量，产生较大的方差。

避免这种两难局面并不容易。要找到一组正确的解释变量，首要的因素就是经济理论。如果经济理论不支持一个变量作为解释变量，那么该变量就不应该包含在可能的自变量中。这种理论化考虑应该先于任何关于可能自变量的合适性实证检验出现；这能避免仅因为自变量碰巧在手头的一个特殊的样本中"解释"了因变量变动的重要部分就采用该自变量的情况。遗憾的是，经济理论所能提供的这方面的信息是有限的。例如，经济理论建议应该包括一个解释变量的滞后项，却很少指出需要包含多少个这样的变量。因此，经济理论在确定一组正确的解释变量时需要借助于一些附加的方法。

根据第 5 章讨论的 TTT 方法，我们应该先加入比自认为必要的变量更多的变量，然后"通过检验来减少"以获得最终的设定。使用这种方法的问题在于实施这种检验程序时所采用的对应于 t 或者 F 统计量的临界值是多少。（之前关于这一问题的讨论见 4.1 节和 5.2 节的一般性注释。）传统的 5% 是一个明显的可能值；但如果有几个检验同时进行，该值可能需要向下调整。另一种方法是使用单位 t 值，对应最大化的调整后的 R^2 值（隐含 30% 的第一类错误概率）。其他一些对临界值的建议对应于最大化 R^2 的可选调整形式，仅在拟合优度和简约性（解释变量的数量）的权衡上有很小的差别。用来寻找一组能最小化一个关于误差平方和及解释变量数量的特定函数的解释变量时，这些通常被形式化。Akaike 信息准则（AIC）、Amemiya 预测准则（PC）和 Schwarz 准则（SC，有时称为贝叶斯信息准则［BIC］）是更加普遍的模型选择标准，我们会在一般性注释中讨论。

不过，能够明确检验一个未知解释变量是否被忽略的方法并不存在，这主要是因为其他的错误设定，例如，错误的函数形式影响了原本可行的检验。在第 5 章中讨论的许多对错误设定的检验被用于核对一个被忽略的变量。在这点上，由于被忽略变量的任何循环运动都将传播到 OLS 残差项上，对误差序列相关的检验（在第 8 章讨论）特别流行。

同样流行的还有 RESET（回归设定误差检验）。当一个模型忽略了一个相关变量时，这个错误模型的"干扰项"就包含了被忽略变量的影响。如果某个变量或某组变量 Z 能被用作（未知的）被忽略变量的代理项，就能通过检验 Z 和错误模型误差项的关系形成一种设定误差检验。RESET 检验就是这样，将 Z 加入一组回归元中，然后用传统的 F 检验测定 Z 的那组系数估计是否异于零向量。对于 Z 的选择有两种常见的形式：一种是被预测的因变量的平方、立方和四次方，另一种是解释变量的平方、立方和四次方。

6.3 非线性

CLR 模型的第一个假设明确指出，待估计关系的函数形式是线性的。当这点不满足时，除非线性函数形式可以表示成一个近似的非线性函数形式，否则参数估计不仅有偏误，而且没有意义，因此，进行 OLS 回归明显不令人满意。本节技术性注释中总结了应用计量经济学研究中常用的函数形式。

在处理一个非线性函数形式时，必须改进 OLS 程序。这些改进可以分为两类。

(1) 变换

如果能通过变换一个或多个变量将非线性函数转化成关于变换后变量的线性函数，那么 OLS 估计程序就能应用于变换后的数据。这种变换有两种形式。

（a）只对因变量作变换。例如，如果非线性函数形式为

$$y=a+bx+cx^2+\varepsilon$$

那么，就能通过构造一个新的自变量 z（其观测值等于 x 的观测值的平方）产生一个线性函数

$$y=a+bx+cz+\varepsilon$$

这是一个变量非线性但参数线性的方程的例子。因变量 y 可以对自变量 x 和 z 回归，而用 β^{OLS} 去估计参数。该 OLS 估计量有 CLR 模型的性质；R^2 统计量保持传统的性质；标准的假设检验都成立。

（b）对整个方程作变换。如果仅变换自变量无法产生一个线性函数形式，那

么有时可能会通过变换整个方程产生一个关于变换后变量的线性函数。例如，如果非线性函数是柯布-道格拉斯生产函数（伴随一个倍乘的干扰项）：

$$Y = AK^\alpha L^\gamma \varepsilon$$

那么通过在方程两边取自然对数可以将整个方程变成

$$\ln Y = \ln A + \alpha \ln K + \gamma \ln L + \ln \varepsilon$$

或

$$Y^* = A^* + \alpha K^* + \gamma L^* + \varepsilon^*$$

即一个关于变换后的变量 Y^*、K^* 和 L^* 的线性函数。如果这种新的关系满足 CLR 模型的假设（计量经济学家通常这样假设），那么从使用这些变换后的变量进行的回归中得到的 OLS 估计拥有它们传统的合意性质。

(2) 计算机辅助的数值技术

一些非线性函数无法转化成线性形式。不变替代弹性（CES）生产函数就是一个例子，伴随一个相加而不是倍乘干扰项的柯布-道格拉斯生产函数也是一个例子。在这种情况下，计量经济学家就会采用非线性最小二乘或最大似然法，而这两种方法都需要计算机搜寻程序。对非线性最小二乘，计算机采用迭代技术寻找那些使残差平方和最小化的参数的值。开始，它先对参数值进行近似猜测，然后计算残差及其平方和；接着，它稍微改变其中一个参数值并重新计算残差，观察残差平方和是增大还是减小了。朝着不断减小残差平方和的方向，它一直改变参数值，直到找到了一组无论朝什么方向改变都会增大残差平方和的参数值。这些参数值就是非线性情况下的最小二乘估计。一个关于参数值的好的初始猜测是必要的，因为它确保了这个程序能够达到残差平方和的整体最小化而不是局部最小化。对于最大似然估计，计算机使用相同的搜寻程序去寻找使似然函数最大化的参数值。第 23 章详细讨论了以最快速度完成最大化准则函数任务的搜索算法。

一般情况下，CLR 模型中 OLS 估计量的良好性质并不适用于非线性最小二乘估计量。因此，最大似然估计量往往优于非线性最小二乘估计量。只要因变量取决于一个由自变量加上一个正态分布的相加干扰项组成的非线性函数，这两种技术就是相同的。

这里给出五种检验非线性的方法。

①RESET 检验。虽然回归方程设定误差检验是设计用来检验忽略回归元的情况，但是它对检验非线性是有效的。不过，由于一个模型可能因为非线性或者一个被忽略的解释变量而被拒绝，它的整体吸引力被削弱了。（没有一个检验能够区分未知的被忽略的变量与未知的函数形式；一个强有力的例子就是 RESET 检验只能用于函数形式的检验。）

②递归残差。第 n 个递归残差就是用从关于前 $n-1$ 个观测值的线性方程中

得到的估计参数来预测第 n 个观测值的误差。如果真实的函数形式是非线性的，而且数据是按照非线性进入的变量排序的，那么这些残差就可能全部为正或为负，而这个结果可用于检验非线性。

③一般函数形式。一些函数形式包含了特殊的形式，例如线性或对数线性，而特殊的形式对应着一个参数的特定值。通过检验该参数的估计是否异于这些特定值就能对这些特殊的函数形式进行检验。

④非嵌套检验。第 5 章讨论的非嵌套检验方法的变体可以用来检验函数形式。

⑤结构变化检验。一个非线性函数可以用两个或多个线性部分来逼近，因此下一节讨论的结构变化检验就能作为非线性检验。

6.4 变化的参数值

计量经济学家们的一个共同批判是关于参数是常数的假设。在时间序列估计中，变化的制度及社会风俗必然会引起用于反映经济状况的参数随着时间变化；而在横截面估计时，假设代表每个个体或区域的参数完全一样显然也不符合现实。虽然大多数计量经济学家通常都不考虑这些批判，认为在小样本条件下他们不得不做出这样简化的假设来获得任何形式的估计量，但是仍然有几种技术能够处理这个问题。

(1) 转变体制

经济结构发生变化的一个特殊的时间点是可能得知的。例如，加拿大与美国签署汽车协议的日期可能就标志着关于加拿大或美国汽车工业的参数值的一个变化。在这样的案例中，我们只需要进行两个回归，每个"体制"一个。不过，在很多时候参数值改变的时间点是未知的，而且需要估计。如果两个体制下误差方差保持一致，就可以选择几个可能的转折点并对每个都进行配对回归，然后选择它们当中对应于最小加总残差平方和的那个。（如果误差方差并不一致，就必须使用最大似然法。）这种方法向几个方向拓展：

（a）容纳两个以上的体制。

（b）允许前后连续转变，可以是随机的，也可以根据一个关于某些附加变量的未知函数的临界值。

（c）去除中断部分，这样在一段调整时期内描述一个体制的函数与描述下一个体制的函数就连成一体。

(2) 参数取决于其他变量

β本身可能是由模型外的变量决定的。例如，一个公司对需求变化的反应程度可能依赖于税率之类的政府政策参数。将决定β的关系直接代入初始的估计函数就能很简单地处理这个问题。因此，例如，

$$y = \beta_1 + \beta_2 x + \varepsilon$$

而β_2取决于

$$\beta_2 = \alpha_1 + \alpha_2 z$$

我们可以合并这些关系式得到

$$y = \beta_1 + \alpha_1 x + \alpha_2 (xz) + \varepsilon$$

这样就能在包含作为附加回归元的新变量（xz）之后进行估计。如果β_2的关系中含有一个误差项，那么最终估计问题中的误差项更加复杂；尽管 OLS 估计量仍然无偏，但必须采用最大似然估计程序才能保证其有效性。

(3) 随机系数

参数有可能是随机变量而并非取决于特定变量。这可以视为一种在一个关系中加入随机元素的替代方法，或者它能够反映对被估计参数的每个观测值并不都相同这一事实的特殊认识。这时就能改写估计方程：将随机的β替换成其均值加上一个干扰项，得到一个具有稍复杂一些的误差项的新估计方程，而其中待估计的参数就是随机系数β的均值。尽管β均值的 OLS 估计量是无偏的，但误差项更复杂的性质还是需要一个更高级的估计程序以保证其有效性（例如最大似然法或加权最小二乘技术：参见第 8 章）。这种方法向以下两个方向进行了拓展：

（a）允许β按随机游走"漂移"（也就是说，β等于其上一期的值加上一个干扰项）。

（b）β随机而且"漂移"，但收敛于一个未知的固定值。

在检验结构变化和参数非常数方面，有四类检验特别受青睐。

①Chow 检验（在本节技术性注释中讨论），用来检验参数从一个数据集到另一个数据集是否发生了变化。特殊情况下需要 * 变体，例如在误差项的方差改变了的情况下。

②预测失灵检验，也称为额外样本预测检验，是对一个新的观测值是否落在预测置信区间内的检验。大多数这样的检验都是 Chow 检验和"彩虹"检验的变

---

* 对这种方法而言。——译者注

体，而这两种检验都可视为结构变化检验。

③基于递归残差的检验。使用依据时间序列而不是依据一个解释变量的值排列（例如函数形式检验中的情况）的数据时，累积和及累积平方和检验可以用于检验结构平稳性。

④基于递归参数估计的检验。用来计算递归残差的方法可用于递归地估计参数的估计值。如果结构是平稳的，这些估计就不会有很大波动（或者它们的一阶差分趋于零）。

一般性注释

6.1 引言

● 本章没有提到的一个对第一个假设的可能违背是关系中的随机因素可能不表现为一个相加误差项的形式。文献中主要考虑了三种替代的情况。正如第 8 章中讨论的，倍乘干扰项的情况可以重新用相加的异方差误差形式表示。本章考虑了随机系数的情况。而测量误差的情况将在第 10 章讨论。

6.2 错误的自变量集

● Kennedy（1981b）运用维恩图阐释了忽略一个相关变量或加入一个无关变量的结果。图 6—1 中真实的状况是 Y 由 X 和 Z 决定，但变量（或一组变量）Z 却在回归中被错误地忽略了。有几个结果要注意。

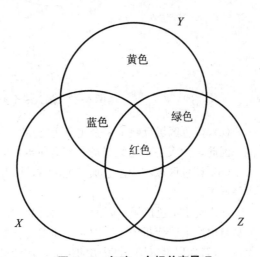

图6—1　忽略一个相关变量 Z

（a）由于 Y 只对 X 回归，蓝色加上红色区域就用来估计 β_x。但是红色区域反映了 X 和 Z 对 Y 的变化的共同影响，所以 β_x 的估计结果是有偏的。

（b）如果 Z 被包含在回归中，只有蓝色区域会被用于估计 β_x。因此，忽略 Z 将在红色区域加入估计 β_x 的信息，意味着最后的估计虽然是有偏的，但是其方差减小了。所以忽略 Z 可能会降低 β_x 估计的均方误差。

（c）黄色区域的大小反映了 σ^2 的大小。但是如果忽略了 Z，就要用黄色加绿色的区域来估计 σ^2，从而会高估其实际值（也就是说，Z 的绿色区域的影响被错误地归于误差项）。对 σ^2 的高估导致了对 β_x 估计的方差—协方差矩阵的高估。

（d）如果 Z 与 X 正交，那么红色区域不存在，因此上述误差也消失了。

● 图 6—2 中的真实状况是 Y 由 X 决定，但在回归中错误地加入了无关变量 Z。因为它与 X 存在共线性，所以 Z 与 Y 的重叠完全是虚拟产生的；这样，红色区域反映了 Y 的变化是 100% 由 X、0 由 Z 解释的。阴影部分可以忽略不计，因为 Z 碰巧才能解释一小部分独立于 X 的 Y 的波动（并且随自由度升高而越来越小）。使用正确的设定将 Y 对 X 回归，蓝色加上红色区域就能用来产生 β_x 的一个无偏估计。将 Z 包含在回归中意味着只用蓝色区域来估计 β_x。以下是几个结果。

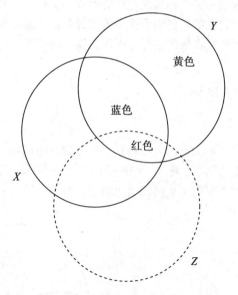

图 6—2　加入一个无关变量 Z

（a）蓝色区域反映了完全由 X 引起的 Y 的变化，所以 β_x 的这个估计是无偏的。因此，加入一个无关变量并不会使系数估计发生偏误。

（b）蓝色区域小于蓝色加红色区域，因此 β_x 估计的方差增大了，而且有效性也降低了。

（c）使用黄色区域得到的 σ^2 的通常的估计量保持无偏，因为可忽略的阴影部分被自由度的改变抵消了。因此，通常的 β_x 的方差—协方差矩阵的估计量也保持无偏。（若像以上（b）中说明的情况，估计量会增大。）

(d) 如果 Z 与 X 正交，红色区域就会消失，有效性也不会降低。

● 用于寻找一组满足某个 t 检验标准的自变量的迭代技术并不总是可靠的。例如考虑"向前选择"技术。它将一组回归元一个一个地增加：选择最高的 t 值对应的新变量，直到不再能找到有高于临界 t 值的变量。不过，一个在较早步骤中包括的变量可能会因为加入了新的变量而否定了它的作用，而这些变量在解释因变量变化的联合影响比较早包括的变量所解释的更加有效。只有迭代程序每步都停下并重新检查所有已经包括的变量，这一点才可能被发现。（注意，如果新的变量由于各自较低的 t 值而不包括在回归元中，但它们的联合影响比已包括的变量更有效，那么这一点是永远不会被发现的。）总之，这些方法倾向于选择一组相对无关的变量，但这却很难判断，尤其是因为如上所示的忽略一个相关的解释变量会使其余参数的估计产生偏误。Maddala（1977，pp. 124‒127）给出了关于这个问题的综合讨论。

● 使用 t 或 F 标准时需要牢记样本数量"过大"的现象。

● 在拟合优度和简约性之间权衡的不同方法中，调整后的 R^2 对额外的解释变量的调整最小。最普及的替代选择有

$$\text{AIC,最小化 } \ln(SSE/N) + 2K/N$$

$$\text{SC 或 BIC,最小化 } \ln(SSE/N) + (K\ln N)/N$$

$$\text{PC,最小化 } SSE(1 + K/N)/(N - K)$$

其中 N 为样本容量，而 K 为回归元数量。（方程适用于拥有正态分布误差项的回归方程。一般情况下，$\ln(SSE/N)$ 必须替换为 $-2\ln L$，其中 L 为最大似然函数。）每种准则都给出了表示离差大小的损失函数。AIC 容易选出包含多余参数的模型（也就是说，对多余回归元情形惩罚力度不足），而 SC 会随着样本规模上升更容易选出真实模型（如果包含在候选模型内的话）。SC 来源于贝叶斯的观点，所以有时被称作 BIC（贝叶斯信息准则）；由于它在 Monte Carlo 的研究中表现出色，大多数的研究人员认为这是最好的标准。比如，Mills 和 Prasad（1992）通过观察在非正态误差及多重共线性之类的复杂条件下的表现检验了几种模型设定准则，并推荐 Schwarz 准则。Amemiya（1980）拓展了关于这些准则、它们之间的关系以及它们的比较优势的讨论。同样参见 Judge et al.（1985，ch. 21）。如此多差异微小的准则导致了选择上的两难局面，这可以从 Amemiya 的评论中反映出来："所有考虑的准则都基于一个有些任意的无法被充分满足的假设，而且稍微改变一下损失函数以及决策策略说不定就无限地继续创造新的准则。"

● 在本书后面会讨论的 probit 和 logit 模型之类的更加复杂的非线性模型中，AIC 和 BIC 准则根据对数似然函数来定义。AIC 最小化 $-2\ln L + 2k$，BIC 最小化 $-2\ln L + k\ln N$，其中 k 是待估参数的数量，而 N 是样本数量。通过这些我们就能看出来 BIC 对多余解释变量有较大的惩罚；另外，随着样本规模的增加，BIC 也暗含了阈值的上升。但是，计量软件中不能用统一的方式报告 AIC 和 BIC。AIC 可以通过 $\ln(SSE/N) + 2K/N$ 衡量，或者通过 $-2\ln L + 2k$ 衡量，这在线性回归情形下结果不同。幸运的是，最近新版计量软件都可以报告上文给出的 $-2\ln L + 2k$ 和 $-2\ln L + k\ln N$ 两种形式。另外，请注意，利用信息准则比较模型 A

和模型 B 必须给予相同观测值数量的样本。所以，例如，如果模型 B 多一个滞后回归元，就会失去一个估计的额外观测值；那么模型 A 就必须在去掉同样的观测值后进行估计。

● 任何基于 R^2 的这类样本统计量选择回归元的方法可能是在"利用机会"——因为手中特定样本的一个偶然性质而选择一个回归元。交叉验证被设计用来解决这个问题。在这个技术中，用一半的样本来获得参数估计，而估计值又被用来预测另一半样本，并计算出 R^2。如果该 R^2 没有远小于前一半样本的 R^2，就认为设定是令人满意的。可是，当采用新的数据时，令人满意的预测 R^2 减少程度的方法是不存在的，所以不能构造正式的统计检验来模式化这项技术；它的使用是主观的。（不过需要注意的是，所有的统计检验在进行显著水平之类的选择时都或多或少带有主观性。）Uhl 和 Eisenberg(1970) 检验了 R^2 的减小。Snee (1977) 讨论了交叉验证中样本分离的最优方法。由于这些困难，该程序应该由后样本预测检验来实施。本章在参数稳定的背景下讨论了这个检验，第 5 章也将其作为指导设定搜寻的一项基本原则而提到过。

● Leamer (1983b) 发现通过样本分离的交叉验证的一种形式等价于牺牲系数稳定性来最小化误差平方和。他建议应该用一种同时能保证系数稳定性的正确方法取而代之。他还指出通过一次减少一个观测值（也就是说，用除某个观测值以外的所有观测值估计并预测忽略的观测值）的方法进行交叉验证还不如传统的 $\bar{R}^2$ 准则。

● Thursby 和 Schmidt (1977) 认为 RESET 最好的变体就是包括了由解释变量的平方、立方及四次方组成的附加回归元 Z。Thursby (1979，1981，1982) 对如何将 RESET 与其他各种检验合并以帮助设定这一问题进行了分析。

6.3 非线性

● 尽管线性函数形式比较简易，但毫不置疑地接受（正如已经被过度频繁地采用一样）是错误的。Hunderwasser（引用自 Peitgen and Richter (1986)）有一个对于这个观点的极端表述：

> 我于 1953 年意识到是直线（straight line）导致了人类的衰败。直线已成为一种绝对专制。直线是在某种规则下被胆怯地提取出来的东西，没有思想和情感；它是在自然界中根本不存在的线。这条线是我们注定的文明的腐朽基石。即使在那些已经意识到这条线将导致灭亡的地方，它的路线还是会继续被绘出。

● Lau (1986) 对计量经济学中的函数形式进行了有用的综述。他建议在选择函数形式时采用五种标准：理论一致性，应用领域，灵活性，计算简易性以及事实一致性。Granger (1993) 提出了对非线性时间序列建模的建议。

● 应用于实际函数形式是非线性情况的 OLS 估计量的性质可以按照被忽略的相关变量来分析。通过 Taylor 级数展开，可以将一个非线性函数重新表示成一个多项式。估计一个线性函数实际上就是忽略了多项式的高阶项。

● 将一个方程变换成一个线性形式有时会给该线性函数带来一个误差项，而该线性函数无法满足 CLR 模型的所有假设。参见第 7 章中的例子。多数研究人员都忽视了这个问题。

● 一些非线性函数形式中的倍乘误差项（例如柯布-道格拉斯生产函数）使方程更简便地变换为线性估计形式。不过，关于误差项必须为倍乘形式的论述并不显然。Leech（1975）解决了检验这种误差设定的问题。

● 使用最高的 R^2 标准来选择函数形式的一个明显的危害，就是如果因变量不一样，那么 R^2 不能直接进行比较。例如，从因变量的对数形式对自变量的对数形式回归得到的 R^2 解释了因变量对数形式变化的那部分，而不是因变量本身变化的那部分。必须用因变量的估计值构造一个可比较的 R^2，或者对数据进行必要的变换以保证可比性。（Rao 和 Miller（1971，pp. 108 – 109）中给出了普遍应用这种变换的例子。）不过需要注意，Granger 和 Newbold（1976）认为在一般条件下 R^2 可比性的所有问题都可以忽略。关于度量非线性模型中的拟合优度，参见 Haessel（1978）。

● 递归残差是标准化的一步提前预测误差。假如观测值是按解释变量大小排序，而真实关系是 U 形的。通过 OLS，采用比如说前 10 个观测值来估计一个线性关系。当使用估计的关系去预测第 11 个观测值时，由于 U 形的非线性，很可能出现预测不足的情况；第 11 个观测值的递归残差就是通过除以其方差得以标准化的预测误差（很可能为正）。为了得到第 12 个递归误差，前 11 个观测值都用来估计线性关系。这样做能够使估计线由原来的水平向上倾斜，但几乎不足以防止另一个预测不足的出现；由于非线性，递归残差很可能再一次为正。因此，一串正的递归残差指出了一个 U 形的非线性，而一串负的递归残差表明了一个山形的非线性。Harvey 和 Collier（1977）提倡使用递归残差及 Brown，Durbin 和 Evans（1975）引入的累积和及累积平方和检验法来检验非线性。

● 累积和检验基于递归残差和的绘图。如果这个和超过了临界范围，就可以得出这样的结论：存在一个结构间断点，累积和在该点上开始超边界运动。Kramer，Ploberger 和 Alt（1988）表明在将因变量的滞后值作为回归元的情况下要使用累积和检验。累积平方和检验与累积和检验相似，但它可绘出递归残差平方的累积和，表示为所有观测值的总残差平方和的一小部分。Edgerton 和 Wells（1994）提供了临界值。实际经验指出累积平方和对异常值及严重的非正态性比较敏感。这些检验就是"数据分析"技术的例子——绘图包括了比单一检验统计量所总结的更多的信息。

● 与 OLS 残差不同，递归残差是同方差的（因为它们被标准化了）而且相互独立（因为一个递归残差自身的观测值并不用来估计它的预测线）。这些吸引人的性质使它们在用于计算各种回归诊断时成为 OLS 残差的普遍替代。关于它们在这方面使用的完整综述，参见 Galpin and Hawkins（1984）。由于递归残差在错误设定模型中的行为与 OLS 残差非常不同（这一点可以明显地从累积和检验的讨论中看出），基于递归残差的检验程序应被视为基于 OLS 残差检验的补充。

● 一种检验线性的相关方法是将数据根据需要检验非线性的自变量的大小分成几个小组，再对每个小组分别进行回归。如果这些单独的回归相互之间存在明显差异，就有很好的理由认为函数形式是非线性的。

● 用于检验非线性的最受欢迎的一般函数形式是结合博克斯-考克斯变换，将变量 y 变换成了 $(y^\lambda-1)/\lambda$。当 λ 趋于零时这个形式趋于 $\ln y$，因此当 $\lambda=0$ 时将其定义为 $\ln y$。博克斯-考克斯估计最普通的形式是 y 是因变量时。假定误差服从正态分布（尽管在这种情况下不可能有一个正态的误差——变换后的 y 不可能为负），估计通过最大似然实现。LR 检验通常用来检验 y 应该采用线性（$\lambda=1$）形式还是对数（$\lambda=0$）形式。λ 的中间值符合更加复杂的函数形式。一般化允许所有变量（除了虚拟变量）用相同的 λ 值转化，或者每个变量用一个不同的 λ 值转化。Aigner（1971，pp. 166-169）和 Johnston（1984，pp. 61-74）对这个方法进行了很好的讨论。Spitzer（1982）提供了一本特别有用的参考材料。对一个博克斯-考克斯估计的方差进行估计是一个问题，参见 Spitzer（1984）。Park（1991）提出了一种检验博克斯-考克斯变换适当性的方法。Yang（2006）给出了一种博克斯-考克斯转换的推广形式，具有一些吸引人的特征。

● 虽然博克斯-考克斯变换十分受欢迎，但是它也有不足之处：如果需要用零（或者负）值来转化，它就失去了作用（因为零和负值的对数没有定义）。在出现零值时可能会导致几种反应。第一，可以承认博克斯-考克斯变换在这种情况下是不合适的，而建模需要借助其他方法。特别是当零值代表某个特殊的意义的时候，例如做出一个不购买任何东西的决定；有关有界因变量的第 17 章将讨论这种情况。第二，只能利用正的观测值数据而放弃使用所有观测值带来的有效性改进。对函数形式的检验可以基于这种估计。第三，假设对零值的解释可被更改来暗示一个正的有效值，因为比如相应的大小是期望值，即使实际值为零它也是一个非零的数。在所有的零观测值中加入 θ 并将 θ 视为一个额外的未知参数就能实现估计。第四，出于估计和检验的目的，$\lambda=0$ 可以用 $\lambda=0.001$ 代替，并为非零值加入一个虚拟变量。Ehrlich 和 Liu（1999）对这些问题进行了精彩的讨论。最后，可以采用一个替代的变换，例如那些在技术性注释中描述的。

● Halvorsen 和 Pollakowski（1981）建议在遇到特征定价方程时采用一个二次博克斯-考克斯函数形式，其中每个变量都变换成一个博克斯-考克斯函数并以二次的形式出现。函数中还包含一个交叉乘积项。Cropper，Deck 和 McConnell（1988）发现所有变量都用相同的 λ 变换（当然不包括虚拟变量）的线性博克斯-考克斯函数是特征定价方程最合适的函数形式。

● 博克斯-考克斯技术通过几种方法被推广，从而能用来同时对函数形式及 CNLR（经典正态线性回归）的其他违背形式进行检验。所有这些研究都断定获得了极大的改进（在功能方面），而且没有因为追求"过度检验"的规则而变糟。关于这类研究的综述可以参见 Seaks and Layson（1983）。这些方法中最一般的出自 Bera and Jarque（1982），它能同时检验函数形式、误差项正态性、异方差以及自相关误差。Bera 等（1992）将这个程序推广到非嵌套模型的检验。

● "彩虹"检验由 Utts（1982）提出，用于检验非线性。这个检验使用中心数据点来估计线性关系，并以此预测边缘数据点。Chow 检验（15.5 节的一般性注释中有介绍）可对这些预测值是否都落在它们的置信范围内进行检验。

● Godfrey 等（1988）对线性—对数线性函数形式检验有很好的评论。基于蒙特卡洛研究，他们推荐 RESET 检验。

● Thursby（1989）发现 DW（德宾-沃森）、RESET、Chow 和差分检验与那些特意设计以获得良好表现的特殊检验一样出色，但代表性不如一般的选择。

● Amemiya（1983）指出对形如 $y=f(X, \beta)+\varepsilon$ 的非线性回归模型的 OV（忽略变量）检验，可通过将从关于观测值矩阵的非线性回归中所得残差对 f 关于 β（非线性最小二乘估计）的偏导数以及一组通常的被忽略变量回归来进行，并对 OV 的显著性进行一般的 F 检验。

● 众所周知，一些情况下需要估计一个时间序列的差分形式，但不清楚是一阶差分形式还是百分比变化形式合适。Seaks 和 Vines（1990）有相关的讨论和参考。

6.4 变化的参数值

● 长期以来，参数值不随时间的变化而改变的论断受到质疑。正如 Swamy, Conway 和 Leblanc（1988）所引用的，Keynes 在 1939 年对 Tinbergen 的《美国商业周期》的校样进行了评论，"所得到的系数明显被假设为在 10 年或更长的时期内保持不变。不过，我们显然知道它们是变化的。没有理由认为它们年复一年都不变。"

● Goldfeld 和 Quandt（1976，ch.1）以及 Poirier（1976，ch.7）考察了体制转换。在一些情况下，假设体制转换包括了一种关系从老体制到新体制平滑转变的过渡时期是合理的。与 Lin 和 Terasvirta（1994）的研究一样，Goldfeld 和 Quandt 通过 S 曲线（累积密度）建立模型；Wilton（1975）使用时间的多项式。不均衡模型是连续体制转换的常见例子。如果观测值产生于供求数量的最小化，其中一些观测值来自供给曲线（一个体制），而另一些观测值来自需求曲线（另一个体制）。这种条件下的估计采用了某种指示变量，例如最近的价格改变为正还是为负。该领域的研究起源于 Fair and Jaffee（1972）。Fomby, Hill 和 Johnson（1984，pp.567–575），Quandt（1982）及 Maddala（1986）有相关综述。Shaban（1980）及 Hackl 和 Westlund（1989）提供了附带注释的参考文献。本书第 19 章的一般性注释讨论了时间序列数据体制转换模型的最新进展，例如马尔可夫转换模型、临界模型和平滑变换模型。

● 随机参数模型生成一个带非球状误差项（第 8 章中讨论）的回归方程。估计技术从获得非球状性的性质开始，即回归误差项的方差—协方差矩阵。然后将此加入一个最大似然估计程序，或以某种方法估计和输入 EGLS（估计广义最小二乘）估计量（参见第 8 章）。异方差（参见第 8 章）检验经常用来检验参数是否为随机的。Maddala（1977，ch.17）十分规范地解释了变换参数模型。Swamy 和 Tavlas（1995）考察了随机系数模型。Raj 和 Ullah（1981）阐释了在几种计量经济学背景下改变参数的作用。

● Machak，Spivey 和 Wrobleski（1985）很好地讨论了时变随机参数模型。Watson 和 Engle（1985）分析了参数满足 AR(1)（一阶自回归）结构的情况。可变最小二乘通过最小化残差平方和与参数随时间变化的值的平方和二者的加权之和，让参数随时间缓慢演变。参见 Dorfman and Foster（1991）及 Kalaba and Tesfatison（1989）。它最大的缺陷是权重由研究人员主观决定。其最大的优点在于能够展示出系数值如何随时间发生变化。

● Pesaran，Smith 和 Yeo（1985）很好地考察了 Chow 检验及预期失灵检验的变体。Ashley（1984）提出了对 Chow 检验的一种吸引人的推广形式，以及分析结构变化模型的图示法。Kramer 和 Sonnberger（1986，pp. 43 - 78）精彩评论了用递归残差及递归参数估计进行的检验。Dufour（1982）提出了几种对递归方法的拓展。Bleaney（1990）比较了几种结构变化检验，并推荐 Farley，Hinrich 和 McGuire（1975）的方法，即将每个参数作为一个时间的线性函数加入模型，然后检验这种关系的斜率是否为零。累积和与累积平方和检验通常用来检验结构稳定性。Hansen（1992）注意到前者检验了截距的稳定性，而后者检验了误差方差的稳定性。Hansen 引入了一个检验统计量，它可由一阶条件下累积和的平方的加权平均得出。该检验适合一个特定参数（斜率、截距或误差方差）的情况或者检验一个联合假设。不需要判别间断点，而且对异方差同样稳健。

● Maddala 和 Kim（1998）考察了检验结构变化的经典方法并讨论了贝叶斯替代方法。Hansen（2001）是关于结构变化的很好的综述，记录了最近的创新。对未知时间结构间断的检验根据的是对所有可能的间断时期计算出的最大的 Chow 统计量；间断的时间选择是通过找到所有可能间断的最小二乘的最小值来决定的。

● Cadsby 和 Stengos（1986）与 Hsu（1982）列举了在其他一些可能的错误设定下保持稳健的结构稳定性检验。前者允许自相关误差；后者对偏离正态保持稳健。

● 间断理论（即各函数在结构变化点上结合时解决体制转换问题的一种方法）是由 Poirier（1976）引入经济学的。Suits，Mason 和 Chan（1978）对其做了很好的阐释。Robb（1980）将这种理论应用于季节数据。

技术性注释

6.3 非线性

● 以下是对更加常见的非线性函数形式的总结。这些方程应该加上误差项以用于计量经济学。

（1）对数线性，也称为对数—对数、指数的、弹性不变及柯布-道格拉斯：

$\ln Y = \alpha + \beta \ln L + \gamma \ln K$。参数 β 和 γ 是弹性，替代弹性为 1，$\beta + \gamma$ 是规模报酬参数。

（2）半对数，有两种形式：

（a）$Y = \alpha + \beta \ln X$。注意，β 指出了由 $\% \Delta X$ 引起的 ΔY。普遍用于恩格尔曲线。

（b）$\ln Y = \alpha + \beta X$。注意，β 指出了由 ΔX 引起的 $\% \Delta Y$，除非 X 是虚拟变量，那么就由 $e^{\beta} - 1$ 给出。这是工资的常用表达式；Barreto 和 Howland（2006，pp. 148-153）的教科书一般阐述了这个稀有案例。其罕见之处在于这里的经济学理论包含了函数形式。

（3）逆，也称为倒数：$Y = \alpha + \beta X^{-1}$。普遍用于菲利普斯曲线估计。其中一个变体是 $Y = \alpha + \beta (X + \delta)^{-1}$。

（4）多项式：$Y = \alpha + \beta X + \gamma X^2$。

（5）CES，不变替代弹性：

$$Y = \gamma [\delta K^{-\theta} + (1 - \delta) L^{-\theta}]^{-\varphi/\theta}$$

替代弹性是 $(1 + \theta)^{-1}$，而规模参数为 φ。

（6）超越的：$\ln Y = \alpha_0 + \alpha_1 \ln L + \alpha_2 \ln K + \alpha_3 L + \alpha_4 K$。

（7）超越对数，被认为是对生产函数估计而言最灵活的函数形式。

$$Y = \alpha_0 + \alpha_1 \ln L + \alpha_2 \ln K + \alpha_3 \ln L \ln K + \alpha_4 (\ln L)^2 + \alpha_5 (\ln K)^2$$

（8）博克斯-考克斯：$(Y^{\lambda} - 1)/\lambda = \alpha + \beta X$。相似变形也可以对 X 进行，不管 λ 是否相同。注意，随着 λ 趋近于零，等式左边趋近于 $\ln Y$；随着 λ 趋近于 1，方程趋近于线性。

（9）Logit：$y = e^{\alpha + \beta x}/(1 + e^{\alpha + \beta x})$。只要 y 被限制在 0～1 之间（例如表示某种比率），就应该采用这种函数形式。然而，如果没有靠近 0 或 1 的样本点，那么线性函数形式也能够良好地趋近于这一 S 形曲线。模型推广形式之一如下：$y = \gamma + (\delta - \gamma)/(1 + \exp(-\alpha - \beta x))$，此时 y 被限制在 γ 和 δ 之间。

（10）其他：如之后章节中将要展示的，计量经济学中的很多模型，比如 probit、logit、泊松以及久期模型，都是非线性的，但也都与此处展示的非线性函数形式差距很大。

除了 CES、博克斯-考克斯、倒数模型以及第（10）类情形，所有上述模型都能够通过添加误差项来进行线性回归而得以估计。Logit 模型中，y 被转换为胜算比，得到 $\ln[y/(1 - y)] = \alpha + \beta x$，并增加误差项。只要 y 等于 0 或 1，实践中就会加减一个小量，比如 0.001. 只要需要对 0 取对数，那么包括对数数据的估计就会很麻烦。本章一般性注释中对博克斯-考克斯的评论以及下面两个例子都阐述了这一问题。注意，一般来说，加减小正值来取对数的效果并不理想。

● Wooldridge（1992）提出了博克斯-考克斯变换的备选方案：当 $\lambda \neq 0$ 时，将 y 对 x 的条件期望加入模型，得到 $E(y \mid x) = [1 + \lambda X \beta]^{1/\lambda}$；当 $\lambda = 0$ 时，就用 $\exp(X\beta)$。用非线性最小二乘回归来估计；y 可以为零，但不能为负。

● Burbidge，Magee 和 Robb（1988）注意到双曲 sine 函数的逆 $\sinh^{-1}$ 不但可以回避博克斯-考克斯变换中零或负值的问题，而且还有额外的优势。

$sinh^{-1}(\theta y)/\theta$ 将 y 变换成 $\ln[\theta y+(\theta^2 y^2+1)^{0.5}]/\theta$，而当 $\theta=0$ 时变换成 y。也可参见 MacKinnon and Magee (1990)。

● 通常，如果知道一个参数值，那么其余的就能用 OLS 估计出来。利用这个事实，计算机搜寻程序有时就能简化。例如，假设 $y=\alpha+\beta(x+\delta)^{-1}$。如果 δ 已知，$w=(x+\delta)^{-1}$ 就能算出来，这意味着通过将 y 对截距和 w 回归就能估计出 α 和 β。建议寻找使辅助回归的 SSE（误差平方和）最小化的 δ 来简化搜寻过程。

● MacKinnon (1992) 及 Davidson 和 MacKinnon (1993, ch. 6) 阐释了高斯-牛顿 (Gauss-Newton) 回归，一种用于计算各种有关非线性估计的结果的模拟的 OLS 回归，例如检查一阶条件、估计的协方差矩阵、检验统计量、一步有效估计和数值优化输入是否令人满意。假如 $y=G(X, \beta)+\varepsilon$，其中 $G(X, \beta)$ 是参数 β 和解释变量 X 的非线性函数。在 β^* 附近展开泰勒级数，我们得到

$$y=G(X,\beta^*)+g(X,\beta^*)(\beta-\beta^*)+更高阶项+\varepsilon$$

其中 $g(X, \beta^*)$ 是 G 在 β^* 处关于 β 的导数矩阵。可重新写成

$$y-G(X,\beta^*)=g(X,\beta^*)\delta+残差项$$

以生成高斯-牛顿回归：在 β^* 异于 β 的范围内，将通过 β^* 估计出的误差对估计出的一阶导数进行回归来估计 δ。

为确保你了解了这种方法，注意，如果 G 是线性的且 β^* 等于 β^{OLS}，那么 g 就是 X 而且 δ 需要用零向量来估计，因为高斯-牛顿方程只反映了最小化误差平方和的一阶条件。同样，如果 G 是非线性的且 β^* 是 β 的非线性最小二乘估计，那么高斯-牛顿方程也反映了最小化误差平方和的一阶条件，而且因此产生的 δ 估计应为零。因此，进行高斯-牛顿回归能有效核查一个特殊的 β^* 是否满足这些一阶条件。容易看出，从高斯-牛顿回归中估计出的 δ 的方差—协方差矩阵是 β^* 方差—协方差矩阵的估计。之前引用的参考资料提供了该回归的一些其他用途的例子，例如构造计算简便的最小化误差平方和的方法，或者对棘手的最大似然问题生成两阶段估计。后者的一个例子（对滞后因变量作回归元外加自相关误差的估计）可在 10.4 节的一般性注释中找到。Davidson 和 MacKinnon (2001) 是关于人工回归应用的最新讨论。

6.4　变化的参数值

● Chow 检验最好使用虚拟变量来进行；第 15 章有关于如何操作的阐释。MacKinnon (1992) 展示了如何在非线性设定下进行 Chow 检验。

● 在 Chow 检验中，σ^2 被假定为在两个时期内不变，尽管在无约束的版本中它的估计量是允许在不同时期变化的；如果 σ^2 确实在两个时期存在差异，Chow 检验就不再适合了。假设 b_1 和 b_2 分别是从第一组和第二组数据得到的向量 β 的 OLS 估计量，而且 $s_1^2(X'_1 X_1)^{-1}$ 和 $s_2^2(X'_2 X_2)^{-1}$ 是它们各自方差—协方差的估计。我们希望检验 (b_1-b_2) 是否异于零向量。相应的 Wald 检验采用这种形式：

$$W = (b_1 - b_2)' Q^{-1} (b_1 - b_2)$$

其中 Q 是（$b_1 - b_2$）的方差—协方差矩阵。这个例子中容易看出 Q 可以用估计出的 b_1 和 b_2 的方差—协方差矩阵之和来估计。通过转换数据（用通常的方法纠正异方差）、计算一般的 Chow F 统计量，再将它乘以参数个数（截距加斜率）K，生成其渐近 χ^2 分布的形式，就能得到这个统计量。不过，这个检验过分拒绝了零假设。Ohtani 和 Kobiyashi（1986）提出了一种修正。Thursby（1992）建议最好的方法是使用来自转换后变量的 F 统计量，但要将它和从 $F(K, \min(T_1 - K, T_2 - K))$ 而非 $F(K, T - 2K)$ 得到的临界值进行比较（T_i 是第 i 类中观测值的数量）。Pesaran 等（1985）倾向于使用 LR（似然比）检验。约束对数似然函数要求截距和斜率不变，但允许误差方差不同；无约束对数似然函数允许所有参数不同。

第 7 章 违反假设二：干扰项的期望非零

经典线性回归（CLR）模型的第二个假设规定提取干扰项或误差项的样本总体必须是零均值。违反该假设是否会受到关注取决于具体的情况。

不变的非零均值

由于计算因变量有系统性正的或负的测量误差，干扰项可能有非零的均值。如果重新整理估计方程，将非零均值从误差项中除去并加到截距项上，这个问题就很容易分析。这产生了一个符合所有 CLR 模型假设的估计方程；特别是新误差项的均值为零。唯一的问题是该最小二乘（OLS）估计给出了新截距的无偏估计，而它是原截距及原误差项的均值之和；因此，它是原截距的有偏估计（偏误恰好等于原误差项的均值）。违背 CLR 模型的第二个假设仅仅意味着截距的 OLS 估计发生偏误；斜率系数的估计不受影响。出于预测的目的，经济学家想要将误差项的均值加到预测中，他们通常会欢迎这种有偏误的估计。

零截距

有时经济理论建议回归中的截距项为零。一个例子是在遇到异方差进行变换时产生关于变换后变量的没有截距项的回归。不过，实践者通常会加入一个截距，为什么？因为一个相关解释变量可能被忽略，从而产生偏误，但在加入截距项时偏误会减小（但不会消失）；而且加入不必要的截距并不会产生偏误。

有限因变量

当误差项的非零期望发生变化时，问题就产生了。例如，考虑第 17 章中讨论的有限因变量的情况。假设只有因变量 y 小于 K 时，一个观测值才包含在样本中。例如，数据可能只来自那些收入低于某个贫困水平 K 的人群。这意味着数据不包括足够大的误差以使因变量大于 K。因此，在这个例子中，误差项分布的右边尾巴被砍掉了（误差来自一个"截断"的分布），暗示误差项的均值为负而不是零。但误差项的负期望值并不是对所有观测值都一样。那些有使 y 的期望值大于 K 的特性的人不会有正的误差——只有当他们的误差远小于零时，他们才能被包括在样本中，因此这些观测值的误差期望值就是一个相对高的负值。另一方面，对于那些能使 y 的期望值小于 K 的人，如果他们的误差项为负或正（除非是一个很大的正误差），那么他们就会包括在样本中，所以这些观测值的误差项期望值就是一个较低的负数。

这意味着误差项的期望值因观测值不同而改变，而且是以一种受到解释变量（个体特性）的取值影响的方式进行。通过将误差项的期望值视为被忽略的解释变量可以推断出这对 OLS 估计量的影响（第 6 章已讨论）。由于"被忽略变量"与其他解释变量有关，因此所有系数的 OLS 估计量（而不仅是截距）都是有偏误的。

边界生产函数

在经济理论中边界生产函数决定了给定投入的最大产出。公司可能效率不足，因此产出在生产边界之内，但是它们无法获得高于这条边界给定的产出。这意味着误差为负或最多为零，使得其期望值为负。

经济学家通过设定两个误差项来建立模型。第一个误差项是传统的误差（有正值和负值），反映了公司无法控制的测量产出或要素的误差，比如天气。将其加入边界生产函数就生成了一个随机边界生产函数，就是说实际上并不是所有的观测值都有完全一样的边界生产函数。第二个误差是一个非正误差，反映了公司多大程度上在它的随机边界以内。这两个误差形成了一个混合误差，有负的期望值。通常假设第一个误差服从正态分布而第二个误差服从半正态分布，可以用最大似然来估计。

对数变换

对变量进行对数变换得到一个线性估计方程能使估计更容易。一个常见的例子就是柯布-道格拉斯函数形式；如果要通过对数变换生成关于变换后变量的线性估计形式就需要一个倍乘的干扰项。如果像传统情况一样，没有干扰项的非线性函数代表给定自变量时的因变量的期望值，那么倍乘干扰项的期望值应为1。该干扰项的对数，即线性估计形式中的"干扰项"，没有等于零的期望。这表明在线性估计方程（原柯布-道格拉斯常数的对数）中常数的OLS估计量是有偏误的。

一般性注释

● 如果回归忽略了一个相关解释变量，错误设定的方程的"误差"就没有不变的零均值。这可以认为违背了CLR模型的第一个假设，而不是第二个假设。

● 由于OLS估计程序自动生成均值为零的残差，检验零期望值干扰项的假设的唯一方法就是借助于理论方法（例如柯布-道格拉斯例子中阐述的）。

● Forsund，Lovell 和 Schmidt（1980）以及 Bauer（1990）考察了边界生产函数。LIMDEP 很常用。DEA，数据包络分析，是一种计量经济学方法的替代选择，在许多其他学科中常见。它采用数学规划技术，优点是不需要将函数形式强加于数据。在该方法中，对边界的所有偏离都归因于公司无效率；计量经济学方法的一个优势是在一些幸运的情况下（一个有利的误差）公司的产出会高于边界，因此这些误差并不规定边界。参见 Charnes et al.（1995）。

● 用于柯布-道格拉斯函数的倍乘误差通常被假定为服从对数正态分布；意味着误差的对数形式服从正态分布。有意思的是，假定倍乘误差的对数形式有零均值暗示了没有干扰项的柯布-道格拉斯函数代表了给定自变量时因变量的中间（不是平均）值。Goldberger（1968a）详细讨论了柯布-道格拉斯生产函数的这一例子。

第8章 违反假设三：非球状 干扰项

8.1 引言

经典线性回归（CLR）模型的第三个假设是：干扰项是球状的，即它们有一致的方差并且互不相关。这种性质通常用干扰项向量的方差—协方差矩阵来表示。回忆一下，参数估计向量 $\hat{\beta}$ 的方差—协方差矩阵中，对角线上是每个参数各自的方差，而非对角线部分是不同参数之间的协方差。干扰项向量只是包含了（未观测的）给定数据的干扰项（也就是说，如果样本大小为 N，干扰项向量的长度就是 N，包括 N 个"观测值"）。干扰项向量的方差—协方差矩阵有 N 行 N 列。对角线元素是每个干扰项的方差，而对角线外的元素是它们之间的协方差。

对角线上的每一项都给出了干扰项关于一个样本观测值的方差（即对角线元素第 1 项给出了关于第 1 个观测值的干扰项方差，最后一个对角线元素是关于第 N 个观测值的干扰项方差）。如果对角线上所有元素相同，干扰项就被认为有一致的方差或是同方差的。如果这些元素不同，干扰项就是异方差的；干扰项被视为从对于每个观测值都不同的分布中提取出来的。8.3 节详细讨论了异方差的情况。

不在方差—协方差矩阵对角线上的每个元素都表示干扰项关于两个样本观测值的协方差（比如第 2 列第 5 行的元素给出了关于第 2 个观测值的干扰项和关于

第 5 个观测值的干扰项的协方差）。如果所有这些非对角线元素都为零，误差项就视为互不相关。这就意味着在重复样本中不会有一个观测值的干扰项（例如对应一段时间或一个个体）与另一个观测值的干扰项相关的趋势。若这些元素不全为零，误差项就被称作是自相关的：一个观测值的干扰项与另一个观测值的干扰项相关。8.4 节详细讨论了自相关干扰项的情况。

如果出现异方差或自相关干扰项，那么就认为违反了 CLR 模型的第三个假设。用数学语言表示就是，如果满足第三个假设，干扰项向量 ε 的方差—协方差矩阵（写作 $E\varepsilon\varepsilon'$）由 $\sigma^2 I$ 给出，其中 σ^2 是个体干扰项的一致方差，而 I 是 N 阶单位矩阵（即有 N 行 N 列，对角线上都是 1，而其余部分都是 0）。若违背了第三个假设，无论是异方差还是自相关误差，干扰项向量的方差—协方差矩阵就不是这种形式，而必须写成一般矩阵 G。此时的误差项就是非球状的，而这种条件下的 CLR 模型称为广义线性回归模型（GLR 模型）。

8.2　违背的后果

若违反假设三而干扰项向量的方差—协方差矩阵必须写成广义矩阵 G，那么 CLR 模型就变成 GLR 模型。幸运的是，最小二乘法（OLS）依然是无偏的，但 OLS 此时有三个主要问题，不容忽视。

(1) 统计推断。到目前为止，GLR 模型最大的问题就是协方差阵的一般表达式对 β^{OLS} 来说是错误的，因而 $V(\beta^{OLS})$ 的估计量有偏，甚至在渐近意义下都不能消除。所以，尽管 GLR 模型中 β^{OLS} 无偏，利用 β^{OLS} 进行的区间估计和假设检验结果此时都不再可信。GLR 模型中 $V(\beta^{OLS})$ 的正确形式应当包括矩阵 G，而传统 $V(\beta^{OLS})$ 的估计量由于这种缺失，一般会偏小（但并非一贯如此）。这个问题给计量经济学者带来了很大的麻烦：经常出现难以判断 GLR 和 CLR 模型哪个更适用的情况，所以利用 OLS 估计量进行推断实在要冒很大的风险。为了解决这个问题，OLS 模型中"异方差一致"和"自相关一致"协方差阵估计量被开发出来，消除了 $V(\beta^{OLS})$ 估计的渐近偏误（但不能完全消除小样本偏误!），从而使其更适于进行统计推断。这有时也称为"稳健"方差估计（"稳健"一词的具体解释请见第 21 章）。方差估计的"稳健化"处理已经非常普遍，不仅针对 OLS 估计量才使用。更多讨论请见技术性注释。

(2) 有效性。在 GLR 模型中，虽然 β^{OLS} 是无偏的，但它不再具有所有线性无偏估计量中的最小方差。一个称作广义最小二乘（GLS）的估计量 β^{GLS} 可以看成是 BLUE（最优线性无偏估计量）。该估计量的公式中含有矩阵 G；通过明确承认干扰项的非球状性，它可能产生一个有"更小"方差—协方差矩阵的线性无偏估计量（也就是更有效的估计量）。

这可以通过使用以下信息来实现：（异方差情况下）一些干扰项因为较大的方差而可能偏大，或者（自相关情况下）如果一个干扰项较大而且为正，那么另一个干扰项很可能也较大而且为正。它最小化加上适当权重的残差平方和而不是最小化残差平方和（OLS 估计量）。由于相关干扰项方差较大而被预期有较大残差的观测值被赋予较小的权重。由于其他残差较大（因为干扰项相关）而被预期有较大残差的观测值也被赋予较小的权重。因此，根据干扰项向量的方差—协方差矩阵 G 的元素赋予权重，GLS 程序就能通过最小化残差加权平方和（所以得名"广义最小二乘"）产生更有效的估计量。

（3）最大似然。在 GLR 模型中附加的假设是干扰项服从联合正态分布，从而 β^{OLS} 不再是最大似然估计量（和在经典正态线性回归［CNLR］模型中一样）。此时 β^{GLS} 才是最大似然估计量。

在 GLR 模型中使用 β^{OLS} 的后果表明在这种条件下应该用 β^{GLS}。但这个建议的问题是要计算 β^{GLS}，必须在一定程度上知道矩阵 G。当然，在实际估计情况下，很少能知道 G。面对这个困境，一个诱人的做法是简单地使用 β^{OLS} 而不管 β^{GLS}。（毕竟，β^{OLS} 是无偏的，可以生成最大的 R^2，而且有较低的计算成本！）由于稳健性方差估计方法的发展，这已经成为司空见惯的做法。

但是，当误差非球形特征可被大概识别并且测度很大时，计量经济学者就会偏好于另外一种做法。他们用手中的数据估计 G（即 $\hat{G}$），然后在 β^{GLS} 的公式中用 $\hat{G}$ 代替未知的 G。这样就产生了一个新的估计量，称为 EGLS（估计的 GLS）或 FGLS（可行的 GLS）估计量（这里记成 β^{EGLS}）。这个新的估计量不再是线性和无偏的，但如果 $\hat{G}$ 是 G 的一致估计量，它就拥有很好的相应于 β^{GLS} 的小样本性质的渐近性质。直觉上看，由于这个新的估计量至少试图解释干扰项的非球状性质，它应该产生比 β^{OLS} 更好的 β 估计量。蒙特卡洛研究指出，在很多情况下（在本节的一般性注释中描述）β^{EGLS} 在 β^{GLS} 的数学表现优于 β^{OLS} 所用的标准下优于 β^{OLS}。所以在 GLR 模型估计时经济学家通常采用 β^{EGLS} 作为合适的估计量。

还有估计 G 的问题。这不是一个小问题。矩阵 G 有 N^2 个元素，其中 $\frac{1}{2}N(N+1)$ 个在概念上是不同的。（对角线下方的元素和上方的元素一样。）但是只有 N 个观测值，意味着不能用一般形式去估计矩阵 G。设定（假设）在一种异方差或自相关干扰项的一般类别中干扰项的非球状性采用特定的形式，这个困境就能解决。这就将问题缩小到寻找合适的设定形式，估计一些刻画特殊形式的参数（通常只有一个），然后用这些估计生成所要的 G 估计。该方法在以下对异方差和共线性干扰项的讨论中会很清楚。

8.3　异方差

解决 G 的估计问题的一种方法是假设非球状性专指异方差的非球状性，而且这种异方差和一组已知变量有特殊的关系（通常被选择作为一个单独的自变量）。这就是说干扰项的方差—协方差矩阵中对角线以外的元素都为零，但对角线上的元素并不相同，并随着一个自变量而变化。这不是一个合理的设定——通常，自变量越大，相关干扰项的方差也越大。例如，若消费是收入水平的函数，那么收入水平越高（自变量），消费者就更有可能冲动消费，也就会更大地偏离设定的消费关系。此外，也有可能更高的消费水平带来更大的对消费测量的误差。

图 8—1 阐释了这种形式的异方差如何影响 OLS 估计量的性质。图中较大的残差绝对值显示了误差方差与自变量存在一个正相关关系。在这种误差形式下，图中真值附近几个附加的较大的正误差就能使 OLS 回归线发生较大的倾斜。而几个附加的较大的负误差就能使回归线往相反方向发生较大的倾斜。通过重复取样，这些特殊的情况会最终达到平衡，因而 OLS 估计量无偏，但 OLS 估计线在其均值附近的变化更大了——也就是说，β^{OLS} 的方差变大了。由于方差大的观测值很难预测真实回归线的位置，GLS 技术很少关注这些观测值的残差（在它最小化的加权残差平方和中赋予较低的权重）。这就避免了大的倾斜，使 β^{GLS} 的方差小于 β^{OLS} 的方差。

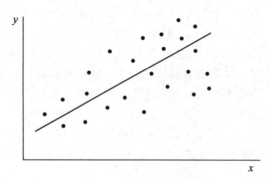

图 8—1　异方差图示

通常，处理这个问题的第一步是判断是否真的存在异方差。相关的检验有许多种，下面介绍其中比较著名的几种。

（1）残差的视觉侦查

就残差相对于那些被怀疑与干扰项方差有关的自变量作图。（许多计量经济学计算机软件包都能在简单指令下生成这种图。）如果不考虑自变量的值而残差绝对大小（或平方值）平均起来看没有区别，那么异方差很可能不存在。可是，若残差绝对数量（或平方值）表现出与自变量相关（例如较小的自变量有较小的残差，而较大的自变量的残差明显更大），则需要一个更正式的异方差检验。这种视觉侦查需要针对每一个自变量进行。

(2) Goldfeld-Quandt 检验

该检验将可能与干扰项方差有关的自变量观测值按大小排列。其原理是将数据分为两组，一组自变量值较小（低方差组），另一组自变量值较大（高方差组）。如果误差方差与自变量相关，那么两组观测值的平均方差应当不同。为方便比较两组观测值，低方差组较大的观测值和高方差组较小的观测值常常被拿走。对两组观测值分别进行回归，就可得到两个残差平方和之比。该比率服从 F 分布，并且如果干扰项同方差，那么其值应当接近于 1。F 分布表中可以找到合适的临界值来检验该假设。

(3) Breusch-Pagan 检验

该检验对一大类备择假设都适用，在这些假设下，方差是已知变量的线性函数。该检验的原理是将残差平方和看作相应观测值误差的"估计"（基于容量为 1 的样本！）。所以，将残差平方和对可能存在异方差的变量进行回归，那么异方差性就能够从斜率系数是否异于零检测出来。此处采用了拉格朗日乘子（LM）检验，并且此时有一种简便方法（见技术性注释）。该检验的一般性既是其优点也是其缺点，因为这一方面意味着无须事先知道相关函数的形式，另一方面又意味着一旦函数形式已知，实际上可以采取效力更强的检验。一般性注释中将会讨论已知特定函数形式时的检验。

(4) White 检验

该检验利用 Breusch-Pagan 检验检查了误差方差是否受到任何回归元及其平方或交叉乘积的影响。该检验的优势在于它专门检验任意出现的异方差是否引起 OLS 估计量的方差—协方差区别于它的一般公式。

在这一步需要强调一条第 5 章强调的教训：花里胡哨的误差首先应当被看成设定偏误的信号，而不应当是非球形误差的标志。例如，误删解释变量会使得错误设定方程的误差项中包含该变量的影响，而这很容易被当成异方差性。

一旦确认异方差性存在，就必须做个决定。如果异方差形式未知，那么研究者就应当继续使用方差估计稳健的 OLS 方法（如异方差一致法）。如果异方差很严重，并且研究者确信精确了解其结构，那么就应当按步骤计算 β^{EGLS}。第一步，判断异方差的具体形式，即找到方差函数表达式。之后，对表达式进行估计，并利用估算结果为每个干扰项的方差构造估计值，以计算干扰项协方差阵 G 的估计 $\hat{G}$。使用 $\hat{G}$ 即可计算出估计量 β^{EGLS}。

不过，在多数运用中，$\hat{G}$ 并没有计算出来。因为使用 $\hat{G}$ 去计算 β^{EGLS} 并不容易，主要由于 $\hat{G}$ 实际上通常是一个很大的矩阵（$N \times N$）。相反，采用一种替代的完全等价的方法计算 β^{EGLS}。这种替代方法包括变换原方程以生成一个对变换后变量的估计关系，并带有球状干扰项（也就是原干扰项变换后变成球状的）。然后用变换后的数据计算 OLS 估计量，得到 GLS 估计量。在异方差的情况下，将每个观测值（包括截距项的不变单位观测值）除以观测值误差方差估计的平方根，可以得到合适的变换。本节技术性注释有相关的例子。

8.4 自相关干扰项

当干扰项方差—协方差矩阵 G 的非对角线元素不为零时，就称干扰项是自相关的。这源于几个原因。

（1）冲击的持续影响。时间序列数据中，随机冲击（干扰项）的影响通常要持续多于一个时期。例如，地震、洪水、罢工或战争都很可能在发生时期之后的时期影响经济运行。小范围的干扰项影响较小。

（2）惯性。由于惯性或心理条件作用，过去的行为通常对现在的行为有很大影响，因此一个时期的正干扰项很可能影响随后时期内的活动。

（3）空间自相关。对于区域横截面数据，因为区域间存在紧密的经济联系，所以影响一个区域经济活动的随机冲击可能改变相邻区域的经济活动。由天气相似性引起的冲击还可能使相邻区域的误差项相关。

（4）数据处理。公布的数据通常要经过添改或平滑，即在连续时期内平均化真实干扰项的程序。

（5）错误设定。忽略一个自相关的相关自变量会导致干扰项（与错误设定的模型相关）自相关。不正确的函数形式或方程动态的错误设定都可能产生同样的结果。这些例子中适当的程序是纠正错误设定；如果这样产生了自相关误差，本章建议的方法就无法被证明是有效的。

自相关误差最经常出现在时间序列模型中，因此为了简化说明，本章剩余部分的讨论都针对时间序列数据。而且与大多数计量经济学研究保持一致，在本章剩余部分中误差项之间的关联被假设为采用一种名为一阶自相关的形式。计量经济学家如此假设是因为这使估计 G(干扰项向量的方差—协方差矩阵) 的大量非对角线元素这项原本不可能的任务变得容易处理了。一阶自相关出现在一个时期的干扰项等于先前时期的干扰项的一部分加上一个球状干扰项时。用数学语言可以表示成 $\varepsilon_t = \rho \varepsilon_{t-1} + u_t$，其中 ρ 这个绝对值小于 1 的参数被称作自相关系数，而 u_t 是一个传统的球状干扰项。

当 ρ 为正时，误差观测值会出现一连串相同符号的情况。例如，如果有一个误差为正，由于下一个误差值是上一个值乘一个比例再加上另一个零均值干扰项，所以很可能也是正的。然而，这些规律出现得很随机，所以也没有造成偏误。但是这些规律使得系数方差估计的一般表达式有偏，进而使统计推断不再可靠。如果知道 ρ 的值，就可以使用 GLS 方法。当 ρ 为正时，这一方法就会少关注大残差之后值也大的残差值（这通过在需要最小化的加权残差平方和中赋予其较小的权重来实现），因为这些残差跟随大残差，本来就更可能偏大。充分利用这些额外信息使得 β^{GLS} 的方差小于 β^{OLS} 的方差。

一阶自相关假设的巨大魅力在于如果干扰项都是这种形式，G 的所有非对角线元素都能用 ρ 来表示，因此估计出参数（ρ）就能估计 G，也就能估计 β^{EGLS}。一个好的 ρ 估计使 β^{EGLS} 优于 β^{OLS}；一个坏的 ρ 估计则会产生相反的效果。这里基本的注意点和异方差情形一样，就是看起来不对劲的误差应当首先被认为是设定偏误的信号，而不是非球形误差的信号。

然而，在计算 β^{EGLS} 之前必须首先确定干扰项的确存在自相关。有几种方法可以实现，其中最受欢迎的 Durbin-Watson 检验（即 DW 检验）会在下面讨论；而其他一些不常用的检验会在一般性注释中介绍。

DW 检验。多数计算机回归程序和研究报告都在结果中提供了 DW 或 d 统计量。该统计量得自 OLS 回归的残差，并用来检验一阶自相关。当一阶自相关参数 ρ 为零时（证明没有自相关），d 统计量约等于 2.0。d 统计量偏离 2.0 越远，就越不能相信干扰项不存在自相关。然而，在零自相关的假设下，d 统计量的精确分布依赖于自变量（也就是 X 矩阵）的特殊观测值，因此不存在一个给出了 d 统计量临界值的表格。不过，d 统计量的实际分布被发现位于两个已有临界值表的极限分布之间。这两个极限分布，名为"下分布"和"上分布"，如图 8—2 所示。每个分布 95％ 的显著性水平都被划分出来并记为 A、B、C、D。现假设 d 统计量的值在 A 的左边，那么，不管这时的 d 统计量是服从下分布、上分布还是之间的任何分布，都要拒绝无自相关的假设。同样，如果 d 统计量的值在 D 的右边，那也要拒绝无自相关的假设，而不要考虑这种特殊估计问题中 d 统计量的实际分布。类似的推论指出，如果 d 统计量在 B、C 之间，不管 d 统计量的实际分布如何，都要接受无自相关的假设。只有 d 统计量落在 A 与 B 或 C 与 D 之间时才会出现问题。假定 d 统计量落在了 A、B 之间。若该问题中 d 统计量的实际分布是下分布，那么就要接受无自相关的假设。不过，当实际分布是上分布时，就要拒绝这个假设。因为实际分布未知，所以这时就要认为 DW 检验是不确定的。这两个不确定区域的存在是 DW 检验最严重的缺陷。（随着越来越多的计算机程序能自动计算适合手头数据的临界值，这个缺陷正在消失。）另一个缺陷是，如果回归元中包含了因变量的滞后值，那么这个检验在决定是否接受无自相关假设时就会发生偏误。（10.2 节对这种情况有更深入的讨论。）

假如 DW 检验指出了自相关误差，接下来该如何？通常认为要通过 EGLS 来估计。不过，这并不总是合适的。第 5 章有明确的解释：DW 统计量的显著值可能源于被忽略的解释变量、错误的函数形式或动态设定错误。只有当研究人员确信以上这些现象并不影响 DW 显著值时，通过 EGLS 的估计才能进行。这里基本的注意点和异方差情形一样，就是看起来不对劲的误差应当首先被认为是设定偏误的信号，而不是非球形误差的信号。

一旦确定出现了一阶自相关，并且研究者决定使用 EGLS 方法，就要转而关注 ρ 的估计。估计出 ρ，就能计算 G 的估计 $\hat{G}$，并用来产生 β^{EGLS}。不过，就像存

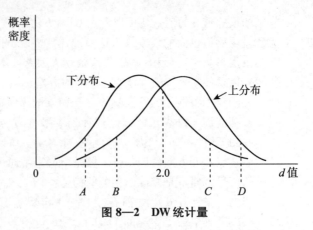

图8—2 DW 统计量

在异方差干扰项的情况一样，转换变量、用 OLS 得到 β^{EGLS} 在计算上远比估计 G 并在 β^{EGLS} 的式子中使用该估计量简单。估计方程必须被转换生成一个关于转换后变量的新估计方程，其干扰项向量是球状的（也就是说转换后的原干扰项是球状的）。然后用 OLS 估计转换后的变量，产生 β^{EGLS}。一阶自相关条件下合适的转换是将每个观测值替换成观测值减去 ρ 估计值乘以前一期观测值的形式（即将 x_t 替换成 $x_t - \hat{\rho} x_{t-1}$）。所有变量，不管是自变量还是因变量，只要在截距意义下包括单位"观测值"，就必须进行该种转换。为避免该程序损失一个观测值，第一个观测值 x_1 被转换成 $\sqrt{(1-\hat{\rho}^2)}\, x_1$。这样处理的原因在本节的技术性注释中讨论。

有几种产生 β^{EGLS} 的不同技术，它们都仿效了以上概述的方法，基本上只在估计 ρ 的方法上有所不同。（一些方法并不需要对第一个观测值进行特殊转换，但是应该被修改为这样做。）生成 β^{EGLS} 的最普及的方法在下面有简要介绍；所有这些频繁出现在打包的计算机回归程序中。

(1) Cochrane-Orcutt 迭代最小二乘

将 OLS 残差对它们自身的一期滞后进行回归，得到 ρ 的估计。使用该估计，因变量和自变量就能像之前讨论的一样被转化，并且对这些转化后的变量进行的 OLS 回归可以得到 β^{EGLS}。利用这个 β^{EGLS}，将它代入原（未转换的）关系，就能生成应该比 OLS 残差"更好"的原干扰项的新估计（因为此时 β^{EGLS} 被认为"优于" β^{OLS}）。将这些新残差对它们本身一期滞后回归，得到 ρ 的新（大概"更好的"）估计。这个程序重复进行，直到连续的 ρ 估计任意接近。

(2) Durbin 两阶段法

因变量对自身滞后、所有自变量及其滞后进行回归。该估计关系来自设计用于将原估计形式变换成带球状干扰项的数学处理。这在本节技术性注释中有说明。新关系中滞后因变量的估计系数提供了一个 ρ 的估计。该估计接着被用来转换变量（与之前讨论的一样），而关于这些转换后的变量的 OLS 回归产生了 β^{EGLS}。

(3) Hildreth-Lu 搜寻程序

对 ρ 的任何特殊值，因变量和自变量可以像之前介绍的一样被转换，而关于这些转换后的变量的 OLS 回归产生了 β^{EGLS}。关于转换后变量的回归得到的残差平方和因为不同的 ρ 值而不同。Hildreth-Lu 搜寻程序能最小化这些残差平方和的特殊 ρ 值并用它相应的 β^{EGLS} 作为 β 估计量。

(4) 最大似然

如果假设球状干扰项 u（$\varepsilon_t = \rho\varepsilon_{t-1} + u_t$ 中）有一个特殊分布（例如正态分布），最大似然技术就能用来同时估计 ρ 和 β。当 u 服从正态分布时，这里讨论的所有四种方法渐近等价。

最近的蒙特卡洛证据指出所有这些估计量明显不如贝叶斯估计量；在普及的计算机软件包中，当贝叶斯估计量是一个可得的选择时，就应该选择它作为估计量。贝叶斯估计量和以上估计量的本质区别在于：以上每一个估计量都是根据 ρ 的单一估计计算得到的，而贝叶斯估计量通过采用对应于几个 ρ 值的 EGLS 估计的加权平均来"避免损失"。

8.5 广义矩法

在 2.11 节的技术性注释中我们已经介绍了矩估计法，其背后的思想是，选取 θ 的恰当估计，使得数据样本矩估计量等于未知参数向量 θ 的理论矩值。比如，假设所有解释变量都与误差项无关（一种特定的矩条件），选择参数估计 θ^* 使得误差项与所有解释变量之间的协方差估计值都为零。只要矩条件数量 K 等于未知参数个数，我们就可以构造 K 个包含相同未知数的方程组，解之即能得到 θ^*。这就是所谓的矩估计方法。

但是，如果矩条件个数多于待估参数个数怎么办？这意味着方程数量要多于未知数个数！此时解出令所有矩估计都为零的参数值变得不可能。例如，如果存在 6 个矩条件，而只有 4 个未知参数，就只能选取 θ^*，保证 4 个矩估算值为零。为了处理这一情形，可以从 6 个矩条件中选取 4 个出来，但是这样忽视了剩余两个矩条件中的信息，从而不尽如人意。更有效的办法是建立模型以包含所有信息，并增强模型设定检验来测试其有效性。实际的做法是，选取 4 个参数值以最小化 6 个矩条件被违反的"总程度"。这可能意味着没有一个矩条件会被严格满足。这种方法称为广义矩法（generalized method of moments，GMM）。

矩条件被违反的"总程度"究竟是什么？在上例当中，4 个参数值的任意选取都将产生 6 个矩估计值。而每一个估计值都会显示其偏离数据矩条件（例如不等于零）的数值，由此得到 6 个偏离值。在经典最小二乘法中，违反矩条件的总程度根据 6 个偏离值的平方和来衡量，而 θ^* 的计算即可根据最小化平方和来确定。但在此处经典最小二乘法可以进行改进，因为每一个单独的矩估计都是随机变量，且方差不同，因此按照我们本章所学的知识，利用 GLS 方法更为合适。事实上，由于 θ^* 影响所有矩估计值，并且矩估计量之间的协方差都不为零，所以完整的矩估计值的方差—协方差矩阵是相关的。这里最重要的任务是最小化 6 个矩估计的某种加权平方和，而本章内容暗示应当用矩估计值方差—协方差矩阵的逆矩阵来作为 6×6 权重矩阵 W。这一想法结果很好：使用逆矩阵产生了最有效的 GMM 估计。如第 23 章所描述的，可以采用迭代方法来实现最小化加权平方和的目的。

实际运用当中，由于 W 未知，所以需要进行估计。这就导致了 GMM 方法最大的缺点：应用当中 W 的估计非常糟糕，结果大部分研究只推荐利用单位阵来代替，而这就意味着所有矩都采取同样的处理（这些研究见诸 1996 年 7 月《商业与经济统计杂志》专题论文集）。GMM 方法的优势因此遭到削弱，因为其本意是利用权重矩阵让我们能够关注一些矩。这些矩更有意义，包含更多信息，或者相较于其他更易衡量。

不过，GMM 方法还是有一些吸引人之处的。首先，无须做出正态误差项这样的分布假设，而只需正确建立矩估计的设定就能够保证一致性。第二，GMM 方法为 OLS 估计量、IV 估计量（instrumental variable estimation，工具变量法，见第 9 章）等我们所熟悉的估计量提供了统一分析框架。第三，GMM 方法适于解决传统估算模型计算过于复杂的问题，尤其是模型无法获得解析解的情形。第四，学者可以利用 GMM 方法来设定一组具有经济学意义的矩，或者一组稳健于经济学模型或计量模型设定偏误的矩，而无须处理相应的统计模型。但遗憾的是，上面所述的专题论文集中蒙特卡洛研究结果并不支持 GMM 方法，当矩数量极大时尤其如此。

一般性注释

8.1 引言

- 许多教科书在拼写 heteroskedasticity（异方差）时用"c"代替"k"；McCulloch（1985）指出 heteroskedasticity 是正确的拼写。

● GLS 或 EGLS 估计程序的应用在本章没有讨论的多种估计条件下有重要意义，这会在本书其他部分涉及。一些例子有 SURE（表面无关估计，第 11 章）、3SLS（三阶段最小二乘，第 11 章）、混合估计和随机效应模型（第 18 章）。

8.2 违背的结果

● 根据定义，OLS 估计量最大化 R^2。GLS 估计量可用于生成因变量的估计，而这个估计随后用作计算一个一定比得自 OLS 的 R^2 小的 R^2。不过，在 GLR 模型中，因为 GLS 程序最小化广义残差平方和，重新定义 R^2 统计量更加合适，这样，它就表示由自变量解释的因变量"广义变化"的比例。幸好在许多（不是全部）情况下对变换后变量（8.3 节、8.4 节中讨论的）回归的 GLS 技术可自动生成这个新 R^2。相关讨论参见 Buse（1973）。

● 虽然 GLR 模型中 GLS 是 BLUE，但 EGLS 却不是；实际上，EGLS 既非线性，又不是无偏的，而且如果 G 类似于一个常数乘以单位矩阵或者采用了一个不好的 G 估计，它可能有比 OLS 估计量更高的方差。例如，蒙特卡洛研究指出，在系数为 ρ 的一阶自相关误差的情况下，对于典型的样本数量，当 ρ 的绝对值小于 0.3 左右时 OLS 优于 EGLS。Grubb 和 Magee（1988）提出了一些在 EGLS 有可能优于 OLS 的情况下的单凭经验的判定方法。

● 如果 β^{EGLS} 方差的公式中 G 被 $\hat{G}$ 代替，β^{EGLS} 的真实方差就会被低估。这是因为 β^{EGLS} 的方差并没有加入由 $\hat{G}$ 在重复样本中变化引起的 β^{EGLS} 的附加可变性（重复样本中）。这意味着可以使用 β^{EGLS} 进行假设检验。

● 虽然异方差或自相关误差的出现并不会对估计 β 产生偏误，但是只要 CLR 模型的其他假设都满足，非球状干扰项和 CLR 模型的其他违背形式的互相影响就会带来问题。一个经典的例子就是自相关误差和因变量滞后值作为回归元同时出现（第 9 章介绍）。异方差的例子是定性和有界因变量模型（第 16、17 章介绍）、边界产出函数估计（参见第 7 章）和相关测量，例如 Caudill, Ford 和 Gropper（1995）讨论的公司特有的无效性。

● 这里有必要重申本章一个最重要的论点。只要有理由相信误差项并非球形，那么推论（比如假设检验等）就必须使用方差—协方差矩阵的稳健估计。大部分统计软件在"异方差一致"标准差、"自相关一致"标准差，以及"稳健"标准差等条目下提供了解决方案，点击相应按钮即可实现。技术性注释提供了更多关于这方面的细节。

8.3 异方差

● 通常情况下计量经济学家认为误差方差与自变量正相关，但并不一定是这种情况。误差学习模型提出误差会随着时间流逝（自变量数量增大）而减小。同样，数据收集技术随着时间而改进，使源于这个方面的误差的重要性减弱。此外，纠正程序明确赋予近期数据更大的权重，从而更准确地反映今天的世界，因此，假设误差项方差随着时间而减小被认为是有帮助的。

● 有时候计量理论指出估计关系可能具有异方差性，并具有特定形式的异方差。在各组样本数量不完全一样的情况下使用分组或者平均数据就会产生异方差。当被解释变量是分数的时候（比如购买某种产品的人口百分比），测量误差也会带来异方差。如果斜率系数是随机的而不是固定的，那么系数随机部分就会进入误差项中，产生异方差。如果误差项是乘性而非加性的，那么异方差性也会产生。技术性注释给出了四种情形下如何产生特定异方差形式的详细说明。

● Goldfeld-Quandt 检验在使用时通常忽略中间三分之一的观测值。Giles 和 Saxton（1993）发现中间"忽略中间三分之一"的规定适合样本数量约为 20 的情况，但是对于更大的样本数量应该忽略更小比例的观测值。这个检验的常识是将观测值分为被认为有相对高误差方差的一组和被认为有相对较低误差方差的一组，因此删除数据中间部分的观测值看起来并不恰当（因为数据可能没有被分成数量相同的两组）。正如通常所使用的，Goldfeld-Quandt 检验允许对检验中采用的两组子数据有不同的参数向量。如 Zaman（1996，pp. 255 - 257）所述，这在该检验的 LR 版本中可以避免。

● 本章主体部分描述的异方差检验是一般性的，因为它们并不对误差方差和被认为决定了这些方差的变量之间的关系使用特殊函数形式。要构造 β^{EGLS}，就需要一个特殊的函数形式（尽管应该注意到蒙特卡洛研究认为对这个函数形式的精确了解并不重要）。一个更明确的普遍方法是 Glejser（1969）检验。该检验中，OLS 残差绝对值通过几种函数形式对那些干扰项方差被认为相关的变量进行回归。异方差是否存在取决于这些回归检验的系数是否显著异于零。这个方法的一种变体——修正的 Glejser 检验，使用 OLS 残差值的平方而不是它们的绝对值作为因变量。Ali 和 Giacotto（1984）发现这些检验应该使用残差平方而不是绝对值。Park（1966）提出了另一种常见的函数形式；参见技术性注释。如果相关函数形式已知（例如得自使用 Glejser 方法的检验，或因为理论提出了一种特定的形式），就可能采用最大似然方法。这里，方程中被估计的参数（即 β）及关系中决定误差方差的参数被同时估计。Rutemiller 和 Bowers（1968）有相应说明。如果使用 MLE（最大似然估计）方法的先决条件可以满足（即知道误差分布形式和误差方差与决定方差的变量之间的关系的函数形式），这种方法是诱人的。Judge 等（1985，ch. 11）对异方差做了扩展综述。

● 越来越多的证据指出异方差的贝叶斯估计量优于传统的 EGLS 估计量，例如 Ohtani（1982），Surekha 和 Griffiths（1984）以及 Kennedy 和 Adjibolosoo（1990）所主张的。对应于代表异方差的参数的不同值取 EGLS 估计量的加权平均，而不是基于参数的一个简单的不良估计值选择简单的 EGLS 估计，这就是异方差贝叶斯估计量的优越性。

● 时间序列数据异方差的一种常见形式是 ARCH（自回归条件异方差），它是由 Engle（1982）发展起来的。Engle 注意到在许多时间序列，尤其那些包括财务数据的序列中，大小残差趋于成簇状出现，说明误差的方差可能取决于之前误差的大小。这通过将 ε_t 的方差（条件于 ε_{t-1}）写成 ε_{t-1} 平方的线性函数而形式化。无条件方差为常数，所以 OLS 具有 BLUE 性质，但是因为条件方差是异方差的，所以就可能找到一个基于 MLE 考虑的更有效的非线性估计量。统计软件包直接给出了 ARCH 模型的计算功能。由于期权价格依赖于未来价格误差项的方差，所以 ARCH 误差方差预测模型在金融学中极为重要，催生了一大类 ARCH 模型变体，并使 Engel 最终获得诺贝尔奖。Bollerslev（1986）提出的 GARCH 模型即是一例，这一模型中条件方差同样是过去条件方差的函数。经验研究中最常用的 ARCH 模型设定是 GARCH（1，1），其中条件方差被设定为前期误差平方和条件方差的线性函数。但是，变体经常出现。比如，Awartani 和 Corradi（2005）发现，如果允许正负误差产生不同的波动影响，就可以改进 GARCH 模型。ARCH 模型最简单的检验是 LM 检验，将 OLS 残差平方对截距和滞后项进行回归，得到的 R^2 值乘以样本数量即得到服从 χ^2 分布的统计量。注意，这一方法也可以用来检验模型设定偏误。Bera 和 Higgins（1993）调查了 ARCH 模型；Enders（2004，ch. 3）和 Darnell（1994，pp. 4 - 8）有很好的规范解释。Engle（2001）的说明适于初学者阅读。其 2004 年诺贝尔奖获奖致辞也是 ARCH 模型及其变体的历史、应用方面很好的说明。

● 异方差已经和 CLR 模型的其他违背形式一起被研究。例如，Lahiri 和 Egy（1981）解决了非线性函数形式和异方差结合在一起的问题。下一节将引用它和自相关误差结合在一起的例子。

● 为纠正异方差而转换一个方程通常会产生一个没有截距项的估计方程。在解释从这样的回归中得到的 R^2 时一定要小心。大多数研究人员无论如何都会加上截距；这种做法没有伤害，而且也避免了可能产生的问题。

● 在纠正异方差前，对可能在所讨论的关系中适用的变换（例如，将总量变为人均或将名义的变为实际的）要分析每个变量。通常误差方差是因变量的一小部分，而非一个特殊绝对值的一小部分，这样滞后因变量将消除异方差性。这可以揭示异方差的来源。更一般地，异方差可能归因于忽略解释变量或错误的函数形式，而且因为这些问题比异方差更严重，所以表明有异方差的检验结果应该首先被解释为指向忽略变量或非线性函数形式；Thursby（1982）提出了区别异方差和错误设定的方法。

8.4 自相关干扰项

● 一阶自相关误差称为 AR(1) 误差；AR(p) 误差是依赖于前 p 个误差滞后值的误差。这种自相关误差类型的另一种常见的选择是移动平均误差；MA(1) 误差可写成 $\varepsilon_t = u_t + \theta u_{t-1}$，其中 u 是一个球状误差。MA(q) 误差包括前 q 个滞后的 u。将这两类合并就产生了 ARMA(p，q) 误差；进一步的讨论参见第 19 章。

● 第 5 章强调了错误设定会产生显著的 DW 统计量。因此，在断定 EGLS 估计是合适的之前对错误设定进行检查很重要。Godfrey（1987）为此提出了一种适当的检验策略：先用方差—协方差矩阵的自相关一致估计进行 RESET 检验，然后对误差进行 AR(1) 相对于 AR(p) 的检验，再进行独立误差相对于 AR(1) 误差的检验。正如本节的技术性注释中更清楚地指出的，自相关误差可以通过并入附加动态性消除；现代计量经济学模型典型地具有丰富的动态结构，所以很少包括自相关误差。

● 如果认为存在自相关误差，MA(1) 误差就可能和 AR(1) 误差一样具有可行的先验性，不过，它在实证研究中却很少被使用。这是因为相对于 AR(1) 误差，MA(1) 的估计技术计算繁重。MacDonald 和 MacKinnon（1985）展示了一种在计算上吸引人的对 MA(1) 误差的估计技术，并且认为忽略 MA(1) 误差的可能性的常规情况是没有道理的。Choudhury，Chaudhury 和 Power（1987）对此同样提出了一种吸引人的估计方法。Nicholls，Pagan 和 Terrell（1975）给出了一些支持使用 MA(1) 误差的论证。Burke，Godfrey 和 Tremayne（1990）提出了有吸引力的比较 MA(1) 和 AR(1) 误差的检验方法。同样也可参见 Silvapulle and King（1991）。Carter 和 Zellner（2003）展示了如何将带有 MA 误差的模型改写为带有 AR 误差的模型，从而简化了分析。

● 尽管 DW 检验有不确定区域，它仍然是至今最受欢迎的自相关误差检验。许多操作者使用与上分布有关的临界值来解决不确定性，因为如果像在经济时间序列中那样回归元缓慢变化，这就是对实际分布很好的近似。不过，解决该问题的最好办法是用诸如 SHAZAM 的软件包来计算适于所使用的特定数据的临界值。（这一计算并非简易，是电脑不能立刻产生结果的极少数情形之一。）Maddala（1988，pp. 202－203）引用了一些提供适于更多解释变量及季度数据、月度数据等情况下的扩展的 DW 表的资料来源。严格地说，DW 检验只适合 OLS 回归的残差用于它的计算的时候。关于它的用途在非线性条件下的讨论参见 White（1992）。

● 存在 DW 检验的替代选择（本书第一版介绍过其中的一些，pp. 87－88），但却很少被使用。King(1987) 就是关于自相关误差检验的综述。在 AR(p) 或 MA(p) 误差二者选一的情况下，一种有吸引力的替代就是 LM 检验，而这应归于 Godfrey（1978）和 Breusch（1978）。它可以通过重新用 p 个滞后的 OLS 残差作为额外的解释变量进行回归，再用 F 检验对它们的系数是否异于零向量进行检验来计算。将 OLS 残差作为额外的解释变量就能得到等价的结果，而此时的 F 可通过 $[(N-K)/p] \times R^2$ 来计算。根据 F 统计量的渐近调整，通常 pF 或 NR^2 被用作自由度为 p 的卡方统计量。规范的阐释参见 Maddala（1988，pp. 206－207）。它的一个优势是即使在因变量滞后值作为回归元时它仍然是正确的。

● 只要因变量的滞后值作为回归元出现（或误差与回归元有关），DW 检验就不可靠。这种情况传统上使用 Durbin h 检验，但最近的研究，例如 Inder（1984），指出这是不明智的，并推荐以上介绍的 Breusch-Godfrey 检验。它在 $p=1$ 的情况下有时称作 Durbin m 检验。（例如，为进行 m 检验，首先将滞后残差项作为额外的回归元重新进行回归，然后对滞后残差项的系数是否异于零进行显著性检验。）参见 Breusch and Godfrey（1981），Dezhbakhsh（1990）和 Dezhbakhsh and Thursby（1994）。Belsley（1997，2000）建议进行小样本调整以除去该检验的数量偏误。Godfrey（1994）及 Davidson 和 MacKinnon（1993，pp. 370 - 371）介绍了使用工具变量时如何调整 m 检验。Rayner（1993）提倡在滞后因变量作为回归元时采用自举程序检验自相关误差。

● 在误差自相关的情况下估计 EGLS 估计量的方差—协方差矩阵并不容易；例如参见 Miyazaki and Griffiths（1984）。只要因变量滞后值作为回归元出现，估计这个方差—协方差矩阵就有进一步的问题。Prescott 和 Stengos（1987）推荐 Davidson 和 MacKinnon（1980）提出的估计。

● 许多蒙特卡洛研究解决了自相关误差的问题。这些研究中有一些明显的一般结论。

（a）使用 EGLS 而非 OLS 得到的有效性改进可能是较大的，而可能的损失是微小的，尤其当 ρ 的绝对值远大于 0 时。

（b）对第一个观测值的特殊变换是重要的。

（c）EGLS 估计量的标准差通常被低估。

（d）估计技术的相对表现对数据矩阵 X 的性质是敏感的。

（e）通过更好的自相关系数 ρ 的估计很可能实现对当前技术的改进。

Judge 等（1985，ch. 8）对自相关误差做了扩展的规范综述。Beach 和 MacKinnon（1978a）提出了关于 MLE 的一个令人信服的例子，注意，它保留了第一个观测值而且自动加入了 ρ 的绝对值小于 1 的约束。

● Kennedy 和 Simons（1991）根据蒙特卡洛研究报告指出，AR(1) 情况下贝叶斯估计量远远优于传统的 EGLS 估计。它们的贝叶斯估计量按对应于 ρ 的 40 个值的 40 个 GLS 估计的加权平均来操作，在 0～1 的区间中平均分隔开。权重就是 ρ 的实际值接近于这些值的贝叶斯概率，得自 ρ 的事后分布。该估计量的相对成功之处源于这种条件下刻画估计特征的 ρ 的众人皆知的不好的估计。第 14 章讨论了贝叶斯方法。

● 自相关误差是一种对 CLR 的违背，已经与其他违背形式一起被研究。Epps 和 Epps（1977）研究了自相关和异方差一起的情况。Savin 和 White（1978）及 Tse（1984）解决了自相关误差和非线性函数形式。Bera 和 Jarque（1982）分析了自相关误差、异方差、非线性和非正态的联合情况。第 10、11 章有进一步的例子。

● 大多数用来检测自相关的检验只能检验一阶自相关。但是不能对其他可能性熟视无睹。例如，使用季节数据的模型中误差很可能与它们本身的四期滞后有关。这一点可参见 Wallis（1972）。当残差实际上是二阶自相关时，将其视为一阶自相关会好于仅使用 OLS，这一点看上去可能合理，但是却不必然，参见 Engle（1974）。Beach 和 MacKinnon（1978b）分析了二阶自相关的 MLE。Greene（2008，pp. 647 - 648）有关于这种情况下前两个观测值的特殊变换的解释。

● 正自相关误差通常导致 R^2 统计量的向上偏误。一个高的 R^2 伴随一个低的 DW 统计量暗示着有趣的事情正在发生（参见第 19 章）。

● 并不是所有自相关误差的例子都和时间序列数据有关。假设你有关于工资的微观数据和在几个不同行业的工人的其他特征。你对不同行业特征对工资的影响感兴趣，所以将行业特征的测度加入回归元。由于相同行业中的工人都受到这个行业未测量特征的影响，因而他们很可能有相关联的误差。这称为"聚类"（clustering）；同行业所有观测值构成一类。此时方差—协方差矩阵是沿对角线分布的分块矩阵，每一块对应一类。每一块的对角线元素都相等（不过，未必不同块的对角线元素也相等），而非对角线元素也彼此相同，是误差项中反映影响全部此类样本点的成分。大部分计量软件能够计算带有聚类的 EGLS。此时一般的 OLS 方程估计的方差—协方差矩阵会有总体低估，合适的修正是乘以 $(1+(m-1)\rho)$，其中 m 是组中观测值个数，而 ρ 是组内元素误差相关系数。所以，如果聚类中有 31 个观测值（差不多是正常的样本规模?），而 $\rho=0.1$，那么 OLS 标准误差估计结果就需要翻倍！相关讨论见 Moulton（1990）。第 11 章中我们将讨论的 SURE 估计流程是另一个自相关误差与时间序列数据无关的案例。此外，技术性注释中的空间计量学也属此种情形。

● 分层线性模型（hierarchical linear models）将聚类问题一般化。假设第 j 所学校的第 i 名学生的表现（考试成绩）为 y_{ij}，决定性的解释变量是 x_{ij}（能力）和球形误差项 ε_{ij}，但是截距项 α_j 和斜率 β_j 随学校而变化。设定 α_j 和 β_j 是学校特征 z（学校规模）的函数，由此得到分层模型结构。写作：

$$y_{ij} = \alpha_j + \beta_j x_{ij} + \varepsilon_{ij}$$
$$\alpha_j = \theta + \gamma z_j + u_j$$
$$\beta_j = \eta + \delta z_j + v_j$$

其中 u、v 是误差项，一般假设彼此独立，也独立于 ε。

将后面两个表达式代入第一个，得到

$$y_{ij} = \theta + \gamma z_j + \eta x_{ij} + \delta z_j^* x_{ij} + (\varepsilon_{ij} + u_j + x_{ij}^* v_j)$$

最后一项是复合误差项。

有如下特殊情形：

（1）如果截距项由 z 决定，而斜率与之无关，并且，误差 u、v 都不出现，那么 y 依赖于 x 和 z 并且具有球形误差的传统模型就会出现。

（2）如果截距项由 z 决定，而斜率与之无关，并且，误差 u 出现，但 v 没有出现，模型就成为之前讨论过的聚类情形。

（3）如果斜率由 z 决定，最终设定中将会出现 $z^* x$ 交叉项。

（4）如果误差 u、v 都出现，复合误差项结构允许设定误差向量的方差—协方差矩阵，这意味着此时需要使用 EGLS 方法。

（5）如果有多个 x 变量和多个 z 变量，就会出现很多特殊情形，具体形式依赖于哪些 x 变量具有可变斜率，哪些 z 变量影响这些斜率，以及哪些关系包含误差项。

（6）通过设定学校特征随区域（比如学校所在省或州）而变化，层次结构可以扩展到第三层。此时 z 系数成为地区变量的函数，并包含另一个误差项。

8.5 广义矩法

- 近期所有高等计量经济学教材都包含 GMM 方法的详细讨论。Hayashi (2000) 便是基于 GMM 估算方法写成的。
- 最大似然法是 GMM 的一种特殊形式，矩为最大化对数似然函数的一阶条件。本质上来说，最大似然法选取了最具信息含量的矩，而忽视了其他可能发挥作用的矩。如果怀疑最大似然法可能受设定偏误的影响，那么将这些矩（通过 GMM）包含进来会有所帮助。在 MLE 和 GMM 间的选择取决于矩的选择。事实上，GMM 中矩条件的选择就像计量经济学模型中的设定选择一样。
- 选择合适的矩需要深思熟虑。最普通的设定是误差项与解释变量之间的协方差为零。但是，当处理非线性形式的模型时，这一选择的背后逻辑就需要更改成误差项和误差项对参数向量的一阶导数之间的协方差为零。

技术性注释

8.1 引言

- 矩阵 G 通常通过重新写成 $\sigma^2\Omega$ 来标准化，其中 σ^2 被选定为使 Ω 的迹（Ω 的对角线元素之和）等于 N。这使它能与 CLR 情况相比，后者中 ε 的方差—协方差矩阵是 $\sigma^2 I$，其中 I 的迹为 N。计算 β^{GLS} 需要知道 Ω，而非 σ^2，因此，运用 GLS 方法仅仅需要将 G 映射到一个比例向量上。但是，在方差—协方差矩阵中，Ω 和 σ^2 都会出现，并可以被 G 替代。以下很多代数结果在教科书中看不到；如果这造成阅读困难，那么用 $\sigma^2\Omega$ 代替 G 即可。例如，接下来在技术性注释中出现的表达式 $(X'G^{-1}X)^{-1}$ 可以改写为 $\sigma^2(X'\Omega^{-1}X)^{-1}$。之所以用 G 而非 $\sigma^2\Omega$ 来表示误差非球性，是因为在稳健标准误估计当中，我们估计的是 G 而非 Ω，并将其作为整个估计的重要组成部分。

8.2 违背的后果

- β^{GLS} 的公式由 $(X'G^{-1}X)^{-1} X' G^{-1} Y$ 给出，其方差由 $(X'G^{-1}X)^{-1}$ 或 $\sigma^2 (X'\Omega^{-1}X)^{-1}$ 给出。这个方差—协方差矩阵比真正的 β^{OLS} 的方差—协方差矩阵 $\sigma^2(X'X)^{-1}(X'\Omega X)(X'X)^{-1}$ "更小"。使用一般公式 $s^2 (X'X)^{-1}$ 估计 β^{OLS} 的方差—协方差矩阵将得到有偏的估计量，因为 s^2 在 GLR 模型中的期望值不再等于 σ^2，

而且$(X'X)^{-1}$不等于$(X'X)^{-1}(X'\Omega X)(X'X)^{-1}$。Goldberger（1964，pp. 239 - 242）追踪了两种特殊情况并指出在只有一个自变量（另外还有常数项）的情况下，（a）如果较大的方差对应于较大的自变量值，或者（b）如果在正一阶自相关误差情况下（8.4节介绍）自变量序列正相关，那么一般估计量向下偏误。

GLS技术最小化的"加权"或"广义"误差平方和由$\varepsilon'G^{-1}\varepsilon$给出。$\sigma^2$的GLS估计量由$\hat{\varepsilon}'\Omega^{-1}\hat{\varepsilon}/(N-K)$给出，其中$\hat{\varepsilon}$是$\varepsilon$的GLS估计量。对联合正态分布的误差，$\sigma^2$的最大似然估计由$\hat{\varepsilon}'\Omega^{-1}\hat{\varepsilon}/N$给出。

● 如果怀疑存在异方差，但研究人员无法找到合适的转换来消除数据的异方差，在这种情况下使用OLS估计作推断，就推荐源于White（1980）的OLS估计量的方差—协方差矩阵的异方差一致估计量。GLR模型中的OLS方差—协方差矩阵是$(X'X)^{-1}X'GX(X'X)^{-1}$。这个异方差一致估计量来源于用对角线元素是OLS残差平方的对角矩阵来估计G。（这不是一个好的G估计量；这种方法之所以有效是因为它渐近生成了一个好的$X'GX$估计。）Leamer（1988）将此称为"粉饰"异方差。计算上的考虑可参见Messer and White（1984）；Erlat（1987）展示了如何得到异方差一致检验统计量，从而通过使用SSE的差分来检验线性约束。MacKinnon和White（1985）推荐了一些能改进小样本性质的替代的异方差一致方差矩阵估计量；同样可参见Davidson and MacKinnon（1993，p. 554），Long和Ervin（2000）。Wooldridge（2002，pp. 57 - 60）解释了如何改进F检验和LM检验的NR^2版本，使得它们对异方差稳健。

● OLS估计量的方差—协方差矩阵的自相关一致估计量背后的基本原理和之前介绍的异方差情况类似。它采用一般形式$(X'X)^{-1}X'G^*X(X'X)^{-1}$，其中$G^*$是未知的误差项方差—协方差矩阵的估计。Newey和West（1987）提供了一个十分一般的估计量（同样是异方差一致的，因此产生的标准差称为HAC，或异方差和自相关一致标准差，简称为Newey-West标准差）；规范解释可见Stock and Watson（2007，pp. 606 - 608）。Newey-West方法首先用残差平方替换G^*的对角线元素，从而使其变成异方差性一致；继而利用相关残差的积来计算紧邻对角线的元素；构造缩减向量，用来将其他非对角线元素缩减至零，缩减向量随着离对角线的距离增长（并依据样本规模在特定点截尾）。Wooldridge（1989）对计算进行了简化，而大部分计量软件将此功能集成为按钮。

● 稳健方差估计还有一种应用。假设使用未包含残差平方的矩阵$\hat{G}$来估算G，得到EGLS估计量β^{EGLS}。但是，假设不确信这一结果，认为虽然走了一大圈来捕捉切实的异方差性，并得到了更有效的β的估计量，然而在使用一般流程计算方差估计值的时候有失精准，结果并不良好。所以希望在方差估算方面进行修正。代数结果显示，只要知道G，就能够通过$(X'\hat{G}^{-1}X)^{-1}(X'\hat{G}^{-1}G\hat{G}^{-1}X)(X'\hat{G}^{-1}X)^{-1}$来计算得到$\beta^{EGLS}$。如果将$G$替换为$\hat{G}$，那么表达式就会退化为传统形式$(X'\hat{G}^{-1}X)^{-1}$，而这正是我们希望避免的。你可以猜测一下我们如何来修正，并以此检验自己的理解程度。我们将G替代为包含残差平方的对角矩阵（再次说明，这并非G的良好估计，但提供了$(X'\hat{G}^{-1}G\hat{G}^{-1}X)$的良好渐近估计，而其中残差平方被"平均化"了）。这里要注意的是，之前OLS估算表达式也呈现ABA形式，其中A表示普通方差估计量，B包括真实误差项协方差阵G。G

的研究使得 B 等于 A^{-1}，从而消除了 A 矩阵。由于 B 被 A 夹在中间，所以这称为协方差阵的夹层形式（sandwich form）。

8.3 异方差

● 原始形式来自 Breusch 和 Pagan（1979）探究大样本中 OLS 残差 $\hat{u}_i$ 是否服从正态分布时得到的统计量。Koenker（1981）指出，这一检验中非正态干扰项影响检验统计量的渐近分布，使得渐近分布结果对于小样本特征研究具有较大的误导性。这一情况十分罕见。出现这一情况的原因在于统计量偏差计算中依据正态性利用了 $\hat{u}_i^2$ 的方差是 $2\sigma^4$ 的结果；将其替代为更合理的 $\sum(\hat{u}_i^2 - \hat{\sigma}^2)^2/N$（其中 N 是样本规模，而 $\hat{\sigma}^2$ 是 $\hat{u}_i^2$ 的平均值）就得到了"学生化"的 BP 检验，并被普遍采用。在这一形式中，BP 统计量可按照如下方式计算：首先将 $\hat{u}_i^2$ 对所有可能影响误差方差的变量进行回归（包含截距项），得到 R^2 值；然后用样本规模 N 乘以 R^2 即可得到 BP 统计量；BP 统计量服从渐近 χ^2 分布，自由度为影响误差方差变量的个数。

● White（1980）指出他的检验统计量可以通过将样本数量 N 乘以从 OLS 残差平方 $\hat{u}_i$ 对常数、估计方程的回归元、它们的平方以及它们的交叉乘积的回归中得到的 R^2 计算出来。Waldman（1983）指出这是"学生化"BP 检验的特例。它渐近服从自由度等于用来得到统计量的回归中的回归元（不算常数项）数量的 χ^2 分布。该检验以检验是否有 V(OLS)＝V(GLS) 为根据；只有当异方差影响了 OLS 估计量方差—协方差矩阵的一般估计量的一致性时，它才能检测异方差。有可能异方差并不影响这种一致性，但却使 OLS 不如 GLS 有效（或 EGLS）。异方差与一个同回归元、它们的平方及交叉乘积正交的变量相关是可能的。Wooldridge（2000，pp. 259 - 260）建议用 $\hat{y}$ 和 $\hat{y}^2$ 作为回归元来代替单个解释变量、它们的平方及交叉乘积（很可能很多）以简化 White 检验。

● 此处给出之前已知异方差来源的案例细节。

（1）假设 $y_{ij}＝\alpha+\beta x_{ij}+\varepsilon_{ij}$，其中下标表示第 j 个城市的第 i 个个体。假设 ε_{ij} 的方差为常数 σ^2，但只知道第 j 个城市的 N_j 个人的平均值数据，因此估计关系为 $\bar{y}_j＝\alpha+\beta\bar{x}_j+\bar{\varepsilon}_j$。利用此方程估计样本平均值的方差，可得第 j 个城市误差项方差为 $V(\bar{\varepsilon}_j)＝\sigma^2/N_j$。在这种情况下，误差项方差与样本规模成比例，所以合适的加权因子很容易构造出来。（但是，需要指出，除了个体误差之外，还可能存在城市误差，因此 $V(\bar{\varepsilon}_j)$ 为 $\theta+\sigma^2/N_j$ 的形式，其中 θ 是未知的城市误差项方差。）另外，Dickens（1990）警告分组数据可能出现组内相关的情形，因此利用组规模平方根作为权重也许并不合适。Binkley（1992）评估了分组异方差的检验。

（2）假设 $p_j＝\alpha+\beta x_j+m\varepsilon_j+\varepsilon_j$，其中 p_j 表示第 j 个城市的犯罪率，以当年遭遇抢劫的家庭百分数来衡量。误差项拆分成两部分：ε_j 表示未被模型包含在内的犯罪率影响因素总体，而 $m\varepsilon_j$ 表示第 j 个城市真实犯罪率的衡量误差。正常情况下，这两部分误差项方差都为常数，所以总误差具有同方差性，但在这种情况下，由于不同城市家庭数量 N_j 不同（犯罪率也不同），所以衡量城市犯罪率的 p_j 误差也随城市而异。特别地，从部分样本方差表达式可得 $V(m\varepsilon_j)=p_j(1-p_j)/N_j$。这就产生了总体方差（$\theta+p_j(1-p_j)/N_j$，其中 θ 是 ε_j 的方差）的异方差性。

（3）假设 $Y_i=\alpha+\beta_i X_i+\varepsilon_i$，其中随机斜率系数 $\beta_i=\beta+u_i$，且 u_i 的均值为零，方差为 σ_u^2。所以，估计关系式变为 $Y_i=\alpha+\beta X_i+(\varepsilon_i+X_i u_i)$，其中误差项方差为 $\sigma_\varepsilon^2+X_i^2\sigma_u^2$。

（4）假设误差项是乘性而非加性的，此时 $Y_i=(\alpha+\beta X_i)\varepsilon_i$，其中 $\varepsilon_i=1+u_i$，并且 u_i 的均值为 0，方差为 σ_u^2。估计关系式变为 $Y_i=\alpha+\beta X_i+(\alpha+\beta X_i)u_i$，误差项方差为 $(\alpha+\beta X_i)^2\sigma_u^2$。

● 如果误差方差与一个变量成比例，例如 $\sigma_t^2=KX_t$，那么并不需要估算 K 来计算 β^{EGLS}。实际上，如果异方差确实是这种形式，合适的变换是将所有观测值除以 $\sqrt{X_t}$，得到一个变换后的有同方差误差（方差为 K）的关系。不需要 K 的实际值；此时 β^{EGLS} 就是 β^{GLS}。如果存在"混合"异方差，那么 $\Delta_t^2=\gamma+KX_t$，其中 γ 是某个非零常数，那么这种纠正就会被推翻。此时适当的变换形式是除以 $\sqrt{\gamma+KX_t}$，所以估计 γ 和 K 是必要的。但众所周知，对 γ 和 K 的估计存在严重不足，因为 σ_t^2 的"观测值"是 OLS 残差平方 $\hat{\varepsilon}_t^2$，所以 σ_t^2 的观测值实际上是 σ_t^2 在数量为 1 的样本中的估计。考虑到对 γ 和 K 的估计如此之差，那么我们还是硬要忽视 γ 非零这一事实，而继续采用除以 $\sqrt{X_t}$ 的转换来使情况好转吗？Kennedy (1985) 建议，作为单凭经验的方法，应当采用除以 $\sqrt{X_t}$，除非 γ 超过误差项平均方差的 15%。

● 在 Glejser 和最大似然条件下，有众多有关误差方差和相关自变量关系的函数形式。Park (1966) 提出了一种被广泛采用的一般形式。假设 $\sigma^2=kx^\alpha$，其中 σ^2 为误差方差，k 为常数，而 x 是一个相关自变量。因此估计是通过乘以一个服从正态分布的干扰项 e^v 来进行的。参数 α 的特殊值对应于误差方差和自变量的特定关系。特别地，当 $\alpha=0$ 时等同于同方差。

8.4 自相关干扰项

● 某种简单模型，只有一个自变量，并且误差项呈现一阶自相关，自相关系数为 ρ。此时 β^{GLS} 对 β^{OLS} 的相对有效性（即 β^{GLS} 的方差与 β^{OLS} 的方差之间的比率）大致等于 $(1-\rho^2)/(1+\rho^2)$。

● 为了得到 GLS 估计，可用如下方法变换因变量和自变量。假设估计方程为

$$y_t=\beta_1+\beta_2 x_t+\varepsilon_t，其中\ \varepsilon_t=\rho\varepsilon_{t-1}+u_t$$

滞后一期再乘上 ρ，得到

$$\rho y_{t-1}=\rho\beta_1+\rho\beta_2 x_{t-1}+\rho\varepsilon_{t-1}$$

用第一个方程减第二个方程，得到

$$y_t - \rho y_{t-1} = \beta_1(1-\rho) + \beta_2(x_t - \rho x_{t-1}) + (\varepsilon_t - \rho \varepsilon_{t-1})$$

或

$$y_t^* = \beta_1^* + \beta_2 x_t^* + u_t$$

如果误差自相关结构更为复杂，可以采用相同技术得到所需的变换。例如，如果误差有二阶自相关结构 $\varepsilon_t = \rho_1 \varepsilon_{t-1} + \rho_2 \varepsilon_{t-2} + u_t$，那么 x_t 就必须变换为 $x_t - \rho_1 x_{t-1} - \rho_2 x_{t-2}$。

● 之所以能够推断出对待一个观测值的特殊变换，是因为注意到只有对第一个观测值使用了这种变换后，β^{GLS} 的一般式（一阶自相关条件下）才对应于数据变换后的 OLS 回归。参见 Kadiyala（1968）。提示一下此处的逻辑：假设 $\varepsilon_t = \rho \varepsilon_{t-1} + u_t$，将方程两边同时平方并取期望，得 $V(\varepsilon_t) = \rho^2 V(\varepsilon_{t-1}) + V(u_t)$，所以 $V(u_t) = (1-\rho^2)V(\varepsilon_t)$。由于不存在 ε_0，我们无法将 ε_1 转换为 $\varepsilon_1 - \rho \varepsilon_0$，所以次优的办法是将其转换为 $\sqrt{1-\rho^2}\,\varepsilon_1$，转换后与 u_1 有相同的方差。

● Durbin 两阶段法背后的基本原理很容易解释。假设估计方程是

$$y_t = \beta_1 + \beta_2 x_t + \varepsilon_t，\text{其中 } \varepsilon_t = \rho \varepsilon_{t-1} + u_t$$

滞后一期再乘上 ρ，得到

$$\rho y_{t-1} = \beta_1 \rho + \beta_2 \rho x_{t-1} + \rho \varepsilon_{t-1}$$

代入前式，得到

$$y_t - \rho y_{t-1} = \beta_1 - \rho \beta_1 + \beta_2 x_t - \beta_2 \rho x_{t-1} + \varepsilon_t - \rho \varepsilon_{t-1}$$

整理成

$$y_t = \beta_1(1-\rho) + \rho y_{t-1} + \beta_2 x_t - \beta_2 \rho x_{t-1} + u_t$$

这是一个带有球形干扰项 u 的线性估计方程。虽然 y_{t-1} 的系数估计有偏（见9.1节），但具有一致性。有人可能会认为，如果考虑到 x_{t-1} 的系数是 y_{t-1} 系数与 x_t 系数乘积的相反数，那么估计就会得到改进。但蒙特卡洛研究显示并非如此。

● 在上例中，请注意当回归元包含 y 和 x 的滞后值时自相关性是如何消失的。现代计量经济学的一般设定也具有同样的动态结构，因而不再包含自相关误差项。要时刻牢记：自相关性检验首先应当表述为模型设定是否具有动态偏误。

● 空间计量学分析的是区域数据，并且相邻地区的误差项具有相关性。这种类型的非球性误差称为空间依存。空间计量学中，地理上相近的观测点由于未观测到的共同区域特征而具有相关的误差项。类比时间序列数据中的自相关性可以很好地展示这一点。假设有一般方程 $y_t = \beta_0 + \beta_1 x_t + \varepsilon_t$，其中 $\varepsilon_t = \rho \varepsilon_{t-1} + u_t$，$u$ 为球形误差。如果用矩阵语言表述，就有 $y = X\beta + \varepsilon_t$，并且 $\varepsilon_t = W\varepsilon + u$，其中矩阵 W 紧靠主对角线下的元素为 ρ，其他全部为零。利用代数学知识，得 $y^* = X^*\beta + u$，其中 $y^* = (I-W)y$，$X^* = (I-W)X$。这与利用 $y_t - \rho y_{t-1}$ 对 $x_t - \rho x_{t-1}$ 进行 OLS 回归来得到 β 的 GLS 估计时的矩阵完全相同。

现在假设 W 代表空间误差关系，那么非零元素就表示空间相近样本点之间

的误差关系。房地产数据是这方面的好例子。短距离内地产可以看作非零的 W 元素,记为 λ。λ 随距离变远而测度值越来越小,在突破某一临界距离时变成 0。所有对角线元素都为零。这意味着可以通过适当变换数据来获得回归结果。具体说,将 $(I-W)y$ 对 $(I-W)x$ 进行回归。但是,问题是 λ 未知,正如自相关误差情形中 ρ 未知一样,所以需要更为复杂的计量方法。不过,空间计量学的主题思想也就在此。

再次借用时间序列分析中的方法,考虑将因变量滞后值加入解释变量中。一些情况下这种考虑得到理论支持,比如第 10 章将要讨论的局部调整模型、适应性预期模型、Koyck 分布滞后模型,以及习惯持续模型等。时间序列分析中一个特别突出的例子是 Box-Jenkins 模型,或称 ARIMA 模型。在这一模型中,因变量的滞后值(具有相关误差项)被用来构造丰富的动态结构,使得简单模型具有各种复杂设定。有鉴于此,空间计量学已经开发出更为一般的模型形式:

$$y=W_1y+X\beta+\varepsilon,\varepsilon=W_2\varepsilon+u$$

其中 W_1 类似于刚才提到的 W,特征是对角线元素为 0,非零元素反映空间相近样本点间的关系。一般来说,W_1 伴随一个系数,随样本点间的距离变大而减小,这也与 W 类似。如果 W_2 为零矩阵,那么 ε 为球形误差项,此时模型称为空间自回归模型(spatially autoregressive regression,SAR);模型中将 $(I-W_1)y$ 对 X 回归。如果 W_2 不为零,就将 $(I-W_2-W_2W_1)y$ 对 W_2X 回归。由于 W_1、W_2 未知,所以回归前必须进行一些基本分析来估计这些矩阵,即需要采用 MLE 方法。

房地产价格是空间计量学的自然应用。Pace 等(2000)包含了空间依存和时间依存,并讨论了计算问题,是很好的展示材料。Anselin 和 Bera(1998)介绍了空间计量学。而 LeSage(1997)是个不错的简化阐述。LeSage 计量工具箱(LeSage's Econometrics Toolbox)收纳了众多空间计量学方法(见 www. spatial-econometrics. com)。

8.5　广义矩法

● 熟知 GMM 文献中的常用术语很有价值。第 i 个矩条件记作 $m_i(\theta)=0$。对任意 θ,i 个矩估算都是通过数据中 N 个样本点的 $m_i(\theta)$ 求平均获得。体现在之前的例子中,就是解释变量和误差项之间相关系数为零。均值记为 $\bar{m}_i(\theta)$,表示对特定的 θ 数据中第 i 个矩条件被违反的程度。在之前的讨论中我们有 6 个矩条件,所以需要处理 6 个违反情形。将矩估计合并到一个 6×1 的向量当中,记作 $\bar{m}(\theta)$。所以,最小化数据矩条件被违反程度的平方和,也就是最小化 $\bar{m}(\theta)'\bar{m}(\theta)$。注意,前文中提到的加权平均误差平方和更为合适,并且最优加权矩阵为 $\bar{m}(\theta)$ 的方差—协方差矩阵的逆 $V_{\bar{m}}^{-1}$。所以,GMM 方法对 θ 通过最小化 $\bar{m}(\theta)'V_{\bar{m}}\bar{m}(\theta)^*$ 解

---

* 疑为 $\bar{m}(\theta)'V\bar{m}^{-1}\bar{m}(\theta)$。原书如此。——译者注

得参数估计值 θ^*。如矩条件选取合适，GMM 结果将是一致的，并服从渐近正态分布。如何计算 $\overline{m}(\theta)$ 和一般情形下 GMM 估计量的（渐近）方差—协方差矩阵超出了本书范围，不过下文给出了一个简单的线性例子来说明计算方法。更高级的介绍请见 Hayashi（2000）和 Greene（2008）的完整讨论。

● 此例利用 6 个矩条件计算 4 个参数估计量，由此可以简单看到 GMM 方法如何进行。假设待估方程为 $y = X\beta + \varepsilon$，并且 CLR 模型的假设成立，X 包括 4列，其中 1 列是截距项，其他列为解释变量的观测值。CLR 的假设之一是 ε 与 4个解释变量（包括截距项）都不相关，所以 4×1 向量 $X'\varepsilon$ 的期望值应当为 0。由此可得 4 个矩条件：$E(X'\varepsilon) = 0$。再假设我们还有两个变量观测值已知与 ε 不相关。将这两个变量加到矩阵 X，得到矩阵 Z（即 Z 是在 X 基础上添加表示新变量观测值的两列而成的）。此时 6 个矩条件由下式给出：$E(Z'\varepsilon) = 0$。对任意向量 β，$E(Z'\varepsilon)$ 的样本估计值为 $Z'(y - X\beta)/N$，其中 N 是样本规模。这个 6×1 向量包括了样本观测值中 6 个矩估计平均值，也就是说，$Z'(y - X\beta)/N$ 是一个 6×1 向量，反映了数据样本中 6 个矩估计不等于 0 的程度。$Z'(y - X\beta)/N = Z'\varepsilon/N$，方差—协方差矩阵为 $E(Z'\varepsilon\varepsilon'Z)/N^2$ 即 $Z'\Omega Z/N^2$，其中 Ω 为 ε 的方差—协方差矩阵，此处简化为已知。GMM 方法对 β 最小化下式：

$$\overline{m}(\beta)'V_{\overline{m}}^{-1}\overline{m}(\beta) = (y - X\beta)'Z(Z'\Omega Z)^{-1}Z'(y - X\beta)$$

解得 GMM 估计量 β^{GMM}。一如往常，样本规模 N 都被抵消。

一般情形下，Ω 未知，必须进行估计。这意味着 GMM 方法包含两步。首先，需要采用内在一致的方法来获得参数的初步估计，取得残差来估计 Ω。之后，将 Ω 估计值加入目标函数进行最小化，获得 GMM 参数估计。或者迭代进行这两步，不断将第二步产生的新残差用来计算"更好"的 Ω 估计值，如此进行下去。

● β^{GMM} 的方差估计由 $(G\hat{V}_{\overline{m}}^{-1}G')^{-1}$ 给出，其中 G 是 $\overline{m}(\beta)$ 在 β^{GMM} 处对 β 的一阶导数值。本例中，$G = X'Z/N$，所以 $V(\beta^{GMM})$ 可由 $[X'Z(Z'\Omega Z)^{-1}Z'X]^{-1}$ 给出。注意，这些表达式只是说明方差应当如何估计，而不是实际方差的表达式。实际方差的结果服从渐近分布，随着迭代次数增多不断依概率收敛。读者需要注意，以上阐述中将某些表达式写成定义形式，其实并不严谨，事实上，由于 X和 Z 的随机性质，表达式都应当写作渐近期望的形式。

● 此处给出上例设定下 GMM 估计的一些特殊情形。完成每一种情形下的代数计算很有好处，因为这些例子展示了 GMM 在很多著名估计方法中的一般化作用。

（1）矩条件 $E(Z'\varepsilon) = 0$，$Z = X$，$\Omega = \sigma^2 I$。此时可以预见，$\beta^{GMM} = \beta^{OLS}$。

（2）矩条件 $E(Z'\Omega^{-1}\varepsilon) = 0$，$Z = X$，$\Omega \neq \sigma^2 I$ 但已知。此时 $\beta^{GMM} = \beta^{GLS}$。

（3）矩条件 $E(Z'\varepsilon) = 0$，$Z = X$，Ω 未知。所以需要估计 $Z'\Omega Z$ 来进行 GMM。当利用具有一致性的 β 初步估计量产生残差，并利用残差平方构造的对角矩阵获得 Ω 的估计时，$\beta^{GMM} = \beta^{OLS}$，并且其方差由我们所熟悉的 β^{OLS} 的异方差一致方差—协方差矩阵估计得到。

（4）矩条件 $E(Z'\varepsilon) = 0$，$Z \neq X$，$\Omega = \sigma^2 I$。此时，$\beta^{GMM} = \beta^{IV}$。IV 估计量的讨

论见第 9 章。

GMM 吸引人的特点之一是能够计算其他方法下难以计算的估计量和方差。例如，假设希望在任何异方差存在情形下获得 IV 估计量的方差，那么综合上面的例 3 和例 4 即可获得方法。

● 文献中有一项 GMM 的优点经常未被阐明：当说 GMM 方法"有效"时，意思是在给定矩条件的情况下有效。此处给出一个可能导致不良结果的案例。GMM 一般采用 $E(Z'\varepsilon)=0$ 的矩条件。如果在上文例 2 中采用这些矩条件而非 $E(Z'\Omega^{-1}\varepsilon)=0$，那么 $\beta^{GMM}\neq\beta^{GLS}$。由于 GLR 模型中 β^{GLS} 是 BLUE，这也就意味着此模型下 β^{GMM} 不是有效的。

● GMM 的简单例子无甚趣味，因为如上所示经常退化为众所周知的 OLS 估计或者 IV 估计。GMM 有意义的应用几乎都很复杂，包含复杂的非线性关系（例如非线性动态理性预期模型或欧拉方程模型等），或者复杂估计背景下众多的矩条件（例如动态面板模型或所有滞后变量都应当与误差项独立的理性预期模型）。Hall（1993），Verbeek（2000，pp. 140 - 144），以及 Wooldridge（2001）给出了一些例子。

● GMM 方法提供了最小化 $m(\theta)'V_m^{-1}m(\theta)$ 的参数估计 θ^*。4.5 节的技术性注释指出，最小化的函数 $m(\theta^*)'V_m^{-1}m(\theta^*)$ 正是服从 χ^2 分布的统计量形式，可用来检验 $m(\theta^*)$ 是否显著异于 0。如果矩条件数量等于待估参数数量，那么该统计量就会是 0（因为有四个方程、四个未知数，所以可以解得参数值）。但是，假如我们再引入比如两个矩条件，那么就不再是 0。如果新引入的矩条件引起最小化函数值的剧烈跳跃，就说明矩条件中有 1 个或更多个与数据不一致。但遗憾的是，我们无法准确获知哪个矩条件导致此种现象，因为任意四个矩条件初始时最小化函数值都为 0。Hansen J 检验是一般模型设定检验的一种，来判断矩条件的过度识别问题。自由度是新增矩条件个数减去已估参数个数（但是，需要注意，此检验只有在应用"最优"加权矩阵时才有效）。一般地，蒙特卡洛研究已经发现，当 GMM 有很多过度识别限制（例如，大量新增矩被包括进来以增强有效性）时，模型的小样本性质就会很差。

第 9 章　违反假设四：工具变量

9.1　引言

经典线性回归（CLR）模型的第四个假设为解释变量观测值在（概念上的）重复抽样中可被视为固定不变的。然而，在很多经济学背景下，解释变量本身是随机变量，因而不可能在重复抽样中有同样的观测值。一个经典的例子是供求曲线的联立方程组。为了获得需求曲线，我们将销量对价格和其他变量进行回归。当我们在供求方程中加入新误差项从而创造出重复抽样时，供求曲线交点发生了变化，所以价格也就变了。这说明价格是随机的，不可能在重复抽样中保持不变。

固定回归元的假设是为了数学上的方便；如果回归元在重复抽样中可视作固定的，那么最小二乘（OLS）估计量性质就能够很直接地推导出来，因为在此假设下回归元和误差之间相互独立。如果放松这一假设，允许解释变量是随机的，但独立分布于误差项，那么 OLS 估计量的性质还是全部保留，但其他代数推论形式将变得复杂，其本身的表达式在某些情况下也必须修改（例如，严格来说，此种情形下 β^{OLS} 不是线性的）。如果干扰项服从正态分布，并且回归元服从的分布不包括未知参数 β 和 σ^2，那么甚至 OLS 估计量的最大似然性质也能保留。

如果不怕损害 β^{OLS} 的小样本性质，那么第四个假设还可以进一步弱化。如果回归元与干扰向量同期不相关（contemporaneously uncorrelated），那么 OLS 估计量有偏，但是保留渐近性质。同期不相关在此处的意思是，所有回归元的第 n 个观测值都必须与第 n 个干扰项不相关，但是允许干扰项与其他观测值相关。例如，假设被解释变量 y 的滞后值是解释变量之一。如果构造新误差项来产生重复抽样，所有被解释变量，包括 y 的滞后值都会发生改变。这是由于误差项是被解释变量决定的方程的一部分。所以，作为解释变量之一的 y 的滞后值是随机的，不能视为重复抽样中的固定值。但在本例中，尽管 y 的滞后值与本期（$t-1$ 期）误差项相关，但是与下一期（t 期）误差项不相关。由于估计方程中的误差估计对象是 t 期误差，所以 y 的滞后值与回归误差之间不存在同期相关。这样 OLS 估计就是有偏的，但具有一致性。由于在这种情况下小样本中不存在其他估计量可用，所以 OLS 估计量还是因为其渐近性质被保留下来。从现在起，本书将省略"同期"一词来简化论述，所以术语"回归元与误差相关"意味着具有同期相关性。

如果回归元与误差项相关，那么 OLS 估计量的渐近性质都会受到损害（并且，这种有偏性会扩展到所有斜率系数估计当中，而非仅仅是相关回归元斜率系数本身！）。OLS 方法实际上是分配各回归元对于被解释变量的"解释力"。在此过程中，OLS 会将一些干扰项带来的误差也分配给回归元，而回归元与干扰项相关。这就产生了有偏性。考虑一个回归元和干扰项之间存在正相关的例子。干扰项越大，被解释变量就越大。而且由于回归元和干扰项相关，所以被解释变量可能更大，说明回归元可能承担了过多影响被解释变量的"解释力"。这在图 9—1 中可以看出来。如果误差项与解释变量正相关，那么负向干扰倾向于对应解释变量的低值，而正向干扰倾向于对应解释变量的高值，从而造成了与图中相似的数据分布模式。显然，OLS 估计线高估了斜率系数（然而，如果解释变量多于 1 个，误差项和回归元之间存在的正相关导致斜率高估的结论就不一定成立。多变量情形下模式更为复杂）。注意，估计线提供了一种优于真实关系的样本数据拟合，这使得误差项方差被低估。

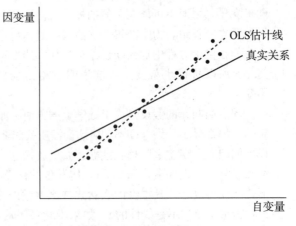

图 9—1　正的同期相关

如果回归元和误差项之间存在相关性，就称该回归元是内生的（endoge-nous）；如果不存在相关性，则称为外生的（exogenous）。内生性带来有偏估计，甚至渐近有偏估计，这使得经济学家很不满意。事实上，经济学数据的这一特征是区别计量经济学和其他统计学分支的界限之一。出现内生性的关键在于计量经济学家不是在设计好的实验环境下获得数据的，因而无法保证误差和解释变量彼此不相关。下面给出一些导致内生性问题的例子。

解释变量的测量误差。假设 $y=\alpha+\beta x+\varepsilon$，但 x 的测量值为 $x_m=x+u$，其中 u 是随机误差。加减 βu 后得到 y 与新回归方程中的解释变量 x_m 之间的关系式 $y=\alpha+\beta x_m+(\varepsilon-\beta u)$。当进行重复抽样时，数据中一定会包含测量误差项 u 和一般误差 ε 的新值。但显然，u 同时影响 x_m 和复合误差项 $(\varepsilon-\beta u)$，此时回归关系中解释变量 x_m 和误差项 $(\varepsilon-\beta u)$ 之间存在相关性。第 10 章将会全面讨论测量误差。

带有自相关误差项的自回归。假设被解释变量 y 的滞后值是回归元之一。当重复抽样的新误差使得所有被解释变量的值发生变化时，y 的滞后值也随之改变，而回归元此时成为随机变量。如前所述，y 的滞后值与回归误差之间不存在同期相关性。然而，如果误差存在自相关，那么本期误差与上期误差就会关联起来。但是上期误差是 y 的滞后值的直接决定因素，这就导致 y 的滞后值和该期误差之间存在相关性。这显然说明了一点：只要 y 的滞后值出现在解释变量中，就应该检验自相关性。第 10 章将进一步讨论自回归问题。

联立性。假设需要估计需求曲线，其中一个解释变量为价格。如果方程误差项陡增，需求曲线移动，并通过联立性或与供给曲线的交点带来价格的改变。这就使得需求曲线误差与解释变量价格之间产生相关性。一般来说，联立方程组中所有内生变量都与方程组误差项相关。在计量经济学工作中，联立性问题（有时称为因果颠倒问题）极为常见。例如，警力变动会影响犯罪率，而犯罪率又会带来警力变动。如果将犯罪率对警力进行回归，那么当回归方程误差项陡增时，犯罪率也将受到直接影响。通过颠倒因果关系（联立性），犯罪率上升增加了警力。这意味着误差项与警力相关，所以如果将犯罪率对警力进行回归就会得到有偏估计。事实上，这一回归将犯罪率对警力的影响加入到系数估计当中，从而产生了联立性偏误（simultaneity bias）。第 11 章将会深入讨论联立性。

删除解释变量。只要解释变量被删除，其影响就会进入误差项中。但被删除的解释变量经常与未被删除的解释变量相关，这就带来了相关性。例如，假设将工资对教育年数进行回归，但是不加入能力变量。由于同等教育年数下能力高者薪酬将会超过其他人，所以这些样本点会显示高的正误差值；但是，由于这些人能力较强，所以觉得值得多接受教育。这样误差项和教育年限之间就产生了相关性。这是另一种观察第 6 章已经讨论过的删除解释变量的设定偏误的视角。

样本选择。出现在统一样本中的人经常是由于做出某些选择才得以进入样本的。进一步地，这些选择实际上体现了对象未被测量的特征。假设你正在进行班级规模对学生学习情况的调查。有些家长花费大力气让自己孩子在小班上课，而这种甘冒麻烦的父母很可能在家中也更多地帮助孩子学习，从而给孩子带来了正误差项（假设其他被衡量的因素都相等）。这一样本选择的后果是，带有此种正误差项的孩子更可能进入小班，所以学习方程误差和班级规模之间产生了（负向）关系。这一问题也被称为非观测异质性（unobserved heterogeneity），指样本观测点由于某种未被观测到的因素产生偏误，从而带来异质性。这与刚才所述的删除解释变量相关；如果我们能够测量产生异质性的原因，并将其纳入解释变量当中，就可以消除偏误。第 16 章讨论受限因变量的时候也会涉及样本选择问题。

这里的关键在于，解释变量和回归误差项之间存在相关性在计量工作中并不少见，又由于其导致 OLS 估计量产生偏误，且在大样本中都不消失，所以带来了严重问题。遗憾的是，并不存在替代性的无偏估计量，所以我们最好改进计量方法以产生渐近无偏的性质，或者利用均方误（mean square error，MSE）准则来保护 OLS 方法。本章的目的在于阐述工具变量（instrumental variable，IV）估计量。这是此种情形下对于 OLS 的最好替代。那么有必要用整章的篇幅来讨论这个估计量吗？答案是肯定的。有以下原因：第一，这一方法在计量经济学当中渊源甚广，并且其广泛应用的事实区分了计量经济学与统计学其他分支。第二，这一方法在大量计量经济学领域当中有所渗透，所以充分理解很有好处。第三，有很多问题需要解决，其中一些颇为困难：如何解决技术问题？如何寻找所要求的工具变量？如何评价所选工具变量？如何表述结果？以下就从描述 IV 方法开始。

9.2 IV 估计量

IV 方法在回归元与误差相关的情况下提供了一致估计，但下文将提到，这也有代价。为了方便接下来的讨论，与误差相关的回归元将被称为"有问题"或"内生"解释变量。要使用 IV 估计量，首先需要为每个有问题的解释变量找到工具变量（如果不能为每个有问题的变量找到至少一个工具变量，那么 IV 估计方法就不是"确定的"（identified），不能给出未知参数有意义的估计值。不确定就如同方程组中包含多于方程数的未知数。此时方程组没有确定解，因为有无数组数值满足方程成立条件!）。工具变量是一个新变量，且必须符合两个条件。第一，必须与误差项不相关；第二，必须与该回归元相关（最好是高度相关），这样才能够发挥"工具"作用。同时将原解释变量和工具变量代入方程即可解得 IV 估计量。这在技术性注释中介绍。（不是将工具变量替代原变量代入——很多学生如此理解!）这一方法的背后逻辑是将解释变量的变种作为与误差项不相关的解释变量代入方程，并仅利用这些变量进行计算来获得回归结果。这实际上规避了有问题的变量和误差项之间的相关性，从而也避免了渐近偏误问题。

IV 估计的主要问题在于 IV 估计量的方差大于 OLS 估计量的方差。解释起来也很容易：如前所述，有问题的变量中只有部分信息（与工具变量相匹配的那部分信息）被用来计算斜率。由于信息少了，所以方差就大了。这一部分越大

（方差也越小），有问题的变量与工具变量之间的相关性也就越高，这也是"最好高度相关"要求提出的原因。为获得 OLS 的渐近无偏性质，其代价就是高方差，有时候非常高。而如果用 MSE 准则来判断，OLS 估计量可能很占优势。第二个主要缺点是，如果工具变量太"弱"（与有问题的变量之间的相关性低），那么问题将不局限于高方差，之后将会解释这种不可靠的 IV 估计。

如何寻找工具变量？初看起来根本不可能找到合适的工具变量，而有时也的确如此。但是，由于经济学理论、预期外事件（所谓的"自然"实验），特别是研究者的高智力，工具变量被挖掘了出来。以下给出几个例子。

（1）如果有问题的变量带有测量误差，但是误差方差很小，基本不影响观测值的相对大小，那么观测值按照大小的排序将是很好的工具变量：排序与有问题的变量高度相关，并且与测量误差无关（因而也与回归误差无关）。

（2）假设有问题的变量是被解释变量 y 的滞后值，同时存在另一个解释变量 x，该变量没有问题（外生）。y 的滞后值受 x 的滞后值的直接影响，所以 x 的滞后值与 y 的滞后值之间存在高度相关性。由于 x 外生，所以 x 的滞后值与误差项无关。因此，x 的滞后值是 y 的滞后值的可行工具变量。

（3）联立方程组中包含内生变量，如果它们作为回归元，就会产生有问题的自变量。但是方程组中包括组外决定的外生变量。外生变量的任何变化都会导致一个或者更多方程曲线移动，从而影响所有内生变量的均衡值。这说明所有内生变量都与外生变量相关。由于变量是外生的，所以与联立方程组误差项不相关。那么，方程组中任意外生变量都是任何内生变量（或者有问题的变量）的潜在工具变量。

（4）在薪酬方程中，如果不包含能力变量，那么教育年限就是有问题的变量。此处工具变量是与最近大学的距离，背后的逻辑是：如果其他条件相同，那么距离大学近的人更有可能上大学；并且距离与能力应当不具有相关性，所以与误差项无关。另一个更具争议的工具变量是出生日期所在季度。由于出生季度不同，一些人在法律强制下被迫花费更多时间在校园里，所以出生季度应当与教育年限相关而与能力无关。

（5）当估计学习决定因素时，样本选择使得班级规模成为有问题的变量。在某些情形下，招生数量预期外增长会使得班级规模减半以符合法律要求。如果假设虚拟变量在这些班级样本中取值为 1，而在其他班级样本中取值为 0，那么就能够洞察这一自然发生的实验。虚拟变量与班级规模相关，但是与此前讨论的学生未测量的特征无关。而这些未测量的特征在非自然实验情形下可能伴随更小的班级规模。

（6）考虑利用美国城市数据将暴力犯罪率对人口持枪百分率进行回归。枪支持有率可能内生（比如较高犯罪率促使居民持有枪支），而枪支杂志订阅量可以成为枪支持有率的工具变量。订阅率应当与持有率相关，但与犯罪率方程误差项无关。犯罪率上升可能促使更多人购枪，但是基本不会影响枪支杂志订阅。但是结果显示，这一工具变量很糟糕，原因我们之后进行说明。

（7）高税收风险会通过打压企业家精神而影响一国人均收入。但是更高的人均收入使国民感觉能够废除这种政治限制。由于颠倒了因果问题，直接利用人均收入对高税收风险指标进行回归将使结果不可信。而税收风险的工具变量可为欧洲殖民者的预期死亡率。为什么？因为欧洲殖民者的高预期死亡率将会降低欧洲殖民化强度，这反过来会提升增税风险。所以欧洲殖民者预期死亡率应当与税收风险相关联，但与收入方程误差项无关（比如，如果误差陡增，政治限制变更的可能性就上升，但不会影响欧洲殖民者的预期死亡率）。

（8）提高监禁率是否能够减少犯罪？由于犯罪率上升使社会提高监禁率，所以犯罪率对监禁率的回归结果不具说服力，由此需要 IV 估计方法。在很多州，州立监狱人满为患带来的法律问题迫使这些地区减少监禁人数。这种变化外生于监禁率变动，因此捕捉到这种变化的变量可以作为工具变量。这显然与监禁率有关，又由于其来源，可以看出与犯罪率方程误差项无关。

如上述各例所示，工具变量有时简单易得，有时需要研究者的聪明才智去构造。不管哪种情形，研究者都必须充分考虑工具变量的有效性。有一些方法来验证有效性，并且不依赖于根据问题背景的事件描述、直觉、经济学理论，抑或不可多得的"自然实验"。第一，可以利用检验发现工具变量的过度识别问题。具体细节之后讨论。第二，可以利用有问题的变量对工具变量进行回归，观察其系数是否显著，并且符号与预期结果是否一致。第三，如果能够获得多个工具变量，可以通过不同的 IV 估计来看是否获得相似的结果。第四，根据既有文献有时也能帮助我们确认工具变量并非方程中的解释变量这一隐形假设。第五，应当解释为何所选工具变量与已删除的解释变量不相关（否则就会和误差项相关，因为被删除变量的影响进入误差项！）。然而，不管关于工具变量有效性的论证有多么充分，还是会存在争议。争议围绕工具变量的必要性、整体有效性，以及 IV 系数估计的意义。下一节将讨论这些问题。

9.3　IV 方法的问题

（1）如何检验误差与回归元之间存在相关性？

Hausman（1978）推广的检验方法可用于这一目的，而这一方法也称为 Hausman 检验。这一检验要求两种系数估计量，并且二者都在零假设（不存在回归元与误差的相关性）下一致，但只有一个在零假设不成立时（误差与回归元相关时）也一致。特别地，OLS 估计量和 IV 估计量在零假设为真时都一致，但零假设不成立时只有 IV 估计量一致。这一检验的思想是，如果零假设为真，那么两种估计量应当相同（因为都是无偏的）；如果零假设为假，那么两种估计量之间应当存在严重差异（因为一个有偏，另一个无偏）。Hausman 检验就是基于观察两种估计量之间是否存在较大差异而进行的。检验的原始形式计算复杂，但简化方法也已开发出来，一般性注释中会对此进行解释。

(2) 如何检验工具变量与误差项不相关？

工具变量的要求之一是与待估方程误差项不相关，而检验这一点并不容易。事实上，对恰好识别的情形（每个有问题的变量只有一个工具变量）而言检验是不可能的。此时我们只能依靠工具变量选择背后的逻辑推理和经济学理论，也许还需要依赖应用这一方法的背景。

然而，在模型过度识别（工具变量个数超过有问题的变量个数）的情形下，存在一种差强人意的检验。之所以说差强人意是因为该检验实际上并不是直接检验我们所希望检验的对象。这种检验假设每个有问题的变量的工具变量中至少有一个是有效的，所以 IV 估计得以识别，从而是合意的。在这一假设的基础上，该检验仅仅针对其他过度识别的工具变量，却没有说明这些变量究竟是哪些！

以下是检验逻辑。如果利用 IV 估计方程结果，应当得到"较好"的参数估计，所以残差应当是原误差的"较好"估计。出于两个原因这些误差不应当与所选工具变量相关：第一，有效工具变量不应当与原方程中的解释变量相关；第二，有效工具变量不应当与这些误差项相关。所以，如果将残差对工具变量进行回归，系数估计应当与 0 无显著差异。注意，这一检验实际上包含双重零假设。如果工具变量与误差项相关，或者存在设定偏误，工具变量实则应当作为解释变量进入待估方程，那么两种情况下零假设都会被拒绝。这一检验一般称为 Sargan 检验。更多细节请见技术性注释。

值得一提的是，这一检验有效性的前提是工具变量中存在足够合意的工具变量以保证识别。另外，当接受过度识别约束的零假设成立时，必须记住这并不意味着所有工具变量都有效。

(3) 如何检验工具变量与有问题的变量存在足够强的相关性？

IV 的另一项要求是与有问题的变量之间存在相关性，并且最好是高度相关。检验是否相关很简单，只需将有问题的变量对工具变量回归，通过 R^2 值观察是否存在明显关系即可。虽然这样做有些道理，但由于最终结果没能清楚地说明"明显关系"究竟指什么，所以结论有些含糊。另外，结论避开了"弱"工具变量问题，所以也具有误导性。

为了理解这一问题，请回忆：工具变量虽然是一致的，具有渐近无偏性，但是小样本中所有 IV 估计量都是有偏的（与 OLS 方向相同）。那么偏离有多大？结果显示，只要工具变量比较"弱"，和有问题的变量之间的相关性不够强，那么这一偏离就可能很大，甚至在大样本中也是如此。进一步地，如果使用多个弱工具变量，偏离将会更加严重。那么工具变量和有问题变量之间的相关性需要有多强才能够规避这种问题呢？这里采用一条经常使用的经验准则：将有问题的变量对所有工具变量进行回归，并计算 F 值，来检验所有工具变量斜率系数都等于 0 的假设是否成立。如果 F 值超过 10，那么工具变量的偏误要比 OLS 偏误低 10%。像其他经验法则一样，这条标准也过于粗糙；参见一般性注释。

我们知道 IV 方差高于 OLS 方差。如果 IV 方差估计值远大于 OLS 方差估计值，就有可能出现了弱工具变量（但是，只有有问题的工具变量的系数方差受到显著影响）。但这带来了另一个问题，小样本中 IV 方差有可能被低估，这就使得第一类错误概率高于所选门槛值。如果小样本中 IV 估计量渐近（正态）分布趋近效果不好，那么问题还会进一步恶化。

最后，当工具变量很弱时，工具变量的少量内生性（比如工具变量与误差项微弱相关）也会导致 IV 估计的偏差比 OLS 估计的偏差大（在渐近意义下甚至也是如此）。由于弱工具变量存在这些问题，如果研究者对于所选工具变量信心不足，那就应该重新寻找工具变量，或者使用其他估计技术，或者进行修改以使用 OLS。

（4）如何说明 IV 估计结果？

IV 估计的参数本应当与 OLS 完全相同，所以也应当有同样的结果说明。但是这里有一个重要的隐形假设。IV 估计量仅仅是基于有问题的变量的部分信息回归获得的，这部分信息与工具变量相匹配。如果对样本中所有个体来说，有问题的变量的变化对因变量的影响都相同，那么 IV 和 OLS 结果就是可比的。但是，如果有问题的变量的变化引起样本中一些变量的反应与其他不同，那么这两种方法捕捉到的信息就不同。假设观测值分为 A、B 两类，对有问题的变量进行回归，得系数分别是 β_A、β_B。OLS 斜率估计结果将是 β_A、β_B 的加权平均值，反映了样本中有问题的变量对于这两类观测值的相对波动。但是，假设现在工具变量仅代表 B 类人群的解释变量的变动，那么 IV 估计结果就是 β_B。这未必是我们想要的。此处要说明的要点是，如果个体对有问题的解释变量的波动有不同反应，IV 估计就可能产生反映非典型群体行为的斜率系数。

这里给出几个例子来解释这种现象。假设工资回归方程中有问题的变量是教育年限，能力变量遗漏。如果把到最近大学的距离作为工具变量，那么我们实际上是在估计由于距离大学较近而多接受一年教育所产生的工资影响。如果这一影响与其他外生因素带来的教育延长产生的工资影响相同，那么 IV 和 OLS 估计结果就有相同的解释。再举一个例子，假设我们把枪支杂志订阅数量作为枪支持有率的工具变量来估计不同城市犯罪的决定因素，IV 估计的持有率斜率系数是指那些既买枪又订购了枪支杂志的人对犯罪的影响。遗憾的是，把枪支杂志订阅数量作为枪支持有率的替代变量具有特殊文化背景，与乡村打猎文化相关，而未必适用于主要使用枪支来防身的城市居民。造成的后果是，IV 估计结果衡量的是与研究者初衷大相径庭的事情。

从这一角度思考，工具变量选择应当与研究者的估计方向相一致，而不是如计量经济学教科书上经常所说的那样，仅仅关注有效避免偏误方面。

一般性注释

9.1 引言

● 3.2节的技术性注释花费了一些篇幅讨论弱化解释变量在重复抽样中保持不变这一假设的内涵,并指出其目的是保证解释变量与误差项独立。重点是OLS估计量依然是最佳线性无偏估计量(BLUE),但方差—协方差矩阵需要重写。

● Binkley和Abbott(1987)指出当回归元是随机变量时,很多固定回归元下的标准结论就不再成立。例如,回归元随机波动时,删除相关变量的可能性就会提高,而非降低剩余变量系数估计值的方差。之所以如此,是因为被删除的回归元的影响进入误差项,使得新的复合误差项方差更大。另一方面,当回归元在重复抽样中保持不变时,这一问题就不再存在,之所以如此,是由于被删除的回归元对于复合误差项的影响不变,从而只影响误差均值,而不影响其方差。

9.2 IV估计量

● Murray(2006b)精彩描述了几种IV估计的应用,以及一些精彩绝伦的工具变量。上文引用的很多例子都参考了这篇文章。Stock和Trebbi(2003)很有意思地讨论了IV估计的发展史。

● 设 Z 是多个回归元 X 的工具变量集合。那么IV残差由 $y-X\beta^{IV}$ 得到,而非 $y-Z\beta^{IV}$ 或 $y-\hat{X}\beta^{IV}$。学生常常误以为是后面两种形式。

● 存在有问题的变量的情况下,IV和OLS估计都是有偏的,但IV偏误更小,因为其偏误会随着渐近性而消失。不过,IV估计量不管在大样本还是小样本中都具有比OLS估计量更大的方差。正因为如此,在均方差准则下,OLS在大、小样本中均可能优于IV估计。另一方面,如果IV使用与误差项无关的工具变量,IV也有可能优于OLS估计量。Bartels(1991)给出了在IV和OLS之间进行选择的经验法则。Lee(2001)给出了一些建议,以优化旨在消除有限样本偏误的两阶段最小二乘法(2SLS)。OLS并非IV估计量的唯一替代。事实上,Murray(2006b)暗示,当工具变量较弱时,Fuller(1977)能够成为更好的替代。

● 维恩图9—2可以解释IV估计量的基本原理。假设 Y 由 X 和误差项 ε 决定(暂时忽略虚线环 Z),但是 X 和 ε 彼此并不独立。这种不独立性说明黄色区域(表示误差项的影响)必须与 X 环重合。重叠部分用红色区域表示;此时误差项的影响即为红色区域和黄色区域的总和。红色区域中 Y 的变化取决于误差项和解释变量 X 的共同影响。如果 Y 对 X 作回归,系数 β_x 的估计将会利用到红色、蓝色和紫色区域的信息。由于红色区域并不反映仅源于 X 的 Y 的变化，因此这个估计是有偏误的。鉴于此，必须找到其他方法来去除红色区域的影响。

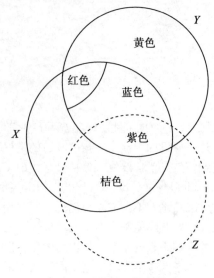

图 9—2　使用工具变量 Z

Z 环表示 X 的工具变量，该画法反映了其必须具有的两个性质：

（1）必须独立于误差项，所以图形中与黄色或红色区域不相交；

（2）必须尽可能与 X 高度相关，所以图形中与 X 环有较大交集。

假设 X 对 Z 回归。那么回归方程中 X 的预测值 $\hat{X}$ 用紫色加桔色区域表示。再用 Y 对 $\hat{X}$ 回归，得到 β_x，即获得 IV 估计量。Y 环与紫色加桔色区域的重叠部分为紫色区域，所以这一部分信息进入估计当中。由于紫色区域对应着完全由 X 的变化引起的 Y 的变化，所以这样得到的 β_x 是无偏的（严格来讲，是近似无偏的）。

注意，在构造这个估计量时，尽管红色区域产生的偏误消失了，但用来估计 β_x 的信息集合却从红色加蓝色加紫色区域，减少到只有紫色区域。这说明 IV 估计量的方差会大大高于 OLS 估计量的方差，这也是许多研究人员倾向于不管 OLS 渐近偏误而坚持使用的原因。现在，工具变量应与 X 尽可能高度相关的原因就很明显了：相关度越高，那么紫色区域就越大（代价是减少蓝色区域），从而降低了 IV 估计量的方差。

利用 Y 对 Z 回归以得到紫色区域的想法很吸引人，但这只能得到 Z 的"系数"估计，而不是所期望的 X 系数估计。例如，假设 $y = \beta x + \varepsilon$，并且 $x = \theta z + u$。将后者代入前者，得 $y = \beta \theta z + \beta u + \varepsilon$，所以将 y 对 z 回归得到的是 $\beta \theta$ 的估计而非 β 的估计。再重复一次：不要将工具变量代替有问题的变量进行回归。但是可以利用工具变量生成有问题的变量的预测值，然后进行 OLS 估算。技术性注释将会详细阐明这一点。

●一些情况下单个有问题的变量可能存在多个工具变量。例如，之前提到在联立方程组中，方程组的所有外生变量都可以作为任何内生变量的工具变量，出现在任意一个方程中作为回归元。因此，经常会出现个数多于最小识别需求数量的工具变量。为了达到识别的目的，每个有问题的变量必须有一个（不同）的工具变量。当满足这个最低限度要求时，我们就可以挑选最合适的工具变量，而不再需要其他，但是这也会造成信息丢失。在我们的处理方法中，必须包含最有效利用信息的办法，以获得最有效的系数估计量。假设 x 和 w 都是 p 合适的工具变量。为了解决这一困境，可以使用 x 和 w 的线性组合。由于 x 和 w 都与误差项没有关系，所以二者的任意线性组合也还与误差项没关系。由于 IV 估计量的方差减小依赖于工具变量与 p 相关度的高低，所以我们应当选择与 p 相关系数最高的线性组合。具体做法是：将 p 对 x 和 w 回归，得到预测值 $\hat{p}$。这一方法称为广义工具变量估计（GIVE）：首先利用所有可得的工具变量在待估方程中对每个有问题的变量进行预测，并将预测值作为有问题的变量的工具变量。这种工具变量数量超过最小需求量的情形称为"过度识别"（overidentification）。

● 假设将因变量对两个有问题的变量（Y1 和 Y2）以及 3 个外生变量进行回归，并且有问题的变量拥有 4 个工具变量。IV 方法把 Y1 和 Y2 对 4 个工具变量回归，得到预测值 $PY1$ 和 $PY2$，并将 $PY1$ 和 $PY2$ 作为工具变量加入待估方程。请注意，我们已经警告过，不能用 Y1 和 Y2 的预测值代替其自身来进行 OLS 估算。然而，令学生迷惑的是，的确存在一种方法允许该种替代，称为两阶段最小二乘法（two-stage least squares，2SLS）。在第一阶段，Y1 和 Y2 对 4 个工具变量和 3 个外生变量回归，以得到有问题的变量的预测值 $PY1^*$ 和 $PY2^*$。在第二阶段，将因变量对 $PY1^*$、$PY2^*$ 和 3 个外生变量回归，得到与 IV 方程相同的系数估计。这里的逻辑是，我们将 5 个解释变量全部看成有问题的，并将 3 个外生变量加入工具变量集（于是有了 7 个工具变量）。由于 3 个外生变量被其自身完美利用/替代，所以又从有问题的变量集合中被剔除出去。一旦了解了这一点，看一些教科书的表述和之后的技术性注释的时候就不再会迷糊，但遗憾的是，这种等价并不能延伸到系数估计值方差的计算，因此最好还是利用软件工具进行 IV 估计。

● 上述讨论说明，某一特定工具变量属于某一特定有问题的变量的说法是有些误导性的，即使相关文献普遍对工具变量持有这一观点。同时对方程中所涉及的全部工具变量（包括外生变量）进行估计，有利于其中某一特定有问题的变量的检测，有助于发挥任意工具变量对整个估计过程的贡献作用，即降低任何超过其他工具变量贡献度的额外解释力。假设工具变量 Z 是有问题的变量 Y 的一个工具变量，并且变量 Z 和 Y 高度相关。但是，IV 估计过程的关键问题是，考虑到方程中其他变量的影响之后，变量 Z 对变量 Y 有多大的解释力。尽管变量 Z 和 Y 之间高度相关，但是如果变量 Z 与其他解释变量之间也高度相关，那么变量 Z 和 Y 之间的相关程度可能不会那么高。

● 应该找到多少工具变量才行？这个问题很难回答。一方面，如果工具变量（包括可作为自身工具变量的变量）的数量恰好等于有问题的变量的数量（比如每个有问题的变量都有一个工具变量），那么 β^{IV} 既不会有均值，也不会有方差，因此可以料想，在某些情形下，β^{IV} 在小样本中会有非常不好的性质。Nelson 和 Startz（1990a，1990b）非常巧妙地揭示了这一点。增加一个工具变量就使得 β^{IV}

有了均值，再增加一个还会使其拥有方差，所以看起来工具变量应当比有问题的变量至少多两个才好。另一方面，在小样本中，如果我们一味引入工具变量，就会使得有问题的变量的预测值愈发接近其本身，从而有产生偏误的危险，而这正是 IV 方法所尝试避免的！

- 如果没有明显 IV 的话应该怎么办？Ebbes 等（2005）建议使用某种虚拟变量。这一变量将有问题的变量的观测值分为高、低两个部分，或者还有其他推广办法。这一技术及其推广在处理测量误差中得到应用。详见第 10 章。

- Pesaran 和 Taylor（1999）对 IV 估计进行了大量诊断（检验函数设定形式、异方差等问题），并强调只要内生变量预测值替代了原内生变量，那么传统检验都可以继续使用。

- Feldstein（1974）建议采用 OLS 估计量和 IV 估计量的加权平均来降低 IV 估计量不可避免的高方差（以一些有偏性为代价）。Feldstein 证明这一估计量在均方误准则下是合意的。

- 利用 IV 估计进行统计推断（假设检验）时，尤其在存在弱工具变量的情况下，Murray（2006b）推荐使用 Moreira（2003）提出的条件似然比（conditional likelihood ratio, CLR）检验。

9.3　IV 方法的问题

- Murray（2006b）以及 Baum, Schaffer 和 Stillman（2003）参考了近期文献，非常好地阐述了之前讨论过的 IV 方法的问题。后者重点在于如何利用 Stata 处理这些问题。而弱 IV 问题、IV 估计量的渐近性和小样本特征之间的差异等方面的高质量研究可以参见 Bound, Jaeger and Baker（1995），Zivot, Startz and Nelson（1998），以及 Woglom（2001）。

- 假设因变量 y 对外生变量 x 和有问题的变量 w 进行回归，其中 w 具有工具变量 z。当 y 对 x 和 w 进行回归时，x 和 w 共线性所包含的信息（3.3 节一般性注释中维恩图的红色区域）就会被剔除，w 仅剩下与 y 相同的部分来估算 w 的斜率系数。因此，对于 IV 估计来说，z 和 w 之间的相关性实则是 z 和 w 中与 x 无共线性的那部分之间的相关性。为计算这一相关性，可以将 w 对 z 和 x 进行回归，并利用 F 检验考察 z 的系数是否显著异于 0（剔除了 x 的影响，z 和 w 之间是否还存在相关性？）。在更一般的情况下，我们将采取"退化形式"的回归——将有问题的变量对所有工具变量（包括作为自身工具变量的那些）进行回归，并用 F 检验考察"外部"工具变量系数的估计值是否显著异于 0。Stock 和 Yogo（2005）开发出来一种特殊的临界值，随工具变量的数量而变，且零假设为偏误小于 OLS 偏误的 $x\%$（给出了 10%、15%、20% 和 30% 的临界值表）。另一张临界值表是为了解决弱工具变量带来的误差低估问题而开发出来的。这些临界值也随工具变量数目的变化而改变。其零假设为小于 $x\%$（实际值）的概率等于 5%（名义值，第一类错误概率）。（表中给出了 x 为 10%、15%、20% 和 25% 情形下的值。）

● 只要有问题的变量多于一个，上述 F 检验就会产生误导。例如，假设有两个有问题的变量需要寻找工具变量，而且也有两个工具变量可用，恰好允许进行 IV 估算。但是，如果其中一个工具变量与两个解释变量都高度相关，而另一个与这些解释变量几乎不相关时，会出现什么情形？由于第一个工具变量的影响，两个工具变量都会通过 F 检验，但事实上只有一个合意的工具变量，而非所要求的两个；第二个工具变量很弱，但是并没有被检测出来。Stock 和 Yogo (2005) 意识到了这个问题，并针对多工具变量情形提出了一种特别的 F 检验来克服，给出了临界值。在 Stock-Yogo 检验出现之前，研究者使用偏 R^2 检验来解决这一问题；见 Shea (1997) 和 Godfrey (1999)。

● IV 系数估计的表述问题在所谓的"异方差反应模型"中会出现。此时，解释变量的变动对于每个个体变动的影响不再相同。当解释变量是表示某种政策或"处理方法"的虚拟变量时，就会用到特殊的术语。这种情况下，IV 方法捕捉到的只是可被当前工具变量波动改变的那部分个体的"处理效果"。在这种意义下，就出现了某种局部效应，只作用于一类人，因而这也相应得名"局部平均处理效应"（local average treatment effect，LATE）。这与平均处理效应（average treatment effect，ATE）有所区别——ATE 衡量随机个体身上的预期处理结果的强弱；这也与"参与者平均处理效应"（average treatment effect on the treated，ATET）有所区别——ATET 衡量所有实际受处理个体的预期影响的强弱。IV 估算基于的是工具变量所捕捉到的行为信息，因此可能没有反映出其他个体的行为。进一步地，考虑到工具变量的本质，有可能一些子样本行为完全没有为估计提供有意义的信息。Heckman，Tobias 和 Vytlacil (2001) 调查了这些测度；也见 Angrist (2004) 以及 Cobb-Clark and Crossley (2003)。

● 假设研究背景是上文中的犯罪监禁影响案例，此时"处理"是从监狱中释放出的一批犯人。那么 ATE 衡量的是被随机选中并释放的犯人带来的预期犯罪行为的影响，而 ATET 衡量的是由实际放出的某个犯人产生的犯罪行为的预期影响。如果实际被释放的人员并非随机选出，那么二者之间就会产生差异。如果法律变化作为监禁率的工具变量，那么 LATE 衡量的就是受此工具变量影响而释放的犯人对犯罪行为的预期影响。如果释放犯人的规则与法律挑战中释放犯人的规则密切相关，那么 LATE 就有价值。

技术性注释

9.1 引言

● 这里给出一种粗糙的方法，介绍为何只有当回归元和误差项之间存在同期相关性时，才会产生渐近偏误。假设 $y_t = \beta y_{t-1} + \varepsilon_t$，其中截距项出于简化的目的而省去。由此可得 $\beta^{\mathrm{OLS}} = \sum y_{t-1} y_t / \sum y_{t-1}^2$。将 y_t 消去，得 $\beta^{\mathrm{OLS}} = \beta + \sum y_{t-1} \varepsilon_t /$ $\sum y_{t-1}^2$，所以偏误由第二项产生，其概率极限也决定了估计量的渐近性质。利用斯拉茨基定理（见附录 C），我们可以将这一概率极限分解为两部分：$\mathrm{plim}(\sum y_{t-1} \varepsilon_t / N) / \mathrm{plim}(\sum y_{t-1}^2 / N)$。由于 y_{t-1} 和 ε_t 不相关，所以分子为零。这说明 β^{OLS} 是渐近无偏的。如果 y_{t-1} 和 ε_t 相关（比如回归元和误差项之间存在同期相关性），那么分子就不为零，即不存在渐近无偏性。当求解 $\sum y_{t-1} \varepsilon_t / \sum y_{t-1}^2$ 的期望值时，我们实际上处理的是小样本，因而也无法将其分解成两部分。这意味着分子中的 ε 不能够与分母中的 ε 相分离，而必须求解包含所有误差项的复杂非线性函数的预期值，这使事情变得很困难。由于期望值不为零，所以存在小样本偏误，但是具体表达式太过复杂，难以计算。更一般的公式会将 y_{t-1} 替换为 x_t，因此只有 x_t 和 ε_t 之间的相关性会导致渐近偏误，而 x_t 与任意 ε 值之间的相关性将会导致小样本偏误。

9.2　IV 估计量

●假设 $y = X\beta + \varepsilon$，其中 X 包含 K_1 列与 ε 无关的外生变量观测值，包括一列代表常数的截距项，另外 X 还包含 K_2 列与 ε 有关的有问题的变量观测值。截距项和外生变量可以作为自身的工具变量，数量为 K_1。此时必须找到新变量作为剩余变量的工具变量。数量上，工具变量个数 $K_3 \geqslant K_2$ 必须满足以保证 IV 估计顺利进行，也就是说，每个有问题的变量都至少要有一个工具变量。所以，共有 $K_1 + K_3$ 个工具变量，组成矩阵 Z。将 X 的每一列对 Z 回归，获得 X 矩阵的预测矩阵 $\hat{X}$。预测矩阵中，由于 X 的 K_1 列是外生变量，所以其预测值就是自身（因为这些 X 中的向量同时存在于 Z 当中，能够被 X 对 Z 的回归完美预测！），而其余 K_2 列有问题的变量获得所有可能的工具变量的最佳线性组合作为其预测值。根据之前讨论的维恩图，将 y 对 $\hat{X} = Z(Z'Z)^{-1} Z'X$ 回归即可得估计量

$$\begin{aligned} \beta^{\mathrm{IV}} &= (\hat{X}'\hat{X})^{-1} \hat{X}'y \\ &= [X'Z(Z'Z)^{-1} Z'X]^{-1} X'Z(Z'Z)^{-1} Z'y \end{aligned}$$

●如果 Z 与 X 维数相同，也就是说 X 中每个变量只有一个工具变量（X 中的外生变量是其自身的工具变量），那么根据以上代数变换可得 $\beta^{\mathrm{IV}} = (Z'X)^{-1} Z'y$。注意，这与 $(Z'Z)^{-1} Z'y$ 不同（再重复一次，不同）——无数学生想用这个形式（在维恩图讨论的最后同样的警告也伴随案例给出过）。IV 方程同样可以利用矩估计法给出，矩条件是 $E(Z'\varepsilon) = E[Z'(y - X\beta)] = 0$。这就像 OLS 估计量可以利用矩条件 $E(X'\varepsilon) = 0$ 推导出来一样。

●当 Z 包含比 X 更多的列时，就有超过所需的工具变量。此时方程组 $E(Z'\varepsilon) = 0$ 中方程数量太多，所以必须使用 GMM 估计量（generalized method of moments，广义矩法，见 8.5 节）。所以，必须对 β 最小化：

$$(Z'\varepsilon)'[V(Z'\varepsilon)]^{-1}Z'\varepsilon=(y-X\beta)'Z(Z'Z)^{-1}Z'(y-X\beta)/\sigma^2$$

因为 $V(Z'\varepsilon)=Z'V(\varepsilon)Z=\sigma^2Z'Z$。

这一最小化计算结果与刚才 IV 方程的结果完全相同。

● 以上结果说明，当非线性函数 f 满足 $y=f(X,\beta)+\varepsilon$ 时，IV 估计量可以通过最小化下式得到：$[y-f(X,\beta)]'Z(Z'Z)^{-1}Z'[y-f(X,\beta)]/\sigma^2$。根据 Amemiya（1974），这一处理有时称为非线性 2SLS。因为如果 f 是线性函数，估计量与第 11 章所讨论的 2SLS 方法相符。此时工具变量的选择不甚明晰，因为工具变量和解释变量之间的关系也可能是非线性的。假设回归元形式为 $g(x)$，g 是非线性函数（比如回归元采用 $\ln x$ 或 x^2 的形式）。z 为 x 的工具变量，但我们还需要 $g(x)$ 的工具变量。一条显然的路径是将 x 对 z 回归，得到 $\hat{x}$，进而利用 $g(\hat{x})$ 作为 $g(x)$ 的工具变量。然而，这种方法获得的估计量不一致。事实上，应当用 $g(x)$ 对 z 回归，得到 $\hat{g}$ 来作为 $g(x)$ 的工具变量。

● β^{IV} 的方差—协方差矩阵由下式估计：$\hat{\sigma}^2(\hat{X}'\hat{X})^{-1}=\hat{\sigma}^2[X'Z(Z'Z)^{-1}Z'X]^{-1}$。如果 Z 与 X 维数相同，那么可以化简为 $\hat{\sigma}^2(Z'X)^{-1}Z'Z(X'Z)^{-1}$。

采用以下形式估计 σ^2 的想法很有吸引力：$s^2=(y-\hat{X}\beta^{IV})'(y-\hat{X}\beta^{IV})/(N-K)$，但这不对。因为估计 ε 的是 $y-X\beta^{IV}$，而非 $y-\hat{X}\beta^{IV}$。所以，σ^2 的正确估计是 $\hat{\sigma}^2=(y-X\beta^{IV})'(y-X\beta^{IV})/(N-K)$。

这对于 y 对 $\hat{X}$ 回归的 F 检验来说有着重要意义。分子依然是受限平方和与不受限平方和之差除以限制条件个数，但分母此时必须改为 $\hat{\sigma}^2$，而非 s^2。

● 细心的读者可能已经发现，以上讨论的用词谨慎，以避免过早给出 $V(\beta^{IV})$ 的表达式，而只给出用来估计的方程。之所以如此，是因为在解释变量随机的情况下（也正是因此才有必要使用 IV 估计），实际方差太难计算。正如附录 C 中所解释的，计算渐近方差的一般方法是用 N 乘以 N 趋于无穷大时 N 倍方差的极限值的倒数。对于球形误差项来说，这意味着渐近方差等于 N 倍的 $\sigma^2[\sum_{xz}(\sum_{zz})^{-1}\sum_{zx}]^{-1}$ 的倒数，其中 $\sum_{xz}=\text{plim}(X'Z/N)$，$\sum_{zz}=\text{plim}(Z'Z/N)$，$\sum_{zx}=\text{plim}(Z'X/N)$。还记得附录 C 中的概率极限吗？本书全书为了阐述的方便，随机解释变量相关的结果即使技术上只在渐近意义下成立，也写成在小样本下成立的形式。

● 当利用 IV 方法进行估计的时候，我们应该如何构造异方差一致的方差—协方差矩阵？延续 8.2 节技术性注释中关于异方差一致方差—协方差矩阵的表述逻辑，就可以发现如果 $V(\varepsilon)=\sigma^2\Omega$ 已知，就可以利用 $(\hat{X}'\hat{X})^{-1}(\hat{X}'\sigma^2\Omega\hat{X})(\hat{X}'\hat{X})^{-1}$ 来估计 $V(\beta^{IV})$，其中 $\sigma^2\Omega$ 替换为对角线下元素为 IV 回归残差平方的对角矩阵。这里的逻辑符合 OLS 的原理：我们继续使用传统的 IV 估计量，但使用一个不同的方程来估计它的方差—协方差矩阵。

然而，通常采用的方法与上述不同。通过 GMM 方法来获得 IV 估计量，我们发现能够在未知异方差存在的情形下同时改进传统的 IV 估计量，并获得这一改进估计量协方差阵的合意估计。8.5 节的技术性注释指出，GMM 统计量是通过最小化 $(y-X\beta)'Z(Z'\Omega Z)^{-1}Z'(y-X\beta)$ 而得到的。如果将 Ω 替换为主对角线下元素为残差平方（从之前进行的一致性估计步骤而得）的对角矩阵，那么最小化这一表达式得到的 IV 估计量在某种程度上已经根据未知的异方差进行了调整，从而对其产生了稳健性。如果想验证 GMM 方法的优越性，那么此处进行一些基本推演可以达到此目的。

- 在广义最小二乘（GLS）模型中，$V(\varepsilon)=\sigma^2\Omega$，所以合适的矩为 $Z'\Omega^{-1}\varepsilon$。如果 Ω 已知，那么 IV 估计量可通过最小化下式得到：$(y-X\beta)'\Omega^{-1}Z(Z'\Omega Z)^{-1}Z'\Omega^{-1}(y-X\beta)/\sigma^2$。请完成最小化过程，因为这将帮助你发现在已知非球形误差项的情形下，IV 估计不是由 $(\hat{X}'\Omega^{-1}\hat{X})^{-1}\hat{X}'\Omega^{-1}y$ 给出的，而这可能是一些人会犯的错误。

- 在 IV 估计中解决自相关误差的方法是第 8 章相关内容的简单变体。首先检验误差的一阶自相关，取得 IV 残差；之后利用残差滞后项作为新解释变量重新估计方程（用 IV），并利用 t 检验考察其系数是否显著异于 0。执行 EGLS 时需要将数据进行半差分处理，并利用半差分变量作为 IV 来进行 IV 估计。

9.3 IV 方法的问题

如何检验误差项与回归元的相关性？

- Hausman 检验有两种形式（以下大部分内容中涉及渐近性表述的都进行了简化以方便叙述）。假设 $Y=X\beta+\varepsilon$，并且 W 是 X 的工具变量集合。那么有 $\beta^{IV}=(W'X)^{-1}W'Y=(W'X)^{-1}W'(X\beta^{OLS}+\varepsilon^{OLS})=\beta^{OLS}+(W'X)^{-1}W'\varepsilon^{OLS}$，所以 $\beta^{IV}-\beta^{OLS}=(W'X)^{-1}W'\varepsilon^{OLS}$。经过简单的代数变换即可得 $V(\beta^{IV}-\beta^{OLS})=V(\beta^{IV})-V(\beta^{OLS})$。（直觉上，之所以得出这一结论是因为有效回归元和无效回归元之间的差异与有效回归元之间的相关性为零，否则就可以通过发掘这一相关关系使得有效回归元更加有效！）这一结论暗示我们可以利用以下统计量来检验 β^{IV} 和 β^{OLS} 的等价性：$(\beta^{IV}-\beta^{OLS})'[V(\beta^{IV})-V(\beta^{OLS})]^{-1}(\beta^{IV}-\beta^{OLS})$，服从自由度等于 β 元素个数的 χ^2 分布。此即 Hausman 检验的原始形式。

但是，这种形式的 Hausman 检验有两个问题，一个是理论上的，另一个是实际操作中的。首先，一般情况下，X 与 W 将重叠，那么 $[V(\beta^{IV})-V(\beta^{OLS})]$ 就不可能够按照一般方法取逆。此时，我们只应当比较单个有问题回归元的 OLS 和 IV 系数估计，而非所有系数估计的整体向量，所以，只需使用 $[V(\beta^{IV})-V(\beta^{OLS})]$ 的可逆部分即可。第二，实际估计中，$[V(\beta^{IV})-V(\beta^{OLS})]$ 经常符号不对（尽管理论上 $V(\beta^{OLS})$ "小于" $V(\beta^{IV})$，但检验结果可能与此相反）。在 Hausman 检验的第二种变体下，这两个问题都得到规避。

从上文推导中可知，$\beta^{IV}-\beta^{OLS}=(W'X)^{-1}W'\varepsilon^{OLS}$。如果 W 与 ε^{OLS} 不相关，那么上式应当为零，所以暗示我们应当检验 W 和 ε^{OLS} 的相关性。这可以通过进行如下回归来完成：$Y=X\beta+W\theta+\varepsilon$，并利用 F 检验来考察 $\theta=0$ 是否成立。背后的原理很直接：如果 W 不存在，将会得到残差 ε^{OLS}；如果 W 系数非零，那么就会从 ε^{OLS} 那里"偷去"一些解释能力（画一画维恩图就能看出这一点）。所以，如果 W 系数非零，那么一定意味着 W 和 ε^{OLS} 相关。所以检验 $\theta=0$ 就是检验 W 和 ε^{OLS} 是否相关，反过来也是检验 $\beta^{IV}-\beta^{OLS}=0$ 是否成立，也就是检验误差项和回归元之间的同期相关性是否存在。

这称为 OV（omitted variables，也称删除变量）版 Hausman 检验。这一检验具有计算优势，并且不存在自由度识别的问题——进行 OV 回归时，W 中所有作为自身工具变量的列都会被删去（以避免 X 和 W 具有某些共同元素而出现完全多重共线性）。在一般情况下，W 比 X 包含更多变量，那么此时 OV 回归中 W 将替换为 $\hat{X}$（X 对 W 回归时被解释的部分）。为准确起见，将每一个不能作为自身工具变量的回归元对所有工具变量进行回归，计算这些方程中的回归元预测值，并将其作为新解释变量代入 y 对 X 的回归方程中，利用 F 检验来考察零假设（预测值变量系数全部为零）是否成立。

- 代数上 OV 版检验还存在一种等价形式：利用 X 对 W 回归所得残差来代替 W。解释也很直观：将 X 分为两部分，一部分被 W 所解释，另一部分是 X 被 W 解释后所余残差。如果 X 与 ε 相关，那么只是第二部分与其相关（因为已知 W 与 ε 不相关）。所以，如果将第二部分作为新解释变量加入 y 对 X 的回归中，并考察是否从 ε 那里偷取一些解释能力，就能够判断第二部分与 ε 是否相关。为准确起见，将每一个不能作为自身工具变量的回归元对所有工具变量进行回归，计算这些方程中的残差，并将其作为新解释变量代入 y 对 X 的回归方程中，并利用 F 检验来考察零假设（残差系数全部为零）是否成立。

Hausman 检验这两种变形之间的代数等价性很容易看出来。第一个版本回归方程是 $Y = X\beta + \hat{X}\theta + \varepsilon$，第二个版本回归方程是 $Y = X\beta + (X - \hat{X})\varphi + \varepsilon$。后者可重新写为 $Y = X(\beta + \varphi) - \hat{X}\varphi + \varepsilon$。

- OV 版 Hausman 检验还有一种变形，也是基于 W 与 ε^{OLS} 之间的相关性。进行 OLS 回归并获得残差，然后将残差对 X 和 W 回归，并检验 W 系数是否为零。W 需要去除与 X 重叠的部分来完成这一过程。此检验常用的统计量是 NR^2，服从自由度等于有问题的变量个数的 χ^2 分布。

- 当已知一些解释变量有问题，并且希望检测其他变量是否也与误差项相关时，Hausman 检验形式将更加复杂。假设 $y = Y_1\delta_1 + Y_2\delta_2 + X\beta + \varepsilon$，并且已知 Y_1 内生，希望检验 Y_2 的外生性。这种情形与之前的检验形式不同，因为此时比较的不再是 IV 估计量和 OLS 估计量，而是两个 IV 估计量之间的比较。Spencer 和 Berk（1981）指出，常规 Hausman 检验可以进行结构化以比较 2SLS 估计量，而是否假设 Y_2 外生无关紧要。此时 OV 版本依然存在，并在渐近意义下合用。首先在原方程中假设 Y_2 外生，并利用 2SLS 方法进行估计，但回归过程中加入 Y_1 和 Y_2 在假设 Y_2 内生时的预测值（从工具变量）Y_1^* 和 Y_2^*。联合 Y_1^* 和 Y_2^* 检验系数是否为零。这个检验有些绕；请见 Davidson and MacKinnon（1993，ch. 7）。

- 由于 Hausman 检验对几种设定偏误敏感，所以 Godfrey 和 Hutton（1994）建议在进行 Hausman 检验前先行检验一般设定偏误，并推荐了一个检验。Wong（1996）发现将 Hausman 检验进行自举处理会改进其结果。

如何检验工具变量与误差项是否不相关？

- Sargan 检验可用来检验过度识别工具变量是否与误差项不相关。检验背后的逻辑已经在前文中进行了说明。为了计算统计量，需要将 IV 残差对所有工具变量和外生变量（包括常数项）进行回归。样本规模 N 乘以回归方程的非中心 R^2 可

得服从 χ^2 分布的统计量，自由度为过度识别的工具变量个数，也就是工具变量与有问题的变量数量之差（非中心 R^2 是 $1-\sum e^2/\sum y^2$，而不是 $1-\sum e^2/\sum(y-\bar{y})^2$）。本质上这相当于检验回归方程中工具变量斜率是否为零的 F 检验。Wooldridge（2002，p.123）阐述了如何构造这一检验的异方差稳健版本。

● Sargan 检验的一条令人沮丧的特征是，如果检验拒绝过度识别变量与误差项不相关的零假设，我们也就知道至少有一个工具变量与误差项相关，但是不清楚到底是哪一个或哪几个。在这种情形下，需要利用差值 Sargan 检验（difference-in-Sargan test），或称为 C 检验。这一检验的零假设是过度识别变量的子集与误差项不相关，统计量是所有过度识别变量的 Sargan 统计量与部分过度识别变量的 Sargan 统计量之差。如果子样本外的工具变量与误差项无关，那么 Sargan 统计量不应当有很大变化。这一差值服从自由度为子样本外工具变量个数的 χ^2 分布。

● 上文和 8.5 节都提到过，IV 估计可以通过 GMM 方式来进行。假设方程中有两个有问题的统计量和 3 个外生变量。如果有两个工具变量，每个有问题的变量各一个，那么就恰好识别。这种情况下将会产生 6 个矩条件：误差项乘以每个工具变量后的均值等于零，误差项乘以每个外生变量后的均值等于零，以及误差项均值为零（考虑截距项）。解这 6 个矩条件构成的方程组即可得到 IV 估计量。如果存在过度识别的情形，那么矩条件个数就会多于待估参数个数，所以有些矩条件不会被强制为零，这在 8.5 节讨论过。所以 GMM 方法成为必要：选择能够最小化所有矩条件被集体违反程度的 IV 估计。当工具变量正好足够时，所有矩条件都可以置为零，所以集体违反程度为零；最小值为零。但如果加入矩条件（比如更多的工具变量），就不能保证数据满足所有条件，使得最小值不为零。如果违反程度过大（最小值很大），那么至少有一个矩条件是错的。正如 8.5 节技术性注释所言，最小值恰为 χ^2 分布统计量（Hansen's J 检验），可检验过度识别矩条件是否为真，其自由度为过度识别工具变量的个数。用这种方式思考工具变量是否与误差项不相关的检验，可以帮助我们澄清为何只能针对过度识别的限制进行检验，以及为何零假设被拒绝时不能知道哪个工具变量有问题。

● Stock 和 Watson（2007，pp. 443-445）对 Sargan 检验（过度识别检验）提出了不同看法。如果通过引用外生性工具变量能够实现恰好识别，那么就产生了合法的 IV 估计。如果附加额外的工具变量，可能导致不同的 IV 估计值。如果两个 IV 估计值之间完全不同，我们就应该怀疑这些额外工具变量中的一个或多个变量并非外生的。Sargan 检验暗含了这一比较过程。当存在恰好识别时，无须进行这一比较过程，因为此时不同的 IV 估计无法进行计算。

● 类似于差值 Sargan 检验，也存在一个差值 J 检验（difference-in-J test）。假设你有把握工具变量集合是合意的，并且希望检验其他 K 个问题工具变量是否合意，那么包含这 K 个新变量前后的 J 统计量之差服从自由度为 K 的 χ^2 分布。

● 只要误差项假设为球形，那么 Sargan 统计量与 Hansen's J 检验就是完全相同的。但是，如果假设误差非球形，比如当存在未知形式的异方差时，Hansen's J 检验更为常用。如前所述，GMM 估计此时具有更高效率，并且能够得到稳健的方差—协方差矩阵估计。

第 10 章　违反假设五：测量误差和自回归

上一章讨论了随机回归元的概念以及存在随机解释变量情形下最小二乘估计（OLS）会发生的问题。结果是，如果解释变量独立于误差项，那么不会有严重问题出现。进一步地，如果解释变量不独立于误差项，但是同期不相关，那么尽管 OLS 小样本性质会受到损害，但是渐近意义下性质良好，所以一般还是保留 OLS 作为候选方法。然而，如果解释变量和误差项同期相关，那么就会出现问题。此时 OLS 估计将把来源于误差项的因变量波动归因于自变量，从而带来偏差，甚至在渐近意义下都无法消除。在此情况下我们将主要依赖于工具变量估计（IV），并用大篇幅讨论了这种方法。

本章将讨论两种主要随机回归元情形。一种是测量误差，也经常称为（变量中的误差）；一种是自回归，此时因变量滞后值出现在回归元当中。第一种情形下，误差项和回归元之间存在同期相关性；第二种情形下，如果存在自相关，那么误差项之间存在同期相关性。下一章将会论述第三种主要情形：联立方程。

10.1　变量中的误差

许多经济学家认为，计量经济学的最大缺陷在于计量经济学家能使用的数据太贫乏的事实。来自 Josiah Stamp 的一段著名引文表达了这种观点：

> 政府工作人员热心于积累统计（amassing statistics）——他们收集数据，将数据相加，增加到 n 次幂，取立方根，绘制出漂亮的图表。但是你绝对不能忘记，这里的每一个数字最初都来自村庄的巡夜人，而他们只是记下了他们最喜欢的。（1929，pp. 258 - 259）

　　变量中的误差问题与使用错误测量的变量的牵连有关，无论这些测量误差可能来自村庄巡夜人的一时兴起，还是来自在经济理论建议下计量经济学家使用代理变量代替不能观测的变量。

　　测量因变量的误差被并入了干扰项；它们的存在没有问题。不过，如果在测量一个自变量时存在误差，就违背了 CLR 模型的第四个假设，因为这些测量误差使自变量变成随机的；这个问题的严重性取决于该自变量是否独立于干扰项分布。回归元被正确测量的原估计方程，其干扰项与回归元独立。将这些回归元中的一个替换成它被错误测量的副本，就产生了一个新的干扰项（本节的技术性注释中有介绍），将测量误差包括在新的回归元中。因为这种测量误差既出现在新的回归元（错误测量的自变量）中，又出现在新的干扰项中，所以新的估计方程的干扰项与回归元同期相关，因而 OLS 估计量甚至是渐近偏误的。

　　当变量中出现误差时，有三种基本的估计方法。

（1）加权回归

　　OLS 过程最小化误差平方和，而这些误差是在垂直方向上测量的（见图 10—1 中距离 A）。但如果我们在自变量测量中有误差，那么误差同样存在于水平方向（也就是说，图 10—1 中数据点 D 偏离实际线既可能是因为传统误差 A，又可能是因为测量自变量中的误差 B，或者最可能的，是因为两种误差的组合）。应该修正最小二乘程序使其包括水平误差；这样做的问题是如何权衡这两种误差。这种权衡通常是由它们方差的比例决定的，有几种特殊的情况：

　　（a）如果垂直误差的方差较水平误差的方差来说非常大，那么 OLS 就是恰当的。

　　（b）若水平误差的方差较垂直误差的方差来说很大，那么逆最小二乘（将 x 对 y 回归，而估计系数的倒数用作 β 的估计）就是合适的。

　　（c）如果垂直误差方差和水平误差方差的比值等于因变量和自变量的方差比值，我们就有"对角线"回归的情况，其中一致估计是 OLS 和逆最小二乘估计量的几何平均。

　　（d）如果这两个误差方差的比值为 1，我们就有"正交"回归的情况，其中沿一条垂直于估计线的直线测量的误差平方和被最小化了。

　　该程序的一个很大的缺陷是误差方差的比值通常未知并且无法估计。这个问题同样表现了通常信赖的最大似然法的性质。如果误差全都服从正态分布（而且

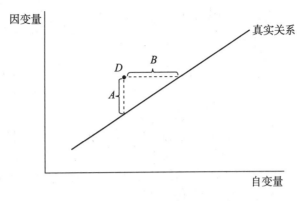

因变量 / 真实关系 / D / B / A / 自变量

加权回归图示

相互独立），那么当没有额外信息（例如关于误差方差比值或测量误差方差的信息）时是不能计算最大似然估计量的。

（2）工具变量

遇到测量误差时有几种常见的候选工具变量。

（a）讨论的自变量的滞后值可能用作工具；它一般都和原自变量相关，而且虽然它与干扰项向量相关，但它是滞后的，所以并不和干扰项同期相关（假设干扰项无自相关）。

（b）两分组法基于回归元样本数量将数据分为规模相等的两组，其最终斜率系数估计通过两组分别估计值的算术平均获得，这种方法可以理解为工具变量估计的一种。如果回归元的值小于中位数，那么 IV 取值为 -1；如果高于中位数，那么取值为 +1。方法背后的原理是，当数据按此方式平均化后，测量方差也被平均化，从而影响降低。但是，如果测量误差的方差很大，使得这种两分组不对应于按照回归元真实值的两分组，那么效果就不好。为解决这一问题，三分组法被提出来。

（c）三分组方法是两分组方法的变体，其中中间三分之一的观测值被忽略。它对应于使用值为 -1，0 和 1 的工具变量。

（d）在 Durbin 方法中自变量依大小排列，而工具变量被定义为等级排序（即取值为 1，2，3，…，T）。

（3）线性结构关系

心理学家和社会学家通常使用未观测的"潜在"变量建模，相当于经济学家的未观测的"伴随误差测量"的变量。他们的程序被称为线性结构关系的建模程序，加入了像测量误差方差或潜在变量之间的零协方差之类的信息，从而避免了由测量误差产生的渐近偏误。估计通过最小化观测值的实际协方差矩阵与未知数估计包含的协方差矩阵之差进行，技术性注释中的一个例子解释了这是如何实现的。

经济学家并不经常使用这个程序。第一个原因是计量经济学软件并不包含这种建模/估计程序。第二个原因是在许多计量经济学背景下像这种分析通常假设的那样将变量视为正态分布是不合理的。（这在线性结构关系更老的变体中尤其使人不安，因为虚拟变量必须要像连续变量一样对待。）第三个原因是计量经济学家很少能知道测量误差的方差，这看上去是反对计量经济学家通常很自然地假设它为零的一个奇怪的理由。鉴于脆弱性分析计量经济学家应该报告对应一系列测量误差方差值的一系列估计。

10.2　自回归

在经济学中，一个变量被它前期的值所影响是常见的。例如，消费习惯维持理论认为消费依赖于前一期的消费和其他的因素。只要因变量的滞后值作为回归元出现在估计关系中，我们就碰到了自回归的情况。因变量的滞后值是随机的（即它部分是由干扰项决定的），因此将它作为自变量违背了 CLR 模型的第四个假设。最关键的问题是滞后因变量是否独立于干扰项；如果不是，它是否同时独立于干扰项。

由于因变量部分取决于干扰项，滞后因变量不可能独立于整个干扰项向量。特别地，t 时期的滞后因变量（也就是 $(t-1)$ 期的因变量值）与 $(t-1)$ 期的干扰项相关，因为这个干扰项是同时期因变量的决定因子之一。而且，若这个滞后因变量依次部分取决于 $(t-2)$ 期的因变量值，它就和 $(t-2)$ 期的干扰项相关，因为这个干扰项部分决定了该时期的因变量。这个推论可以被拓展以说明之后因变量同所有过去干扰项相关。不过，它与当期或将来的干扰项无关；因此，滞后因变量尽管不独立于干扰项向量，但与干扰项同时独立。这意味着虽然 β^{OLS} 是 β 的有偏估计，但它是一致的，而且在这些条件下，它通常被作为最恰当的估计量来使用。

经常出现这种情况：自回归估计问题不直接来自习惯维持理论的设定，而间接来自用来将有估计问题的方程转换为没有这些问题的新估计方程的数学处理。以下例子就是这种情况的代表。

（1）Durbin 两阶段法。处理自相关误差（见 8.4 节及其技术性注释中的讨论）的 Durbin 两阶段法的第一步是将原估计方程转换成带有滞后因变量作为回归元的方程。该滞后因变量的系数估计生成 ρ（误差自相关系数）的估计，将在第二阶段使用。虽然这个估计是有偏误的，但它是一致的。

（2）Koyck 分布滞后模型。有时一个因变量是由一个自变量的许多或全部的滞后值连同当期值一起决定的。估计这种分布滞后是困难的，或者由于相对于观测值数量有过多的回归元（自由度问题），或者由于该自变量的滞后值之间存在共线性（共线性问题参见第 12 章）。为绕过这些估计问题，分布滞后通常被假设服从某种特定的形式。一个常见的设定是 Koyck 分布滞后模型，其中的这些系数呈几何下降。这种关系可以通过数学处理（参见技术性注释）得到一个只含有原自变量当期值和因变量的滞后值作为自变量的估计关系。因此很庞大的估计方程就转换成小得多的自回归方程。

（3）局部调整模型。有时经济理论明确指出是希望的而不是实际的因变量值取决于自变量。这种关系无法直接估计，因为因变量的希望水平是未知的。设定因变量的实际值会根据某个简单的规则调整或被调整到希望的水平，通常能解决这个困境。在局部调整或严格模型中实际值按它和希望值之差的某个固定部分调整。通过引用与迅速变化相关的上升成本或注意技术、制度或心理上的惯性，这一点得以证明。正如在技术性注释中所示，这两种关系（一个决定了希望的水平，另一个决定了实际水平的调整）的数学处理产生了一个自回归的估计方程。

（4）适应性预期模型。经济理论有时明确规定因变量是由自变量预期或"期望"的值而不是当期值决定的。由于自变量的预期值未知，这种关系是无法直接估计的。通常通过设定自变量的预期值是根据某种简单规则形成的，我们可以解决这个困境。在适应性预期模型中自变量的预期值是这样形成的：将上一期的预期值加上它和实际值之差的某个常数部分。这一点通过借助于非确定性并声称当前信息被忽略了而被证明是合理的。如技术性注释所示，这两种关系（一个决定因变量，另一个决定如何形成预期）的数学处理产生了自回归的估计方程。

这些例子中，因变量的滞后值通过数学处理都成了估计关系中的回归元。当估计方程由此形成时，保证干扰项也包括在数学处理中是很重要的，因为这样就能知道最后估计方程中干扰项的性质。研究人员过于经常地忽略了原干扰项而简单地为用于估计的关系加上一个球状干扰项。这导致了对可能不正确的 OLS 估计量的采用。

上面的第 2、4 个例子中，数学处理碰巧为最终自相关的估计关系产生了一个干扰项。这导致了同时违背 CLR 模型两个假设的估计问题——自相关误差和滞后因变量作为回归元。然而，同时违背 CLR 模型两个假设的问题并不能被当作两个独立的问题来对待。两种违背的相互作用产生了新的问题。对于 OLS 估计量来说，虽然它在只有自相关误差时是无偏的，在只有滞后因变量作为回归元时是一致的，但是当二者同时出现时它是渐近偏误的。这个渐近偏误是由滞后因变量和自相关干扰项同期相关导致的；第 t 期的干扰项部分取决于 $(t-1)$ 期的干扰项，而它又是滞后（即 $(t-1)$ 期的）因变量的决定因子之一。

这种情况下对工具变量有一个明显的选择。方程中外生回归元的滞后值，例如 x_{t-1}，与误差无关（因为 x_{t-1} 是外生变量），但与因变量滞后值 y_{t-1} 有关（当关于 y_t 的方程被滞后时，x_{t-1} 就是一个解释变量）。如果方程中存在另一个外生变量，例如 w，那么将出现两难困境，因为 w_{t-1} 同样可选来作为 y_{t-1} 的工具。这个选择困境可以通过使用 $\hat{y}_{t-1}$（估计的 y_{t-1}，得自 y_{t-1} 对 x_{t-1} 和 w_{t-1} 回归）作为 y_{t-1} 的工具来解决。这就是第 9 章所述的 GIVE 程序。

上一段介绍的方法经工具变量方法产生了一个一致估计量，不过由于它并不解决自相关误差，因而缺乏有效性。一般性注释介绍的两阶段线性最大似然估计量用于提高有效性。

一般性注释

10.1 变量中的误差

● Morgenstern（1963）用了一整本书来分析经济数据的准确性。一些引人入胜的关于政府机构捏造数据的例子可以在 Streissler（1970，pp. 27 - 29）找到。（例如：奥地利对开始建设的房屋数量的夸大，由故意少报几个之后开始建设的房屋数字来弥补。）Streissler 声称计量经济学家经常或多或少地误解了他们使用的统计数的真实含义。一个在研究生中流传的笑话说明了这一点。在进行了许多回归之后，教授发现全国的大豆产量服从半对数产出函数。正当他已经详细写好论文时，在对负责大豆统计的行政官员办公室的一次访问中他注意到一行标语："如果有疑问就用半对数"。Magnus（2002）描述了一个例子："他从 Gozkomstat 获得了数据，然后拟合了一个对数正态分布。拟合是完美的（残差为零），他很高兴。我催促他进一步研究，结果发现实际上 Gozkomstat 的统计员只有 3 个数据点并据此使用对数正态分布构造了其余的数据。"Shourie（1972）提供了另一个例子。他注意到斯里兰卡建筑行业的附加值通常被国民账户统计人员估计为建筑材料进口的一个常数倍数，所以假定建筑材料进口与建筑行业附加值线性相关的回归会拟合得很好。最后一个例子考虑 Abraham（1976）对埃塞俄比亚谷物生产数字的描述；这个数字是在基年数字的基础上根据假设的人口增长率推断而计算出来的。这个基年数字得自"一组在几年前由规划部长召集的专家，他们被锁在一个屋里直到对一组估计达成一致"。

● Griliches（1985）对 Morgenstern 作出四点回应："（1）数据并不那么糟；（2）数据无价值，但没有关系；（3）数据不好，但我们已经学会如何忍受它们并且对它们的缺点进行调整；（4）这就是所有的一切——这是城里唯一的比赛，我们必须要充分利用。"

● 根据 Hampel 等（1986）的估算，来源于人和设备的误差总量介于观测点的 1%～10%。De Veaux 和 Hand（2005）列举了大量不同类型误差的例子，并指出估计 3%～5%的调查员有数据编造行为！针对此种类型的误差，最好利用第 21 章叙述的稳健性估计方法。Swann（2006，ch. 6）对经济学中的测量误差给出了一个很有意思的讨论，并论证经济学数据很可能不能够精确到足以进行计量分析的程度。作者在著作末尾引述 Maddala（1998）中的评论。这段评论称，作者的计量经济学著作评审人建议其删除有关变量中误差的相关篇章，因为"根本不会用到"。这揭示了部分事实：计量经济学家倾向于故意忽略测量误差问题，因为处理起来实在太麻烦了。

● Bound，Brown 和 Mathiowetz（2001）是对调查数据中的测量误差的极好综述。他们强调的一点是：用来减少测量误差的传统估计方法假设测量误差与被测量变量的实际值独立，而他们论证得出的这个假设通常不成立。违背这个假设使这些传统方法甚至比忽略测量误差的 OLS 还差。

● Dawson 等（2001）表示，Penn World Tables 数据中的测量误差能显著影响使用这些数据的某些类型的实证分析。

● 虽然在变量误差（error-in-variables）存在的情况下系数估计是有偏误的（甚至是渐近的），但 OLS 还是适合于预测 y 在给定 x 测量值时的期望值。

● 某些情况下可以认为经济个体对测量的而非实际的变量作出回应，意味着原估计方程应该根据回归元测量值而不是实际值来设定。这样就消除了变量中的误差问题。

● 在某一解释变量的情况下，测量这个变量的误差导致误差项和错误测量的回归元存在负相关，使 β^{OLS} 向下偏误。当出现多个自变量时，偏误的方向更难判断。参见 Levi（1973）。

● 逆最小二乘中，因变量成了回归元，而错误测量的自变量变成回归方程中的回归子。当垂直方向没有误差时，它就给出了 β 的逆的无偏估计。这个估计的逆是 β 的有偏但一致的估计。（这是因为逆函数的非线性；回忆 2.8 节的技术性注释。）

● 如果垂直和水平方向都存在误差，大样本条件下 OLS 和逆最小二乘估计之间包含了 β 值。Levi（1977）讨论了有限估计。如果 β 的两个估计之间的区间比较小，就能推断测量误差不是一个严重的问题。

● Kmenta（1986，pp. 352–356）讨论了在两个误差方差比值已知的情况下如何进行估计；而正交及对角最小二乘是其中的特例。Boggs 等（1988）在蒙特卡洛研究中发现正交最小二乘的表现相对于 OLS 更为出色。

● 关于两分组和三分组方法以及 Durbin 方法的讨论和参考资料参见 Johnston（1984，pp. 430–432）。在很一般的条件下这三种方法都能产生一致估计；两分组方法是其中最无效的，而 Durbin 方法是最有效的。三种方法中的截距估计量都是通过将一条有被估计斜率的线穿过所有观测值均值找到的。

● 水平的测量误差不大，但是当使用一阶差分之类的变换时这些测量误差可能有更加显著的影响。Dagenais（1994）在纠正自相关误差的情况下注意到了这一点，有充分的理由断定 OLS 优于 GLS。面板数据中的一阶方差（参见第 18 章）是另一个例子，其中测量误差的影响变得更糟。

● 解释变量经常是无法观测的，但是可以构造它的代理。根据定义，代理包括测量误差，因此是一个有偏估计结果。放弃代理而简单地忽略无法观测的回归元同样产生偏差。McCallum（1972）和 Wickens（1972）指出，在渐近误差的标准下，甚至使用一个不好的代理也比忽略无法观测的回归元好。如果用 MSE 准则，Aigner（1974）表示在大多数（不是全部）情况下使用代理更可取。Ohtani（1985）及 Kakimoto 和 Ohtani（1985）指出，如果兴趣在于检验，那么包括代理更好。计量经济学研究中一个普遍的代理是使用预测或估计误差；这两者在理性预期的实证研究中都被频繁地使用。Pagan（1984b）对此进行了研究。Oxley 和 McAleer（1993）调查了使用这样生成的回归元所产生的问题。一个主要的结论是：由于没有考虑生成回归元的随机性质，方差被低估了。关于如何纠正这个问题的例子参见 Murphy and Topel（1985），Gauger（1989），Greene（2008，pp. 302-307），Gawande（1997）及 Dumont et al.（2005）。（但请注意，解决这一问题最简单的方法是自举法。）变量和它的代理之间的关系需要多紧密才能保证使用代理得到的 OLS 系数估计的符号是正确的？Krasker 和 Pratt（1986）解决了这个问题。Lubotsky 和 Wittenberg（2006）建议，当有多个代理变量可用时，应当将其全部放入回归方程中，并将其回归系数加权平均，作为被代理变量的系数估计。

● 在变量误差存在的情况下最大似然技术失效了，基本上是因为每个观测值都带有一个称为伴随参数的额外未知量（无法观测的变量的实际值）。Johnston（1984，pp. 432-435）讨论了如何使用关于方差或方差比值形式的额外信息来拯救最大似然法。更多关于 MLE 方法的内容可参见 Maddala（1977，pp. 294-296）。

● 数据缺失可视为测量误差的极端形式。解决数据缺失问题要视缺失原因不同而采取不同的方法。如果原因已知，那么必须在估计方法中加以考虑。对于缺失观测点而言有一条一般准则：分析必须基于解释缺失现象的假设模型来进行。如果因变量 y 的样本点随机缺失，那么这些样本点可以删除；如果不是随机缺失，那么第 17 章内容将指出删除会造成样本选择。解释变量 x 的数据丢失较容易处理，直接将其删除不会产生偏误。但是，必须认识到由于数据缺失，估计模型设定可能在解释变量的任意一段区间上都不可行。另外，如果样本规模较小，研究人员就会犹豫是否抛弃这些变量。此时保留观测值的常用做法是利用代理变量填补缺失值。这意味着利用其他合意的解释变量值来代替缺失样本点，以增强回归效度。最推荐的代理变量是 x 缺失值的预测（x 对其他所有独立解释变量回归而得）。这种方法不影响有缺失观测值时的系数估计，但改进了剩余系数的估计结果（因为样本变大），尽管引入测量误差引起了部分偏误。然而，如果采取这种方法，就应该利用多种来自相同假设的分布的多种预测值来重做回归，以检验稳健性，并计算合适的标准误（自举法适宜于计算标准误）。另外，还可以通过缺失样本点赋值法来检验回归结果的稳健性。用于检验缺失样本点属于何种类型的 logit 模型能够带来一些有用信息。Rubin（1996）讨论了这种测量误差的多重赋值法；也见 Brownstone and Valletta（1996，2001）。然而最好不要将缺失的 y 值代理掉。Little（1992）列举了处理缺失 x 值的方法。Stinebrickner（1999）很好地综述了解决数据缺失问题的方法；也见 Allison（2002）。

● 虽然通常因变量中的测量误差会被吸收到误差项中，从而不会产生特别的问题，但要考虑不确定因变量的两种测量哪个更适合采用的情况。Glass 和 Cahn（2000）分析了这种情况，通过把因变量表示成两个竞争测度的线性组合来建模。用典型相关（发现了与解释变量最高度相关的线性组合）来分析。若发现被估计的线性组合只有一个变量具有统计显著的系数，则表明该变量是合适的测量。若发现二者都是显著的，则表示它们可能测量了不同的东西，因而要分别进行回归以进一步研究。

10.2 自回归

● 有充分理由认为真实状况的特征是由部分调整和适应性预期模型的某种组合来刻画的。Waud（1968）讨论了与有关这种可能性的错误设定相关的估计问题。

● 只要因变量的滞后值作为回归元出现，那么 DW 检验对找不到自相关误差的情况是有偏误的。对于这种情况，推荐使用关于 8.4 节的一般性注释中的 Durbin m 检验。McNown 和 Hunter（1980）提出了一种容易计算的替代检验，它拥有合意的渐近性质，并且根据蒙特卡洛研究看来在小样本中表现良好。参见技术性注释。

● 在有一阶自相关误差的自回归模型中，若 $\rho > 0$，则 β^{OLS} 的渐近偏误为正，反之则为负。如果包括更多回归元，这个偏误会变小。对简单模型 $y_t = \beta y_{t-1} + \varepsilon_t$，$\varepsilon_t = \rho \varepsilon_{t-1} + u_t$，估计 β 的 OLS 偏误刚好等于估计 ρ 的 OLS 估计的相反数。参见 Malinvaud（1966，pp. 459-465）。

● 两阶段高斯-牛顿估计量（见第 23 章）被建议用于自相关误差与滞后因变量作回归元一起出现的情况。对存在 AR（1）误差的情况，一个简便的计算方法是凭借 Hatanaka（1974）提出的方法。第一，IV 估计得到残差，再通过一般方法用它们估计自相关系数 ρ^*。第二，用通常的方法变换变量，再对变换后的变量回归，不过要加入滞后残差作为额外回归元。回归得到斜率系数估计是两阶段估计；ρ 的两阶段估计等于 ρ^* 加上滞后残差的系数。Harvey（1990，p. 271）指出这种方法等价于一个高斯-牛顿迭代。存在 MA（1）误差的情况下的两阶段高斯-牛顿估计量在 Harvey（1990，p. 273）的研究中得到解释。

技术性注释

10.1 变量中的误差

● 假设真实关系为 $y = \alpha + \beta x + \varepsilon$，但是 x 带有误差的实际测量值为 $x^m = x + u$，其中 u 为期望为零的误差项。所以 x 可写为 $x^m - u$，真实关系式可重写为 $y = \alpha + \beta(x^m - u) + \varepsilon$，所以 $y = \alpha + \beta x^m + (\varepsilon - \beta u)$。

这一关系式包含真实测量结果，而这与估计相关。请注意，测量变量 u 既在干扰项中，也在回归元 x^m 中，所以最终回归方程中回归元和误差相关。本例中，x^m 与干扰项的相关系数为负，暗示 y 对 x^m 回归而得的 β^{OLS} 更加接近 0。但是，在多变量情形下，系数偏误方向就不容易判断。

● 通过一个简单的例子能够最好地说明线性结构关系的建模/估计方法。假设将经典线性回归模型应用于 $y=\beta x+\varepsilon$，除了 x 用 $x^m=x+\varepsilon_x$ 等测量出来（ε_x 是测量误差，均值为零）。在线性结构关系方法中，原始数据（此时是 y 和 x^m 的观测值）用来估计被观测变量向量的方差—协方差矩阵，即 $V(y)$、$V(x^m)$、$C(y, x^m)$ 的唯一元素；这些矩阵理论上可以写成：

$$V(y)=\beta^2 V(x)+V(\varepsilon)+2\beta C(x,\varepsilon)$$
$$V(x^m)=V(x)+V(\varepsilon_x)+2C(x,\varepsilon_x)$$
$$C(y,x^m)=\beta V(x)+\beta C(x,\varepsilon_x)+C(x,\varepsilon)+C(\varepsilon,\varepsilon_x)$$

这些方程的左边用原始数据测量，而右边是未知参数、方差和协方差的函数。借助关于 x 和 ε 独立及测量误差与 x 和 ε 独立的通常假设，因而有

$$V(y)=\beta^2 V(x)+V(\varepsilon)$$
$$V(x^m)=V(x)+V(\varepsilon_x)$$
$$C(y,x^m)=\beta V(x)$$

三个方程中有四个未知量：β, $V(x)$, $V(\varepsilon)$ 和 $V(\varepsilon_x)$，表示这些未知量无法一致估计出来。不过，如果测量误差的方差 $V(\varepsilon_x)$ 已知，这个问题就能解决，因而有三个未知量的三个方程可以用来产生其余未知量尤其是 β 的一致估计。若没有测量误差，那么 $V(\varepsilon_x)$ 就等于零，这三个方程可以求解出估计 β 为 $C(y, x)/V(x)$，即 OLS 公式，也就是说，OLS 是线性结构关系在测量误差为零时的特例。如果 x 的另一个度量可得，这就会增加更多的方程和未知数。如下所示，这将产生六个六元方程，可以进行估计。这种或者其他额外信息能够实现对模型的估计。

不难将此推广到多元回归：一个没有测量误差的额外解释变量 w 将产生六个七元方程，其中一个就是 $V(\varepsilon_x)$；若 w 同样在测量时有误差，将有六个八元方程，其中多出的一个是 w 测量误差的方差。变量未知的"实际"值称为潜在变量，而测量值称为"指标"。在一般形式下，线性结构关系可以建立联立或非联立方程组的模型，包括有、无测量误差的因变量和自变量，有多个指标的潜在变量，等于几个潜在变量的线性组合的指标，以及误差或潜在变量之间有零或非零的协方差。在更一般的形式中，参数有可能不可识别（未知量个数多于方程，因而无法产生一致估计）；恰好识别（未知量和方程数量相同，此时存在唯一的方法使用协方差结构产生参数估计）或者过度识别（方程个数多于未知量，所以有不止一种方法从原始数据协方差矩阵中得到系数估计）。

在过度识别的情况中，选择未知量的估计来最小化原始数据的协方差矩阵（以上方程的左边）与将这些估计代入方程右边得到的协方差矩阵之间的"距离"。从这个角度来看，这种方法可以理解为 GMM 方法。这时对距离的不同定义得到不同的估计程序；最常见的就是假设误差和潜在变量都服从正态分布的最大似然程序。由于线性结构关系估计程序包含"拟合"协方差矩阵，它时常被称为协方差结构分析。这个建模/估计程序是由 Goldberger（1972）介绍给经济学

家的。Wansbeek 和 Meijer（2000）是给经济学家的高级参考资料。规范的解释可参见 Hayduk（1987），Bollen（1989），Mueller（1996）及 Schumacker and Lomax（1996）；有两个吸引人的软件包用于建模和估计：LISREL（Joreskog and Sorbom，1993）和 EQS（Bentler，1992）。

● 工具变量估计是线性结构关系的一个特例，其中工具作为测量误差的变量的额外指标出现。上面的例子中，假设我们有 $z=\delta x+\varepsilon_z$ 的观测值，而 ε_z 独立于 x，ε 和 ε_x。现在我们得到三个新方程，一个关于 $V(z)$，一个关于 $C(y,z)$，一个关于 $C(x^m, z)$，但只有两个新未知量 δ 和 $V(\varepsilon_z)$。所以共有六个方程和六个未知数，此时估计就是可能的了。β 的线性结构关系的估计结果是 β 用 z 作为 x 的工具的工具变量估计。实践中，这就是大多数计量经济学家所做的，而不是假定测量误差方差的信息以使用线性结构关系。

10.2　自回归

● 在最简单的情形中，$y_t=\beta y_{t-1}+\varepsilon_t$，其中 ε 是球形干扰项，此时 OLS 估计量偏误大概是 $-2\beta/N$，随着 N 变大而消失。模型中新回归元的存在也会降低偏误。学者提出了一些修正这一偏误的建议（比如使用估计量 $[N/(N-2)]\beta^{OLS}$），但修正行为增加了估计量的方差，并可能带来提高 MSE 的风险。Copas（1966）进行的蒙特卡洛研究暗示 β^{OLS} 比其他估计量建议要好。当模型有截距项时，$y_t=\alpha+\beta y_{t-1}+\varepsilon_t$，此时 β^{OLS} 的偏误为 $-(1+3\beta)/N$。Orcutt 和 Winokur（1969）建议利用估计量 $(N\beta^{OLS}+1)/(N-3)$ 来修正，并基于蒙特卡洛研究证明了其优越性。Patterson（2000）指出，这一小样本偏误可能关系重大。当短期偏误不能够必然相互抵消，比如回归对象是累计脉冲响应函数或者长期乘数时，情形尤其如此。他给出了一条易于应用的修正建议。

● Koyck 分布滞后模型可以写成

$$y_t=\beta x_t+\beta\lambda x_{t-1}+\beta\lambda^2 x_{t-2}+\beta\lambda^3 x_{t-3}+\cdots+\varepsilon_t$$

其中，$0<\lambda<1$，因此自变量 x 的滞后值的影响呈几何下降。将方程滞后一期并乘上 λ，我们得到

$$\lambda y_{t-1}=\beta\lambda x_{t-1}+\beta\lambda^2 x_{t-2}+\beta\lambda^3 x_{t-3}+\cdots+\lambda\varepsilon_{t-1}$$

将第二个方程代入第一个，得到

$$y_t=\lambda y_{t-1}+\beta x_t+(\varepsilon_t-\lambda\varepsilon_{t-1})$$

是一个自回归形式的估计方程，其中回归元的个数减少到两个而且有一个 $M(1)$ 的误差——这是一种自相关误差。很容易看出来，由于都包含 ε_{t-1}，解释变量 y_{t-1} 和误差项（$\varepsilon_t-\lambda\varepsilon_{t-1}$）之间同期相关。

● 在局部调整模型中因变量的合意水平 y^* 由 x 决定，所以

$$y_t^* = \beta_0 + \beta_1 x_t + \varepsilon_t$$

而实际水平根据合意与实际之差的某一小部分调整，即

$$y_t - y_{t-1} = \alpha(y_t^* - y_{t-1}) + u_t$$

将得自第一个方程的 y_t^* 代入第二个方程，处理后得到

$$y_t = \alpha\beta_0 + (1-\alpha)y_{t-1} + \alpha\beta_1 x_t + (\alpha\varepsilon_t + u_t)$$

这是一个自回归形式的估计方程。此时的误差项是球状的。

● 在适应性预期模型中因变量取决于自变量的预测值 x_t^*，那么

$$y_t = \beta_0 + \beta_1 x_t^* + \varepsilon_t$$

将上一期的预测值按预测误差的一小部分 α 更新后得到预测值。因此

$$x_t^* = x_{t-1}^* + \alpha(x_t - x_{t-1}^*) + u_t$$

由第一个方程有 $x_t^* = (y_t - \beta_0 - \varepsilon_t)/\beta_1$ 和 $x_{t-1}^* = (y_{t-1} - \beta_0 - \varepsilon_{t-1})/\beta_1$。将这些表达式代入第二个方程，简化可得

$$y_t = \alpha\beta_0 + (1-\alpha)y_{t-1} + \alpha\beta_1 x_t + [\varepsilon_t - (1-\alpha)\varepsilon_{t-1} + \beta_1 u_t]$$

这是自回归形式的估计方程。此时的误差是移动平均类型的，与 Koyck 的例子中出现的相似。

● 利用滞后算子 L 能够大大便利以上例子的代数运算。滞后算子定义为 $Lx_t = x_{t-1}$（即前缀滞后算子意味着变量滞后一期）。在上例当中，$x_t^* = x_{t-1}^* + \alpha(x_t - x_{t-1}^*) + u_t$ 可以写作 $x_t^* = Lx_t^* + \alpha(x_t - Lx_t^*) + u_t$。此时 x_t^* 的解为 $x_t^* = (\alpha x_t + u_t)/(1-(1-\alpha)L)$。将其代入方程 $y_t = \beta_0 + \beta_1 x_t^* + \varepsilon_t$，得 $y_t = \beta_0 + \beta_1(\alpha x_t + u_t)/(1-(1-\alpha)L) + \varepsilon_t$。两边同乘以 $(1-(1-\alpha)L)$，消去分母中的滞后算子，可得 $(1-(1-\alpha)L)y_t = (1-(1-\alpha)L)\beta_0 + \beta_1(\alpha x_t + u_t) + (1-(1-\alpha)L)\varepsilon_t$，所以 $y_t - (1-\alpha)y_{t-1} = \beta_0 - (1-\alpha)\beta_0 + \beta_1(\alpha x_t + u_t) + \varepsilon_t - (1-\alpha)\varepsilon_{t-1}$，整理可得与上述最终估算关系式相同的结果：$y_t = \alpha\beta_0 + (1-\alpha)y_{t-1} + \alpha\beta_1 x_t + [\varepsilon_t - (1-\alpha)\varepsilon_{t-1} + \beta_1 u_t]$。

很多学生惊喜地发现滞后算子还能够进行这样的代数运算。这对于时间序列分析的学习来说很有用处（第 19 章）。

● McNown-Hunter 检验是经过 $y_t = \beta y_{t-1} + \alpha x_t + \varepsilon_t$ 的代数处理提出的，其中 $\varepsilon_t = \rho\varepsilon_{t-1} + u_t$。若 y 方程滞后一期，乘上 ρ，再从原关系中减去，结果被重新整理，得到

$$y_t = (\beta+\rho)y_{t-1} + \alpha x_t - \rho\beta y_{t-2} - \rho\alpha x_{t-1} + u_t$$

对这个方程的 OLS 回归可用来检验 x_{t-1} 的系数是否为零。如果 $\alpha \neq 0$ 而 $\rho = 0$，那么这个系数为零。

● 似然函数的构造通常假设 y 值是独立于其他值而提取出来的，但是当因变量滞后值作为回归元出现时却明显不是这样的。因为联合密度可以写成 $p(y_2, y_1) = p(y_2|y_1)p(y_1)$，自回归的似然函数可以写成前 $T-1$ 个观测值的条件密度

与第一个观测值 y_1 的非条件密度的乘积。操作上，通常用不影响渐近性质的方法将对应于第一个观测值的项进行忽略或者近似，以简化 MLE 的计算。相关讨论和例子参见 Harvey（1990，pp. 104 – 111）。

第 11 章　违反假设六：联立方程

11.1　引言

在联立方程系统中，所有内生变量都是随机变量——由于它们是同时确定的，任何干扰项的一个变化都将改变所有内生变量。（递归系统是一个例外，将在一般性注释中讨论。）由于方程组中的方程一般至少有一个内生变量作为自变量，所以不能使用经典线性回归（CLR）模型：内生变量不能在重复抽样中视为固定不变的。所以，CLR 模型的第四个假设被违反。

这种条件下 OLS 估计量的性质取决于该方程中用作回归元的内生变量是否独立于干扰项分布。不过正如上面介绍的，当干扰项变化时，它决定的内生变量直接发生变化，从而依次改变所有其他的内生变量（它们是同时确定的）；这表明作为回归元的内生变量和该方程中的干扰项同期相关（同样也和所有其他方程中的干扰项同期相关）。结果 OLS 估计量发生偏误，甚至是渐近的，因此通常认为替代估计量是必要的。

用来说明这一点的一个普遍的例子就是包括消费函数

$$C=a+bY+\varepsilon$$

和均衡条件

$$Y=C+I$$

的简单凯恩斯系统，其中 C（消费）和 Y（收入）是内生变量，而 I（投资）是外生变量。考虑估计消费函数，即将消费对收入回归时产生的问题。假设消费函数中的干扰项突然增大。这直接增加了消费，又通过均衡条件提高了收入。可是收入在消费函数中是自变量。因此，消费函数中的干扰项与回归元是正相关的。干扰项的增加（直接引起消费的增加）伴随着收入的提高（同样意味着消费的增加）。然而，在估计收入对消费的影响时，OLS 技术将这两种消费增加（而不仅是后者）都归因于收入的伴随增加。这说明边际消费倾向的 OLS 估计量向上偏误，甚至是渐近的。

对这个估计问题的自然反应是建议求解联立方程并代入其简化形式。这意味着每个内生变量都用所有外生变量（还有这种条件下被视为外生变量的滞后内生变量）的一个线性函数表示。对于简单凯恩斯的例子，以上给出的结构方程可被求解并得到简化形式的方程

$$Y=\frac{a}{1-b}+\frac{1}{1-b}I+\frac{1}{1-b}\varepsilon$$

$$C=\frac{a}{1-b}+\frac{1}{1-b}I+\frac{1}{1-b}\varepsilon$$

可以写成更一般的形式

$$Y=\pi_1+\pi_2 I+v_1$$

$$C=\pi_3+\pi_4 I+v_2$$

其中 π 是等于结构形式参数的（非线性）函数的参数，而 v 是简化形式的干扰项，是结构形式干扰项的函数。

因为在简化形式中没有内生变量作为自变量出现，所以如果每个简化形式方程都用 OLS 估计，那么这些简化形式的参数 π 的估计量是一致的（而且如果外生变量中没有滞后内生变量，则这些估计量是无偏的）。经济理论告诉我们，这些简化形式的参数是和模型相关的长期乘数。若研究人员只对预测内生变量感兴趣，或只希望估计乘数的大小，使用这些估计量就可以。不过，若他的兴趣在于估计原方程的参数值（结构参数），那么简化形式参数的估计只有当它们能用来得到结构参数的估计时才有用（也就是说，获得结构参数估计的一种被推荐的方法是使用简化形式的参数估计来计算）。可是这并不总是可行的；该问题是看待识别问题的一种方式。

11.2 识别

如果你知道你对一个结构参数的估计实际上就是该参数而不是其他东西的一

个估计，那么这个参数就称作是识别的：识别就是指知道某些东西就是如你所指的。

识别问题是和联立方程系统相关的数学（相对于统计）问题。它与是否可能得到有意义的结构参数估计的问题有关。有两种基本的方式可描述这个问题。

（1）简化形式的参数能否用来推断结构参数的唯一值？一般来说，不同组的结构参数值能产生相同的简化形式参数，所以由简化形式参数的信息并不能断定那组正确的结构参数值是识别的。（因而名为"识别"问题。）代表联立方程系统的方程组可以乘上一个变换矩阵得到一组新的方程组，其中变量相同但参数不同而干扰项也被转换了。数学处理表明新的联立方程组的简化形式（即有一组新的结构参数）与原方程组的简化形式相同。这意味着如果知道了简化形式的参数，就不可能确定这两组结构参数中哪一组是"真的"。由于一般情况下存在大量的可能转换，在给定简化形式参数的条件下往往不可能识别正确的结构参数组。

（2）一个方程能区别于联立系统中所有方程的一个线性组合吗？如果能构造系统方程的一个线性组合，使其看上去像系统中的一个方程（从它们都包括和排除了相同变量的角度来说），那么估计方程的研究人员不知道他或她估计的参数是否与他或她想估计的方程的参数或线性组合的参数一致。一般而言是可能找到这样的线性组合的，因此通常不能识别正确的结构参数组。

若经济理论和外部信息能用来给联立方程组加上约束，识别问题就可以解决。这种约束有各种各样的形式（例如参数外部估计的使用、干扰项相对方差的信息、不同方程的干扰项零相关的信息等），但通常采用的约束具有称为零约束的形式，设定某些结构参数为零，也就是某些内生变量和外生变量不出现在某几个方程中。加入对结构参数的约束导致找到符合相同简化形式的结构方程的转换更加困难，因为转换必须保持约束。同样，约束的存在使找到一个不能区别于原方程的方程的线性组合更加困难。要是计量经济学家幸运，将有足够多这样的约束以致消除了所有可能的转换并且（等价地）不可能找到一个这样的线性组合。这种情况下结构参数就是识别的并因此能被估计出。

最初由 Working(1927) 分析的用来解释识别问题的一个中意的例子，是关于某种商品的写成了一般形式（数量是价格的函数）的供给和需求曲线的例子。这和均衡条件一起代表了一个联立系统，数量和价格的观测值反映了在每个观测时期两条曲线的相互影响。每一时期供给和需求曲线的位置通过按同时期各自干扰项的大小移动实际供给和需求曲线来决定。观测点可能是实际均衡点附近的一簇点，代表当供给和需求曲线相应于每个时期的干扰项随机跳动时它们的相互影响。这在图 11—1 中加以说明。图 11—1 (b) 中的数据散点表明不可能估计出供给或需求曲线。

供给和需求曲线包括和排除相同的变量，所以数量对价格的回归产生的估计可能是供给参数、需求参数或最有可能是这些参数组的某种组合的估计。

现在假定一个外生变量，例如收入水平，作为自变量引入需求函数，而且假设这个变量不出现在供给函数中（即供给函数中该外生变量的系数为零）。因此需求函数现在响应这个外生变量的变化而移动（在图 11—2 (a) 中形成 D_1，D_2，D_3 等），同响应干扰项的变化一样。这就产生了如图 11—2 (b) 所示的观测值的

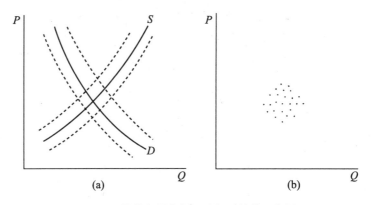

图 11—1　供给和需求都无法识别的第一个例子

散点。观测值的这些散点表明供给曲线可以从数据中估计出来（即它是识别的），但是需求曲线却不行（即它不是识别的）。这反映了实际上供给和需求曲线的任意组合都是一个看似需求曲线的方程，但找不到看似供给曲线的组合。不过注意，像这样的观测值散点并不一定对应于识别的情况；例如，供给曲线自己可能随着外生变量收入的变化而移动，如图 11—3 所示。这强调了外生变量一定不能影响供给曲线这种约束的作用；一般而言，只有通过一组合适的约束才能得到识别的结果。

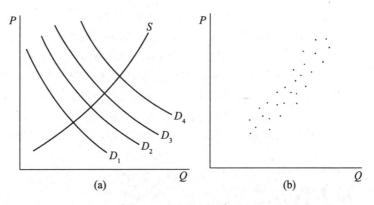

图 11—2　识别的供给曲线

在如前所述的简单例子中，检查识别并不难；可是在更加复杂的系统中，这并不容易。一般来说，计量经济学家如何知道他或她的联立方程系统是否包含了足够多的约束以避开识别问题呢？联立方程系统中的每个方程都可以分别检查以确定它的结构参数是否能够识别；这个事实使上述任务变得简单一些。数学研究指出，在结构参数零约束的情况下每个方程都能用一种被称为"秩条件"的准则来检查识别。不过结果发现这个准则很难运用（对这个准则进一步的讨论参见关于本节的技术性注释），所以一个称为"阶条件"的更简单的准则取而代之。这个准则只需要计算每个方程中包括和排除的变量（参见关于本节的一般性注释）。遗憾的是这种阶条件只是必要条件而非充分条件，所以从技术上说必须同时分析秩条件。然而，许多计量经济学家并不介意这样做；如果阶条件满足，就冒险认

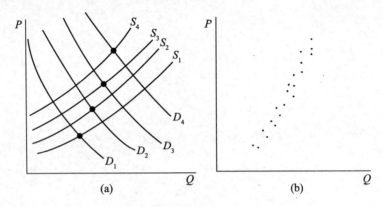

图 11—3　供给和需求曲线都无法识别的第二个例子

为秩条件也满足（通常是这样）。这种程序不被推荐。

若系统中所有方程都是识别的，那么就认为系统或模型是识别的。若只有一些方程是识别的，那么只有和这些方程有关的结构参数能被估计；和未识别的方程有关的结构参数都不能被估计；换言之，不存在估计这些参数的有意义的方法。使这些未识别方程的结构参数能被识别（因而能被估计）的唯一方法是通过强加更多的约束或使用更多的外部信息。当然，这些约束只有在被证明了有效性后才能强加。

如果方程是识别的，它可能是"恰好识别"或"过度识别"。当施加于模型的识别约束个数是识别方程所需的最低限度时，方程就是恰好识别的；当除了识别方程必需的最低限度外有额外的约束时，方程就是过度识别的。过度识别的情况看来是最普遍的。这种区别的适用性和估计量的选择有关。一些情况下，对恰好识别的方程使用复杂的估计技术与使用更简单（成本更小）的估计技术没有差别。一种技术（间接最小二乘［ILS］估计量）只能用于恰好识别的方程。关于联立方程条件下所使用的各种估计量的讨论应该阐明这一点。

11.3　单方程方法

本节介绍的估计量被称为"单方程"方法，因为它们被用来通过分别估计每一个方程（如果是识别的）来估计联立方程系统。11.4 节讨论的系统方法同时估计了系统中所有（识别的）方程；由于在估计每个参数时加入了系统中所有约束的信息，它们有时被称作"完全信息"方法。单方程方法只利用了被估计的特定方程中约束的信息，因此它们有时被称作"有限信息"方法。本节讨论五种单方程方法：

（1）普通最小二乘（OLS）。

（2）间接最小二乘（ILS）。

（3）工具变量（IV）。

(4) 两阶段最小二乘（2SLS）。

(5) 有限信息，最大似然（LI/ML）。

所有这些方法中，2SLS 是至今最受欢迎的。对其他方法的简要讨论为大体上观察 2SLS 和联立方程估计提供了一个有用的角度。

（1）普通最小二乘（OLS）

使用 OLS 估计量并简单地接受它的渐近偏误是可能的。可以从几个方面支持这种方法。

(a) 虽然 OLS 估计量有偏误，但是在小样本中所有替代估计量都一样。而且 OLS 估计量的方差小于其他替代估计量的方差。所以在小样本中 OLS 估计量很可能有最小的均方误差。但是蒙特卡洛研究表明这只有在很小的样本中才成立。

(b) 根据蒙特卡洛研究，OLS 估计量的性质相对于替代估计量对多重共线性、变量中误差或错误设定等估计问题的出现更不敏感，尤其在小样本中。

(c) 从用 OLS 估计联立方程模型得到的预测经常比用替代方法估计相同模型得出的预测更好。

(d) OLS 可以用作预备估计量或探索估计量。

(e) 若联立方程系统是递归的（在 11.1 节的一般性注释中介绍），那么当没有滞后内生变量和不同方程干扰项之间的相关性时，OLS 不再是渐近有偏的而是无偏的。这在 11.1 节的一般性注释中讨论。

（2）间接最小二乘（ILS）

假如我们想估计包含大约三个内生变量的结构方程。ILS 方法的第一步是估计这三个内生变量的简化式方程。如果讨论的结构方程恰好识别，那么只有一种从简化式参数估计中计算出合意的结构方程参数估计的方法。结构参数由简化形式的参数表示，而简化式参数的 OLS 估计被插入这些表达式以产生结构参数的估计。可是这些表达式是非线性的，因此简化式参数的无偏估计只能产生结构参数的一致而非无偏估计（回忆 2.8 节的技术性注释中关于这一点的讨论）。若方程过度识别，额外识别约束提供了另外的通过简化式参数计算结构参数的方法；所有这些方法都应该产生相同的结构参数值。但是由于简化式参数的估计并不包含额外约束，这些计算结构参数的不同方法产生了对参数的不同估计。（正如本节技术性注释所解释的，这是因为是无约束估计而不是参数实际值被用作这些计算。）因为没有方法确定这些不同的估计哪个最合适，所以 ILS 不用于过度识别方程。其他联立方程估计方法被设计来估计过度识别条件下的结构参数；其中许多被指出在恰好识别的方程中等价于 ILS，而在过度识别的方程中等价于 ILS 产生的不同估计的加权平均。

(3) 工具变量（IV）方法

如第 9 章所述，工具变量技术是一种适用于自变量不独立于干扰项的情况下的一般估计程序。如果联立方程中每一个作为回归元出现的内生变量都能找到适当的工具变量，那么工具变量方法就能提供一致估计。当然这种方法的主要问题就是寻找适当的工具变量；由于在联立方程系统中外生变量与内生变量有关（通过联立系统的相互作用），并且与干扰项无关（根据外生的假定），它们被视为最好的选择。

(4) 两阶段最小二乘（2SLS）

这种方法使用了"最优"工具变量，是工具变量技术的特例。如上所述，外生变量都是工具变量的良好选择，不过很难决定哪个是最好的。一个自然的建议是将所有外生变量混合形成一个复合变量作为"最优"的工具变量。一个好的工具变量是与它作为工具代替的回归元高度相关的。这就建议我们用作为回归元的内生变量对系统中所有外生变量回归，并用回归中得到的这些内生变量估计值作为必需的工具变量。（在所有外生变量的组合中，每个估计值都与内生变量有最高的相关性；从这个意义上说，估计值是"最优"的工具变量。）这定义了 2SLS 程序：

第一步：将作为被估计方程中回归元的每个内生变量对联立方程系统中的所有外生变量回归（即估计简化形式），再计算这些内生变量的估计值。

第二步：把这些估计值作为内生变量的工具变量或简单地将这些估计值和包括的外生变量用作 OLS 回归的回归元。（第二步的这两个版本将得到一致的系数估计。）

2SLS 估计量是合理的工具变量估计量，因此我们知道它是一致的。蒙特卡洛研究指出，在大多数标准下它的小样本性质优于其他所有的估计量。研究同样表明它是十分稳健的（也就是说，它合意的性质对多重共线性和设定误差等其他估计问题的出现并不敏感）。这些结果和它较低的计算成本，使得 2SLS 成为最受欢迎的联立方程估计量。由于它等价于恰好识别条件下的 ILS，2SLS 通常一律用于系统中所有识别的方程。

(5) 有限信息，最大似然（LI/ML）

该方法中，简化式参数的估计是通过最大化满足被估计方程中结构参数零约束的简化形式干扰项的似然函数而得到的。（只有对应于所讨论的结构方程中出现的内生变量的那部分简化形式才需要估计。）然后，这些简化式参数的估计像在 ILS 中一样被用来产生结构参数的估计；零约束已被加入了简化式估计，因此过度识别情况下多重 ILS 估计都是一样的。误差正态分布时，恰好识别条件下 LI/ML 和 ILS 以及 2SLS 是一样的。观察这个程序的一个替代（等价）方法是将它作为工具变量的一种应用：该方法得到的简化式参数估计用来计算被估计方程中包括的内生变量的估计值，也能依次作为 2SLS 程序中的工具变量。所以 LI/ML 估计量是一致的。

通常假设结构干扰项服从多元正态分布，这意味着简化形式的干扰项也服从多元正态分布。这种条件下 LI/ML 与本节技术性注释讨论的有限信息、最小广义方差（LI/LGV）和有限信息、最小方差比（LI/LVR）估计量是相同的。此外，这些估计量和碰巧有相同渐近方差—协方差矩阵的 2SLS 估计量至少与使用相同信息量的其他估计量一样渐近有效。（这是从最大似然性质中得到的。）

11.4　系统方法

系统估计程序将所有识别的结构方程作为一组一起估计，而不是分别估计每个方程的结构参数。这些系统方法在估计结构参数时利用了整个系统中所有的零约束信息，因此它们也被称作"完全信息"方法。它们的主要优势是，由于估计中加入了所有可用的信息，它们比单方程估计量有更小的渐近方差—协方差矩阵。不过出于同样的原因，若系统被错误设定（例如一个所谓的零假设是错误的），所有结构参数的估计都受到影响，而不像在单方程估计技术中只有一个方程中的结构参数估计受到影响。这一点和较高的计算成本是系统方法主要的缺陷。以下简要讨论两种主要的系统方法。

(1) 三阶段最小二乘（3SLS）

这种方法是 2SLS 的系统副本。它的结构基于对 2SLS 的一个替代解释：若一个单方程乘上（被转换）系统中所有外生变量的观测值矩阵的转置，对新（被转换的）关系使用 GLS 就得到 2SLS 估计。现在如果要估计的方程都被这样转换，一个接一个地堆叠，然后将这一堆写成单一的非常大的方程，那么对这个巨大的方程使用 GLS 应该能产生每个组成方程的 2SLS 估计。然而，由于这个巨大的方程的非球面干扰项加入了不同方程干扰项之间的非零相关性，这些估计可能不同于 2SLS 估计，而且更加有效。这定义了 3SLS 程序。

该巨大方程干扰项的方差—协方差矩阵被指出包括系统中所有外生变量的观测值矩阵和结构方程干扰项同期的方差—协方差矩阵。（这个矩阵的对角线上是每个方程干扰项的方差，而非对角线部分是方程干扰项之间的协方差。）前一个矩阵已知，而后一个需要估计（根据结构方程干扰项的估计）。3SLS程序总结如下：

第一步：计算识别方程的2SLS估计。

第二步：用2SLS估计去估计结构方程误差，再用这些去估计结构方程误差的同期方差—协方差矩阵。

第三步：对代表系统中所有识别方程的巨大方程运用GLS。

3SLS估计量是一致的而且一般而言比2SLS估计量更加渐近有效。如果不同结构方程的干扰项无关，那么结构方程干扰项的同期方差—协方差矩阵为对角矩阵，3SLS还原成2SLS。如果所有方程都恰好被识别，那么两种方法也没有差异。

（2）完全信息，最大似然（FI/ML）

这种系统方法对应于单方程方法LI/ML。该方法中所有简化形式的参数（而不只是那些对应于特定方程中包括的内生变量的参数）是通过在系统中所有结构参数的零约束下最大化简化形式干扰项的似然函数得到的。通常假设结构干扰项因而简化形式干扰项服从正态分布。在这个条件下，有相同渐近方差—协方差矩阵的FI/ML估计量和3SLS估计量至少与使用相同信息量的任何其他估计量一样渐近有效。（这根据最大似然的信息可以得出。）

一般性注释

11.1 引言

● 联立方程曾经是计量经济学的"面包和黄油"——它被视为计量经济学区别于传统统计学的主要特征。现在不再是这样了，可能是因为尽管OLS有缺陷，但在这种条件下仍表现得相对不错，不过更可能是因为计量经济学家必须使用的非实验数据产生了许多其他有趣的问题。对联立方程估计问题的强调的减少反映在计量经济学的教科书中，正如Buse（1988）所示："联立方程条件下如此彻底的失灵可能暗示着对联立方程模型的兴趣的普遍下降。这样的做法在别的地方有，但现在教科书对该模型的讨论看来更像是一种习惯而不需要考证。"

● 有许多理由批判联立方程模型。例如未能很有信心地看待宏观经济学理论；模型获得和运行的成本昂贵；预设时常不切实际，要求判断上的调整；置信区间看起来过分狭窄；等等。此外，一般均衡分析中所有经济变量都相互影响，因此许多人抱怨加在联立方程模型上以使其识别的约束是"不可信的"。这表示所有变量都是内生的，而唯一能被估计的方程是回归元/外生变量都是内生变量滞后值的简化式方程。这种观点产生了向量自回归（VAR）模型，成为时间序列背景下联立方程的一个替代。讨论参见第 19 章。

● Hausman 检验（对误差和回归元同期相关性的检验）用来检验变量的外生性/内生性，如第 9 章所解释的。从 5.2 节的技术性注释中可知有三类不同的"外生性"。

● 并不是所有的方程组都是联立的。一些方程可能是因为误差项相关而不是因为它们相互影响而被联系起来的。例如当这些方程是需求函数时，影响一种产品需求的冲击可能溢出并影响其他产品的需求。此时，利用单一（大的）回归将它们作为一组来估计应该能提高有效性。这一来自 Zellner（1962）的方法称为 SURE（表面无关回归估计）；技术性注释有相关描述。关于它的应用一个不错的例子是凭借相关的相互联系的投入需求方程组来估计超越对数之类的一般生产函数的参数；Berndt（1991，ch. 9）有关于这个例子的很好的阐释。Greene（2008，ch. 10）是回归方程系统极好的规范介绍，讨论了许多运用并解释了相关检验。

● 由于在确定内生变量当期值时内生变量的滞后值是给定的常数，因此它们被视为外生变量。出于这个原因，外生变量和滞后的内生变量时常被称为前定变量。如第 10 章介绍的，使用它们作为回归元产生了有偏但渐近无偏（假设误差无自相关）的简化式估计。在结构联立方程估计中这一点并没有得到关注，因为此时所有的估计量无论如何都是有偏误的；它们是根据各自的渐近性质而被选中的。

● 并不是所有的联立方程系统都要受本章所描述的联立方程估计偏误的影响。递归系统中的内生变量之间存在单向依赖性。该方程如此安排因而第一个内生变量只由外生变量决定，第二个内生变量只由第一个内生变量和外生变量决定，第三个内生变量只由前两个内生变量和外生变量决定，依此类推。一个内生变量不会对因果链中在它之前的内生变量有任何反向影响。例如，在递归系统中，第四个方程干扰项的变化会直接影响第四个内生变量，再依次影响系统中在它之后的内生变量，但不会影响在它之前的内生变量。由于只有排序较前的变量作为回归元出现在第四个方程中，该方程中的干扰项和回归元不存在同期相关性。若不同方程的干扰项无关，OLS 估计就是一致的，而且如果方程中的外生变量不包括滞后内生变量，它就是无偏的。

● 递归系统很少见，这里给出两个例子。乍看起来，它们似乎是递归供给和需求方程，两个例子都暗示联立方程组系统可能比之前强调的还要普遍。第一，考虑农产品市场，比如西瓜市场。供给似乎已经在前一年种植季的时候就被确定了，所以当前价格只影响需求而不是供给，这就构成了一个递归系统。但是，种植季行为只会影响潜在供给，而实际供给受当前价格影响，因为高价会诱使乡间瓜农采摘、运送更多的西瓜。Murray（2006a，p. 613）很好地阐述了这个例子。第二，考虑鲜鱼市场，市场供给由前夜捕捞量决定，所以当前价格看来只影响需求而非供给，这又构成了一个递归系统。但是，鱼在变质之前还能够存放三四天，所以鲜鱼市场的实际供给受存货影响。当价格高于寻常时，卖家就会提取更多存货以补足前夜捕捞量的缺口，来获得更多利润；当价格低于正常水平时，卖价就会收起前夜捕捞的一部分鱼，供之后价格上涨时再卖出。结果如同西瓜市场一样，当前价格既影响需求又影响供给。此时就出现了地地道道的联立方程组。Graddy 和 Kennedy（2007）讨论了这个例子。

● 把计量经济学技术应用到联立方程系统的估计中的相关问题的有趣讨论，参见 Kmenta（1972）。联立方程估计的应用中态度最明确的就是使用宏观计量经济学建模；相关历史参见 Bodkin et al.（1991），而美国宏观计量经济学模型的综述参见 Intriligator et al.（1996，pp. 432-453）。

11.2 识别

● Goldberger（1964，pp. 312-313）和 Greene（2008，p. 363）展示了转换结构参数如何生成一组新的有相同简化式参数的结构参数。

● 在经济学家意识到识别问题之前，农产品的需求研究都是用 OLS 进行的。不过，它们给出了不错的结果，因为需求曲线相对稳定而供给曲线却非常没有规律。这提供了如何用外部信息识别方程的例子。若供给和需求方程中都没有外生变量，但已知供给方程的干扰项相对需求方程的干扰项有更高的方差，那么数据观测值应该在和图 11—2 中描绘供给曲线相同的意义下描绘出需求曲线。因此，对干扰项相对方差的先验信息可以帮助识别。

● Smith（2001，p. 208）强调在对经济现象建模时必须仔细考量识别问题："虽然一般来说识别问题很直观，但在实践中是有效但让人头疼的事情。验证识别开始阶段就需要处理秩条件和阶条件，这令很多经济学家将识别看作复杂的技术问题，而非如何表述数据的问题。"

● 零约束作为一种识别方程的方法得到普及很可能源于这种方法更容易应用而且有正规的数学处理的事实。不过也存在其他的方法。Johnston（1984，pp. 463-466）和 Maddala（1977，pp. 226-228）讨论了对联立系统中当期方差—协方差矩阵的约束的使用（这个矩阵的对角线含有每个方程干扰项的方差，而非对角线部分是方程干扰项之间当期的协方差），Christ（1966，pp. 334-343）讨论了误差项范围约束的使用、两个误差项方差之比的信息以及两个方程误差项协方差的信息。Maddala（1977，pp. 228-231）对非同质约束、非线性及交叉方程约束进行了讨论。Greene（2008，pp. 365-370）有关于几种识别方法不错的规范阐释。

● Haynes 和 Stone（1985）声称在许多市场中数量在短期内趋于由需求决定，而价格趋于由供给决定。对需求曲线他们设定数量是滞后价格（在其他变量中）的函数，对供给曲线设定价格是滞后数量（在其他变量中）的函数，从而得到了一种解决这些类型的市场中的识别问题的方法。Leamer（1981）表明了如何将未识别的方程系数符号的信息——例如价格的斜率在需求曲线中为负而在供给曲线中为正——与逆回归一起估计系数值的范围，因而"部分"识别了方程。

● 教科书用许多不同（等价）的方式描述阶条件，都包括计算所包含的和所排除的不同类型的变量数量。这些方式中最好的就是检查是否有足够的外生（前定）变量从所讨论的方程中排除，从而给方程中每个作为回归元出现的内生变量都提供一个工具变量。（被排除的外生变量的数量必须不小于回归元中内生变量的个数。）Maddala（1977，p. 234）对为什么这种检查阶条件的方法优于其他方法给出了一些理由。Maddala（1988，pp. 301 - 304）清楚说明了检查秩条件的操作程序；Harvey（1990，p. 328）谈到："通常阶条件足够保证可识别性，而且即使注意秩条件是重要的，没有对其检验也很少导致灾难"。

● 如果有恰好足够的从方程中排除的外生变量可以充当方程中作为回归元出现的内生变量的工具变量，那么这个方程就是"恰好识别"的。如果有更多的被排除的外生变量，那么方程就是过度识别的。

● 过度识别可以认为是结构方程的设定将约束强加给简化形式的情况。

● 识别约束无法被检验（因为对有意义的估计它们必须被假设是有效的），不过正如技术性注释所解释的，过度识别的约束可以被检验。在进行这样的检验时，因为无法将过度识别的约束从识别约束中分离，所以通常拒绝过度识别的约束，而将怀疑转向识别的约束。怀疑论者可能会用这个事实解释为什么经济学家很少采用这个检验。Hausman（1983，pp. 430 - 435）回顾了可行的检验。Greene（2008，pp. 387 - 388）进行了规范的阐释。

11.3　单方程方法

● 联立方程估计量的小样本性质很少有人知道。不过有几个蒙特卡洛研究；综述参见 Challen and Hagger（1983，pp. 117 - 121）或 Johnston（1972，pp. 408 -420）。可惜只这些研究的结果并不能说明问题，主要因为这些结果为蒙特卡洛实验使用的模型设定所独有。此外，许多方法在一般估计标准下的表现对样本大小、设定误差、多重共线性的出现等很敏感，从这个意义上说，它们原来并不稳健。这导致难以得出关于许多联立方程估计量相对合意性的一般结论。可是，这些蒙特卡洛研究一致推崇 2SLS，因此许多计量经济学家一般推荐采用 2SLS。

● 研究人员使用联立方程估计量的渐近方差的估计来进行假设检验；虽然这些估计经常低估了实际的方差，但是其他替代方法没有被证明是更好的。参见 Maddala（1974）。Hsu（1991）发现这种条件下自举检验优于 F 检验。Wooldridge（1990）表明在使用 2SLS 时一般用来检验被忽略变量的 F 统计量需要修正。关于 SSE 变化的分子应该等于 2SLS 第二步生成的 SSE 的变化；分母 SSE 来自 2SLS 的残差。他同样介绍了 LM 检验。进行有约束的 2SLS，再将残差对无约束方程的解释变量回归，把所有内生变量替换成它们从简化形式得到的拟合值。NR^2 为检验统计量。Wooldridge（2002，p. 100）解释了如何获得 2SLS 估计的异方差一致标准差。

● 联立方程中的自相关误差在没有滞后内生变量的情况下会导致无效性，而在有滞后内生变量的情况下会导致非一致性。前一种情况中估计通过两步完成。在第一步，如 2SLS 的一致估计量用来得到在估计自相关系数时使用的残差；在第二步，变量被转换，而一致估计量被应用于被转换的估计量。后一种情况中必须将滞后内生变量当作内生的来对待。Fair（1970）主张对于严重的自相关误差，纠正该问题比纠正由联立产生的渐近误差更重要。Breusch 和 Godfrey（1981）很好地讨论了这种条件下对自相关误差的检验。Wooldridge（1991）提出了下面的检验。用 2SLS 估计，再将残差对所有解释变量（把任何内生变量替换成它们得自简化形式的拟合值）加上滞后残差回归。NR^2 为检验统计量，而自由度等于附加滞后残差的个数。

● 在大的计量经济学模型中，也许不可能应用 2SLS，原因是系统中的外生变量的数量超过了观测值的数量，因而无法计算简化形式（2SLS 的第一步）。通常通过在 2SLS 第一阶段使用少量主成分来代替所讨论的方程排除的外生变量来解决这个问题。参见 McCarthy（1971）。主成分是指经由线性组合能尽可能地抓住那些变量的变化的线性组合（参见 12.4 节）。如果执行了这个程序，就必须进行 2SLS 第二阶段的工具变量估计；第二阶段的其他变体将不再有效。

● 虽然 2SLS 第二阶段的两种版本得到了相同的系数估计，但它们产生了不同的方差—协方差矩阵估计。使用内生变量估计值而不是工具作为回归元的版本得到了方差—协方差矩阵的错误估计。这是因为它计算误差项方差估计所使用的残差是用估计的而不是实际的内生变量值计算的。

● 当 2SLS 应用于过度识别的方程时，从方程包含的内生变量中选择一个特殊的内生变量放在方程的左边，并给定系数 1。如果计量经济学家不确定这种设定并选择不同的内生变量来扮演这个角色，2SLS 程序将为相同的参数产生不同的估计（也就是说，在把系数 1 放在被选作左边变量的初始变量的重新标准化之后）。LI/ML 方法没有这种标准化问题；它生成了唯一的估计，位于不同可能的 2SLS 估计的极值之间。不过，不必将 2SLS 对标准化选择的敏感性视为一种劣势。可以主张这种敏感性使经济理论（通常建议一种特定的标准化）将一些额外信息注入估计程序中。对于恰好识别的方程不存在标准化问题。进一步的讨论参见 Fisher（1976）。

● 关于为什么大多数联立方程系统都用 OLS 或它的一些变体而不是本章介绍的更加精密的估计程序来估计，Challen 和 Hagger（1983，ch. 6）对其实践方面的理由（例如非线性、样本不足、自相关误差和计算成本）进行了极好的讨论。

11.4 系统方法

● 若结构方程干扰项的当期方差—协方差矩阵只是稍微异于对角矩阵或者样本数量太小以致它无法很好地估计，3SLS 的优越性就微不足道。遗憾的是，没有简单的法则能判定什么时候 3SLS 优于 2SLS。Belsley（1988b）建议使用各方程误差之间的当期相关矩阵的行列式、最小特征值或条件数量来指数化 3SLS 的潜在优越性，但是发现这些度量的临界值取决于问题的环境，例如样本大小、方程数量以及过度识别的程度（若所有方程都是恰好识别的，那么 3SLS 和 2SLS

是一样的）。一些操作人员使用单凭经验的方法，即如果两个方程的误差之间被估计的同期相关系数超过 1/3，那么 3SLS 更好。若没有交叉方程误差相关，或所有的方程都是恰好识别的，3SLS 就变成了 2SLS。

- 3SLS 和 2SLS 一样，是随标准化选择而变化的。
- 用初始的 3SLS 估计生成结构干扰项的新估计，再重复 3SLS 其余的计算，这样就能迭代 3SLS 程序了。"迭代 3SLS"估计量与原来的 3SLS 估计量有相同的渐近性质。蒙特卡洛研究并不能显示出它明显优于 3SLS。
- 如果有关于结构方程误差的同期方差—协方差矩阵的外部信息，或者有滞后内生变量，那么 FI/ML 就比 3SLS 更加渐近有效。
- 本章讨论的估计方法是被设计用来估计结构参数的。可是计量经济学家可能只对简化形式的参数感兴趣，这样他或她可以避免估计结构参数而简单地对每个简化形式的方程使用 OLS（即将每个内生变量对系统中所有外生变量回归）来估计简化形式的参数。然而，若一些结构方程是过度识别的，那么通过获得结构参数估计（加入了过度识别的约束）并用它们直接估计简化形式的参数，就能得到更有效的简化形式的参数估计。虽然这些得到的简化形式的估计有偏误（不过 OLS 简化形式的估计不是这样的），但它们是一致的，而且因为它们加入了过度识别的信息，所以比 OLS 简单形式的估计更加渐近有效。蒙特卡洛研究表明得到的简化形式的估计具有合意的小样本性质。当然，若过度识别约束是不准确的，OLS 简化形式的估计会更好；一种建议的检验过度识别约束的方法是通过将使用 OLS 简化形式的估计得到的预测和导出的简化形式估计进行比较。

技术性注释

11.1 引言

- SURE 包括将一组单独的方程写成一个巨大的方程。假设有 N 个方程 $Y_i = X_i\beta_i + \varepsilon_i$，其中下标 i 表示第 i 个方程。（这里每个 Y_i，β_i 和 ε_i 是向量；X_i 是数据矩阵。）这些方程写作

$$\begin{bmatrix} Y_1 \\ Y_2 \\ \vdots \\ Y_n \end{bmatrix} = \begin{bmatrix} X_1 & & & \\ & X_2 & & O \\ O & & \ddots & \\ & & & X_n \end{bmatrix} \begin{bmatrix} \beta_1 \\ \beta_2 \\ \vdots \\ \beta_n \end{bmatrix} + \begin{bmatrix} \varepsilon_1 \\ \varepsilon_2 \\ \vdots \\ \varepsilon_n \end{bmatrix}$$

或 $Y^* = X^* \beta^* + \varepsilon^*$。

现在如果我们允许方程间误差项存在同期相关性，例如第 i 个方程的第 t 个误差项与第 j 个方程的第 t 个误差项相关，那么 ε^* 的方差—协方差矩阵不是对角的。估计出这些误差相关性和对角线元素（使用分别估计每个方程得到的残差）

应该能估计 ε^* 的方差—协方差矩阵并且生成 β^* 的 GLS（EGLS）估计。Aigner（1971，pp. 197-204）有不错的规范阐释。如果（a）X_i 都一样或者（b）ε^* 的方差—协方差矩阵是对角的，那么该过程无法获得任何结果（因为 SURE 变得和 OLS 一样）。Kmenta 和 Gilbert（1968）发现如果误差是正态分布的，迭代 SURE（使用最近的 SURE 系数估计重新估计 ε^* 的方差—协方差矩阵）将得到最大似然（MLE）估计。

Breusch 和 Pagan（1980）提出了检验这种方差—协方差矩阵是否为对角矩阵的一种 LM 检验。估计通过 OLS 得到的第 i 个和第 j 个残差的相关系数。样本数量乘以所有这些估计相关性的平方和服从自由度为相关性个数的 χ^2 分布。与其相当的似然比统计量等于样本数量乘上 OLS 方差估计的对数之和与同期方差—协方差矩阵无约束最大似然估计的行列式的对数之差。

Wooldridge（2002，p. 160）解释了如何计算 SURE 方差—协方差矩阵的异方差稳健估计。

● Beck 和 Katz（1995，1996）断言由于对同期方差—协方差矩阵估计不足，SURE 在许多应用中表现得十分拙劣。实际上如果 N（方程数量）大于 T（每个方程中的观测值数量），那么被估计的矩阵就不能求逆，从而无法计算估计量及其方差。而且若 T 只是稍微大于 N，那么尽管估计是可能的，它还是不可靠的。同期的方差—协方差矩阵有 $N(N-1)/2$ 个独特关系、NT 个观测值，因此每个关系只能由 $2T/(N-1)$ 个独立观测值来估计。除非 T 相对 N 非常大，Beck 和 Katz 建议使用 OLS 而非 EGLS，因为这样做能避免对这种估计不足的矩阵求逆。作为推论，他们建议使用 OLS 方差—协方差矩阵的稳健估计；该矩阵源自 GLR 模型条件下 OLS 的单方程方差—协方差矩阵的一种明显的一般化，在第 8 章的技术性注释中表示为 $(X'X)^{-1}X'GX(X'X)^{-1}$，其中 G 是误差项的方差—协方差矩阵。他们的论证同样让他们推荐通过滞后因变量而不是自相关误差来建立动态模型。

11.2 识别

● "无法找到线性组合"这种对识别的观点可用来非正式地检验阶条件满足时的秩条件。观察方程系所包含和所排除的变量的类型有时可以证实：

（a）不可能在系统中构造方程的一个线性组合使其看上去像要检验识别性的方程；

（b）明显可能这样做；

（c）只有当系统中的参数值之间存在特定的（而且不太可能的）关系时才可能这样做。

下面给出这三种情况的例子。若计量经济学家并不确信他对线性组合可能性的观察是适当的，他可以正式地检验秩条件：与所讨论方程排除的所有变量有关的参数矩阵（来自所有方程）的秩一定比系统中的方程数量小 1。

● 情况（a）的例子。假设我们有由以下两个方程组成的模型，其中 y 是内生变量，x 是外生变量，θ 是参数。（为简化起见，忽略常数项、误差和标准化选择。）

$$y_1 + \theta_2 y_2 + \theta_3 x_1 = 0$$
$$y_1 + \theta_5 y_2 = 0$$

第二个方程由阶条件识别，而且明显不能用这些方程组成一个类似第二个方程的新方程；秩条件必须满足。这是图 11—2 所示的例子。

● 情况（b）的例子。假设在之前的例子中加入第三个方程，导入新的内生变量 y_3 和外生变量 x_2。现在第一个方程满足阶条件（由于系统中额外外生变量的加入）。可是第一个和第二个方程之和形成了包括与第一个方程变量相同的方程，所以这个方程无法满足秩条件。一般来说，只要一个方程中包含的所有变量是另一个方程中包含的变量的子集，那么就会产生这种问题；这通过观察可以很简单地检查出来。

不过，并不是情况（b）的所有例子都这么容易检查。考虑以下有四个方程的例子：

$$y_2 + \theta_2 y_3 + \theta_3 x_1 = 0$$
$$y_1 + \theta_5 y_2 + \theta_6 y_4 + \theta_7 x_1 = 0$$
$$y_1 + \theta_9 y_3 + \theta_{10} x_2 + \theta_{11} x_3 = 0$$
$$y_1 + \theta_{13} y_3 + \theta_{14} y_4 + \theta_{15} x_1 = 0$$

第二个方程满足阶条件，但如果第一个方程减去 θ_2 / θ_{13} 倍的第四个方程，得到的新方程就和第二个方程包含和排除的变量相同，因此该方程不满足秩条件。

● 情况（c）的例子。假设我们有如下的三方程模型：

$$y_1 + \theta_2 y_2 + \theta_3 x_1 = 0$$
$$y_1 + \theta_5 y_3 + \theta_6 x_2 = 0$$
$$y_1 + \theta_8 y_2 + \theta_9 y_3 + \theta_{10} x_1 + \theta_{11} x_2 = 0$$

第一个方程由阶条件识别。若碰巧 $\theta_5 = k\theta_9$ 而且 $\theta_6 = k\theta_{13}$，那么第二个方程减去 k 倍的第三个方程（即第二个和第三个方程的特殊的线性组合）将产生一个和第一个方程有相同的所包含和所排除的变量的方程；秩条件无法满足。实践中通常忽略第三种情况，因为参数真实值以该种方式发生关联的可能性几乎为零。

● 第 9 章详细讨论了过度识别限制的检验方法。由于计算方便，Sargan 检验的 LM 变形很适用于联立方程组。通过有效的单方程估计量（如 2SLS）得到残差，然后将其对所有此前确定的模型变量进行回归。所得 R^2 乘以样本大小渐近服从自由度等于过度识别条件个数的卡方分布（即方程外预先确定的变量个数减去回归元中内生变量的个数）。

对于整个联立方程系统的过度识别约束的最简单的检验就是 LR 检验。获得简化形式的残差及利用一种有效的系统估计的方法导出的简化形式的残差后，使用这些残差估计各自的简化形式误差的当期方差—协方差矩阵。样本大小乘以这些估计矩阵行列式的对数之差服从自由度为过度识别约束总数的卡方分布。关于这两种检验的讨论参见 Greene（2008，pp. 387 - 388）。

11.3 单方程方法

● 参照图 11—2 所示的例子，考虑用间接最小二乘对恰好识别的供给方程进行估计。为简化起见，忽略常数项，假设需求方程可写成 $q=\beta p+\gamma y$，其中 q 为数量，p 为价格，y 是收入（外部决定的）。供给方程写成 $q=\delta p$。求解这些方程得到简化形式，我们有

$$p=\frac{\gamma}{\delta-\beta}y=\pi_1 y$$

$$q=\frac{\gamma\delta}{\delta-\beta}y=\pi_2 y$$

这些简化形式的方程的 OLS 估计产生了 π_1 和 π_2 的无偏估计 b_1 和 b_2。由于 $\pi_2/\pi_1=\delta$，b_2/b_1 是 δ 的 ILS 估计；该估计是有偏的，因为 b_2/b_1 是 b_1 和 b_2 的非线性函数，但它是一致的。

现假定引入一个附加的外生变量——广告，它影响需求但不影响供给（例如，加入一个别的过度识别约束：供给方程中广告的系数为零）。需求方程现在写为

$$q=\beta p+\gamma y+\theta a$$

其中 a 是广告。简化形式的方程变成

$$p=\frac{\gamma}{\delta-\beta}y+\frac{\theta}{\delta-\beta}a=\pi_1 y+\pi_3 a$$

$$q=\frac{\gamma\delta}{\delta-\beta}y+\frac{\theta\delta}{\delta-\beta}a=\pi_2 y+\pi_4 a$$

这些简化形式的方程的 OLS 估计产生了 π_1，π_2，π_3 和 π_4 的无偏估计 π_1^*，π_2^*，π_3^* 和 π_4^*。由于 $\pi_2/\pi_1=\delta$ 和 $\pi_4/\pi_3=\delta$，存在 δ 的两个不同的 ILS 估计，即 π_2^*/π_1^* 和 π_4^*/π_3^*。只有当 π 的估计包含了零约束时，δ 的这两个估计才会相等。

在图 11—2 中我们看到识别是可能的，因为由收入改变引起的需求曲线的移动描绘出了供给曲线。有了额外的外生变量——广告，我们现在发现供给曲线同样通过由广告支出的变化引起的需求曲线的移动被描绘出来。因此间接最小二乘法包括两种估计供给曲线的路径：由收入变化产生的供给变化或由广告变化带来的供给变化，这阐明了过度识别的现象。

● 若干扰项服从正态分布，那么 LI/ML 方法等同于有限信息、最小方差比（LI/LVR）方法。在这种方法中，我们改写要估计的结构方程，使得方程中的所有内生变量都在左边而所有包括的外生变量及干扰项在右边。假设为包括的内生变量的参数选定一组特殊值，再计算一个混合内生变量。这个混合内生变量是所包括的外生变量的线性组合加上干扰项。这个混合内生变量对方程所包含的外生

变量回归得到的残差平方和，应该只是稍微大于将它对系统中所有外生变量回归得到的残差平方和，因为方程中不包括的外生变量应该没有多少解释力。LI/LVR选定所包括的内生变量的（结构）参数以最小化前后两个残差平方和之比。这个比值称为方差比；因而得名"最小方差比"。计量经济学家用数学推导出一种这样做的方法，通过这一方法，搜寻所有可能的被包括的内生变量参数组的值就不是必需的了（参见 Wonnacott and Wonnacott，1970，pp.376-379）。一旦找到被包括的内生变量的参数估计，混合内生变量就能通过简单地对所包括的外生变量回归来寻找这些外生变量的（结构）参数估计。这种方法被指出等同于有限信息、最小广义方差（LI/LGV）方法（以下讨论）以及 LI/ML 方法。不过，在计算上 LI/LVR 方法比其他的方法简单，因此在实践中大多使用的就是这种方法。然而，它的计算成本要高于 2SLS。

● 有趣的是，2SLS 被指出最小化了最小方差比的分子和分母之差。

● 若被排除的外生变量实际上都有零系数，那么最小方差比应该只是稍微超过 1。当一些被排除的变量本应被包括时，这个比值将明显超过 1。对过度识别约束的检验正是基于这种想法。一种替代的检验基于该比值的分子和分母之差。参见 Murphy（1973，pp.476-480）。

● 当干扰项服从正态分布时，LI/ML 方法同样与有限信息、最小广义方差（LI/LGV）方法相同。该方法像 LI/ML 一样是基于以下想法：如果简化形式的参数估计包含了方程中结构参数的零约束，那么就可以对过度识别的方程使用 ILS。要将这些零约束加入简化形式的参数估计，简化形式的参数就必须按一组方程（只包括对应于所估计的结构方程中出现的内生变量的简化式方程）而不是单个方程进行估计。在估计单一方程时残差平方和经常被最小化；可是，在同时估计一整组方程时，并不明确什么会被最小化。这组方程干扰项的同期方差—协方差矩阵估计可以用来解决这个问题。该矩阵的对角线上是每个方程的残差平方和，而非对角线位置上是不同方程干扰项的交叉乘积之和，并且每个元素都除以样本数量。同期方差—协方差矩阵的行列式称为广义方差。LI/LGV 在受到被估计方程中结构参数的零约束下最小化了广义方差。这样得到的简化式参数的估计也许可以用来估计结构参数；现在这可以不管过度识别而进行，这是因为过度识别的约束已经包含在简化形式的参数估计中。

● 将被估计的简化式干扰项的同期方差—协方差矩阵的迹（对角线元素之和）而不是它的行列式减到最小可能看起来更自然，因为前者更符合最小化残差平方和的想法（也就是说，最小化矩阵的迹将使每个方程的残差平方和之和最小化）。然而，这种方法存在缺陷，正如 Wonnacott 和 Wonnacott（1977，pp.365-371）曾经提到过的那样。

● 若是没有约束，最小化广义方差等价于最小化与各独立的简化式方程相关（即对每个方程分别使用 OLS）的残差平方和。

● 许多联立方程估计技术可以理解为对作为回归元出现的内生变量使用工具变量。OLS 技术可被认为是使用内生变量自身作为工具变量；2SLS 技术将通过简化形式的估计计算得到的内生变量值用作工具变量。k 阶估计量使用通过 OLS 和 2SLS 技术所用的工具变量的加权平均计算得到的工具变量。权重因子为 k；当

$k=1$时 k 阶估计量等同于 2SLS，而当 $k=0$ 时它等同于 OLS。若 k 等于来自 LI/LVR估计量的方差比，那么 k 阶估计量就等同于 LI/ML，LI/LVR 和 LI/LGV 估计量。如果随着样本数量趋于无穷，k 的极限为 1（正如方差比的值），那么 k 阶估计量是一致的而且与 2SLS，LI/ML，LI/LVR 及 LI/LGV 估计量有相同的渐近方差—协方差矩阵。

● 固定点和迭代工具变量方法（参见 Dutta，1975，pp. 317 - 326）是迭代程序，其中结构参数的初始估计用来产生内生变量的估计，后者依次经由 OLS 或 IV 程序产生结构参数的新估计。不断重复该过程直到实现收敛。这些迭代技术的扩展在 Giles（1973，pp. 74 - 79）的研究中有讨论。这些迭代技术在估计非常大的联立方程系统时很有价值。

11.4　系统方法

● 本章讨论的系统方法假定在每个单独的结构方程中干扰项是球状的，不同时期不同方程中的干扰项是独立的，而且每个时期的同期方差—协方差矩阵是相同的。（对横截面数据，谈到的"时期"必须替换成"个体"或"公司"，或任何相关的。）Turkington（1989）归纳了 Breusch 和 Pagan（1980）检验以检验联立方程中而非 SURE 条件下误差的同期相关性（即检验完全信息估计技术是否合理）。

● 当误差服从正态分布时，FI/ML 方法等价于完全信息、最小广义方差（FI/LGV）、LI/LGV 的系统副本。这种方法中，对所有的简化形式的方程（不只是那些对应于特殊方程中包含的内生变量的方程）做如下估计：在服从所有结构方程的零约束条件下最小化简化形式的干扰项的同期方差—协方差矩阵估计的行列式。

第 12 章　违反假设七：多重共线性

12.1　引言

　　经典线性回归（CLR）模型的第五个假设规定自变量之间没有明确的线性关系而且观测值至少要与自变量一样多。如果该假设有一半被违反了，就不可能机械地计算出最小二乘（OLS）估计；也就是说，估计程序简单地因为数学上的原因而中断了，就好像有人尝试把零当做除数。计算机将可能输出对话框，提示"近似为奇异矩阵"。奇异矩阵不能求逆；在 OLS 公式中，矩阵 $(X'X)$ 必须求逆。

　　这两种情况都很少见。大多数经济学家意识到不可能用少于 n 个数去估计 n 个参数值，并且因此确保他们的样本数量大于估计的参数数量。实际上，他们通常想获得可用的最大样本数量，因为一般自由度越大，估计的方差越小。自变量之间明确的线性关系通常只出现在研究人员构造的数据中（一般在包含虚拟变量的例子中，而相应的例子在第 15 章）；只要谨慎，这是可以避免的，或者当计算机拒绝运行回归时可以重新用公式表示回归问题。原始数据中存在明确的线性关系确实是种意外。

　　然而，很可能存在自变量之间的近似线性关系——实际上，这种近似关系在经济变量中十分常见。时常有人诙谐地说，当一位计量经济学家希望通过将因变量对一些自变量回归找到牢固的关系时，地球上其他地方的另一位计量经济学家很可能将这些自变量中的一个对其他一些自变量回归并且希望说明它们之间有很强的线性关系。虽然当这些自变量高度相关时（即近似线性相关）估计程序并不会中断，但是一些估计问题产生了。多重共线性就是这种现象的名称。尽管技术上第五个假设只在有明确的多重共线性（一些回归元之间明确的线性关系）的情况下才被违反，但多重共线性的出现（一些回归元之间近似的线性关系）产生的问题足够重要以致我们有正当理由将此视为对 CLR 模型的违背。

多重共线性不依赖任何回归元间的任何理论或实际上的线性关系；它依赖于手边数据集中近似线性关系的存在。不像大多数其他的估计问题，该问题是由特定的可用样本引起的。数据中多重共线性的产生有几种原因。例如，自变量也许有相同的时间趋势，一个自变量可能是趋势中另一个自变量的滞后值，一些自变量可能由于数据不是从足够大的基数中收集的从而一起变化，或者实际上在一些回归元之间存在某种近似关系。若经济学家能从对照组的试验中收集数据，那么通过合适的实验设计就能消除多重共线性问题——自变量的观测值将被构造以实现正交（相对于共线）。可是，经济学家几乎从来就没有进行过对照组的实验，因此有时必须担心他们的数据中多重共线性的影响。

12.2 后果

面对多重共线性，OLS 估计量仍然无偏而且实际上还是最佳线性无偏估计（BLUE）。R^2 统计量不受影响。实际上，由于所有的 CLR 假设（严格意义上说）还是满足的，OLS 估计量保留了它所有合意的性质，如第 3 章所提到的。多重共线性主要的不尽如人意的后果是共线变量的参数的 OLS 估计的方差相当大。产生这些大方差的原因是面对多重共线性，OLS 估计程序并未赋予变量足够的独立变化以确定地计算它对因变量的影响。结果，样本中这种不合意性质的后果无法同数据库中回归元变化不足的后果区分开；这是对多重共线性的一种解释，但遗憾的是至今未被操作者充分了解。

考虑因变量对两个高度相关的自变量回归的情况。两个回归元中的变化可以分为三类：第一个回归元独有的变化，第二个回归元独有的变化以及二者共同拥有的变化。在测量第一个回归元对因变量的影响时（即估计它的系数）只能使用第一个回归元中该回归元独有的变化；不能用第一个回归元中它与第二个回归元共同拥有的变化，因为没有方法分辨因变量的变化归因于第一个回归元还是第二个回归元的变化。在计算第一个回归元系数的 OLS 估计值时 OLS 程序只使用第一个回归元独有的变化；在计算第二个回归元的系数估计值时它只使用第二个回归元独有的变化。为了计算系数估计值，共同拥有的变化被忽略。（不过它用于预测以及计算 R^2，系数估计出来后可以进行计算。）若回归元高度相关，大多数它们的变化都是二者共同拥有的，而很少有各自独有的变化。这表示 OLS 程序在进行系数估计时几乎没有信息可用，就好像它只有很少的样本数量，或在自变量变化很小的样本中。任何基于极少信息的估计都不可靠——它有很大的方差。自变量之间的相关性越高（多重共线性越严重），OLS 估计量计算参数估计时能使用的信息就越少，因而方差越大。

从另一个角度来看这个问题，考虑被消除的信息。它包括由两个回归元共同拥有的变化解释的因变量的变化。若这种共同解释被发现来源于某个而非另一个回归元，两个回归元的系数估计可能不得不明显地改变。但是这种共同解释在两个回归元之间的分配是未知的。正是这种关于哪个变量应该得到对因变量中联合解释变化的信任的不确定性，产生了对被估计系数的实际值的不确定性，因而导致它们的估计有更大的方差。

大方差意味着参数估计是不准确的（它们未提供给研究人员以可靠的参数估计）而且假设检验是无效的（无法拒绝关于参数值不同的假设）。作为例子，考虑图 12—1 所示的情况。两个参数估计的置信椭圆（回忆 4.4 节）又长又窄，而且是倾斜的，反映了回归元的共线性。如果共同变化对因变量的影响实际上来自第一个回归元，那么 β_1 较大而 β_2 较小，表示一组实际参数值位于椭圆的右下方。如果影响来自第二个回归元，β_2 较大而 β_1 较小，表示一组实际参数值位于置信椭圆的左上方。两个估计量之间存在较大（负）的协方差。图 12—1 中覆盖了部分纵轴和横轴，表示不能拒绝单独的假设 $\beta_1=0$ 或者 $\beta_2=0$。但椭圆没有覆盖原点，所以可以拒绝 β_1 和 β_2 都为零的联合假设。虽然研究人员知道这些变量中至少有一个是有关的，但是若没有经济理论的合理引导就很难确定正确的设定。所以多重共线性的第二个后果就是它容易产生设定误差（在这种条件下这是十分严重的）。

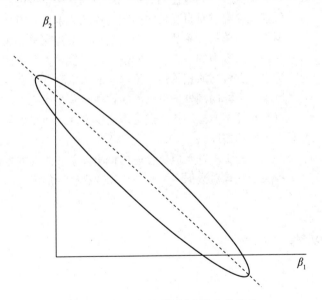

图 12—1　共线性引起的大的负协方差

12.3　检测多重共线性

许多争论都是关于检测多重共线性存在的问题的，或更确切地，关于测量数据共线性程度的问题。一个原因是许多提出的检测方法不合适而且已被合理地批判了。但有一个更重要的原因。对不合意的大方差唯一的补救是在估计程序中加入一点附加的信息。不管这些不合意的大方差是源于多重共线性还是源于数据集中回归元的变化不足，这种补救都是一样的。若系数估计的大方差源于共线性或者源于数据中的变化不足并无差异，何必费劲设法检测多重共线性呢？这是一个棘手的问题。对此一般的反应是，通过检测多重共线性存在的努力，研究人员也许会被引导去明确地考虑（比其他类型的额外信息）更可能降低所讨论的方差的额外信息。另一方面，他或她由于相同的原因也许会被引导更快地加入错误的信息。记住这种观点对任何时候应用检测多重共线性的方法都是重要的。

只要当研究人员假设的符号无法在回归结果中找到时，当他们认为的十分重要的先验变量 t 值不显著时，当 t 统计量较低的变量有较大的联合 F 统计量时，或者当只要删除一个解释变量或一个单独观测值各种回归结果就有实质上的改变时，他们就一般会断言多重共线性在发挥作用。遗憾的是，这些条件对共线性的存在既不必要也不充分，而且不能提供任何关于可能需要哪种额外信息以解决他们所描绘的估计问题的有用信息。

检测多重共线性的另一种普遍的方法是通过使用相关矩阵。大多数回归软件包都能给出成对自变量之间的简单相关系数的矩阵。非对角线元素包含对给定数据集的简单相关系数；每个变量都与本身完全相关，因此对角线元素都为 1。这些相关系数中的一个较大的值（绝对值约为 0.8 或 0.9）表示它涉及的两个自变量之间有较高的相关性。该方法的确检测了两个特定变量之间的共线性，从而暗示了什么样的额外信息（例如这些变量的系数之一为零）对解决问题最有帮助；可是它并不能检测三个或更多的变量共线而其中任意单独的两个都没有表现出高相关性的情况。

一种更不普及但更合适的检测多重共线性的方法是利用数据的病态指数，一种关于估计对数据中一个小波动的敏感性的测量。参见一般性注释。

12.4　对策

研究人员面对多重共线性时有两种基本的选择。

(1) 不采取任何措施

数据集中多重共线性的存在并不一定表示研究人员感兴趣的系数估计有不能接受的大方差。一个经典的例子就是估计柯布-道格拉斯生产函数：投入的资本和劳动力高度相关，但却获得了不错的估计。这引出了经验法则，"若回归中的R^2超过将任意自变量对其他自变量回归得到的R^2，那么不用担心多重共线性。"有时使用另一个经验法则，"当t统计量都大于2时不用担心多重共线性"。

采用不行动的做法的第二个原因由图12—1阐释。从该图中可以清楚地看到，尽管β_1和β_2的估计的方差很大，但虚线给出的β_1和β_2的线性组合的估计的方差却较小。因此，如果研究人员的兴趣在于这种线性组合，就不必关注多重共线性。例如当被估计的方程用于预测的目的而且多重共线性形式被认为在所要预测的环境中很有效时，这就可能发生。

(2) 并入附加信息

这里有几种可能性，而它们中的大多数即使在没有多重共线性时也应该被考虑。

(a) 获得更多的数据。因为多重共线性问题本质上就是数据的问题，所以附加的不包括多重共线性特征的数据就能解决这个问题。甚至得到额外的有相同多重共线性特征的数据也有帮助，因为更大的样本数量会提供一些额外的信息，从而帮助降低方差。

(b) 形式化回归元之间的关系。如果相信多重共线性不是来自不合适的数据集，而是来自一些回归元之间实际的近似线性关系，那么这种关系的形式化估计就能在联立方程估计问题的背景下进行。

(c) 设定一些回归元之间的关系。经济理论也许会提出两个参数应该相等，几个弹性之和应该为1，或估计方程中一些参数之间通常存在特定的关系。加入这些信息，经由第13章讨论的方法，将减少估计的方差。作为例子，考虑设定滞后结构的系数采用Koyck分布滞后的形式（即它们几何下降），如第10章所讨论的。

(d) 放弃一个变量。一种避免多重共线性问题的普遍的方法就是简单地忽略一个共线的变量。如果所估计的方程中该变量的实际系数为零，这就是正确的做法。可是，如果该变量的实际系数不为零，那么将产生设定误差。正如6.2节所示，忽略一个相关变量时其余变量参数的估计会产生偏误（除非某些剩余变量与被忽略的变量无关，这样它们的参数估计仍然无偏）。这里的实际问题是计量经济学家通过放弃一个变量所减少的剩余估计的方差是否足以弥补因此引入的偏误。这表明在实施放弃一个变量的决定时要使用均方误（MSE）标准。不能傲慢地采用这种方法，因为正如 Drèze（1983，p. 296）所提到的，"由于一个系数被不准确地估计而将它设为零，相当于由无知上升为傲慢"。

（e）加入来自其他研究的估计。如果能得到多重共线性中所包含变量的系数的外部估计，它就能经由第 13 章介绍的混合估计技术而被使用，从而减轻由多重共线性引起的高方差问题。不过，如果这样做，就一定要谨慎以确保外部估计是相关的。例如，来自横截面研究的估计有时用于减轻时间序列的多重共线性，可是横截面估计涉及许多参数的长期形式，而不是与时间序列研究有关的短期形式。

（f）构造主成分。共线的变量可以被聚集在一起形成能单独代表这组变量的混合指数。只有当混合体中包括的变量有某种有用的联合经济解释时才应该构造这样的混合变量；否则实证的结果几乎没有意义。例如，在进行关于销售活动对消费需求的影响的研究时，研究人员可能发现代表销售活动不同纬度的变量高度共线；这些变量的某种组合可以欣然地认为是"销售变量"，而且它在模型中的使用不会混淆实证结果的含义。如果由主成分联合的变量没有用统一的单位测量（例如销售开支的美元），这种方法就很难被证明是有效的。构造这样的混合指数最普遍的方法是使用所讨论变量的第一个主成分。

（g）使用因子分析。因子分析产生了极其高度相关的变量的线性组合。例如，假设问卷中 3、7、8 号问题的答案相互高度相关，但并不与其他问题的答案高度相关。例如 3、7、8 号问题可能都与企业家有关，而其他问题涉及商业敏锐性的其他维度。因子分析找到这些高度相关的变量并构造它们的一个线性组合；研究人员希望该线性组合能被认为是代表了某种未测量的因素。例如，按照 3、7、8 号问题的答案的线性组合生成的因素可以称为"企业家能力"。其他组答案可以提供其他的因子。这样，大量可能的解释变量减少为少量因子，而高度共线的变量都合并了。

（h）缩小 OLS 估计。通过将 OLS 估计向零向量缩小，研究人员可能减小估计的风险（每个单独的参数估计的 MSE 之和）。含蓄地说，这等价于加入了特别随机的先验信息——实际的 β 接近于零向量。这样做的两种最普遍的方法是岭估计量和 Stein 估计量。见一般性注释。

一般性注释

12.2　后果

● Leamer（1983b，pp. 300－303）强调了不能将作为弱显著（weak evidence）（大方差）的原因的共线性与数据变化不足区分开的事实。Goldberger（1989，p. 141）推测实践者看上去并不理解这一点的原因是因为对于"小样本数量"没有奇特的多音节名称。他建议使用术语"微数缺测性"，而且为如何将多重共线性的所有病症和表现用"微数缺测性"来描述提供了非常有趣的说明。所有这些都在 Williams（1992，p.81）中得以简洁地总结："经济学教科书的价值与多重共线性的技术资料趋向于反相关。"

● 维恩图简明地描绘了多重共线性的现象。考虑图 3—2，在第 3 章的一般性注释中。多重共线性由 X 和 Z 环之间巨大的重合部分表示。这可以在损失蓝色或绿色区域的条件下产生一个较大的红色区域。这些蓝色和绿色区域反映了用于估计 β_X 和 β_Z 的信息；由于使用了更少的信息，这些参数估计的方差更大了。然而，蓝色和绿色部分的确分别代表被解释变量中对应来自解释变量 X 和 Z 的变化，所以 OLS 估计是无偏的；只有方差受到共线性的影响。

● 除了导致系数估计的大方差外，多重共线性还与不合意的问题有关，基于数据矩阵的计算对数据矩阵中微小的变化是不稳定的，例如增加或减少一个观测值将导致参数估计较大的变化。Beaton，Rubin 和 Barone（1976）提供了相关的例子，他们通过加入−0.5～+0.5 之间的随机数字打乱了一组共线数据（也就是说，他们在公布的最后一位外增加了取整的误差）。这些微小的打乱彻底改变了大多数的参数估计。从这方面看，往估计程序中并入附加信息和减小方差都趋向于使估计稳定。

12.3　检测多重共线性

● Belsley（1991）用说服的方式提倡使用病态指数检测多重共线性。Hill 和 Adkins（2000）有相同观点。病态指数是 $X'X$ 特征根中最大的和最小的之比的平方根；在技术上，这是对 $X'X$ 与奇异矩阵（完全多重共线性）接近程度的测量。在计算病态指数前必须将数据调整为单位长度，但不要中心化（中心化将用常数掩盖共线性）。作为一种单凭经验的方法，大于 30 的病态指数表示强共线性；一种非正式的解释是数据中 1% 的变化将引起系数估计中（病态指数）% 的变化。

● 相关矩阵的逆同样用于检测多重共线性。该矩阵的对角线元素称为方差膨胀因子，VIF_i。它们由 $(1-R_i^2)^{-1}$ 给出，其中 R_i^2 是从第 i 个自变量对所有其他的自变量回归得到的 R^2。较高的 VIF 表示 R_i^2 接近 1，从而暗示着共线性。一种解释是，它是对由第 i 个系数估计与其他解释变量线性相关引起的该估计的方差增加（相对于没有共线性的情况）数量的度量。作为一种单凭经验的方法，对于标准化数据 $\text{VIF}_i > 10$ 表示有害的共线性。

● Farrar 和 Glauber（1967）提出的多重共线性检测方法受到了不应得的欢迎。对这些方法的批判的总结，参见 Belsley, Kuh and Welch（1980，pp. 93 - 95）。

● Belsley（1984b）注意到中心化数据（将它们表示为对均值的偏离）会产生没有意义和误导的共线性诊断。也可参见 Belsley（1986a）。

12.4 对策

● Blanchard（1987，p. 449）提出了一种关于对多重共线性"不采取任何措施或并入附加信息"的方法的有用观点：

> 当学生在进行第一次最小二乘回归（OLS）时，他们通常遇到的第一个问题就是多重共线性。他们中的许多人都断定 OLS 有问题；一些人采取新的而且有时是创造的方法以避开这个问题。不过，我们告诉他们这是错误的。多重共线性是上帝的意愿而不是 OLS 或一般的统计技术的问题。也许只有以附加约束的形式使用更多的经济理论才能帮助缓解多重共线性的问题。但是不应该期待奇迹；多重共线性可能阻止数据对某些问题大声地发表意见，甚至在所有来源的经济理论都用尽的时候。

● 什么都不做的方法由 Conlisk（1971）提出，他指出在一些特殊情况下多重共线性可能是有利的。他给出了以下几种情况的例子：对参数线性组合的估计、对截距项的估计、出现某种先验信息时的估计、当对于不同观测值有不同成本时的估计，以及自相关残差条件下的估计。

● 必须强调一点：只有额外信息"接近"于正确时并入附加信息的方法才能"解决"多重共线性的问题（从产生更小的 MSE 的意义上说）。这在第 13 章有详细的讨论。

● Silvey（1969）讨论了在解决多重共线性问题时最有用的附加数据的性质。

● 在本章主体部分关于通过放弃一个变量解决多重共线性的讨论，是关于检验任意线性约束以观察增加该约束是否减小了 MSE 的更一般的问题的特例。参见 Toro-Vizcarrondo and Wallace（1968）。它是一种预检验估计量，在第 13 章中讨论。

● Feldstein（1973）建议使用在放弃和不放弃一个变量的两种情况下得到的估计的加权平均，其中被选定来最小化 MSE 的权重，包括了用于检验变量系数是否显著异于零的 t 统计量的值。该原理近似于 Stein 估计量基于的原理，这将在第 13 章中讨论。

● 大方差问题可以凭借增加（而不是放弃）一个变量来解决。加入被错误排除的变量可以显著地降低误差方差的估计，意味着所有系数估计有更小的估计方差。

● Kuh 和 Meyer（1957）讨论了为避免多重共线性而使用外部估计的相关问题。也可参见 Adams（1965）；Baltagi and Griffen（1984）。导致时间序列估计低估了长期影响的动态性设定不足，通常是对为什么时间序列和横截面参数估计无法相等的解释。

● 一组变量的第一个主成分是变量的加权平均；其中选定的权重使混合变量反映组中所有变化的最大可能部分。附加的主成分也能被计算（也就是说，第二个主成分与第一个正交而且使用了打算合并初始变量中剩余变化的最大可能部分的权重），但是第一个主成分抓住的组中变化足以使其独立地成为该组合适的代表。

● 如本章主体部分所描述的，主成分技术并不是被提倡的一般方法。如果有 J 个解释变量，接着构造 J 个相互正交的主成分。若回归是对一些主成分而不是对初始的 J 个解释变量，回归的结果就能转换以提供初始变量系数 β 的估计 $\hat{\beta}$。若使用所有 J 个主成分，那么得到的 $\hat{\beta}$ 等于对初始共线的数据回归得到的 $\hat{\beta}$：没有任何改进。主成分方法的基本原理是不在开始阶段包括所有的主成分；通过放弃一些主成分，该方法产生了有更小方差的 β 估计。方差的减小是因为这种技术含蓄地加入了额外的信息——被放弃的主成分系数为零。这依次暗示着初始系数的特殊函数的信息，包括形成主成分所使用的权重。讨论参见 Judge et al. (1985，pp. 909 - 912)。应用这种技术的介绍性例子参见 Sanint (1982)。

● 主成分分析和因子分析的差别在于，前者是方差导向的，因为它所寻找的所有变量的线性组合能最大化方差，而后者是协方差导向的，因为它所寻找的变量子集的线性组合有最大化的共同方差。因子分析有基本的模型，而主成分分析没有。Hadi 和 Ling(1998) 展示了一个例子，其中有最小总变化的主成分具有所有的解释力，从而强调了主成分分析的基本原理是令人置疑的事实。Kline (1994) 有关于因子分析的规范阐释。

● 岭估计量由公式

$$(X'X+kI)^{-1}X'Y = (X'X+kI)^{-1}X'X\beta^{\text{OLS}}$$

给出，其中 k 是一个非负数。若 $k=0$，岭估计量等同于 OLS 估计量。随着 k 越来越大，β^{OLS} 不断向零向量缩小。岭估计量背后的原理是：存在数 k 使岭估计量的 MSE 小于 β^{OLS} 的 MSE。遗憾的是，k 值是未知的：它依赖于所讨论方程中的未知参数。许多种选择 k 的不同方法已被提出；全部都使用样本数据。这产生了一个随机的 k，表示减小 MSE 的非随机的 k 的存在不再适当。特别地，当遇到多重共线性时很难利用数据得到 k 的准确估计值，意味着岭估计量在面对多重共线性时不可能比 β^{OLS} 有更多改进。Fomby，Hill 和 Johnson（1984，pp. 300 - 302）对此有简洁的阐释。

● 过多的蒙特卡洛研究考察了为运行岭估计量而选择 k 的不同方法的相对优势。对许多这类研究的一个批判性的评论，参见 Draper and Van Nostrand (1979)；他们推断（p. 464）："关于岭回归'总是'优于最小二乘的扩展推论是典型的完全没有根据的。"然而，并不是所有人都支持这种结论——例如参见 Lin and Kmenta （1982）。岭回归实际上是一个争议颇多的话题。Vinod 和 Ullah (1981，ch. 7) 是支持的，Draper 和 Van Nostrand （1979）是反对的，而 Judge 等人 （1980，pp. 471 - 487）的观点介于二者之间。Smith 和 Campbell（1980，以及随后的讨论）举例说明了这种争论的某些方面。

● 岭估计量可以看作加入了 β 是零向量的"随机"约束的 OLS 估计量。向零向量收缩的程度（k 的大小）依赖于 β "接近"于零向量这种附加信息的"方差"。在贝叶斯解释中（参见第 14 章）收缩的程度依赖于对 β 是零向量的信任。为什么研究人员应该准备加入这种特殊的额外信息呢？Vinod 和 Ullah（1981，

p. 187）提出了一种理由："在没有特定的先验信息时向零向量缩小在科学上是谨慎的。"Chow（1983，p. 98）注意到计量经济学家调整了他们的数据，这样像10 000或更大的系数值是非常不可能的，所以"考虑所有的实际数字……零是一种不错的猜测"。另一方面，Maddala（1988，p. 236）认为，"在几乎所有的经济问题中，这类先验信息（β_i 的均值为零）是十分不合理的。"Judge 等人（1980，p. 494）评论说，"这些估计量经向零收缩的系数而起作用。这明显是一种铤而走险的测度。"

● 关于多重共线性条件下使用 Stein 估计量的简明阐释可以在如下文献中找到：Hill et al. （1981）；Mittelhammer and Young(1981)。第 13 章讨论的这种估计量本质上是附加和不附加额外信息的 OLS 估计的加权平均，而权重取决于用来检验额外信息的有效性的 F 统计量的值。虽然在某些问题中这保证了风险（MSE）上的改善，但是在回归时只有 $tr\,(X'X)^{-1} > 2d_L$（d_L 是 $(X'X)^{-1}$ 的最大特征根）时 Stein 估计量才会比 OLS 估计量更占优势。遗憾的是，多重共线性的出现可能导致这种条件发生变化。相关讨论参见 Hill and Ziemer（1982，1984）；经济数据的例子参见 Aigner and Judge（1977）。

● 和岭估计量一样，Stein 估计量也可以有贝叶斯解释；若 β 的随机先验被选定为零向量，那么岭估计量和 Stein 估计量只因为它们含蓄地对先验向量使用了不同方差—协方差矩阵而有差异。可是，不像岭估计量，Stein 估计量一般用于不包括多重共线性的问题，所以对非零先验向量的选择更容易被考虑。例如，β 的主成分估计可被选来作为先验向量的额外信息。

● 使用岭估计量、Stein 估计量或预检验估计量处理多重共线性的缺陷是这些估计量的分布未知，因而无法进行假设检验。

● Fomby 和 Hill（1986）支持一种在面对多重共线性时表现不错的稳健的广义贝叶斯估计量。

● 为蒙特卡洛研究生成多重共线的数据并不容易。参见 Hill（1987）。

技术性注释

● 参数估计 β_k^{OLS} 的估计方差由 Stone（1945）给出：

$$\frac{1}{N-K}\frac{\sigma_y^2}{\sigma_k^2}\frac{1-R^2}{1-R_k^2}$$

其中 σ_y^2 是因变量的估计方差，σ_k^2 是第 k 个自变量的估计方差，而 R_k^2 是来自第 k 个自变量对所有其他自变量回归的 R^2。该公式表明：

（a）β_k^{OLS} 的方差随第 k 个自变量范围的扩大（σ_k^2 更大）而减小；

（b）β_k^{OLS} 的方差随自变量共线性的增强（R_k^2 更高）而增加，而且在完全共线性条件下趋向无穷；

（c）β_k^{OLS} 的方差随 R^2 上升而减小，因此高 R_k^2 的影响可以被高 R^2 抵消。

第 13 章　　引入外部信息

13.1　引言

　　经济学数据并不容易处理。例如，它们往往具有多重共线性的特征。由于这样的问题，经济估计常是无效的。如果来自经济理论或者先前研究的外部信息能够融合在估计过程中，估计的效率将得到提高。即使所使用的外部信息是错误的（就像经常见到的），上述结论也是成立的：更多的信息只能减少方差，而没有其他帮助。但是错误的外部信息会产生偏误，所以方差与偏误间的权衡（通常通过均方误（MSE）标准）是下文的一个主要问题。

　　本章的目的是描述外部信息影响参数估计改进的各种方式。本章的所有讨论都是基于古典模型。贝叶斯理论者（Bayesians）认为，引入外部信息最为合理而一致的方法是通过贝叶斯定理（Bayes' theorem）。这种贝叶斯方法将在第 14 章中详细地讨论。

13.2 确定约束条件

外部信息可能表现为包含所要估计的若干参数的精确约束条件。例如，经济学理论可能显示一些倾向（propensity）之和为1，或者某参数的值是另一参数的两倍。如果这个约束是线性的，那么在数学上，它可以用来消去一个参数，由此建立一个包含更少参数和更少自变量的新估计方程。（这些新的自变量是原自变量的线性组合。）新待估等式的参数估计可以用来估计原参数。

这种方法等价于有约束的最小二乘法，即在外部信息约束下使得误差项平方和最小的一种方法。可以证明，产生的估计量在扩展到包含外部信息的 CLR 模型中是 BLUE 的。如果外部信息约束不是线性的（如两参数之积等于第三个参数），则必须应用与非线性最小二乘相似的计算机辅助数值技术来最小化非线性约束下的残差平方和。

13.3 随机约束条件

另外一种外部信息形式是随机约束，这是先前研究中参数估计的最常见例子。这种约束条件必须写成含有误差项的形式，例如，参数 β_k 的无偏估计量 $\hat{\beta}_k$ 应写为：

$$\hat{\beta}_k = \beta_k + v$$

这里，v 代表误差项，其均值为零（因为 $\hat{\beta}$ 无偏），并且方差等于 $\hat{\beta}_k$ 的方差。通过将随机约束解释为额外样本观测值可以将此信息纳入估计程序。以 $\hat{\beta}_k$ 为例，额外观测值包括：第 k 个自变量为1，其他自变量均为零，因变量为 $\hat{\beta}_k$。包含额外"观测值"的误差项（v）方差为 $\hat{\beta}_k$ 的方差，不等于与规则样本观测值相关的误差项方差。所以，应使用广义最小二乘法（GLS）而不是 OLS 来解决这种"扩张"样本以得到有效率的估计。这种技术叫做混合估计，因为它混合了随机样本和随机先验信息。

13.4 预检验估计量

到现在为止，我们对于外部信息的讨论都假定所引入的信息是正确的，但问题是：一般而言，这一点并不确定。在实际操作中，通常的做法是在估计前先检验信息的有效性；如果信息或约束为真，假设被接受，那么使用有约束的 OLS

估计量；如果这个假设被拒绝，那么使用无约束的 OLS 估计量。这种方法定义为预检验估计量：一个未知参数估计量的选择基于预检验的结果。

为了阐述预检验估计量的性质和含义，考虑如下常见的例子。假定一个研究者不确定是否应当把变量 z 作为回归元，那么通过一个在比如说 5% 水平上的 t 检验来决定包含或剔除 z。要考察两种情况：

(1) z 事实上是不相关的。在这种情况下，重复样本中 t 检验有 95% 的可能正确地剔除了 z，但是有 5% 的可能错误地接受了 z。所以重复样本中 5% 的情况下，OLS 估计量没有合意的性质，意味着整体上在重复样本中这些合意的性质并不能刻画预检验估计量的特征。这样，如果 z 与其他回归元不是正交的，其他斜率的预检验估计量的方差将比没有进行检验而直接忽略 z 时要大。没有偏误产生。

(2) z 事实上是相关的。在这种情况下，t 检验正确地接受 z 的次数的比例等于检验的效力 P，而且当 z 的斜率系数越来越远离零时这个比例越来越大。但是 $(100-P)\%$ 的情况下会错误地剔除 z，所以重复样本中 $(100-P)\%$ 的情况下 OLS 估计量不会有合意的性质。整体上，预检验估计量不能获得适当的 OLS 估计量的合意性质。这样，预检验估计量有偏误。

预检验估计量通过正确设定来获得 OLS 估计量性质的失灵称作预检验偏误。它的重要含义之一是：传统的依赖于估计量在重复样本中具有的特定性质的假设检验方法现在变得更加复杂；传统的公式，例如传统的标准差公式不再适用，而且正确的方法难以计算。

预检验偏误现象更富戏剧性的含义发生在计量经济学家使用连续或"逐步"检验过程（有时叫做"数据挖掘"）中。这种检验是在一组较多的潜在自变量中通过检验大量不同的假设来选择一组相对较少的自变量。这显著增加了意外地选择出一组错误自变量的概率。这个问题随着计算机的使用而恶化。经济学家中流行着令人遗憾的趋势：建模时过多地计算而不是思考；预检验偏误现象常常可以用如下短语描述："先计算后思考"。

大多数计量经济学家忽略了预检验偏误问题；事实上，几乎没有人承认它的存在。预检验偏误的主要反驳观点认为，如果没有预检验，我们只能依赖于假设来决定自变量组应当包含哪些变量。预检验得到错误自变量的概率较之计量经济学家选择了"正确"假设的概率更大还是更小呢？预检验显然为辅助计量经济学家选出适当的自变量提供了一种附加证据。只要计量经济学家将其视为一种需要依据其他考虑（如经济理论）正确评价的证据，而不是一种呆板的程序，预检验偏误就不太重要。一种更令人信服的反驳意见注意到，应当检验与其竞争者相关的预检验估计量均方误差（MSE）的性质，以确定这个问题有多么严重。下一节将讨论这个问题。

13.5 外部信息与 MSE

如果外部信息是不正确的，那么包含这个信息的估计量，或者某些情况（重复样本）下包括该信息的预检验估计量是有偏误的。这使引入外部信息的决策更加复杂，因为由于加入信息带来方差上的减小可能足以抵消引起的偏误。像通常一样，当面临这种权衡时，计量经济学家转向了均方误差（MSE）准则。

风险函数，如图13—1所示，能够用来显示某些约束下相应估计量的MSE。纵轴代表风险，即参数向量的各个元素估计量的MSE之和。横轴代表约束不能满足的程度，例如，外部信息的"虚假"程度。

回想一下，MSE能够被分解为方差和偏误平方之和。不考虑约束的真实性，无约束的OLS估计量具有零偏误和恒定方差，所以它的风险函数表示为一条在V处的水平线，V是参数向量的各个元素无约束OLS估计量的方差之和。有约束的OLS与无约束的OLS相比有一个更小的方差，而且，当约束为真时，也是无偏的。这样，当约束为真时（即在图13—1的纵轴上），有约束的OLS估计量的风险小于V，记为W。当约束越来越虚假，有约束的估计量保持它较小的方差，但有一个越来越大的偏误；受此影响，有约束OLS估计量的风险函数向右上方倾斜。

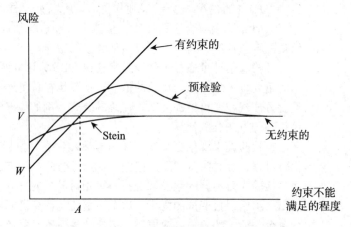

图13—1 选定估计量的风险函数

现在考虑预检验估计量。当约束条件为真时，它无偏，而且作为无约束和有约束OLS估计量的组合，它的方差介于上面两种估计量之间。这样，它的风险函数在V与W之间与纵轴相交。当约束极不真实时，预检验估计量几乎总是正确地拒绝该假设，从而预检验估计量的风险事实上应该等于无约束OLS估计量的风险。这在图13—1中表示为预检验估计量的风险函数渐近于无约束OLS估计量的风险函数。

预检验估计量在约束十分接近满足或完全不满足时都有良好的合理性。但是，在二者之间，如图13—1所示，它没有如此好的效果。原因是在中间位置时，预检验不能一致地拒绝或接受约束条件；在重复样本中接受约束的次数比例十分重要，就像它拒绝约束的次数比例一样。当它（正确地）拒绝了约束时，得到的估计围绕真实未知参数值分布；但是当它（错误地）接受了约束时，估计量是有偏误的，这样它是围绕某个其他未知参数值分布的。因此，整体上，偏误和较大的方差同时出现了。

上一段的解释意味着，预检验估计量不合意的风险特征源于它天然的两分性，也就是，它在无约束OLS公式和有约束OLS公式之间跳跃。一个精妙的可供选择的办法可以避开这一问题，但又同时保持预检验定义的特色，这一方法就是使用有约束和无约束 OLS 估计量的加权平均值来作为估计值，权数是检验约束条件时所使用的 F 统计量的量化函数。这就是 Stein 估计量的本质。这种方法的成功之处可以通过图 13—1 中 Stein 统计量的风险函数反映出来。注意，它处处都处在无约束 OLS 估计量的风险函数的下方（也就是说，它占优于无约束 OLS 估计量），这个结论发表时震惊了整个统计学界。

一般性注释

13.1 引言

● 这里并没有讨论所有的外部信息形式。例如，涉及分布的方差—协方差矩阵的外部信息显然可以直接纳入 GLS 估计中。联立方程组中约束条件形式的信息的作用在第 11 章中已讨论。

● 作为不正确的信息降低方差的例子，假设引入不正确的信息 $\beta = 6.5$。那么，在忽略数据的情况下，引入该信息 β 的估计 $\hat{\beta}_R$ 为 $\hat{\beta}_R = 6.5$。这个估计的方差显然为零，是可能的最小方差。

● 声称引入外部信息一定降低方差显然是大话。可以建立一个不符合该情况的例子。这些例子依赖于不正确的信息与分析中另一个不正确特征的相互作用。例如，Taylor（1976）显示，如果计量经济学家假设干扰项的方差—协方差矩阵是球状的，但事实上并非如此，那么外部信息可能会损害估计结果。Rothenberg（1973，p.57）给出了一个例子：在不等式约束条件下使用 MSE 准则将产生已忽略的约束条件的更差的估计值。

● 外部信息在估计分布滞后问题中起到了重要作用。因为许多原因（Judge 等人作了很好的总结，见 Judge et al.，1980，pp.623 - 629），经济关系常可以见到解释变量的滞后值作为回归元出现。尽管 CLR 模型的假设都没有被违反，因此 OLS 是一种合适的估计方法，但是一个解释变量的不变滞后值是高度线性相关的，这使得 OLS 估计量有较高的方差。（如果滞后期较长，那么产生自由度的损失将加剧这一问题。）任何为解决多重共线性问题而提出的技术（已在第 12 章中讨论）都可以在这里使用，但是在这种情况下最常见的方法是通过设定滞后分布引入外部信息。

一个分布滞后函数给出了一个滞后分布解释变量系数的大小，表现为滞后期的函数。通过设定该函数采用一种特殊形式，外部信息被引入估计程序。出于这个目的，提出了种类繁多的具体设定，例如：算数的、逆 V、Almon、Shiller、调和函数、几何的、Pascal、理性的、伽玛和指数的。简明的概述参见 Judge et al.（1980，p.631）。最近发展的拥有良好性质的滞后是多项式逆滞后；参见 Mitchell and Speaker（1986）。

滞后分布可以被刻画为有限的和无限的，取决于滞后效应完全消失所需的时间。最常见的有限滞后分布是 Almon 多项式滞后分布。在这种技巧里，假设 n 个滞后解释变量的系数遵循一个 r 阶多项式。当 $r+1<n$ 时，它有一个灵活的滞后结构，减少了需要估计的参数个数。它可视为在 OLS 估计上强加一个特定的线性约束。Shiller 滞后分布是它的一个变体，其约束条件是随机的，通过混合估计技术加入；滞后解释变量的系数近似于（而不是遵循）一个多项式。Almon 滞后分布的主要问题是确定 n 和 r。预检验常常被用来实现这个目的，产生拥有未知性质的估计量。

最常见的无限滞后分布是 Koyck 几何滞后分布。先前对这种技巧的讨论（第 10 章）显示它应当使用含有自相关误差项的自回归模型来估计。这种滞后结构的一个缺点就是滞后解释变量的系数持续减小——它不能先上升后下降，而这种结构被很多人认为具有先验的吸引力，不应当被排除在考虑范围之外。解决这个问题的一种方法是给前面几个滞后变量添加无约束系数，再加入几何形式。

较好的关于滞后分布和相关估计问题的规范介绍是 Judge et al.（1985，ch. 9-10）和 Maddala（1977，ch. 16）。Zaman（1996，pp. 223-225）指责说，滞后分布估计毫无根据地假设因变量的滞后值不会作为回归元出现在原始设定里，违反了现代动态建模的基础。

13.2 确定约束条件

● 给出一个线性约束条件下如何建立有约束的最小二乘估计的例子。假设 $y=\alpha+\beta x+\gamma z+\varepsilon$，并且知道 $3\beta+\gamma=1$。将 $\gamma=1-3\beta$ 代入这个等式并重新排列得到关系式：$(y-z)=\alpha+\beta(x-3z)+\varepsilon$。有约束的 OLS 估计量 $\hat{\alpha}_R$ 和 $\hat{\beta}_R$ 可以通过 $(y-z)$ 对常数和 $(x-3z)$ 的回归得到；那么 $\hat{\gamma}_R$ 就等于 $1-3\hat{\beta}_R$。这个回归产生的误差平方和是有约束的误差平方和。更一般化情况的讨论，参见 Greene and Seaks（1991）。

● 就像第 4 章所阐述的，一个确定的线性约束条件使用传统的 F 检验来验证，此时有约束和无约束的误差平方和之差起到了重要的作用。

● 作为一个非线性约束条件的例子，回顾处理自相关误差项的 Durbin 两阶段方法。在 8.4 节的技术性注释里，第一步估计关系表现为一个斜率等于其他两个斜率乘积的相反数。

● 有时候经济理论表现为不等式约束条件，如一个参数为负或者它处在 0~1 之间。通过在不等式约束条件下最小化误差平方和，可以引入这些约束。遗憾的是，它不能通过一个回归技术来达到，而需要表示为一个二次规划形式。具体说明参见 Judge et al.（1985，pp. 62-64）。在大样本中，当参数估计值的方差可以认为足够小时，（正确的）不等式约束总是能够满足的，这样忽略它们也几乎不会损失什么。Geweke（1986）提出了一种极富吸引力的应用贝叶斯方法来解决不等式约束的方法；进一步的讨论参见第 14 章的一般性注释。

13.3　随机约束条件

● 混合估计方法被 Theil 和 Goldberger（1961）发展出了更加一般化的形式。他们将一组随机线性约束表示为 $r = R\beta + u$，其中 r 是一个已知向量，R 是一个已知矩阵。这归纳了 Durbin（1953）的技术，其中 r 是一个由先前研究估计出的参数向量，R 是一个单位矩阵。变量 u 达到 0 时混合估计量接近有约束的 OLS 估计量，变量 u 非常大时混合估计量接近无约束的 OLS 估计量；这在直觉上是有道理的。Srivastava（1980）是一本关于随机约束条件下估计的评注性参考书目。Kennedy（1991a）阐述了如何在混合估计技术中使用特定类型的随机约束条件。

● 一种常用的引入随机约束的方法是假设它是确定约束条件。例如，假设 β_k 的外部估计 $\hat{\beta}_k$ 可得。一种常见的利用该信息的方法是：从因变量中减去 $\hat{\beta}_k$ 与第 k 个自变量的乘积，再将此新因变量关于剩下的自变量做回归。这种方法的明显不足在于它没有使用样本数据改进 β_k 的估计。因此，它不像混合估计量一样有效率。这将在本节的技术性注释中解释。

● 混合估计的随机约束可以依主观的个人方式进行改进和解释，就像在贝叶斯方法中所做的一样（见第 14 章）。这创建了一种将主观先验信息引入经典统计学的方法，尽管在学习了第 14 章后就应该清楚：这需要对可能性的对立双方面的理解。

● Theil（1963）发展起来的相容性统计量是常常用来检验随机约束是否无偏的一种手段；也就是说，它检验随机约束条件与当前所拥有的数据是否相容。这是 Wald 统计量的一种简单应用，在形式和解释上都类似于 6.4 节的技术性注释中讨论的 Wald 统计量。当两组数据的误差项方差不同时，Wald 统计量就用来检验两组数据的参数是否相等。

● 当有大量现存的研究成果时，一种利用它们结果的完全不同的方法是通过一种称为后回归的技术：所关注参数的估计值是它们本身对这些被认为影响了它们产生的估计的研究特性的回归。参见 Stanley and Jarrell（1989）以及 Stanley（2001）。Stanley（2005）解释了如何从几项不同研究的 t 统计量图中发现出版偏误，并给出了纠正偏误的建议。*Journal of Economic Surveys*，Volume 19（3）（《经济调查》）中包括了几篇计量经济学后回归方面的研究。

● 检验几份独立研究是否支持某变量存在明显作用的假设，可通过求均值并除以均值标准差以产生统一 t 值这一方法来进行。由于 t 统计量方差接近 1，所以寻找统一 t 值的经验方法是将 t 统计量平均值乘上用以求均值的 t 统计量个数的平方根。t 统计量的真实方差为 $v/(v-2)$，其中 v 是其自由度，所以，如果 v 对任意 t 值都很小，那么这一经验方法就需要修正。见 Christie（1990）。

13.4　预检验估计量

● Wallace 和 Ashar（1972）以及 Wallace（1977）就预检验做了良好的阐述。Giles 和 Giles（1993）对预检验估计和检验方法做了综述。Veall（1992）建议使用整个模型选择过程的自举法来处理检验中的预检验偏误。

● 预检验偏误现象的直接必然结果就是研究者们不能使用同一组样本数据同时生成假设并检验它。

● 术语"数据挖掘"常常出现在预检验偏误的背景下。特别地，研究者常常在一组数据上进行大量不同的回归来寻找最显著的 t 统计量（比如说在 5％ 的水平上）。使用这种方法使得经典的假设检验步骤无效，因为这种数据挖掘很可能意外地揭示较显著的 t 统计量；也就是说，最终选择的结果可能包含第一类错误的概率远大于声称的 5％。Lovell（1983）提供了缩短这种数据挖掘过程使之夸大了的显著水平的单凭经验的方法：当从 c 个候选解释变量中选择 k 个最佳变量时，表面上显著水平为 $\hat{\alpha}$ 的回归系数应该被视为显著水平仅为 $\alpha=(c/k)\,\hat{\alpha}$。与之相反，Maddala 和 Kim（1998，p.140）声称，预检验著作中唯一得到一致同意的是预检验应当使用一个更宽松的显著性水平（大概 25％ 而不是 5％）以达到在第一类错误和第二类错误之间的恰当权衡。基本原理在 4.1 节和 5.2 节的一般性注释中已经讨论过。

● 预检验现象可能在很多场合中出现。一些最近的蒙特卡洛研究是 King 和 Giles（1984）、Griffiths 和 Beesley（1984）检查预检验的自相关误差，以及 Morey（1984）检查预检验的设定误差。Zaman（1984）推测数据的不连续函数（例如，以预检验为基础由一个估计量跳跃到另一个预检验估计量）是不被承认的，而且因此就像 Stein 估计量一样的收缩或者加权平均估计量是较好的。

13.5　外部信息与 MSE

● Judge 等（1985，pp.72-90）以及 Fomby，Hill 和 Johnson（1984，ch.7）进行了关于预检验和 Stein 统计量的规范讨论。Efron 和 Morris（1977）对 Stein 统计量有一个吸引人的基本阐述。Judge 和 Bock（1978，pp.309-311）对预检验和 Stein 规则估计量的特征做了极好的总结。

● Stein 形式的估计量有其缺点。它们有未知的小样本分布，这样，不能用于假设检验或者建立置信区间，尽管 Yi（1991）表明这可以由自举法来实现。

误差被假定服从正态分布。如同第 12 章一般性注释中显示的，在回归背景中它们仅能在一定情况下决定 OLS，而不像线性数据下那样容易满足。最后，关于它们占优的损失函数是参数向量的各个元素估计量的 MSE 之和，而且依赖于存在至少三个这种元素。没有关于任何单个元素 MSE 的可能改进的任何意见。

● 上面的最后一点可以用 Efron 和 Morris（1977）的一个例子予以说明。假设我们有关于一个小国家若干地区某疾病发生频率的数据。各个地区未知真实频率的无约束的 OLS 估计量由各地区数据的平均值给出。但是，尽管疾病的发病频率在各地区间互有不同，但是这些地区都属于同一个国家，是临近的或毗邻的，表明这些频率参数可能十分相似。那么，在这种情况下，一个并非不合理的约束是这些频率参数是相同的。使用这个约束，可以建立各个地区频率的 Stein 估计量，即把上面的每个无约束的 OLS 估计量"收缩"到全部数据的平均值。现在假设国家政府要在各个地区建立医疗设施以治疗该疾病，并希望使用上面的地区性发病频率的估计值来确定应分配给每个地区的财政预算。在这种情况下，单个 MSE 之和是一个相关的评价标准，而 Stein 估计量应该用于这一目的。但是，如果一个地方政府要决定它自身需要在医疗设施上花费多少经费，那么仅有一个 MSE 是相关的，使用 Stein 估计量也不再是最佳选择。

● Stein 估计量可以视为将无约束的 OLS 估计量向有约束的 OLS 估计量"收缩"，收缩程度取决于检验约束条件的 F 统计量的大小。用于收缩因子的公式有时能够将无约束的 OLS 估计量收缩到有约束的 OLS 估计量之上。通过缩减收缩因子以防止上面的情况发生，可以建立一个优于 Stein 估计量的新估计量，称其为 Stein 正规则估计量。这个名称源自零约束的广泛使用：正规则估计量防止 Stein 估计量的符号与无约束的 OLS 估计量的符号相反。

技术性注释

13.3 随机约束条件

● 混合估计量的计算可以通过一个例子来说明。假设我们使用 T 个观测值估计 $y = \alpha + \beta x + \gamma z + \varepsilon$。假设 CLR 模型的假定满足，$\varepsilon$ 的方差为 σ^2。假设在一个先期研究中，我们得到 γ 的无偏估计量 $\hat{\gamma}$，方差为 $V(\hat{\gamma})$。这样，我们可以得到 $\hat{\gamma} = \gamma + u$，其中 u 的期望为零，方差为 $V(\hat{\gamma})$。混合估计量的估计等式可以由 $y^* = X^* \theta + \varepsilon^*$ 给出，其中：

$$y^* = \begin{bmatrix} y_1 \\ y_2 \\ \vdots \\ y_N \\ \hat{\gamma} \end{bmatrix}; x^* = \begin{bmatrix} 1 & x_1 & z_1 \\ 1 & x_2 & z_2 \\ \vdots & \vdots & \vdots \\ 1 & x_N & z_N \\ 0 & 0 & 1 \end{bmatrix}; \varepsilon^* = \begin{bmatrix} \varepsilon_1 \\ \varepsilon_2 \\ \vdots \\ \varepsilon_N \\ u \end{bmatrix}; \theta = \begin{bmatrix} \alpha \\ \beta \\ \gamma \end{bmatrix}$$

ε^* 的方差—协方差矩阵为：

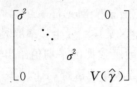

$$\begin{bmatrix} \sigma^2 & & & 0 \\ & \ddots & & \\ & & \sigma^2 & \\ 0 & & & V(\hat{\gamma}) \end{bmatrix}$$

● 考虑如下两种在关系式 $y=\alpha+\beta x+\gamma z+\varepsilon$ 中估计 β 的方法：

（a）忽略前期研究中得到的估计值 $\hat{\gamma}$，将 y 关于常数项、x 和 z 回归，得到 β^{OLS}。

（b）用 $\hat{\gamma}$ 代替 γ，重新排列得：$(y-\hat{\gamma}z)=\alpha+\beta x+\varepsilon$，将 $(y-\hat{\gamma}z)$ 关于常数项和 x 回归，得到 β^*。（这是一种引入随机信息的常用方法。）

注意，方法（a）只使用当前数据中 γ 的信息来估计 β，而忽略了先前研究中 γ 的信息。相反地，上面的方法（b）只使用先前研究中 γ 的信息，而忽略了当前数据中 γ 的信息。混合估计量优于上面两种估计量，因为它引入了 γ 两方面的信息来估计 β。

● 在上面的例子中，如果由方法（a）得到的 γ 的 OLS 估计量的方差小于先前研究中得到的 $\hat{\gamma}$ 的方差，那么 β^{OLS} 的方差小于 β^* 的方差。出处参见 Goldberger（1964，pp. 258 - 259）。

13.5 外部信息与 MSE

● 图 13—1 中对预检验估计量风险函数的说明是根据 5% 水平的第一类错误来表述的。显然，一个 1% 水平的第一类错误将产生一个不同的风险函数，左侧更低而右侧更高。这引出了一个问题：多高水平的第一类错误是最佳选择。在这方面提出了若干判断标准。例如，应当选择第一类错误，使得图 13—1 中预检验估计量风险函数与有约束的和无约束的 OLS 估计量风险函数最小值间的最大垂直距离最小化。Wallace（1977）总结了这个问题。

● 通常用于衡量约束不能满足的程度——即图 13—1 中的横轴——的是用来检验该约束的 F 统计量的非中心参数。

● 在图 13—1 中，如果当前的情况处于 A 点左侧，有约束的 OLS 估计量是最佳估计量；如果在 A 点的右侧，无约束的 OLS 估计量是最佳估计量。这说明，我们需要检验约束条件是否足够接近以致使得我们处于 A 点的左侧，而不是检验约束的合理性。这就是 Toro-Vizcarrondo 和 Wallace（1968）、Wallace 和 Toro-Vizcarrondo（1969）以及 Wallace（1972）检验的基础原理。这种预检验程序比通常的预检验程序更加复杂。这本质上是选择第一类错误概率来最小化我们所感兴趣的参数估计的 MSE。这个问题之前在 4.1 节和 5.2 节的一般性注释中有过讨论。

第 14 章　贝叶斯方法

14.1　引言

　　统计学中存在着两种十分不同的方法。传统的"经典"或"频数论"的方法就是本书前面所阐述的；几乎所有的计量经济学教科书都揭示了这种方法，可是很少或没有提到它的竞争者——贝叶斯方法。导致这种现象的一个原因是统计学家们关于贝叶斯方法和非贝叶斯方法的优点的激烈争论，中心在于他们对于概率完全不同的解释。尽管存在争论，计量经济学中几乎不使用贝叶斯方法的主要原因是它的应用还需要解决一些实践问题。最近几年，随着更加强大的计算机、新软件、算法创新的发展，这些实践问题的主要部分都已攻克；因此，贝叶斯分析已经变得更加常用，尽管还远不如经典分析那么普遍。

　　本章的一个目的是要解释贝叶斯方法的根本理论，特别指出贝叶斯方法和非贝叶斯方法的区别。另一个目的是讨论上面提到过的那些阻碍贝叶斯方法应用的实践问题。本章将不会介绍贝叶斯方法的技巧；教材讲解部分可用于这个目的。

14.2 什么是贝叶斯分析

为了讲解方便，假设我们希望估计一个未知的参数 β。使用经典方法，数据被填入一个估计公式，产生一个 β 的特定点估计值 $\hat{\beta}_0$。如果 $\hat{\beta}_0$ 是最大似然估计值，它最大化似然函数，如图 14—1 所示。与 $\hat{\beta}$ 相对应的是一个样本分布，标志着在假定的重复样本中估计 β 的相对频率，见图 14—1。样本分布使用虚线表示以强调它是未知的。如果像通常假设的那样，经典正态线性回归模型的假定成立，那么最大似然估计（MLE）就是 OLS 估计量，且它的样本分布服从均值等于 β（未知）真实值的正态分布。任何 β 的特定估计值 $\hat{\beta}_0$ 都可以被视为样本分布中的一个随机抽取，且使用 $\hat{\beta}_0$ 作为 β 的点估计值依赖于 $\hat{\beta}$ 样本分布的一些"合意的"性质，如无偏性等。这就是经典非贝叶斯方法本质的概述。

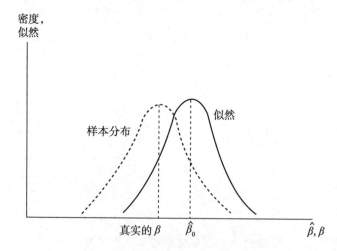

图 14—1 经典抽样分布

贝叶斯分析的结论十分不同。一个贝叶斯分析的主要结果不是得出 β 的一个点估计，而是得到 β 的一个密度函数，称为"后验"密度函数。这个密度函数与 β 相关，而不是与 $\hat{\beta}$ 相关，所以确切地讲它不是一个样本分布；它可以被理解为反映了在猜测 β 真实值的赌博中研究者愿意给出的赔率。例如，研究者可能愿意押 3 美元以赢得 1 美元，那么 β 的真实值大概在其 β 的后验密度函数的下四分位处以上。这种主观的概率定义与经典方法所使用的来自"频率的"、"客观的"的概率定义有本质区别；这个区别是贝叶斯与非贝叶斯学者争论的主要焦点。

由概率的主观定义容易想象，在研究数据之前研究者就应当有一个"事先"的关于 β 的密度函数，反映在看数据之前参与猜测 β 真实值的赌博时研究者愿意给出的赔率。这种先验分布通过贝叶斯理论与数据结合起来时，就产生了上面提到的后验分布。这种先验密度函数本质上是先验密度函数与可能性（或说以未知参数为条件的"条件"密度函数）的加权平均，如图 14—2 所示。

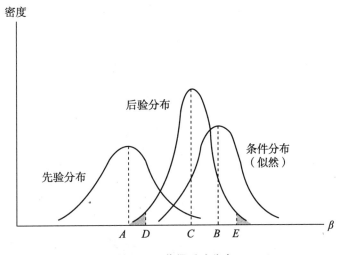

图 14—2　获得后验分布

可能看起来很奇怪：贝叶斯分析的主要结果是一个密度函数，而不像经典分析那样是点估计。这是因为后验可以加入决策问题，而选择点估计的问题只是其中一个例子。关于如何以这种方式使用后验的阐述将讲明这一点。首先，需要在所有可能的 β 真实值处定义某一特定点估计 β_0^* 的损失函数，来衡量产生的损失。使用 β_0^* 产生的期望损失可以通过对所有可能的 β 真实值取期望而得到，此时用到了 β 的后验密度函数。注意，这个期望不是对重复样本求得的。

这可由反映了 β 被估计为 β_2 时的情况的图 14—3 说明。图中显示的损失函数对估计值 β_2 是唯一的；注意当 $\beta=\beta_2$ 时它最小，就像它应该的那样。不同的 β 真实值引起了 β 被估计为 β_2 时所发生的不同损失，而且，不严密地讲，后验密度函数的高度给出了特定 β 值成为 β 真实值的概率。这样，对于图 14—3 中的四个 β_i，β 真实值为 β_i 的概率为 p_i，对应的损失为 L_i。

用 β_2 估计 β 引起的期望损失可通过对所有可能的 L_i 的加权平均求出，权数为相应的 p_i。注意，这种算法仅给出了 β 的一个估计的期望损失，也就是 β_2。现在，必须对 β 所有其他可能的估计重复使用这种算法（例如，无限个可选的估计），来求得对应于所有可选估计的期望损失。对这些可选的算法，图 14—3 可能会有所不同——损失函数会平移，以使得其最低点处在需计算的期望损失的估计值上方。一旦所有可选估计的期望损失都被计算出来了，那么这个损失函数的贝叶斯点估计就被选作期望损失最小的那个估计。（可用 Algebraic 方法来实现这一点——并不是所有的期望损失都要计算，例如存在无限个可能估计时。）在图 14—3 的例子中，损失函数被画为二次的（也就是说，与 β 真实值和估计值之差的平方成比例），后验分布的均值有最小期望损失，可以被选为贝叶斯点估计。

综上所述，贝叶斯方法可分为三步：

（1）形成一个先验分布，反映研究者研究数据前对参数的信念。

（2）通过贝叶斯理论，将先验情况与数据结合起来产生后验分布，这是贝叶

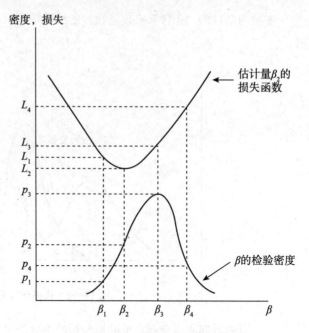

图 14—3　寻找估计量 β_2 的期望损失

斯分析的主要结论。

（3）将后验分布与一个损失函数或效用函数结合起来，从而使得以最小化期望损失或最大化期望效用为基础的分析得以实现。第三步是选择性的。

14.3　贝叶斯方法的优点

贝叶斯方法被认为在很多方面优于经典方法，下面是其中的几个例子：

（1）贝叶斯过程关心的是数据信息如何改变研究者关于参数值的信念，允许关于备择假设或模型的计算；这与大部分研究者处理这些问题的过程直接相一致。

（2）贝叶斯方法中，外部信息通过先验情况的描述，以一贯的形式程序化地引入分析中；在经典方法中，这些信息更易于被忽略，而且在引入时常是一种特别的方式。

（3）贝叶斯方法可以通过选择损失函数来使得估计更加符合研究目的；一般而言，它对决策分析的兼容性是一个明显的优势。

（4）没有必要证明估计程序在假定的重复样本中难以处理的估计量定义形式下为真；贝叶斯方法完全在先验信息和样本数据基础上论证。

（5）因为贝叶斯结果以真实数据为条件，所以无须借助于"渐近"概念来进行修正。经典计量经济学家经常进退两难，不得不强调"如果样本规模足够大，那么估计公式效果就很好"，来为估计结果进行辩护。

（6）贝叶斯方法下的假设检验远比经典方法具有更多的支撑。贝叶斯学者计算模型或假设的"概率"，并以此对模型或假设进行比较，而非检验。技术性注释中会解释这是如何进行的。

一个对贝叶斯过程的优点的更加完整、更具说服力的列表参见 Zellner (1974)。频数论者和贝叶斯学者争论的本质是对于概率主观定义的可接受度。一旦人们期望从这个角度考察概率，贝叶斯过程的优点是非常有说服力的。但是大多数实践者即使并不十分厌恶概率的主观概念，也不会选择接受贝叶斯过程。原因是实际上的可使用性。

（1）将先验信念形式化为先验分布不是一件简单的任务。

（2）寻找和使用后验分布的技术十分艰难。

（3）使他人相信贝叶斯结果的有效性十分困难，因为他们相信那些结果被个人的（先验）信念所"污染"。

近年来，随着计算机软件和贝叶斯计量教科书的出版，这些实际困难已经大大缓解。

14.4 克服实践者的怨言

（1）选择先验信息

根据 Smith 和 Brainard（1976）的研究，先验分布试图捕获"在面对人们所偏爱的结构模型的直接估计时，几乎不可避免地引起失望情绪的信息"。非贝叶斯理论者常常使用这些信息在搜寻"更好"的结果的特别过程中增加、抛弃或更改变量。贝叶斯理论者把这个信息引入先验情况，以一种显然的、表面的形式有意识地预先使用它；他们主张，既然人们的主观判断在统计过程中是不可避免的因素，就应当以一种正式的、一致的形式来引入它。

虽然非贝叶斯理论者在进行特别设定搜寻时隐含地使用这些信息，但他们十分不情愿以先验分布的形式正式引入这个信息，或者相信其他人能够做到这一点。Leamer（1983b, p. 298）中肯地表达了这种观点："对我来说十分明显的是，贝叶斯方法的首要阻力可以表现在贝叶斯学者说：'我们需要由参数向量 β 的多元先验分布开始'时呈现在他们面前的不信任的咧嘴一笑。"

对不习惯贝叶斯方法的人来讲，用公式表示先验情况可能是一个令人畏惧的任务。这激励一些研究者使用一个"未知"的先验假设；就像名称一样，它反映了对所讨论的参数值的完全无知。在这种情况下，贝叶斯分析的结果只建立在数据的基础上；它常常产生与经典过程一致的结果，但具有不同的解释。然而，研究者可以合理正当地宣称他或她对参数值完全一无所知的情况是十分少见的；在大多数情况下，必须建立一个"含有信息的"先验分布。有三种可以实现这一点的基本方式。

（a）使用先前的研究。研究者可以通过先前研究的结果来形成他或她的先验信息。例如，一个先前的研究可能产生一个讨论中的参数估计和该估计方差的估计。这些数据可以被研究者用作他或她自身估计的先验信息。（注意，这些估计的解释发生了戏剧性的变化。）

（b）进行假设的赌博。因为先验分布反映了看到数据前进行未知参数 β 值的假设赌博时研究者给出的赌注，一个自然确定先验信息的方法就是询问研究者（或者该领域的专家，因为研究者常常让他们的先验信息由专家意见决定）关于该假设赌博的各种问题。例如，通过一系列问题，可以决定一个值 β_0，由此研究者对下面的赌博保持中立：β 真实值高于 β_0 或者低于 β_0。再例如，相似的一系列问题可以确定，同样的赌注下他或她可以接受的包含 β 真实值的最小区间。通过这种方式得到的信息可以用来形成先验分布。

（c）使用预期的分布。上面的方法（b）的一个问题是：对许多研究者和为研究者提供先验信息的专家来说，按照模型参数思考和根据分布将这些参数的信息量化都是十分困难的。他们可能能够更加轻松地猜测在给定自变量值的情况下的因变量值。给定一组特定的自变量值，询问专家们他或她对相应因变量的值的估计（也就是说，先验信息的形成基于因变量而不是参数）。这种分布称为"预期"分布，含有可观测的变量而不是不可观测的参数；这样，应该更加直接地与专家的知识和经验相联系。通过取得专家对不同自变量设定下的预期分布，可以推断出该专家关于模型参数的相应（隐含）先验分布。

对许多研究者，甚至使用以上的方法得到先验信息仍不能让他们感到舒服。对这些人，贝叶斯分析能够被接受的唯一方法是建立一系列的先验分布，要包含研究者认为有道理的所有先验分布。这种方法将在下面"说服他人"部分中作为贝叶斯分析必要的部分来讲解。

(2) 寻找并利用后验信息

贝叶斯分析的代数处理比经典分析更加困难，尤其是在多维情况下。例如，贝叶斯条件下有正态分布误差项的多元回归的经典分析需要一个多变量正态—伽玛先验分布；该分布与一个多变量正态似然函数相结合，得到一个多变量正态—伽玛后验分布，其斜率向量的后验边际分布（对未知的误差项方差的边际量）源于多变量 t 分布。这听起来和计算起来都十分费力。

然而，根据实践者的观点，这种数学不是必需的。最近出版的贝叶斯理论教科书列出了与大量估计问题相关的先验分布和似然函数的性质，并讨论了产生结果的形式。拥有这些知识，实践者可以建立一些计算机软件包来处理产生后验分布所需要的计算过程。而且，当需要找出后验分布的均值来做点估计时，最近计算机技术的发展可以用来实现所需的数值积分。尽管如此，一些计量经济学家仍抱怨贝叶斯方法十分棘手，需要用数值积分代替分析近似，而且因为这个原因抹杀了统计学的乐趣。

(3) 说服他人

贝叶斯理论者需要说服他人他们的结论是合理的，对这一问题，Blyth（1972，p.20）作了精妙的说明：

> 虽然这些数字（贝叶斯结果）对它们的作者来讲是有意义、有帮助的，但它们对读者而言是毫无意义、毫不相关的……读者想从作者那里知道的是"将你的观点抛开，你的实验论据说明了什么？"

一种处理这个问题的方法是使用一个未知的或者仅反映早期研究结果的先验信息。但是解决这一问题的一个更好的方法是报告对应于一系列先验信息的一系列经验结果。这种程序有若干优点。首先，它可以减少研究者由于他或她选择先验信息所引起的任何不适。其次，一组现实的先验信息应当包含对立的先验情况，以使得产生的一组结果中含有令对手信服的结论。再次，如果结果对先验信息的性质不敏感，这些结果的使用将是一种最理想的情况。最后，如果结果对先验信息敏感，那么应当指出这一点，以便在使用这些"零碎"的结果时在这一方面对其进行衡量。

一般性注释

14.1 引言

● Hey（1983）是很好的贝叶斯方法的入门级读物。Zellner（1971）是贝叶斯计量经济学方面的经典教程。Zellner 和 Richard（1973）可用来指导应用。Dorfman（1997）给出了一些贝叶斯方法的应用实例。Koop（2003）和 Lancaster（2004）是很好的贝叶斯教材，并且二者之间差异很大，都值得去阅读。Geweke（2005）内容更为高深。这些书比之前的书籍更专注于计算方面所取得的显著进步。书中还推荐了一些贝叶斯软件，其中最突出的是 BUGS（Bayesian inference Using Gibbs Sampling，Gibbs 抽样下的贝叶斯推断）、BACC（Bayesian Analysis, Computation and Communication，贝叶斯分析、计算与沟通），以及 Jim LeSage's 计量工具箱中的部分内容。这些都可以从互联网上下载。Lancaster（2004）中的附录 2 和附录 3 精彩教授了如何使用 BUGS。这些教材同时包含贝叶斯应用的推导和技术细节，这些应用覆盖了计量经济学的全部内容。Gelman 等（2004）则特别着力于贝叶斯应用中的计算问题。

● 同时学习贝叶斯和非贝叶斯方法能够比单纯只学一样更好地理解统计学。Weber（1973）综述了贝叶斯方法之争的历史；Qin（1996）从历史角度解释了贝叶斯方法在计量经济学中的地位。Stigler（1999，pp.291-301）就"谁发现了贝叶斯定理"这一问题进行了有趣的探讨。

● 适合于探究频数论与贝叶斯观点之争的文献包括 Efron（1986）和相关评论，以及 Poirier（1988）和相关讨论。Zellner（1983，1988）回顾了计量经济学中的贝叶斯方法；这也可见 Leamer（1978）。Berger（2000）、Efron（2005）和 Little（2006）精彩讨论了贝叶斯观点与频数论之间的分歧，同时给出了未来应用的建议。Poirier（1989，1992）报告了计量经济学教科书中的贝叶斯内容。Poirier（1995）则专注于讨论贝叶斯方法和频数统计方法的优缺点。Efron（2003，p.273）针对贝叶斯方法的进步表达了积极的看法："相比20年前，贝叶斯方法已经大不一样了，变得更实际，并且专注于解决具体问题，而非一味利用哲学观点来说明为何频数论不对。"

14.2 什么是贝叶斯分析

● 无论如何着重强调贝叶斯和非贝叶斯理论的主要并且不可调和的不同点对所使用的概率定义都不过分。

● 怎么强调贝叶斯主义者与非贝叶斯主义者之间关于概率定义的分歧都不为过。由于彼此之间不能就概率定义达成一致，所以注定无法在其他任何方面获得共识，二者之间的观点分歧是"宗教性"的。我们已经了解经典学派是如何定义概率的：某件事情在重复实验中发生的相对频率。这在经典计量经济学中最重要的概念里可以清楚地看见——样本分布即指明从重复抽样中获得不同 $\hat{\beta}$ 的相对频率大小。然而，贝叶斯主义者认为这很荒谬，因为我们一般只知道一个样本，所以从大样本中能得到什么这件事根本就没意义。相应地，贝叶斯主义者对概率的定义使其能够在单一样本上进行分析。

● 这里给出一个介绍贝叶斯概率定义的例子。假设我们希望估计未知参数 β。为了叙述方便，假设 β 代表学校一个学期内所有经济学专业学生的 GPA 均值。假如你一个朋友跟你说，他/她觉得这个未知数位于 2.6～2.7 之间，并且愿意和你赌 10 块钱，赔率为 1∶1（也就是说，如果你押 10 块钱，并且结果证明他/她错了，那么你就连本带利得 20 块钱）。假设你接受这个赌局。这其中的必然之意为，你朋友认为 β 处于这个区间的概率大于 0.5，而你认为小于 0.5.你觉得这么想很顺吗？如果是，那么你就会乐意接受贝叶斯主义的概率定义，因为这就要求你这么想。简言之，贝叶斯观点认为，研究者关于 β 取到哪些值"更有可能"或"概率更大"拥有自己的观点。这相当于研究者愿意基于这些"概率"来打赌。因而，贝叶斯概率定义被认为是"个人信念的程度"。这与发生频率毫无关系，除非贝叶斯主义者将其个人信念的程度建立在频率思路之上。

● 经典频率主义统计学家认为这就是胡扯。有两个原因：第一，β 要么位于 2.6～2.7 之间，要么位于 2.6～2.7 之外。所以，相对概率非 1 即 0，不管个别人怎么想。第二，贝叶斯概率因人而异——我认为 β 落在 $2.6 \sim 2.7$ 之间的概率无疑与其他人不同。所以，经典统计学家批评贝叶斯概率失之客观，因此不应当用于经验研究：我们希望不受研究者个人观点污染的结果！对此贝叶斯主义者进行反驳："我们的定义直接对应着人们的真实想法。"你对未知变量怎么看？当有人告诉你，$2.6 \sim 2.7$ 是个 95% 的置信区间，你是怎么想的？你是否在想："我愿意押 95 块钱来赌你的 5 块钱，如果 β 在这个区间内算我赢"或者，"如果我不断利用误差不同的数据来重复估计区间，那么在 95% 的时间里该区间会覆盖 β 的真实值"？从这一点来看，你是贝叶斯主义者，还是频率主义者？

● 有必要总结一下这个例子。假设我们得到学校本学期 50 个经济学专业学生的 GPA 数据组成的随机样本。经典统计学家会利用这些数据给出估计值 $\hat{\beta}$（求平均即得！）。我们可以画出该估计的样本分布。分布曲线呈钟形，以 β 的真实值为中心，以 $\hat{\beta}$ 的方差为方差。$\hat{\beta}$ 即可看成是从这个分布中随机抽取的样本点。与此相对，贝叶斯主义者利用数据（基于贝叶斯定理）产生一条类似的钟形曲线，称为后验分布。这个分布凝结了该贝叶斯主义者关于 β 真实值的信念强度。例如，后验分布中 $2.6 \sim 2.7$ 之间曲线下的面积就代表了该贝叶斯主义者愿意就 β 值是否处于该区间这一问题开出的赌注。注意，两条钟形曲线之间存在以下不同：

（a）经典曲线（样本分布）中在横轴上的是 $\hat{\beta}$，而贝叶斯曲线（后验分布）中在横轴上的是 β。要保证你明白这二者之间的不同有多大！

（b）后验分布已知，然而样本分布未知（因为 β 未知）。样本分布只是观念上的，是单一样本 $\hat{\beta}$ 的来源。

（c）样本分布的均值未知（但是，如果 $\hat{\beta}$ 无偏，那么均值就等于 β），而后验分布的均值可经计算得到，因为整个后验分布都是已知的。

（d）将后验分布两尾各截去 2.5%，得到 95% 的"后验密度区间"，意为研究者有 95% 的把握相信该区间覆盖 β 的真实值。与此相对，如前所述，经典的 95% 的"置信区间"意义完全不同。这在下文还会再解释。

● 置信区间的概念可以用来解释贝叶斯主义与非贝叶斯主义对概率定义的不同。图 14—2 中，D 点和 E 点各位于后验分布一尾的 2.5% 分位处。DE 区间因此可被表述为：β 位于此区间的概率是 95%（当这是同类当中的最短可能区间时，贝叶斯主义者称其为最高后验密度区间）。这也是很多经典频率主义统计学家所希望进行的表述，事实上也可能就是这么做的，尽管这并不合理。于此相对的经典置信区间必须表述成要么包含 β 的真实值，要么不包含。但是，如果对大量重复抽样进行计算，那么这些区间中的 95% 将会包含 β 的真实值。

● 这里有个很好的检验来看你是否理解上文的观点。如果忽视之前的信息，那么后验分布在形状和分布上与样本分布恰好相同，只是后验分布覆盖 $\hat{\beta}$，而样本分布覆盖 β 的未知真实值（图 14—1 中，后验分布是似然率）。在这种情况下，95% 的置信区间将和贝叶斯 95% 的最高后验密度区间完全相同。但是，同样的区间解释完全不同。

● 图 14—2 中，数据被似然率所"代表"。这是怎么回事？注意，似然率是作为获得真实数据的"概率"计算而得的。图 14—2 中的似然函数仅仅画出了作

为未知参数 β 的函数的数据获取概率。

● 图 14—2 中，先验分布与似然函数（代表数据）相结合来产生后验分布。后验分布被描述为具有最小的方差，因为它结合了其他两种分布的信息。在很多情况下，后验分布的均值 C 可以视为先验分布均值 A 与似然函数均值 B 的加权平均值，权数是各自分布方差的倒数（称为精度）。（当 β 是向量时，我们处理的就是矩阵加权平均，所以 β 的每个元素 C 不一定位于对应的元素 A 和元素 B 之间。）随着样本容量越来越大，似然函数越来越窄，越来越靠近居中的 β 真实值。因为该条件分布的方差越来越小（也就是精度越来越大），先验分布的影响越来越小。渐渐地，先验信息被数据完全抹杀了，就像它所应该的那样。

● 当讨论选择 β 点估计的问题时，所选的估计依赖于使用的损失函数。例如，如果损失函数是二次的，与所选点的估计值和 β 真实值之差的平方成比例，那么后验分布的平均值应被选为点估计值。如果损失函数与这个差的绝对值成比例，那么应选择中位数。如果对正确估计赋以零损失，不正确的估计赋以恒定损失（"全或无"损失函数），那么应选择众数。选择误差项的平方或二次损失函数的普遍性使得后验分布均值常常被称为贝叶斯点估计。注意，如果后验分布关于唯一一个全局最大值对称，那么上面三种损失函数形式得到的点估计相同。例如，对一个特定问题可供选择的一个损失函数参见 Varian（1974）；对该损失函数的进一步讨论，见 Zellner（1986c）。

● 无知的先验信息有时被称为"扩散的"、"均质的"、"等比例的"或"无信息的"先验。它的相对情况称为"含信息的"先验；一个包含信息的贝叶斯分析是指一个使用含有信息先验的贝叶斯分析。无信息先验（并且选取了合适的损失函数）的贝叶斯分析常常产生与经典分析相同的估计，伴随着解释的十分重要的不同点（归因于对概率的不同定义）。

● 一个用来对比贝叶斯和经典估计的有效方法是：经典估计可视为选择一个"最好"设定而得到的结果；贝叶斯估计被视为若干被选设定加权平均得到的结果，其中权数是这些设定为真的概率。例如，出现异方差时参数的经典估计是先选择"最佳"异方差参数，再用它计算广义最小二乘法（GLS）得到参数估计。相对比而言，贝叶斯估计是计算与不同可能异方差参数值对应的 GLS 估计的加权平均值，其中权数是相应异方差参数值"正确"的概率，可以通过参数后验分布得到。

14.3 贝叶斯方法的优点

● 通过贝叶斯方法可以以一种标准化的形式，简单地引入附加样本信息（在一个带有附加数据的新估计中，当前的后验分布被用作先验分布）。这样，贝叶斯方法引入了一个正式而清晰的学习模型，直接与研究的学习过程相对应。经济理论中更新或学习机制经常依赖于贝叶斯思维。

● 令人惊奇的是，某些情况下贝叶斯分析比经典计量还要容易计算。第一，由于贝叶斯分析基于真实数据，所以我们无须再推导小样本纠正，也无须担心渐近离差能够在多大程度上反映小样本特征。第二，贝叶斯分析不涉及最大化或最小化过程，因而也无须担心最优化算法（见第 23 章的讨论）是否收敛。第三，一般来说，贝叶斯分析只要计算一次积分，而一些频数分析中，尤其是多项式 probit 模型中，需要计算大量积分（见第 23 章解释）。

● 尽管贝叶斯方法不接受重复抽样的概念，但是在虚拟重复抽样的标准上检验贝叶斯估计量的特性是可行的（也就是说，贝叶斯估计量是个表达式，因此可以讨论其样本分布如何）。在这个意义上，贝叶斯估计量（后验分布的均值）和 MLE 在大样本中重合。这主要是因为在大样本中，先验信息被大量数据淹没，此时似然率退化，使得均值和模相等。这一结果称为 Bernstein-von Mises 定理。Train（2003，pp. 291 - 294）对此有很好的阐述。而在小样本中，贝叶斯估计由于存在显著的先验信息，从而在重复抽样中有偏，除非凑巧先验均值正是真实参数值。然而，贝叶斯估计量的方差普遍较小，因为比经典方法包含了更多信息（也就是说，先验信息是额外信息）。这从贝叶斯方法中经常出现的更窄的区间估计就能看出来（然而，并不会出现更小的方差。例如，如果先验信息显著异于后验信息，就可能出现更高的方差）。如果忽略先验信息，那么贝叶斯估计和频率估计的点估计经常重合（如果损失函数选取合适）。

● 贝叶斯主义者强烈反对基于假设性重复抽样来进行检验，因为他们不相信基于重复抽样性质进行的检验是有效的。他们强调，由于估计量是基于手头数据计算出来的，所以检验也必须根据这些数据来进行。然而，仅仅依赖单个样本计算出来的估计量比较危险。如果样本很小，危险性就尤其大。根据贝叶斯观点，样本数据应该基于主观知识进行处理，需要研究者主观判断参数真实值最可能在什么地方。而奇异样本（如果规模很小，就算不上奇异）就是这么被处理的。另一方面，经典统计学家讨厌根据规则样本计算出来的统计量被一点点先验信息所污染。

● 处理带有不等式约束的估计问题时，贝叶斯方法就显得很有吸引力，而传统处理方法则变得很麻烦。此时截尾先验分布得到应用，推出截尾后验分布。与传统估计经常得到角点解不同，贝叶斯点估计往往是内点解。内点解随着数据与约束差异越来越大而趋近于边界。详见 Geweke（1986）和 Griffiths（1988）。利用 SHAZAM 软件可以轻易应用这一估计技巧。

14.4 克服实践者的怨言

● 贝叶斯方法的一个重要性质是以一种明晰的方式引入先验信息。贝叶斯学者认为非贝叶斯理论者用特别的方式使用先验信息，例如 Zellner（1989，pp. 301 - 302）所陈述的：

非贝叶斯学者坐在那里思考联立方程模型的约束条件。这是先验信息。

另一些人考虑应假定误差项具有什么样的性质。这常常就是先验信息。其他坐在那里思考怎样为观测值设定一个模型。这包括了大量的先验信息。

作为另一个例子，考虑 Zellner（1984，p. 98）所引用的 Tukey 的评论：

在我印象里通常的情况是，不仅仅在计量经济学中选择模型形式的判断被视为是适宜的，而选择系数的判断是不适宜的。如果关于重要事项的判断是相当正确的，为什么不能也用在更不重要的事项上呢？可能贝叶斯技术的真正目的是让我们做不易察觉地隐藏在正式系统下的不适宜的事情。

非贝叶斯理论者主张一个人的先验信念不能总是很容易地表达为先验分布，因而以一种思想的（特别）方式引入这样不精确的信息比强迫使用正式的先验分布的形式更好。许多非贝叶斯学者认为先验信息的明确引入是一种约束。考虑到这种说服和警告，Goldberger（1989，p. 152）有一段论证：

那么在某种意义上每个人都是贝叶斯理论者，我们使用了样本外的信息。问题是包含的先验信息是否应当被形式化。形式化听起来像个好主意，但可能事实上并不是。我喜欢 Manski 的论证，我将会具体解释。古典统计学推论的缺陷是它毫无意义。但是每个人都知道这一点。那么，如果你使用我所使用的这种范式，即这种古典统计学的推论，你不会太严肃地看待它——你不会照字面意义理解它。如果你使用贝叶斯程序，我要强调你真的需要相信这个含义——你已经把你自己交付给一切。你将不会有机会后悔，因为你已经引入了所有的一切，而且你必须将结果逐字接纳。

● 如果先验分布的函数形式是特定的，那么使用与假设赌博相关的问题得到的信息来形成先验分布就十分简单了。这个函数形式通常被选来简化对当前问题的后验分布的计算。例如，如果我们试图估计一个二项分布的参数，若先验分布是 β 分布，那么后验分布的推导将简单许多。在这个例子中，β 先验分布是一个"自然共轭先验"，因为它产生一个同为 β 分布的后验分布。这还有个好处，就是后验分布可以看成从一个虚拟数据集中产生。这个数据集与真实数据的分布来源相同。选择先验分布的自然共轭形式是无伤大雅的：很少有人拥有精确到不能近似为一个自然共轭分布的先验分布。共轭也许可以或不可以用"夫妻关系"来描述：一个共轭分布是一个模型分布的适宜伴侣，因为它产生了一个与之相同的后代。

● 给定先验分布的形式，只需要很少关于假设赌博的问题的答案就可以产生一个实际先验分布。不过还是要问附加的赌博问题，而它们的答案能检查先验信息的"一致性"；如果后面问题的答案与通过前面问题的答案得到的先验分布不相符，那么这种不符将用于推动关于正在讨论的先验信念的进一步思考。一个迭代过程相继发生，最终达到一个一致先验分布函数形式。Kadane 和 Wolfson（1998）发起了一个关于如何引出先验分布的讨论会。大多数关于贝叶斯统计学的大学教材专门有一部分内容来给出引出过程的详细阐述，例子参见 Jones（1977，ch. 13）。Garthwaite，Kadane 和 O'Hagan（2005）很好地讨论了求得概率分布的方法。

● Kadane 等（1980）描述和阐释了通过使用预期分布形式化先验信息的方法，也提到了使用计算机软件包实现这一步骤。预期分布方法的一个优点，是它不会给研究者/专家强加一个特定的模型，这样得到的信息能够检测固有模型的非线性特性。Kadane 等（1980）讨论了预期分布方法的相关优点和引出假设赌博的被他们称为"结构性方法"的途径。

● 问题的背景经常会包含合适的先验分布。例如，如果你在估计某种疾病在一个州的发病率，那么采用以国内发病率为中心的先验分布就很有道理；如果要估计个人或一组人的智商（IQ），那么以人口智商分布作为先验分布就很合适。

● 有很多证据表明人们可能会在他们对概率的个人评价上出错；参考资料见 Hogarth（1975），Leamer（1978，ch. 10），Lindley Tversky and Brown（1979），Wallsten and Budescu（1983）以及 Fishchoff and Beyth-Marom（1983）。这种现象的存在强调了报告一系列先验信息所得估计的重要性。

● 关于报告经验估计（对贝叶斯和非贝叶斯方法）脆弱性的建议被 Leamer 和 Leonard（1983）以令人信服的方式提出。他们清晰地阐明了对于二维情况，先验信息的性质是如何影响一系列可能的系数估计的。在他们考察的一种情况下，一组可能的系数估计被回归产生的估计所约束，而这些回归是通过忽略被先验认为系数值接近零的变量的不同组合构造出来的。这个例子说明了对应于古典统计学家在典型特殊设定搜寻中所使用的"信息"的贝叶斯先验信息的种类。这种方法的例子可参见 Leamer and Leonard（1983），Leamer（1983a，1986）。Ziemer（1984）推测，脆弱性分析可以作为现在通常使用的特殊预检验/搜寻方法和理论家倡导的不熟悉的收缩/贝叶斯方法的折中。

技术性注释

14.1 引言

● 贝叶斯分析在计算方面的主要进展在于利用模拟方法来估算积分，有时这称为蒙特卡洛积分法，将在第 23 章中进行介绍。大多数贝叶斯计算都需要积分。例如，为了求得二次损失函数下的贝叶斯点估计，就必须找到后验分布的均值，这是个积分。又如，为了得到下一年 y 值高于本年 y 值的概率，就需要从 y 到无穷大的积分中获得下一年 y 值的分布预测。然而，积分的解析形式通常不可得，所以只要涉及参数向量（意味着更高维积分），传统积分数值计算方法（将分布下的面积进行加总）的计算量就非常大，即使利用现代计算机也很难完成。模拟积分法很大程度上缓解了这个问题。如第 23 章所解释的，积分可以看成一个期望。所以，如果希望估计 $\int g(x)f(x)\mathrm{d}x$，其中 x 是随机变量（可能还是个向量），密度函数为 $f(x)$，那么需要做的就是从 $f(x)$ 中抽取大量 x 值，然后对每个 x 计算 $g(x)$，然后求平均即可。通过马尔可夫链蒙特卡洛法（Markov Chain Monte Carlo，MCMC），可以开发出从无表达式的分布中进行抽样的巧妙方法。这些方法进而使积分估计变得更为方便。更多内容见第 23 章。

14.2 什么是贝叶斯分析

● 贝叶斯定理来源于如下事实，即获得数据和参数的概率可以写成：

$$\mathrm{prob}(数据和参数)=\mathrm{prob}(数据|参数)\times\mathrm{prob}(参数)$$

或　　　　$$\mathrm{prob}(数据和参数)=\mathrm{prob}(参数|数据)\times\mathrm{prob}(数据)$$

令上面两式相等并重新整理，我们得到贝叶斯定理：

$$\mathrm{prob}(参数|数据)=\frac{\mathrm{prob}(数据|参数)\times\mathrm{prob}(参数)}{\mathrm{prob}(数据)}$$

分母不包括参数，是将分子在所有参数值上进行积分后得到的标准化因子。表达式左边是后验概率，即样本给出之后的参数概率值。表达式右边的右半部分是先验概率，即样本给出之前的参数概率值。右侧左半边是似然函数（回忆 2.9 节及其技术性注释）。那么，根据贝叶斯定理，后验分布由先验分布、似然函数和一个标准化因子的乘积给出。由于标准化乘积中没有未知参数，所以这一关系式通常写成：

$$\mathrm{prob}(参数|数据)\propto\mathrm{prob}(数据|参数)\times\mathrm{prob}(参数)$$

或者

后验概率∝似然率×先验概率

用自然语言表达：后验概率与似然率乘先验概率的积成比例。

● 利用贝叶斯方法进行预测的过程很不相同。假设你想估计变量 y 的下一年的值 y_{t+1}。考虑获得每个可能 y_{t+1} 值的概率。这也就是 y_{t+1} 的后验分布，称为 y_{t+1} 的预计分布（predictive distribution）。那么我们应当如何获得这一分布呢？首先，写下一些关于 y 的关系式，比如设 y 是一些解释变量和误差项的线性组合。对给定的参数值（线性函数中的截距项和斜率），我们能够基于误差项的随机性给出 y_{t+1} 的密度函数。但是，我们并不知道参数值。频率主义者处理这一问题的方法是加入对参数"最好的"估计和对误差项最好的猜测来进行预测。与此相对，贝叶斯主义者对参数所有可能值下的 y_{t+1} 密度进行加权平均，权重由参数后验分布给出。这实际上给出的不是预测值，而是预计密度值。用数学语言来说，就是 y_{t+1} 和所有参数值的联合密度函数对所有参数值求积分，从而得到 y_{t+1} 的预计密度。预计密度函数可以有几方面的应用。例如，可以将其与适当的损失函数结合，给出未来 y 值的估计；或者在当前 y 值到无穷大对密度函数求积分，来估计未来 y 值将会高于当前 y 值的概率估计。

● 贝叶斯预测取决于所选择的模型，上文中所取的模型是线性模型。但是，经常不止一个模型可用。频率主义者的方法是选取"最好的"模型来进行预测。与此相对，贝叶斯计算预测值的方法是将所有可行模型的预测值加权平均，权重由每个模型的概率给出（这些概率值可以很容易地从对应的后验比数比中获得，见下面 14.3 节的技术性注释），体现出对所有未知参数可能值求平均的贝叶斯风格。同样的"平均"方法也应用于其他场合，例如估计解释变量的斜率等。Moulton（1991）是一个平均方法的好例子，也见 Sala-i-Martin, Doppelhofer and Miller（2004）。这里的重点是，在经验分析中，利用贝叶斯方法进行决策（估计参数、假设检验或预测等）需要对不同模型求平均。Bartels（1997）很好地讨论了相关的问题，并给出了实际操作的简单可行的建议。也见 Raftery, Madigan, and Hoeting（1997）；Hoeting et al.（1999）；Fernandez, Ley, and Steel（2001）；以及 Kadane and Lazar（2004）。

● 为了理解关键的贝叶斯"平均"现象，讨论伴随无信息先验分布并存在一阶自相关误差项的贝叶斯估计量至关重要。Jeffrey 规则给出了 ρ 的一个与 $(1-\rho^2)^{-(1/2)}$ 成比例的先验分布。将其与 σ 的一个与 σ^{-1} 成比例的先验分布，以及一个系数 β 的均匀分布相结合，就得到了 ρ 后验分布的直接表达式，以及 β 后验分布的极为复杂的表达式。不过，幸运的是，β 的期望值，即 β 的贝叶斯估计值，可视为所有 ρ 值上的积分，等于 GLS 估计量（给定 ρ 值）乘以 ρ 的后验密度函数。换句话说，不严格地讲，贝叶斯估计量是无限个不同 ρ 值对应的无限个 GLS 估计量的加权平均值，权重由 ρ 的后验密度函数给出。一般的法则是：贝叶斯估计利用加权平均值；而频率主义者使用最可能值，是将所有鸡蛋放一个篮子里的行为。

该问题计算的代数表达式难以处理，必须通过数值积分来计算（由于该积分值仅关于一个参数，所以数值积分是可行的；如果是贝叶斯估计中常见的更高维积分，那么就需要用到模拟积分。见第 23 章）。为了进行计算，ρ 的所有可能值区间被分为非常多的小子集。不妨说 500 个子集。每一个子集上 ρ 的后验密度函数下的面积都要进行计算。每个区间中点处 ρ 的值都要确定，并且每个 ρ 值对应的 β 值的 GLS 估计也会计算出来。这样，数值积分由这些 GLS 估计量的加权平均值构成，权重由 ρ 后验分布曲线下的对应面积给出。子集数量越大，那么数值积分值就越接近"真实"贝叶斯估计量值。那么，多少才足够呢？Kennedy 和 Simons（1991）针对此例给出建议，指出只需 40 个子集就能够进行良好计算了。如果希望阅读关于这些推导的规范叙述，请参阅 Judge et al.（1985, pp. 291 - 293）。另外，当使用 ρ 的信息性先验分布时，这一过程就变得极为复杂，需要用第 23 章中讨论的模拟方法来完成。

14.3 贝叶斯方法的优点

● 贝叶斯假设检验在形式上与传统假设检验差异很大，大到学者不愿意使用"假设检验"、"零假设"或者"备择假设"这样的术语，而喜欢用"比较模型"来替代。贝叶斯主义者通过估计不同模型为真的概率来进行比较。一些情况下，这一任务容易完成。例如，假设模型（或假设）M_1 为"β 小于等于 1"，第二个模型 M_2 为"β 大于 1"。那么第一个模型的概率 $\mathrm{prob}(M_1)$ 就等于 β 的后验密度从负无穷大到 1 的积分值，第二个模型的概率为 $1-\mathrm{prob}(M_1)$。二者的比值称为后验比数比，是总结这些信息的量。在贝叶斯分析当中，没有所谓的"显著性"水平，所以正常使用或者滥用显著性检验所带来的争议也就不存在了。见 Lecoutre, Lecoutre, and Poitevineau（2001）。

● 在更一般的意义上，模型 M_1 和 M_2 的后验比数比可由下式得到。利用贝叶斯法则，M_i 的后验概率为

$$\mathrm{prob}(M_i\,|\,\text{数据})=\frac{\mathrm{prob}(\text{数据}\,|\,M_i)\times\mathrm{prob}(M_i)}{\mathrm{prob}(\text{数据}\,|\,M_1)\times\mathrm{prob}(M_1)+\mathrm{prob}(\text{数据}\,|\,M_2)\times\mathrm{prob}(M_2)}$$

其中，prob（数据$|M_i$）是模型 M_i 的似然率，prob（M_i）是 M_i 的先验概率，则后验比数比为

$$\frac{\mathrm{prob}(M_1\,|\,\text{数据})}{\mathrm{prob}(M_2\,|\,\text{数据})}=\frac{\mathrm{prob}(\text{数据}\,|\,M_1)\times\mathrm{prob}(M_1)}{\mathrm{prob}(\text{数据}\,|\,M_2)\times\mathrm{prob}(M_2)}$$

一般情形下，模型先验概率相等，所以后验比数比就可以简化为"贝叶斯因子"（Beyes factor）形式：

$$\text{贝叶斯因子}=\frac{\mathrm{prob}(\text{数据}\,|\,M_1)}{\mathrm{prob}(\text{数据}\,|\,M_2)}$$

即两个模型的边际似然率之比。

那么什么是边际似然率？这里先回到模型参数的后验分布当中：

$$\mathrm{prob}(\text{参数}\,|\,\text{数据},M_i)=\frac{\mathrm{prob}(\text{数据}\,|\,\text{参数},M_i)\times\mathrm{prob}(\text{参数}\,|\,M_i)}{\mathrm{prob}(\text{数据}\,|\,M_i)}$$

其中加入 M_i 以强调参数所在的特定模型。将等式两边同时对参数进行积分。由于左边是概率密度函数，所以积分值为 1。由此可得

$$\mathrm{prob}(\text{数据}\,|\,M_i)=\int\mathrm{prob}(\text{数据}\,|\,\text{参数},M_i)\times\mathrm{prob}(\text{参数}\,|\,M_i)\mathrm{d}(\text{参数})$$

由此可见，模型边际似然率为该似然率在所有参数值上的加权平均组合，权重等于参数的先验分布。这也即数据的预期概率值，期望从先验分布中得到。贝叶斯因子（两个模型的边际似然率之比）的意义就在于浓缩了数据证据更支持哪一个模型这样的信息。当贝叶斯主义者比较（"检验"）模型（"假设"）之时，这个因子就构成了主要证据。

● 贝叶斯因子中有一些特征需要说明。

（a）与贝叶斯因子可比的频率主义测量值（意义完全不同）基于似然比，即两个模型最大化的似然概率之比（回忆似然比［LR］检验）。而贝叶斯分析一般不比较单个"最优"衡量值，而是比较衡量值的加权平均，权重由合适的分布给出。

（b）贝叶斯因子包含了对于模型拟合度的奖励，并且同时符合先验概率、数据以及节俭原则。Koop（2003，pp. 23 - 26，9 - 43）讨论了这些特征。

（c）对于如之前例子所示的非等式约束，贝叶斯因子的计算非常直接。

（d）对于带有等式约束的模型（嵌套模型）或者非嵌套模型，约束中都包含了参数要求的信息性先验分布，也就是说区分了不同的模型。这是贝叶斯因子的主要缺点。幸运的是，只有在这种贝叶斯分析的应用中，无信息先验分布才会产生问题。相关讨论见 Koop（2003，pp. 41 - 43）。

（e）尽管一些情况下计算贝叶斯因子很直接，但很多情况下并非如此。Koop（2003，pp. 69 - 71，104 - 106，157 - 162）阐述了为方便估计贝叶斯因子而开发出来的 Savage-Dickey 密度比、Gefland-Dey 法以及 Chib 法。6.2 节一般性注释中讨论过的 BIC（贝叶斯信息准则），也称为 SC（Schwartz 准则），是贝叶斯因子对数值的一个粗略近似。当对数似然率容易计算时，那么 BIC 也就很容易计算。大部分软件运行回归时都能够自动生成这一结果。

● 虽然贝叶斯主义者满足需求的方式是给出后验比数比，但是如果一定要知道是应该选择模型 M_1 还是 M_2，该怎么办呢？（注意，这里的措辞很谨慎，尽量避免提及接受/拒绝零假设这一术语！）由于需要基于统计分析进行决策，所以贝叶斯主义者利用决策理论来作出决定。这就像其利用决策理论来提供点估计以消除仅仅给出后验分布作为最终结果时带来的不满。为了进行这一工作，贝叶斯主义者需要明确从需求导出的权衡/损失测度：作出正确决定时的收益是什么？决定错误时损失又是什么？知道了这些信息之后就能够针对每个模型来计算相应的预期净收益。

● 假设当 M_i 为真时，选择 M_i 的收益为 $payoff_i$；当 M_i 为假时，选择 M_i 的损失为 $loss_i$。那么选择模型 M_1^* 的预期净收益为：

$$\mathrm{ExpNP}_1 = \mathrm{prob}(M_1) \times \mathrm{payoff}_1 - \mathrm{prob}(M_2) \times \mathrm{loss}_1$$

而选择模型 M_2 的预期净收益为：

$$\mathrm{ExpNP}_2 = \mathrm{prob}(M_2) \times \mathrm{payoff}_2 - \mathrm{prob}(M_1) \times \mathrm{loss}_2$$

其中概率值从后验比数比中得到。贝叶斯主义者根据能够给出更高预期净收益的准则来选择模型。

这里就产生了另一种与频率主义大不相同的方法。贝叶斯主义者不武断决定第一类错误发生率，而将容忍此类错误的界限等价于依据当前数据而最大化预期净收益函数所蕴涵的任何值。这意味着，当样本规模增大时，贝叶斯方法下第一类错误和第二类错误发生率同时趋于零。然而，传统方法强制第一类错误发生率等于常数，而仅仅允许第二类错误概率向零收敛。

---

* 原书为 M_i，下标疑有误。——译者注

14.4 克服实践者的怨言

● 如果贝叶斯分析将先验概率建立在之前的研究之上，那么估计结果将会与第 13 章强调的混合估计结果类似。当然，二者的表述并不相同。

● 并非所有此前研究都与当前研究完美契合。由于此前结果背后可能包括变量、背景方面的微小不同，所以这些结果不能像本章所述那样直接加以利用。研究者可能要从主观上统一——大类相关经验研究来形成先验分布。这一过程尽管困难重重，然而是很有益的练习，能够迫使研究者仔细思考参数值到底应该如何表达。然而，不管怎样都要小心，包括额外不确定性时方差可能会增大。例如，难以同化文献就属于这样的情形。另一种选择何种先验分布更为合适的方法基于多层先验信息（hierarchical prior）。假设，你尝试利用均值为 50、方差为 5 的正态分布作为先验分布，但是你对 50 和 5 这两个数并没有把握。替代的方法是，引入新参数 φ（称为超参数）来代表先验分布中此时被视为未知的均值。赋予 φ 以先验分布。不妨设 φ 服从均值为 50、方差为 3 的正态分布。此时对这一先验分布的方差作同样的处理：引入新参数 η 表示概率，并且也赋予其先验分布。不妨设 η 服从均值为 5、方差为 2 的伽玛分布。多层先验信息可被看成经典随机参数的贝叶斯等价物。

● 在贝叶斯"实证"方法中，数据被用来"估计"先验分布的方差，Casella (1985) 对此有介绍性的讨论。以下是这个过程的本质：首先计算协方差阵为 V（信息矩阵的逆）的包含 K 个参数的向量 β 的 MLE 估计 β^{MLE}。在大样本中，β^{MLE} 为正态分布。假设先验分布均值为 β_p，方差为 θV，θ 为标量。那么，贝叶斯点估计就是 β^{MLE} 和 β_p 的加权平均，其中 β_p 的权重为 $(1+\theta)^{-1}$。由于 β^{MLE} 和 β_p 彼此独立，所以 $(\beta^{\mathrm{MLE}}-\beta_p)$ 的方差是 $V+\theta V=(1+\theta)V$，因而 $(\beta^{\mathrm{MLE}}-\beta_p)'(1+\theta)^{-1}V^{-1}(\beta^{\mathrm{MLE}}-\beta_p)$ 服从自由度为 K 的 χ^2 分布。因为 χ^2 分布统计量倒数的期望值为 $(K-2)^{-1}$，所以 $(1+\theta)^{-1}$ 的无偏估计为 $(K-2)/[(\beta^{\mathrm{MLE}}-\beta_p)'V^{-1}(\beta^{\mathrm{MLE}}-\beta_p)]$ 注意，这与 Stein 估计量之间的相似性。这在第 13 章有过讨论。

● 寻找无信息先验分布并不像看起来那么简单。如果需要寻找先验分布的参数 β，使之能取到 $-\infty \sim +\infty$ 之间的任何值，那么选择 $\mathrm{prob}(\beta_0 \leqslant \beta \leqslant \beta_0+\mathrm{d}\beta)=\mathrm{d}\beta$ 的均匀分布就比较合适（该分布的积分值为无穷大，而不是 1，因此这个分布作为先验分布其实有不妥之处，但是这在此处并不关键）。但是，假如我们知道参数值只能取非负值，例如误差项方差 σ 必须满足 $0 \leqslant \sigma \leqslant \infty$。此时如果使用均匀分布作为 σ 先验分布的话，那么会出现两个问题。

首先，对任何有限大正数 a，$\mathrm{prob}(\sigma \leqslant a)$ 相对于 $\mathrm{prob}(\sigma > a)$ 来说为零，这与我们对 σ 一无所知的信念不符。其次，如果我们对 σ 是完全无知的，那么对 σ^2 应当也同样无知。但是，如果我们接受 σ 的均匀先验分布，那么 $\mathrm{prob}(\sigma_0 \leqslant \sigma \leqslant \sigma_0+\mathrm{d}\sigma)=\mathrm{d}\sigma$，则同理可得 $\mathrm{prob}[\sigma_0^n \leqslant \sigma^n \leqslant (\sigma_0+\mathrm{d}\sigma)^n]=\mathrm{d}\sigma$。然而，事实上，这一概率应当为 $\mathrm{d}\sigma^n=\sigma^{n-1}\mathrm{d}\sigma$。如果 $\mathrm{prob}(\sigma_0 \leqslant \sigma \leqslant \sigma_0+\mathrm{d}\sigma)=\mathrm{d}\sigma/\sigma$，那么这两个问题都能够得到解决。此时 σ 的先验分布与 σ^{-1} 成比例。这等价于 $\ln\sigma$ 服从均匀先验分布。

现在考虑为比例参数 θ（取值限制在 0～1 之间）寻找无知先验分布的问题。如果我们对 θ 无知，那么我们对 $\varphi = \theta/(1-\theta)$ 同样也是无知的。因为 φ 在零到无穷大之间，所以我们可以将处理 θ 的方法应用于 φ。由此可得 $d\varphi/\varphi = d\theta/\theta(1-\theta)$，所以 θ 的先验分布与 $1/\theta(1-\theta)$ 成比例。注意，本例中 θ 的变换生成了一个介于零到无穷大的新变量，但是这种变换并不唯一，这暗示对某个特定问题来说可能存在不止一个无知分布。这说明，在某些场合，不能对先验分布达成一致，此时可能存在多个无信息贝叶斯估计量。

上面的例子中有个共同的主题。参数进行变换已取到实轴上的所有值，因此可以得到均匀的先验分布。然后，依据变量更换定理，反向寻找原参数对应的密度。处理该问题的常用方法是 Jeffrey 规则：选择与信息矩阵的行列式平方根成比例的参数向量先验分布。具体讨论见 Berger（1985，pp. 82 - 90）。《应用计量经济学期刊》（*Journal of Applied Econometrics*）卷 6(4) 中包括几篇针对 Phillips（1991）所提出问题的讨论，精彩分析了在应用计量经济学问题中无知先验分布的意义和构造。Kass 和 Wasserman（1996）精彩综述了如何选择无知先验分布的文献。Poirier 和 Tobias（2006，pp. 848 - 850）也是关于这一问题的，不过精彩而简洁。

第 15 章　虚拟变量

15.1　引言

解释变量常常实际上是定性的（例如，是战争时期还是和平时期，是男性还是女性，是东部、西部还是南部），所以回归中必须建立一个代理变量来代表它们。虚拟变量就是用来达成这一目的的。它是一个人造变量，在它所代表的定性现象发生时取单位 1，否则取 0。一旦被设定，这些代理变量，或者称为"哑元"，就可以像任何其他解释变量一样用于 CLR 模型，产生标准的 OLS 结果。

下面的说明以一个例子的形式解释虚拟变量的作用，了解如何在回归中估计它们的参数，并阐明这些系数估计的含义。

考虑医生、教授和律师收入的数据，如图 15—1 所示（数据被整理为依职业分类的观测值），假设我们假定个人的收入依赖于他或她的职业，一个定性变量。我们可以将模型写为：

$$Y = \alpha_D D_D + \alpha_P D_P + \alpha_L D_L + \varepsilon \tag{15.1}$$

其中，D_D 是一个虚拟变量，观测值为医生时取 1，否则取 0；D_P 和 D_L 是关于教授和律师的虚拟变量，定义方式相同。注意，这个等式本质上是宣称个人的收入等于其相关虚拟变量的系数加上一个误差项。（例如，对于一个教授，D_D 和 D_L 是 0 而 D_P 为 1，所以式（15.1）变为 $Y=\alpha_P+\varepsilon$。）

由等式（15.1）的结构和图15—1的构造可以看出，α_D 的合理估计是所有医生收入的平均值，α_P 的合理估计是所有教授收入的平均值，α_L 的合理估计是所有律师收入的平均值。那么，如果 Y 对这三个虚拟变量回归将产生精确估计结果的论述是可靠的。

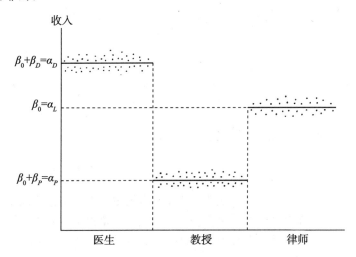

图 15—1 一个使用虚拟变量的阶段函数的例子

15.2 解释

等式（15.1）的建立不包含截距项。如果它含有截距项，那么将产生完全多重共线性（截距项变量是一列单位 1，等于三个虚拟变量之和），回归将不再有效。虽然如此，与不含截距项的情况相比，有虚拟变量的等式更常包含截距项。这可以通过省略其中一个虚拟变量来避免完全多重共线性。

例如，假设略去 D_L，得到：

$$Y=\beta_0+\beta_D D_D+\beta_P D_P+\varepsilon \tag{15.2}$$

在这种情况下，对一个律师来讲，D_D 和 D_P 为零，所以截距项 β_0 给出了一个律师的期望收入。这样，截距项的合理估计值是所有律师收入的平均值。等式（15.2）中一个医生的期望收入为 $\beta_0+\beta_D$；所以，β_D 的合理估计是所有医生收入的平均值与所有律师收入的平均值之差。相似的，β_P 的合理估计是所有教授收入的平均值与所有律师收入的平均值之差。再次使用等式（15.2）作回归（也就是说，将 Y 对截距项和虚拟变量 D_D 和 D_P 回归）将产生精确估计结果的论述是可靠的。至关重要的区别是，引入截距项后虚拟变量系数的解释发生了戏剧性的变化。

不含截距项时，虚拟变量系数影响各个职业的期望收益。含截距项时，被省略的一类（职业）成为一个与其他相比较的基础或者基准。剩下各类的虚拟变量系数衡量了它们与这个基础的差异。上面例子中的基础就是律师职业。这样，举例来说系数 β_D 给出了医生的期望收入与律师的期望收入的差距。

大部分研究者发现含有截距项的等式更加方便，因为它使得他们能够更加容易地处理他们所最感兴趣的问题，也就是这种分类是否产生不同的结果？如果有，那么差距是多大？如果这种分类的确产生不同的结果，差异在多大程度上可以直接由虚拟变量的系数来估计？检验分类是否适当，可以通过进行虚拟变量系数对零的 t 检验（或者，更一般地，进行关于虚拟变量参数估计的正确设定的 F 检验）来判断。

15.3 加入其他定性变量

现在假设图 15—1 中的数据被稍微重新排列以形成图 15—2，它显示性别可能在收入决定上有一定的影响。这个论点通常通过两种方法被提出来。最常见的一种方法是在等式（15.1）和等式（15.2）中添加一个对应于性别的新虚拟变量 D_F，得到：

$$Y = \alpha_D^* D_D + \alpha_P^* D_P + \alpha_L^* D_L + \alpha_F^* D_F + \varepsilon \tag{15.3}$$

$$Y = \beta_0^* + \beta_D^* D_D + \beta_P^* D_P + \beta_F^* D_F + \varepsilon \tag{15.4}$$

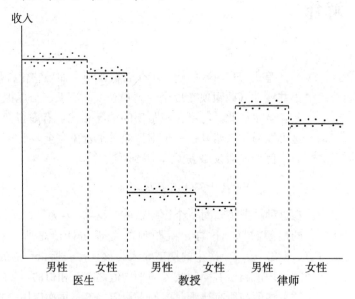

图 15—2 加入性别作为附加虚拟变量

这里，D_F 对女性取 1，对男性取 0。注意，没有添加代表男性的虚拟变量 D_M；如果加入这样一个变量将会产生完全多重共线性：在等式（15.3）中因为 $D_D +$

$D_P + D_L = D_F + D_M$，在等式（15.4）中因为 $D_F + D_M$ 是一列单位 1，与固有的截距项相同。α_F^* 与 β_F^* 二者的解释都是不考虑职业时，女性收入的改变程度。α_D^*、α_P^* 和 α_L^* 可以解释为在相应职业中男性的预期收入；对于等式（15.4）的系数有一个相似的另一种解释。

另一种方法是抛弃原来的虚拟变量，引入对应于图 15—2 中每一类的新虚拟变量。得到：

$$Y = \alpha_{FD}D_{FD} + \alpha_{MD}D_{MD} + \alpha_{FP}D_{FP} + \alpha_{MP}D_{MP} + \alpha_{FL}D_{FL} + \alpha_{ML}D_{ML} + \varepsilon \quad (15.5)$$

和

$$Y = \beta_0' + \beta_{FD}D_{FD} + \beta_{MD}D_{MD} + \beta_{FP}D_{FP} + \beta_{MP}D_{MP} + \beta_{FL}D_{FL} + \varepsilon \quad (15.6)$$

可以直接得到对这些系数的解释。例如，α_{FD} 是女性医生的预期收入，β_{FD} 是女性医生与男性律师预期收入之差。

这两种方法的关键区别是前者强制假定所有职业男性和女性的收入之差是相等的，而后者没有。后一种方法允许所谓的"相互影响"。在前一种方法中，一个女性医生的收入是两部分之和：一部分归因于是个医生，而一部分归因于是女性；不存在医生和女性可能会有的综合的或交互作用的特殊影响。

15.4   与定量变量的相互影响

前面的所有例子一定程度上都是不现实的，因为它们是所有回归元都是虚拟变量的回归。然而大体上，与定性变量一样，定量变量也决定着因变量。例如，前面例子中的收入可能也取决于工作年限 E，于是我们得到：

$$Y = \gamma_0 + \gamma_D D_D + \gamma_P D_P + \gamma_E E + \varepsilon \quad (15.7)$$

既然这样，系数 γ_D 必须被解释为反映了考虑工作年限的情况下（也就是说，假定相同的工作年限），医生与律师期望收入之差。

本质上，等式（15.7）是一个将收入表示为工作年限的线性函数的模型，它对每个职业都有不同的截距项。（在收入对工作年限的线性图上，这可以用三条平行线表示，每条线反映一种职业。）虚拟变量的最常见用法就是实现这种截距变化。但是在很多情况下，可能对不同的职业斜率 γ_E 不同，或者加在一个不同截距之上或者代替它。（这也可以被视为相互影响。）

这种情况可以通过添加特殊的考虑斜率的虚拟变量来处理。等式（15.7）变为：

$$Y = \gamma_0^* + \gamma_D^* D_D + \gamma_P^* D_P + \gamma_E^* E + \gamma_{ED}^*(D_D E) + \gamma_{EP}^*(D_P E) + \varepsilon \quad (15.8)$$

其中 $D_D E$ 是表示 D_D 和 E "乘积"的新变量；它对任何医生的观测值取值 E，其他取 0。特殊的"乘积"虚拟变量（$D_P E$）由相似方式产生。对律师的观测值的表达式（15.8）为 $\gamma_0^* + \gamma_E^* E + \varepsilon$，这样 γ_0^* 和 γ_E^* 是与律师相关的截距和斜率系数。关于医生观测值的表达式（15.8）为 $\gamma_0^* + \gamma_D^* + (\gamma_E^* + \gamma_{ED}^*)E + \varepsilon$，所以 γ_D^* 被解释为医生

和律师截距项之差；γ_{DD} 被解释为医生和律师斜率系数之差。这样，这个特殊的"乘积"虚拟变量允许一组数据与另一组数据间的斜率变化，从而捕获一种不同的相互影响。

等式（15.8）是每个不同的职业都有各自的截距项和斜率。（在收入对工作年限的图上，反映不同职业的三条线不必平行。）因此，进行这个回归得到的估计量与仅使用特定职业数据进行三个独立回归得到的估计量没有区别。这样，在这种情况下使用虚拟变量没有任何意义。虚拟变量技术仅在给所估计模型强加某些约束时才有意义。等式（15.7）反映了这样一个约束，假设斜率系数 γ_E 对所有职业一样。把等式（15.7）看作单一回归，加入这个约束，从而使估计变为对所有系数都更有效的估计。作为另一个例子，假设受教育年限也是一个解释变量，但是已知它在不同的职业中含有相同的斜率。那么通过在等式（15.8）中加入额外的解释变量——受教育年限并估计单一回归，较之分别估计三个回归将会产生对所有系数都更有效的估计。（注意，进行一个单一有约束的回归引入了一个共同误差项方差的附加假设。）

15.5　特定观测值虚拟变量

一个特定观测值虚拟变量是对某一特定观测值取 1，对所有其他观测值都取 0 的虚拟变量。因为它的使用通常是在时间序列数据中，下面的讨论中称其为特定时期虚拟变量。当进行一个特定时期虚拟变量的回归时，计算机将忽略这个特定观测值——将使用所有其他观测值计算 OLS 估计，然后特定时期变量的系数被估计为使得该时期误差项为零的值。通过这种方式，SSE（误差平方和）最小。下面是若干有用的推论：

（1）特定时期虚拟变量的系数估计是该时期的预测误差，而且系数估计的估计方差是预测误差的估计方差。否则，这个估计量难以计算——参见第 20 章。

（2）如果被讨论时期的因变量值被定为零，而不是它的真实值（如果我们要预测它，则可能不是已知的），那么特定时期虚拟变量的系数估计就是这一时期的因变量预测值。

（3）通过使用 t 检验来检验特定时期虚拟变量的系数估计是否异于零，我们可以检验观测值对所估计的关系是否"一致"。F 检验可以用来检验若干观测值是否可以视为与所估计的方程一致。在这种情况下，每个观测值应当有其各自的特定时期虚拟变量。这种检验有时称为后样本预期检验。这在邹检验一个变体的技术性注释中给出了描述。"彩虹"检验（6.3 节，一般性注释）作为异常值的检验，也是这种方法的一个变体。

一般性注释

15.1 引言

● 术语"虚拟变量"曾引起过不太客气的评论。其中最好的一个来自 Machlup（1974，p. 892）："让我们记住那个不幸的计量经济学家吧，他在他系统的一个主要方程中使用了一个风险代理和一个性别虚拟变量。"

● 对引入虚拟变量来获取结构性变化或季节因素的模型进行评价时必须十分小心，因为这些虚拟变量可能在生成一个高 R^2 值方面起主要作用，从而隐藏了自变量解释能力很弱的事实。

● 代表多于两种分类的虚拟变量可以代表不含自然顺序的分类（如代表红、绿、蓝的虚拟变量），但也可以代表含某些内在顺序的分类（如低、中、高的收入水平）。后者被称为有序虚拟变量；如何在考虑这种虚拟变量的有序属性的情况下进行估计的建议参见 Terza（1987）。

● 使用微观经济学数据的估计常常含有代表集合体的虚拟变量，如区域、产业或职业虚拟变量。Moulton（1990）表示，使用这些集合体时误差可能被修正，而忽略这些可能导致一个向下偏误的标准误。

● 对于半对数函数形式：$\ln Y = \alpha + \beta x + \delta D + \varepsilon$，系数 β 可解释为 x 的单位变化对 Y 的百分比影响力，但是系数 δ 不能解释为变量 D 由 0 变为单位 1 时对 Y 影响的百分比。Halvorsen 和 Palmquist（1980）指出这个百分比的正确表达式为 $e^{\delta} - 1$。Kennedy（1981a）指出为纠正小样本偏误，它应该被估计为 $\exp(\hat{\delta} - V/2)$，其中 $\hat{\delta}$ 是 δ 的 OLS 估计量，V 是它的估计方差（背后原理的解释见 2.8 节技术性注释）。Van Garderen 和 Shah（2002）支持这个估计量，并认为它的方差应被估计为：$\exp(2\hat{\delta})\{\exp(-V) - \exp(-2V)\}$。

● 虚拟变量系数可以被解释为显示了一类行为与某基准（被"忽略"的一类）相差的程度。每当出现多于两个分类时，这些结果的表现变得难以处理，尤其是面对外行时；一个更相关联、更易于理解的基准可能使得这些结果的表述更加有效。例如，假设每户用电量由收入和其所在地区决定，那么作为向外行人陈述结果的方法，相对于使用南部做基准并把东北、中北和西部的用电量与南部相对比，这样计算虚拟变量系数并将每个地区的消费同全国水平做比较更加有效。一个简单的调整就可以做到这一点。参见 Suits（1984）和 Kennedy（1986）。

● Goodman 和 Dubin（1990）指出，含有不同虚拟变量设置的备选设定可能不是嵌套的，暗示应使用一个非嵌套形式检验步骤来分析其相对优势。

15.4 与定量变量的相互影响

● 在检验一组数据与另一组数据之间是否存在参数值变化的邹检验中，虚拟变量起到了重要的作用。假定 Y 是 X 与 Z 的一个线性函数，现在的问题是在时期 1 与时期 2 中系数是否一致。建立一个虚拟变量 D，它在观测值处于时期 1 时取值 0，在观测值处于时期 2 时取值 1。同样建立"乘积"虚拟变量 DX 和 DZ（也就是说，DX 在时期 2 取值 X，否则取 0）。那么产生等式：

$$Y = \beta_0 + \alpha_0 D + \beta_1 X + \alpha_1 (DX) + \beta_2 Z + \alpha_2 (DZ) + \varepsilon \tag{15.9}$$

进行回归（15.9），它允许时期 1 与时期 2 的截距项和斜率不同。这产生了无约束 SSE。令 α_0、α_1 和 α_2 等于零，再进行回归（15.9），即强制两时期的截距项和斜率相同。一个建立在通常形式下的 F 检验可以用来检验以 α_0、α_1 和 α_2 为元素的向量是否等于零向量。得到的 F 统计量为：

$$\frac{\big[SSE(\text{有约束的}) - SSE(\text{无约束的}) \big]/K}{SSE(\text{无约束的})/(N_1 + N_2 - 2K)}$$

其中，K 为参数个数，N_1 为时期 1 中观测值个数，N_2 为时期 2 中观测值个数。如果时期多于两个，我们期望检验所有时期内是否一致，那么这种方法可以通过增加额外虚拟变量的明显方式来一般化。

当检验所有参数在两组数据间是否相等时，无约束 SSE 可以通过将两个分离回归的 SSE 相加得到，而有约束 SSE 可以通过一个使用所有数据的单一回归得到；邹检验常常以这种形式出现在教科书中。大体上讲，在两组数据中引入虚拟变量以允许截距项和所有斜率产生与进行两个分离回归相同的系数估计，但是估计方差不同，因为前者限定了在两个等式中的估计方差一致。

● 邹检验的虚拟变量变体的优势在于它经过简单的变化就可以用来检验系数的子集。例如，假设在上面的等式（15.9）中已知从时期 1 到时期 2 参数 β_2 发生了变化，而我们想检验其他参数（β_0 和 β_1）是否发生变化。进行回归（15.9），得到所需 F 统计量的无约束 SSE，进行去掉 D 和 DX 的回归（15.9），得到有约束 SSE。分子所需的自由度为 2，分母自由度为 $N-6$，这里 N 为观测值总数目。

注意到，若不是已知（或假设）从时期 1 到时期 2 参数 β_2 发生了变化，而是没有发生变化，那么必须使用有些微变化的检验形式。那么，进行没有 DZ 的回归（15.9），得到无约束 SSE，进行去掉 D、DX 和 DZ 的回归（15.9），得到有约束 SSE。分子自由度为 2，分母自由度为 $N-5$。

● 如上所述，使用虚拟变量来记录截距或斜率系数的变化，使估计线不再连续。（尝试画一条曲线——它在转折点"跳跃"。）强制连续性得到所谓的分段线性模型；虚拟变量可用于强加这种连续性，例如 Pindyck 和 Rubinfeld（1991，pp. 126 - 127）所解释的。该模型是间断函数的一种特例，其中放弃了线性条件的假设。相关阐释参见 Suits et al.（1978）。Poirier（1976）有关于这种技术及其在经济学中的应用的扩展讨论。

● 虚拟变量的一个常见应用是季节调整。设定代表季节的虚拟变量，然后将这些变量与其他回归元一起加入来消除季节影响，只要在线性模型中这些季节影响改变了截距项（或者，在对数线性模型中，季节影响能够得到对因变量的季节性百分比影响力）。如果季节因素会影响斜率系数，就需要一个更广泛的使用"乘积"虚拟变量的去季节化过程。Johnston（1984，pp. 234 - 239）给出了关于去季节化的很好的讨论。要注意，有很多有效的去季节化方法。综述参见 Pierce（1980），Raveh（1984）以及 Bell and Hillmer（1984）。Robb（1980）以及 Gersovitz 和 MacKinnon（1978）提出了对季节因素的创新性方法。Judge 等（1985，pp. 258 - 262）和 Darnell（1994，pp. 359 - 363）也有关于这一主题的讨论。

15.5 特定观测值虚拟变量

● Salkever（1976）介绍了使用特定观测值虚拟变量简化估计的方法，说明参见 Kennedy（1990）。Pagan 和 Nicholls（1984）提出了一些扩展，包括自相关误差项条件下的例子。

● 前面介绍的邹检验不能用于其中一个数据组没有足够多的观测值进行回归的情况。此时，应使用一个代替的（功能较弱的）邹检验版本，需使用特定观测值虚拟变量。假定第二个时期的观测值数目 N_2 太小，以至于不能进行回归。建立 N_2 的特定观测值虚拟变量，每一个对应于第二个时期内的一个观测值。每个虚拟变量对于它的特定观测值取 1，否则取 0。将 $N_1 + N_2$ 个观测值对 K 个自变量加上 N_2 个虚拟变量的回归即为无约束回归，与使用 K 个自变量和 N_1 个观测值的回归一致。（这种一致性是因为每个虚拟变量的系数都采用了构造一个完美拟合所需的任何值，因此对于所有观测值残差为零。）

通过把 N_2 个虚拟变量中的每个系数都限定为零得到有约束的回归，与使用 K 个自变量和 $N_1 + N_2$ 个观测值的回归一致。这样，F 统计量为：

$$\frac{[SSE(有约束的) - SSE(无约束的)]/N_2}{SSE(无约束的)/(N_1 - K)}$$

可证明，这个统计量等价于检验第二个时期的观测值是否落在使用第一个时期观测值所做回归的预测置信区间内。在本书第一版中介绍过的这种虚拟变量方法已被 Dufour（1980）形式化。

● 非线性的彩虹检验可以使用特定观测值虚拟变量来计算。根据你猜测的与非线性有关的变量排列观测值。对前面几个和最后几个观测值进行特定观测值虚拟变量回归。使用 F 检验来检验这些虚拟变量的系数是否异于零。

技术性注释

● 方差分析是一种用来检验某个对数据的特定分类是否有意义的统计技术。因变量的总变差（每个观测值与整体平均值之差的平方和）可以表示为每个分类间变差（每类的平均值与总体平均值之差的平方乘以该类观测值的个数，再求和）和分类内变差（每类中，每个观测值与该类平均值之差的平方和）之和。这种分解能建立一个 F 检验，用来检验相对于种类内变差，种类间变差是否较大，这暗示着这种分类是否有意义；也就是说，不同分类的因变量有一个显著的变差。

如果使用虚拟变量来得到这样的分类并进行回归，虚拟变量的系数表现为每类的平均值，分类间变差是回归所"解释"的变差，分类内变差是回归所"不能解释"的变差，F 检验方差的分析等价于检验虚拟变量的系数是否相互间显著不同。虚拟变量回归方法的主要优点在于它给出了分类变差对因变量影响力的量化估计（并检验了分类是否有意义）。

● 协方差分析是方差分析的一个扩展，它用来处理存在不能在分类间标准化的不可控变量时的情况。这种情况可以使用虚拟变量分析以得到这样的分类，并将因变量关于这些虚拟变量和不可控变量进行回归。协方差 F 检验的分析等价于检验虚拟变量的系数是否相互间显著不同。这些检验可以按照加入虚拟变量后产生的残差平方和的变化量进行解释。Johnston（1972，pp. 192 - 207）有一个很好的讨论。

根据上面的阐述，可以断定：任何人只要对回归分析和虚拟变量感到得心应手，就可以避开方差和协方差分析技术。

● 统计学中一项经典检验针对两个变量的均值质量进行。这通过采用虚拟变量可以轻易完成。虚拟变量值对一个变量取 1，对另一个变量取 0。将两个变量的观测值对斜率和虚拟变量进行回归，然后使用 t 检验来判断虚拟变量系数是否为零。这种方法要求两个变量的方差必须相等。通过作出明确的异方差性调整，这一假设可被放松。

第 16 章　定性因变量

16.1　二分因变量

当因变量本质是定性的而必须用虚拟变量来表示时，就产生了特殊估计问题。例如，对一个人是否会买一辆车，一个人是进入还是退出劳动力市场，一个人是使用公共交通工具还是开车去上班，或者一个人在某次公民投票中投"是"还是"否"进行解释的问题。

如果一个因变量被设定为 0—1 虚拟变量（例如，设定因变量对买车的人取 1，对不买车的人取 0），并对解释变量做回归，我们可以预期到因变量的预测值将主要落入 0~1 的区间内，如图 16—1 所示。这说明因变量预测值应解释为给定一个个体的解释变量值（也就是这个个体的特征）时，该个体买车的概率。在图 16—1 中，点代表样本观测值；大多数解释变量 x 的较高值对应于单位 1 的虚拟因变量值（说明已买车）；而大多数解释变量 x 的较低值对应于 0 的虚拟因变量值（说明未买车）。注意到，对于极其低的 x 值，回归产生了一个负的对买车的概率估计，而对于极其高的 x 值，概率估计大于 1。就像图中明显显示的一样，这种回归的 R^2 值可能非常低，说明在这种背景下，R^2 值不应再作为衡量估计的标准。

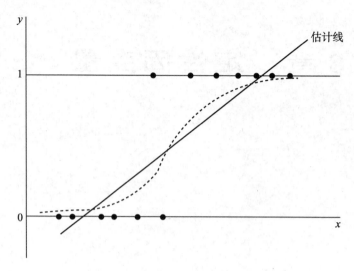

图 16—1　线性概率模型

如图 16—1 所示，这个过程的一个明显缺陷是它极可能产生超出 0～1 区间的概率估计。通过将超出 0～1 区间的概率估计近似为 0 或 1 可以摆脱这种窘境。这被定义为线性概率模型。尽管这种模型由于计算简便而得到了广泛使用，但是许多研究者对它感到不适，因为有时当结果很可能不会发生时它们却被确定地预测出来。

现在需要用一些方法把概率估计压缩到 0～1 区间内，同时不能产生实际的 0 或 1 的概率估计，如图 16—1 的虚线所示。具有这种性质的很多可能函数都可使用，其中最常用的两个是累积正态函数和逻辑函数。使用累积正态函数产生 probit 模型；使用逻辑函数产生 logit 模型。这两种函数十分相似，而且在现今的软件环境下，二者之间的选择仅仅是个人喜好的问题，因为它们都十分易于估计。logit 模型更加常见，可能是因为历史的原因——较小的计算成本使它在现代软件消除这一优势之前十分普遍。

与传统回归相比，这些模型不寻常的特点是误差项的作用被隐藏了。例如，在传统回归模型中我们有：$y = \alpha + \beta x + \varepsilon$，但是在定性因变量模型中，我们有 prob$(y=1) = f(x)$，这里 f 表示某个函数形式，如累积正态函数或逻辑函数，而没有明显的误差项 ε。但是一个传统误差项在后台起着作用；认识到这一点是理解这种建模步骤的关键，也是解释为什么因变量能代表发生概率的关键。

这里的思想与随机效用模型相同。某种选择带给消费者的效用被设定为消费者特征的线性函数加上误差项。所以，如果有四个选择，个体就会有四个随机效用，分别对应四个选择，并且各自带上一个误差项。这样，特定消费者作出特定选择的概率就是该选择带给该消费者的效用高于其他选择所带来效用的概率。这对经济学家来说理所当然：消费者进行选择以最大化效用。

正如一般性注释所示，在二元/二分变量情形下，随机效用模型给出形似传统回归方程的线性方程形式，指代一个指数。由于不可观测，所以其经常被称为"潜变量"（latent variable）。在"买或不买"的例子中，该指数被称为"购买倾向"指数；在"就业或赋闲"的例子中，该指数被称为"工作欲望"指数；对"公交或私家车"的例子中，该指数被称为"公交舒适度"指数；在"赞成或反对"例子中，该指数被称为"乐意"指数。一般来说，潜变量所蕴涵的指数表示不可见的目标事件发生倾向。对第 i 个个体，这一指数可以写为：

$$购买倾向_i = \alpha + \beta x_i + \delta w_i + \varepsilon_i$$

其中，x 和 w 是解释变量，如收入和性别等，ε 是传统误差项。

如果该指数超过 0，那么该个体会选择购买，因此对应的因变量观测值为 1；如果不超过 0，那么就不会购买，对应因变量的值就为 0（一般性注释中解释了这里基于随机效用模型的逻辑）。这样，定性因变量的值为 0 或 1，但是背后是一个不可观测的传统回归方程。此时估计的对象就是指数方程中的参数 α、β 和 δ。指数方程都是线性的，非线性形式还没有证实存在优越性。

那么第 i 个个体选择购买的概率是多大？这等于指数大于零的概率，即 ε_i 大于 $(-\alpha - \beta x_i - \delta w_i)$ 的概率，是累计概率值。将此概率对指数的非随机部分 $(\alpha + \beta x + \delta w)$ 作图，就会得到之前提到的 S 形曲线（注意，此时 $\alpha + \beta x + \delta w$ 代替 x 出现在图 16—1 的横轴上）。如果 ε 服从正态分布，就得到了 probit 模型；如果 ε 服从逻辑分布，就得到了 logit 模型。

误差项的作用此时就显而易见了，表示个体决定买车的概率等于拥有足够大的误差项以产生大于零的购买指数的概率。随着购买指数的非随机部分（去掉误差项的部分）越来越大，大于零的购买指数就意味着波动范围更大的误差项，所以买车的概率也就越来越高。对一些人来说，可观察到的特征决定其购买指数非随机部分非常高，所以几乎不管误差项如何购买指数都会大于零，也就是说他们买车的概率很高（在拥有高非随机部分购买指数的人群中，只有那些出于不可见的原因极为痛恨买车的人，才会有极高的负误差项，不会做出买车决策）。对另一些人来说，其可观测特征决定其购买指数非随机部分极低，所以只有远高于零的误差项才能使购买指数大于零，做出买车决策。也就是说，买车概率极低（在拥有低非随机部分购买指数的人群中，只有那些出于不可见的原因非常迷恋新车的人，才会有格外高的正误差项，从而将会买车）。

估计（α、β 和 δ）几乎总是由最大似然法完成。例如，在 logit 模型中，logit 函数（包含购买指数）给出了事件发生的概率；而 1 减去 logit 函数就是不发生的概率。所以，似然率就是所有事件发生的观测点的 logit 函数卷积乘以 1 与所有事件未发生的观测点的 logit 函数之差的卷积。技术性注释中会对此进行正式讨论。

16.2 多分因变量

前一节讨论了只有两种选择性分类的二元或二分变量。能够被分为多个子类的分类变量称为多分因变量。例如，一个通勤者可能面临使用地铁、公交车还是私家车上班的选择，此时有三个选项。这种背景下的估计使用 logit 或 probit 模型的一种一般化形式，分别被称为多项式 logit 模型和多项式 probit 模型。这些一般化形式也基于随机效用模型。

在二元选择模型中，消费者只需在两个选项中进行选择。消费者比较两种选择的效用，并选择较高的那个。这就给出了一个指示函数，只要大于零，就会使得消费者选择其中一个，并舍弃另外那个。当存在多个选项，比如 A、B、C、D 四个选项时，消费者对四个效用都进行两两比较，并选择最高的那个。技术性注释中对此作出了解释：首先选择一个基准选项，不妨设为 A，其他选项都与 A 相比。与二分情形相同，每对比较都会相应产生一个指数。如果指数大于零，就意味着消费者对该选项更为偏好。本例中有三个指数，分别对应 A 对 B、A 对 C 和 A 对 D。当所有指数都大于零时，就会选 A。这一事件发生的概率就是三个指数同时大于零的概率。多项式 logit 和多项式 probit 模型都遵循随机效用函数对误差项性质的假设。

如果假定随机效用误差项像一个极值分布一样独立同分布，那么就产生了多项式 logit 模型。这个模型最大的优势在于它的计算简便；一个个体选择某一特定选项的概率易于表达（如技术性注释里所示），而且似然函数能够以一种简便的方式表达和最大化。这个模型的缺陷是所谓的不相关选项独立性（IIA）的特质。假设将一个与已存在的某选项十分相似的选项加入选项集中。可以想象，结果应是模型中选择这个被复制选项的概率减半，而选择其他选项的概率不受影响。遗憾的是，这并不是事实，这意味着多项式 logit 模型不适于两个或者多个选项近似替代的情况。

如果随机效用误差项遵循多元正态分布，那么就产生了多项式 probit 模型。这个模型允许不同选项的误差项相关，因此使它避开了不相关选项相互独立的难题。其缺点就是计算过于麻烦。如果选项多于四个的话，那么计算几乎是不可完成的。这一问题直到近来才有所缓解。第 23 章将会解释，计算机性能和计算方法的最新进展已经使得多项式 probit 模型变得更加可行了。

16.3 有序 logit／probit 模型

一些多分因变量具有自然顺序。例如，债券等级按类别表示（如 AAA，AA，等等），这可视为一个连续、不可观测的度量"信誉"的结果；学生经济学课程的字母等级取决于导师对他们关于课程资料"理解水平"的评价；病人对某药物的反应程度可以分为无反应、轻微反应、严重反应和死亡，这与一个连续定义的度量即"过敏反应程度"相对应。这些连续的不可观测的度量正如之前讨论 logit 和 probit 时采用的指数。它们是解释变量与一个误差项的函数，并且因为它们不可测，因而经常被称为隐含指数。

对这些例子，使用多项式 logit 或者多项式 probit 模型将不再有效，因为它们没有考虑因变量有序特性暗示的额外信息。有序最小二乘也不合适，因为这些问题中因变量的代码，通常是 0、1、2、3，等等，只反映等级评价，例如，1 与 2 的区别不能以等价于 2 与 3 的区别来处理。

这种情况应使用有序 logit 或 probit 模型。考虑债券等级的例子，其中这个连续、不可观测的度量——"信誉"被设定为解释变量的线性函数加上一个误差项（参数向量为 β）。每个债券等级对应于一个特定的信誉指数范围，一个较高的债券等级对应于一个较高的信誉值范围。例如，假设一个公司当前的债券等级为 A。如果它的信誉值不断上升，那么它最终将超过 A 和 AA 界定的信誉值标准，然后这个公司将经历债券等级的上升。通过最大似然进行估计，同时得到 β 值的估计与信誉指数不同等级间未知界定值（阈值）的估计。如果指数中的误差项服从独立正态分布，我们得到有序 probit 模型；如果误差项服从逻辑分布，我们得到有序 logit 模型。二者之间几乎没有差异。进一步的讨论见技术性注释。

16.4 计数

数据为非负整数值的情况十分常见，如孩子的数目、就医次数、工业事故数、休闲旅行数、银行破产数或专利数。为了利用数据的这种特性，估计应使用计数模型进行，其中最普遍的一个是泊松模型。在这个模型中，泊松分布给出了事件发生次数的概率，而且与期望发生次数相对应的泊松参数被设定为解释变量的函数。估计由最大似然实现。

泊松模型包括若干强假设，其中最重要的是发生次数的方差要等于发生次数的期望。由于很多计数模型数据过度离散（overdispersion），因此方差要远大于期望。这就产生了问题。如果忽视这一点，那么泊松模型估计出来的技术标准误就会偏低，并且几乎总是如此。这就解释了为何泊松模型经常令人惊异地产生这么多显著的解释变量。为了处理这个问题，需要利用稳健标准误，大部分计量软件中都会给出。另外，过度离散问题基本出于两个原因。第一，异质性：样本个体的参数估计值并不完全相同；第二，零值过多：如果数据事实上服从泊松分布，那么样本中就会出现很多零值。技术性注释中将会讨论的广义泊松模型能够解决过度离散问题。

一般性注释

● Maddala（1983）提供了关于定性因变量和模型选择的涉猎广泛的参考资料。Maddala 和 Flores-Lagunes（2001）对定性选择分析的近期发展做了简要总结。Fry 等（1993）讨论了定性因变量模型的经济学动机。Weeks（1997）提供了关于多项式 probit 的一个很好的纵览。Train（2003）精彩阐述了离散选择模型及其估计。Winkelmann 和 Zimmermann（1995）提供了关于计数建模的一个很好的纵览；Winkelmann（2005）是一个综合性参考文献。LIMDEP是被选来估计本章所讨论的模型的软件。

● 如果 S 曲线尾部没有观测点，那么线性概率模型可以成为 S 曲线的理想逼近。Horrace 和 Oaxaca（2006）讨论了线性概率模型的应用，以及通过删除异常值来减弱偏误的方法。

16.1 二分因变量

● logit 模型中 Wald 检验不再可靠。Hauck 和 Donner（1997）推荐使用 LR 检验。

● 尽管估计二分或二元因变量几乎总是使用最大似然估计，但偶尔可能见到一个替代的程序，它在计算机软件使得最大似然估计这样简便之前十分普遍。这种情况发生在有一个很大的数据集时，大到足以将基于相同个体的若干观测值划分为一个子集，从而将观测值分组。如果每组中都有足够的观测值，该组中一个观测值参与某事件的可靠概率估计可以通过计算该组中参与该事件的观测值所占的百分比得到。（二者择一地，数据可能仅能以集合的形式得到。）概率估计可以通过两种方式产生估计结果。第一，它可以作为因变量用于对组特征的回归中，以估计一个线性概率模型。第二，计算该概率对 1 减去该概率的比率，将此比率的对数值（对数优势比率）作为因变量用于组特征的回归中，以估计一个 logit 函数。（技术性注释会显示这是如何得到的。）两种情况下都存在需要调整的异方差性，因此需要进行调整。

● 本章重点讨论的"不可观测指数"模型基于随机效用模型。设"买"和"不买"两个选项分别记为 A 和 B。前者对应 $y=1$ 的情形，后者对应 $y=0$ 的情形。第 i 个人选择 A 所带来的效用为：

$$U_A = \alpha_A + \beta_A x + \delta_A w + \varepsilon_A$$

选择 B 所带来的效用为：

$$U_B = \alpha_B + \beta_B x + \delta_B w + \varepsilon_B$$

其中，U、x、w 和 ε 的下标 i 删除以简化记号。解释变量 x 和 w 是个体特征，比如收入水平和性别等；ε 则是捕捉个体不可见特征的误差项，这些特征影响个体从每个选项中所能获得的效用值水平。当 $U_A > U_B$ 时，就会选择 A。此时，

$$\alpha_A - \alpha_B + \beta_A x - \beta_B x + \delta_A w - \delta_B w + \varepsilon_A - \varepsilon_B > 0$$

简写为

$$\alpha + \beta x + \delta w + \varepsilon > 0$$

上式准确解释了指数的构造，也说明了为何指数大于零时选择 A，以及为何选 A 的概率就是 ε 足够大以使得指数大于零的概率。如果 ε_A 和 ε_B 服从正态分布，那么二者之差 ε 也将服从正态分布，此时得到 probit 模型。如果 ε_A 和 ε_B 为独立

同极值分布，二者之差就会满足逻辑分布，此时就得到了 logit 模型。

　　以潜在隐含指数的方式考虑这个模型在如下几方面上有优势。第一，它提供了一种根据在理论上吸引人的随机效用模型来解释结果的方法。第二，它简化了有序 logit/probit 模型的解释，这将在本章稍后部分予以解释。第三，它允许检验统计量的发展。第四，在样本选择问题的建模中，它保持一致，参见第 17 章。第五，它使得在此背景下 R^2 度量的发展可用。

　　● 图 16—2 举例解释了上面的说明。假设我们对买一辆车的决定建模，上面的隐含指数 $X\beta+\varepsilon$ 可称为"购买指数"，而且当个体的购买指数大于零时，他或她购买汽车。具有行向量 X_1 所给特征的个体的购买指数为 $X_1\beta+\varepsilon$，所以这样的人们的购买指数密度以 $X_1\beta$ 为中心，如图 16—2 所示。一些这样的个体只需要很少的激励就会去买车，因此具有高的正误差项，产生了高指数值。而其他一些看起来一样的个体厌恶买车，因此有大的负误差项，产生了低指数值。这样一个个体买车的概率是他或她的指数值超过零的概率，由零右侧的画线部分给出。如果 ε 服从正态分布，这就是 ε 由负的 $X_1\beta$ 到无穷的累积密度，等于由负无穷到正 $X_1\beta$ 的累积密度。这就是 probit 模型。对于 logit 模型，这个面积/概率可以由 $\dfrac{e^{X_1\beta}}{1+e^{X_1\beta}}$ 给出。

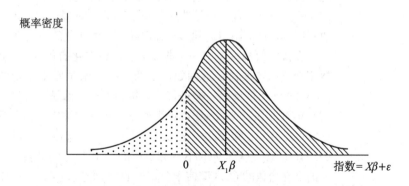

图 16—2　解释 probit 和 logit 模型

　　对于具有由不同行向量所给特征的个体，画线的面积也将不同。通过把样本中无论采取什么行动（买或不买）的每个个体概率的表达式乘在一起能够得到似然函数。衡量画线部分面积的表达式被用来表示买的人，而衡量画点部分面积的表达式（1 减去划线部分面积的表达式）被用来表示不买的人。

　　● 从随机效用模型中的指数偏差可以清楚看到，我们无法估计不同效用函数中的参数值，而只能估计参数差。在解释这些参数的时候头脑中要有这个意识。还有另一个解释问题，之前没有提到。如果将 ε 的标准差乘以 2，参数值也将乘以 2（显然如此），所以必须进行标准化。在 probit 模型中，我们将 ε 的方差标准化为 1，于是样本点概率就可以由标准正态分布的累积密度函数给出。这意味着潜变量指数方程实际上为 $(X\beta/\sigma)+(\varepsilon/\sigma)$，其中 σ^2 是真实误差项的未知方差。所以，被估计的系数是 β/σ 的估计，而不是 β 的估计。在 logit 模型中，逻辑分布的采用隐含了将 ε 的方差设定为 $\pi^2/3$，所以潜变量指数方程实际上为

$X(1.8)\beta/\sigma+1.8\varepsilon/\sigma$，其中 1.8 是 $\pi^2/3$ 的平方根。由于正态分布和逻辑分布有极高的相似性（逻辑分布尾部稍平），所以 probit 模型和 logit 模型的参数估计结果也应当很接近。但是，标准化方法的不同使得 probit 模型估计的是 β/σ，而 logit 模型估计的是 $1.8\varepsilon/\sigma$。那么，logit 模型参数估计应当是 probit 模型参数估计的 1.8 倍。事实上，由于两种分布之间的微小差异，实际比例大概是 1.6。

● 本章中的估计含有非线性函数形式，如 logit、probit 和泊松模型。因为这种非线性，一个解释变量对所关注的因变量的边际影响不再等于解释变量的系数值，而是关于这个系数的函数。例如，logit 模型中一个 β_i 估计值不再是由第 i 个解释变量的单位变化引起的 $y=1$ 的概率变化量的估计。这种概率变化由 $\text{prob}(y=1)$ 的表达式对 x_i 的偏导数给出，这不等于 β_i。对于 logit 模型，该表达式为：$\beta_i e^{x\beta}(1+e^{x\beta})^{-2}$。显然，它随着解释变量的变化而变化——边际影响对每个观测值都不同。这产生了一个悖论：应该如何报告边际影响？有三种不同的方法很流行。最普遍的方法是使用解释变量的平均值来估计边际影响（也就是在上文方程中加入解释变量的平均值）。这种方法的一个窘境在于解释变量的平均值不能代表任何一个解释变量的真实值。例如，性别虚拟变量的平均值不能代表一个人一半是男性，一半是女性！另一个报告边际影响的普遍的方法是分别计算样本中所有观测值的边际效应，然后取平均值。这两种方法可能产生很不相同的估计，见 Verlinda (2006)。还有一种方法是选择一些不同的"典型"观测值，并报告这些观测值的边际影响，从而给出边际影响如何随观测值变化的一些直观印象。

在假定解释变量以一个非无穷小的量变化的背景下，所有这些方法都会给出概率变化的错误估计，例如，就像虚拟变量中常常出现的情况。使用变化前后 $\text{prob}(y=1)$ 估计量之差进行估计更加安全。参见 Caudill and Jackson (1989)。

● 对于 probit、logit 或计数模型，不存在被广泛接受的拟合优度测量的标准（伪 R^2）。Veall 和 Zimmermann (1996) 对可选度量及其相对贡献做了一个很好的综述。他们推荐 McKelvey 和 Zavoina (1975) 的度量，一个与使用暗含在模型中的潜在指数的 OLS R^2 值十分相近的伪 R^2 值。也可参见 Estrella (1998)。大多数计算机软件包都给出一个含有 $y=1$ 和 $y=0$ 的所有错误和正确预测值的表格，其中当被估计的 $\text{prob}(y=1)$ 超过 $\frac{1}{2}$ 时观测值就被预测为 $y=1$。使用正确预测值的百分比作为拟合优度测量标准是诱人的。这种企图应该被拒绝：一个未试验过的预测值，例如每个 $y=1$，可能在这种标准下表现良好。沿着这种思路，一个较好的度量为正确预测的 0 所占的比例加上正确预测的 1 所占的比例；当这种预测方法有意义时这个值应该大于 1。这种方法也可通过取两个比例的加权平均值来进行，权重就是 0、1 观测点在数据中的比例。参见 McIntosh and Dorfman (1992)。应当注意的是，在 logit 模型中，每个选项的预测概率平均值等于各自样本的平均值。多项式 logit 模型也是如此。这种特征的结果是，度量预测精度时不应基于用于估计的数据。

● 检查一下你是否理解了。假设 logit 模型中的 100 个人每人选择 1 的预测概率都为 0.8。这并不是说预期所有人都选 1，而只是预期有 80 个人会选 1。利用微观数据来估计总体行为时，就必须服从上述逻辑。例如，估计社区中有多少人会搭乘新公交线路时，需要将社区中每个人的个体预测概率加总。一般来说，并不能取得社区所有人的信息，这种情况下我们对手中数据进行加权来反映样本代表的社区总体情形。

• Cameron（1988）阐述了如何在"投票"调查背景下进行 logit 估计，即要求人们对一个支付随反应而变化的选择问题回答是或否，例如，是否愿意投资一个项目。如果大体上人们不愿意为这个项目花费，那么在这种方法中他们被视为有一个"极小"的支付意愿，而且会使结果发生偏误。Werner（1999）阐述了如何调整这一问题。

• logit 模型的一个用途就是对观测值分类。假设现在有一个关于公共交通工具相对私人交通工具的二分选择的 logit 分析。给定一个新个体的特征，他或她选择公共或私人交通工具的概率由 logit 函数估计得出，从而依据哪种交通方式具有较高的概率估计对其进行分类。这一方法隐含地假设了正确分类的收益相等，错误分类的成本也相等。但是，一般来说这不能成立。分类应当建立在最大化预期净收益的基础上。设 logit 模型中观测值为 1 的概率估计为 p_1。进一步地，假设将观测点正确分类到等于 1 的类别中所获得的收益为 $payoff_1$，分类到等于 0 的类别中收益为 $payoff_0$；错误分类到等于 1 的类别中成本为 $cost_1$，错误分类到等于 0 的类别中成本为 $cost_0$。那么，将样本点分类到等于 1 的类别中预期净收益为 $p_1 \times payoff_1 - (1-p_1) \times cost_1$，分类到等于 0 的类别中预期净收益为 $(1-p_1) \times payoff_0 - p_1 \times cost_0$。这两个值哪个高，样本点就会被分类到对应的类别当中。

分类 logit 模型的主要竞争者是判别分析。在这种技术中，它假设个体特征服从多元正态分布，且具有对应于两种交通方式的不同均值向量（但具有相同的方差—协方差矩阵）。使用原始数据估计两个均值向量和联合方差—协方差矩阵。给定一个新个体的特征，这些估计可以用来估计每种交通方式的密度函数；新的观测值被分入具有较高估计密度的那一类中（因为它"更像"来自那个分类）。

如同 Press 和 Wilson（1978），大多数研究断定 logit 方法在分类上优于判别分析方法，主要因为个体特征服从多元正态分布的假设不合理，尤其是一些特征本质上是定性的（也就是说，它们由虚拟变量所代表）。最近，分类的线性规划技术成为 logit 方法的竞争者。参见 Freed and Glover（1982）。Kennedy（1991b）给出了这三种分类方法的几何比较。

• 通过在传统 logit 或 probit 模型设定中加入一个误差项，如：

$$prob(y=1) = \frac{e^{X\beta+\varepsilon}}{1+e^{X\beta+\varepsilon}}$$

使对个体间未观测的差异在隐含指数中的误差所反映之外的部分建模成为可能。尽管像被认为的那样，这种未观测的异质性在某些背景下很重要，如计数模型或久期模型，但是 Allison（1987）发现在 logit 和 probit 模型中这个问题只在特殊情况下出现。

• 遗憾的是，logit 和 probit 模型对错误设定十分敏感。尤其是与 CLR 模型中的 OLS 估计相反，如果一个解释变量（甚至是一个垂直变量）被忽略或者存在异方差，那么估计量将不再一致。Davidson 和 MacKinnon（1993，pp. 523 –

528）提出了一个计算上极富吸引力的方法，使用修正的 Gauss-Newton 回归来检验不同的设定误差。Murphy（1994）展示了这些检验如何用于多维情况。Verbeek（2000，pp. 187 - 188）说明了异方差和常态的 LM 检验。Landwehr 等（1984）给出了一些评价 logit 模型的几何方法。Lechner（1991）对在 logit 模型的背景下设定检验提供了一个很好的说明。Pagan 和 Vella（1989）有一篇古典的论文，证明了在定性或有限因变量模型中，许多难以操作的 LM 设定检验可以通过条件矩检验更容易地进行。Lee 和 Marsh（2000）讨论了在多项式 logit 背景下修正因变量缺失值的方法。Maddala（1995）对在这种背景下设定检验做了一个综述。

● 有些情况下，样本是故意不随机的。假定你感兴趣的是什么使得人们做出某个提议，比如提前退休。如果很少人支持这个提议，那么你应当试图将所有这些人包括在你的样本中，以取得一个有代表性的观测值数目。显然，你的样本不是随机的。Manski 和 Lerman（1977）表明为了纠正这一点，你需要在对数似然函数中对它们进行加权处理。对选择提前退休的人们，权数是选择提前退休的人口比例除以在样本中选择提前退休的比例。一个简单的例子参见 Waldman（2000）。

16.2 多分因变量

● 根据不同情况，有三种构建随机效用模型确定性部分的方法：

（1）数据使得你拥有决策者（比如一个个体）若干特征的信息。设定一个选项对一个个体的效用是个体的 k 个特征和 1 个误差项的线性函数，对每一个选项有不同的参数（和不同个体的特有误差）。影响效用函数但是不依赖于个体特征的选项性质由截距项所代表。在这种情况下，对每个选项（可减去一个——如技术性注释中的例子，一个选项作为基础），必须估计 k 个斜率（加上一个截距项）。如果有 m 个选项，那么必须估计 $(k+1)(m-1)$ 个系数。例如，如果有三种计算机型号 A、B 和 C，而且有两个个体特征（如收入和性别），那么必须估计四个斜率（加上两个截距项）。

（2）数据不能使你拥有决策者的个人信息，如收入或性别，但能使你拥有个体的选项特定信息，如搭乘 A、B 和 C 通勤方式所要走的距离，即每个选项的交通所需的时间和成本。设定一个选项对一个个体的效用是 k 个选项特征的线性函数加上一个误差项（对不同选项有不同的个体特有误差项）。在这种情况下，需要估计对所有选项相同的 k 个斜率和 1 个截距项。例如，如果有三种通勤方式 A、B 和 C，而且有两个相关的选项特征，即交通的时间和成本，那么必须估计两个斜率（加上一个截距项）。这种模型的一个优点是它可以用来预测一个新选项的需求。如果研究者想要得到对所有个体一致的选项间的固有不同，应引入除一个变量之外的所有变量的虚拟变量，也就是说允许截距项依选项不同而不同。

（3）设定上面（1）与（2）的一个组合。也就是说关于选项性质（因为它们影响个体）和个体特征二者的线性函数，含有对每个选项（可减去一个）的个体特征而言不同的参数组加上一个单独的、共同的选项特征参数组。

上面的设定（1）被称为多项式 logit/probit 模型，设定（2）被称为条件 logit/probit 模型，设定（3）被称为混合 logit/probit 模型。事实上这很令人费解，因为很多学者将三个模型都称为多项式模型。另外，"混合"一词经常用来指代其他很不相同的东西。下文会有解释。然而，如果想巩固对（1）和（2）之间差异的理解，搞清楚各自设定下如何计算个体 i 选择 A 的效用这一问题显得尤为重要。对于多项式 logit/probit 模型，将个体 i 的收入和性别与选项 A 的参数（加上一个误差项）相结合。但是对于条件 logit/probit 模型，将单一参数组与个体 i 选择选项 A 时的通勤时间和成本（加上一个误差项）相结合。在第一种情况下，当由一个选项变为另一个选项时参数发生变化，但是个体特征保持一致。在第二种情况下，当由一个选项变为另一个选项时参数保持一致，但是个体特征发生变化。

● 在多项式 logit 模型中选择两个现有选项的相对概率不被附加选项的引入所影响。这个事实产生了无关选项独立（IIA）问题。例如，假设一个通勤者坐地铁的可能性是乘公交车的两倍，开私家车的可能性是乘公交车的三倍，那么使用公交车、地铁、私家车的概率分别为 1/6、2/6 和 3/6。现在假设加入一个额外的公交服务，与现存的公交车仅在车体颜色上不同。那么人们可能预测使用红色公交车、蓝色公交车、地铁、私家车的概率分别为 1/12、1/12、2/6 和 3/6。事实上，多项式 logit 模型产生的概率为 1/7、1/7、2/7 和 3/7，保持了相对概率。因此，模型低估了乘坐地铁和私家车出行的概率，并高估了乘公交车出行的概率。在多项式 logit 模型中，这是个严重的问题。

● 多项式 logit 模型中之所以会出现 IIA 问题，是因为假设随机效用模型的误差项彼此间不存在相关性。在红—蓝色公交车的例子中，如果误差项如 logit 模型假设的那样不相关，那么蓝色公交车会从其他选项那里以等比例吸引走顾客，使得选项间的相对概率不发生变化。但是，因为两个公交车选项如此相似，所以红色公交车的效用误差与蓝色公交车的效用误差高度相关（也就是说，如果某人出于某种不可见的原因着实喜欢搭乘红色公交车，那么也很可能出于不可见的原因喜欢搭乘蓝色公交车，因为这两个选项的不可见特征非常相似）。正因为如此，引进蓝色公交车基本上会从红色公交车选项那里吸引走顾客，而不是从地铁或私家车那里。这就改变了不同选项间的相对概率，但多项式 logit 模型不允许这样。这就产生了具有误导性的估计结果。这里要强调的是，多项式 logit 模型不应当应用于任何存在相似选项的场合。

● 如果对两个亚组进行二元 logit 估计，将会产生与多项式模型相一致的参数估计。这是 IIA 假设的有趣推论。然而，这忽略了数据中关于其他选项的信息，所以估计量的有效性低于多项式 logit 模型。

● Hausman 和 McFadden（1984）给出了 IIA 假设的检验方法。检验基于以下想法：如果去掉一个类别，并且 IIA 假设成立，那么系数不应当发生变化。Zhang 和 Hoffman（1993）精彩阐述了检验 IIA 的方法，并推荐了 Small 和 Hsiao（1985）的方法。

● 有五种方法可以用来处理 IIA 问题。最常用的一种基本上就是忽略这个问题，寄希望于多项式 logit 模型不会产生过于误导的结果。第二种方法将相似选项合并，处理更少的类别。Cramer 和 Ridder（1991）给出建议，通过检验斜率系数是否相等（允许截距项有差异）来判断这种做法是否合适。更为随意的方法是在两类上进行 logit 或 probit 回归，并检验解释变量的系数是否为零。第三种方法是采用一种最新发展起来的计算机估计方法来进行多项式 probit 分析。第四种方法利用嵌套 logit 模型。第五种方法利用随机参数 logit 模型（也称"混合 logit 模型"）。以下详细讨论后三种方法。

● 多项式 probit 模型允许随机效用误差项之间存在相关性，包含了选项间的相似性，从而规避了 IIA 问题。如果 A 和 B 非常相似，A 给个体带来的效用如果具有很高的正误差项，那么 B 带来的效用也将有很高的正误差项。这可以进入误差项协方差中，从而内化在多项式 probit 模型下。但是这不能内化于多项式 logit 模型，因为该模型中误差项协方差必须为零。多项式 probit 模型的缺点是计算非常麻烦，因为这涉及多元积分（元数为类别数减 1）的计算。基于模拟的积分计算技术最近取得了进展，从而大幅降低了计算成本。这在第 23 章将会介绍。23.4 节技术性注释详细描述了最常用的估计多项式 probit 模型的方法（GHK 法）。Train（2003）精彩阐述了多项式 probit 模型及其估计。除此之外，多项式 probit 模型必须适当标准化以估计参数，但是标准化的方法并非总是显而易见的。Train（2003, pp. 104 - 110）对此作了很好的阐述。

● 嵌套 logit 模型允许部分（并非全部）随机效用误差项之间彼此相关（所以这也就不具有多项式 probit 模型的一般性和灵活性）。该模型将选项置入"相似"组中。同一组的选项中误差相关性不为零（但是相等），并与组外选项都不相关。例如，假设有 6 个假期游玩计划：旅游、参观博物馆、航游、徒步、野营以及漂流。我们可以将前三个置于"传统"组，后三个置入"户外"组。如果希望分组适于进行嵌套 logit 模型分析，就必须符合两个标准。第一，同一组内的选项必须足够相似，使得每对选项间的相关性可被视为相等。第二，从某组中删除一个选项必须对个体选择其他组的选项有相同比例的影响。所以，例如移除参观博物馆的选项，习惯于选此项的人就得改选其他。我们希望这些人中的大多数都能够改选旅游或者航游，因为这两个选项比其他更接近参观博物馆。但是，还会有些人会选择户外活动。他们将依照相关频率分散到三个户外选项中去。假设选择户外活动的 1 000 人中有 500 个选择徒步，300 个选择野营，200 个选择漂流。再假设有 100 个之前选择参观博物馆的人改选户外活动。那么博物馆与户外选项的误差项之间的零相关性意味着预计将有 50 人改选徒步，30 人改选野营，剩下 20 人改选漂流。这样就继续保持了户外组中的相对概率（即 IIA 假设在该组内继续成立），而只是改变了组间相对概率。如果能够找到合适的分组结构，那么嵌套 logit 模型就显得很有吸引力，因为其计算问题可以通过加载在 LIM-DEP 中的 NLgoit 模块轻易解决。计算之所以可行，是因为嵌套 logit 模型基于广义极值分布。这一分布能够产生与似然率相似的表达式形式。Hensher 等（2005）详细阐述了嵌套 logit 模型及其应用。

● 随机参数 logit 模型假设每个人的向量 β 都是随机的，是从 $f(\beta)$ 分布中抽样而得。该分布的均值和协方差阵需要估计。这就给出了效用设定中的相关强化误差，其测度大小取决于解释变量和 β 协方差矩阵的非对角线元素。logit 随机参数模型可以等价视为混合 logit 模型。在这种方法下，选择某个选项的概率是个加权平均值。加权的对象是一般 logit 模型下所有可能选择该选项的参数 β，权重由"混合"分布 $f(\beta)$ 给出。在精心选择解释变量和混合分布（需要估计）的前提下，这一方法能够以任意精度逼近任意随机效用模型。这使其对多项式 logit 模型的地位构成重大挑战。由于此模型中的概率都由积分算出，所以估计需要通过第 23 章描述的模拟最大似然函数来进行。Train（2003，ch. 6）很好地讨论了混合/随机参数 logit 模型。

16.3　有序 logit/probit 模型

● 调查常常要求回应者选择一个范围而不是提供一个特殊值，例如指出收入是若干个特殊范围中的某一个。让回应者选择分类所避免的度量误差是否值得付出与连续度量相关的信息损失？通过对唯一数据组的 OLS 估计和有序 logit 估计进行对比，Dunn（1993）推断避免搜集分类数据较好。Stewart（1983），Stern（1991），Caudill 和 Jackson（1993），以及 Bhat（1994）提出了在这种情况下的估计方法。

● Murphy（1996）提出了一个在序贯 logit 模型中用于检验被忽略变量、异方差、函数形式和不对称的人工回归。

16.4　计数

● 随着计数的期望数目越来越大，泊松分布近似于一个"离散"正态分布。于是典型泊松分布只能用于计数期望值较小的情况，伴随着零发生的真实概率。例如，计数的期望数目为 9，0 处在三个标准差之外，从而极可能不发生。

● 很多计数模型中的过度离散问题（即发生率的方差超过其均值）可能来源于过多零值。处理这一问题有三种模型供选择。下文将讨论其中两种，剩下一种放在技术性注释中解释。很多人的决策过程是两段式的，首先决定买某种商品，然后决定买的数量。这可能使得数据中零的个数比泊松模型多或者少。这一问题可以用门限泊松模型来解决。该模型在用二分模型来捕捉第一阶段决策行为，用截尾泊松模型（排除零值）来捕捉第二阶段。Terza 和 Wilson（1990）拓展了这一方法，允许从多种不同类型的旅行中进行选择，同时允许选择旅行次数。门限模型更为一般化的形式称为零通胀泊松模型（zero‑inflated 泊松，ZIP）模型。该模型中，零值出现的原因可能是受访者不是烟民，也可能是烟民但碰巧在调查周没买过香烟（烟民的泊松过程结果是零）。Greene（2008，pp. 922‑924）很好地综述了相关文献。当门限模型或 ZIP 模型适用时，使用一般泊松模型就带来计数期望的错误表达，使得估计有偏，并会低估标准差。Sarker 和 Surrey（2004）发现，在一些数据中，大部分计数都很低，但也有一些非常高的计数值。这就造成了极端离散的情形。两位作者对几种模型进行了"快速衰减"过程检验。这一过程会产生极端离散。

- 在某些应用中，零不能被观测，因为例如只有在娱乐场所的人们才会被问到他们每年到这种场所的次数。在这种情况下，应使用截断计数模型，其中的泊松分布通过除以 1 减去零发生概率的差被重新调节。有趣的是，通过截断超出 1 得到的 logit 模型结果产生了两个分类，0 和 1。Caudill 和 Mixon（1995）考察了相关的情况，其中观测值不是截断的（没有超出范围的观测值），而是经过审查的（也就是说，解释变量被观测，但计数仅在一定范围内才能被得知）。

技术性注释

16.1　二分因变量

- 如果线性概率模型的形式为 $Y = X\beta + \varepsilon$，其中 Y 被解释为买一辆车的概率。注意到如果个体买一辆车（概率为 $X\beta$），误差项取值为 $(1 - X\beta)$；如果个体不买车（概率为 $(1 - X\beta)$），误差项取值为 $-X\beta$。这样可以很容易导出误差项的异方差特性。用十分不精确的符号，误差项方差可以表示为误差项平方的期望值：

$$X\beta(1 - X\beta)^2 + (1 - X\beta)(-X\beta)^2 = X\beta(1 - X\beta)$$

- 由于需要进行标准化，所以误差项 ε 的异方差性在 probit/logit 指数函数中将产生比线性回归模型更大的问题。如果 ε 的方差取决于 X，那么 $X\beta/\sigma$ 就不再是 X 的线性函数。对一些形式的异方差来说，会出现一种有趣的现象。如果对 X 进行变形以消除异方差，那么新回归结果中 X 的系数符号有可能和变形之前相反。另一个现象是，新的非线性指数函数中会包括新解释变量，而且都是与异方差性相关的变量。正因为这些估计问题，所以在这种情形下根本不应当产生异方差一致的协方差阵。相反，学者将异方差模型化，并将其植入似然函数，以产生等价于广义最小二乘估计量的结果。Greene（2008，pp. 788 - 790）给出了一个模型化异方差的著名例子，其中方差设定为 $\exp(2z\gamma)$，这里 z 是决定异方差性的变量。检验 γ 是否为零自然也就能够检验是否存在异方差。这通过 LR 检验来进行似乎效果最好，但是存在无约束对数似然函数难以最大化的问题。而 LM 检验只需要估计受限模型。Heij 等（2004，pp. 455 - 457）对此给出了教科书式的说明。

- 有一种情况下指数误差项 ε 的异方差有特别重要的影响。假设数据关于两种不同人群，比如男性和女性，或者美国人和加拿大人。估计结果也许显示出来两组参数值相等，但是 ε 的方差在两组之间并不相同。这可能意味着未观测到的因素（包含在 ε 中）在不同人群中的重要性不同。假设加拿大人方差为 σ_C^2，美国人方差为 σ_A^2。如果单独估计两组，那么加拿大人的数据结果应当为 β/σ_C，而美国人的数据结果应当为 β/σ_A。所以，对所有斜率估计来说，美加斜率之比应当为

σ_A/σ_C。如果将数据混合在一起来消除方差的不同，那么就会得到 β/σ_C 和 β/σ_A 的加权平均值 β/σ。这很容易办到。当建立似然函数的时候，需要将美国人数据中的 β 替换为 $\beta\kappa$，其中 κ 是新变量。κ 与 β 一起估计，并会作为 σ_A/σ_C 的估计值。Train（2003，pp. 29 - 30，45 - 46）对此有很好的讨论。

● Davidson 和 MacKinnon（1993，pp. 523 - 528）说明了一个引导 probit/logit 模型设定检验的精妙方法。他们将模型改写为 $y=F(X\beta)+\varepsilon$，这里 F 代表 probit 模型的累积正态密度，或者 logit 模型的逻辑分布的累积密度。而且 y、X 和 ε 的下标被省略了。这个模型的 GNR（Gauss-Newton 回归见第 6 章的技术性注释）为：

$$y-F(X\beta)=f(X\beta)Xb+残差项$$

其中 f 为一阶导数（这种情况下，密度与累积密度相对）。因为由上面显示的线性情况得出 ε 的方差为 $V=F(X\beta)(1-F(X\beta))$，这个 GNR 并不合适。通过 V 的平方根进行区分可以修正这个问题，并产生 Davidson 和 MacKinnon 所谓的二元响应模型回归（BRMR），并通过将 β 替换成一个合适的估计使之可行。他们说明了如何使用这种等式来检验异方差、F 函数形式和无嵌套假设。

● 给出逻辑函数 $f(\theta)=e^{\theta}/(1+e^{\theta})$。当 θ 在（$-\infty$，$+\infty$）区间变化时，它在 0～1 变化，看起来十分像累积正态分布。注意，它比累积正态易于计算，后者需要计算一个积分。假设 θ 由一个指数 $x\beta$ 代替；该指数是（例如）潜在购买者的若干特征的线性方程。那么逻辑函数设定购买的概率可由下式给出：

$$prob(购买)=\frac{e^{x\beta}}{1+e^{x\beta}}$$

从而，不购买的概率为：

$$prob(不购买)=1-prob(购买)=\frac{1}{1+e^{x\beta}}$$

似然函数为：

$$L=\prod_i \frac{e^{x_i\beta}}{1+e^{x_i\beta}}\prod_j \frac{1}{1+e^{x_j\beta}}$$

这里，i 代表购买了的人，j 代表未购买的人。

最大化关于 β 向量的似然函数产生了 β 的最大似然估计（MLE）。那么对第 n 个个体，购买概率可由下式估计：

$$\frac{e^{x_n\beta^{MLE}}}{1+e^{x_n\beta^{MLE}}}$$

上面给出的 logit 模型的公式意味着：

$$\frac{prob(购买)}{prob(不购买)}=e^{x\beta}$$

所以对数优势比率为：

$$\ln\left[\frac{prob(购买)}{prob(不购买)}\right]=x\beta$$

这是前面提到的分组方法背后的原理。

● Grogger（1990）提出了一个对 probit、logit 和泊松回归模型外生性进行的 Hausman 型检验。Knapp 和 Seaks（1998）指出了如何对 probit 模型中虚拟解释变量是否为外生的进行 Hausman 检验。Wooldridge（2002，pp. 472－478）讨论了 probit 模型的内生性，并说明了 Rivers 和 Vuong（1988）所提出的一个内生性检验。Winkelmann 和 Boes（2006，pp. 116－168）精彩阐述了二元响应模型中的内生性问题。一般来说，假设误差服从联合正态分布的最大似然估计是较为推崇的估计方法。

● 因为 probit 模型对误差项的正态分布假定十分敏感，常提倡使用半参数估计。例如，通过最大化仅基于 $X\beta$ 符号的正确预测的数目来估计隐含指数 $X\beta$ 的"最大得分"估计量。

● 二元定性因变量中的测量误差带来两种错误结果：应为 $y=0$ 时 $y=1$ 和应为 $y=1$ 时 $y=0$。这是通过假设前一种误差以固定概率 α_0 发生而后一种误差以固定概率 α_1 发生来建模的。那么 $\text{prob}(y=1)=\alpha_0+(1-\alpha_0-\alpha_1)F(X\beta)$，其中 F 是逻辑的或累积正态分布。参见 Hausman，Abrevaya and Scott-Morton（1998）。Fay（2002）讨论了 logit 模型中错误分类对估计的影响。与此相关的问题（二元或多项式 logit 模型中）包括是否应当再细分出两个（或更多）的子类。参见 Caudill（2006）。

● 前面提到的 logit 判别分析通过线性判别规则形式化。即若一个个体由向量 x 给出的特征符合下面条件，则把它归入第一类：

$$(\mu_1-\mu_2)'\sum{}^{-1}x>(1/2)(\mu_1-\mu_2)'\sum{}^{-1}(\mu_1+\mu_2)$$

其中 μ_i 是第 i 类中个体特征向量的估计的均值向量，$\sum$ 是它们估计的共同方差－协方差矩阵。这很容易在多变量正态分布的式子中得到。这个规则可以被修正以适应先验概率不相等或者错误分类成本不相等的情况。例如，如果一个观测值被错误归到第一类的成本是将一个观测值错误归到第二类的成本的三倍，则线性判别规则中的 1/2 应当用 3/2 来代替。

● probit 估计是渐近无偏的，但是在小样本中有偏差。Sapra（2002）建议使用一个折叠刀估计量来缓和这个问题。

● LIMDEP 可以检验和估计各种类型的 probit 和 logit 模型，并处理一系列问题，比如异方差、面板数据、非参数估计、样本选择、误差相关的两个 probit 模型以及我们通过两个决策过程观测最终结果的模型。

16.2 多分因变量

● 极值分布也称对数 Weibull 分布，具有十分方便的特性。任意两个服从该分布的随机变量之差的累积密度可由逻辑函数给出。例如，假设选项 A 对一个拥有特征行向量 x_0 的个体的效用为 $x_0\beta_A+\varepsilon_A$，对选项 B，有 $x_0\beta_B+\varepsilon_B$，其中 ε_A 和

ε_B由一个对数 Weibull 分布独立产生。满足下面的条件，个体将选择 A，如果

$$x_0 \beta_B + \varepsilon_B < x_0 \beta_A + \varepsilon_A$$

或者等价地满足

$$\varepsilon_B - \varepsilon_A < x_0 (\beta_A - \beta_B)$$

这种情况下的概率由在 $x_0 (\beta_A - \beta_B)$ 点处 $\varepsilon_B - \varepsilon_A$ 的累积密度给出。由于 $\varepsilon_B - \varepsilon_A$ 的累积密度由逻辑函数决定，所以我们有：

$$\text{prob}(\text{选择选项 } A) = \frac{e^{x_0(\beta_A - \beta_B)}}{1 + e^{x_0(\beta_A - \beta_B)}}$$

这显示了在二元情况下随机效用函数和 logit 模型间的关系。对多项式情况也能得到相似的结论（参见 Maddala，1983，pp. 59-61），产生一个多项式 logit 模型，这是二元 logit 的一般化。注意，β_A 和 β_B 二者都不能被估计；一个分类被选作基准，而（$\beta_A - \beta_B$）的系数估计反映它们效用函数系数的差。这在解释多项式情况的结果时十分重要——如果一个系数不显著地异于零，那么这并不意味着对应的变量完全无关。这只意味着该变量不影响该选项和基准选项间的选择。为了检验一个变量完全无关，我们应该检验该变量的系数是否对所有选项都为零。进一步地，选项 A 方程中解释变量 X 前面的正系数并不必然意味着 X 增加时选择 A 的概率也上升，而只是意味着相对于基准选项 A 的概率上升。如果基准选项的概率由于 X 的上升而下降，那么正系数下甚至可能发生 A 概率下降的情形！

● 多项式 logit 模型的一个恰当来源是基于随机效用函数。产生的二元 logit 的一般化可以以较不严格的形式阐明，它设定选择第 k 个选项的概率与选择某个"基准"选项的概率比例为 $e^{x\beta_k}$，其中 β_k 是与第 k 个选项相关的参数向量。这是前面的结论 prob（购买）/prob（不购买）$= e^{x\beta}$ 的直接推广。注意，这个比例不受其他选项的影响；这反映了无关选项独立的现象。也要注意，如果"基准"选项变化，那么参数估计也会变化（它们应该变化，因为它们将估计不同的事项）；如果计算机软件包在这方面的规格不同，它们将不会产生相同的估计。

作为如何进行这种一般化的一个例子，假设存在三个选项 A、B 和 C，分别代表独自前去（A）、坐公交车（B）和合伙使用汽车（C）。模型设定为：

$$\frac{\text{prob}(A)}{\text{prob}(B)} = e^{X\beta_A} \text{ 和 } \frac{\text{prob}(B)}{\text{prob}(C)} = e^{X\beta_B}$$

这里合伙使用汽车被用作一个"标准"或基准选项；只有两个比例是必须的，因为剩下的那个，即 prob(A)/prob(B) 可以由其他两个得出。由三个选项概率的和必为 1 的事实，经过简单的代数运算得：

$$\text{prob}(A) = \frac{e^{X\beta_A}}{1 + e^{X\beta_A} + e^{X\beta_B}}$$

$$\text{prob}(B) = \frac{e^{X\beta_B}}{1 + e^{X\beta_A} + e^{X\beta_B}}$$

$$\text{prob}(C) = \frac{1}{1 + e^{X\beta_A} + e^{X\beta_B}}$$

那么，似然方程变为：

$$L=\prod_i \frac{e^{x_i\beta_A}}{1+e^{x_i\beta_A}+e^{x_i\beta_B}} \prod_j \frac{e^{x_j\beta_B}}{1+e^{x_j\beta_A}+e^{x_j\beta_B}} \prod_k \frac{1}{1+e^{x_k\beta_A}+e^{x_k\beta_B}}$$

其中下标 i，j 和 k 分别代表独自前去、坐公交车和合伙使用汽车。对 β_A 和 β_B 最大化该表达式，得到 β_A^{MLE} 和 β_B^{MLE}。对每个特定个体，可使用他或她的特征以及 β_A^{MLE} 和 β_B^{MLE} 来估计他或她独自前去的概率 $\text{prob}(A)$、坐公交车的概率 $\text{prob}(B)$ 和合伙使用汽车的概率 $\text{prob}(C)$。将该程序扩展到 3 个以上的选项十分简单。

● 假设混合分布为 $f(\beta)$，其中 β 是多项式 logit 模型的参数向量。在混合 logit 模型中，第 i 个人选择 A 的概率为

$$\text{prob}(A)_i = \int \text{logit}_i(A) f(\beta)\,\mathrm{d}\beta$$

其中 $\text{logit}_i(A)$ 是第 i 个人选择 A 的概率的一般多项式 logit 表达式。对上文 A、B、C 的例子，$\text{logit}_i(A)$ 的表达式为

$$\text{logit}_i(A) = \frac{e^{x\beta_A}}{1+e^{x\beta_A}+e^{x\beta_B}}$$

其中 x 为行向量，带有 i 作为下标时表示第 i 个人的解释变量。另外，β 包括 β_A 和 β_B 两部分。

● 当每个选项特征对所有决策者来说都相同时，就产生了条件 logit 模型的一个特例。例如，在上面的通勤者例子中，发生在选项 A、B、C 的成本对样本中所有人都相同。相似地，每个选项的交通时间对每个人也都相同。Levinson (1996) 是这种特殊情况的一个很好的例子，使用一个包含环境规章、薪金、协会和税收等变量的函数考察了不同州之间的工业设施的位置。在特定州内，这些变量值对每个打算在该州设厂的公司均相同；然而，变量值在不同州之间变化，从而能够估计。在这种情况下，似然函数归结为寻找使得每个选项的概率估计尽可能地（共同地）接近于样本中选择该选项的公司所占比例的参数值。这暗示了存在含有 $n+1$ 个未知量的 m 个等式来试图尽可能地（共同地）相等。为使得这个成立（也就是相一致），必须有比解释变量更多的选项。在 Levinson 的例子中，有 50 个选项（即 50 个州）和少很多的特征。假设各州间的关联仅存在于地区间，通过引入地区虚拟变量，他缓解了 IIA 问题。

16.3 有序 logit/probit 模型

● 例如，有序 probit 模型设定 $y^* = \alpha + \beta x + \varepsilon$ 是一个不可测的指数"信誉"，且我们观测到如果 $y^* \leqslant \delta_1$，则 $y=B$；如果 $\delta_1 \leqslant y^* \leqslant \delta_2$，则 $y=A$；如果 $\delta_2 \leqslant y^* \leqslant \delta_3$，则 $y=AA$；如果 $\delta_3 \leqslant y^*$，则 $y=AAA$。参数 δ 是未知的界限，需要与 α 和 β 一起估计。如果像这里一样，等式中含有一个截距项，那么依惯例令 δ_1 为零实现标准化。然而，常用的标准化方法的目的是消除截距项以方便表达。

估计过程使用最大似然法。例如，取得一个 $y=AA$ 的观测值的概率等于：

$$\text{prob}(\delta_2 \leqslant y^* = \alpha + \beta x + \varepsilon \leqslant \delta_3) = \text{prob}(\delta_2 - \alpha - \beta x \leqslant \varepsilon \leqslant \delta_3 - \alpha - \beta x)$$

一旦 ε 的密度已知，就可以建立一个似然方程，从而进行估计。有序 probit 模型由 ε 的正态分布假设得到。（有序 probit 模型通过假设 ε 的累积密度为逻辑函数得到，实践中二者的结果很相似。）通常标准化形式中 ε 的平均值为 0，方差为 1；例如选择方差为 4，会简单地使得所有系数估计值加倍。

自从有序 probit 模型被引入计算机软件包，如 LIMDEP，它的应用变得更加广泛。Greene（2008，pp. 813-841）有一个很好的规范讲解；Becker 和 Kennedy（1992）有一个图示说明。注意，如果一个 x 值的变化增加了信誉指数，那么具有 AAA 等级的概率也一定增加，具有 B 等级的概率一定减少，但是在中间几个种类的概率可能向任一方向变化。

● 有序 logit/probit 模型的参数解释需要小心。Winkelmann 和 Boes（2006，pp. 179-192）对此有精彩阐述。由于误差项已经正态化，方差为 1，所以参数也都按比例进行了标准化。两个参数估计的比值是重要的衡量指标，表示一个解释变量发生变化时另一个解释变量为适应此种变化而发生的相对变化。另一个重要的衡量指标是相邻阈值之差除以斜率估计。这给出了指数从一类转移到下一类时相关解释变量所需要进行的最大调整。最后一种重要衡量指标是某个解释变量变动导致指数处于某一特定类别的概率。衡量的方法是，假设其他因素都不变，该解释变量两种取值之下两种概率估计之差。

● 有序 logit 模型也可以从另一个不同但是等价的角度来说明。对第 i 类来说，指数方程可以写为 $y^* = \alpha_i + \beta x + \varepsilon$，因此组间截距不同。对最大似然估计方法来说，指数处于第 i 类的概率就是指数值处于上下两类指数值之间的概率。此时不同截距值就取代了阈值的地位。并且，第一类的截距值可以标准化为 0。如此处理模型也许会让人生疑：是否应该也允许类间斜率也不同呢？如果允许的话，模型就称为 gologit（广义有序 logit，generalized ordered logit）模型。实践中，只要存在一个或者多个解释变量在决定某些类别过程中起到了特别突出的作用，gologit 模型就非常适用。所以，例如公司规模可能在区分 AAA 级债券和 AA 级债券中占有重要地位，但在进行其他评级类别中作用不大。如果想检验不同类别间斜率是否相同，可以构建一系列二元 logit 模型（第 i 类及以下对其他所有类），并观察斜率是否相等。参见 Williams（2006）。另一种可推得该模型的方法是将阈值视为解释变量的线性函数。Winkelmann 和 Boes（2006，pp. 188-191）给出了这一方法，并称之为广义阈值模型（generalized threshold model）。

● LIMDEP 能进行很多类型的有序 probit/logit 模型的估计和检验，处理很多问题，如异方差、面板数据、样本选择、正确审查的观测值、数据不同终止值子集以及已知终止值。

16.4 计数

● 在泊松模型中事件发生 y 次的概率可由 $e^{-\lambda}\lambda^y/y!$ 给出，其中 y 是一个非负整数。这个分布的均值和方差都是 λ，典型设定为 $\lambda = \exp(x\beta)$，其中 x 是一个解释变量的行向量。选择指数函数的优势在于它保证了非负。因为大多数计数数据过于分散（也就是说，次数的方差高于它的均值），一个普通泊松模型常常是不合适的。主要的替代模型是在本节的一般性注释中讨论的门限模型和 ZIP 模型，以及前面讨论过的负二项模型。

● 与很多模型一样，泊松模型中的基本设定也是一个关于解释变量的确定方程，不允许对其他方面相同的个体有差异。在很多经济学模型中，可以通过引进"不可观测异质性"的概念来加入随机因素，从而放松该假设。随机参数 logit 模型就是一例。然而，与很多模型不同的是，对泊松模型来说加入随机因素特别重要，因为这使得发生次数的方差超过期望值，从而也使得模型能够处理数据中几乎处处可见的过度离散倾向。

在泊松模型中引入不可观测异质性的常用方法是令 $\lambda = \exp(x\beta + \varepsilon) = \exp(x\beta) \times \exp(\varepsilon)$，其中 $\exp(\varepsilon)$ 为服从伽玛分布的误差项，并且具有单位均值，方差为 α。$\lambda = \exp(x\beta)$ 一式保持了计数期望值的设定假设。整理消去 ε，即可得关于发生次数的负二项分布，均值为 λ，方差为 $\lambda + \alpha\lambda^2$。如果令 α 为 λ 的不同函数，也就得到了这一复合泊松模型的不同推广形式。其中最常用的设定是令 α 为固定参数，于是得到了负二项 2 分布，方差如前所示包含 λ 的二次项（负二项 1 分布的方差为 λ 的常数倍）。另外，一些检验过度离散的方法基于检验 α 是否为零而进行。

● 另一种在泊松模型中引入异质性的方法通过有限混合模型进行。这一模型也被称为半参数异质性模型或者潜在组模型。这种方法假设存在少量不同"类型"的个体，其中每个人都有自己的泊松方程。例如，可能存在两类人，第一类人健康，第二类人不健康。两类人去医院次数的泊松方程除了截距项外都相同。这里独特的地方在于，我们不知道样本属于哪一类（也就是说，类别是"潜在的"），所以利用 MLE 进行估计时必须首先对样本分类及其参数进行估计。大体上，上文所用的伽玛分布被替换为仅有少量值的分布（在医院案例中只有两个值）。第 i 个观测点的似然率可写为 π_j 乘以第 j 类样本点的一般似然函数后对 j 的加总形式，其中 π_j 为观测值在第 j 类中的概率。π_j 与其他一般参数一起进行估计。由于这种方法能够简洁而灵活地局部逼近真实模型，所以显得很有吸引力。另外，如果潜在分类可以通过某种方式描述出来，那么这种方法能够获得有价值的结果，可以在总体样本中分辨出特定的子集。注意这种方法和第 16.1 节技术性注释中所描述的方法的相似性，后者用于估计 probit 或 logit 模型中被错误分类的因变量。还有一种方法与此相似，可以将多项式 logit/probit 模型中的大类划分为子类。参见 Caudill（2006）。

● 忽略过度离散问题（不采用之前所述的任何模型化方法）不会影响泊松系数估计的一致性，但是会导致系数方差估计有偏。有一种方法可以纠正偏误（通过负二项 1 分布）：假设计数的方差和期望值之比为常数 σ^2；当 $\sigma^2 > 1$ 时，存在过度离散现象。在这一假设下，参数估计可以通过乘以 σ^2 的估计值进行调整。估计 σ^2 可以通过对 e_i^2/m_i 在所有观测点上取平均而得，其中 m_i 为第 i 个观测点的期望值估计（即 $m_i = \exp(x_i\beta^{\text{MLE}})$），$e_i$ 为观测值残差（$y_i - m_i$）。Wooldridge（2002，pp. 646-651）对此作出了阐述，并说明了方差的稳健性估计。

● 从以上讨论和一般性注释中可以得到三个结论。第一，研究者在使用计数模型进行分析时需要首先检验是否存在过度离散的现象。Greene（2008，pp. 909 - 915）很好地阐述了几个可用检验。第二，不管是否存在过度离散现象，都应该计算稳健标准差。第三，如果过度离散存在，那么就应当比较二分模型、门限模型和 ZIP 模型的优劣。基于 Vuong（1989）进行的模型间对数似然函数是否有显著差异的检验，Greene（2008，p. 923）讨论了从这三个非嵌套模型中进行选择的检验方法。

● 另一种可选的能产生过度分散的计数建模方法是放松泊松模型中发生概率在任何时刻都不变的假设，并改为允许该概率随时间而变化或者允许常返性，因而使得连续事件是不独立的。例如，第一次去医院可能会伴随若干次后续探病的行为。参见 Winkelmann（1995）；Butler and Worrall（1991）。Saha 和 Hilton（1997）有一个很好的关于过度分散检验的讨论。他们建议使用一个嵌套了泊松模型的广义负二项式模型以及最普遍的负二项式变体。

● LIMDEP 可用来进行泊松回归计算，其中包含很多模型的变形以及检验功能。除了以上讨论的方法和检验，LIMDEP 还能够处理样本选择、面板数据以及漏报问题。

第 17 章　有限因变量

17.1　引言

因变量有时被限制在它们的范围内。例如，负收入税收试验得到的数据就是这样，以至于所有观测值收入处在或低于某一限制水平。再例如，在家庭汽车支出的数据中有很多为零的观测值，对应于选择不买车的家庭。最后一个例子，工资率的数据仅能在工资高于保留工资的个体那里得到，而其他人选择不工作。如果因变量在某种程度上是有限的，那么最小二乘（OLS）估计量通常是有偏误的，甚至在渐近条件下。

图 17—1 的上半部分解释了为什么会发生这种情况（暂时忽略图的下半部分）。被估计的关系式为：$y = \alpha + \beta x + \varepsilon$，这里 ε 是一个正态分布误差项而且大于 k 的 y 值观测值是不知道的。这是可能发生的，因为 y 代表曲棍球比赛门票需求量而在某些情况下体育场门票卖完了，所以对这些比赛所有我们知道的仅是门票需求大于 k，即体育场的客容量。这些不可知的 y 值用小圈来表示，以区别于用实心点表示的已知数据点。注意到，对 x 的较高值，低于无条件期望 $E(y) = \alpha + \beta x$ 的已知（实心点）观测值不能完全由高于 $E(y) = \alpha + \beta x$ 的观测值所抵消，因为其中一些观测值（小圆圈所代表的）丢失了。这导致得到的 OLS 回归线过于

平坦，如虚线所示。

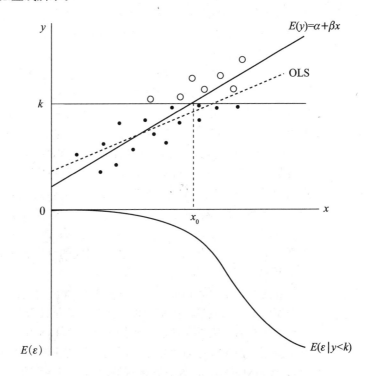

图 17—1　一个有限因变量模型

　　具有有限因变量的样本被分为两大类：删失和截断回归模型，这取决于丢失的 y 值所对应的 x 值是否已知。

　　(1) 删失样本。在这种情况下，某些对应于已知的自变量值的因变量观测值是不可测的。例如，在图 17—1 中，小圆圈代表的数据点对应的 y 值是未知的，但是它们对应的 x 值是已知的。再如，在关于工资决定因素的研究中，你可能拥有不参加工作的人的解释变量数据，也有参加工作的人的数据，但是前者工资是不可测的。

　　(2) 截断样本。在这种情况下，只有当因变量可观测时才能知道自变量的值。在前面提到的负收入税收试验的例子中，对那些高于收入界限的人来说，没有任何一类数据是可得的；它们不是样本中的一部分。

　　因变量可能以很多不同的方式被限制，产生了若干可选的模型。其中最简单的是针对删失数据的 Tobit 模型。

17.2　Tobit 模型

　　微观经济学数据的一个普遍特征是，处在一定范围内的因变量观测值被转化成（或报告为）一个单一变量。在曲棍球比赛门票需求量的例子中，所有高于体育场的客容量的需求量都被调整为 k，即体育场的客容量。这个问题应使用 Tobit 模型来分析，它以最早在回归背景下研究这种数据的人 James Tobin 命名；在他的应用中，所有小于零的值都被调整为零。

应怎样进行回归呢？我们前面的讨论指出省略有限观测值将产生偏误。在任何情况下忽视这些观测值都是抛弃信息，这是不可取的。应怎样纳入它们呢？通过检查图 17—1 可以明显看出，将有界观测值视为普通观测值纳入回归也会产生偏误。这种窘境的解决方法是使用最大似然估计。

似然函数由得到每个观测值的概率表达式的乘积组成（假设所有观测值的生成都独立于其他观测值）。对每个无界观测值，这个表达式就是代表得到该观测值的概率的适当密度函数的高度。然而，对每个有限观测值，所有我们知道的仅仅是实际观测值高于 k。因此，一个有界观测值的概率应是得到一个高于 k 的观测值的概率，即该适当密度函数大于 k 的积分值。这个似然函数成为密度和累积密度的混合体；幸运的是现代的计算机软件包可以轻而易举地解决这个问题。

在这种背景下，估计的一个未被实践者认识到的主要特征是：Tobit 估计程序的逻辑要求因变量必须能够取得无限接近于极限的值。例如，对于曲棍球比赛门票的需求量，需求量能够无限接近体育场的客容量，所以是 Tobit 模型的一个合理应用。但是考虑对每年耐用品消费的货币需求的情况。实践者常常使用 Tobit 方法来对其建模，因为许多观测值看来具有零极限。但是这个零极限不符合 Tobit 模型的逻辑——需求不可能接近于零，因为对任何一件耐用品的购买都需要相当可观的花费。在这种情况下，适当累积密度不具有零极限，而是具有其他某个能够夺得一件耐用品的最小花费的正的极限。因为使用了一个错误的极限值，该情况下的 Tobit 估计程序将产生一个不合适的估计。在这种背景下使用 Tobit 模型没有意义——它不能对一个极限上大的跳跃进行适当建模。这样就需要一个关于极限值的更恰当的设定使 Tobit 估计方法适用。

Tobit 方法的第二个问题是它做了一个在很多情况下不现实的假设。它假设决定观测值是否在极限上的等式与告诉我们因变量值的等式相同。这个假设在曲棍球比赛门票需求量的例子中有很好的含义，因为是曲棍球比赛门票的需求量决定了门票是否被卖光。但是一般而言，这个假设是不现实的。假设利率方程决定了一个家庭在度假上的花费量。作为其中一个解释变量的家庭规模越大，我们预期该家庭度假支出也越大。但是很可能较大的家庭规模导致该家庭进行家庭度假的可能性较低。也可能是家庭度假的概率，而不是度假发生时的花费，受该家庭是否居住在海边的影响。简言之，决定家庭是否度假的等式不同于决定他们度假时花费量是多少的等式。实证建模程序通过两种设定来解决这个问题：一个对应是否度假的决策，一个对应已知将进行度假时在假期中花费多少。Tobit 模型需要一般化以反映这种情况。正如下面所讨论的，这种 Tobit 模型的一般化形式是分析样本选择问题的基础。

17.3 样本选择

Tobit 模型是一个引入所谓"样本选择"的更一般化模型的特殊形式。在这些模型中，存在第二个等式，称为选择方程，以决定一个观测值是否被选入样本中。这使得样本不再是随机的，而是从一个更大总体的特殊子总体中提取的。例如，只有对那些工资超过保留工资的人们才能得到工作时间的观测值。这解释了该地区一个令人迷惑的工时延长现象：保持其他因素不变，如果孩子越多，那么妇女的工资就越高。这里的主要问题是研究者常常希望得到关于更大总体的结论，而不仅仅是选出数据的子总体。如果情况恰好是这样，为了避免样本选择偏误，估计时必须考虑样本选择现象。

在 Tobit 模型中，样本选择方程与要估计的等式相同，包括一个固定、已知的界限以决定什么观测值包含在样本中。很多情况不符合这种样本模式。例如，众所周知，广告会影响一个人开始吸烟的决定，但是对此后他们的吸烟消费量几乎没有影响。根据这一点，使用一个 Tobit 模型是不恰当的，因为它通过同一个等式，强制广告影响是否吸烟的决定和吸烟的量两方面。作为另一个例子，一个人是否参加工作的决定依赖于提供的工资是否超过他或她的保留工资。保留工资对每个人都是独特的，取决于每个人的特征（如是否有小孩），且含有一个随机误差。这种情况下极限是不可知的，因人而异，且是随机的；这和 Tobit 模型固定、已知的极限大不相同。

与 Tobit 模型不同，这些扩展模型含有不易得到的似然函数，且该函数不能在计量经济学软件包中以按钮的简单形式得到。因此，实践者们急切地希望找到最大似然法的一种可行的替代方法。在这种背景下，最大似然的次优替代选择 Heckman 两步估计程序得以非常流行。

图 17—1 中所示的问题可以通过使用一个 Tobit 模型得以解决；它的最大似然估计很容易计算。然而，为了说明的目的，我们用这个模型阐述 Heckman 方法背后的逻辑。考虑 x_0 值。对于要观测的对应的 y，相关误差必须为零或负数，因为若它是正数，则 y 将超过 k 并因此而不可观测。这暗示了对 x_0 误差的期望值是负的。现在考虑小于 x_0 的 x 值。对于要观测的 y，误差除了可以是零或负数外也可以是小的正值，所以误差的期望值为负的程度降低了。当 x 大于 x_0 时，将发生相反的情况。当 x 越来越大，对于要观测的 y 值误差必须小于一个越来越小的负数。正如图 17—1 下半部分所示。

这说明误差项是与解释变量相关的，甚至导致了渐近的偏误。如果误差项的期望值已知，它可以作为一个额外的解释变量被包含在回归中，排除与解释变量相关的那部分误差项，从而避免偏误。Heckman 程序的第一步估计误差的期望值，第二步将估计出的期望误差（称为逆 Mills 比率）作为一个额外解释变量重新进行回归。寻找误差项期望值估计方法的细节在技术性注释中解释。它需要有界观测值的解释变量观测值，所以 Heckman 程序仅能用于删失数据。

选择偏误没有被实践者们很好地理解。它基本上停留在不可测变量的角色上，并因此与忽略相关解释变量产生的偏误相似。但是在选择偏误的情况下，对偏误如何产生的解释十分不同，而且有时很微妙。这个解释首先提出：不可测的变量同时影响因变量和处于样本中的概率两方面。该变量不可测的性质是至关重要的——如果它可测，我们就能对它做出解释并避免偏误。因为它影响处于样本中的概率，我们得到了一个无代表性（非随机）的样本，且因为它影响因变量，这个无代表性的样本可能产生偏误。在一些情况下这是如何发生的是显而易见的，但是在其他一些情况下更加复杂。一般性注释中的一些例子说明了这一点。

选择系统存在两种基本的分类，一个是决定哪个观测值进入样本的选择系统，另一个是尽管所有观测值都在样本中，决定每一个观测值在样本中如何分类的选择系统。两种选择分类中的每一类都有可能发生，这是因为收集数据时研究者所作的决定，或者因为个体所作的决定。后者被称为自选择。

一些例子可以说明这一点。预测 Truman 总统竞选的戏剧性失败是选择偏误的一个古典例子。调查通过当时更可能被富人拥有的电话进行。富人也更倾向于投票给 Dewey。财富这一不可测的变量同时影响着调查的回答和处在样本中的概率，产生了误导性的结果。另一个例子可说明自选择。假设你指挥一个邮件调查来研究看电视时间的决定因素。一个不可测的变量，懒惰，可能同时影响看电视的时间和回复调查（从而处于样本中）的概率。这个样本是不具代表性的，但是偏误是如何产生的并不明显。（参见一般性注释中基于一个相似例子的解释。）

还有一个例子说明了分类中的自选择。假设你相信出勤率影响经济学学生的考试成绩并建议通过将学生分为出勤率高的和出勤率低的两部分来检验这一点。一个不可测变量，勤奋，可能同时影响出勤率和考试成绩两方面。较高水平的勤奋产生较高的出勤率，而且这样处于高出勤率分类中的学生与处于低出勤率分类中的学生相比，倾向于有较高的勤奋水平。作为直接结果，将考试成绩对出勤率回归高估了出勤率的影响，因为它将勤奋的影响归给了出勤率。这里的问题是学生们选择他们的出勤率水平，而不是在可控实验中那样有一个强加给他们的水平。确实，这是计量经济学与统计学其他分支相区别的一个特征——我们的数据大部分都不是来自可控实验，因而充满了样本选择问题。

17.4 久期模型

经济学分析常常关注一个人或者公司在离开某一状态前在该特定状态停留的时间长度。一个流行的例子是失业状态——什么决定了失业状态的久期？久期模型被用于实证性地研究这一问题。

典型的可用于久期分析的数据包括两类观测值。对于第一类，失业时期的长度是已知的（例如，一个个体五周后找到工作）。对于第二类，失业时期的长度是未知的，因为在收集数据的时候个体还处在失业状态中（例如，一个个体在五周后还在寻找工作）。后一种情况下的观测值是删失的，说明应使用与有限因变量所用方法相似的估计技术。

在这种背景下的模型通过设定一个失业状态久期的概率密度函数来建立。这是一个关于时间 t（从个体一失业开始衡量）的函数，提供了失业期长度/久期为 t 的"概率"。解释变量，如年龄、教育、性别和失业保险资格也包含在这个式子中，以引入概率的额外决定因素。可以使用最大似然估计。数据中每个完整失业期的似然因子由久期密度公式给出。数据中每个不完整失业期的似然因子由一个久期密度的适当累积给出，即给出了得到一个至少与观测到的失业期长度同样长的观测值的概率。这样与前面的 Tobit 分析相同，似然函数是密度与累积密度的混合体。

尽管上面介绍的久期密度函数用作生成似然函数，因而是久期模型的基本部分，但是久期模型的讨论通常根据另一种函数进行，即危险函数。这个函数给出了在给定失业状态持续到时刻 t 的条件下，在时刻 t 离开该状态的概率；这是一个条件的而不是非条件的密度函数。这个危险函数是讨论的基础，因为通常经济学家感兴趣的现象是：一个失业的人在本周离开这种状态的概率是多少。

危险函数可通过数学方法由久期密度函数得到，这样危险函数的引入不改变模型的性质。但是因为兴趣和经济学理论关注危险函数，选择一个使得危险函数的表现与我们认为的那样一致的久期密度设定是有意义的。这解释了在久期模型中使用的久期密度为什么不能采用熟悉的形式，如正态分布——它们必须被选择以产生一个合适的危险函数。

一些特殊的危险函数情况如图 17—2 所示。平坦危险函数与指数久期密度相对应，表示离开失业状态的概率是相同的，与一个人失业的时间长短无关。上升的或下降的危险函数与 Weibull 久期密度相对应（由不同的 Weibull 参数值产生两种不同的危险函数），表示随着失业时间长度的增加离开失业状态的概率分别是上升的或下降的。与对数逻辑久期密度相对应的危险函数先上升后下降。

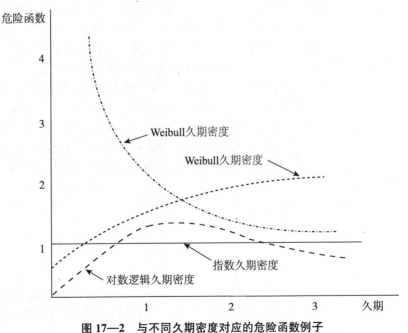

图 17—2　与不同久期密度对应的危险函数例子

解释变量如年龄和性别通过影响这些基本危险函数的水平和形状来进入模型中。如果一个解释变量的一个变化简单地将危险函数向上或向下平移，则估计可以被简化。这个过程叫做成比例危险模型，将在技术性注释中进行解释。

一般性注释

17.1　引言

● Maddala（1983）是关于有限因变量和建模选项的扩展性参考文献。Amemiya（1984）是一篇古典的综述文章，文中他根据相关的似然函数的性质区分了五种不同的 Tobit 模型形式。他称最初的 Tobit 模型为 Tobit Ⅰ 模型，古典样本选择模型为 Tobit Ⅱ 模型。因此，一些教科书称所有这些模型为 Tobit 模型。有限因变量建模在不等式分析和转换现象中十分重要；Maddala（1986）是一个相关的概述。Hausman 和 Wise（1977）分析了负所得税实验，阐述了截断回归模型及其似然函数。

● 有限因变量模型的一个主要问题是估计对设定偏误相当敏感（即存在不一致性），就像忽略一个相关解释变量（甚至是正交时）、异方差、非正态误差时一样。Maddala（1995）综述了在这种背景下的设定检验。Ericson 和 Hansen（1999）描述了关于非正态性和异方差性的计算更加简单的检验方法。Pagan 和 Vella（1989）建议使用条件矩检验。通过执行 Heckman 两步程序并检验逆 Mills 比率（期望误差项）的系数是否异于零可以实现选择偏误的检验。Greene（2008，pp. 877 - 878）提出了一个检验 Tobit 和更加一般化的模型的方法，后者使用另一个等式决定 y 是否被观测。《计量经济学期刊》（*Journal of Econome - trics*，vol. 34（1，2））专注于有限因变量模型的设定检验。

● 已知形式的异方差可以通过将它纳入似然函数中来处理。Izadi（1992）建议非正态误差项可以通过假设误差来自 Pearson 分布族来解决，而正态分布是 Pearson 分布族的一种特殊情况。这些解决方法需要处理棘手的似然函数，其中一些可以由 LIMDEP 得到。Greene（2008，pp. 875 - 877）说明了拉格朗日乘子（LM）检验如何避免最大化复杂似然函数的问题，不过这只是关于检验，而非估计。

17.2　Tobit 模型

● Tobit 模型由 Tobin（1958）首先提出，用以对耐用品零支出的一个界限进行建模；像前面所解释的，这是有问题的，因为耐用品支出不会很小。Zuehlke

（2003）解释了在界限未知的情况下如何进行估计。Veall 和 Zimmermann（1996）概括了 Tobit 模型和久期模型的拟合优度（拟 R^2）测量。Lankford 和 Wyckoff（1991）显示了 Tobit 模型如何被一般化，从而拥有一个博克斯-考克斯函数形式。Greene（1981）发现通过把 OLS 估计值除以无界观测值在样本中所占的比例，可以很好地近似 Tobit 最大似然估计。

● Fin 和 Schmidt（1984）提出了一个很好的例子，以解释一个变量如何有差别地影响无界观测值的大小及处在界限上的概率。他们的例子是关于建筑物中火灾造成的损失，解释变量为建筑物的使用年数。较老的建筑物更可能会发生火灾，但是若它们遭受火灾，发生的损失可能更小（因为较新的建筑物倾向于有较高的价值）。这与 Tobit 模型的假设恰好相反。这里有个一般性的问题：决定删失/选择的机制与决定结果的方程很不相同。这从理论上显而易见，或者从以下事实中也能看出来：数据中包括零值太多或者受限观测点太少，不能与 Tobit 模型相一致。解决这个问题的一种方法是如 17.3 节所讨论的那样采用一个选择模型，并在其中设定删失/选择机制与结果的联合分布。另一种方法有时称为门限模型，对 Tobit 模型进行了一般化处理。该模型引入 probit 模型来进行选择/删失，用另一个方程来给出结果，并且该方程以观察中的结果为条件。Cragg（1971）推荐了这种方法。为了计算对数似然函数，该模型加总两部分对数似然函数。第一部分来自不受限样本上的截断回归方程，第二部分来自分别在受限和不受限样本上进行的 probit 模型。该模型施加限制后即得 Tobit 模型，并且可以通过似然比（LR）检验来判断 Tobit 模型是否适用。Garcia 和 Labeaga（1996）考察了在 Tobit 模型下模型化零支出的不同方法，并以表格形式给出了所涉及的不同似然函数。在他们的例子中，每周吸烟量为零的现象可能有三个原因：非烟民；是烟民但是刚巧调查周内未吸烟；是烟民，但是价格与收入状况恰好导致了角点解（零吸烟量）。门限模型的不同变体可以用来将这些不同情形区分开来。见 Deaton and Irish（1984）以及 Blundell and Meghir（1987）。

● 由删失和截断模型得到的估计系数必须谨慎解释。假设我们估计一个解释所需支出的等式，但是无论何时它为负我们都观测到零支出。McDonald 和 Moffitt（1980）指出，尽管由一单位解释变量的变化引起的所需支出的期望变化量是该解释变量的系数，但实际支出的期望变化量不是这样的；对后者所需的计算必须考虑处于界限之上的概率和在该范围内的变化。更精确地，McDonald 和 Moffitt 指出实际期望变化等于界限之上的期望支出变化量乘以处在界限之上的概率，再加上界限之上的期望支出乘以处在界限之上的概率变化量。注意，这阐明了 Tobit 模型是如何包含回归的因子（超过界限的期望支出和范围内的变化）和 probit 因子（超过界限的概率和范围内的变化）的。McDonald 和 Moffitt 讨论并阐述了这一点对使用该类型模型做研究所得结果的用法和解释的含义。例如，我们可能会对负收入税降低参加工作的概率和降低工作时间对工作有多大程度的阻碍感兴趣。然而，在另一种情况下，兴趣可能集中在非截断总体上，在这种情况下因为 Tobit 指数影响潜在总体，Tobit 系数自身就是相应结果。例如，如果我们想知道曲棍球比赛门票的决定因素，我们应当使用 Tobit 系数，因为这些系数估计对删失进行了调整。

● Tobit 模型中有两个因变量期望值，一个与截断分布相对应，另一个与非截断分布相对应。后者估计误差项期望值为零，而前者通过一个截断误差期望值来估计它。如果我们预测该需求量是为了确定在现有体育场举办一次比赛的期望收入，那么前者是相关的；如果我们预测该需求量是为了选择一个新体育场的座位容量，那么后者是相关的。

17.3 样本选择

● 如果被包含在样本中的概率与一个外生变量相关，就不会发生选择问题，因为在这种情况下，误差项不能影响选择（当被包含在样本中的概率与一个内生变量相关时，它会有影响）。Wooldridge（2002，pp. 552 - 558）对于何时可以忽略样本选择有一个深入的讨论。当样本选择导致误差与解释变量相关时，它就成为一个"问题"。典型地，这个问题通过以下三种方法之一可以解决——最大似然估计、Heckman 两步程序或者工具变量估计。工具变量很难选择；在估计教育回报的背景下，一些理想化例子出现在第 9 章。

● Heckman 两步估计量在 Heckman（1976）里有所介绍。它不如最大似然是因为它虽然一致但是无效。而且在"解决"变量忽略问题时，Heckman 程序引入了一个测量误差问题，因为第二步中使用了误差项期望值的估计量。在小样本中并不明确 Heckman 两步程序是值得推荐的。蒙特卡洛研究，例如 Stolzenberg 和 Relles（1990）、Hartman（1991）、Zuehlke 和 Zeman（1991）以及 Nawata（1993）发现在 MSE 准则下，在如下情况时 Heckman 程序相对于子样本 OLS 表现不佳：误差分布非正态，样本容量较小，删失量较小，回归误差与选择方程间的相关性较小，回归解释变量和选择方程的共线性程度较高。共线性问题尤为突出，因为用于选择方程的变量出现在回归等式的现象过于频繁，这意味着鉴别仅仅依赖于逆 Mills 比率计算的非线性。在这种情况下，解释变量的数目必须要充足，以使得这种非线性能产生一些不同；大体上，当存在两组相同的解释变量时，Heckman 程序没有良好表现。看起来 Heckman 程序常常弊大于利，而子样本 OLS 令人惊讶地有效，而且在遇到非正态分布时更加稳健。Nawata（1994）与 Nawata 和 Nagase（1996）推荐使用最大似然，并讨论了计算方面的考虑。Puhani（2000）是关于该文献的很好的综述；如果上面讨论的共线性问题明显，他推荐使用 OLS。他同样支持最大似然；LIMDEP 和 Stata 可以处理几种类型的选择模型的最大似然估计。Heckman 程序可以用来寻找 MLE 搜索的初始值。Fu，Winship 和 Mare（2004）回顾了大量增强 Heckman 程序的手段，主要从选择方程或结果方程的非参数与半参数估计中进行选择。其蒙特卡洛研究结果显示，常用的参数估计方法，尤其是 MLE 方法效果良好。

● 利用 t 检验考察是否存在选择性偏误是很常用的办法，其零假设为 Heckman 程序第二阶段的误差项期望值系数为零。一般情形下，通常选择方程和待估方程中的解释变量存在很高的共线性，Yamagata 和 Orme（2005）发现此时 t 检验不再可靠，并推荐使用 LR 检验。Nawata 和 McAleer（2001）也发现 t 检验不可靠，并推荐使用 LR 检验或者 LM 检验。Yamagata（2006）发现自举 t 检验可以规避这一问题。

● 选择偏误问题能以多种形式出现。例如，我们假设：

$$y = a + \beta x + \varepsilon$$
$$p = \gamma + \delta z + u$$

其中仅当 $y \geqslant p$ 时 y 是可观测的。该模型的似然函数由 Maddala（1983，pp. 174 - 177）讨论过。例如，假设 y 代表女性工资，而 p 代表保留工资。考虑有较高 ε 值从而实际工资恰恰较高的个体。他们的保留工资更可能被超过，而这些人更倾向于被雇佣。另一方面，有较低 ε 值的个体更可能拥有一个低于保留工资的实际工资，这些人更倾向于不工作。这样，使用一个参加工作的妇女样本来估计工资函数将包含一个不成比例的有较高 ε 值的观测值的个数，并使估计量有偏误。这种偏误的实质是什么？假设 β 是正的，使得一个较高的 x 值提高工资，并因此提高其处在样本中的概率。对较低的 x 值，它处在样本中的唯一途径是拥有一个较高的 ε 值，然而，对较低的 x 值，几乎任何 ε 值都较高。因此，这种自选择机制产生了 x 值和 ε 值在数据上的负相关，使得 β 的 OLS 估计量向下偏误。

● 上面的例子只是多种可能变体中的一种。被 Heckman 两步估计量所替代的一种古典方法是设定当 $p \geqslant 0$ 时而非当 $y \geqslant p$ 时 y 是可观测的。在这种情况下，偏误产生于两个误差——ε 和 u——常常相关的事实；此时的似然函数参见 Maddala（1983，p. 231）。例如，假设 y 代表移民者的收入，而 p 代表移民的决定。可能存在 u 的一个不可测的因素也影响着收入，称其为"精力"；也就是说，精力也是 ε 的一个因素，从而 ε 和 u 是相关的。移民者作为一个整体将拥有一个不成比例的高精力个体数目，因此样本是不具代表性的；使用移民者的观测值来估计收入函数将产生收入函数的有偏估计量，这种偏误与难以控制的总体，或者总体中个体是由哪个国家移居来的有关。这种偏误的实质是什么？假设 δ 是正的，从而一个较高的 z 值提高了其处在样本中的概率。对拥有较低 z 值的人们，进入样本的唯一途径是有一个高的正 u 值，然而，对拥有较高 z 值的人们，几乎任何 u 值都较高。但是 ε 和 u 是正相关的（因为它们存在共同因素：精力），因此在样本中 z 值和 ε 值是负相关的。当 z 与 x 不相关时，不产生偏误。但是，它们常常是相关的；事实上，z 与 x 常常是相同的，或者当它们代表变量组时，包含相同的变量。当两个误差项不相关时不产生偏误，在这种情况下选择现象被称为是可忽略的。

● 上面最后一个例子的一个重要变体是在研究者对某种处理或者程序的影响感兴趣的背景下。Greene（2008，pp. 889 - 890）有一个很好的例子，它使用一个由若干解释变量和一个代表个体是否拥有大学教育水平的虚拟变量所构建的函数来得到决定收入的等式。出现选择问题是因为个体基于他们大学教育的预期收益来对其落入大学教育虚拟变量的哪一类进行自选择。拥有较高大学教育预期收益的人们选择接受大学教育，这使得虚拟变量的分类中对应收入等式中拥有较高误差项的观测值数目不成比例。从而使虚拟变量系数估计偏高。必须找出一个选择方程，它的误差项与收入等式的误差项相关。或者，大学教育虚拟变量可视为内生变量。如果能够为这个处理找到合适的工具变量，例如距离最近大学的距离，那么就可以使用 IV 估计法。Probit 模型将该处理解释为该工具变量的函数，可以用来估计该处理的概率。如果用这一概率作为内生虚拟变量的工具变量，就可以进行 IV 估计。注意，这并不意味着在 OLS 方程中将虚拟变量替换为估计概率。

- 样本选择问题伴随着回归模型转换中的内生转换问题。选择方程将决定哪两个方程最适合待研究的观测值，而选择方程的值与某个阈值（通常标准化为零）相关。如果选择方程和这两个方程的误差项之间存在相关性，那么就会产生内生性问题。例如，决定是否加入工会可能取决于工会与非工会工资之差减去参加工会的成本，这样就产生了两个工资决定方程。第一个针对工会成员，另一个针对非工会成员。见 Cameron and Trivedi（2005，pp. 555 - 557）。

- 许多选择问题含有双选择。例如，首先要决定进入劳动力市场，然后再决定进入女性导向职业。只有当两个"障碍"都被跨越时，一个个体才会出现在样本"女性导向工作者"中。M. D. Smith（2002）是关于双障碍模型的一个较好的综述。Sorenson（1989），Tunali（1986）和 Mohanty（2001）提供了一些很好的例子。

- 一些选择问题涉及在有序水平的有限范围内进行选择；这与在一个还是另一个之间的两项选择相对立。例如，个体可能在一系列可能的水平中选择自己的受教育水平。Garen（1984）分析了这种选择类型。

- 有时数据是通过调查得到的，但是并不是所有观测值都被等可能地包含在调查中——特殊的子集可能故意被过多或过少地包含在样本里。在这种情况下，常提供一个权数变量 ω，其中 $1/\omega$ 表示被选入样本的概率。如果这个被选入样本的概率与因变量相关（而不是与自变量相关），那么将产生选择问题。Deaton（1997）有一个规范的讨论。也可参见 Magee，Robb，and Burbidge（1998）。

17.4　久期模型

- 在文献中，久期建模有许多不同的名称。对生物学家而言，它是生存分析，因为它最初被发展来分析死亡前的时间。工程师对机器损坏感兴趣，称它为可靠性或故障时间分析。社会学家称它为事件历史分析或纵向分析。这方面的文献可以十分注重技术性，一个明显的例外可参见 Allison（1984）；Singer 和 Willett（2003）的阐述全面而浅显。Kiefer（1988）和 Lancaster（1990）针对经济学家做了解释，并且后者更为高深。LIMDEP 中包含了大量久期模型估计程序。Allison（1995），Cleves，Gould 和 Guitirrez（2002）是利用 SAS 以及 STATA 进行久期模型估计的实用指导，并且精彩阐述了这些问题。Getz，Siegfried 和 Anderson（1997）对有明确解释的危险函数估计提供了一个令人满意的例子。

- 前面的讲解都是连续时间分析的形式，其中久期的确切时间是可知的。虽然这对某些经济数据类型是合理的，如以日计的罢工久期，但这种信息常常是不可用的。例如，失业时间往往以星期计算，而难以知道这周内的什么时间一个特定个体脱离失业状态。这种情况下，所有在这周内离开失业状态的个体都被分到离散时间度量中的一组。不论这种度量中离散单位相对多长，都要通过离散时间久期模型进行分析。有时也被称为分组数据久期模型。由于在技术性注释中提到的很多原因，通过离散时间久期模型的估计是利用连续时间模型估计的一种极具吸引力的替代方法，而且它成为被越来越多的计量经济学家所选用的方法。

● 对于离散时间数据来说，危险函数可以用概率形式给出：在第 i 次时间区间内某样本点经历该事件的概率是多大？然而，在连续时间数据中，危险函数就不能用概率形式表达（因为在特定时点上经历某事件的概率为零），而应当代以一个比率，意为每段时间内经历该事件的概率。

● 选择合适的时间测度的时候应该基于常识进行。例如，对轮胎更换问题用行驶里程作为尺度，对新手失败问题用旅行次数作为尺度，对机体老化发展久期问题用常规时间作为尺度。

技术性注释

17.1 引言

● 删失和截断样本的似然函数相当不同。这可以通过图 17—3 说明，它给出了图 17—1 中误差 ε 的密度函数。考虑 x 的一个特定值 x_3。对可观测的 y_3，ε_3 必须处在 $k-\alpha-\beta x_3$ 的左侧；对不可观测的 y_3，ε_3 必须处在 $k-\alpha-\beta x_3$ 的右侧。这得自上面关于 $E(\varepsilon)$ 的讨论。

首先假设我们有一个删失样本。如果 x_3 与一个可观测的 y 相对应，那么将有一个特定的 ε_3，且对该观测值的似然值由图 17—3 中的 L_3 给出，即 ε 的密度函数在 ε_3 点处的高度。

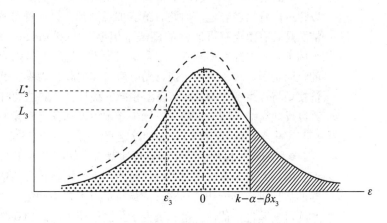

图 17—3   对删失和截断样本的似然函数的解释

但是，如果 x_3 与一个不可观测（如丢失了）的 y 相对应，我们得不到特定

的 ε_3 值；我们仅仅能知道 ε_3 一定处在 $k-\alpha-\beta x_3$ 右侧。这样，这个观测值的似然函数为 ε_3 超过 $k-\alpha-\beta x_3$ 的概率，由图 17—3 的斜线部分给出，并可以通过 1 减去 $k-\alpha-\beta x_3$ 点的累积密度计算出来。样本中每个观测值的似然函数都要由上面两种方法中的一种（取决于 y 值是否可观测）来计算。把这些似然函数表达式（其中一部分是密度，一部分是累积密度）全部相乘，便可以得到删失样本的似然函数。

现在假设我们有一个截断样本。对样本中每个可能的 x_3 值，其相对应的误差一定来自图 17—3 中 $k-\alpha-\beta x_3$ 的左侧。从而，斜线部分不应再视为 ε_3 密度的组成部分。因此，ε_3 应视为取自图 17—3 虚线所示的截断正态分布。这条虚线通过将原来的正态分布各点的高度除以画点部分的面积得到，并使得虚线下的面积为 1。这样，在图 17—3 中观测值 y_3 的似然函数由 L_3^* 给出。注意，L_3^* 是一个关于数据的复杂函数，等于正态密度函数在 (x_3, y_3) 处的高度再除以在 $k-\alpha-\beta x_3$ 点处的累积密度。每个观测值将产生不同的计算其似然函数的虚线。把这些似然函数表达式相乘，得到整个样本的似然函数。

● 似然率的代数形式如下：

删失模型似然率：$\prod_i f(y_i-\alpha-\beta x_i)\prod_j \int_{k-\alpha-\beta x_j}^{\infty} f(\varepsilon)\mathrm{d}\varepsilon$

截断模型似然率：$\prod_s \left(\dfrac{f(y_s-\alpha-\beta x_s)}{\int_{-\infty}^{k-\alpha-\beta x_s} f(\varepsilon)\mathrm{d}\varepsilon}\right)$

其中 f 为误差项密度函数，$\prod$ 为求积符号。下标 i 表示非有限样本点，下标 j 表示有限样本点，下标 s 表示所有样本点。

17.2 Tobit 模型

● 曲棍球比赛门票需求量是一个能反映数据删失的 Tobit 模型例子：需求可以超过体育场客容量，但此时不能被观测到。另一种可选择的产生 Tobit 估计的情况是具有角点解可能性的经济学模型。Wooldridge（2002，p.519）提出了一个例子，其中慈善捐献有一个最低限度零，这并不是因为它们是负的和不可观测的，而是因为对一些观测值，角点解（即捐献量为零）是最优的。形式化相关经济模型将产生一个与 Tobit 模型相同的统计公式。这两种模型应当具有不同的名称以反映它们不同的本质——删失样本模型和角点解模型；相反地，不能因为它们都产生相同的 Tobit 经验主义设定而使用同一个名称。

● 当 Tobit 模型的分布假设被违背时，如因为非正态分布或者异方差，它们产生的一系列严重的问题可以通过使用一个极耗精力的估计量得到缓解。一个这样的估计量是 Powell（1984）的最小绝对离差估计量。通过使用全部观测值的最小绝对离差进行估计。抛弃因变量预测值超过限制的观测值。再使用最小绝对离差估计并反复进行以上步骤。另外一个这样的估计量是 Powell（1986）的对称平衡最小二乘估计量。这个估计量删失与极端观测值相反方向的异常值，以"平衡"有限制的观测值。Chay 和 Powell（2001）有一个关于这些复杂估计量的很好的阐述。

● Wooldridge（2002，pp. 531-534）讨论了 Tobit 模型中的内生性、异方差性和误差项的正态性。使用一个虚拟回归（像 NR^2 和 $N-SSR$）进行的 LM 检验最容易得到，但是不可靠。如果要用软件来计算最大似然估计，如 LIMDEP，建议使用 LR 检验。一个 Tobit 模型是否与另一个互异的检验，可以通过 Vuong（1989）检验对数似然方程是否相等的方法来完成。

● 在有限观测值（如零）和最小可能观测值间的跳跃给 Tobit 估计带来了麻烦，因为使用了错误的限制。考虑一个解释耐用消费品年花费额的等式，这样每个花费额都必须要足够大。假设这个等式为非零观测值都提供了一个显著的较好的拟合。这样误差方差相当小。拥有与买最便宜耐用品的个体相似特征的其他个体可能不会买任何耐用品，因为他们期望的支出比最便宜的选项还低。根据 Tobit 模型，所有这些人必须有极大的误差项，以使得他们的期望支出等于零或者更小的值。这与前面指出的较小误差方差不一致。Wooldridge（2000，p. 546）建议使用一个简单轻便的方法对其进行检验。估计 Tobit 模型，得到对斜率 β_k 和误差项标准差 σ 的估计量，计算 β_k/σ。现在令受限制观测值为 0，无限制观测值为 1，然后进行 probit 模型估计，得到 β_k/σ 的估计量。对两者进行比较，看其是否大致相等。

● LIMDEP 能够进行多种类型的 Tobit 模型的检验和估计，处理很多问题，如异方差、面板数据、样本选择、联立方程、截断数据和误差相关的两个 Tobit 模型。

17.3　样本选择

● 如本章主题所解释的，样本选择问题使得误差项期望值（$E(\varepsilon)$）因观测点而异，并且一般与解释变量相关，从而产生偏误。如果知道 $E(\varepsilon)$，那么就可以通过将其作为回归元加入回归方程中来解决这一问题，而这也正是 Heckman 两步法背后的思想。如何估计 $E(\varepsilon)$ 以执行 Heckman 两步程序呢？再次考虑图 17—1 的那个例子，如它的一个补充图（见图 17—3）所反映的。对 x 的任意值 x_3，与可观测的 y_3 相对应的误差项 ε_3 可以有效地由图 17—3 中虚线所代表的截断正态分布得出，其中截断点为 $k-\alpha-\beta x_3$。这样，$E(\varepsilon)$ 是这个截断正态分布的期望值。若知道 $k-\alpha-\beta x_3$ 代表了多少标准差，便可以得到计算 $E(\varepsilon)$ 的标准公式。估计 $(k-\alpha-\beta x_3)/\sigma$，这里 σ^2 是正态非截断分布的方差，从而可以估计 $E(\varepsilon)$。

在一个删失样本中，y 的数据可以被解释为二分的，其中当 y 可观测时取值 1，不可观测时取值 0。那么，可以对这些数据做 probit 分析，例如为 x_3 生成 y_3 可观测概率的估计量。（注意：不能对截断样本做该分析，因为不可观测的 y 所对应的 x 也是缺失的——这也解释了为什么只能对删失样本使用 Heckman 两步法。）给定这个概率的估计值，也就是图 17—3 中的标点区域，很容易得到相对应的产生该概率的标准正态分布的标准差数目，并得到要求的 $(k-\alpha-\beta x_3)/\sigma$ 估计量。

一个截断分布期望值的标准公式为：$E(\varepsilon\mid\varepsilon\leqslant a)=\mu+\sigma\lambda(\theta)$，这里 θ 是标准差数目；$(a-\mu)/\sigma$ 是 a 与 ε 的均值 μ 相差的数目，$\lambda(\theta)$ 是 $-\phi(\theta)/\Phi(\theta)$，即逆"Mills 比率"，$\phi$ 是标准正态分布的密度函数，Φ 是它的累积密度函数。这里，μ 为零且 $(k-\alpha-\beta x_3)/\sigma$ 的估计值为 θ 的估计值；逆 Mills 比率（IMR）作为一个额外回归元被估计和使用，以降低偏误（并渐近地消除偏误）。关于这个额外回归元参数估计的说明参见 Dolton and Makepeace (1987)。这里的一个技术关键是第二步回归中的估计系数方差应当在认识到 IMR 是个估计变量的前提下进行。这曾在 10.1 节的一般性注释中讨论代理变量时讨论过。

对于这个例子，最大似然估计的代价并不大，所以不使用两步法。然而，在更复杂的情况下，例如前面讨论过的移民的例子，阐明的原理被用来产生误差期望值的估计量。在这个例子中，收入方程中误差项的期望值不为零，因为它与决定移民决议的误差项 u 相关。ε 的期望值为 $\rho\sigma\lambda(\theta)$，其中 ρ 为 ε 和 u 的相关系数。因此，当 Heckman 方法的第二步将逆 Mills 比率 $\lambda(\theta)$ 作为回归元引入时，通过它的参数估计值可估算出 $\rho\sigma$。因为 σ 是正的，检验这个估计参数是否为零也就是检验 ρ 是否为零，从而也就是检验是否有选择偏误。然而，这依赖于选择方程的识别。然而，如之前在一般性注释中所言，这一检验在一般应用中会产生问题。

● 选择方程可能是 Tobit 方程，而非 probit 方程。例如，与其使用 probit 选择方程来判断某人是否失业，不如用界限为零小时工作时间的 Tobit 方程来实现。Wooldridge (2002，pp. 571-572) 阐述了这一点。

17.4 久期模型

● 解释久期模型时，一般首先会定义一些构成久期分析基础的函数，以及相关代数设定。这些函数都是连续形式，之后将会给出其离散情形下的对应。密度函数 $f(t)$ 给出存续时间的分布，并构成这些函数的基础。生存函数 $S(t)$ 指的是某样本点延续到时间 t 之后的概率，由 $f(\cdot)$ 在大于 t 上的积分值给出。因此 $S(t)=1-F(t)$，其中 $F(t)$ 是累积密度函数。而最重要的危险函数由 $f(t)/S(t)$ 给出。显然，危险函数是对数生存函数对 t 求导后的相反数。所以，如果对危险函数进行积分或者加总，就会得到负的对数生存函数 $-\ln S(t)$。也被定义为累积危险函数或者积分危险函数。这一函数之所以重要，是因为其相比于危险函数能够更精确地估计，所以可协助推导合适的危险函数。同时，它还为模型设定检验提供了基础。参见 Cameron and Trivedi (2005，pp. 630-632)。

构造似然函数时，每个在完整时间段上的样本点以 $f(t)$ 形式进入方程，而每个在不完整时间段上的样本点以 $[1-F(t)]$ 形式进入方程。与 Tobit 模型相同，似然函数是密度与累积密度的混合。

密度函数 $f(t)$ 常常采用指数形式 $f(t)=\delta e^{-\delta t}$，其中参数 δ 大于零。此时，

$F(t) = 1 - \delta e^{-\alpha}$，危险函数 $\lambda(t) = \delta$ 为常数。在其他 $f(t)$ 设定下，危险函数是时间 t 的函数。例如，如果采用指数分布的一般化形式——Weibull 分布，$f(t) = \gamma\alpha t^{\alpha-1}\exp(-\gamma t^{\alpha})$，那么对应的危险函数为 $\lambda(t) = \gamma\alpha t^{\alpha-1}$，其中两个 Weibull 参数 γ 和 α 都为正。注意，如果 $\alpha = 1$，那么该分布就退化为指数分布；$\alpha > 1$ 时，危险函数为增函数；$\alpha < 1$ 时，危险函数为减函数。见图 17—2。最后，Saha 和 Hilton (1997) 建议使用一种灵活的危险函数。

解释变量一般通过对危险函数的影响而进入久期模型，并且保证可计算的特征。例如，在指数分布中，参数 δ 被设定为 $e^{x'\beta}$。由于模型中的 δ^{-1} 即为久期均值，所以这种设定下，久期均值被解释变量以 $e^{-x'\beta}$ 的形式决定。在似然函数中，δ 被 $e^{x'\beta}$ 代替，而最大化即针对向量 β 进行。

● 估计连续时间久期模型的第一步一般是画出危险函数、生存函数和累积危险函数初始形式的散点图。为此数据被分到离散组中，例如将日变化失业久期数据转换成周数据。计算在下一个离散时间区间内摆脱失业状态的样本点比重即得危险函数的估计。例如，第五周的危险函数值为在第五周摆脱失业状态的样本点数量除以可动样本点总量（"可动"样本点指依然失业，所以有可能在该周摆脱失业状态的人）。利用这些危险函数值，就能够得到生存函数的估计。无论何时，生存的概率都等于 1 减去危险的概率，所以，前五周的生存概率就等于前五周生存概率估计的积，一般以前五个 1 减去为危险函数值估计的积。按这种方法得到的是生存函数的 Kaplan Meier 估计。另一种估计方法称为生命表法（lifetable method）。继续以上例进行说明，生命表法在每个时间段中点估计了可动样本点数量，并据此进行调整。此时累积危险函数通过加总危险函数值估计就可得到。有时候这些估计能够确定危险函数的基本形状，因此方便推导出其合适的形式。

● 对于连续时间久期模型来说，时变解释变量会带来问题。样本点对似然函数的贡献是在其经历事件的时间点进行衡量的，然而，如果该样本点被另一个时变解释变量赋予了不同值，其在所有其他时间不经历事件的情形就与此等价。理论上，时变解释变量的所有序列值都应当以某种形式进入模型。离散时间久期模型的优点正在于能够将所有值包含进来。离散模型允许每个观测点在每个可动离散时间区间内对似然函数作出贡献。稍后将介绍该模型似然函数的构建。

● 一个流行的连续时间久期模型设定是成比例危险模型。在这个模型中，危险函数由两部分组成，二者相乘在一起。第一部分是一个久期的专有函数。它被称为基线危险，且通常被记为 $\lambda_0(t)$。第二部分是一个关于除时间以外其他解释变量的函数，依惯例常选择 $\exp(x'\beta)$ 的形式，其中 x 是关于一个个体特征（可能随时间变化）的观测值向量，β 是一个参数向量。那么这个危险函数可写为：

$$\lambda(t) = \lambda_0(t)\exp(x'\beta)$$

关键在于时间本身是独立于解释变量的，所以当解释变量变化时危险函数可以通过简单地改变基线危险得到（也就是说，对全部个体来说危险函数与基线危险函数成比例）。它较为常用的原因是它的估计可以通过最大化一个称为"部分似然"的更加简单的函数而不是完全似然函数进行，而且不会产生估计效率上的损失。进一步地，有时基线危险函数抵消了部分似然公式，所以这种估计方法对基线危险函数的设定不敏感，从而具有极大的优势。这种优势被基线函数（从而危险函数）不可估计的事实所抵消。如果排他地关注于解释变量的影响，这个缺点并不重要，这也是常见的情况。

● 这里解释"偏似然率"的意思。假设在 t 时刻剩下 6 个人没有经历事件，其中第 i 个人的危险函数为 $\lambda_i(t)=\lambda_0(t)\exp(x_i'\beta)$。这给出了第 i 个人在 t 时刻经历事件的概率，但是偏似然率法给出的是这个人将成为 6 个人中下一个经历事件的人的概率，不管这将何时发生。成为下一个经历者的概率等于 $\lambda_i(t)$ 除以 6 个人的 $\lambda_i(t)$ 之和。假设第二个人为下一个经历者，那么这个人对偏似然函数的贡献就为 $\exp(x_2'\beta)/\sum\exp(x_i'\beta)$，其中和号的加总范围为 $i=1$ 到 $i=6$。注意，基线危险函数 $\lambda_0(t)$ 已经删掉了。还要注意，这一方法仅仅与样本点经历事件的顺序有关，而与经历的精确时间无关。最后，这种方法允许时变解释变量的存在。这是因为每个观测点都会（在分母中）数次进入似然率。不过，排序间的联系要求进行繁冗的调整。另外，如果我们都知道几个样本点将在同一周经历事件，这一方法也就不再适用于相应的离散时间模型。

● 有两种检验成比例危险函数适用性的方法比较流行。第一种是，解释变量的不同分类应当产生成比例的危险函数，所以假如将男性描绘成一个估计危险函数，产生的结果应当大致与女性估计危险函数平行。在第二种方法中，一个额外的解释变量被引入设定，它用时间与现存的一个解释变量的相互作用来衡量。估计中，如果成比例危险函数是恰当的，这个变量就应当具有一个不显著地异于零的估计系数。此时可以使用 LR 检验。

● 加速失效模型（accelerated failure time model）可以替代比例危险模型。这一模型中，基线危险函数除了进行移动外，还会因解释变量而加速/减速。例如，基线危险函数 $\lambda_0(t)$ 变为 $\lambda_0(t\exp(-x'\beta))$。为了进行解释，不妨假设希望求得 $t=5$ 时的基线危险函数值。对于 x 等于零的观测点来说，这可以由基线危险函数在 $t=5$ 处的值求得。但是，对于观测点的值 x，并且 $\exp(-x'\beta)$ 比如等于 3，那么 $t=5$ 时基线危险函数就应当在 t=15 处取值。

● 久期模型假定拥有相同解释变量值的个体以完全相同的概率离开失业状态；以同样的方式，probit 和 logit 模型假设概率是确定的。但是我们知道观测中相似的人由于不可观测的特征或者仅仅是由于随机性而不相同；这就是在 OLS 回归的行为设定中含有误差项的原因。这种个体间不可观测的差异导致久期模型的问题。假设有两种人，在他们的"勇气"方面有不可观测的区别。那些较有勇气的人在找工作方面更加主动，并因此比没有勇气的人处在失业状态的时间更短。所以随着时间的流逝，在依旧失业的集合中没有勇气的人占大多数，使得危险函数向下偏误。这种不可观测的异质性带来了识别的问题：如果观察到危险函数下降，那么无法分辨这是因为危险函数本身的减性，还是由于不可观测的异质性。这种不可观测的异质性问题可以通过在危险函数中加入一个单位均值的倍乘误差项来处理，这使得似然函数更加复杂（这个误差项必须在似然函数表达式之外引入）。对此误差项，一个易于计算并因此频繁使用的密度函数是伽玛密度。Heckman 和 Singer（1984）认为，对于该误差项，一个仅有一些可能值的离散误差分布会表现良好并易于计算。

● 离散久期模型的估计简单许多，因为复杂的似然函数最大化问题被常见的 logit 估计问题所代替，对于后者可以使用标准化的软件程序。这通过假设每个个体对庞大的似然函数不仅仅贡献一个观测值而是多个观测值来实现。在第一个时期，每个个体处于或者离开失业状态，所以可以建立一个具有合适的解释变量的 logit 似然函数来表现这种状态。现在考虑所有没有离开失业状态并且未删失的个体，也就是在第二个时期中可能离开失业状态的全部个体。在第二个时期，每个这样的个体都可能留在或者离开失业状态，所以可以建立一个拥有相同解释变量（如果它们随时间变化，其值可能与第一个时期不同）的第二个似然函数来表现这种状态。对剩下的每个时期都可以建立相似的似然函数，其中对这些似然函数起作用的观测值数目随着个体删失或离开失业状态而减少。一个庞大的似然函数可以通过将所有这些时期分离的似然函数相乘得到。每个个体对这个庞大的似然函数贡献若干项；对该个体存在离开失业状态风险的每一个时期均有对应的一项。注意，这种方法是如何通过让解释变量的所有值都进入似然函数中来允许时变解释变量存在的。

通过在解释变量中引入一个时间函数可以在这种设定中建立一个基线危险函数。或者二选一地，我们可以允许每个时期分离的 logit 公式具有不同的截距。如果共有 k 个时期，可在 logit 设定中引入 k 个虚拟变量作为额外的解释变量来代替截距项，其中每个虚拟变量对应一个时期（对该时期取值 1，对所有其他时期取值 0）。这些虚拟变量允许每个久期长度分别对 logit 设定的截距项产生影响，因此建立一个完全无限制的基线危险函数。这样就削弱了特定个体在一个时期的结果独立于发生在其他时期的结果这一假设。

● 这种久期模型的离散时间估计程序由于若干原因而盛行。

（1）尽管大多数经济决定不是在离散时间中做出的，但我们可用的数据通常是以事件在某个离散时间期间内发生的（而不是在某个特定时刻发生的）形式给出。

（2）无论何时只要多于一个观测值在一个度量时期内经历该事件，部分似然函数方法都变得相当困难；而这在经济数据中是常见的现象。

（3）它避免了对复杂似然函数的推导和编程。

（4）它可以顺利地处理时变解释变量。

（5）它准许以简单的非参数方法估计基准危险函数。

（6）它提供了对连续时间久期模型的良好近似。

关于离散时间估计的一个以经济学家为导向的良好拓展参见 Jenkins（1995）。这并不意味着不采用更加复杂的最大似然；Meyer（1990）提供了一个允许基线风险更灵活的方法。

● 我们可以看出，对于受限制的因变量模型，决定一个个体是否在极限上的等式可能与当它不在该极限上时决定它水平的等式并不相同。在久期背景下，上述情况就转化为某些个体可能永远不会经历讨论的事件；所以对他们而言，危险函数是有误导性的。例如，在离开监狱的状态下，某些罪犯可能开始新的生活且永远不会回到监狱里；但是对另外一些罪犯，他们会继续犯罪生涯并且在某个时刻可能回到监狱中。Schmidt 和 Witte（1989）介绍了分离总体幸存者模型，其中一个用来决定某事件是否会永远发生的 logit 模型联合了一个关于给定该事件可能发生时它需要多久才会发生的危险函数。

● 收集数据并构建似然函数的过程需要十分小心。假设你想研究银行倒闭时点问题，并拥有 1965 年所有既存银行的数据集。数据集中一些银行已经在当前已知的时刻倒闭了，另一些还没有倒闭。这并非随机久期样本，因为你只有存续到 1965 年的银行观测值。因此，数据集中将不成比例地缺失较短时间内倒闭的银行数据（尤其是 1965 年前倒闭的银行数据），从而使得危险函数估计有偏。因此，似然函数需要进行调整，将这种数据视为幸存者。对连续数据来说，样本点密度需要除以其生存函数在 1965 年样本点久期长度处的取值。对离散数据来说，只有在 1965 年 logit 组分开始出现时才能允许样本点进入其中。所以，比如一家银行创办于 1960 年，那么只有到了第 5 年才应该进入可动集合。如果银行创办时间未知，那么这种数据就不可用。参见 Guo（1993）。

这里再给出一个例子来强调这一问题。你的数据集合可能包含大量在特定时刻失业的人。其中有一些在分析时间段结束前找到了工作，而另一些没有。这样，你的样本就被拥有长存续期的人过度代表了（因为任何特定时刻失业人群集合中都会包含大量已经失业很久的人）。于是估计就是有偏的。如果这些人的失业都开始于某个时点开始或之后，而不是在该时点就已经失业，那么就不会产生这一问题。

第 18 章　面板数据

18.1　引言

现代计量经济学可划分为两个分支，微观计量经济学和时间序列分析。后者将在第 19 章中讨论。前者有很多组成要素，其中我们讨论过若干例子，如定性因变量、久期模型、计数模型和有限制因变量，所有这些主要包含不同类型的横截面数据。按照这一点，将微观计量经济学称为横截面数据分析看起来是十分自然的。然而，我们并没有这么做。因为微观计量经济学的一个主要类型包括纵向的数据或面板数据，其中横截面（关于个人、公司、国家等的）被沿着时间观察。在这些数据组中，我们有对相同个体若干不同时期的观测值；由于计算机革命，这样的数据组更加常见且更适合（服从）于分析。

面板数据的两个突出例子是 PSID（收入动态性的面板研究）数据和 NLS（劳动力市场经验的国家纵向调查）数据；二者都是通过随时间流逝一次又一次反复采访几千人得到的。这些数据组的设计目的是通过搜集关于就业、收入、流动性、住房供给和消费行为等这样的信息，使得关于美国贫困原因和性质的检查得以进行。确实，数以千计的变量被记录。这些数据是典型的面板数据，因为它们所涉时间短且范围广，由在较小数目的时期数中对一个很大数目的横截面个体的观测而得。这样数据的获取十分难得，需要在延伸的时期内对大量人口进行跟踪观测。这样的额外花费是否合理正当呢？

面板数据有若干极具吸引力的特性来证明这种额外成本是合理的，其中的四条被列在下面：

（1）面板数据可以用来处理微观个体中的异方差。在任何横截面数据中都存在无数不可衡量的解释变量，它们影响着人们（公司、国家，等等）正在被分析的行为。（异方差性表示这些微观个体相互间均以一些基本的不可测的方式相异。）忽略这些变量将导致估计的偏误。被忽略的一致地影响所有微观个体的行为，但是在每个时期影响不同的时间序列变量的相同结论也是正确的。面板数据能够修正这一问题。确实，一些人可能断言处理这种被忽略变量问题的能力是面板数据的主要贡献。

（2）通过将微观个体间的变异与沿时间的变异相结合，面板数据产生了更大的可变性，缓解了多重共线性问题。使用这种具有更多信息的数据，更有效的估计成为可能。

（3）面板数据可以用来检查那些不能单独使用时间序列或横截面数据研究的问题。作为一个例子，考虑在生产函数分析中将规模经济从技术变化里分离出来的问题。通过对比小公司和大公司的成本，横截面数据能够被用来检查规模经济；但是由于所有数据都来自同一时期，没有办法估计技术变化的影响。对一个单独公司的时间序列数据，情况更糟；我们不能分离出这两种影响，因为我们不能指出该公司成本随时间的变化是由于技术变化，还是由于公司规模变化的缘故。作为第二个例子，考虑临时失业和长期失业的差别。横截面数据告诉我们谁在单独的一年内失业，而时间序列数据告诉我们失业水平在各年间如何变化。但是二者都不能告诉我们是相同的一些人在各年里都是失业的，还是不同的人在各年里失业；前者暗示了较低的人员更替率，而后者暗示了较高的人员更替率。使用面板数据的分析可以解决人员更替率问题，因为这些数据是若干年间跟踪人们而获得的一个一般性样本。

（4）面板数据允许对动态调整的更好分析。横截面数据不能告诉我们关于动态的任何信息。时间序列数据需要所涉时间非常长才能提供对动态行为的较好估计，而且典型地与集体动态行为相关。关于个体动态反应的知识在理解经济现象中可能十分重要。面板数据通过使用若干个体各自的动态反应来避免对长时间的时间序列的需求。

18.2　允许不同的截距

假设一个个体的消费 y 由他或她的收入 x 线性决定，并且我们拥有对 1 000个个体（$N=1\,000$）在 4 个时期（$T=4$）内的观测值。对所有数据的描述产生了一个散点图，其简化形式（仅显示了一些观测值，而不是所有 4 000 个观测值）如图 18—1 所示。（暂时忽略图中的椭圆。）如果进行最小二乘估计（OLS），我们将通过这些数据得到一个由线 AA 给出的斜率估计。但是现在假设我们通过其所在的横截面单位（如个人、公司、国家，等等）对这些数据进行识别，在这个案例中是某个人。这在图 18—1 中通过对每个人画一个椭圆来显示，而这个椭圆包含了对该人的全部四个时间序列观测值。（在实际散点图中，应当有 1 000个这样的椭圆，其中大致一半在线 AA 以上，一半在线 AA 以下；图 18—1 中只画出了 4 个。）这种观察数据的方法揭示了，尽管在这个例子中每个人都有相同的斜率，但这些人都应当有不同的截距。大部分研究者都认为这种横截面异质性是事情的常态——存在着如此多的不可测变量决定 y，以至于它们的影响对每个个体产生了一个不同的截距。这种现象暗示了 OLS 是有偏的，除非这些被忽略变量的影响（具体化在不同的截距中）与已包含的解释变量不相关。已经有两种改进估计的方法被提出，与引入每个横截面单位互异截距的两种不同建模方式相对应。

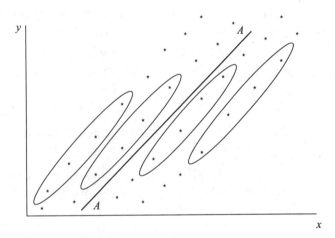

图 18—1　对四个个体各显示四个观测值的面板数据

　　第一种方法是对每个个体引入一个虚拟变量（并忽略截距项）。这样做允许每个个体拥有不同的截距，而且这样包含所有这些虚拟变量的 OLS 将可防止上面讨论过的偏误。这种"固定效应"模型产生的结果称为固定效应估计量——被用在固定效应模型上的 OLS。乍一看，这看起来很难估计，因为（在我们上面的例子中）我们需要 1 000 个虚拟变量。结果通过对数据的简单变形，一个计算技巧可以避免这一问题。这个变形在于从每个观测值中减去其椭圆内的平均值——每个个体的观测值都被减去该个体所有观测值的平均值。对这些变形后的数据，OLS 得到所求的斜率估计量。

　　这种固定效应模型有两个主要缺点：

　　（1）由于隐含地引入了 1 000 个虚拟变量，我们损失了 999 个自由度（通过抛弃截距我们挽回了 1 个自由度）。如果能够找到某种方法避免这种损失，我们将得到一个对共同斜率的更有效的估计。

　　（2）该估计程序中使用的变形消除了所有对一个个体不发生变化的解释变量。这意味着任何不随时间变化的解释变量，像性别、种族、宗教等，消失了；

且我们不能估计这些变量的斜率系数。（这种现象的发生是由于在图 18—1 的一个椭圆中，这些变量的值永远是相等的，以至于我们减去它们的均值后它们都变成了零。）

第二种允许不同截距的方法——"随机效应"模型，是被设计来克服上面固定效应模型的两个缺点的。这个模型与固定效应模型相似，也假定对每个个体有不同的截距；但是它以一种新颖的方式对这些相异截距进行解释。这种程序将这些互异的截距项看作是从一个可能截距的集合中得到的，所以它们可以被解释为是随机的（通常被假设为服从正态分布），就好像它们是误差项的一部分那样进行处理。结果，我们得到一个模型设定，其中含有一个全局截距项、一组具有重要系数的解释变量和一个复合误差项。这个复合误差项由两部分组成。对在某一特定时期的某一特定个体，一部分是"随机截距"项，衡量了该个体截距与全局截距的差异程度。另一部分就是我们所熟悉的传统随机误差项，表明了该个体在该时期的随机离差。对特定个体来说，第一部分在所有时间区间内都是相同的，而第二部分因所在时间区间的不同而不同。

使用随机效应模型进行估计的技巧是确认这个复合误差项的方差—协方差矩阵是非球形的（也就是说，不是所有的非对角线元素都是零）。在上面的例子中，对一个特定个体的全部四个观测值，复合误差项的随机截距部分是相同的，因此这些复合误差将以某种特定的方式相联系。对不同个体观测值，假定它们的复合误差间零相关。这产生了一个拥有特殊形式的方差—协方差矩阵。随机效应估计量估计出这个方差—协方差矩阵，并进行估计的广义最小二乘法（EGLS）。EGLS 的计算通过寻找一个数据变形以得到一个球形的方差—协方差矩阵，然后再使用经变形的数据进行 OLS 估计。在这种意义上，它与固定效应估计量相似，只是它使用了一种不同的变形。

18.3 固定与随机效应

通过减少自由度，随机效应模型较固定效应模型能产生一个更有效的斜率系数估计量。而且，随机效应估计程序中使用的变形将不会抹去时间不变的解释变量，允许对像性别、民族、宗教等这样的变量的系数进行估计。这些结果暗示随机效应模型要优于固定效应模型。那么，我们应当总是使用随机效应模型吗？不幸的是，随机效应模型有一个主要的限制，使得它只适用于一些特殊场合。

这个限制可以由图 18—2 来说明，其中的数据看起来与图 18—1 全然相同，但是所画的椭圆不同，这反映了观测值对个体的一个不同分配。和以前一样，所有人拥有相同的斜率和不同的截距；但是现在有一个显著不同——这个共同斜率不再与线 AA 的斜率相同，如同图 18—1 中那样。对此，主要原因是一个个体的截距越大，该个体的 x 值越大。（通过与较高 x 值相对应的椭圆中的观测值得到的线将与 y 轴交于较大的值。）这导致使用所有数据的 OLS 估计得到 AA 线，显然高估了共同斜率。这种情况的发生是因为当我们移向一个较高的 x 值时，y 值由于两个原因而增加。第一，它因 x 的增加而增加；第二，它由于更倾向于具有一个较高截距而增加。OLS 估计向上偏误，因为当 x 变化时，OLS 将 y 的两种变化都归因于 x。

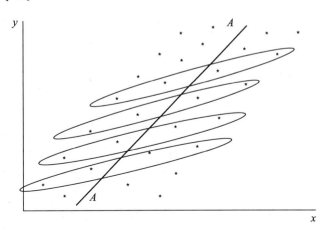

图 18—2　对四个个体各显示四个观测值的面板数据（其中 x 与截距正相关）

这种偏误不能刻画固定效应估计量的性质，因为正如前面所描述的，这些不同的截距通过对其引入虚拟变量而被确切地估计。但是它对于随机效应估计量是一个问题，因为截距不能被明确地看出，而是被加入（复合）误差项中。结果，只要 x 值变大，复合误差项就趋向于变大，从而产生了 x 与误差项间的相关性。误差项与一个解释变量的相关性将会产生偏误。作为一个例子，假设对于一个大样本个体组将工资对受教育程度回归，且一个丢失的变量——能力——被认为将影响截距。由于受教育程度和能力倾向于相关，对其使用随机效应建模将会产生复合误差和回归元受教育程度间的相关性，导致随机效应估计量有偏误。这里的底线是，随机效应估计量只能用于无论何时我们都相信它的复合误差与解释变量不相关的情况。对这种情况的一种检验是 Hausman 检验的一个变体（将在一般性注释中讨论），它基于考察随机效应估计是否显著异于无偏的固定效应估计。

下面是关于以上讨论的一个总结。面板数据估计开始于检验零假设：截距是相等的。如果零假设被接受，数据就是可合并的。如果这个零假设被拒绝，就使用一个 Hausman 检验来检查随机效应估计量是否为无偏的。如果这个零假设未被拒绝，就使用随机效应估计量；如果这个零假设被拒绝了，则使用固定效应估计量。对于图 18—1 所示的例子，OLS、固定效应、随机效应估计量都是无偏的，但是随机效应估计量最有效。对图 18—2 所示的例子，OLS 和随机效应估计量是有偏的，但是固定效应估计量是无偏的。

对于图 18—1 和图 18—2 中所示的数据，存在两类变差。一类是在一个椭圆内从一个观测值变到另一个观测值的变差（也就是说，一个单独个体内的变差）。另一类是由一个椭圆到另一个椭圆的观测值的变差（也就是说，不同个体间的变差）。固定效应估计量使用了第一类变差（在所有的椭圆内），而忽略了第二类。由于第一类变差是在每个横截面单位内的变差，从而固定效应估计量有时被称为"内"估计量。一个可替代的估计量可以通过使用第二类变差，而忽略第一类变差。这可以通过寻找在每个椭圆内的平均值，并对这些平均值作 OLS 得到。它被称为"间"估计量，因为它使用了个体（椭圆）间的变差。显然，对合并数据的 OLS 估计量是对内估计量和间估计量的无加权平均值。随机效应估计量是关于这两个估计量的一个（矩阵）加权平均值。

有三点值得注意：

（1）随机效应估计量额外效率的来源——它利用了内估计量和间估计量两方面信息。

（2）随机效应估计量如何产生时间不变解释变量的系数估计——这些变量在椭圆间变化，但在椭圆内不变。

（3）当解释变量与复合误差相关时随机效应估计量偏误的来源——间估计量是有偏的。间估计量有偏的原因是：一个较高的 x 值会产生一个较高的 y 值应归因于较高的 x 值和复合误差值（因为截距变高），而估计公式把 y 的变化全部归因于 x 的变化。

18.4　短期和长期

假设一个个体的消费（y）在长期中由他的收入水平（x）所决定，产生一个如同图 18—2 的数据图示。但是假设由于习惯维持，在短期中当收入变化时，个体仅仅部分地调整他的消费。这产生的一个结果是，在图 18—2 的椭圆中当一个个体经历收入变化时，与我们从一个椭圆到另一个椭圆（也就是说，从一个个体的可能长期收入水平到另一个个体的可能长期收入水平）所证明的长期变化相比，消费变化是适中的。如果只有一个横截面的观测值，我们能够从每个椭圆中得到一个观测值（如对第一个时期），且 OLS 回归将会产生对消费和收入长期关系的一个估计。如果我们只有一个横截面单位随时间变化的观测值（也就是说，在一个单独椭圆中的观测值），OLS 回归将会产生对消费和收入短期关系的一个估计。这解释了为什么与人们的直觉相反，横截面数据被认为是长期关系估计，而时间序列数据被认为是短期关系估计。

由于固定效应估计量是基于数据的时间序列部分的，因而它估计短期效应。而由于随机效应估计量使用数据的横截面和时间序列两方面，因而它产生将短期影响和长期影响混合的估计。这里的一个经验是，无论何时当我们有理由相信存在长期反应与短期反应的不同时，我们必须在模型设定中建立适宜的动态因素，例如通过引入一个因变量的滞后值作为解释变量。

面板数据的一个优点是它们可以被用来分析只有一个较短时间序列的动态变化。对于一个时间序列，为了揭示动态行为，时间必须足够长以提供反复的对变化的反应——若没有这样的信息，则估计程序将仅仅基于少数对变化的反应，这样得到的回归不能被视为是可靠的。面板数据的能力是通过观测 N 个不同横截面单位的反应而得到必需的重复反应，从而避免对长期时间序列的需求。

典型的动态建模包含一个因变量的滞后值作为解释变量。遗憾的是，在这种情况下固定效应模型和随机效应模型是有偏误的；为了处理这种情况，发展出了特殊的估计程序，这将在一般性注释中进行讨论。

18.5　长而窄的面板数据

上面的阐述在短而广泛的面板数据背景下是恰当的，其中横截面单位的个数 N 较大，而时期数目 T 较小。当我们拥有一个长而窄的面板数据时，典型的分析将在一个不同的方式下进行。使用少数横截面单位中的每一个的许多时间序列观测值，对每个横截面单位估计一个单独的等式是可能的。因此，估计任务变成寻找某种方法通过同时估计它们来改善这些等式估计。为了阐述方便，假设我们有 6 个公司各 30 年的数据，且我们要估计一个等式，其中投资 y 是预期利润 x 的线性函数。存在若干不同的方法使这 6 个等式（每个等式对应一个公司）能够被共同估计，从而提高效率。

（1）我们可以假设截距和斜率系数对每个公司是相同的，在这种情况下数据可以被合并，且 OLS 被用来估计这个单一的截距和斜率系数。

（2）更现实地，我们假设 6 个斜率系数相同而截距不同。通过对截距的差异引入虚拟变量，我们可以对所有数据使用 OLS 估计一个单一的等式。

（3）甚至更现实地，作为不同截距假设的补充，我们可以假设误差项的方差对每个等式也不同。使用 EGLS 对单独的等式进行估计。

（4）我们可以假设横截面误差存在同期相关性。例如，该假设允许在同一时期内，第四个等式的误差项与第五个等式（以及所有其他等式）的误差项相关。在不同时期内的误差项相关系数假设为零。估计将遵循第 11 章阐述的 SURE（表面不相关估计）程序使用 EGLS 来完成。

（5）我们能够允许 6 个等式中的每一个的误差均有不同的方差，且在等式内自相关，在等式间不相关。

在选择这些估计程序前，我们需要检验相关假设以使得我们的选择合理正当。有各种检验可以使用，正如将在本节的一般性注释和技术性注释部分中讨论的那样。

一般性注释

18.1　引言

● Baltagi（2005）提供了一个关于面板数据程序的极好的信息来源，广泛涉及了这方面迅速发展的文献。他在导论部分（pp. 1 - 9）突出了面板数据组性质的描述，涉及面板数据的来源、应用这些数据的例子、对面板数据优点的阐述和对面板数据局限性的讨论。Hsiao（2003a）则提供了另一著名的综述。Cameron和 Trivedi（2005，pp. 58 - 59）简要描述了几种微观数据的来源，其中包括面板数据。Pergamit 等（2001）对 NLS 数据进行了很好的描述。面板数据的局限性包括数据搜集问题、困扰调查数据的度量误差所产生的扭曲、典型短时间维度产生的问题以及自选择、无反应和摩擦引起的样本选择问题。

● Greene（2008，ch. 9）有一个关于不同估计量间关系、计算方面的考虑和相关检验统计量的极好的规范讨论。

● 面板数据的第二个维度不一定是时间。例如，我们可能拥有关于双胞胎（或姐妹）的数据，在这种情况下，一个个体的第二个"时期"不是在一个不同的时期对该个体的观测值，而是对他或她的双胞胎（或他或她的姐妹）的观测值。在另一个例子中，数据是关于 N 个人答包含 T 道选择题的考卷。

● 很多面板数据都包含时间维度，所以时间序列分析方面的问题此时也需要进行关注。特别地，面板数据需要进行单位根和协整检验，并进行相应处理。第19 章有关时间序列的讨论将包含对面板数据时间维度的评论。

18.2　允许不同的截距

● "固定效应估计量"实际上是"使用固定效应模型时的 OLS 估计量"，而"随机效应估计量"实际上是"使用随机效应模型时的 EGLS 估计量"。计量经济学术语在技术上的滥用已经非常普遍，以至于应当根据它的全部来理解，从而不应产生混淆。

● 用来产生固定效应估计量的变形将一个个体的观测值用作一个解释变量，并在其中减去该个体在这个解释变量下的所有观测值的平均数。根据图 18—1 和图 18—2，一个椭圆内的每个观测值都要减去它在该椭圆内的平均值。这平移了所有的椭圆，使它们以原点为中心。对斜率的固定效应估计产生于对所有这些观测值进行的无截距的 OLS 估计。

● 固定效应变形不是唯一能移去个体截距的变形。一个可选的变形是一阶差分——例如，通过在某个体的第一个观测值中减去相同个体的第二个观测值；这个个体的截距被消除了。对差分后的数据使用 OLS 估计将会产生一个固定效应估计量的替代估计量。如果仅有两个时期，那么这两个估计量相同。当有两个以上的时期时，在它们之间的选择依赖于关于估计关系中误差项的假设。如果误差项序列不相关，固定效应估计量更有效；反之，如果误差项遵循随机游走（在第19 章中讨论），则一阶差分估计量更有效。Wooldridge（2002，pp. 284 - 285）讨论了该问题和一个事实：无论何时只要解释变量关于误差的项非独立，这两种估计量都是有偏的，但偏误以不同的形式产生。在实践中，一阶差分看起来主要被用作当因变量滞后值作为回归元时构建估计量的一种方法，如在 18.4 节的一般性注释中所讨论的那样。

● 随机效应变形需要对"复合"误差的两部分各自的方差——"随机截距"

的方差和通常的误差项的方差做出估计。生成这些估计有若干不同的方法。例如，可以进行固定效应估计，将它的截距方差估计用作"随机截距"的方差估计；并将它的残差方差估计用作通常的误差项方差估计。使用这些估计量，随机效应估计得以进行。蒙特卡洛研究显示，使用估计出的任何结果在计算上都是最容易的。

● 固定和随机效应估计量二者都假设斜率对所有的横截面单位都相同。Robertson和Symons（1992）宣称这是难以发现的，而且甚至斜率较小的不同也将会产生实质性的偏误，尤其是在动态背景下。另一方面，Baltagi，Griffen和Xiong（2000）宣称，尽管可能出现某些偏误，但通过合并而得到的效率足以抵消这一点。这种观点被Attanasio，Picci和Scorcu（2000）所支持。

● 只要每个横截面的时期观测值数目不相同，我们就可得到一个不平衡面板数据。这需要调整以便估计，这由面板数据估计软件所构建。从一个不平衡的面板数据中抽取平衡数据是不可取的——这样做会导致效率的严重损失。往往人们会问为什么数据会丢失，以警惕选择偏误问题；此处的一个选择偏误检验能够通过对比平衡和不平衡估计量的形式进行。

● 本章正文部分所讨论的固定和随机效应估计量是在对每个个体拥有不同截距的背景下解释的。也可能每个时期具有不同的截距。例如，在第二个时期，可能有一个激烈的广告活动，这样每个人对正被讨论的商品的消费量可能在该时期内有一个上涨。在固定效应情况下，将引入不同的时期虚拟变量来处理该问题。在随机效应情况下，将引入一个特定时期误差成分。当个体或时期二者都存在截距差异时，我们谈及一个双因素效应模型，以区别于截距仅在个体间不同的单因素效应模型。该模型的估计与单因素效应模型相类似，但是变形更加复杂。单因素效应模型远比双因素效应模型更加常用。

18.3 固定与随机效应

● 另一种总结固定和随机效应估计量区别的方法是以被忽略变量偏误的形式进行的。如果不可测并被忽略的变量的集体影响（这产生了不同的截距）与被包含的解释变量不相关，忽略它们将在 OLS 估计中不产生任何偏误。在这种情况下，它们可以被归入误差项，且通过进行 EGLS 生成的有效估计——即随机效应估计量是适宜的。然而，如果这些被忽略的不可测变量的集体影响与被包含的解释变量相关，忽略它们将会导致 OLS 偏误。在这种情况下，应当包含它们以避免偏误。固定效应估计量可以通过对每个横截面单位引入一个虚拟变量来做到这一点。

● 有两种方法可以检验截距是否相互间不同。（如果它们相互间不发生变化，合并数据的 OLS 是所选择的估计量。）一种方法是进行固定效应估计并计算相应的虚拟变量系数（截距）估计量。以通常的方法（邹检验）进行 F 检验，以检验虚拟变量的系数是否一致。另一种方法是进行随机效应估计并使用 Breusch 和

Pagan（1980）发展的 LM 检验来检查复合误差项的截距部分的方差是否为零，正如 Greene（2008，pp. 205 - 206）列举的例子所描述的。这里需要十分小心——实践者的一个普遍失误是认为 LM 检验是用来检验随机效应模型的适用性，其实并不是这样的。如同上面解释的，为了检验应当使用固定效应估计量还是随机效应估计量，我们需要检验随机效应模型是否为无偏的。

● 只要随机效应估计量是无偏的（也就是说，无论何时只要它的复合误差与解释变量不相关，如同前面所解释的），就推荐使用它（有时被称为方差分量或误差分量估计量）。这是检验误差项和解释变量独立性的一个例子；正如第 9 章所解释的，Hausman 检验对这个例子是适用的。无论零假设是否真实，固定效应估计量都是无偏的，因为它对不同的截距引入了虚拟变量。但是随机效应估计量仅在零假设真实的情况下无偏。因此，当零假设为真时，固定和随机效应估计量应当大致相等；而当零假设不成立时，它们应当不同。Hausman 检验是通过检查这两个估计量是否不显著地互异来检验零假设。幸运的是，有一种简单的方法可进行此检验。对数据变形以计算随机效应估计量，但是当把变形后的因变量对变形后的解释变量做回归时，加入一组额外的解释变量，即为了固定效应估计而变形后的解释变量。Hausman 检验通过一个检验这些额外解释变量的系数是否为零的 F 检验来计算。

● 相对于随机效应估计量而言，固定效应估计量对选择偏误问题更加稳健，因为如果截距中含有选择特征，它们将影响固定效应估计。

● 有时，另外一种考虑也被用于固定效应估计量和随机效应估计量二者间的选择决定中。如果数据遍布整个总体（如对所有生产汽车的公司的观测值），那么产生以数据组中横截面个体为条件的结果的固定效应过程是适宜的，因为在分析中存在横截面个体。推论被限制在这些横截面个体上，这也是相关的。另一方面，如果数据是从一个较大总体中抽取出的一些观测值（如1 000个个体取自规模为若干倍于它的一个城市），且我们希望得到考虑到总体中其他个体的推论，随机效应模型看起来更加合适（只要随机效应复合误差与解释变量不相关）。

● "间"估计量（观测值为椭圆内部数据平均值的 OLS）作为估计量自身的性质有一些优点。因为它对变量观测值求均值，所以可以降低由于度量误差产生的偏误（通过对度量误差求均值）。相对地，与固定效应估计量相同，变形抹去了个体截距效应，从而可能加剧度量误差偏误（因为估计中所使用的变差是个体间的变差，可能会被度量误差严重污染；例如，在 PSID 数据中，工资变化的80%被认为归因于度量误差！）。相似地，求均值可能缓解由误差和解释变量相关而引起的偏误。

18.4 短期和长期

● 如果因变量的一个滞后值作为回归元出现，那么固定和随机效应估计量都是有偏误的。固定效应变形使每个观测值减去各个横截面单位的平均值。因此，每个变形后的横截面单位滞后因变量都含有与这个单位相关的所有误差项，所以与变形后的误差项同期相关。对随机效应情况甚至更糟，因为一个横截面单位的随机截距直接作为复合误差项的一部分和因变量滞后值的决定因素而出现。

处理这个问题的一种方法是使用一阶差分变形来消除个体效应（异方差），然后选择一个合适的工具变量来进行 IV 估计。一阶差分变形的盛行是因为对这种变形寻找工具变量十分方便，在这种情况下工具变量是一个与因变量的一阶差分滞后值相关而与一阶差分误差项不相关的变量。通常依据 Anderson 和 Hsiao（1981）的建议，选择工具 y_{t-2} 作为 $(\triangle y)_{t-1}$ 的工具变量。这种程序没有使用大量附加的矩条件，例如 y 的高阶滞后与 $(\triangle y)_{t-1}$ 不相关。这引起了若干广义矩法（GMM）估计量的发展。Baltagi（2005，ch. 8）对此有一个很好的综述，并提到了一些文献。一条与 GMM 报告结果相一致的一般结论是，不要使用大量工具变量或者矩条件。例子参见 Harris and Mitayas（2004）。

● 在固定效应面板数据模型中使用因变量滞后值的偏误有多严重？Judson 和 Qwen（1999）所做的一个蒙特卡洛研究显示，对于 $T=30$，偏误甚至可以大至为 20%。他们研究了四种相互竞争的估计量，并发现一个由 Kiviet（1995）所提出的"偏误纠正"估计量是最优的。该估计量计算困难导致它对不平衡面板数据不实用。在这种情况下，他们推荐当 T 大于 30 时使用通常的固定效应估计量；当 T 小于 20 时使用 GMM 估计量（具有受约束的矩条件数目）。注意，到当 T 大于 20 时，可以使用 Anderson 和 Hsiao（1981）所提出的计算更为简单的 IV 估计量。正如 Attanasio，Picci 和 Scorcu（2000）所强调的，此处的一个大致结论是：当 T 大于 30 时，使用固定效应估计量产生的偏误不是相对于 IV 和 GMM 估计量的更高精度所能抵消的。

18.5 长而窄的面板数据

● Greene（2008，ch. 10）有一个关于在长而窄的面板数据背景下进行估计的若干方法的较好综述。邹检验（如 15.4 节的一般性注释中所描述的）可以用来检验等式间斜率是否相等。注意，尽管如果有理由相信不同等式的误差项有不同的方差，或者等式误差间存在同期相关性，但这样的检验应当使用 SURE 估计量而不是 OLS 估计量；如同在第 8 章中解释过的，如果误差项的方差—协方差矩阵是非球状的，由 OLS 得到的推论就不可靠。如果不能确定系数是否相同，Maddala（1991）建议将分散的估计向某种共同的估计收缩。检验等式间方差是否相等和等式间误差项是否为零同期相关，可以使用 LM、W 和 LR 检验，这些 Greene 都描述得十分清楚。

● 同时估计若干等式仅在这些等式间存在某种关系时才能改善效率。例如，如果等式间没有限制，使异方差性修正能提高效率，那么纠正等式间不同的误差方差将不能产生任何益处。这种限制的主要例子是等式间系数相等（例如，它们有相同的斜率），以及在 11.1 节的一般性注释和技术性注释中讨论 SURE 时描述过的误差同期相关性。Beck 和 Katz（1995，1996）所介绍的 SURE 的条件也在 11.1 节中讨论过，值得在长而窄的面板数据背景下再次回顾。

● 长而宽的数据，例如被用来研究增长的 Penn 世界表变得越来越常见。在这种情况下，常常假设斜率系数是随机变化的，且关注于估计一个解释变量的平均影响。四种可能的估计步骤看起来是合理的：对每个横截面单位进行单独回归，再对得到的系数估计求均值；假设有共同斜率，使用固定或者随机效应模型进行估计；将数据对横截面单位求均值，并使用这些汇总时间序列数据进行估计；将数据对时间求均值，并使用这些横截面单位的均值进行横截面回归。尽管当回归元外生时，四种估计过程全部无偏，但 Pesaran 和 Smith（1995）显示当出现因变量滞后值时，这些方法中只有第一种渐近无偏。

● 使用大量 N 和大量 T 的面板数据分析宏观经济增长的一种流行方法是使用 5 年或者 10 年的数据平均水平。这个设想是基于这样可以缓和商业周期的影响和减少度量误差。Attanasio，Picci 和 Scorcu（2000）的论断表明这是不可取的，因为它丢弃了过多的信息。

技术性注释

18.2　允许不同的截距

● 固定效应估计量可以被视为一个工具变量估计量，其中个体平均值的离差是工具。这种理解已被用来发展出在此背景下的可供选择的工具变量估计量。Verbeek（2000，pp. 321－322）有一个规范的阐述。

● 个体间不仅截距不同，趋势项也可能不同。对数据进行一阶差分处理，可以消除截距项的差异，并将趋势项差异转化为差分后数据的截距差异。

18.3　固定与随机效应

● 固定效应估计的变形十分容易得到。假设在第 t 期对第 i 个个体的观测值可以写为：

$$y_{it} = \alpha_i + \beta x_{it} + \varepsilon_{it} \tag{18.1}$$

如果我们将第 i 个个体的观测值对我们拥有该个体数据的 T 个时期求平均值，得到：

$$\bar{y}_i = \alpha_i + \beta \bar{x}_i + \bar{\varepsilon}_i \tag{18.2}$$

等式（18.1）减去等式（18.2），得到：

$$y_{it} - \bar{y}_i = \beta(x_{it} - \bar{x}_i) + \varepsilon_{it} - \bar{\varepsilon}_i$$

截距被消除了。通过 $y_{it}^* = y_{it} - \bar{y}_i$ 对 $x_{it}^* = x_{it} - \bar{x}_i$ 的 OLS 估计得到固定效应估计量。计算机软件对误差项方差的估计通过将这个回归的误差平方和除以 $NT - K - N$，而不是 $NT - K$ 来进行，考虑到了 N 个估计均值。

● 对随机效应估计，估计等式可以写为：

$$y_{it} = \mu + \beta x_{it} + (u_i + \varepsilon_{it})$$

其中 μ 是"随机"截距 $\alpha_i = \mu + u_i$ 的均值，复合误差项中的误差 u_i 和 ε_{it} 的方差分别为 σ_u^2 和 σ_ε^2。

随机效应估计的变形可以表示为：

$$y_{it}^* = y_{it} - \theta\bar{y}_i \text{ 和 } x_{it}^* = x_{it} - \theta\bar{x}_i, \text{ 其中 } \theta = 1 - \frac{\sigma_\varepsilon}{\sqrt{T\sigma_u^2 + \sigma_\varepsilon^2}}$$

这种变形是源自寻找什么样的变形可以使得变形后的残差有一个球状的方差—协方差矩阵。

注意，如果所有的个体有同样的截距，以至 $\sigma_u^2 = 0$，θ 变为 0，且随机效应估计如果有意义的话，就变成原数据的 OLS 估计。考察特殊情况的一个较好方法是利用结论：随机效应估计量是对固定效应（"内"）估计量和"间"估计量的一个矩阵加权平均（回忆一下，"间"估计量是对每个个体的时间平均值通过 OLS 估计斜率）。为了方便解释，可以写为：

$$\text{随机效应} = \text{固定效应} + \lambda \text{ 间}$$

其中，$\lambda = (1 - \theta)^2 = \frac{\sigma_\varepsilon^2}{T\sigma_\varepsilon^2 + \sigma_\varepsilon^2}$。

固定效应估计量忽略了由"间"估计量提供的信息；然而，随机效应估计量试图使用这一信息。"间"估计量允许变化的截距起显著的作用。这是因为平均化的数据与包含一个共同截距的平均误差相联系。最小化这些平方误差之和使得变化的截距在斜率估计中起显著的作用。通过消去这些截距，固定效应抹去了这种影响；如果不消去这些截距，就意味着随机效应允许这些影响起作用。截距的方差越小（这样通过固定效应消除它们的合理性越弱），λ 越大，在随机效应估计量中"间"估计量的作用也越大。

为了完成这一工作，我们需要估计方差 σ_u^2 和 σ_ε^2，以使得能够得到 θ 的一个估计。典型的是，σ_ε^2 可以作为内估计的误差方差估计而估计出；σ_u^2 可以作为间估计的误差方差估计再减去 $1/T$ 乘以 σ_ε^2 的估计量而得到。注意，如果横截面单位的数量很小，间估计量没有较多的观测值，并因此而倾向于产生一个较差的 σ_u^2 估计量。这暗示了无论何时当横截面单位数目较少时，不应当使用随机效应估计量。

● 面板数据背景下的渐近分析十分复杂，因为关于应当允许哪个（N 还是 T）趋近无穷存在争论。随机效应模型的渐近性要求横截面样本数量 N 变大。这样用来估计截距分布方差的观测值就越来越多，从而使估计量具有一致性。但是，对于固定效应来说，时间点 T 的数量必须变大，以使得 N 个截距项可由更多观测值进行估计，从而具有一致性。

● 假设一个面板数据的因变量是定性的。固定效应方法的一个明显扩展应是使用 logit 估计，允许在指数函数中（通过虚拟变量）每个个体有一个不同的截距。因为 logit 和 probit 模型的非线性特征，所以很难找到像线性回归情形那样的简单方法对数据进行变换以消除截距项。结果，N 个截距项（通过 N 个虚拟变量产生）需要和斜率系数一同进行估计。尽管最大似然估计（MLE）具有一致性，但是在小样本下这种非线性特征带来了估计偏误。对每个个体来说，虚拟变量系数（截距项）的估计都基于 T 个观测值。由于在很多情形下 T 值很小，所以偏误问题就不能忽视。这一问题被称为"偶发参数"问题：随着 N 越来越大，就有越来越多的参数（截距项）需要估计，使得一致性得不到体现（除非 T 同时增大）。这里要强调的是，T 需要足够大（20 或者更大）来保证 logit/probit 固定效应模型的结果可接受。Greene（2004）报告了测量非线性固定效应模型的影响的蒙特卡洛结果，这些模型包括 logit/probit 模型、Tobit 模型，以及选择模型等。

● 针对上述固定效应 logit/probit 模型有一条警告。如果某个体的因变量观测值在所有时间区间上都是 1，那么传统的最大似然法就无意义，因为此时对该个体来说，任何无限大的截距估计都会完美符合其观测值，即该个体的截距项不可估计。此时进行估计需要去除所有个体都是 1 或 0 的观测值。例如，当 N 个学生作答有 50 道选择题的考卷，并且没有人得零分或满分时，那么此种方法就是适用的。

● 但是，对于面板数据的一般情形，即 T 较小时，应当如何处理？此时，对 logit 模型来说（不适用于 probit 模型），消除截距项的聪明方法是以每个个体的因变量之和为条件来最大化似然函数。假设 $T=3$，并且对第 i 个个体来说，因变量的 3 个观测值依次为（0，1，1）。这样，加总之后和为 2。以观测值之和等于 2 为条件，（0，1，1）的概率通过（0，1，1）的无条件概率表达式计算。而该表达式由三个观测值的常规 logit 方程给出，并除以所有因变量观测值之和为 2 的情形的无条件概率之和。这里的情形为（0，1，1），（1，1，0）和（1，0，1）。用自然语言来说，如果一个个体在 3 个时期内有两个 1，那么这两个 1 发生在第二和第三个时间段内的概率是多少？Greene（2008，pp. 803 - 805）给出了一个例子来解释这一方法是如何消除截距项的。这一过程（最大化条件似然率）是计量经济学中对定性因变量面板数据模型进行固定效应估计的常用方法。更大的 T 值使得计算变得很麻烦，但好在软件（如 LIMDEP）已经克服了这一问题。

● 由于 probit 的代数形式无法消除截距项，所以上述方法不能应用于 probit 模型。然而，在这种情况下 probit 模型可被用于随机效应估计中。此时应用普通最大似然法，但由于似然函数不能写成个体似然率乘积的形式（因为一些观测点对应同一个体，所以不能视作独立生成的），计算就变得很麻烦。更多讨论请参见 Baltagi（2005，pp. 209 - 215）。

● Baltagi（2005，pp. 215 - 216）总结了最近在使用面板数据估计有限因变量模型方面的计算方法的创新（基于模拟）。Wooldridge（1995）提出了一些对选择偏误的简单检验和在线性固定效应面板数据中纠正这种偏误的方法。

● Wooldridge（2002，pp. 262 - 263，pp. 274 - 276）说明了对随机和固定效应估计量稳健的方差—协方差矩阵的估计方法。

18.5　长而窄的面板数据

● 当合并来自不同时期或者跨越不同横截面单位的数据时，你可能认为数据中的一些比另一些"更可靠"。例如，你可能认为最近的数据应当在回归过程中给以较大的权重。Bartels（1996）提出了一个方便的操作方法。

● 检验方差—协方差的性质有很好的直觉含义。考虑对 N 个公司误差方差是否相等的 LR 检验，由下式给出：

$$LR = T(N\ln\hat{\sigma}^2 - \sum_{i=1}^{N}\ln\hat{\sigma}_i^2)$$

其中 $\hat{\sigma}^2$ 是假定的一般化误差方差的估计量，$\hat{\sigma}_i^2$ 是第 i 个公司误差方差的估计。如果方差相等的零假设为真，$\hat{\sigma}_i^2$ 的值应当都渐近等于 $\hat{\sigma}^2$，这样，这个统计量应当较小，服从有 $N-1$ 个自由度的 χ^2 分布。

相应的 LM 检验由下式给出：

$$LM = \frac{T}{2}\sum_{i=1}^{N}\left[\frac{\hat{\sigma}_i^2}{\hat{\sigma}^2} - 1\right]^2$$

如果零假设为真，比率 $\hat{\sigma}_i^2/\hat{\sigma}^2$ 应当都渐近等于 1，且这个统计量应当较小。

作为另一个例子，考虑对同期方差—协方差矩阵（$\sum$）中 $N(N-1)/2$ 个唯一的非对角线元素是否为零的假设，表示为：

$$LR = T(\sum_{i=1}^{N}\ln\hat{\sigma}_i^2 - \ln|\hat{\sum}|)$$

若零假设为真，$\sum$ 的行列式刚好是它对角线元素的乘积，这样 $\sum\ln\hat{\sigma}_i^2$ 应当大约等于 $\ln|\hat{\sum}|$，这个统计量应当较小，服从有 $N(N-1)/2$ 个自由度的 χ^2 分布。

相应的 LM 检验由下式给出：

$$LM = T\sum_{i=2}^{N}\sum_{j=1}^{i-1}r_{ij}^2$$

其中，r_{ij}^2 是第 i 个公司和第 j 个公司同期误差（contemporaneous errors）间的相关系数的平方。两个求和刚好加总了所有不同的同期相关系数（contemporaneous correlations）。如果零假设为真，所有这些相关系数应近似为零，从而这个统计量应当很小。

第 19 章 时间序列计量经济学

19.1 引言

直到不久之前，计量经济学家还在应用与时间序列分析家（专门分析时间序列数据的统计学家）完全不同的分析方法来分析时间序列数据。计量经济学家试图建立传统的回归模型来代表时间序列数据的行为，并且担心诸如联立性（simultaneity）和误差自相关等问题，而对时间序列数据动态结构的设定很少关注。另外，他们假设：大部分经济时间序列数据都是非平稳的（因为它们随着时间的推移而增长而且没有一个固定的平稳的均值），而且这一事实并不影响他们的实证分析。另一方面，时间序列分析家则趋于忽略计量经济学中解释变量的作用，并且通过一种精细的插补法机制（sophisticated extrapolation mechanism）来建立模型以刻画时间序列数据所反映的行为。他们通过运用经过充分多次差分而变得平稳的数据来进行分析，从而回避了平稳性问题。

在两类令计量经济学家不安的研究出现之前，计量经济学家和时间序列分析家之间并没有较多地关注对方的研究方法。第一类研究认为在进行预测时，计量经济学家的方法劣于时间序列分析家的方法。第二类研究则宣称：对不平稳的数据进行回归会导致令人误解的（或者说"伪造的"）R^2、DW 以及 t 统计量，这会使得经济学家错误地认为回归变量之间存在着有意义的相关性。简言之，由于不平稳的数据的方差无穷大，这会导致使用最小二乘法（OLS）得到的结论是无效的。这些结论使得计量经济学家投入了大量的精力，进行了更广泛的研究，显著地改善了计量经济学家分析时间序列数据的方法。本章的目的就是概述这些研究的内容，并总结各种能够反映出"时间序列分析"对计量经济学家所意味的意义的话题。

19.2 ARIMA 模型

"时间序列分析"这一名词曾经是指 Box-Jenkins 时间序列建模方法，这种方法是 Box 和 Jenkins（1970）为了研究预测问题而提出的。与计量经济学建模方法不同，这种方法并不使用解释变量来进行解释或者预测，而是仅仅依靠变量过去的行为来进行建模或预测。因此，从本质上说，这是一种精细的插补法（sophisticated method of extrapolation）。

假设 Y 是将要被建模或预测的变量。Box-Jenkins 分析法先要把 Y 进行变形，使其变为平稳的序列，即它的统计特性不随时间变化而改变（Y_t 的均值、方差以及与 Y_{t-k} 的协方差并不依赖于时间 t）。这要通过观察估计所得的自相关图来进行检验。自相关图绘出 k 阶自相关系数 ρ_k，且 ρ_k 是 k 的函数（ρ_k 由 Y_t 和 Y_{t-k} 的协方差除以 Y 的方差得到）。对于一个平稳的变量，自相关图中的自相关系数将随着 k 的增加而迅速衰减到零附近。

尽管许多自然科学的时间序列数据是平稳的，但是大多数经济时间序列数据是存在着时间趋势的（也就是说随时间而改变），因此这些数据都不是稳定的。Box 和 Jenkins 指出大部分经济时间序列数据都能通过差分而变得平稳（经常取对数以去除异方差性——如果误差项仍是百分比影响，那么随着变量的增大，误差项的绝对值变大），而且往往一阶或二阶差分就足以达到这一效果。经过差分而产生的新时间序列 Y^* 就是 Box-Jenkins 方法的分析对象。

Y^* 的一般模型可以写为：

$$Y_t^* = \phi_1 Y_{t-1}^* + \phi_2 Y_{t-2}^* + \cdots + \phi_p Y_{t-p}^* + \varepsilon_t + \theta_1 \varepsilon_{t-1} + \theta_2 \varepsilon_{t-2} + \cdots + \theta_q \varepsilon_{t-q}$$

其中，ϕ 和 θ 是未知的参数，ε 是独立同分布且均值为零的误差项。注意，这个模型中 Y^* 的表达式只包括它的过去值以及当期和过去的误差项，它并不像普通的计量经济模型那样包括解释变量。这个一般模型被称为 ARIMA（p，d，q）模型，其中 p 是 Y^* 滞后项的个数，它代表了模型自回归维度的阶数，d 是把 Y 变成 Y^* 所进行的差分次数，q 是误差项滞后值的个数，它代表了模型移动平均维度的阶数。大写字母缩写 ARIMA 是自回归差分移动平均（autoregressive integrated moving average）的英文缩写。"差分"的意思是指：若要对模型中的 Y 进行预测，必须对预测的 Y^* 进行累加，因为 Y^* 是 Y 的差分值。

要得到一个 ARIMA 模型，需要几个基本步骤：

（1）识别/模型选择：为了建立 ARIMA 模型，必须确定 p、d、q 的取值，并且原则上应该选取尽量小的 p、d、q 值。大部分平稳的时间序列数据都可以用很小的 p 和 q 值进行建模。

(2) 估计：系数 ϕ 和 θ 也是必须估计的变量。通常的方法是运用最小二乘近似极大似然估计量。

(3) 诊断检验：估计后的模型必须检验它的合理性，如果有必要的话还要进行修改，整个建模过程需要不断重复，直到我们获得满意的模型。

这些步骤中最重要的是模型识别或模型选择。这一步要求研究者运用他的个人判断去解释经过筛选的统计信息以及自相关图，并由此决定选取哪个模型。从这个方面来说，Box-Jenkins 分析法是一种艺术，它需要研究者拥有相当多的经验才能选取正确的模型。

Box-Jenkins 方法已经被扩展至包含不止一个变量。其中最广泛的一种推广是多元 Box-Jenkins 模型（multivariate Box-Jenkins），在这种模型中，ARIMA 过程被用来解释整个变量向量。这种模型有一个简化的版本，它不包含移动平均项，被称为向量自回归（vector autoregression，VAR）。

19.3　向量自回归（VAR）

虽然计量经济模型中的残差经常被处理成 ARIMA 过程，但计量经济学家起初并不重视 Box-Jenkins 方法。然而在 20 世纪 70 年代初期，由于研究表明 Box-Jenkins 方法的预测能力超过计量经济预测模型，计量经济学家不得不关注这种方法。研究者们形成了一种清晰的认识：计量经济学模型存在着一些错误。

面对这些批评，计量经济学家借鉴计量经济学方法以及 Box-Jenkins 方法，研究出了一种综合性的时间序列分析工具。这种综合性的方法被称为结构计量时间序列方法（structural econometric time series approach，SEMTSA），建立这种模型的基础是：多元时间序列模型中的参数要通过计量理论赋予先验约束，而动态结构方程计量经济模型（动态联立方程模型）则是多元时间序列过程的特殊情形。关于结构计量经济模型性质的假设，如变量的外生性和判别约束，暗含了对这些 ARIMA 模型参数的约束。由于 ARIMA 模型的估计并不需要任何约束，因此它们在预测方面超过计量经济模型很可能是因为计量经济模型中施加了不当的约束。

SEMTSA 方法非常复杂，所以简化版本的流行并不值得惊讶。在这个简化版本中，ARIMA 模型中的移动平均部分被忽略，从而得到了向量自回归模型，用来对应向量自回归移动平均模型。在把向量自回归方法引入计量经济学的过程中，Sims（1980）指出联立方程组模型的约束是不可置信的，因为在一般均衡分析中所有的经济变量都是相互影响的。这说明所有的变量都是内生的并且能够估计的方程是那些仅仅以内生变量的滞后项作为解释/外生变量的简化方程。

在一个 VAR 模型中，系统中所有的变量都是内生的，每一个变量都是它自己以及系统中其他变量的滞后项的线性函数。如果所有的变量被视为一个向量，这些方程就可以被视为一个向量自回归，且这个向量是它自身滞后值的线性函数再加上一个误差向量。在估计的时候，只需对每个变量单独进行回归，其解释变量则是它自身以及其他所有变量的滞后值。

因为 VAR 模型是缺乏理论基础的，所以颇受争议。但是，更值得争议的是 VAR 的支持者呈现并解释他们研究结果的方法。在求解向量自回归方程的过程中，向量的当期值被转化为仅以误差向量的当期值以及无穷多个滞后值作为解释变量的函数（也就是说，通过不断地迭代消元，方程中各变量的滞后值都被消掉）。然后，这些表达式被转化成为正交形式，即向量的当期值被表示成为一个误差向量的当期值和滞后值的函数，而这个误差向量的当期值是正交冲击（orthogonal innovations）相互无关的。上述变形的代数含义是一目了然的——由各个变量当期值所组成的向量和误差向量的关系可以通过上述的向量自回归模型来估计。而广受争议的是如何解释这些正交冲击。每个变量的冲击并不影响其他变量的当期值，这一点的含义还没有被彻底解释清楚：为什么一个变量的改变对同一系统中的其他变量毫无影响？

不管上述那些争议，为了达到某些目的，尤其是在模型预测方面，向量自回归已经被公认为是求解联立方程系统的很有竞争力的模型。特别地，这种模型揭示了这样一个事实：真实模型必须解释并且给出这些模型的形式的帮助。同样地，许多计量经济学家把向量自回归模型看作是传统计量经济学模型的一种互补模型而不是替代模型。正如读者将在本章后面所看到的，向量自回归建模结构已经成为分析非平稳时间序列数据的基础。

19.4 误差修正模型

ARIMA 模型和 VAR 模型相对成功的一个原因就是传统的计量经济结构模型过于静态——它们的动态设定并不足够灵活，所以它们不能恰当地刻画一个更多地处于非均衡状态（正在经历过渡阶段）的经济。经济理论在判断经济变量相互之间由均衡力量产生的长期关系方面确实具有一定的能力，但是对于时间滞后和动态调整的设定却并无多大帮助，这就自然导致了（传统计量经济学）对模型动态性缺乏关注。动态理论是较为匮乏的。从这个角度来看，ARIMA（和 VAR）模型有两个值得注意的性质：在时间序列动态结构的设定上，它们都十分灵活，并且它们都完全忽略了经济学理论所能提供的、关注长期均衡作用的信息。

根据上述内容，在构造计量经济模型时，将经济学理论中关于长期均衡的信息纳入模型并同时使模型具有可变的滞后结构来保证数据在模型动态结构的设定中的重要作用似乎是一种很合理的方法。提供经济学理论自然是正确的，所以这种方法将优于 ARIMA 方法。这一思路最终对传统联立方程模型进行了全新的解释，形成新模型。模型采取 VAR 的一般形式，但是包含外生变量，并整体被纳入误差修正形式当中。这在下文中会进行描述。为了叙述上的简便，下面以单方程为例进行检验。多方程扩展的情形会放到一般性和技术性注释中来讨论。

在这种方程的发展中，经济学理论发挥着两个方面的作用。首先，它将解释变量包含到方程中；其次，它能确定经济变量之间的长期均衡关系。得到这种方程需要经过两个步骤。第一步，要先确定一个传统的计量经济学方程，该方程中每一个变量都包含较多的滞后项（滞后项长度将通过后续检验进行缩减）。第二步，该方程将被重新整理，用更容易解释的项进行表示，并得到一个特殊的项，它能代表在多大程度上偏离长期均衡。这种该方法所特有的项就是误差修正项，因为它反映了达到长期均衡过程中的当前"误差"。这些模型有一个显著特征，就是能够在误差修正项中直接反映长期均衡，而不是隐含在方程组结构当中。因此，这种模型被称为"误差修正模型"（error correction model，ECM）。当存在多于一个方程的更一般的情形出现时，就需要上文提到过的修正 VAR 模型，称为 VECM，即向量误差修正模型。

作为 ECM 的简单例子，考虑如下关系式：

$$y_t = \beta_0 + \beta_1 x_t + \beta_2 x_{t-1} + \beta_3 y_{t-1} + \varepsilon_t$$

其中，y 和 x 都是用对数形式来表达的，根据经济学理论可知，在长期中，$y = \phi + \theta x$。这种关系可以变形为（见技术性注释）：

$$\Delta y_t = \beta_1 \Delta x_t + (\beta_3 - 1)(y_{t-1} - \phi - \theta x_{t-1}) + \varepsilon_t$$

这就是 ECM 表达式的原始形式，方程中的最后一项就是误差修正项，它表示对非均衡的响应（disequilibrium responses）。我们可以按下面的说明来解释 ECM：如果 y 错误地过快增长，误差修正项就会变大，由于它前面的系数是负的（平稳时间序列中 $\beta_3 < 1$），所以 Δy_t 将会变小以纠正这种误差。在实际应用中，可能会出现更多的解释变量以及更多的滞后项。

注意，这个 ECM 方程是用差分项以及包含水平变量（level variables）的误差修正项来表达的，这正是它能超过 ARIMA 模型的地方，因为在 ARIMA 模型中所有的变量都是差分形式的，并没有利用水平数据（level data）所提供的长期信息。而把差分数据和水平数据混合在一起，使两种完全不同的变量出现在同一方程中，这将会引发一些问题，与把存量和流量混合到一起所带来的问题是相似的。这被证实是一个非常重要的问题，也就是在 19.6 节中被称为协整（cointegration）的概念。

19.5 单位根检验

Box-Jenkins 方法只有当被建模的变量平稳的时候才是有效的。虽然数据不平稳的方式是多种多样的，但 Box 和 Jenkins 认为经济时间序列数据中的不平稳性可以由差分消除。这解释了为什么前面提到的 Box-Jenkins 方法主要和差分后的数据打交道。过去，尽管时间序列分析家对以差分来获得平稳数据的方法十分关注，但是这并没有引起计量经济学家的重视，原因有二：一是因为人们普遍相信，尽管经济时间序列数据看起来是不平稳的，但这仅仅是因为数据中存在着一个潜在的趋势，而且这种趋势可以通过诸如人口增长之类的外生因素来剔除。如果这种趋势被剔除，那么数据就是平稳的。二是因为人们曾经认为非平稳变量分析不会对传统计量经济学分析的有效性产生反面影响。

当很多研究表明大部分的宏观经济数据都是非平稳的时，计量经济学家面临着很大的冲击，因为这些宏观数据经常是随机游走（random walk，即当期的取值等于上一期的取值再加上一个随机误差）的，即便是一个确定的趋势已经被剔除，这种现象仍然存在。尤其让计量经济学家感到雪上加霜的是，在非平稳数据的情况下，t 统计量、DW 统计量以及 R^2 等失去了它们传统的性质。对非平稳数据进行回归很可能会得到伪结果（也就是根据令人误解的 R^2、t 统计量以及 DW 统计量得出回归变量之间存在显著相关性的错误结论）。这些发现的一个重要影响就是在对经济时间序列数据进行估计以前，必须检验它是否为平稳的。这永远地改变了宏观经济学中实证分析的性质。

那么，如何检验非平稳性呢？实践表明这不是一件容易的事情。Box 和 Jenkins 通过观察自相关图的方式来识别序列是不是平稳的，这是一种比较随意的方法（casual means）。他们所用方法的核心要素就是他们假设差分可以将不平稳化为平稳（这并没有用经济学理论给出证明），而这一要素也被计量经济学家采用了。这一概念就是"一阶积分"的含义，如果一个变量必须至少经过 d 次差分才能变得平稳的话，该变量是 d 阶积分的，记为 $I(d)$。因此，一个平稳变量是零阶积分的，记为 $I(0)$，一个必须经过一次差分才能变得平稳的变量则是一阶积分过程的，记为 $I(1)$，依此类推。经济学中的变量的积分阶数很少有大于 2 的，大部分非平稳序列都是 $I(1)$。为了讲解的方便，下文中的变量都被默认为 $I(0)$ 或 $I(1)$。

为了说明，这里仅考虑一个关于 $I(1)$ 变量（即随机游走，随着理性预期的发展，这一概念在宏观经济学文献中出现得十分普遍，例如有效市场假说中对于真实股票市场价格，失业的滞后模型以及消费中的永久消费假说）的最简单的例子。令 $y_t = y_{t-1} + \varepsilon_t$，其中 ε_t 是平稳的误差项，即 ε_t 是 $I(0)$。这里 y_t 可以被视为 $I(1)$，因为 $\Delta y_t = \varepsilon_t$。现在把这个表达式改写成一个更加一般化的形式：$y_t = \alpha y_{t-1} + \varepsilon_t$，如果 $|\alpha| < 1$，那么 y 就是 $I(0)$，即 y 是平稳的。如果 $\alpha = 1$，那么 y 就是 $I(1)$，也就是非平稳的。因此，检验平稳性的正式方法是检验是否有 $\alpha = 1$，也正是因为这一性质这种方法被称为单位根检验（$|\alpha| > 1$ 的情况被排除，因为这时的 y 会随时间推移而趋近无穷）。单位根检验已经发展出了很多变种，尽管统计量可能是我们十分熟悉的形式，但这些方法都需要运用特殊的临界值。而且，一个主要的问题在于，没有一种方法是非常强有力的。

19.6　协整

如果单位根检验证明一个时间序列数据是非平稳的，很容易想到可以按照

Box 和 Jenkins 提出的，对非平稳数据进行不断差分并估计所得的平稳变量。但是，正如那些提出误差修正模型的人所批评的，这意味着经济学理论中关于数据长期均衡性质的有价值的信息被遗失了。另一方面，ECM 方法在同一方程中混合使用数据的水平值和差分值，因此在水平数据是 $I(1)$ 的情况下，由 ECM 估计的方程可能会产生不真实的结果。

幸运的是，计量经济学家发现了一种避免上述两难困境的方法。请回忆 ECM 估计方程中的水平变量的形式，它有些特殊：它们以恒等式的形式存在于回归方程之中，而且这个恒等式能够刻画系统偏离均衡的程度。因此，即便这些变量的水平值都是 $I(1)$，它们的某一特定组合也是 $I(0)$。如果这种关系成立，那么它们出现在回归方程中就不会产生不真实的结果。

这种可能性并不是没有道理的。一个非平稳的变量有大幅度波动的趋势（这正是让它偏离均衡的力量）。但是某些非平稳的变量在波动的过程中，它们彼此却可能并不大幅度偏离对方，而这要感谢非均衡的力量让它们紧密相关。短期利率和长期利率、价格水平和工资、家庭收入和支出、出口和进口、一个商品的现货和期货价格、不同市场中决定的汇率都是协整的例子。尽管这些变量每一个都是 $I(1)$，但是它们的某一特定组合却是 $I(0)$。协整可以被解释为一种均衡关系，因为我们知道 ECM 中误差修正项的变量必须是协整的。反之亦然，也就是说，协整的变量一定存在着某一种 ECM 代表形式。这就是经济学家对协整概念表现出极大兴趣的原因，因为它提供了一种正式的分析框架，可以用来检验并估计经济变量的长期均衡关系。这引发了大量以协整为基础来检验经济学理论的实证研究。如果经济学理论告诉我们某两个变量应该是协整的（如通货膨胀率和购买力平价中的汇率），那么检验这两个变量之间的协整关系就是对这个经济学理论的检验。

上述内容的一个重要含义就是差分并不是消除单位根的唯一方法。因此，如果某个时间序列数据在差分前存在着单位根，研究者就应该进行协整检验；如果变量之间存在着协整关系，那么应该用 ECM 方法进行估计。如果一组 $I(1)$ 变量是协整的，那么用一个变量对其他的变量做回归就会得到 $I(0)$ 的残差；因此大部分协整检验实际上都是对协整关系（长期均衡关系）回归所得残差的单位根检验。

这些结果说明，人们在实际操作中应遵循以下方法。第一，运用单位根检验来确定时间序列数据的一阶积分阶数。第二，根据经济学理论进行协整回归。第三，对该回归所得残差运用适当的单位根检验来判定协整性。第四，如果接受了协整性检验，则把协整回归所得残差的滞后值当做 ECM 中的误差修正项。遗憾的是，蒙特卡洛模拟表明，协整回归的估计尽管有很好的大样本性质（在一般性注释中称为"超级一致性"（superconsistency）），却有着相当大的小样本偏误。研究还建议将上述过程的第四步替换为完整的 ECM 方程，也就是最好同时估计长期关系和短期动态性，而不是单独对它们进行估计。

上述方法存在两个主要的问题。首先，运用单一方程表达式暗含了这样的假设：所有的解释变量都是外生的，而现实情况未必如此。其次，如果模型中的被估计变量超过两个，那么协整关系也可能超过两个，这时候前面提及的方法也就不适用了，因为没有明显的判别协整关系的方法。因此，在应用中大多不采用单一方程模型，而是采用更一般化的形式，即每个变量都写成其他变量滞后项的函数。当用向量形式进行表达时，就是我们前面讨论的向量自回归模型，即 VAR。在这种更一般化的框架中，需要通过检验来决定协整关系的个数，接着研究者提出了一般化的 VAR 模型（后面接着发展了 VECM），即向量误差修正模型（vector error correction model，VECM）。VECM 中包含多个误差修正项，这是通过 Johansen 程序来完成的，本书将在后面的一般性注释和技术性注释中讨论 Johansen 程序。

一般性注释

19.1 引言

● 虽然对于微观单位大量观测的计量分析，也就是"微观计量"（microeconometrics）变得愈发普遍，但并没有和时间序列分析相似的"横截面分析"。专门针对横截面数据的问题在本书的其他部分以不同的题目进行讨论，如误差成分模型（error component model）、logit 分析、有限因变量（limited dependent variables）、面板数据（panel data）、久期模型（duration models）以及自选择偏误（self-selection bias）。时间序列分析曾经和"Box-Jenkins 分析"是同义词，但是正如本章内容所解释的一样，计量经济学家眼中的时间序列分析已经包含更宽泛的含义。Gilbert（1989）从几个侧面讨论了人们对时间序列分析认识的历史发展过程。

● 非平稳时间序列分析和协整是近来计量经济学发展的主要热点，例如 Phillips（1995）就指出："可以很公平地说，自从联立方程理论出现以后，与计量经济学中其他任何话题相比，非平稳时间序列分析更能够吸引研究者并激发更多的研究兴趣。"他还讨论了以下内容：非平稳时间序列分析研究的剧烈增加、计量经济学家为何对这一话题感兴趣、未来的研究主题以及一些批评和争论。Smith（2001）对这些现代计量模型（格兰杰因果、单位根检验、VAR 以及协整）能够多大程度上改进宏观计量分析持谨慎态度。Hoover（2001）则是不错的评论性文章。Granger（1997）很好地总结了该领域的研究。Harvey（1997）对时间序列分析学者的整体方向提出了有意思的批评，并称建立包含时变参数的水平值结构模型是更好的范式。Maddala 和 Kim（1998）广泛分析了单位根、协整和结构性变化。Enders（2004），Harris 和 Sollis（2003），以及 Patterson（2000a）是很好的时间序列分析教科书。

● 季节性是时间序列分析中的一部分，但是我们并没有在此讨论这一问题。Franses（1996）对季节性问题给出了一个很好的综述，他注意到季节变化在总变化中占据了很大的比例，而季节变化可能随时间推移而改变，并且它和非季节性变化之间是相互独立的。Moosa 和 Lenten（2000）对支持和反驳季节调整的研究进行了很好的总结，他们描述了关于季节性的几个不同的定义，并列举了很流行的 X-11 季节调整程序（X-11 seasonal adjustment procedure）的几个问题。他们赞成用 Harvey（1989）的结构时间序列方法，通过对季节效应的适当建模对每个序列单独调整。Bell 和 Hilmer（1984）的一篇经典文章则从不同维度讨论了季节调整：定义、发展史、原理、备选方案的评价以及一些相关的问题。

● 时间序列分析一般是对剔除经济周期后的无趋势数据进行的。并且，事实表明，分析结果对剔除趋势的方法很敏感。具体讨论见 Canova（1998，1998a）。但是，著名计量经济学家并不都对常用去趋势方法有好感。这一点在 Sims（2001，p. 72）中清楚可见："我同意 Hodrick-Prescott 滤波对这门学科基本上是个祸害，应该去除，虽然这看起来极为困难。"

19.2 ARIMA 模型

● Granger（1982）指出 ARIMA 实际上应该称作 IARMA，并且 Box-Jenkins 方法成功的一个关键因素就是他们选择的大写字母缩写是可以发音的。另一点值得注意的是 ARIMA 替代了知名的《西城故事》（West Side Story）歌曲中的角色人物玛丽亚（MARIA），这让 ARIMA 模型在研究生的讽刺短剧中成为领衔主演的角色！

● Pankratz（1983）和 Hoff（1983）是介绍 Box-Jenkins 的教材，Pindyck 和 Rubinfeld（1991，part 3）也对 Box-Jenkins 方法进行了很好的阐释。Newbold（1983）给出了不错的概述。Mills（1990）则是内容丰富且包含了很多例子的参考文献。Mills（1991）的综述进行了扩展，将非线性也包含进来。对于检验模型正确性的文献综述，请参见 Godfrey 和 Tremayne（1988）的研究。Chatfield（2003）是关于时间序列的很好材料，但是为统计学专业的学生所写，因此没有讨论协整问题。

● Mills（1990，ch. 2-4）强调：在进行正式的分析之前，时间序列数据必须经过图形检验。所有的 ARIMA 模型都是利用数据来确定其模型设定的，也就是说不能用相同的数据检验模型的设定。Marriott，Naylor 和 Tremayne（2003）也支持用图形方法来识别不平稳性，并给出了具体方法。

● 在计量经济学模型中，经常是经济学理论提出一个模型，然后用数据来检验它。相反，ARIMA 模型则是让数据来决定模型。但是，用数据来确定模型必须遵循节俭（parsimony）原则，即让 p 和 q 值尽可能小。由于非零的 p 值相当于一个 q 值是无穷大的模型，而非零的 q 值相当于一个 p 值是无穷大的模型，所以很小的 p 和 q 值的组合便可以刻画多得惊人的时间序列结构。

● 一个没有差分的 ARIMA 模型被称为 ARMA 模型。AR 模型则是一个 q 值等于零的 ARMA 模型；而 MA 模型则是 p 值等于零的 ARMA 模型。因此举例来说，一个一阶自相关的误差是一个 AR(1) 过程。一个纯随机的误差被称作白噪声（white noise）；随机游走则是简单的 $I(1)$ 过程。

● 转移模型（transfer model）是 ARIMA 模型的一种修改版本，它里面包含着一个解释变量。这种模型的一个变体是干涉模型（intervention model），它用虚拟变量来刻画时间序列中的巨大冲击。Mills（1990，ch. 12，ch. 13）给出了不错的阐释。

● 虽然一个 Box-Jenkins 分析需要在模型选择步骤中进行判定，不过也确实有一些由计算机控制的自动的模型选择方法，例如 Hill 和 Fildes（1984）以及 Libert（1984）的文献。

● 基于 Box-Jenkins 方法中自回归函数得出的推论经常被称作时间域分析（analysis in the time domain）。一种技术上等价的观察数据的方法是把自相关函数转换成频率域（frequency domain），然后根据临界值来分析数据。这种处理时间序列的方法被称为光谱分析（spectral analysis）。这两种方法从不同的角度解释了时间序列的性质，因此它们是互补的，而不是相互竞争的。光谱分析在分析季节因素和评价去季节化过程中非常有用。虽然它在模型选择方面还没有什么用处，但是研究者希望它能在检验和解释协整问题时体现出价值。技术性注释部分将对这一技术难题进行简要介绍。

19.3 向量自回归（VAR）

● Granger 和 Newbold（1986，pp. 287 - 292）给出了一个不错的文献综述，并对 Box-Jenkins 方法在预测能力上对计量经济学模型的超越进行了讨论。

● Jenkins（1979，pp. 88 - 94）对 Box-Jenkins 方法和计量经济学中的预测模型进行了比较，并强调前者在预测方面更有优势。Granger 和 Newbold（1986，pp. 292 - 294）也进行了很好的讨论。对于这两种方法的综合，请参见 Anderson，Johannes 和 Rasche（1983）的研究。Zellner（1979，pp. 636 - 640）对 SEMTSA 进行了全面的阐述。Harvey（1997）提出了一个支持结构时间序列模型的强有力的案例，并且解释了为什么近期关于单位根、自回归以及协整的强调是欠妥的。

● 解释多元 Box-Jenkins 模型，也就是向量自回归移动平均模型，并不是一件容易的事，参见 Mills（1990，ch. 14）。Riise 和 Tjosthein（1984）提出向量自回归移动平均模型的运算量很大，而且它没有太大的意义。Tsay（1989）对这一模型进行了简化。

● Pagan（1987）把 VAR 看作是计量经济学家的主要理论方法，他认为这种方法逐渐地和传统联立方程分析协调在一起。Cooley 和 LeRoy（1985）是批判 VAR 模型时经常被引用的研究。他们宣称 VAR 模型在预测、描述数据特性、寻找令人感兴趣的假设以及检验某些理论等方面是有用的，但是它不适于检验外生性，而且其冲击的概念（concept of innovation）（以及与之相关的脉冲响应函数（impulse response function）——一种刻画冲击在不同时间的影响的图表）是没有用的，而且它并不能运用到政策评估中。另一种批评就是 VAR 对于所含变量的个数、加入时间趋势、滞后项的个数、变量的定义（如生产者价格和 CPI）以及数据的频率（如月度和季度）都不是稳健的。Runkle（1987）以及相关的评论就是论述人们对 VAR 模型争议的例子。Harvey（1997，p. 199）提出 VAR 实际上是"非常糟糕的回归"。

● 一直以来，不能对脉冲响应函数给予有意义的解释是 VAR 模型支持者所面临的棘手问题。对于一个具体的变量来说，诸如政策实施之类的冲击是不能被识别出来的。结构 VAR 模型的提出和发展是对上述问题的一个回应。结构 VAR 是通过引入足以识别潜在冲击的约束而得到的。这种识别可以通过利用经济信息来完成，这些信息可以是递归结构、系数约束、方差或协方差约束、对称性约束或者是长期乘子（long-run multiplier）约束。Enders（2004，pp. 291 - 310）对此进行了讨论。而 Pagan（1995）在更宽泛的背景下探讨了 VAR 模型的这种变化。让人感到讽刺的是，正是这些被 Sims 认为是不可信的约束引导他提出了 VAR 模型。VAR 模型常用于数据的描述和预测，而结构 VAR 则用于结构推理（structural inference）和政策分析。关于结构 VAR 模型也存在着一些批评，主要是由 VAR 模型得到的结论对识别约束的错误设定非常敏感。参见 Cochrane（1998）以及 Cooley and Dwyer（1998）。

● 由 VAR 模型得到的结论对滞后项长度的选择和模型包含的变量个数都很敏感，而对于如何确定滞后项和变量个数也没有得到一致赞同的方法。由于 VAR 假设没有外生变量，而且每个变量都伴随着多个滞后项出现在所有方程中，所以 VAR 模型经常面临着严重的自由度问题。这使得构建模型的人不得不选取尽量少的变量。

● Backus（1986）提供了一个关于 VAR 方法实证应用的很好的范例，他在使用模型时给出了理由。Ambler（1989）则提供了利用 VAR 模型并同时进行单位根检验、协整检验以及使用 ECM 的样板。McNees（1986）从模型预测能力的角度对 VAR 模型和传统方法进行了简要对比。Enders（2004）写了一本介绍 VAR 的教科书，也可参见 Stock and Waston（2001）。RATS（时间序列回归分析，regression analysis of time series）软件包是估计 VAR 模型的常用软件。

● 虽然 VAR 模型经常是在没有任何约束的情况下进行估计的，以避免对计量经济结构模型（econometric structural model）施加不可置信的约束，但是研究表明施加合理的约束能够改善 VAR 的预测能力。常用的方法是包含或排除一个变量，研究者则认为前一种情形（包含一个变量）错误地包含了弱先验信息，而后一种情形（排除一个变量）错误地包含了强先验信息。涉及该问题的贝叶斯向量自回归是一种引人注意的方法，正如 Litterman（1986）所讨论的。一个关于包含先验信息的例子就是把滞后变量系数的均值设为零，并且方差随着滞后项项数的增加而减少。这导致随着滞后项项数的增加系数的估计值趋于零。

● Mills（1998）对非平稳数据的 VAR 建模问题进行了综述。

19.4 误差修正模型

● Davidson 等（1978）使 ECM 方法通俗化，他们给出了如何应用 ECM 的范例。Malley（1990）为使用者简要地阐释了 ECM。Alogoskoufis 和 Smith（1991）对 ECM 的发展史进行了综述，并且注意到了对 ECM 的几种不同解释。例如，尽管人们经常将误差修正模型解释为一个变量对另一变量的部分调整，Campbell 和 Shiller（1988）注意到 ECM 可能因为一个变量能够预测另一个变量而产生。ECM 的实证工作倾向于对数据中的关系进行建模，然后对结果进行事后（ex post）解释，而不是通过利用经济学理论得到变量关系并在估计时施加误差修正机制来进行辅助调整。正如 Alogoskoufis 和 Smith 强调的，传统的 ECM 的一个问题就是：不同理论解释得到的参数在观察上是等价的，以至于对估计参数的解释必须是合理的，而这一点往往做不到。例如，估计得到的长期系数经常有可能包含了部分调整和期望系数（partial adjustment and expectations coefficients）的混合体，这使得我们无法给出恰当的解释。

● 虽然经济理论很少涉及动态学的性质，但是它却告诉我们经济常常偏离长期均衡的原因。关于这方面的总结和讨论，请参见 Hendry，Pagan，and Sargan（1984，pp. 1037 - 1040）。

● ECM 的最初形式经常被称为"自回归分布滞后"（autoregressive distributed lag），因为因变量和自变量类似，也有滞后值（"自回归"部分），并且所有其他的解释变量都有滞后项（"分布滞后"部分）。正如第 5 章中提到的"检验、检验再检验"方法是专门用在这个模型上的，尤其是降低方程右侧变量的数量使模型变得简单。这使得很多实践者感到不知所措，因为正如 Kiviet（1985）所强调的，滞后因变量的出现意味着许多检验。通过蒙特卡洛实验，Kiviet（1986）认为检验这种模型误差的自相关性最好是用 OLS 残差对滞后的 OLS 残差和原始回归元（即 Durbin m 检验）进行回归，然后用 F 检验去检验这个回归中滞后的 OLS 残差的系数。对于样本后预测检验（postsample prediction test），推荐使用邹检验（Chow test）。Dezhbakhsh（1990）也推荐 Durbin m 检验，他发现该检验要优于 Durbin h 检验。要注意的是 Box-Pierce 检验和 Ljung-Box 检验都是不合适的，因为只要除了滞后因变量外还有其他回归元，这两种检验就都是无效的。

● 一种减少 ECM 中解释变量个数的方法就是利用这样一个事实：某些参数约束暗示着伴随较少滞后项的动态设定可能会存在自相关的残差，这有利于模型的估计。这些参数约束被称为共同因素（common factors）。COMFAC 分析被用来检验相关参数约束的有效性（技术性注释中有更详细的解释）。要注意的是，这里得到存在自相关性的残差是因为错误的动态设定，而不是因为残差本身就是自相关的。Hendry 和 Mizon（1978）对 COMFAC 进行了详细的阐述。

● ECM 可以被视为包含更多信息的 ARIMA 模型，这一点对模型的设定很有用处。例如，如果 ARIMA 模型更为恰当，那么说明 ECM 在某种程度上存在着错误。

19.5 单位根检验

● 大部分人认为非平稳的时间序列都有单位根。这种想法是一些人困惑的根源，因为并不是所有的非平稳序列都有单位根。考虑一个随时间推移而不断上升的序列。这个序列是非平稳的，因为它没有固定的均值。它既可能有单位根，也可能没有单位根。从这个时间序列中剔除时间趋势可能得到一个平稳序列，如果是这样，原来的序列就被称作是趋势平稳的（trend stationary）。困惑之所以会产生往往是因为"趋势"这个形容词被忽略了。相反，如果一个序列（在剔除时间趋势之前或以后）需要经过差分才能变得平稳，它就被称作是差分平稳的（difference stationary）。如果必须经过差分才能变得平稳，那么序列存在单位根。

● 按照时间的推移画出 GDP 的图像，可以发现它是一个有着固定增长率的时间序列，并且其路径上会有一些起伏（bumps）。考虑用两种非常简单的方法来对这个时间序列建模，其中 y_t 代表在时刻 t 的 GDP，θ 是增长率，ε_t 是均值为 1 的误差项：

模型 A：$y_t = y_0 e^{\theta t} \varepsilon_t$

模型 B：$y_t = y_{t-1} e^{\theta} \varepsilon_t$ *

在模型 A 中，我们设定：时刻 0 时 GDP 的初始值为 y_0，并以此为基数以百分比为 $100 \times \theta\%$ 的复率增长，在每一年都会有一个误差对其产生影响。在模型 B 中，我们设定 GDP 以上一年为基数，并以百分比为 $100 \times \theta\%$ 的比率增长，在每一年都会有一个误差对其产生影响。这两种模型都是合理的，而且似乎没有什么先验规则指出应该选择哪个模型。但是事实上，它们之间存在着巨大的差异。

原因何在？将两个模型的两边同时取对数，得到：

模型 A′：$\ln y_t = \ln y_0 + \theta t + \ln \varepsilon_t$

模型 B′：$\ln y_t = \ln y_{t-1} + \theta + \ln \varepsilon_t$

现在，对模型 B′ 中滞后的 $\ln y$ 进行反复迭代，就可得到能和模型 A′ 进行对比的形式：

模型 B″：$\ln y_t = \ln y_0 + \theta t + \sum_{i=1}^{t} \ln \varepsilon_i$

这个模型说明模型 B 中的误差项和模型 A 中的误差项所反映的行为有着极大的差异。在模型 A 中，一个误差只对当期所发生的事情产生影响，而并不影响将来发生的事情。相反，在模型 B 中，一个误差既影响着当期所发生的事情，也对未来每一期产生影响。在模型 B 中，冲击将保持下去，而在模型 A 中，冲击将在未来消失。这对宏观经济学理论有着深远的意义——冲击、政策是永久的还是暂时的？

它对于计量经济学中的估计和检验也有深刻的含义。如果 $\ln y_t$ 是按照模型 B 进行演进的，那么它所包含的误差项将越来越多，所以它的方差将最终达到无穷。当回归中包含这样的变量时，就会给模型检验的统计量带来巨大的麻烦。

这样的变量存在单位根，之所以这么命名是因为在模型 B′ 中 $\ln y_{t-1}$ 的系数是单位 1。如果这个系数的绝对值小于单位 1，那么一个对 GDP 的冲击就不能长久地保持下去——它将随着时间的推移而衰减，只要计算并观察这种情况下模型 B″ 中误差项的求和式就可以很容易明白这一点。

---

* 原书为 $y_t = y_{t-1} e^{\theta t} \varepsilon_t$，疑有误。——译者注

● 平稳序列和一阶积分序列之间有几个根本的不同点。平稳序列有均值，而且存在让序列回到均值上来的趋势，而一阶积分序列则会大范围地波动。平稳序列不是很平滑，而一阶积分序列会展现出平滑的图形特征。一个平稳序列的方差是有限数，冲击是暂时的，而且自相关系数 ρ_k 会随着 k 的增加而衰减。但是一阶积分序列的方差是无穷大（随时间推移而增加），冲击是持久的，而且它的自相关系数趋近于 1。这些差异提供了一些检验平稳性的非正式方法。对于平稳序列来说，序列的图像会频繁穿过横轴，而且当滞后项足够大以后，自相关系数会稳步下降。对于非平稳序列来说，估计所得的方差将随着时间序列长度的延长而增加，它不会经常穿过横轴，而且自相关系数不趋于零。

● 通过反复迭代，一个随机游走 $y_t = y_{t-1} + \varepsilon_t$ 可以写成 $y_t = y_0 + \sum \varepsilon_{t-i}$，从中我们可以看出一个 $I(1)$ 变量中的误差的影响不会衰减——它是持久存在的，也就是说 $I(1)$ 变量的方差是无穷大。（注意，变量 y 是通过对误差项求和或者整合而得到的；这就是"一阶积分"变量命名的由来。）另一方面，平稳过程 $y_t = \alpha y_{t-1} + \varepsilon_t$，其中 $|\alpha| < 1$，可以通过反复迭代写成 $y_t = \alpha^t y_0 + \sum \alpha^i \varepsilon_{t-i}$，从中我们可以看出，一个误差的影响是暂时的，它将随时间的推移而衰减。

● 考虑一个带漂移的随机游走 $y_t = \mu + y_{t-1} + \varepsilon_t$，其中 μ 是一个常数。经过反复迭代，它可以写成 $y_t = y_0 + \mu t + \sum \varepsilon_{t-i}$，它显然是一个"有趋势"的变量，但是它和那些"关于一个确定趋势而平稳"的变量有着很大的不同，因为它的误差项有特殊性质。"决定性趋势稳定性"意为：当变量偏离其趋势时，就会产生力量将其推回原有趋势上。在这里（带漂移的随机游走模型），不平稳性意味着当偏离趋势后，不存在将其推回原有趋势的力量。事实上，每次趋势都会跳跃，并在误差作用下将其推离原有趋势。然而，这里的诡异之处在于，趋势平稳序列和带漂移的随机游走序列看起来非常相近。这是由于它们都包含趋势，所以难以分辨。Nelson 和 Plosser（1982）指出把宏观经济学数据设定为带漂移的随机游走要优于趋势平稳。前者被称为"差分平稳过程"，因为它们需要经过差分才能变得平稳；后者被称为"趋势平稳过程"，因为它们可以通过剔除趋势而变得平稳。

● 有关计量经济学中单位根作用的可靠批评请参见 Sims（1988），Christiano and Eichenbaum（1990），还包括 Stock 和 Cochrane（1991）以及 Cochrane 和 Miron 关于 Campbell 和 Perron（1991）的评论。Campbell 和 Perron（1991）与 Blough（1992）注意到，任意的有限样本的趋势平稳的过程可以很好地被单位根过程近似，反之亦然，这使得对这两个过程的检验并不比样本规模具有更强的检测力。幸好，在这个方面出现错误的后果并不是十分严重。例如，如果一个自回归系数接近于 1，那么它的估计值正态渐近分布（normal asymptotic distribution）（而实际上是单位根渐近分布）将给出更好的有限样本近似。所以错误地认为存在单位根也没有大碍。类似地，在预测接近于单位根的变量时，单位根模型要优于趋势平稳模型。一般来说，如果模型有单位根而没有进行差分，此时的后果比较严重。如果模型没有单位根而进行了差分，那么主要的损失就在效率上（因为差分会产生移动平均误差）。这说明，当模型好像存在单位根而检验结果又模棱两可时，就假设它有单位根，然后进行差分，并对非球面误差项进行修正。

● 很多计量软件提供了确定变量积分阶数的检验，并自动打印出常用显著水平的可用临界值。

19.6 协整

● Engle 和 Granger（1987）在他们的文章中提出了协整的概念。一个更早的总结来自 Hendry（1986）。Stock 和 Watson（1988a）给出了综述。有一些文献同时讨论了协整和单位根检验。例如 Dolado, Jenkinson, and Sosvilla-Rivero（1990）；McDermott（1990）以及 Muscatelli and Hurn（1992）。Holden 和 Thompson（1992）给出了很好的介绍性综述，Enders（2004），Harris 和 Sollis（2003）以及 Patterson（2000）的教科书也对这一问题进行了阐述。Murray（1994）给出了一个惊人的且非常具有指导意义的例子，即用酒鬼和他的狗来阐述协整。

● 当只有单一的协整关系存在时，通常的方法是 Engle-Granger 两步法。首先进行协整回归以得到残差项。然后再用一阶差分后的数据进行回归，并增加残差项的滞后值为额外的回归元以刻画误差修正项。

● 协整检验有三种基本类型：单方程检验、向量自回归检验和误差修正检验。

单方程检验。大多数协整检验方法都是以检验协整回归残差项中的单位根为基础的。（发现单位根就意味着没有协整关系。）因为产生这些残差的过程是使这些残差尽可能小，通常用的 DF 和 ADF 单位根检验（在 19.5 节的技术性注释中有详细描述）在检验协整关系时是有偏误的。这个问题可以通过使用专门的临界值来解决，Engle 和 Granger（1987）以及 Engle 和 Yoo（1987）将不同组合的样本规模和协整关系的个数的临界值绘制成了表格。对于其他情况，MacKinnon（1991）提出了一个响应曲面（response surface）来估计临界值。大部分软件可以自动给出常用显著水平的准确临界值。Gabriel, Psaradakis 和 Sola（2002）针对存在多重模式转变的情形给出了简单检验协整的建议。Gregory, Haug 和 Lomuto（2004）则关注单方程和方程组协整检验之间的不一致性。Gabriel（2003）总结了一系列以"存在协整关系"为零假设的检验（与一般情形下以"不存在协整关系"为零假设相反），并通过蒙特卡洛模拟指出 KPSS 检验更为优良。Cook（2006）回顾了单方程检验，并推荐 Kanioura 和 Turner（2005）的 F 检验法。该检验也通过 ECM 方程进行，但是并不强制要求水平值滞后项出现在误差修正项中。该 F 检验具有联合零假设：所有水平值滞后项系数都为零（如果不存在协整，那么这些系数必然都为零。这是因为整体呈 $I(1)$，不能解释具有 $I(0)$ 关系的解释变量）。Turner（2006）提供了更多的临界值。

向量自回归检验。这些检验将放入技术性注释中，在阐述 Johansen 检验的部分时进行讨论。

误差修正检验。如果变量是协整的，ECM 估计中误差修正项的系数应该不为零。（这是 Granger 表示理论的结果——每一个协整关系都会有一个误差修正表示。）运用 t 检验和 DF 临界值检验来检验这个系数是否为零，就定义了协整的 ECM 检验。参见 Kremers，Ericsson 和 Dolado（1992），以及 Maddala 和 Kim（1998，pp. 203 - 205）等文献综述。Arranz 和 Escribano（2000）证明，加入一个滞后的误差修正项（也就是两期之前的非均衡）可以使 ECM 检验在存在结构变迁的情况下变得稳健，并使我们可以使用常用的标准临界值。Ericsson 和 MacKinnon（2002）给出了 ECM 检验的临界值，并摘引了相似检验的临界值来源，同时对这些检验的相对优缺点进行了讨论。

● 协整的本质在于相互协整的变量拥有相同的趋势，这种趋势会在产生协整回归残差的过程中被去除。由于共同趋势的存在，可能会存在较强的多重共线性（在两个以上协整变量的情况中），这使得研究者想要丢弃一个变量。这会导致灾难性的结果——协整关系会被遗失。

● 误差修正影响可能是非线性的——可能存在不对称的调整成本、交易成本、流动性限制，等等。为了刻画这一特点，误差修正项可以呈二次或者其他非线性形式进入方程。在阈值协整模型（threshold cointegration model）中，除了非均衡程度超越了阈值的情况外，调整不会发生。参见 Balke and Fomby（1997）。关于不对称调整的分析请见 Frost and Bowden（1999）以及 enders and Siklos（2001）。

● 协整关系参数的估计之所以会出现超级一致性（superconsistency），是因为一个不同于真实值的参数估计值会产生一个 $I(1)$ 误差项，而这种误差的方差是无穷大并因此导致非常高的误差平方和；另一方面，真实的参数值会产生一个 $I(0)$ 误差项，其方差是有限的，并因此产生一个明显小得多的误差平方和。因此，随着样本规模的增大，一个最小化误差平方和的程序应该迅速收敛于参数的真实值，甚至在出现联立方程偏误时亦是如此。遗憾的是，蒙特卡洛研究，如 Banerjee 等（1986），证实在小样本的情况下这种超级一致性不能保证上述性质。没有哪一种方法明显是最合适的，但是研究者却有一些共识，即长期的协整关系最好当作完整的误差修正模型的副产品来估计（带有较长的滞后长度）。Banerjee 等（1986）和 Inder（1993）建议用 OLS 来做这项工作。注意，在误差修正项中，协整变量不一定是孤立的——水平值和差分值混合在一起的回归元是可以接受的，因为协整变量会在估计的过程中自动组合，从而解决混合的一阶积分阶数的问题。当协整关系的数目大于 1 时（参见下文），Gonzalo（1994）推荐用 Johansen 极大似然程序来进行估计。另一方面，Hargreaves（1994）发现 Johansen 程序仅仅当我们可以断定协整关系的数目大于 1 时超过 OLS 的估计效果。

● 当协整关系中的变量个数大于 2 时，新的问题随之产生。第一，要想进行协整回归，我们必须选择一个变量作为因变量，因此其系数是单位 1。经过证实，协整关系的 OLS 估计对因变量的选择十分敏感。第二，由于协整关系中有两个以上的变量，因此可能存在不止一组协整系数。（例如，一种关系可能是货币需求等于货币供给，而另一种关系则可能反映了一个中央银行的反应方程，第三种可能刻画了长期利率和短期利率的关系。）如果是这样，那么进行通常的协整回归则不能对上述任何一种可能的协整系数产生一致的估计（因为一般来讲，这种估计是对上述几种情况的协整系数的线性组合的估计），也不能使研究者对其他协整关系的存在保持警觉。在这种背景下，我们可以运用 Johansen（1988）以及 Stock 和 Watson（1988b）给出的方法，前者已经成为进行选择的方法，可能是因为它被编入了软件。Ho 和 Sorensen（1996）回顾了文献，给出了说明，并强调了正确决定滞后长度的重要性。

在 Johansen 方法中，所有的变量都被视作内生的，每一个都被表示成其自身和其他所有变量滞后项的线性函数。这种方程组在数学上表示成一个单一向量自回归方程，也就是一个 VAR 方程。对这个向量方程进行变形可以得到一个向量误差修正方程，其中向量的差分项表示成差分向量的滞后项加上滞后的水平项，它代表误差修正项。研究证实，协整向量的个数等于向量 ECM 方程中水平项所伴随的系数矩阵的秩。Johansen 方法的第一步就是对这个矩阵的秩的检验。然后，整个系统的参数将用极大似然法进行估计。

Johansen 方法有几个优点：

第一，它自动解决了选择因变量（选择标准化）的问题。在估计过程中，不需要再附加其他处理，这就表明还必须选择一个合适的因变量（标准化）使协整变得有意义。这种处理并不比把所有协整参数都除以被选为因变量（系数为单位1）的估计参数这种处理施加的要求更多。但是，它仍然会要求我们找到协整向量的线性组合，使其具有经济含义：对协整向量的解释可能让人感到沮丧。例如，一些针对货币需求的研究发现，一个协整向量代表了货币需求和货币供给的关系，另一个让人感到困惑的向量则代表了两个利率的均衡关系。一些研究者通过忽视那些不具备良好经济含义的协整向量来解决这一问题。这和施加轻微错误的限制来改进均方误差是相似的。这里的底线是：由于解释协整向量的估计是很困难的，所以用经济学论证为施加限制奠定理论基础是十分重要的。一般来说，一个以上的协整关系并不意味着存在多个长期均衡，更有可能是存在一个长期均衡，而它又被嵌入了几个局部均衡，或者几组协整的变量，就像前面提到的货币需求的例子。

第二，研究者通过加入多个协整向量来警惕协整关系的不一致性。

第三，短期动态估计（通过极大似然法）也可以同时进行，这改进了估计的有效性。

第四，每个单一方程中参数的估计包含了关于系统中其他方程的信息。当然，这种优点会被这一事实抵消：系统中其他部分的设定错误会影响所有方程的参数估计。

第五，Johansen 方法使我们能够检验施加在协整向量上的限制。

Johansen 方法严重依赖单位根的存在。当存在近单位根（由于缺乏单位根检验的势，因而不能被检测）时，这种方法会产生误导性的结果，如 Smallwood 和 Norrbin（2004）指出的。

● Harris（1994）以及 Harris 和 Sollis（2003，附录）评价了使用 Johansen 程序的软件。Cheung 和 Lai（1993a）指出了 Johansen 协整检验在有限样本情况下的几个缺点。为了保证结论的可信需要很大的样本规模，大约要上百个观测值。这种程序甚至会产生异常值，尤其在误差项不是正态独立分布的，并因此会过于频繁地拒绝无协整关系的零假设时会如此。Hansen，Kim 和 Mittnik（1998）

发现，用于检验协整系数约束的 χ^2 统计量具有宽尾性，这说明在计算临界值时需要调整。Zhou（2000）宣称用自举法（bootstrapping）解决了这一问题。Pagan（1995）讨论了传统的误差修正模型和伴随 Johansen 过程的 VAR 模型的关系，指出后者是估计一种简化形式，而前者则得益于外生假设，是对一种结构形式的估计。他注意到在解释协整关系中遇到的问题来源于这样一个事实：因为 Johansen 程序估计的是一种简化形式，对于作为结构形式关系的协整向量的通常解释取决于结构形式的识别状态。

● 19.4 节中给出了一个 ECM 的简单例子，它具有以下形式：

$$\Delta y_t = \beta_1 \Delta x_t + (\beta_3 - 1)(y_{t-1} - \phi - \theta x_{t-1}) + \varepsilon_t$$

这个关系包含两个部分，一部分提供差分变量（Δy_t 和 Δx_t），一部分提供 ECM 项。在这个例子中，ECM 项中有一个截距，而在差分变量中没有截距，并且两个部分中都没有时间趋势。在典型的应用中，研究者必须决定哪个部分需要出现或不出现截距，哪个部分需要出现或不出现时间趋势。选择这些决定性的项（截距和时间趋势）使得 ECM 估计变得十分具有挑战性，并且对于估计、推论和预测来说，一些人认为截距和时间趋势的选择比其他设定问题更重要。大部分软件允许用户在几种基础的包含截距和趋势的设定中进行选择。在决定截距和趋势应当采取何种形式时应当基于以下逻辑，同时辅之以经济学理论、图形、统计检验、常识以及直觉。

（1）因为协整关系（包含在 ECM 的误差修正项中）反映了变量之间的均衡关系，因此在协整关系中包含一个截距项就意味着在长期均衡中存在截距项。问问自己：均衡中没有截距项有没有经济含义？

（2）由于 ECM 中的因变量是差分形式的，如果在未差分的数据中存在着时间趋势，那么在 ECM 差分变量的部分中，就应该加入截距项。问问自己：如果系统总是处于均衡之中，变量的大小会随着时间推移不断增加吗？如果答案是肯定的，就在 ECM 的差分变量部分中加入一个截距项。

（3）当检验单位根时，必须加入时间趋势，这样才对备择假设"平稳"公平。但是在 ECM 中，这就不再有关系了，因此纳入一个时间趋势完全取决于哪种形式有意义。协整关系中有时间趋势可能是有意义的，比如，如果某个变量的均衡服从一个趋势，并且协整关系中没有其他趋势变量去抵消它。在这种情况下，时间趋势就是协整关系中的变量之一。例如，工资价格比率可能服从一个趋势。这并不是说 ECM 的差分变量部分中不再需要截距项。协整关系中包含一个趋势和差分变量部分中不包含截距项表示未差分变量的唯一增长途径就是通过误差修正项——系统总是滞后于均衡，这不是一个令人满意的建模方式。ECM 差分变量部分中的时间趋势更加难以合理地处理。如果未差分的因变量是滞后形式的，包含一个截距表示以恒定百分率增长；如果它不是滞后形式的，在截距中加入一个时间趋势对于近似恒定百分率的增长是必要的。因为大部分的应用都使用滞后数据，所以在 ECM 的差分变量部分中不太可能出现时间趋势。在差分变量部分和协整关系部分中都加入时间趋势，表示数据中有二次的时间趋势；这种设定被认为是不合理的。

这些想法使得以下两点成为最普遍的基本设定：

(1) 如果数据中没有趋势变量，那么在差分变量部分中就不包含截距项，而在协整关系中既可能存在截距项，也可能不存在截距项，并且任何位置都没有时间趋势项。

(2) 如果数据中存在趋势变量，那么在差分变量部分中就包含截距项，协整关系中可能存在时间趋势（包含或不包含截距项），这取决于问题的背景。在所有情况中，差分部分中都不太可能出现时间趋势变量。关于此种情形下的模型设定检验，请见 Hjelm 和 Johansson（2005）中的讨论。

● 每当我们假设模型中存在单一的协整关系时，Engle-Granger 两步估计法都优于 Johansen 方法，主要是因为前者对决定性部分的错误设定、对 $I(2)$ 变量的出现、对分数单位根（fractional unit roots）以及"随机"单位根的处理等方面更加稳健。参见 Gonzalo and Lee（1998）。

● 要注意的是：在检验协整关系时，如果忽略了一个相关的变量，很可能导致找不到协整关系。因此，协整关系的检验应该从最一般的设定开始，这一点非常重要。

● 在存在协整的情况下，Granger 因果性还是用通常的方法进行检验，但是要在方程中加入一个误差修正项。如果只使用一阶差分数据会产生设定偏误，因为这忽略了 ECM 项。关于这方面的例子，参见 Giles，Giles，and McCann（1992）以及 Oxley（1993）。

技术性注释

19.1 引言

● 状态空间（state space）模型是线性回归模型的一般形式，它为所有的计量经济学中的动态线性模型提供了统一的分析框架。这种模型最早源于工程学的文献，主要关注如何利用噪声测量（noisy measurement）来估计一个系统的状态，如一个卫星的位置等。给定参数的信息，卡尔曼滤波（Kalman filter）可以提供对状态的最优估计。但在经济学中，这些参数是未知的，所以研究的兴趣主要集中在对参数的估计上。计量经济学家已经利用状态空间分析框架对已有的时间序列模型进行了重新表达，以便于使用强大的卡尔曼滤波进行估计。在这些模型中，经济学家对未观测（unobserved）的状态有着很多不同的解释，其中最普遍的一种就是随时间变化的参数。例如，一个已观测的变量 y_t 被确定为另一个已观测变量 x_t 的函数，函数中还包含一个随时间变化的参数 β_t 再加上一个误差项。向量 β_t 是通过一个过渡方程（transition equation）依次决定的，在这个过渡方程中 β_t 是它滞后项的线性组合再加上一个误差项。对于这种模型，很多种总体上的误差设定都可以通过改变两种误差项的设定来实现。对于这个问题的讨论和讲解，参见 Engle and Watson（1987）以及 Harvey（1987）。Hall，Cuthbertson 和 Taylor（1992，pp. 199 - 217）以及 Darnell（1994，pp. 211 - 214）的教科书也对这一问题进行了很好的阐述。Kim 和 Nelson（1999）具有高度综合性，阐述了计量经济学中的状态空间模型，并与结构性变化和马尔可夫转换相关联。Diderrich（1985）以及 Welch（1987）发现状态空间估计过程和混合估计过程之间存在启发性的联系（instructive connection）。

19.2　ARIMA 模型

● 如果一个时间序列变量 y 的元素的性质（如均值和方差等）与 t 无关，那么它被称为是严平稳的（strictly stationary）。"平稳"一词经常是指弱平稳（weak stationary），但是它只要求 y_t 过程的一阶矩和二阶矩是不依赖于 t 的。这就是说，均值和方差不随时间推移而改变，而且自协方差仅依赖于滞后（或者说是时间差）而不依赖于 t。如果 y_t 的联合分布是正态的，那么严平稳和弱平稳是等价的。

● 如果 AR 过程 $Y_t = \phi_1 Y_{t-1} + \phi_2 Y_{t-2} + \cdots + \phi_p Y_{t-p} + \varepsilon_t$ 是平稳的，那么方程 $1 - \phi_1 x - \phi_2 x^2 - \cdots - \phi_p x^p = 0$ 的根必须在单位圆之外，或者等价地，$x^p - \phi_1 x^{p-1} - \phi_2 x^{p-2} - \cdots - \phi_p = 0$ 的根的绝对值都在单位圆之内。ARMA 过程的平稳性由 AR 部分的平稳性来决定。如果 MA 过程 $Y_t = \varepsilon_t + \theta_1 \varepsilon_{t-1} + \theta_2 \varepsilon_{t-2} + \cdots + \theta_q x^q$ 是可逆的，也就是说 $1 + \theta_1 x + \theta_2 x^2 + \cdots + \theta_q x^q$ 的根在单位圆之外，那么它可改写成 AR 过程。

● 自相关图是根据自相关函数（自相关系数 ρ_k 是滞后 k 的函数）画出的图形。自相关图可用于辅助 Box-Jenkins 建模。第一，如果序列是平稳的，那么自相关系数会逐渐减为不显著异于零的数。第二，95％的置信区间可以大致由 $\pm 2/\sqrt{N}$ 来确定，从而使我们能很容易确定 ρ_k 估计值的显著性。（注意，在 95％的水平上，虽然所有 ρ_k 的期望值都是零，但是在每 20 个 ρ_k 的估计值中，会有一个落在区间的外面。）第三，从理论上推导自相关函数的时候，可以发现某些自相关图的样式对应于一些特定类型的 ARMA 模型。一个有经验的建模者能够通过观察自相关图并以他或她对图形样式内涵的理解为基础，提出一个具体的模型；构造ARMA模型的艺术性正是体现在这一步上。

● 一些标准的样式很容易进行识别。如果第一个 ρ_k 显著异于零并且其后的 ρ_k 是非显著异于零的随机序列，那么这个序列对应着一个 MA(1) 模型。MA(2) 模型的前两个 ρ_k 都是显著异于零的，而随后的自相关系数都是非显著异于零的随机序列。如果自相关图呈逐渐下降的趋势，则它有可能是 AR(1) 模型，虽然它也有可能是一个 AR(2)（或者更高阶的）模型。如果它在图形上呈现递减趋势，但是在 k 每增加 1 时它都改变一次符号，则说明它可能是一个系数为负的 AR(1) 模型。如果第一个 ρ_k 的估计值是显著异于零的，但是其后的自相关系数并没有在图形上呈现递减趋势，那么它可能是一个 ARMA(1，1) 模型。如果自相关图类似于一个带阻尼的正弦波，那么它可能是一个 AR(2) 或者更高阶的模型。

● 如果每到自相关系数的次序为 12 的倍数时就出现一个显著的 ρ_k，那么说明这里面可能有季节性影响。但是，如果季节性影响伴随着 AR(1) 结构出现在模型中，那么季节模式可能会以某些不寻常的方式展现出来（例如，在第 12 和第 13 个滞后项，而不仅仅在第 12 项），这将会影响对自相关图的解释；因为这种季节性通常都在分析前就已经被剔除。如果随着 k 的增加，k 值为 12 的倍数的自相关系数并不呈递减趋势，则 Box-Jenkins 方法通过季节差分来处理这种季节性。在这个例子中，就是先将 y_t 转化成（$y_t - y_{t-12}$），然后再用得到的数据进行 ARMA 建模。

● MA 模型的阶数可以通过自相关图来确定：对于一个 MA(q) 模型，所有 $k \leqslant q$ 的 ρ_k 都是非零的，而 $k > q$ 的 ρ_k 都是零。但是对于 AR(p) 模型来说，p 值不能通过观察自相关图来确定，因为不同 p 值的自相关图看起来十分相似。因此，另一种图，即偏自相关函数图，经常被用来确定 AR 过程的阶数。这是一种以 p 为横轴，用 y_t 做关于 y_{t-1}，y_{t-2}，$\cdots$，y_{t-p} 的回归，并对 y_{t-p} 的偏自相关系数作出的图。如果前 p 个偏自相关系数显著异于零（而后面的偏自相关系数非显著异于零），那么 AR 过程的阶数就是 p。偏自相关系数的 95% 的置信区间仍然是 $\pm 2/\sqrt{N}$。（实质上，p 是通过寻找对于 y_{t-p-1} 的非显著异于零的斜率估计而言最小的 p 而选择出的。）一些研究者使用赤池信息准则（Akaike's AIC）来选择 p 和 q 的大小。参见 Mills（1990，pp. 138-139），他推荐使用 Schwarz 和 Hannan 的准则。

● 使用图形进行判断是 Box-Jenkins 方法的一大特征，但是这种技术必须在估计后用诊断检验进行补充，检验的方法主要有两种：

（1）过度拟合（overfitting）。在估计完所选模型后，将 p 或 q 的值增加 1，再对这个模型进行估计。额外添加的滞后项的系数应该不是显著异于零的；这里常用的检测方法是 Godfrey（1979）的 MA 检验。

（2）对白噪声的 Portmanteau 检验。如果所选择的模型是正确的，那么模型估计所得的残差项应该是白噪声的，也就是说，残差的各阶自相关系数都应该是零。Box-Pierce 统计量和 Ljung-Box 统计量经常用于这种检验。但是如 Godfrey 和 Tremayne（1988）的综述所强调的，他们并不推荐选用这两种统计量。

● Hall 和 McAleer（1989）运用蒙特卡洛方法对几种用于确定 p 和 q 值的统计量进行了对比，并且也不推荐使用 Box-Pierce 和 Ljung-Box 统计量。他们建议使用 McAleer，McKenzie 和 Hall（1988）给出的非嵌套（non-nested）检验方法。

● 光谱分析主要关注时间序列中的循环结构，并且用于确定哪些循环频率对解释时间序列的方差起着重要作用。平稳时间序列 y_t 可被不同波形（频率）的正弦和余弦值通过加权平均来逼近。参与加权的频率越多，逼近也就越精确。相似性令人惊奇：图 21—1（见 21.4 节）中显示出非线性函数可被不同 logit 的加权平均逼近。光谱分析中，时间序列 y_t 的逼近式为：

$$y_t = a_0 + \sum_{j=1}^{k} (a_j \cos\omega_j t + b_j \sin\omega_j t) + \varepsilon_t$$

其中，k 为逼近方程中的波形个数，ω_j 为第 j 个波形，a 和 b 为系数，ε_t 为误差项。波形在每个单位时间内用弧度（一种角度度量）表示，其中 π 表示 $180°$，

而 2π 就表示整个周期（另一种度量方法为 $\omega/2\pi$，表示每单位时间内所经历的周期数）。波形取值局限于（0，π）之内，这是因为正余弦值在此区间之外会有重复。

当 k 无穷大时，y 就有无穷多个波来解释。此时将 y 视为波动的函数，那么就能够计算其方差。标准化之后，它就称为谱密度函数 $f(\omega)$（这不是密度函数。如此命名是因为在某些方面它与密度函数相似）。除此之外，这还称为方差谱、能量谱或者简单的"谱"。图 19—1 中，A 和 B 之中较高的 $f(\omega)$ 值表示在加总而得 y 的波中，包含本段区间的波形相较其他正余弦项有着更高的振幅（a 和 b），因此对 y 的整体方差有更大的贡献。如果 $f(\omega)$ 很平坦，那么 y 中就不包含周期性元素（规律性），暗示 y 为白噪音。经济学时间序列数据的典型谱形为：在低频率处取高值，迅速下降，并在高频率处变平坦，有时在季节性波动处会出现峰值。

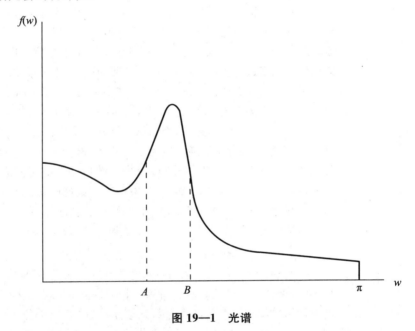

图 19—1　光谱

利用傅立叶转换，谱方程可被改写为：

$$f(\omega) = \pi^{-1}\left[\gamma(0) + 2\sum \gamma(k)\cos\omega\,k\right]$$

其中，和号加总范围为 k 的全体正整数值，$\gamma(k)$ 为 y 的自协方差。因此，谱就是自相关函数的傅立叶变换。这解释了谱分析有时也称为傅立叶分析的原因，同时说明了时间域分析和频率域分析为何在数据处理上看似截然不同，实则等价的原因（区别就是，时间域分析没有说明任何关于频率相对贡献的信息，而频率域分析没有给出任何时间序列真实形状的信息）。

上面关于 $f(\omega)$ 的公式提供了一种显而易见的估计方法，就是利用公式中的 $\gamma(k)$ 估计量。（这些估计量必须是对已经剔除了趋势和季节因素的时间序列进行估计而得到的。）这可以得到光谱的估计量，叫做周期图（periodogram）。遗憾的是，尽管周期图是光谱的渐近无偏估计量，但是它不是一致的，主要是因为公式中包含无穷项的求和（当 k 变得很大时，$\gamma(k)$ 的估计量将基于越来越少的观测量，并因此变得不可靠）。研究者通过"平滑"周期图来归避这一问题。

上述的平滑过程主要是通过对每一个频率、每一个原始的和调整后的变量进行周期图的加权平均来得到的，权重是由光谱窗口（spectral window）或核（kernel）给出的，这种核与非参数估计（见第 21 章）中的核是可类比的。窗口这一命名来自加权系统决定了周期图的哪一部分可以被"看到"（也就是有不可忽略的权重）。光谱窗口的宽度称为带宽（bandwidth）。这种窗口和构造柱状图时的类区间（class interval）是可以类比的。选择带宽时要十分小心，因为一个很小的带宽意味着很大的方差，这会产生波浪状的光谱估计，并且一个很大的带宽可能会导致过于平滑，从而导致光谱中有趣的特征消失，比如波峰。快速傅立叶变换（fast Fourier transform）是一种进行上述计算的有效方法。

● 逼近方程中的系数 a 和 b 可以进行估计。为此必须选择波动数量 k 以及具体的波形。如前所述，波形必须处在 $(0, \pi)$ 之间。为了获得特定波形的频率贡献，就至少需要知道该波形一个周期（2π）上的数据。所以，例如有 64 个年度观测值，那么最低可能频率就是 1 周期 64 年，即每年 $2\pi/64$ 弧度。所以，如果周期是 1 年，那么根据年度数据就无法识别出这一周期。我们对周期内数据一无所知，因此就无法进行估计。那么，最小周期应当覆盖两个样本点，频率为 $2\pi/2=\pi$。对于每个波形，都有系数 a 和 b，所以如果有 64 个观测点，至多能估计 64 个系数，因此 k 的最大值为 32。选择 32 个波形也是有意义的，因为这能够保证波形从 $\pi/32$ 到 π 均匀分布。对于我们 64 个观测值的例子，可以得到频率 $\pi/32, 2\pi/32, 3\pi/32, 4\pi/32, \cdots, 32\pi/32$。这就得到了包含 64 个未知数的 64 个方程，解之即可得系数估计（从而实现完全逼近）。由于 π 的正弦值为 0，所以 $\sin\pi$ 的系数无关紧要，第 64 项也就是逼近方程的截距项。第 j 个波形的振幅为 $\sqrt{a_j^2+b_j^2}$，给出了衡量各自对 y 贡献大小的方法。

● 关于光谱分析的文献的技术性非常强，而且不统一的表示方法使情况变得更糟。（例如，有时候，研究者用自相关性而非自协方差来表示光谱，而且频率有时候用单位时间内的循环次数来表示。）关于光谱分析的文献没有很简单的；Chatfield（2003）提供了一个介绍性的文献。更高级的内容主要关注光谱在计量经济学中的应用问题，参见 Granger and Engle（1984）。

● 谱分析的主要缺陷在于 y_t 的逼近函数具有周期性。由于正弦函数和余弦函数以波动形式周期性重复，所以二者任何形式的线性组合都会周期重复。这意味着，这种逼近方法不能充分逼近短期内形状奇怪的 y_t 序列。比如，经济数据中常见的结构性变化和爆发性波动，都不能得到良好近似。对此，一种处理方法是将时间序列数据分为不同的区间，对每个区间的数据进行单独拟合。然而，这不能够识别低频贡献，因为这需要较长的时间区间才能识别出来。真正所需的方法是能够基于长时间区间估计低频影响，同时能够基于短期数据（这就允许高频影响的特征能够随着不同短时区间进行变化，从而可以捕捉到时间序列的异常行为）估计高频影响的方法。基于类波函数（在某段短时区间内非零，其他时间都为零）的小波分析正符合这种要求，能够替代谱分析，因此在极广泛的领域内获得了充分的运用，在经济学领域也越来越普遍。相比之下，谱分析在计量经济学中并没有太多应用，而小波分析具有更大规模使用的潜力。

小波分析中，时间序列 y_t 被一系列小波动加权平均逼近，而不是被正余弦函数的加权平均来逼近。不过，与正余弦函数相似的是，小波也有不同的"频率"，不断自我重复。但与之不同的是，小波权重在重复波形中并不是常数。观测点的加权平均逼近，是以高频率小波为基础，然后频率缩减为一半、四分之一、八分之一，等等，直到达到最低逼近概率为止。假设高频率基础小波 w_1 拥有最高可能频率，从而覆盖 2 个时期。下一个小波 w_2 的频率是 w_1 的一半，相当于将基础小波"拉伸"成两倍时间长度，即覆盖 4 个时期。再下一个小波 w_3，将基础小波拉伸成 8 个时间区间长度。依此类推。于是，第一个观测点的逼近表达式为 $b_1w_1+b_2w_2+b_3w_3+\cdots+b_Jw_J$，其中 J 为最近逼近频率。第二个观测点的逼近表达式也是一样，但由于 w_i 值不同，所以表达式的值也不同。然而，在第三和第四个观测点处，小波 w_1 开始重复。小波分析的威力此时也显现出来，因为小波分析允许 w_1 系数在不同观测点处取值不同。所以，当到达第五和第六个观测点时，w_1 再次重复（于是它的系数再次变化），同时 w_2 也开始重复，其系数也发生改变。可改变系数允许分析时间序列数据中的不规则变化，而这往往是谱分析无能为力的。但是，由于系数变化中复杂的数学表达式，因此小波分析文献中的术语使初学者望而却步。

y_t 的小波逼近函数中的基石为上面介绍过的基础小波，也称为"母波函数"。在最简单的形式下，母波函数与波相似，有一部分在零以上，另一部分在零以下，在确定的时间区间上积分为零。这段区间通常只包含有限几个时间段，并在其他时间段内保持零值。之所以均值为零，是因为其一般用来表示 y_t 和相关联的"父波函数"之间的差异。父波函数经过标准化，积分值为 1，用来调节逼近函数的大小比例，使其匹配 y 的水平值和趋势值，可以看成加权平均算子。相比之下，母波函数可被视为差异算子，衡量了局部加权平均值的局部差异。母波函数的功能在于复制出一系列与自身相似的拉伸波形，从而覆盖更大的时间序列数据集。这些波形以层次形式出现：第一层只包含母波函数，不断周期往复以走满整个数据范围。如果母波函数覆盖两个时间段（可能出现的小波中的最简单形式）且有 64 个观测点，那么第一层就会重复母波函数 32 次，使得第一周期覆盖观测值 1 和 2，第二周期覆盖观测值 3 和 4，最后一个周期覆盖观测值 63 和 64。在第二层中，母波函数进行拉伸，能够覆盖两倍的时间段，所以此时只需重复16 次，每次覆盖 4 个时间段。在第三层中，母波函数进一步拉伸，所能覆盖时间段数再乘以 2，所以此时只需重复 8 次，每次覆盖 8 个时间段。如此往复，直到产生第 J 层，也就是逼近函数中最低频率的一层。第一层的重复周期覆盖最短的时间区间，被称为具有单位比例。下文中将会说明，在小波分析文献中，还对更高频率波形定义了一个更小的比例值。

在时间段 t 内，标记第 j 层小波为 $\psi_{jk}(t)$，其中 k 为覆盖该时间段的第 j 层小波所在的周期数。在本例中，当 $j=1$ 时，所处理的是最初始的母波函数，而 $\psi_{1,1}(1)$ 是母波函数在第 1 期的值，$\psi_{1,1}(2)$ 为第 2 期的值。该层波动在其他周期重复这两个值，所以 $\psi_{1,2}(3)=\psi_{1,1}(1)$，$\psi_{1,2}(4)=\psi_{1,1}(2)$。如此往复，直至 $\psi_{1,32}(63)=$

$\psi_{1,1}(1)$，$\psi_{1,32}(64)=\psi_{1,1}(2)$ 为止。在各自范围之外的每个小波值都为零。对此处知识理解到位的话，应当能够看出来 $j=2$ 时，$\psi_{2,1}(1)$ 的值为母波函数值拉伸到 4 期长度的结果后在第一期的取值。因此，$\psi_{2,2}(5)$ 与 $\psi_{2,16}(61)$ 的值应当相等。还应当看出，$\psi_{3,4}(t)$ 覆盖 $25\sim32$ 期，在其他期值为零。

小波逼近函数就是母波函数及其变形的所有周期的线性组合，同时包含来自父波函数的贡献，即

$$y_t = \sum \sum b_{jk}\psi_{jk}(t) + \sum b_k\phi_{Jk}(t)$$

其中第一个和号的范围为 $j=1\sim J$，第二个和号的范围为 $k=1\sim N/2^j$，第二项的求和范围为 $k=1\sim N/2^J$。$\phi_{Jk}(t)$ 为第 J 层的父波函数，b 为逼近方程系数。为检验理解，假设 $J=4$，观测点数目为 64，并要计算 y_{14}。那么，应该用 $b_{1,7}$ 乘以母波函数，加上 $b_{2,4}$ 乘以拉伸四倍后的母波函数，并加上 $b_{4,1}$ 乘以拉伸到八倍的母波函数，最后加上 b_1 乘以拉伸到八倍的父波函数（注意，$\psi_{jk}(t)$ 在 $t=14$ 时的值并不是 $\psi(14)$，而是相关的 ψ 函数拉伸后在 $t=14$ 的值）。应当看到，每个观测值都被表示成每一小波贡献的加总。之所以如此，是因为在各自范围之外小波值都为零，所以给定 t 的情况下，只有一个小波的值不为零。在 y_t 的逼近方程表达式中，该层的所有其他波形就都被剔除了。这使得观测点 y_t 具有不同的 b_{jk} 值，因为不同的 t 值会对应一些层次或者可能所有 J 个层次中的不同 k 值。这样，同样的小波在不同观测点就有了不同的系数值（因为是同一个小波的不同周期，所以 b 值不同），于是可以捕捉到不同周期内 y_t 的异常行为。

在本例中，共有 $32+16+8+4$ 个母波系数和 4 个父波系数，共计 64 个系数需要估计。根据 64 个观测值数据，可以从包含这 64 个未知数的 64 个方程中解出系数 b；这一过程称为小波变化——把 64 个 y_t 观测值变换成 64 个 b 系数（因此系数是解出来的，而不是"估计"出来的，所以"完美匹配"）。这一变换可逆，可以依据系数 b 代入小波逼近方程计算得到 y_t。虽然看起来解包含 64 个未知数的方程组计算复杂，但由于方程组结构的特殊性（金字塔形结构，每个小波只在紧邻其下的层中贡献影响，而该层中并不包含其他小波），所以小波变换可以很容易地完成计算。

父波、母波和各种母波变形 ψ_{jk} 有一个特殊之处，就是彼此正交（尽管有些母波和父波可以给出具体形式，但是不可能是任意函数）。这说明同一层中的小波不受其他层次中小波特征的影响，因此可以通过观察不同层次中的系数 b 来将不同的"波"区分开来。"波"之所以加引号，是因为不是以周期角度讨论真实波动，而是讨论小波文献中与波可比的对象。考虑上例中 $j=1$ 层，该层中母波函数在 64 期重复了 32 次；而在 $j=3$ 层，拉伸母波函数在 64 期重复了 8 次。所以，称 $j=1$ 代表了更高频率的活动。但这并不与谱分析中"周期重复"的概念严格一致，因为 32 个周期的每一次都乘上了系数 b，使得 32 组 2 期区间展现时变行为。考察 32 组系数 b 会得到该波动层重要性的一些启示：如果这些系数都很小并且值都很接近，就暗示这一波段对 y_t 的影响很小。

基于以上论述，小波分析的主要功能在于识别出哪些波相对重要，哪些波相对次要（观察不同层次的系数 b 即得）。所以，假如我们相信本质上是高频波的

随机噪音对 y_t 有重要影响，那么将高频率层系数 b 设为 0 的话，就可以通过转换得到新的 y_t 值序列。新序列与原序列相比去除了随机噪音的影响。此时，小波起到了过滤的作用。这一功能应用广泛，例如信号分离和数据压缩等。在经济学中，这一机制可用于将 y 和 x 两个序列分为高低频两个部分来查看二者之间的关系是否对两个部分不同。（例如，货币和收入之间的 Granger 因果关系在不同频率水平上是否不同？货币供给和经济活动之间的关系在不同频率水平上是否不同？）Schleicher（2002）和 Crowley（2007）都是向经济学家介绍小波分析的文章，并给出了小波分析在经济学中的应用情形。Gencay，Selcuk 和 Whitcher（2002）则为经济学家提供了更为全面的参考。

● 小波分析文献都很艰深。为了阐述方便，此处讨论上例中仅覆盖两期的母波函数。实践中，小波一般覆盖 4～8 期以获得更好的结果。在这些情形下，第一层小波数量依然为 $N/2$（所以有 $N/2$ 个系数），但彼此间重叠，从一个周期到下一个周期只走两个观测点。在第 j 层中，出现被母波拉伸成的小波，并令人惊异地覆盖了 $(2^j-1)(L-1)+1$ 个观测值，其中 L 是母波覆盖的观测值个数。这些小波也彼此重叠，从一个周期到下一个周期走 $2j$ 个观测值。结果就是，每一层有 $N/2j$ 个系数，并如上文所述获得完全逼近。当样本规模不是 2 的正数次方时，因为重叠小波将会走过数据，所以需要在数据计算的开始和结束时作出相应调整。为此需要用到较为少见的小波形式 $\psi_{jk}(t)=2^{-j/2}\psi(2^{-j}t-k)$ 来复制小波。有些文献作者将层次顺序颠倒过来，从低频到高频进行处理。这里要强调的是，尽管小波分析的原理很简单，但是其中的细节对初学者来说是个严峻的挑战。

19.3　向量自回归（VAR）

● 因为 VAR 中的每一个方程都含有完全相同的解释变量（VAR 模型中所有变量的滞后值），使用 SURE 估计过程并不能带来任何好处，正如 11.1 节的技术性注释所提到的。必须采取一些措施来消减回归元的个数，但是因为回归元是高度共线性的，不能用 t 统计量来达到这一目的。但是，F 或 χ^2 检验统计量经常被使用，通过调整后的单个检验的显著水平来达到一个想要的总体显著水平。有时，研究者会使用一般化的赤池或施瓦茨（贝叶斯）信息准则来达到这一目的：

$$\text{AIC}(q)=\ln|W|+2m^2q/n$$
$$\text{BIC}(q)=\ln|W|+(m^2q/n)\times\ln(m)$$

其中，W 是方差—协方差矩阵的估计值，m 是方程个数，n 是样本规模，q 是滞后长度，其准则就是最小化上面的两个表达式。

● 为了进行说明，我们假设有一个滞后 1 期的 VAR 模型，并且为了方便起见，我们将截距设定为零。这个 VAR 的"结构"形式就可以写成：

$$B_0 z_t=B_1 z_{t-1}+\varepsilon_t$$

其中误差向量中的误差分量 ε_t 被假定为不相关。该 VAR 模型在文献中经常出现的相应的简化形式为：

$$z_t = B_0^{-1} B_1 z_{t-1} + B_0^{-1} \varepsilon_t = A z_{t-1} + u_t$$

通过反复迭代，上面的式子就可以写成：

$$z_t = \sum A^i u_{t-i}$$

这称作 VAR 的向量移动平均（vector moving average）表示形式。由于复杂的结果，VAR 的支持者宣称：在使用这种自回归系统时，如果像传统的计量模型那样，仅仅通过观察估计系数或计算长期均衡行为来实现，则模型很难充分描述。他们推荐：假定 u_t 的某个分量中出现了一个冲击（shock）或者"革新"（innovation），并使用这个方程去跟踪 z 向量中各个变量随时间推移的反应，然后从中提取关于变量之间相互关系的有用信息。

遗憾的是，很难将 u 的误差冲击赋予一定的含义，因为 u 是一个结构误差项的线性组合（$B_0^{-1} \varepsilon_t$）。为了解决这一问题，VAR 的支持者们采用了一点技术上的技巧。估计 VAR 模型可以产生对 u 的方差—协方差矩阵 Ω 的估计。该矩阵可以被唯一地分解成 PDP'，其中 P 是一个对角线元素为 1 的下三角矩阵（对角线以上的元素都为零），而 D 是一个对角矩阵。这意味着 $P^{-1} u = v$ 的方差—协方差矩阵为对角矩阵 D，因此 v 的分量可以看作是正交的误差。用 v 对 VAR 的向量移动平均形式进行重新表达，我们得到：

$$z_t = \sum A^i P v_{t-i}$$

v 的某个分量中被引入一个冲击（标准差被调整为 1），用图形将冲击对 z 分量在不同时间产生的影响表示出来，这样可得到 VAR 分析的基本产物——正交化的脉冲响应函数（impluse response function）。

VAR 分析的批评家们指出虽然上述的数学过程是明了的，但是将 v 的分量赋予冲击的原因是不清楚的。如果 v 可以用 ε 识别出来，就可以将脉冲响应函数解释清楚——它将跟踪一个冲击在不同时间对某个结构方程产生的影响，在某些情况下可以解释为政策冲击。但是如果 v 不可以用 ε 识别出来，那么它是一个人为的不包含任何经济含义的正交冲击，并会使相应的脉冲响应函数的价值遭到质疑。

那么在什么情况下，v 可以用 ε 识别出来？因为 $u = B_0^{-1} \varepsilon$ 且 $v = P^{-1} u$，所以如果 $P^{-1} = B_0$，v 就等于 ε。而且 P 是三角矩阵，因此 B_0 也是三角矩阵。这说明 VAR 的结构方程形式必须是递归的。确实，如果系统是递归的，误差项 ε 是不相关的且 B_0 被标准化为对角元素为 1 的三角矩阵，那么 P^{-1} 就等于 B_0（当然，方程的顺序被恰当地安排）。在这种情况下，VAR 模型的结构形式就被识别出来了，因为 B_0 可以通过 P^{-1} 估计出来。这种递归结构的假设就是一个识别结构 VAR 所需约束的例子，这正如在一般性注释中讨论的一样。只要相应的结构 VAR 被识别出来，那么无论用什么方法都可以得到有意义的脉冲响应函数。Hamilton（1994，pp. 291 - 340）对 VAR 的技术细节给出了详尽的展示。

● 上面讨论的 Ω 的分解有时候是通过 Cholesky 分解来完成的，在该分解中

$\Omega = PD^{\frac{1}{2}} D^{\frac{1}{2}} P'$，并将上面论述中的 P 替换为 $PD^{\frac{1}{2}}$。这种表达的唯一不同在于，$PD^{\frac{1}{2}}$ 的主对角线上的元素就是 u 的标准差，这使得正交误差中的单位冲击对应于某一个标准差（one standard deviation）的变化。

19.4 误差修正模型

● 通过对三个系数的选择，$y_t = \beta_1 x_t + \beta_2 x_{t-1} + \beta_3 y_{t-1} + \varepsilon_t$ 可以进行 9 种不同的动态设定。例如，$\beta_2 = \beta_3 = 0$ 就得到一个静态回归，$\beta_1 = \beta_2 = 0$ 就得到一个一元的时间序列模型，$\beta_3 = 0$ 就得到一个有限分布滞后模型，$\beta_2 = 0$ 就得到一个部分调整模型，$\beta_1 \beta_3 + \beta_2 = 0$ 就得到一个自回归误差模型，$\beta_1 + \beta_2 + \beta_3 = 1$ 就得到一个误差修正模型。参见 Hendry, Pagan and Sargan（1984，pp. 1040 - 1049）以及 Hendry（1995，ch. 7），其中有相关的讨论。

● 假设 $y_t = \beta_0 + \beta_1 x_t + \beta_2 x_{t-1} + \beta_3 y_{t-1} + \varepsilon_t$，其中 y 和 x 都是对数形式的。根据经济学理论可知，在长期均衡中，$y = \phi + \theta x$。令 $y_t = y_{t-1}$ 且 $x_t = x_{t-1}$ 来求解长期均衡，就可得到 $\phi = \beta_0/(1-\beta_3)$ 且 $\theta = (\beta_1 + \beta_2)/(1-\beta_3)$。利用这一结果，可以通过将原来的关系式变形得到 $\Delta y_t = \beta_1 \Delta x_t + (\beta_3 - 1)(y_{t-1} - \phi - \theta x_{t-1}) + \varepsilon_t$（两边同时减去 y_{t-1}，并且在等式右边加上并减去 $\beta_1 x_{t-1}$）。这就是 ECM 原始设定的表达式；最后一项就是误差修正项，它代表非均衡反应。在实际应用中，解释变量和滞后值会更多，但是得到 ECM 形式的计算过程是相同的。假设在这个例子中，y 和 x 都是 1 阶积分的。如果均衡关系的设定是正确的，那么变量的水平值就是协整的（协整系数为 ϕ 和 θ），从而 $(y_{t-1} - \phi - \theta x_{t-1})$ 是零阶积分的，这和差分后的变量一致。

● 除了 ECM 模型中的基本系数以外，研究者可能对这些系数的组合很感兴趣，比如上述例子中的长期弹性 $(\beta_1 + \beta_2)/(1-\beta_3)$。ECM 的变形有助于对这样的组合进行估计。（在上面的例子中，两边同时减去 $\beta_3 y_t$，在等式右边加上并减去 $\beta_2 x_t$，然后变形就可以得到 y_t 对截距、Δx_t、Δy_t 的回归，并且对 x_t 系数的估计就是对长期弹性的估计。）关于这方面的例子和讨论可参见 Bewley（1979）；Wickens and Breusch（1988）；Bardsen（1989）以及 Banerjee, Galbraith, and Dolado（1990）。而 Gurney（1989）则提供了这些变形过程的实证应用的范例。

● ECM 估计中关键的一点就是假设刻画非均衡效应的部分得到了正确的设定。如果 ECM 估计所得到的残差不是平稳的，那么可能是因为变量的水平值不是协整的，而这又可能是因为一个水平变量被不慎忽略了。例如，在长期均衡中价格和工资的增长率是相同的，ECM 就是利用这一关系解释消费者价格的。但事实上，在长期中，工资和价格的比率可能呈现上升趋势而并非常数，这说明在误差修正项中应该包含一个时间趋势项。关于这方面的阐释和例子参见 Hall and Brooks（1986）。

● COMFAC 分析可以通过下面的动态模型进行解释：

$$y_t = \alpha y_{t-1} + \beta x_t + \delta x_{t-1} + \varepsilon_t$$

运用滞后算子 $L(Lx_t=x_{t-1})$ 可以将上式改写成：

$$(1-\alpha L)y_t=\beta[1+(\delta/\beta)L]x_t+\varepsilon_t$$

如果 $\alpha=-\delta/\beta$（或 $\alpha\beta+\delta=0$），那么 L 和 y_t 相乘以及 L 和 x_t 相乘的多项式有共同的根 α，而且包含 y_t 和 x_t 的项有公因式 $(1-\alpha L)$。将方程除以该公因式就得到：

$$y_t=\beta x_t+u_t,\text{其中 } u_t=\alpha u_{t-1}+\varepsilon_t$$

一般来说，每一个公因式都会将滞后结构降低 1 阶。因此，如果一个模型中有四个解释变量以及两个公因式，那么可以舍掉 8 个变量，其代价是必须同时估计一个二阶自相关的误差。Wald 检验经常用于检验公因式约束 $\alpha\beta+\delta=0$。MacKinnon（1992，pp.112-113）以高斯-牛顿回归为基础，针对这种动态结构提出了一个更简单且有效的检验。

19.5 单位根检验

● 假设两个不相关的非平稳序列各自包含趋势。随着样本规模的增加，趋势将起主导作用并导致两个序列间的 R^2 接近于 1。（这是因为总体平方和 SST 将趋于无穷大，由于 R^2 是根据 $1-SSE/SST$ 进行计算的，所以 R^2 将趋近于 1。）现在考虑 DW 统计量，它近似等于 $2-2\rho^*$，其中 ρ^* 是 ρ 的估计值。DW 统计量将趋近于 1，因为 $I(1)$ 误差项有 $\rho=1$。最后再考虑 t 统计量，它将变得很大，主要是因为很高的 R^2 值。这些观察反映了虚假回归结果的问题：在使用传统方法时，不相关的 $I(1)$ 序列变得看起来相关。（注意，这些现象给我们提供了一些诊断方法，比如很高的 R^2 值伴随着很低的 DW 统计量。）Granger 和 Newbold（1974）发表了最早引起计量经济学家对这一问题关注的论文；Hendry（1980）用积累雨滴的例子很好地解释了价格水平。最近的研究结果表明，上述这些内容（还包括其他结果，如 Nelson and Kang（1984）等）是使用一阶积分变量进行回归的必然结果。一般来说，标准的渐近分布理论并不适用于一阶积分变量并且不能很好地近似有限样本。Dolado 和 Lutkepohl（1996）以及 Toda 和 Yamamoto（1995）提出增加一个额外的滞后项可以解决这一问题，并且使我们能够对包含 $I(1)$ 变量的回归运用通常的（渐近）约束 χ^2 检验。这样做的唯一代价就是损失了效率并增加了一个额外的不相关的回归元（在 VAR 情形中就是数个不相干的回归元，因为每一个变量都要添加额外的滞后项）。只要加入了线性的时间趋势和/或季节性虚拟变量（如果是恰当的），那么如果只关注点估计而非检验，水平值的回归就是可用的；参见 Maddala and Kim（1998，p.365）。从根本上讲，使用包含了时间趋势的水平值进行最小二乘法能产生一致的系数估计，但不能产生一致的方差估计。

● 为了进行说明，我们考虑最简单的一阶积分变量的情形，即 $y_t=\alpha y_{t-1}+\varepsilon_t$，且如果 $\alpha=1$，则 y 是 $I(1)$。两边分别减去 y_{t-1}，则得到辅助回归：$\Delta y_t=(\alpha-1)y_{t-1}+\varepsilon_t$，这说

明如果 Δy_t 对 y_{t-1} 回归，斜率系数的 t 统计量可以用来检验 $\alpha=1$，即如果 t 统计量（绝对值）充分大并且为负就可以拒绝单位根的零假设。一些单位根检验即采用此种一般形式通过辅助回归来计算 t 统计量。不幸的是，这种方法有两个主要问题。首先，在单位根的零假设条件下，这个 t 统计量并不具有 t 分布（并且不是渐近与正态分布的），以至于我们需要专门的临界值。其次，这种专门的临界值是随零假设中 $I(1)$ 过程的类型不同而不同的。比如，如果 $I(1)$ 过程被设定为带漂移的随机游走，那么上述的辅助回归就是 $\Delta y_t = \mu + (\alpha-1)y_{t-1} + \varepsilon_t$。而在原始的设定中包含一个时间趋势是另一种可能性；这说明辅助回归应该为 $\Delta y_t = \mu + \beta t + (\alpha-1)y_{t-1} + \varepsilon_t$，其中 t 是时间，并经常表示成与样本均值的偏差。

● Fuller（1976）以及 Dickey 和 Fuller（1981）将上述辅助回归的 t 统计量的临界值制成了表格，也被称作 DF 或迪基-富勒（Dickey-Fuller）检验。其他表格可以在 Guilkey 和 Schmidt（1989），Schmidt（1990）以及 Ohtani（2002）的研究中找到。对于辅助回归中有截距，或者既有截距又有时间趋势，或者既无截距又无时间趋势等不同情况，他们分别提供了几组临界值，以便进行单位根检验。在回归中加入过多的确定性回归元（deterministic regressor）会使单位根检验的解释力降低，但是包含过少的回归元则会使检验产生偏误，并趋于接受单位根的零假设。例如，假设数据中有趋势但是没有单位根。如果在辅助回归中没有趋势项，可以刻画这一趋势的唯一途径就是估计单位根并使用截距（漂移）来反映趋势——这一关于发现单位根的结论显然是有偏误的。因为数据生成的结构（例如，截距和时间趋势）是未知的，所以单位根的检验需要同时确定是否有截距和/或时间趋势；这需要一种检验策略。Elder 和 Kennedy（2001）就提出了这样一种策略并对其他策略进行了讨论。

● 如果数据生成过程（data-generating process）在等式右侧含有 y 的多个滞后值（即如果是高阶自回归的），通常使用 ADF 也就是增广的迪基-富勒（augmented Dickey-Fuller）检验。在这种情形下，辅助回归需要加入适当数目的 Δy 的滞后项，从而可以得到 $\Delta y_t = \mu + \beta t + (\theta-1)y_{t-1} + \sum \delta_i \Delta y_{t-i} + \varepsilon_t$，并且临界值和不需要 Δy 时所用的临界值相同。这里 θ 是所有滞后因变量系数之和。为了看出如何得到这一结论，考虑最简单的例子：

$$y_t = \alpha_1 y_{t-1} + \alpha_2 y_{t-2} + \varepsilon_t$$

两边同时减去 y_{t-1}，再在等式右边加上并减去 $\alpha_2 y_{t-1}$，得到：

$$\Delta y_t = (\alpha_1 + \alpha_2 - 1)y_{t-1} - \alpha_2 \Delta y_{t-1} + \varepsilon_t$$

原始设定中的 p 阶自相关的误差项将产生以 p 个 y 的滞后项为回归元的估计方程。（这一点曾经在 8.4 节的技术性注释中讲述 Durbin 两阶段法时进行了解释。）因此，ADF 检验的应用也是为了防止产生自相关误差。另一种修改 DF 检验以处理自相关误差的方法来自 Phillips 和 Perron（1988）的研究，他们在给出恰当的临界值之前对 DF 统计量进行了调整。这避免了 ADF 检验中因额外的回归元所导致的自由度的损失。这种方法和 ADF 都不会受到异方差性的影响。

ADF 似乎是最为流行的单位根检验方法，不仅因为它的简便性，更是因为 Haug（1993，1996）的蒙特卡洛研究发现其表现出色。Harris（1992）发现如果使用大量滞后项，则会增强 ADF 检验的规模和说服力的性质。他推荐 Schwert (1989) 给出的 $12(N/100)^{0.25}$ 滞后。通过扩展的蒙特卡洛研究，Dods 和 Giles (1995) 推荐 SHAZAM 计量软件包中的默认方法，这种方法的基础是检验在 1 阶差分数据的自相关和偏自相关函数中的阶数最高的显著滞后项。Taylor (2000) 推荐使用通常的 t 检验并选用 20% 而非传统的 5% 的临界值来选择滞后长度。Lopez，Murray 和 Papell (2005) 强调使用合适的滞后长度的重要性。ADF 的小样本的临界值和 DF 的临界值几乎没有什么差异，所以实践中会使用 DF 的临界值。

● 因为没有统一的最有力的检验单位根的方法，时常出现检验单位根的新想法；Haldrap 和 Jansson (2006) 调查了相关检验。Hansen (1995) 证明当检验回归中含有更多解释变量时，单位根检验可以变得更加有力。Caporale 和 Pittis (1999) 进行了更深入的研究。Mocan (1994) 使用了更加灵活的趋势而不是线性趋势。Leybourne (1994) 经过检验发现，$I(0)$ 变量出现第一个负的自相关系数的阶数往往要比 $I(1)$ 变量的阶数低。Leybourne (1995) 发现选用两个 DF 检验统计量中最大的一个使检验变得更有力，这两个 DF 统计量分别为使用原始数据得到的统计量和使用这些数据的逆序得到的统计量。Leybourne，Kim 和 New-bold (2005) 比较了 DF 检验的几种版本，并推荐了 Leybourne (1995) 的 MAX 检验。Sims 和 Uhlig (1991) 指出在单位根情形下，贝叶斯和经典概率的论述是不可协调的，且后者需要一定的修正。《应用计量经济学》(*Journal of Applied Econometrics*，1991，vol. 6(4)) 对使用贝叶斯方法进行的单位根检验进行了广泛而有趣的探讨。DeAngelis，Fuchin 和 Young (1997) 发现自举法单位根检验会增加规模，但是在说服力方面不会有什么区别。Harris 和 Judge (1998) 发现在存在非平稳数据时，自举法的表现并不理想。Enders 和 Granger (1998) 提出了一种单位根检验，这种方法允许备择假设表现出非对称调整。所有的单位根检验在针对平稳的且自相关系数趋于 1 的序列时都显得无力 (lack power)。这是可以预见到的——当接近备择假设时，任何单位根都不是很有效；在单位根情形下的不同点在于零假设和备择假设的差异所伴随的不连续性。因此，Maddala 和 Kim (1998，p.146) 指出，在这种情况下我们应该使用更高的显著水平，如按照顺序的 25%，而不是传统的 5%。

● 绝大部分单位根检验都存在非平稳性，即存在单位根，这正是零假设的内容。(要注意当检验协整时，这意味着零假设不存在协整关系，因为任何协整都不对应单位根！) 因为除非存在强有力的反对证据，否则传统的经典检验方法都接受零假设，所以单位根检验经常得出存在单位根的结论。而单位根检验的低效性使这一问题变得更加严重。Kwiatkowski 等 (1992) 介绍了一种单位根检验，这种方法采用平稳性作为零假设。他们将一个时间序列分解成一个包含确定趋势的时间序列、一个随机游走和一个平稳的误差项，并检验其中的随机游走是否有零方差。并不令人惊讶的是，他们频频得出与传统单位根检验相反的结论。这种 KPSS 检验的临界值可以在 Sephton (1995) 的研究中找到。这个结论支持了其他非主流的检验方法的结果，比如贝叶斯方法。关于这方面的参考文献，请参见 Kwiatkowski et al. (1992)。Leybourne 和 McCabe (1999) 对一些将平稳性作为零假设的检验方法，比如 KPSS 等，提出了改进。Carrion-i-Silvestre 和 Sanso（2006）强调称，这些检验只有获得良好的长期方差估计才能够顺利进行，但这并不容易。他们对此给出了建议，并给出了如何进行相关计算的指导。

● Charemza 和 Syczewska（1998）应用了 DF 检验和 KPSS 检验，他们采用平稳性作为零假设并发现 DF 检验犯第一类错误的临界值和 KPSS 检验犯第二类错误的临界值是相等的。Carrion-i-Silvestre、Sanso-i-Rossello 和 Ortuno（2001）用单位根的零假设进行了类似的分析。

● 所有的单位根检验在区分 $I(1)$ 过程和具有结构突变的 $I(0)$ 过程（表现形式为均值发生一次移动）时都会遇到一定困难（事实上，一种刻画单位根过程的方法是将其视为每期都经历结构性变化的过程！）。为了理清其原因，画一个在低水平波动的平稳序列，然后跳跃到一个高水平并继续保持平稳波动。拟合这一数据的时间趋势线是向上倾斜的，这导致单位根检验被这个结构突变所愚弄。例如，考虑这一可能的情形：产出的增长从长期的角度来看是趋势平稳的，但是却受到大萧条冲击或生产力下滑的冲击。Perron（1989）提出了一个两步法：零假设被设定为存在一个单位根且截距伴随着一个脉冲变化，而备择假设则假设截距是永久变化的。（在有单位根的情形下，一个脉冲变化导致截距发生永久性改变。）第一步是为了获得备择假设回归所产生的残差，然后对残差进行 ADF 检验，但是要加入一个表示脉冲的虚拟变量。临界值取决于位于结构突变前数据的比例。这些临界值的响应曲面估计由 Carrion-i-Silvestre、Sanso-i-Rossello 和 Ortuno（1999）给出。

● Perron 程序要知道结构突变所发生的时间并且确定只有一个结构突变点。Zivot 和 Andrews（1992）对所有可能出现结构突变的时间点进行了检验，并使用最大的负 ADF 检验值放松了前一假设。Gregory 和 Hansen（1996a，b）也对此进行了研究。关于更深入的评论，请参见 Hansen（2001）。Vogelsang 和 Perron（1998）对这一问题进行了充分的总结并给出了其他可供选择的检验方法。Enders 的教科书（2004，pp. 200 - 207）对存在结构突变时的单位根检验进行了很好的阐释。Kim（1997）则提出用前面 6.2 节的一般性注释中讨论的 BIC 准则确定结构突变的个数。Hansen（1992）用非平稳数据对检验结构突变的方法进行了检验。Maddala 和 Kim（1998，pp. 389 - 424）在一阶积分变量和协整的背景下对结构突变问题进行了综述，另见 Perron（2006）。De Gabriel，Silva Lopes 和 Nunes（2003）讨论了相关检验和问题，并阐述了一个例子。这一背景下的一种研究策略就是允许存在多个结构突变，但是经济被构造为从一个状态（regime）转变到另一个状态。Maddala 和 Kim（1998，pp. 454 - 483）对 Hamilton（1989）提出的马尔可夫转换模型（Markov switching model）进行了综述，在这种模型中结构的转换是根据马尔可夫过程进行的。其他研究这一问题的模型还包括：临界自回归（threshold autoregressive，TAR）模型，在这种模型中当某一指数超过某一临界值时就会发生结构转换（一个特例就是自激励临界自回归（self-exciting threshold autoregressive，SETAR）模型，在这种模型中当指数为因变量时就会发生结构转换）；平滑变换自回归（smooth transition autoregressive，STAR）模型，在这种模型中通过一个累积分布函数对转变中的两个机制进行加权。Potter（1999）以及 van Dijk，Terasvirta 和 Franses（2002）进行了调查，给出了一个综述。

● 其他条件不变，数据的跨度比观测数量更能影响单位根检验的解释力度，例如，对于长经济周期很重要的宏观经济，长跨度的年数据要好于短跨度的数据，比如月度数据，即使后一种情况也许能提供更多的观测值。（一个警告就是长跨度的数据存在结构突变的可能性更大。）这并不是意味着可以把可获得的月度数据抛弃不用，因为任何形式的额外观测值都是有价值的。Rossana 和 Seater（1995）发现将经济时间序列数据进行时间求和，比如将月度数据转化为年度数据，可能会在实证分析中损失大量信息并导致令人误解的结果。他们发现月度数据所体现出来的长期经济周期的变化会在数据被转化为年度数据后消失。他们推荐使用季度数据，这种数据不像月度数据那样受测量误差的影响，也不会遭受因为求和而带来的严重后果。Otero 和 Smith（2000）支持这些结果。Osborn（1993）指出季节性的单位根十分罕见，并且在施加了确定的季节样式后，经济时间序列经常是 1 阶积分的。协整以季度现象出现；关于这些结果是如何得到的，参见 Ilmakunnas（1990）或 Hurn（1993）。Charemza 和 Deadman（1997，pp. 105－109）的教科书也对此进行了阐释。

● ADF 检验对于数据的非线性变换非常敏感，比如当一个数据是非平稳的但是取对数后就变得平稳了。Franses and McAleer（1998）提出了一种检验方法，以检验数据是不是已经充分变形而变得平稳了。参见 Franses and Koop（1998）。

● 检验非平稳性的另一种方法就是用分数一阶积分（fractional integration）的概念来建立模型。传统的检验方法检验 $(1-L\alpha)y_t$ 且非平稳对应着 $\alpha \geqslant 1$。相反，我们可以采用一种不同的模型并检验 $(1-L)^d y_t$，其中 $d \geqslant 0.5$ 对应着非平稳，而 $d = 1$ 对应着单位根。为了达到这一目的，d 必须在非整数的区间上取值，因此得名为分数一阶积分。虽然这种方法加大了计算量，但是从分数一阶积分的角度建模有几个好处。它使得非单位根可以连续过渡到单位根，并能适于刻画低频（长记忆）的行为，因此它更加适合对长期维持进行建模，而且它将差分平稳和趋势平稳嵌套在一起。简言之，它比其他检验单位根的方法更加灵活，因此使用这种方法的实证研究趋向于拒绝单位根检验。Parke（1999）讨论了分数一阶积分是如何产生的并给出了经济中的例子。也可参见 Cheung and Lai（1993）以及 Crato and Rothman（1994）。缓慢调整过程（说明分数一阶积分能够更好地刻画变量）能够解释 DF 检验为什么缺乏效力；确实，Diebold 和 Rudebusch（1991）发现，如果变量是分数一阶积分的，DF 检验的效力就较低。在分数一阶积分过程的背景下，ARIMA 模型变成了 ARFIMA，即自相关分数一阶积分移动平均（autoregressive fractionally integrated moving average）。

● 面板数据的单位根检验存在特殊的问题。因为 T 一般较小，所以面板单位根检验需要从所有 N 个时间序列数据中获取信息来增强效度。那么，单位根检验应当针对所有面板截断单元进行，还是检验至少一个单元中是否存在单位根？另外，如果是后者，那么能否识别出哪个单元具有单位根？Levin，Lin 和 Chu（2002），Breitung（2000）以及 Hadri（2000，KPSS 版本）中的检验假设每个面板的滞后因变量的系数都相同，这样的话如果发现一个单位根，那么所有序列就都有单位根。这些检验建立在跨截面同质化数据（如过滤掉异方差等）的基础上，之后将所有的横截面时间序列数据置入单方程中，并进行 ADF 检验。另外，Im，Pesaran 和 Shin（2003），Choi（2001）以及 Maddala 和 Wu（1999）的检验可以针对单个单位根过程进行。本质上，这些检验针对每个面板检验单位根，然后将所有的 t 值和 p 值复合成一个统计量。但是，这些检验有一个共同的问题，就是假设横截面单元之间彼此独立，而解决之道通常需要调整数据以消除横截面的相关性。Breuer，McNown 和 Wallace（2002）推荐了一个检验，希望利用 SUR 估计来识别包含单位根的序列。Hlouskova 和 Wagner（2006）在蒙特卡洛研究的基础上，发现当 T 值很小时，基于平稳零假设的检验效度不是很好。基于此他们推荐 Levin，Lin 和 Chu（2002）与 Breitung（2000）的检验。Im，Lee 和 Tieslau（2005）建议使用一种不受截距项移动影响的检验。

面板数据中的协整检验基本上与单位根检验类似。这方面存在大量检验。Gutierrez（2003）对此进行了总结，并进行了蒙特卡洛比较。Asteriou 和 Hall（2007，pp. 371 - 376）是教科书式的解释。Baltagi（2005，ch. 12）对面板数据中的非平稳性进行了充分的讨论。

19.6 协整

●"超一致"结果之所以出现是因为：随着样本规模的增加，OLS 估计中偏误表达式的"分母"$(X'X)^{-1}$ 要比通常情况下增加得快得多，因为数据 X 并不是围绕着一个常数水平上下波动。这就远超出了"分子"，从而消除了渐近偏误，否则，渐近偏误会以误差和回归元的同期相关性（contemporaneous correlation）为特征出现在回归中，这种相关性是由联立性引起的。这就产生了一致性。另外，这种偏误以一个和 T 成比例的比率消失，而不是通常的和 $\sqrt{T}$ 成比例的比率；这就是为什么要在"一致"前面加上"超"字的原因。部分由于超一致性的原因，在联立方程模型中，非平稳性和协整并不需要新的估计或者检验方法。

● Johansen 程序可以用一个简单的单一方程的例子来解释。假设 $y_t = \alpha_1 y_{t-1} + \alpha_2 y_{t-2} + \varepsilon_t$，两边同时减去 y_{t-1} 可以得到 $\Delta y_t = (\alpha_1 + \alpha_2 - 1) y_{t-1} - \alpha_2 \Delta y_{t-1} + \varepsilon_t$。这是进行单位根检验的传统形式，其中要检验 $\alpha_1 + \alpha_2 - 1$ 是不是等于零。（这个模型可以通过加入更多的 y 的滞后项和确定的回归元（如截距和趋势）来进行扩展。）能够使得 y 的差分值对其水平值进行回归合法的唯一条件就是：要么 $\alpha_1 + \alpha_2 - 1$ 等于零，要么 y 和 $\alpha_1 + \alpha_2 - 1$ 的积是平稳变量。

现在考虑一个简单的方程，但是这次使用的是一个 $N \times 1$ 维的向量 z，且 z 的分量是 N 个独立的时间序列，这样就有一般的向量方程：

$$z_t = A_1 z_{t-1} + A_2 z_{t-2} + \varepsilon_t$$

其中 A_i 是 $N \times N$ 的系数矩阵。（这个模型可以通过加入更多的滞后项来进行扩展，读者应该可以看出这是带有两个滞后项的 VAR 模型。正如一般的 VAR 模型，对于协整分析的 VAR 要求所有变量的滞后长度相同。）例如，当把 z_t 的第一

个分量表示成 z_{t-1} 的 N 个分量和 z_{t-2} 的 N 个分量的线性函数时，A_1 的第一列构成了 z_{t-1} 的 N 个系数。等式两边同时减去 z_{t-1} 我们得到：

$$\Delta z_t = (A_1 + A_2 - I) z_{t-1} - A_2 \Delta z_{t-1} + \varepsilon_t$$

这个方程就是上述单位根检验的多元情形。能够保证 z 的第 i 个差分分量对水平值的所有分量进行回归有意义的唯一条件就是：要么 $A_1 + A_2 - I$ 的某一列完全由零组成，要么 $A_1 + A_2 - I$ 和水平值的线性组合是平稳变量。满足这种条件的行的个数就等于协整关系的个数，也等于矩阵 $A_1 + A_2 - I$ 的秩。

● $A_1 + A_2 - I$ 的秩等于它的非零特征根（特征值）的个数。关于协整关系个数的检验，如 Johansen 的 λ_{trace} 和 λ_{max} 检验，都是以检验单位根的个数为基础的。一般认为，λ_{max} 检验优于 λ_{trace} 检验。它的方法为，通过寻找最大的而且 $\log(1-\lambda)$ 不显著异于零的特征根 λ。（1 的对数为零。）协整关系的个数就是比这个根还大的特征根的个数。遗憾的是，它需要很大的样本规模（大约 300 个）才能保证是可靠的，而且即使这样，其效率也不高。Osterwald-Lenum (1992) 给出了临界值，但是大部分软件自动给出传统的临界值。如果秩是 N，以使得 $A_1 + A_2 - I$ 是满秩的，那么这 N 个变量的任意组合都是平稳的，因此可以对水平值使用 VAR 模型。如果秩是零，变量的组合都不是平稳的，这时就可以对差分值使用 VAR 模型。

● 继续我们前面的简单例子，在传统上，矩阵 $A_1 + A_2 - I$ 被称为 π 并且被分解成两个 $N \times N$ 矩阵：$\pi = \alpha\beta'$。矩阵 α 的每一列包含一个误差修正项的参数，系统中每一个方程都有一个；这些参数经常被称为"调整速度"（speed-of-adjustment）。矩阵 β 的每一列则包含一个协整关系的一组参数。这些参数在 β' 中以行的形式出现。我们可以通过一个具体的例子来说明这一点。假设 z 包含三个变量：x、y 和 w，这时 α 和 β 就是 3×3 矩阵且 $z = (x, y, w)'$。假设存在两组协整关系，那么 β 的某两行将代表协整关系，且剩下的那一行将会被 α 中的零消掉。任何代表协整关系的行都满足这一点，因为它可以生成一个平稳的由 z 的分量（x、y 和 w）构成的线性组合。很明显，任何常数乘上这一行也满足这一点，所以我们需要对其进行标准化。传统上，标准化是这样完成的，即在 β' 的每一个非零行中选择一个系数并使其等于 1，且选择的过程是根据在实证应用中的需要进行的。

这个例子的 ECM 模型可以写成：

$$\Delta z_t = \alpha(\beta' z_{t-1}) - A_2 \Delta z_{t-1} + \varepsilon_t$$

其中 α 是代表调整速度参数的 3×3 矩阵。Δz 中的每一个差分变量都是 Δz 滞后项的三个差分变量（Δz_{t-1}）和两个误差修正项（在这个例子中，每一个误差修正项代表一个协整关系）的线性函数。所以，在 Δz 的第一个分量的方程中，α_{11} 是第一个误差修正项的系数，α_{12} 是第二个误差修正项的系数，而 α_{13} 对应第三个不存在的协整关系，它等于零。写出公式有助于我们更加清晰地理解：

$$\Delta x_t = \alpha_{11}(x_{t-1} + \beta_{21} y_{t-1} + \beta_{31} w_{t-1}) + \alpha_{12}(\beta_{12} x_{t-1} + y_{t-1} + \beta_{32} w_{t-1})$$
$$- A_{211} \Delta x_{t-1} - A_{212} \Delta y_{t-1} - A_{213} \Delta w_{t-1} + \varepsilon_t$$

$$\Delta y_t = \alpha_{21} \left(x_{t-1} + \beta_{21} y_{t-1} + \beta_{31} w_{t-1} \right) + \alpha_{22} \left(\beta_{12} x_{t-1} + y_{t-1} + \beta_{32} w_{t-1} \right)$$
$$- A_{221} \Delta x_{t-1} - A_{222} \Delta y_{t-1} - A_{223} \Delta w_{t-1} + \varepsilon_t$$
$$\Delta w_t = \alpha_{31} \left(x_{t-1} + \beta_{21} y_{t-1} + \beta_{31} w_{t-1} \right) + \alpha_{32} \left(\beta_{12} x_{t-1} + y_{t-1} + \beta_{32} w_{t-1} \right)$$
$$- A_{231} \Delta x_{t-1} - A_{232} \Delta y_{t-1} - A_{233} \Delta w_{t-1} + \varepsilon_t$$

Johansen 估计过程代表一种极大似然法，在这种方法中，三个方程中所有的未知变量都是同时估计的。（注意，标准化已经包含在上述过程中——第一个协整关系中 x 的系数被设定为 1 且第二个协整关系中 y 的系数被设定为 1。通常情况下，使用者告诉软件有多少个协整关系，然后软件根据方程出现的顺序，自动执行上面的标准化过程。）

● 协整向量并不是唯一确定的，因为协整向量的任意线性组合仍然是协整向量。从本质上说，估计 π 可能找不到 α 和 β 的唯一估计。（从数学角度来讲，$\alpha\beta' = (\alpha Q)(Q^{-1}\beta)$ 对于任意 $N \times N$ 的非奇异矩阵都成立，所以参数同样可以是 αQ 和 $Q^{-1}\beta$ 而不仅仅是 α 和 β'。）对于单一的协整向量，这种判定问题可以简单地通过选择哪个系数作为单位 1 来解决——这提供了判定协整关系的必要约束。但是当存在 $r > 1$ 个协整关系时，对于每个关系，需要 r 个约束才能进行判定，标准化只是其中一个。其他的可以是零约束（zero restrictions），比如某些变量并没有出现在某些协整关系中。通过假定协整向量和 π 的特征向量成比例，Johansen 过程提供了估计所必需的约束。这使得所有协整关系都是和其他关系保持正交的。这在数学上非常优美，但是其经济学证明和解释并不清楚。从技术上说，Johansen 过程产生了一组唯一的协整向量，这些向量延伸了协整空间；它可以是这些向量的一个线性组合，且每个协整向量都是可以解释的，这需要研究人员掌握大量的技巧。

● 假设 α 的第 j 行完全由零组成。这就意味着，在决定第 j 个变量时误差修正项并不存在于方程之中，也就是说这个变量在系统中是（弱）外生变量。外生性检验可以对此进行检验。

● 在检验关于协整参数的假设时，需要观察施加约束是否能减少协整向量的个数。

● 如果某个协整关系的"调整速度"都非常地小（即 α 的某一列的分量都接近于零），很多研究者就会放弃这个协整向量，并令软件少估计一个协整向量。

● 在协整分析中加入 $I(0)$ 变量即得自身协整关系，这使得表达分析结果时产生混乱。

● 通过在回归元中加入既有解释变量的领先和滞后差分值，单协整关系的 OLS 估计可以更有效地完成。由于去除了误差项自相关和短期异常波动，所以这一处理提高了估计效率。见 Saikkonen（1991）。

第 20 章 预　　测

20.1 引言

虽然获得良好的参数估计常常被视为计量经济学的主要目的，但准确地进行经济预测也同样重要。在接下来的关于时间序列的一章中，这一目的将变得很明显：某些时间序列技术就是专门为了达到预测的目的而发展起来的。本章的目的就是对经济预测进行简要的回顾，而不花笔墨描述预测方法，因为教科书都有相应介绍。

经济预测方法可以分成两大类：

(1) 因果预测/计量经济学模型（causal forecasting/econometric models）。一旦我们可以获得一个计量经济模型的参数估计，且如果给出了自变量的相关数值，我们就可以用模型来预测因变量。"计量经济预测"（econometric forecasting）就是指的这种预测方法，它依赖于问题中经济模型的因果解释。这种模型的适用范围既可以是包含一两个解释变量的单一方程模型，也可以是包含几十个变量的联立方程模型。

(2) 时间序列模型。时间序列可以被分解为一个时间趋势、一个季节因素、一个周期因素以及一个误差项。用很多方法都可以把时间序列分解成上述这几个部分，由此也产生了预测时间序列行为的方法。这种方法的基础是：历史对未来将会发生的事有着引导作用。在这些时间序列技术中最为精妙的模型就是 Box-Jenkins 模型；这种方法在经济预测中变得非常普遍，以至于经济学家们在讨论时间序列方法时总要提及它（见第 19 章）。

20.2　因果预测／计量经济学模型

假设模型 $Y_t = \alpha + \beta X_t + \varepsilon_t$ 满足经典线性模型（CLR）的假设，而且有 T 期数据用来估计 α 和 β（用最小二乘估计）。如果 X 在第 $T+1$ 期的数值是 X_{T+1}，那么 Y_{T+1} 可以由 $\hat{Y}_{T+1} = \alpha^{OLS} + \beta^{OLS} X_{T+1}$ 进行预测。用 $\hat{Y}_{T+1}$ 预测 Y_{T+1} 时，存在四种潜在的误差来源。

（1）设定误差（specification error）。经典线性模型的假定可能并不满足，而且模型很有可能并不包含所有的解释变量，函数形式也可能有错误，另外，制度（regime）也有可能发生改变。

（2）条件误差（conditioning error）。预测的条件，也就是 X_{T+1} 的值可能是不准确的。

（3）抽样误差（sampling error）。在计算 $\hat{Y}_{T+1}$ 时，我们使用的是估计量 α^{OLS} 和 β^{OLS}，而不是 α 和 β 的真实值。

（4）随机误差（random error）。计算 $\hat{Y}_{T+1}$ 的方法隐含着这样的条件，即 ε_{T+1} 等于零，尽管它的真实值可能和零有很大差别。

尽管每一种误差来源都会使得 $\hat{Y}_{T+1}$ 偏离 Y_{T+1}，但只有上述的来源（3）和（4）用于获得传统预测区间，如图 20—1 所示。这个区间是由重复样本的 95％ 构成的，它覆盖了被预测的实际值（假设没有设定误差和条件误差）；在图 20—1 中，对于每个 X 值，这个区间由两条 95％ 置信边界的垂直距离给出。这个区间在给定的用于估计 α 和 β 的数据的平均值处最小；随着 X 值逐渐远离这个平均值，这个区间变得越来越大。在 X 数据集内，我们有关于 Y 行为的信息，因此我们可以相信我们的预测；对于在数据集以外的情形，则恰好相反。

如果误差来源（1）和（2）（也就是设定误差和条件误差）都不存在，$\hat{Y}_{T+1}$ 就是最优线性无偏预测，而且在图 20—1 中的预测区间比其他任何线性无偏预测区间都要窄。这是因为在那种背景下 α^{OLS} 和 β^{OLS} 是最优线性无偏估计。从这一点可以清楚地看出计量经济学的两个主要目标——获得好的参数估计以及产生好的预测——是紧密联系在一起的，至少在上面的情况中误差来源（1）和（2）可以忽略。设定误差和条件误差的影响，尤其是前者促使很多计量经济学家根据经济中那些因素的影响并不包含在他们的模型中来调整他们模型的估计。事实上，这种计量经济学模型的"判断修正"包含了定性信息和预测者的经验（经常被称为温柔的爱护（tender loving care）），并被视为用计量经济学模型进行预测的必要成分。例如，进行预测修正可以依据一个严重的冲击、一个政策权威使用的道德劝说或者一个关于未来石油价格上涨的通告。

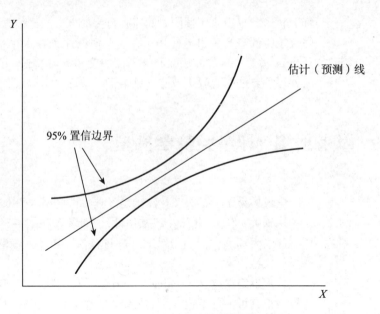

图 20—1 预测的置信区间

20.3 时间序列分析

计量经济学模型中用于预测的主要模型是 Box-Jenkins 模型，即 ARIMA（自回归积分移动平均），这种模型的细节已经在第 19 章中解释过。多元的 Box-Jenkins 模型是精妙的插补方法，它是利用被预测变量的过去值来产生预测；他们忽略很多构成计量经济学模型基础的解释变量。预测者对这种简单的模型感兴趣出于几方面的原因：由于计算机软件的改进，它们制作容易且成本低廉；估计一个合适的计量模型所需的额外信息可能难以获得；出于对比的目的，从这种模型中获得的预测可以视为有用的基准；从这一过程得到的预测可以和其他预测结合到一起用来产生改进的预测；它们还是一个用来进一步建模的基础步骤——它们明确了数据的性质并且指明了什么行为模式需要进行解释。

20 世纪 70 年代，（学术界）流行着关于计量经济学模型和 ARIMA 模型的相对预测优点的争论，指出 ARIMA 模型优越性的研究更是推动了这种争论。正如第 19 章中提到的，这导致了两种方法的综合，并促进了更加关注动态学的模型的发展，比如误差修正模型（ECM）。经过反思，计量经济学模型在这种对比中表现糟糕的原因在于计量经济模型的错误设定带来的误差。现在普遍认为只要设定误差或条件误差使得计量经济学模型变得不切实际（有人认为这是大多数情况），Box-Jenkins 方法在预测方面就会显现出明显的优势。研究者还意识到，如果计量经济学模型的表现不如 ARIMA 模型，那么证明计量经济学模型存在设定误差。

20.4 预测准确性

有几种可以测量预测准确性的方法，因此也导致了几种方法之间的对比。在所有下面提到的方法中，预测和预测误差都是指样本外预测的误差。

(1) 平均绝对变差（mean absolute deviation，MAD）。这是预测误差绝对值的平均值。这种方法适用于预测误差的成本和预测误差的绝对值成比例的情况。这一准则也称为 MAE（mean absolute error，平均绝对误差）。但是，这一准则对比例敏感，因此，不能比较不同样本之间具有不同比例的预测成功程度。

(2) 根均方误差（root mean square error，RMSE）。这是预测误差的均方根。这种方法潜在地将大的预测误差赋予较大的权重，它适用于以下情形：误差的成本是误差平方的增函数。这种"二次损失方程"在应用中最为普遍。但是，这一准则对比例敏感，同时还对异常值敏感。

(3) 平均绝对百分比误差（mean absolute percentage error，MAPE）。这是百分比误差绝对值的平均值；它的优点在于没有维数（dimensionless）。它适用于这种情形：与误差的数值大小相比，预测误差的成本与百分比误差有更紧密的联系。但是，该种准则的主要问题在于计算百分比的被除数可能为零，使得结果无意义或值极大，从而产生严重偏斜的分布。另外，该准则中正误差项的影响比负误差项要大（因为对给定的预测来说，高估时计算百分比的基准要比低估时要小）。

(4) 预测值和实际值的相关性（correlation of forecast with actual values）。对于这种衡量方法，用被预测变量的实际值的变化量（不是水平值）对这些变化量的预测进行回归，得到的 R^2 就是对预测准确性的衡量。

(5) 转折点预测百分比（percentage of turning points forecast）。如果是对转折点的预测而不是预测的数值准确度决定预测的成败，那么这是一个需要注意的准则。这是一个预测定性变量的方法，如一个 0/1 的二值变量。这里必须小心正确的"1"类的百分比和正确的"0"类的百分比，因为如果数据集中 1 的数量多于 0，那么基于正确百分比（percentage-correct）准则，把每个观测值都预测为 1 可能会得到很高的分数。一种做法是使用 Kuipers 计分，它使用正确预测为 1 的百分比减去错误预测为 0 的百分比的差来计分（命中率减去错误报警率）。

(6) 二次计分（quadratic score）。这种测量方法有时候被称为 Brier 计分，它是定性变量问题中正确百分比的最常见的替代方法。它是等价于 RMSE 准则的定性变量，计算方法是对所有观测值的 $(1-p)^2$ 求和，其中 p 是某一结果实际发生的预测概率。

(7) 条件效率（conditional efficiency）。一个预测 A 被称为相对于预测 B 条件有效，前提是 B 不包含 A 所包含的有用信息。这可以通过用被预测的变量对 A 和 B 作回归来进行检验，然后验证 B 的系数为零的零假设。

仔细阅读上面列出的准则我们可以清楚地看出选择一个评估准则的关键因素是预测的目标，因此，没有哪个单一的准则是"最好的"——最好的准则取决于要分析的具体问题。当然，这个列表可能会有所误导，因为在大多数情况下，存在某个特定的包含利益最大化的损失函数，或者存在其他一些不与上述任一准则匹配的目标。这一点经常被使用者遗忘，因此，它可能是对预测文献的一个最大的批判。

文献中有一些共识：从总体上说，最好的预测方法是一个"组合"的预测，由一系列预测的加权平均形成，而每一个预测又是由不同的技术产生的。如果这些不同预测的基础原理充分地互不相同，那么这种加权平均就应该优于任意一种预测技术，因为每种单独的预测所产生的结果会倾向于抵消其他预测的误差。在模型设定问题的背景中，这说明好的预测不是来源于单一的、中意的模型设定，而是来源于许多合理模型的组合结果。一种获得用于组合预测的权重的方法就是用真实值对所有的预测值进行回归（包含一个截距——加入一个截距可以吸收预测中的任何误差）。但是，在样本变化性的多数应用中有相当多的证据表明，这样的组合引入的好处多于其抵消的好处。因此，应用者常常采用相等的权重，或者将回归的权重调整到大小相等。

一般性注释

20.1　引言

● http://forecastingprinciples.com 是一个集中了大量关于预测信息的网站。这些原理都试图说清楚具体预测模型适用的情形（如问题类型、序列长度、预测区间、待预测序列数、现有专业水平，以及损失函数的本质等）。Armstrong（2005）归纳了一些旨在提高预测精度的一般性准则：因地制宜地使用模型；以可行方式正式将问题结构化；尽量利用简单的数量工具将问题分解，但是出现不确定性时要谨慎处理；以及合并可替代的预测结果等。Allen 和 Fildes（2001）提供了一个计量经济预测的文献综述，并给出了（pp. 348–353）大量计量经济预测的原理。回顾关于预测的文献，其中一条原理就是：一般情况下，在预测问题中简单性重于复杂性。这样做的原因之一是，从纯应用角度来看，使用者相对而言更不可能误用简单方法。

● 在估计参数值的时候，计量经济学的失败被这样的事实所掩盖：参数的真实值是未知的，因此不能和它们的估计值进行比较。这种保护在计量经济学用于预测时便不复存在——最终预测值可以和实际值进行比较。对计量经济学家而言不幸的是，绝大多数的这种比较不能说明他们的预测特别准确。这导致了批评家的玩笑，比如"如果经济学家是一个猜错了未来经济的人，那么一个计量经济学家就是一个用电脑猜错了未来经济的人。"经济学家回答道："我们预测仅仅是告诉这个世界我们的幽默感。"

把玩笑放在一旁，计量经济学家的预测记录不怎么好。美国经济顾问委员会主席 Martin Feldstein 曾经说过（*Times*，August 27，1984，p. 46）："过去 30 年中经济政策最大的错误之一就是过度地相信预测能力。"诺贝尔奖得主 Wassily Leontief（1971，p. 3）提到，"没有其他的实证调查领域运用这么繁多而精细的统计工具，而这些工具仅仅是得到了无差异的结果。"非计量经济学家的评论很直接，如美国财政部秘书 Donald Regan 的陈述（*Times*，August 27，1984，p. 46）："如果你相信他们，那么你也相信了牙齿精灵。"

一种为经济预测辩护的理由就是《爱丽丝奇遇记》中的逻辑："'当人们迷失了目标时，您怎样进行可能的奖励？'爱丽丝问。'好，'女王说，'有些人比其他人迷失得更多，并且我们有一个关于迷失的精确的正态分布，也就是说我们可以忘记目标。'"

即使预测结果很糟糕，我没有更好的替代选择，也许一个糟糕的预测也比什么都没有要好。但是，不是每个人都相信经济预测就和认为它们本身将一定会产生的一样差劲，或者他们的质疑像某些人说的那样糟糕以至于一无是处。Klein（1984）对如何运用预测给出了一个很好的阐释，并举出了在这方面成功的例子。Armstrong 等（1978）对这一话题给出了一个有趣的辩论。Simon（1994）认为虽然经济预测在短期中的表现臭名昭著，但是它在长期中表现出色，主要是因为经济学定理趋向于在长期中占统治地位。

● Armstrong（1978，p. 86）以图形方式展示了其研究成果：如果加入一点专业预测知识，那么预测精度会大幅改进；然而，如果继续增加预测的专业性，预测精度不再改进（甚至还会下降）。他总结称，预测这种事情应该交由最廉价的专家来进行。那么，为何实际情况是使用高度复杂的预测工具的昂贵的预测专家来承担这一工作？他的解释（p. 399）是"祈雨舞理论"：

> 祈雨舞对每个人来说都有意义。舞者获得报酬，观众得以观看精彩舞蹈。决策者以某种社会接受的方式将问题转移到别人身上（谁能谴责他？——他雇佣了业界最好的舞者）。

● "规范预测"方法中，衡量预测精度的重要性下降，而获得"良好"的决策或者建议的效果得到重视。例如，在引导人们采取适当手段解决实际问题的时候，故意夸大其词的污染预测会在该种标准下效果优异。另一个相关现象是"理性"预测偏误，由 Laster，Bennett 和 Geoum（1999）识别出来。这是说，预测者可能故意给出与其他预测者不同的预测结果，因为此时获得更好预测的激励很大，尽管真正做到更好的概率很小。关于同样主题的另一份研究是 Cho 和 Hersch（1998），检验了预测者性格对预测结果的影响程度。也见 Lamont（2002）。另一个相关现象是预测者的 herd 倾向。Bewley 和 Fiebig（2002）对此有很好的讨论。

● 并非所有预测工具都可以简单归入之前划分的两类当中。一个典型的反例是领先指标法。Klein 和 Moore（1983）很好地调查了领先指标法的用途。判断预测利用多种个人判断来代替统计手段。这在经济学中并不常见，但是当出于多重目的需要提供额外预测时，这种方法也有其价值。Lawrence 等（2006）对此进行了调查。

● Faulhaber 和 Baumol（1988，pp. 591 – 592）论述了美国现代经济预测的简要历史。Diebold（1998）对预测问题给出了历史观点，并对其未来的发展进行了评论。

20.2 因果预测/计量经济学模型

● 关于条件误差作用的进一步讨论，参见 Johnston（1984，pp. 198 – 200）以及 Feldstein（1971）。Tashman，Bukken 和 Buzas（2000）分析了回归元预测误差对预测方差的影响。Ashley（1983）发现如果一个解释变量的均方预测误差超过了它的方差，即使真实的参数值是已知的，那么在预测方程中加入这一解释变量也会使预测恶化。

● 不在用于估计预测方程的数据集中出现的预测值称为事前预测（ex ante forecasting）或者样本外预测或样本后预测（out-of-sample forecasting or post-sample prediction）；普遍认同的是，评价预测结果必须根据它们的事前表现。与此种普遍接受的观点相对，Innue 和 Kilian（2006）指出，利用信息准则（如 BIC）来挑选预测模型在很多情况下优于根据样本外数据的根均方预测误差来挑选预测模型的方法。

● 比如，很多计量经济学预测模型的批评者指出，预测所用的数据和参数估计是和 20 世纪 80 年代相关的，这些数据是可获得的，但是不涉及预测所必需的 20 世纪 90 年代。Streissler（1970）甚至将计量经济学定义成对过去经济的预测。Streissler（1970）和 Rubner（1970）都对经济预测有严厉的批评。在宏观经济背景中，如 Lucas（1976）指出的，制度变迁问题尤为麻烦，因为不论理性个体所处的政策环境何时变化，理性个体的行为都会随之发生改变。在预测的背景下，这就是一个非常有趣的批判，因为经济预测会影响人们的预期，这会反过来影响被预测变量的结果，从而使预测变得无效。这就是著名的"Lucas 批判"，但它却被大量的计量经济学家所忽略，主要是因为它似乎显得并不重要，如 Doan，Litterman，and Sims（1984），Favero and Hendry（1992）以及 Ericsson and Irons（1995）。也可参见 Stanley（2000）。关于相反的观点，参见 Miller and Roberds（1991），Linde（2001）。

● Granger（1996）对计量预测者提出了几条改进精度的建议：加入更多最新信息；更好地利用之前的预测误差、领先指标和预期值；避免改变模型的倾向，以防产生预测低估；更快识别出结构性变化，临时转换到更合适的模型，如随机游走模型等。Stock 和 Watson（1996）注意到很多时间序列关系存在系数不稳定性，因此支持使用适应性预测模型。Clements 和 Hendry（1999）辩称预测失败的最大原因是预测方法没能迅速对结构性改变进行调整。他们的解决之道并不是进行新模型预测，而是将前期残差加到截距上去。基于一阶差分数据的预测对截距变化是稳健的。打折最小平方将加权平方和最小化，越久远的时间权重越低，这种方法出于同样原因也获得了成功。也见 Goodwin（1997）。除此之外，

Giacomini 和 White（2006）也强调了预测时降低老数据重要性的必要性。他们偏好于使用滚动窗口来达到这一目的，从而使得预测只针对有限数据。

● 无所不在的结构性转变促使模型发展，从而能够处理模式转换，例如第 19 章中曾提到的马尔可夫转换 TAR、SETAR 和 STAR 模型。Dacco 和 Satchell（1999）指出模式转换模型预测性能很差，主要归咎于选择合适的模式时产生的误差。这超过了模式参数估计的预测价值。持同样观点的还有 Boero 和 Marrocu（2004，p. 305）："众所周知，非线性模型虽然在样本内预测方面具有优势，但是极少能够产生优于随机游走模型和简单 AR 模型的样本外预测。"一般地，正如 Chatfield（2001，p. 166）所言，非线性模型在预测方面毫无价值："……在大多数情况下，经验结果都表明非线性模型根本不值得再耗费一点心思了。"

●预测区间有时候被用来检验某一模型的设定情况——如果实际值落在预测区间内，那么这一模型的设定就被证实了。在检验动态模型（诸如 ECM）设定的情况下，这种检验通常被称为抽样后预测检验。这相当于纳入特定期间虚拟变量的 Chow 检验的变形。

● Fair（1984，ch. 8）解释了一种方法，它能衡量模型的设定错误对预测的影响。他运用了模拟的方法来获得由于条件误差、抽样误差和随机误差所导致的预测误差的方差。这个方差和实际预测误差的方差的差别是由模型的设定误差引起的。

● 在图 20—1 的数据集中，随着 X 值逐渐远离其平均值，置信区间也不断变宽，对于这一现象的直观解释如下：假设某一个数据点的误差项稍有不同，这就会导致对 α 和 β 的估计产生轻微的变化。如果用图 20—1 将这一变化表示出来，很明显，Y 在数据集中点处的预测值将会发生轻微的改变，因为新的估计线将和该点附近原先的估计线相交。当新的估计线超出了数据集的范围时，它将会明显远离原先的估计线。用这种方法计算出来的置信区间因太窄而臭名昭著。这些区间一般没包括设定偏误（例如，误删解释变量、错误函数形式以及潜在结构性变化等）、解释变量的预测偏误，以及方程非正态偏误。

● Young（1982）以及 Challen 和 Hagger（1983，pp. 184 - 190）对判别修正进行了很好的论述。也见 Howrey et al.（1974）以及 Evans，Haitovsky，and Treyz（1972）。Sanders 和 Ritzman（2001）对如何利用判断来调整预测的方式和时机给出了建议。也见 Armstrong，Adya，and Collopy（2001），其中给出了作出相关判断的法则，如预测期间延长时减弱趋势重要性，或者在短期使用与长期模型不同的设定等。另一方面，经济学理论经常在预测方面表现无能，而有悖于经济学家的想法。例如，Green（2002）中，角色扮演能够显著改进预测结果。预测的计算和使用都是在环境中进行的，所以预测精度可能受到具体环境的影响。例如，政治压力可能导致过于乐观的收益预测；又例如公司激励机制可能导致过于乐观的销售预测。Deschamps（2004）给出了较新的例子，并回顾了此类文献。

● Belsley（1984a）讨论了多重共线性对预测的影响。一般来说，只要用于预测的数据的共线性和用于估计的数据的共线性相似，那么多重共线性并不会严重地影响预测。

20.3　时间序列分析

● Makridakis（1976，1978）和 Anderson（1977）对时间序列方法进行了广泛的研究（不仅仅是 Box-Jenkins 方法）。对于时间序列预测的未来发展，参见 Chatfield（1988）的观点。De Gooijer 和 Hyndman（2006）精彩归纳了一大类时间序列预测方法。

● Fildes 和 Makridakis（1995）发现，关于时间序列预测准确性的实证结论表现出一些异常，而这些异常却被时间序列理论分析家所忽略，他们似乎对该方法样本外预测的表现不感兴趣。即使时间序列分析家对参数估计和检验更感兴趣，他们也应该通过评价样本外预测的表现来检验他们的模型设定。

● 关于 Box-Jenkins 和计量经济学模型在预测方面孰优孰劣的争论，Granger 和 Newbold（1986，pp. 287 - 292）给出了很好的总结。Nelson（1972）偏向于使用 Box-Jenkins 方法的较早研究；McNees（1982）提出了一个支持计量经济学模型的很有说服力的案例。Dorfman 和 McIntosh（1990）给出了在什么样的情况下，运用真实的数据生成过程的计量经济预测模型并不占优于其他预测方法。Gilbert（1995）发现了一个相似的结论——关于真实数据生成过程的信息并没有什么用途，除非参数值是已知的。估计参数值将会比使用简洁的近似模型引发更多的预测误差。忽略了一个相关的解释变量所导致的模型设定错误并不一定会导致灾难性的结果。如果被忽略的解释变量 A 和模型已包含的解释变量 B 存在相关性，普通最小二乘法得到的 B 的系数是有偏的，但如果 A 和 B 的相关性保持下去，那么这个估计可以保证无偏的预测。很多人认为 ARIMA 模型在短期内更为精确，而计量模型在长期内更有潜力。

● 关于一阶积分和协整变量的预测又是怎样的呢？根据 Maddala 和 Kim（1998，pp. 184 - 188）的研究，关于 ECM 模型是否能够改进预测的证据是两面的。Christoffersen 和 Diebold（1998）讨论了为什么加入协整变量不能改进长期预测的结果，这和以 Engle 和 Yoo（1987）的结论为基础的普遍观点是相反的。（当对未来进行预测时，得到收敛于长期均衡预测值的结论似乎是合理的，而这正是 ECM 所保证的；另一方面，结构变迁可能会压倒 ECM 的这一优势。）Day 和 Thoma（1998）发现，不同于使用差分值和水平值的 VAR 模型，如果有说服力的理论将协整关系引入模型中，ECM 就可以改进预测结果。Diebold 和 Kilian（2000）建议对单位根进行预检验以确定预测模型，无论是水平序列还是差分序列。一些研究者达成了一定的共识，他们认为当结构变迁比较频繁时，使用差分的 VAR 模型要优于使用水平值的 VAR 模型，因为使用差分的模型对结构变化反应更加迅速，但是如果不是这种情况，那么使用水平值的 VAR 模型则更加合适。Allen 和 Filds（2005）归纳了预测文献，并总结称如果检验（滞后长度限制、单位根检验、协整检验等）过程中选择了能够在合适时候加入 ECM 项的设定形式，那么预测将得到改进。

● VAR 方法（在第 19 章中进行过讨论）可以被视为 Box-Jenkins 的多元变

种，它经常被用于预测。如 Hafer 和 Sheehan（1989）所示，不同滞后结构的模型预测的准确性相差很大。研究者建议使用合理的滞后长度。另一方面，正如19.3 节的一般性注释中提到的，对 VAR 模型施加合理的约束，如那些贝叶斯主义者所支持的用来调节滞后变量影响的约束，可以显著改进 VAR 模型的表现。Joutz，Maddala 和 Trost（1995）用实例讨论了怎样在存在单位根的情况下利用贝叶斯 VAR 模型进行预测。另一方面，Bischoff，Belay 和 Kang（2000）认为贝叶斯 VAR 模型并不能达到其支持者所承诺的效果；他们对 BVAR 模型进行了综述。Shoesmith（1995）发现将贝叶斯 VAR 和误差修正模型（参见第 19 章）结合起来可以改进预测效果。他同时给出了告诫：加入带有不显著异于零的调整速度参数的误差修正项会影响预测效果。Amisano 和 Serati（1999）通过修改贝叶斯 VAR 模型来解释协整关系的存在，并指出这可以改进预测。

● 上文 20.2 节一般性注释中强调快速调整预测方法以适应变化的必要性（也可以说，预测方法必须对结构性变化稳健）。这也许就解释了指数平滑（exponential smoothing）方法在预测方面取得的夺目成就。指数平滑法是一种非理论的预测方法，利用过去值的加权平均来计算预测值，并且权重以几何级数下降。这也可以写成当前值和前期预测值的加权平均，因此计算上很有吸引力。这在需要进行数千次预测的时候（例如存货）显得尤其方便。指数平滑法有大量变形。总结见 Gardner（2006）。

● 对主要宏观经济变量的修正很有问题。这些变量均值不为零，数量级很高，并且在某种程度上根据原始信息即可进行预测。然而，令人惊异的是，预测学者并不关注原始信息。参见 Aruoba（2005）。

● 当使用 Box-Jenkins 方法预测构造的变量时，如（GNP/P），研究者尚不清楚是分别预测 GNP 和 P 再得到（GNP/P）的预测还是直接预测（GNP/P）可以实现更好的效果。Kang（1986）指出前一种方法更好。Allen 和 Fildes（2001）支持了这一观点，他们假设对于总体变量，最好分别对其组成部分进行预测，并将其作为一般性原则。该方法一种有价值的变形中，小波分析（见 19.2 节技术性注释中的叙述）被用来将序列分为高频和低频两部分，并使用诸如 ARIMA 等方法分别预测两部分，之后加总来获得原始序列预测值。Armstrong，Collopy 和Yokum（2005）探讨了适合分解预测问题的场合。另一方面，如果希望预测成分值，那么有时更好的方法是先进行整体预测，然后按比例分配到不同成分上去；见 Bonnell（2007）。

● Abeysigne（1998）讨论了所使用的解释变量的观测值是月度数据时，你想预测这个变量的季度值应该怎样操作。Miller 和 Williams（2004）建议通过收缩/衰减季节性调整来进行。

20.4　预测准确性

● Dhrymes 等（1972）以及 Granger 和 Newbold（1973）讨论了选择预测方法

的准则。另参见 Maddala（1977，pp. 343-347）以及 Granger and Newbold（1986，pp. 276-287）。Meade（2000）强调，不同预测方法的相对准确性依赖于数据的特性，并且在选择预测方法时应该将这一问题纳入考虑，例如观测数、变量的系数、是否有趋势、是否有异常值、最近观测值的趋势和整体趋势的对比以及自相关系数的大小。Armstrong（2001b，2006）讨论了如何选择预测方法的问题。

● 关于不同预测方法准确性的综述，参见 Armstrong（1978，pp. 319-329）。由于经济个体面临着大量不同的决策问题，预测误差所带来的损失一般都是不对称的，并很少和教科书准则的准确性（如根均方误）保持一致。Granger 和 Pesaran（2000）强调，评价预测必须以其最终的用途为基础。Satchell 和 Timmermann（1995）给出了一个利用经济学准则对比统计学准则来评价预测效果的范例。Leitch 和 Tanner（1991）以及 Dorfman 和 McIntosh（1997）也给出了不错的例子。Hyndman 和 Koehler（2006）调查了时间序列预测精度衡量指标，并介绍了绝对比例误差均值（mean absolute scaled error，MASE），对比例误差绝对值求均值而得，且作者认为这一指标能够克服现存指标存在的主要问题。MASE 是比例误差绝对值的平均数，而比例来源于单纯预测中样本内一步预测的误差平均值。对此 Valentin（2007）有更深入的阐述。Eisenbeis，Wagoner 和 Zha（2002）对衡量一组变量下的不同预测方法的相对精度给出了方法和建议。

● Diebold 和 Mariano（1995）、Clark（1999）、Tashman（2000）以及 Mariano（2002）对比较预测准确性的检验进行了综述。Giacomini 和 White（2006）介绍了一种具有良好特性的新检验。使用这些检验时要记住：必须注意假设检验的一般问题，即成功预测之间的显著差异是否具有很高数值？

● 高价预测模型（high-priced forecasters）不能比简单模型效果更好是因为其使用了像均方预测误差这样的度量，（对于这一问题）Leitch 和 Tanner（1995）认为二者是没有关系的，因为使用预测的好处来源于定向预测（directional forecast）的成功。他们声称，若用这一标准衡量，专业的预测模型就比简单的预测方法的效果要好。定向预测是分类分析的一个例子，这在第 16 章进行了讨论。

● Mahmoud（1984）对预测准确性的研究进行了很好的综述。他的主要结论为：只要有足够的数据且没有发生明显的制度变迁，定量方法的效果就要超过定性方法（源自主观）；简单方法和复杂方法的准确性是一样的；将预测方法组合到一起可以改进最好的单个预测方法。

● 一个流行的评估预测量的方法就是用实际变化量对预测变化量和一个常数进行回归。如果截距的估计值不显著异于 0 并且斜率的系数不显著异于 1，那么它就是一个好的预测模型。（但是，可能不止一个预测模型满足这一准则，在这种情况下必须加入其他额外的准则；参见 Granger and Newbold（1973）。）

● "条件有效性" 这个术语是由 Granger 和 Newbold（1973）引进的。Nelson（1972）使用了一个相似的概念，他建议将被预测的变量 y 表示成两个预测 A 和 B 的线性组合，得到 $y_i = kA_i + (1-k)B_i + \varepsilon_i$，并且用 $(y-B)$ 对 $(A-B)$ 的回归来估计 k。检验 $k=1$ 可以用于检验 A 的条件有效性。这种方法经过扩展，可包含截距和更多预测。Fair 和 Shiller（1989）引入了一个类似的概念。这种方法的另一个变种就是预测包含（forecast encompassing），在 Charemza 和 Deadman（1997，pp.254-255）的教材中可以找到对它的解释。研究者建议所有的计量经济学模型预测都应该用这种方法并对比一个竞争者（例如 ARIMA 模型）来自动检验。Harvey，Leybourne 和 Newbold（1998）声称这一过程对正态误差的假设非常敏感，并给出了备用选择。

● 在对预测机制的评价和对理性预期的检验中，需要做很多事来保证预测是无偏的。Zellner（1986a）注意到无偏预测假设可能不能得到保证；它的正确性依赖于那些预测中用到的损失函数。一般来说，用于预测的参数估计应该包含估计预测时用到的损失函数/准则，这是贝叶斯预测的一个性质。

● Clemens（1989）提供了很好的关于组合预测的文献综述。另参见 Armstrong（2001b）。Newbold 和 Harvey（2002，p.280）对于组合预测强烈赞同："在一个技术方法变得越来越复杂的世界中，我们会怀疑它的大部分注定会始终在学术计量经济范围内使用，预测的组合是一个漂亮的珍宝——一个简单的想法，容易实施，效果出色，因而在实践中得以应用。"当使用组合预测方法进行预测时，研究者通常要对组合中包含的预测多加小心。两种明显的情况时常被忽视。如果一个序列是平稳的，那么均值就是一个潜在的（虽然无效率）保证包含的预测。（这解释了 Granger 和 Ramanathan（1984）的结论：在一个组合回归中加入一个截距可以使结果得到改进。）如果序列是一阶积分的，那么它的最近几期的数值就是很好的预测，因此应该包含它们。Kamstra 和 Kennedy（1998）讨论了将定性预测进行组合的方法。

● 正如第 14 章中见到的，贝叶斯方法有一种组合模型的天然途径。根据在预测中组合方法已被证实的成功性，我们本应该对贝叶斯方法在预测问题中的价值表示惊讶。Bartels（1997）对贝叶斯模型进行了很好的阐释。Chatfield（1996）讨论了模型不确定性和预测问题，并推荐一种贝叶斯方法。Diebold 和 Pauly（1990）则指出在运用贝叶斯分析时应使用相等的组合权重。

● Spiro（1989）注意到预测者有保守倾向，它导致了组合方法对变化量的预测偏低。他建议通过用实际值 A 对组平均预测 F 和 $F-A_{t-1}$ 进行回归并使用这些结果来修正未来的 F，以此来改正这一预测偏差。一般来说，用实际值对预测值作回归可以通过在预测中加入截距的估计值来纠正这种偏差。

● Makridakis 等（1982）报告了一个被称为 M 竞争的预测竞争结果，其中 1 001个时间序列用不同的预测模型进行预测。Makridakis 和 Hibon（2000）对结果进行了更新；Chatfield（2001，section 6.4）总结了几种替代性预测方法。Zellner（1986b）注意到在这个竞争中贝叶斯预测过程的总体平均均方误的预测是最低的。（但是，均方误的一个主要问题就是它对缩放非常敏感，因此不能对所有数据进行加总来和其他竞争预测进行对比——加总的均方误本该表现良好，因为少量的数值较大的序列的预测较好，剩下的预测较差。）他还注意到期望贝叶斯估计在其他准则下也表现出色是不公平的，除非我们对用来产生贝叶斯预测的损失方程进行了修改，使其能反映用来进行评估的准则。关于这方面的回应请参见 Fildes and Makridakis（1988）。最近 M3 竞争中的"赢家"是 Assimakopoulos 和 Nikolopoulos（2000）提出的所谓 θ 模型，其中对时间序列的短期和长期部分的估计值进行了平均。

技术性注释

20.1 引言

- 本章的讨论基本全部围绕时间序列预测进行。如果希望预测横截面数据，那么只能使用计量经济学方法。在这种背景下，Gencay 和 Yang（1996）发现非参数方法（见第 21 章讨论）优于依赖于参数函数形式的方法。

- Ord 和 Lowe（1996）调查了能够自动进行预测的软件，并讨论了在预测中加入主观判断的优缺点。这方面有个例子，是软件用客观算法代替 ARIMA 模型中的主观成分。

- 我们经常面对存在一大堆可能解释变量的情形。Stock 和 Watson（2002）建议使用这些变量中的少量基础成分作为预测回归方程中的回归元，并称这些成分为扩散指数。

- 研究者应该报告预测密度，并相对于点估计提高置信区间的重视程度。这在贝叶斯预测中是常见步骤。而从频率主义的角度，Tay 和 Wallis（2000）以及 Wallis（2005）对预测密度的计算、表述和评判进行了精彩的讨论。也见 Chatfield（2001a）。

- Gregory，Smith 和 Yetman（2001）对一致预测进行了检验。一致预测是指预测者对共同潜变量赋予相同权重。此时的一致预测就是预测值平均。

- 最近经济衍生品市场建立起来了。投资者可以购买基于宏观经济活动设计的期权，其受益取决于 GDP 增长、通货膨胀、就业、零售额、国际贸易余额以及景气信心等。这些齐全的价格隐含了市场预测。分析请见 Gurkaynak and Wolfers（2005）。他们发现这些预测优于预测者调查的平均结果。

20.2 因果预测/计量经济学模型

- 模拟（simulation）是因果分析预测法的变形。政策改变对经济产生的影响通过计量经济学模型进行模拟，以获得对未来的预测。Challen 和 Hagger（1983）对此有很好的讨论。

- 此时具有最优线性无偏预测性质的 GLS 模型在两方面区别于 CLR 模型。第一，GLS 估计量替代了 OLS 估计量；第二，如果误差项自相关，那么过去的误差项能够用来预测未来的误差项。例如，如果 $\varepsilon_t = \rho\varepsilon_{t-1} + u_t$，那么（$T+1$）期的误差预测为 $\hat{\rho}\,\hat{\varepsilon}_T$，而不再是零。见 Goldberger（1962）。很多计量经济学家声称糟糕预测的重要因素就是没能包含自相关误差（这是联立方程组模型估计的特征）。

● 利用预测误差的方差构造置信区间的表达式由 $\sigma^2 + \sigma^2 x_0'(X'X)^{-1}x_0$ 给出，其中 x_0 为对应于待预测因变量的回归元的观测值向量。上式第一项是误差以零值估计的结果，第二项来自 OLS 估计而非真实的参数值（注意，OLS 估计的协方差阵 $\sigma^2(X'X)^{-1}$ 出现在第二项中）。Salkever（1976）运用特定时期虚拟变量给出了计算和预测方差的方法，计算上很简便。参见 15.5 节。

20.4 预测准确性

● 当使用 ARCH 或相关的专门用来预测误差项方差的模型进行预测时，评价预测结果的方法却并不明显，因为被估方差并不是数据的一部分。Lopez（2001）总结了此种情况下的其他预测方法，并建议将方差预测转换为误差项超过某个有经济学意义的值的概率，这样就提供了适合于在二元变量模型（如二次评分模型等）下评价预测的方法。

● 预测子的均方误可以分解成三个部分。第一部分称为偏差部分，对应于由预测趋势过高或过低导致的均方误部分，用实际变化量对预测变化量的回归中的截距项偏离零的程度反映了这一点。第二部分称为回归部分，对应于由其他系统影响导致的均方误部分，回归中斜率系数偏离 1 的程度反映了这一点。第三部分称为干扰部分，度量由不可预测误差导致的均方误（用回归所得残差的方差来衡量）。这种分解（参见 Theil（1966，pp. 26 - 36））为打算评估预测方法的人提供了有用的信息。（Theil 的另一种将其分解为偏误、方差和协方差部分的分解方法被 Granger 和 Newbold（1973）证明存在值得怀疑的含义。）

● 预测背景中发现的一个普遍统计量就是 Theil 不等式（或者 "U"）统计量（参见 Theil（1966，pp. 26 - 36）），它是预测变化量的均方误和实际变化量的均方差之比的平方根。对于一个完美的预测模型，这个统计量为零；数值为单位 1 对应于"没有变化"的预测。（注意，这个统计量的一个更早的版本被证明是有缺陷的，参见 Bliemel（1973）。）

第 21 章　稳健估计

21.1　引言

　　为某一特定的估计问题而设计的"最优"估计量，它出色的性质源于以下事实：它们的推导利用了生成数据过程的特殊性质，而这些性质被假定是计量经济学家已知的。遗憾的是，正是由于这种"最优"估计量是被设计来利用这些假设的，因而当假设条件不满足时，对它的影响要远远超过对其他次优估计量的影响。由于研究者并不总是确切地知道假设条件是否能够被满足以确保选择的估计量最优，因而他们更倾向于选择一个对假设条件变化不敏感的估计量而并非"最优"估计量，来避免假设条件变化时估计量的大波动。这种估计量被称为稳健估计量。

　　我们有时会碰到这样的估计量，如最小二乘（OLS）估计量的方差—协方差矩阵的异方差一致估计量。这个估计量降低了推论对使用 OLS 关于误差项方差的错误假设的敏感性。当然，OLS 估计量在一些情形下自身也可以看作是稳健估计量——在第 11 章中提到的联立方程估计中，OLS 估计量就比其他竞争者对于多重共线性以及变量中的误差之类的问题更加不敏感。

　　尽管，一般而言，一个稳健的估计量是指不敏感于任何违反关于数据产生方式的假设，但在实际操作中大多数稳健估计量都被设计成对误差分布的错误假设有抗干扰力。以下两节讨论的都是这种稳健意义下的稳健估计量；本章的最后两节将讨论对于更加多样化的错误建模假设保持稳健的估计程序，并重点关注与函数形式有关的假设。随着研究者开始注意到他们的一些诸如 Tobit 估计等估计程序对误差项的非正态性的极端敏感性，关于稳健性的话题在计量经济学界已经越来越流行了。

21.2 异常值和有影响的观测值

当误差服从正态分布时，OLS 估计量在经典线性回归（CLR）模型中是最优无偏的，即在所有无偏估计量中具有最小方差。当误差不再服从正态分布的假定时，性质就会弱一点：OLS 估计量是最优线性无偏估计量（BLUE），即在所有线性无偏估计量中具有最小方差。如果误差的分布是宽尾的（因为通常会产生相对较大的误差），就说明线性的要求过于苛刻了：在误差服从宽尾分布时，尽管 OLS 估计量是最优线性无偏估计量，但是它的性质明显不如一些非线性无偏估计量。因此，只要认为误差服从宽尾分布合理时，这些被称作稳健估计量的非线性估计量就比 OLS 估计量更受青睐。

一般认为，有较大残差的观测值暗示误差是服从宽尾分布的，因此寻找这样的"异常值"（异常值是看起来不服从其他数据点的模式的观测值）就成了解决这一潜在问题的第一步。一个简单的寻找异常值的方法就是做 OLS 回归后的残差图，找出残差值相对较大的观测值。然而这并不是一个好方法；一个大的误差值平方后会更大，在最小化残差平方和时，OLS 会给残差值大的观测值一个更大的权重，这样会造成 OLS 回归线围绕观测值摆动而掩盖了它是异常值的事实。（OLS 回归线对于单个观测值剧烈摆动的事实正好解释了为什么误差服从宽尾分布时 OLS 估计量不是好估计量。）一个更好的方法是研究第 i 个观测值，具体来说就是多做一个除去第 i 个观测值的回归，与原来的回归相比较，以判定第 i 个观测值的预测误差是否显著。重复同样的方法对每一个观测值进行检验。

寻找异常值的基本原理在于它们可能对 OLS 估计量产生强烈的负面影响。以上讨论的异常值的类型（具有异常大的误差的观测值）只是对 OLS 估计影响最大的两种异值观测值之一。第二种异常值的类型是观测值中的解释变量具有异常值，被称为杠杆作用点。考虑一张因变量和单一解释变量的散点图，很多观测值聚集在一小部分区域，只有一个解释变量的观测值显著不同；这个单独的观测值就会对 OLS 估计产生很大的影响，这种影响不亚于第一种异常值带来的影响。

现在很明显，我们应该寻找的不仅仅是任何形式的"异常值"，而且还有对 OLS 估计量产生强烈影响的观测值；这样的观测值称为有影响的观测值（influential observations）。对有影响的观测值的"侦查"的测量基于把使用所有数据集计算出的 OLS 系数（或误差）同用所有数据减去一个观测值后计算的估计比较。任何观测值，如果排除该观测值后导致 OLS 估计明显变化，那么该观测值可称为有影响的观测值。

21.3 消除有影响的观测值因素

一旦有影响的观测值被确定之后，人们很容易想到把它排除。但是这样就犯了一个大错误。通常，有影响的观测值是数集里最有价值的观测值；譬如连年稳定的利率或能源价格，变动的时点恰恰是做估计时所需要的。而且，异常值可能反映出一些独特的事实，从而可以对模型的设定进行改进。

确定有影响的观测值之后，首先是细致地检查这些观测值，看看是否存在明显的原因使它们成为异常值。譬如测量的误差、数据分类的误差或者数据录入的失误，那么修正这些错误才是最好的解决方法；如果误差是不能修正的，那么删去这些观测值将是合理的选择。异常观测值的出现也可能是因为特殊的背景条件造成的，譬如地震或者会计的特别项目，在这种情形下就需要考虑改进模型，引进此观测值。

如果经过第一步的检查之后有影响的观测值仍然存在，就没有明显的对策了。如果经过检验之后研究者确信这些观测值是真实的，从而是有价值的，那么使用 OLS 估计也未尝不可。但是如果不能排除数据的误差服从宽尾的怀疑，那么就应该使用稳健估计量。以下介绍五种常见的稳健估计量：

（1）M 估计量。误差平方和可以看作误差绝对值的加权平均，各自的值就是各自的权重。从这个角度来说，OLS 就是最小化误差绝对值的加权和，权重就是误差绝对值的大小。M 估计量背后的思想就是对误差赋予不同的权重，尤其是赋予这样的权重：它的大小不会随着误差绝对值的大小的增长而增长。下面的例子能够帮助我们理解这一点：

（a）把每个权重设为 1，那么这个估计量就是最小化误差绝对值之和得到的。

（b）把每个权重设为误差的绝对值，直到它达到一个人为设定的值，如 b，当误差的绝对值超过 b 时，权重保持 b。

（c）接着前面的选择，但是当误差绝对值达到一个设定值 c 后，权重随绝对值的增加而逐渐减少（按照误差绝对值的线性方程）至零（此时误差绝对值为 d），之后权重一直保持为零。这样就把误差绝对值大于 d 的观测值全部排除了。

（d）（c）的选择可以近似为一条正弦曲线。

（2）自适应估计量。这些估计量使用极为普通的误差项分布形式，如广义 t 分布等，并与回归参数一起估算自身参数（利用最大似然法）。这就允许估计步骤自动适应误差分布的调整，免受不恰当误差分布假设的影响。这种方法隐性假设异常值点来自误差项的非正态性，而不是来自数据污染。

（3）L 估计量。这个估计量是样本顺序统计量的线性组合，其中最具吸引力的就是回归分位（regression quantiles）的思想。回归分位是一种系数的估计，产生于最小化误差绝对值加权和的过程，其中正误差和负误差的权重是不同的。

例如，0.25 回归分位点产生于给予正误差 0.25 的权重和负误差 0.75 的权重的过程。第 θ 个回归分位是这样得到的估计：它最小化误差的绝对值加权和，给予正误差 θ 的权重和负误差 $(1-\theta)$ 的权重。如果 $\theta=0.5$，这就和最小化误差绝对值之和得到的估计量是完全一样的了。L 估计量就是由这些回归分位估计的加权平均计算而来的，其中分位和权重的选择是有很大任意性的。比较流行的版本有两个：一个是 Gatswirth 版本的，其中，1/3、1/2、2/3 回归分位的权重分别是 0.3、0.4、0.3；另一个版本是三分位数，其中 $\frac{1}{4}$、$\frac{1}{2}$、$\frac{3}{4}$ 回归分位的权重分别为 0.25、0.5、0.25。

（4）平衡最小二乘法。这主要是关于怎样除去一些观测值的方法。例如，计算出 0.05 分位和 0.95 分位的回归结果，然后将前者有负残差的观测值和后者有正残差的观测值除去。这种方法可以除去 10％ 的观测值。在剩下的观测值中运用 OLS，这就是 α 平衡最小二乘法，此例中的 $\alpha=10\%$。

（5）有限影响估计量。OLS 估计量具有无限影响的功能，即一个偏离的观测值对系数估计的影响会随着偏离程度的增大而增大。有限影响估计量，或称 BIF，就是用来限制这种偏离的观测值对系数估计的影响的。具体的实现方式是：以限制偏离的观测值对系数估计的影响为原则选取每个观测值的权重，然后最小化误差的加权平方和。这样对有影响的观测值所赋的权重就小；其他观测值还保持原来的权重。做有限影响估计量的前提是定义什么是“有影响的”以及选择限制的程度。一般而言，限度的选择应该使 BIF 与数据的吻合度不能太低，如不能低于 OLS 与数据吻合度的 5％。这实际上也就意味着为防止数据不适合 OLS 的可能，要支付 5％ 的保险溢价。

21.4　人工神经网络

稳健估计问题有很多方面。例如，这可以指上文中的降低估计对异常值点的敏感性，也可以指讨论“异方差一致的协方差阵”时提到的去除统计推断对异方差的敏感性。另外，这还可以指选择灵活的函数形式来充分逼近未知的数据生成函数。这方面的例子之前出现过，如博克斯-考克斯函数和超对数函数形式等。有时候估计问题本身会暗示合适的函数形式；例如，估计生产函数时就经常使用超对数函数。但是，通常问题并没有给出这种暗示，此时研究者就可能要求助于样条函数或者高次多项式。最近凸显出来的人工神经网络函数具有极端灵活的函数特征。人工神经网络模型，简称神经网，把不为人知的大脑功能建成几个 S 形（通常是 logit 曲线）的加权和的模型，每一条曲线是所有相关的解释变量的函数。

图 21—1 给出了一个简单的人工神经网络的例子。其中只有 1 个解释变量 x 和 4 个参与平均的 logit。然而，这已经足以体现出加总 logit 所能够产生的函数形式的灵活性。图 21—1 的下半部分表示的是 4 个用来加权后加总的 logit 函数，

而上半部分中的非线性函数是加总的结果。本例中有 13 个未知数（图 21—1 中已经赋值来获取图像）：截距项、4 个 logit 的权重以及每个 logit 的斜率和截距。即使只有 4 个 logit，函数形式也已经非常灵活了。它能够引入很陡峭的、能够迅速从零附近移动到变化发生的 1 附近（或者相反）的 logit，从而捕捉到剧烈的上涨或者下跌。最终函数的形状受到系数 β 的影响，也受到每个 logit 自身参数变动的影响。除此之外，还可以在上面 y 的函数表达式中加入传统项。例如，可以加入一次项 x。此时估算需要依赖基于梯度的非线性最小二乘迭代搜索算法。第 23 章会讨论这些算法。

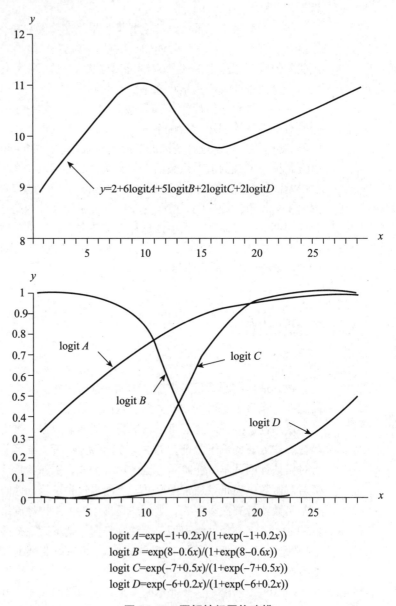

$$y = 2 + 6\text{logit}A + 5\text{logit}B + 2\text{logit}C + 2\text{logit}D$$

logit A=exp(−1+0.2x)/(1+exp(−1+0.2x))
logit B =exp(8−0.6x)/(1+exp(8−0.6x))
logit C=exp(−7+0.5x)/(1+exp(−7+0.5x))
logit D=exp(−6+0.2x)/(1+exp(−6+0.2x))

图 21—1　图解神经网络建模

这种函数形式的灵活性是非常显著的，因而非常具有吸引力。而实际上，由于它能够扭转从而使它过于灵活以至于不能拟合数据的特性，从而对函数形式的潜在设定产生误导。正如技术性注释中提到的，在估计过程中要特别留心以防止以上过分拟合的情况发生。

21.5　非参数估计

非参数估计是另一种获得灵活函数形式的办法。之所以如此命名，是因为这一方法中不存在有意义的参数。特别地，待估函数关系不存在任何具体的表达式形式，所以也就没有参数。进一步地，误差项的分布也不设定为任何具体形式，所以也就没有了最大似然法的用武之地。正由于不限定设定形式，所以非参数估计的结论对平常参数估计下的错误假设也是稳健的。

在非参数方法中，假定 $y=m(x)+\varepsilon$，其中 $m(x)$ 是 y 的条件期望，不管何时都不包含参数；而误差项 ε 的密度完全不进行设定。这里给出几种常见的估计方法。

（1）核估计。如果只有一个解释变量 x，那么对每个 x 值来说，$m(x)$ 的估计都可以通过 y 值的加权平均来获得。假设估计 $m(x^*)$，即 $m(x)$ 在 $x=x^*$ 处的估计值，那么 x^* 附近的 x 值权重较大，离 x^* 较远的 x 值权重较小。一般性注释中给出了赋权的"核函数"。该方法的结果中，y 和 x 的关系被刻画为 y 的移动平均值。当存在两个解释变量 x 和 z，该种方法下在 (x^*, z^*) 点估计 $m(x, z)$ 时，距离 (x^*, z^*) 点近的 (x, z) 权重较大，距离 (x^*, z^*) 点较远的 (x, z) 权重较小。这种方法的主要问题是，当解释变量数量上升时，距离特定点"近"的观测值数量也越来越少，因此相应 y 值的平均值也越来越不可靠。这种现象称为维数曲线（curse of dimensionality）。当存在一个解释变量时就需要大量样本来保证求平均可行。而当存在多个解释变量时，样本规模还要大幅上升。下面将要论述的方法（3）和方法（4）能够解决这个问题。

（2）局部回归。该方法包括 N 个回归，其中 N 为样本规模。每个回归以不同的回归元观测值为"中心"进行。对于以 x^* 为中心的回归，以 y 对 x 进行，通过最小化加权误差平方和来完成，而权重是核估计中的核权重。本质上，这是在用 x^* "附近"的观测值进行回归，离 x^* 越近权重越高。回归估计线可用来根据 x^* 预测 y，并据此给出 $m(x^*)$。最后，如果用多项式函数代替线性函数形式，这一方法还能够进一步拓展。

（3）半参数估计。该方法下 y 包括两个部分，一部分是参数形式，另一部分是非参数形式。例如，可以假设 $y=\alpha+\beta x+g(z)+\varepsilon$，其中 g 为未知函数。这样 y 的非参数部分就被限制在 z 项当中。估计时，需要将 $g(z)$ 通过某种方法剔除，最常用的方法是利用核估计去除 z 对 y 的影响，之后再去除 z 对 x 的影响。之后，α 和 β 就能够通过将"y 残差"对"x 残差"回归得到。这里的逻辑符合 3.3 节技术性注释中维恩图所示的一般思想。估计完 α 和 β 之后，y 中的线性部分就会被抽掉，并利用核方法来估计 $g(z)$。这种方法的吸引力在于克服了维数曲线的限制。这是由于方法设定中将非参数部分的解释变量个数降低到可操作的程度。

（4）指数模型。该方法中，y 被写成解释变量线性组合的函数 g，并且 g 的形式未知。例如，假设 $y=g(\beta x+\delta z)+\varepsilon$。截距项删除，因为这已经被 g 捕捉到。估计的步骤为：选择 β 和 δ 的值来计算 $w=(\beta x+\delta z)$；之后将 y 视为 w 的函数进行核估计。利用搜索算法，可以在不同 β 和 δ 值下的重复估计中找到"最优"结果，例如"最优"意味着最小化误差平方和。

一般性注释

21.1 引言

● Stigler（1973，p. 872）解释了"稳健"词义的发展历史：

在 18 世纪，"稳健"常常用来形容强壮而粗野聒噪的人。直到 1953 年 Box 首次赋予这个词统计学的含义，语言的发展消除了负面的词义："稳健"现在单纯指强壮、健康、足够坚强以抵抗生活中的各种磨难。

● 很多稳健估计方法对模型设定也能起到一定的作用。例如，如果 OLS 估计量和稳健估计量出现显著差异时，人们就需要重新审视数据和模型设定。Janson（1988），尤其是相关评论，是关于稳健估计这方面的有价值的见解，同样的还有 Belsley（1986a）和相关评论。

● Zellner（1981）强调异常值对于模型设定可能非常有价值——异常和奇特的事实可以产生大的进步，因为人们会寻找更一般的原理来解释它。另一方面，也必须特别小心，因为异常值可能导致采取只符合特定数据的设定。Franses 和 Biessen（1992）提出了一种检验异常值是否导致设定中包含解释变量的方法。

● 很多稳健估计法的一个缺陷在于它通常要求误差项对称分布且与回归元独立，而这在一些计量经济学问题中是不能保证的。Godfrey 和 Orme（1991）讨论了不对称残差的检验方法。偏度问题被自适应估计量自动解决。自适应估计量是稳健估计的一种方法。

21.2 异常值和有影响的观测值

● 很多研究者在寻找异常值或有影响的观测值之前，先检验误差项的非正态性。严格地说，大多数这样的检验要求观测值必须是基于真实误差的。但是White 和 MacDonald（1980）提出，即使使用了 OLS 回归后的残差，检验仍然是可行的。Maddala（1977，pp. 305～308）重新探讨了这些检验，并推荐了 Shapiro-Wilk 检验。Poirier，Tello 和 Zin（1986）提出了一种具有吸引人的合意性质的新检验统计量。在所有计量经济学家提出的方法当中数 JB 检验（参见技术性注释）最为流行。

● 运用第 15 章讨论过的观测值特定虚拟变量可以很简单地找到由一个主要错误导致的异常值，比如研究第 i 个观测值，用观测值特定虚拟变量对第 i 个观测值进行回归，这个观测值特定虚拟变量的系数的 t 统计量就用来检测异常值是否存在。同样的方法重复对所有 N 个观测值进行检验。因为实际上我们是要找所有观测值中最大的，合适的临界值就是与 $\alpha/2$ 的水平对应的值除以 N。这个 t 统计量标准化后的预测误差有时被称为学生化残差。

● 现在主要有两种流行的统计方法来检测第 i 个观测值是否是有影响的。一种是 DFFITS，即计算 OLS 的系数估计时，观察除去第 i 个观测值之后因变量的第 i 个值的变化（标准化后）；另一种是 DFBETA，即观察除去第 i 个观测值之后 OLS 系数估计的变化（标准化后）。Belsley，Kuh 和 Welsch（1980）讨论了这些估计及其扩展。还有一种流行的统计方法是 Cook 距离，这种方法在统计学的文献中比在计量经济学的文献中更常见。具体来说，就是将由所有观测值估计的 y 值和除去第 i 个观测值之后估计的 y 值的差值平方求和。通过除以误差项方差的估计值与解释变量的数量的乘积进行标准化。根据单凭经验的方法，当计算值超过某一数值时，该观测值被认定是有影响的。在 probit/logit 估计中，Fay（2002）建议，与其删除第 i 个观测点，不如将第 i 观测点的独立变量值从 0 变为 1，或者从 1 变为 0，以观察这对目标值有何影响。

● 以上所有旨在寻找异常值和有影响的观测值的方法都利用了总体统计量；一种自然的替代是通过画图的方法利用数据自身的信息。数字概括主要关注期望值；而图表概括主要关注非期望值。探索性数据分析（EDA，在 22.2 节的一般性注释中讨论过）强调研究者应该以研究数据作为其分析工作的开始，因为研究者对数据越熟悉，越有利于有效地展开、检测和发展他的理论。这可以看作是稳健估计的一个组成部分。

21.3 消除有影响的观测值因素

● Judge 等（1985，pp. 829-839）讨论了 M 估计量、L 估计量和平衡最小二乘法，以及如何对其进行假设检验。Krasker，Kuh 和 Welsch（1983）对 BIF 进行了很好的介绍。Koenker（1982）关于计量经济学中的稳健估计方法作了更全面的论述。

● 回归分位是由 Koenker 和 Bassett（1978）引进的。Koenker 和 Hallock（2001）包括了对解释的讨论和软件指导，对于非专业人士是很好的阐释。Koenker（2005）是一个综合性参考。尽管回归分位估计的一个作用是做出稳健估计量，但是正如在本章中间部分提到的，这些估计量更重要的作用在于估计条件分位函数（conditional quantile function）——当回归分位无法被测量时，把观测值放在特定的误差分布分位中的关系式。（"条件"是指以它们被测量出的分位为条件——关系中的解释变量。）一个更通俗的表达是："函数关系如何对有较大的正误差的人或有较大的负误差的人与有典型误差的人进行区分？"例如，利用 OLS 估计出参加工会可能使工资提高 16%，但是通过观察更低和更高分位的方程可以看出这将导致那些条件分布位于下尾侧的有 30% 的升水，而条件分布位于上尾侧的只有很少的升水。

● 最小化误差项绝对值之和得出的估计量是 M 估计量和 L 估计量的特殊情形，有 LAR（最小绝对残差）、LAE（最小绝对误差）、LAD（最小绝对偏差）或 MAD（最小绝对变差）估计量。这种估计方法可以用来解决线性规划问题。另一种估计方法是对每一个观测值除以 OLS 估计的残差绝对值的平方根，再对改造的数据进行 OLS 估计。反复以上过程，结果最终会收敛于 LAR 估计量。Taylor（1974）以及 Narula 和 Wellington（1982）对 LAR 估计量做了很好的研究。还可以参见 Dielman and Pfaffenberger（1982）。

● M 估计量的名字代表"最大似然类"的估计量。假设误差项服从正态分布，最大似然方程将产生一系列有确定的一般结构的一阶条件。M 估计量是通过在这一类结构中用替代方程形式代替主要方程估计出来的。

● Boyer，McDonald 和 Newey（2003）发现适应性估计方法在处理非正态误差方面极为成功。非正态误差应当有别于"受污染的"数据，后者是人为误差或机器误差的结果。根据 Hampel 等（1986），1%～10% 的观测值都存在此种粗糙问题。对于受污染的数据来说，有限估计量更为合适。

● 有限影响估计在计算上不易实现。Welch（1980）使用了一种近似，最小残差平方加权和，其中对于 DFFITS 绝对值小于 0.34 的观测值赋予相同的权重，而其他观测值的权重为 0.34 乘以观测值的 DFFITS 绝对值的倒数。这使它看起来很像 M 估计量。最小误差平方中值估计量将误差项平方和的中值最小化，并被视为识别异常误差的良好方法。将该种方法与剔除程序（去除异常值点再对剩余数据进行 OLS 估计）相结合，就得到了 Boyer，McDonald 和 Newey（2003）所说的"再加权最小二乘法"，并产生了良好的有限影响估计量。总之，超过 OLS 或 LAD 并不是什么难事。这两种方法都不能处理异常值点。

● Zaman（1996，ch. 5）很好地讨论了稳健估计方法最近的发展，例如通过最小化 $N/2$ 个最小误差平方和来估计，以及通过观察对应于稳健估计的观测值是否有较大的残差来确定有负面影响的观测值。

21.4　人工神经网络

● 学者在探究大脑（由神经元网络组成）的工作原理，以及如何通过计算机模拟这一过程的道路上,产生了大量人工神经网络的文献,神经网络灵活函数形式也包含在其中。但是,计量经济学者保留了文献中的术语,使得应用者难以理解模型的本质。例如,文献中有输入层、隐藏层和输出层的概念,每一层都包含"结点"。输入层上的每个结点都包含一份信息,并将其送至大脑。大脑中有一些隐藏结点,每一个都处理所有信息,之后向输出层传递一份经过处理的信息。输出层中一个结点根据所有这些信息计算输出变量的值。在计量经济学术语当中,输入层的结点就是解释变量,隐藏层的结点根据所有解释变量的值来计算出一个不同的 logit 函数值,而输出层结点将这些 logit 值加权平均,给出因变量估计。自然可以将方法推广到多于 1 个输出层结点的情形,此时就可以同时进行多个因变量的估计。

● 这里有更多的神经网络的术语。"网络"就是模型;"权数"就是参数;"例子"就是观测值;"学习"和"训练"是指寻找最佳拟合的模型;"优化大脑损害"是指模型选择。寻找最优拟合函数的迭代过程被比喻为系统(大脑)的"学习"过程,或者是通过"例子"进行"训练"。这个过程被称为"反向传播",因为每一次迭代("时期")中残差会"反过来"通过方程来决定下一期参数值的最优变化的梯度。Smith(1993)非常清楚地解释了神经网络的统计模型,详细说明了方法的类似之处,描述了多种估计程序,并对诸如迭代最小化程序应该如何选择初始值等技术细节提供了可行的建议,更多内容参见 Warner and Misra(1996)。Murphy,Koehler 和 Fogler(1997)为训练神经网络提供了可行的建议,注意到过度拟合和被他们称为"人工错误"的程序是普遍的。他们强调,神经网络的估计就像 ARIMA 模型的估计一样,是一门艺术。

21.5 非参数估计

● Pagan 和 Ullah(1999)以及 Li 和 Racine(2007)为计量经济学家全面总结了非参数估计方法。后者给出了一些精彩例子,来说明非参数方法的结论是如何区别于传统参数估计方法的。Yatchew(2003)的阐述更为可读,并包含半参数估计的例子。Yatchew(1998)、Ullah(1988)以及 Robinson(1986)是较为扼要的综述。DiNardo 和 Tobias(2001)面向非专业人士给出了极为精彩的解释。Horowitz(1998)全面总结了半参数估计。Robinson(1988)是简要综述。Anglin 和 Gencay(1996)则以具体例子说明了半参数估计流程,并与其他估计方法进行了比较。Fan 和 Gijbels(1996)是局部回归(有时称为 Loess)的全面综述。Loess 可变形为 Lowess(局部加权散点平滑法)。Lowess 中的加权体系略有不同,对具有很大残差的样本点进行了降权处理。

● 非参数估计的主要缺陷在于要求大量样本点。参数估计中,估计值向真实值的收敛速度一般与 $\sqrt{N}$ 的倒数成正比,但非参数估计情形下收敛速度一般慢得多。道理很显然。假设只有一个解释变量 x,并有 1 000 个观测值。但是其中只有 100 个"接近于"x,在核估计中扮演重要角色。如果样本规模增加了 500,并且观测值均匀分布在整个 x 范围内(非参数分析员处理渐近性时经常采用的假设），那么"接近"x^*的观测值数量仅增加了50。现在，假如z是另一个解释变量，那么用于核估计的观测值需要"接近"（x^*，z^*），即必须同时接近x^*和z^*。如果z观测值均匀分布于整个z区间内，那么1 000个原始样本点中仅有10个"接近"（x^*，z^*）。并且，当整体样本规模N增加500时，接近（x^*，z^*）的样本点数量只增加了5个！

● 使用灵活的函数形式可以替代非参数估计法，但是除了完全无限制的灵活函数，如神经网络，其他方法都只能适用于有限解释变量的情形。非参数估计的其他问题还包括：当解释变量多于1个时，难以对结果进行展示、报告和说明。另外，也不可能对解释变量样本集之外进行推断和预测。

● 假设利用核估计法计算$m(x^*)$。核加权函数中，x^*附近的值会有更高的权重，较远的值有较低的权重。因此，任何以x^*为中心的对称峰状函数都能够满足要求。Cameron和Trivedi（2005，p. 300）列举了9种常见的核函数形式。例如，常用的高斯核函数采用常见的正态分布形式。为了决定具体权重，需要选取带宽h来标准化x^*和x之间的距离。对每个x值点，计算标准化距离$(x-x^*)/h$，然后得到核函数的值，一般记为$K[(x-x^*)/h]$。将K值进行标准化，使其和为1（每个K值都除以所有K值之和），就得到了权重。小的$(x-x^*)/h$将会得到较大的权重，而大的$(x-x^*)/h$权重较小。在不同的h值下，只有离x^*"较近"的x值才有不可忽视的权重。两倍h有时也称为"窗口宽度"，因为这决定了多少观测值在拥有较大权重的意义下能够被"发现"。最后，估计$m(x^*)$的方程是

$$\hat{m}(x^*) = \sum y_i K[(x_i-x^*)/h] / \sum K[(x_i-x^*)/h]$$

应当看出来，这其实是y值的加权平均。

● 事实表明，核函数如何选择无关紧要，但是带宽h的选择至关重要。如果选得"太小"，那么$(x-x^*)/h$就会非常大，因此拥有较大权重的观测值就太少，而最终的$m(x)$估计从图形上来看就会显得粗糙（或者"平滑不足"——这就是h有时称为"平滑参数"的原因）。如果选得"太大"，那么$(x-x^*)/h$值就会很小，就会有太多观测值不可忽视，从而"过度平滑"$m(x)$（例如，这可能会将重要起伏平滑掉）。大h将会带来估计偏误，因为这使得不应当包含进来的较远观测值进入了$m(x^*)$估计当中。因此，在方差和偏误之间就存在权衡取舍——高h值降低了估计的密度函数的方差（因为有更多观测点用于估计），但这同时带来了更大偏误。那么，最优h值应当如何确定？不幸的是，对此并没有统一的选择方法。这就成了一个大问题，因为两位研究人员如果使用相同数据但选择不同的h值，会得到与非参数分析极不相同的结论。技术性注释中讨论了一种常用的h决定方法。该方法使用了交叉效度分析技术。一般来说，实践中建议将$m(x)$在不同h值下的图像画出来，并凭借直观感觉选择合适的h值。平滑参数的选择也可以基于分析目的进行。例如，某人可能出于表述目的，或为了选择合适的参数模型而故意过度平滑；也可能平滑不足以更为细致地考察局部结构。

技术性注释

21.3 消除有影响的观测值因素

● 由 Jarque 和 Bera（1980）引入的 JB 检验，因其计算上的简便以及与回归残差的其他一般诊断检验渐近独立的性质而被广泛使用。此外，JB 检验吸引学者的原因还在于它把检验偏度和峰态结合起来。但是因为在小样本的情况下 JB 检验结果不是很理想，Urzua（1996）建议对小样本进行调整，Deb 和 Sefton（1996）以及 Lawford（2005）提供了小样本的临界值。Poitras（2006）重复提醒了对于 JB 检验以及其他正态性检验需要正确的样本量。

当误差项服从正态分布时，它的三阶矩应该为零而且它的四阶矩应为二阶矩平方（方差）的三倍。JB 检验是以上两个现象的联合检验。在大样本的条件下，残差三阶矩的估计值与它的标准差的估计值的商应该服从标准正态分布。此外，四阶矩的估计值减三倍的估计的方差平方，再除以它的标准差的估计也应该在大样本条件下服从标准正态分布。因为这些标准正态分布是相互独立的，它们的平方和，即 JB 统计量，服从两个自由度的 χ^2 分布。

● 我们可看出，当误差项服从这样的分布时，与样本平均数相比较，样本中位数能更好地（更有效地）衡量测位（分布均值的估计）。因此，在这种情况下 LAR 估计比 OLS 估计更有效。如果误差项服从双指数（拉普拉斯）分布，即 $f(\varepsilon)=(1/2\lambda)\exp(-|\varepsilon|/\lambda)$，那么 LAR 估计值就等于 MLE 估计值，并且是最优无偏估计，得到的方差等于 OLS 估计值方差的一半，具体详见 Harvey（1990，pp. 117-118）。这时，OLS 估计仍然是最优线性无偏估计量（BLUE），但是 LAR 估计是非线性的。

● Lp 估计量通过最小化误差 p 次方的绝对值之和得到，其中 p 值一般处于 1～2 之间。当 $p=2$ 时，就得到了 OLS 估计量；当 $p=1$ 时，估计量最小化的就是误差绝对值之和。选择 p 值时，误差项尾部越宽，p 值就应该越低。但是，除了这一模糊的规则之外，很不幸 p 的选择只能靠主观确定。

21.4 人工神经网络

● 神经网络方程最普遍的形式是建立在利用 logit 的基础上的。具体形式如下：

$$y = \alpha + \sum_{i=1}^{k} \beta_i \frac{e^{\theta_i}}{1+e^{\theta_i}} + \varepsilon$$

其中 k 是 logit 的平均数量，β_i 是计算 logit 均值的使用的权重，θ_i 是解释变量的线性函数。

●通过进行多次取对数（logits）的形式来平均模型适用于任何函数形式。取对数的合理次数的选择原则是确保均方误差的最小化，避免出现局部极小点，但是这样一来非常容易出现过度拟合的风险，即数据匹配情况非常好，以至于使神经网络反映这些数据集合的特殊性质而不反映这些数据背后隐藏的一般性特征。为避免出现过度拟合现象，伴随着求解参数值迭代过程的进行，会产生周期性的交叉验证，即检验在统计过程中没有被使用过的数据是否能够很好地得出某一估计特征，这一数据通常约为原有数据的三分之一。不管这一样本外数据的均方误差之和从什么时候开始增加，说明过度拟合已经出现了。如果这一样本外数据的均方误差之和无论什么时候都不会增加，那么取对数的次数不足以产生过度拟合现象，这意味着取对数的次数可能不足以获取背后隐含的函数形式，因此应该增加取对数的次数。

●为了将神经网络用于定性因变量，神经网络函数应该写成 y 函数的对数形式，并且事先假设定性因变量的取值范围介于 $0.1 \sim 0.9$ 之间，而不是介于 $0 \sim 1$ 之间。（之所以这样假设是因为要估计 $0 \sim 1$ 之间的值，均方误差之和的最小化会导致产出 y 的取值超出正无穷或负无穷的范围。）对变量 y 进行对数形式转换也是定量变量常用的处理方法，因为这种变换能够改善估计程序；因变量的取值范围被设定在 $0.1 \sim 0.9$ 之间，其他数值被合理地通过内插值替换。

21.5 非参数估计

● Yatchew（2003）支持另一种消除半参数方程 $y = \alpha + \beta x + g(z) + \varepsilon$ 中非参数部分的方法。将所有观测值按照 z 值大小进行排列，然后对数据进行一阶差分。由于临近的 z 值之间应当很接近，所以差分之后 $g(z)$ 基本上就会消失，这样就能够对差分后的数据进行回归，来估计 β。这一方法简单易行，并且方便检验。

● 非参数估计中的"回归系数"或"斜率"是指 m 对 x 的偏导数。一种估计斜率的方法是首先估计 $x = x_0$ 时的 $m(x)$，然后估计 $x = x_0 + \delta$ 时的 $m(x)$，二者之差除以 δ 即得回归系数的估计。这是 $m(x)$ 在 $x = x_0$ 处的斜率估计。除非 m 是线性的，否则在不同的 x 处应当不同。注意，局部回归方法自动给出了每个 x 值的斜率估计。

● 随着带宽 h 越来越大，就有越来越多的观测值获得不可忽视的权重，从而进入 $m(x^*)$ 的估计当中。这使得 $m(x^*)$ 估计的方差下降。但是将有越来越多更加远离 x^* 的观测值加入平均过程中来，也增加了 $m(x^*)$ 的偏误。假设 h 增加到方差下降与偏误平方的上升匹配的程度，这个 h 值就会最小化 $m(x^*)$ 估计的均方误。但是，由于每个可能的 x 值都有一个 $m(x)$ 估计，因此 $m(x)$ 有无穷多个，那么也就有无穷多均方误来进行最小化以选择 h。积分均方误（IMSE）是这些无穷多个均方误的加权平均值，权重由 x 的密度函数给出（x 的密度函数可以通过核估计的方法计算，稍后解释）。最小化 IMSE 即获得最优带宽 h。数学推导显示，h 的最优值与样本规模的五次方根的倒数成正比。然而，如何选择比例因子这个问题并没有达成共识，反而去除单点的交叉效度分析法很常用。这一方法如下：首先选择 h 值；对每个 x_i 估计 $m(x_i)$，但是估计时不包括第 i 个观测值。之后利用这一结果计算预测误差 $y_i - \hat{m}(x_i)$。这一步完成后，将所有预测误差平方值加总，并利用搜索算法找到最小化平方和的 h 值。

●根据上述关于 h 选择的论述，h 的相同取值被用于所有的 x 取值。但是，关于 h 的一个适合 x 密度主体部分估计的取值，不一定足以能够估计 x 密度的尾部（因为尾部的观测值较少），这说明采用某种允许 h 值变动的方法更加合适；这样会产生变量窗口宽度估计量，称为适应性平滑（adaptive smoothing）。k 近邻估计法（k-nearest neighbor estimator）就是一个例子。在这种方法中，对于任一 x 的取值，窗口宽度是能够产生平均过程所必需的 k 个观测值的任何数量。

● 另一种考察核估计的视角是通过密度函数的估计。假设 x 变量的 N 个观测值可用来估计 x 的密度函数。如果能够假定一种正态分布形式，那么只需要利用观测值估计出密度函数中均值和方差两个参数，再利用正态分布的密度函数公式就可以估计出任何值 x 处的密度。非参数分析的全部要点在于避免对密度函数的形式做任何假设，因此就需要采取一种完全不同的方法。

估计 x 密度的一种可能的方法是构造直方图。但这种方法至少有三点不令人满意：首先，柱形图不是平滑的——从一个区间到另一个区间之间没有任何跳跃；其次，受区间如何定义的影响——如果单位区间长度的分隔定义为从 1.0 到 2.0 再到 3.0，等等，而不是从 1.5 到 2.5 再到 3.5 等，那么很有可能显示出的密度函数也不相同；最后，对区间长度的选择也很敏感。一种解决以上问题的方法是使用局部直方图——利用移动的区间间隔来计算图中柱形的高度。

图 21—2 显示了关于可能的 x 值的柱形切割图。图中的空心小圆圈代表 x 的观测值。考虑 $x=18$ 处的密度值，根据直方图的思路，通过计算以 $x=18$ 为中心的一个区间间隔里的观测值的数量与总观测值数量的比值，确定该点的密度大小。如图 21—2 所示，如果我们选择这个区间间隔为一单位长度，那么区间就是从 17.5 到 18.5。在这个区间内一共有五个观测值，因此 $x=18$ 处的密度函数就用 $5/N$ 来表示。如果我们把这个区间稍微向右滑动一点，但是区间里包括的观测值数目没有改变，那么比 18.0 稍大处的 x 的密度大小依然为 $5/N$。一旦区间滑动足够远，区间的右边界达到 $x=18.6$ 处，此区间内包含的观测值增至 6 个，因此从 18.1 开始（现区间的中点）密度的估计值就跳到了 $6/N$。密度的估计值将保持为 $6/N$，直到区间的中心继续移动到 18.2，这时区间将不包含 17.7 处的观测值，从而密度的估计值又降至 $5/N$。对于 18.2 和 18.3 之间的 x 值，密度的估计值仍然保持为 $5/N$，但是随后又会跳至 $6/N$，因为移动的区间将包括 18.8 处的观测值。

如果区间是从原来的位置（中心在 18.0 处）滑向左边，区间里包含的观测值的数目将不发生任何变化，直至区间的左边界 17.4 处，因此密度的估计值仍然保持为 $5/N$，直到 x 降到 17.9，在这一点密度跳至 $6/N$。然后密度继续保持这一水平直至 x 降到 17.8，密度再减为 $5/N$。在 $x=17.7$ 处时，密度降至 $4/N$，

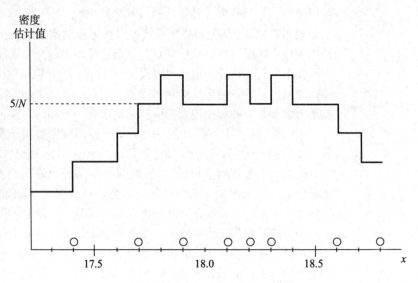

图 21—2　解释局部直方图方差

等等。

　　虽然局部直方图方法克服了区间间隔起始点选取的武断性的缺陷，但是前面提到的其他两个问题仍然存在，即不连续性以及对区间间隔长度选取的敏感性。前者可以通过使用局部直方图估计量的一般化来解决，这可以通过对局部直方图方法的重新说明给出最佳解释。

　　局部直方图通过计算 x_0 附近的观测值与全体观测值数目的比值来估计 x 在特定值点 x_0 处的密度值。但在这里，"附近"是由区间长度决定的，如在上面的例子中我们人为地设定为 1。这也可以解释为所有观测值的 $1/N$ 和它们权重的乘积的和，其中包含在区间内的观测值的权重为 1，而不包含在区间内的权重为 0。这种解释是极其有用的，因为它使以下两种现象非常明显：（1）密度函数估计的不连续性是由权重的不连续造成的——当一个观测值进入或离开区间时，它的权重不连续地跳跃，导致密度估计中的不连续。（2）包含在区间里的观测值，无论与 x_0 相距多远，都有一样的权重；但是更加合理的做法很有可能是将距离 x_0 较近的观测值赋予更大的权重。

　　从这个角度来看，为估计程序设计一个加权体系似乎更为合理，使其是连续的，而且靠近 x_0 的观测值权重更大。一个备受青睐的加权函数形式就是标准正态密度函数 $N(0, h^2)$，其中 h 为宽带，表示成关于 x 的观测值到 x_0 距离的函数。值得注意的是，除了连续性以外，它还对每一个观测值都赋予一个非零的权重，其中对靠近 x_0 的观测值赋予较大的权重（标准正态密度函数中接近均值处的密度高度），对远离 x_0 的观测值则赋予很小的可以忽略的权重（标准正态密度函数中尾侧的密度高度）。

　　简要地概括起来，利用 N 个观测值 $x_1, \cdots, x_N$，x 的密度函数可以通过估计在每一点 $x = x_0$ 处的所有观测值的 $1/N$ 的加权和得到，其中第 i 个观测值 x_i 的权重通过计算 $(x_i - x_0)$ 对应的正态密度 $N(0, h^2)$ 函数值给出。在这里起到

"加权函数"作用的正态密度函数可以被任何关于 $(x_i - x_0)$ 的正值函数代替。如前所述，这样的方程称为一个核，由此得出的 x 密度估计值称为核估计量。

服从分布 $N(0, h^2)$ 的自变量在 $(x_i - x_0)$ 处的计算结果与服从分布 $N(0, 1)$ 的自变量在 $(x_i - x_0)/h$ 处的值的 h^{-1} 倍的计算结果是相同的，因此如果采用后一种计算核估计量的方法，核将仍然保持标准正态分布的性质。事实上研究者也是这样做的，于是产生了如下的核密度估计量：

$$f(x) = (1/hN) \sum K[(x_i - x)/h] \qquad （其中 K 是核函数）$$

● 在模型 $y = m(x) + \varepsilon$ 中，$m(x)$ 是 y 的条件均值，即给定 x 条件下 y 分布的均值。由基本的统计学知识可知，该分布 $f(y \mid x)$ 等于 $f(x, y)/f(x)$，其中 $f(x, y)$ 是 x 和 y 的联合分布，$f(x)$ 是 x 的边际分布。这两个分布可以用核估计进行计算，所以二者比例即为 $f(y \mid x)$ 的估计。之后，估计该分布的均值就得到 $m(x)$。事实证明，这与一般性注释中给出的表达式相同：

$$\hat{m}(x) = \sum y_i K[(x_i - x)/h] / \sum K[(x_i - x)/h]$$

从而给出了使用加权平均方法的正式表达。

● 在模型 $y = m(x) + \varepsilon$ 中，误差项的方差就是 y 对 x 的条件方差。对同方差误差项来说，所有 x 的方差都一样。一般来说，方差由下式给出：

$$\begin{aligned} V(y \mid x) &= \sigma^2(\varepsilon) \\ &= E[(y - E(y))^2 \mid x] \\ &= E(y^2 \mid x) - [E(y \mid x)]^2 \end{aligned}$$

有两种方法显然可以估计上式。

第一种，$[E(y \mid x)]^2$ 可以通过上文 $\hat{m}(x)$ 的平方获得，而将 $\hat{m}(x)$ 方程中的 y_i 替换为 y_i^2 即得 $E(y^2 \mid x)$ 的估计。

第二种，可以通过 $y_i - \hat{m}(x_i)$ 估计 ε_i，然后将 $\hat{m}(x)$ 方程中的 y_i 替换为 ε_i 估计的平方。

第 22 章　应用计量经济学

22.1　引言

前面的章节集中介绍了计量经济学理论。遗憾的是，真实世界中令人不满意的数据迫使应用计量经济学家违背我们教科书中传授的计量经济学理论。Leamer（1978，p. vi）逼真地把这种行为描述为肆意胡为（wanton sinning）：

> 正如所发生的一样，计量经济学建模是在建筑的地下室完成的，而计量经济学理论的教学却是在建筑的顶层进行的。我对于相同的语言用在不同地方这一现象十分困惑。更令人感到惊奇的是某些人在地下室胡作非为，而当他们升向第三层楼的时候摇身一变成为最高级的牧师。

应用计量经济学和理论计量经济学存在大量区别，这已经不是秘密。事实上，理论计量经济学家和应用计量经济学家之间的沟通十分匮乏——前者经常被要求讲授应用计量的课程，他们讲授这些应用计量课程的表现十分糟糕。（给出一些例子，要求一篇应用的文章，严格地说这只是一门应用计量课程。）

在这些"应用"课程中，学生被传授的往往是大量现成的计量经济学技术。

在初级水平上的例子是使用和解释虚拟变量、F 检验和 χ^2 检验的逻辑以及检验和纠正非球面误差。在更高级水平上的例子是检验单位根和协整、修正样本选择偏误、进行 Hausman 检验以及用 Tobit、泊松和有序 probit 模型来进行估计。但是关注的重点是估计和检验的机制而不是诸如问题阐述、数据清理和模型设定之类的应用工作的基础。简言之，讲授的内容是从技术出发的而不是从问题出发的。

为什么会出现这种情况？有几个原因。第一，讲授应用计量经济学非常困难，因为进行应用工作是很困难的，说得直接一些，计量经济学在没有数据的情况下更容易些。第二，因为高质量的应用工作并不会赢得职业上的声望，所以很多计量经济学教师从未做过任何应用工作。第三，和其他方面的专家一样，计量经济学教师讲授他们喜欢讲授的内容和他们知道如何讲授的内容，但这并不是学生需要的。

在应用计量经济学中，什么是学生所需？因为 Leamer 指出的"犯错"无法避免，学生需要学习一些标准的操作程序，或者行为规则，这些规则在应用中可以限定犯错，并能够帮助避免低级错误。大部分计量经济学老师都相信他们的学生不需要学习这些行为规则，而且在任何情况下，他们也不喜欢讲授这些东西，因为这些规则并没有智力上的严谨性，也没有计量经济学家所赞同的清楚的答案。这是这些规则很少出现在教材中和课堂上的原因之一。

毫无疑问，教学工作十分困难。Tukey（1969，p. 90）生动地表达了其难度：

> 使他们偏离依赖标准教科书方法的"权威"，却不能让第二种信仰代替第一种。鼓励巧妙的问题公式，却不能说这是如何做到的。要求高水平的统计学推理，但没有设定一个简单的、能作为推理准则的统计学模型。

为了保持本书的特色，本章的目的在于从多个现实的角度讨论应用计量经济学的使用，在应用计量经济学课程中，这一部分常常被丢失，比如限定犯错的行为规则以及避免低级错误。但是，正如 Tukey 的话所阐释的那样，想找到确定的方法论的读者可能会感到失望。

22.2 应用计量经济学的十条圣训

应用计量经济学家最流行的一个错误就是在不适当的设定下，机械地应用规则和程序。但时，下面建议的行为规则有不同的特色；它们的设计是为了迫使实践者避免机械地应用在计量理论课程中所学的计量经济学技术，以此来防止这一错误。

规则 1 使用常识和经济学理论

记住这条规则的原因在于常识往往被我们忽略。确实，有时候并不是很多思想都能够进入实证工作，更不用说好的思想。也并不是所有的思想都要求复杂的计量经济学。例如，这种想法应该使得研究者保持人均变量和人均变量相互匹配，使用实际汇率解释实际进出口，利用名义利率解释实际货币需求，为取值限定在 $0\sim1$ 之间的因变量选择合适的函数形式，拒绝尝试用有趋势的变量解释无趋势的变量，避免将有序的定性解释变量基数化，谨防谬误回归，并且永远不要从相关性中推断因果关系。

规则 2　避免第三类错误

当研究者对错误问题给出了正确答案时，就发生了第三类错误。这个规则的推论就是正确问题的近似答案要远远比错误问题的精确答案更有价值。

这里提出的问题就是相关的目标/假设/设定可能与初始提出的（目标/假设/设定）完全不同。计量经济学家时常遇到这种问题，同事和学生向计量经济学家咨询建议时，在提出要求前会说为了不占用计量经济学家太多的时间，他们仅仅解释他们想要得到帮助的技术细节。勉强同意这样的要求通常是错误的，因为往往针对问题的本身进行简单的提问多半会带来严重的误解。例如，可能要用到的是变量的累积变化而不是最近的变化，要检验的假设应该是一个系数和另一个系数相等而不是等于 0，或者因变量的观测是久期，以至于应该使用久期模型。

这里的主要教训非常直接：提问题，尤其是看似愚蠢的问题，以确保你已经完全了解了所讨论的"技术细节"的背景；你会经常发现，研究的问题并没有进行适当的公式表示。

规则 3　了解背景

这个规则是上一个规则的自然延伸。深入地了解所要调查的现象是非常重要的——它的历史、机制、操作限制、测量特性、文化习惯，等等，其范围超出了全面的文献回顾。同样，我们必须提出疑问：数据是怎样收集的？政府机构是否使用未知的公式输入数据？管理拍卖的规则是什么？被访者是如何选择出来的？参与者获得的调查说明是什么样的？会计惯例是怎样的？变量是如何定义的？问卷的精确语言是什么？测量出来的变量和它们对应的理论上的变量有多接近？另一种对待这种规则的方法是认识到：你作为一个研究人员，比电脑知道更多的信息——比如你知道水在零摄氏度时会结冰，人们倾向于把他们的收入四舍五入至最接近 5 000 的倍数，以及某些周末是三天的周末。

规则 4　检查数据

即使一个研究者了解问题的背景，他（她）仍然需要对他（她）所有使用的数据非常熟悉。经济学家尤其倾向于抱怨研究者并没有深入了解他们的数据，电脑革命使这种现象变得更糟，因为电脑允许研究者可以通过按键来获得并处理数据。

检查数据包含汇总统计量、图像和数据清理，这样既可以检查数据，又可以对数据"寻找感觉"。汇总统计量可以非常简单，比如计算均值、标准差、最大值、最小值和相关性矩阵，也可以更加复杂，比如计算条件指数以及有影响的观测值诊断。

画图的优点在于图片可以迫使我们注意到我们事先没有预期到的特征。研究者应该把他们的汇总统计量替换成简单的图像：直方图、残差图、残差化数据的散点图以及时间序列图。用几种不同方法对数据作图很重要。

数据清理用于寻找不一致的数据——哪些观测是不可能的、不现实的或值得怀疑的？这里的问题很简单，但是在一个具体的背景中会变得非常复杂。你知道丢失的数据如何赋值吗？是不是所有的虚拟变量的取值都是 0 或者 1？是不是所有的观测值都和可行的最小或最大值相一致？是不是所有的观测值都遵循了它们必须满足的约束？

这个规则的主要内容就是实践者在开始工作时应该问"我如何汇总并了解这些数据的主要特征"，而不是问"这里我应该使用什么技术"。

规则 5 保持合理的简单性

不要把保持合理的简单性（KISS）混同为"保持简单但愚蠢"，因为某些简单模型是愚蠢的，它们包含逻辑上的错误或者与现实不符。和自然科学相类似，经济学的进步通常源于简单的模型，然后再在必要的情况下进行修改。例如一些诺贝尔奖得主的函数形式设定——Tinbergen 的社会福利函数，Arrow 和 Solow 对不变替代弹性的生产函数的研究，Friedman、Becker、Tobin 和 Modigliani 对消费者模型的研究，以及 Lucas 的理性预期模型。

从简单的模型开始研究称为服从自下而上或者说从特殊到一般的方法，用来得到一个计量经济学设定。它的主要缺点在于：如果这个简单的模型并不符合现实世界中的过程，而这个过程产生了你所用的数据，那么检验就是有偏误的。但是，真实的模型永远不可能找到，所以这个缺点就由自上而下或者说从一般到特殊的方法来分担解决。自上而下的方法的主要问题在于：想以估计一个包含所有可能的解释变量和函数形式的一般化的模型作为研究的起点，往往是不现实的。因此，使用这种方法要求研究者能够从一开始就构想出"正确"的模型。

但是，自上而下的研究方法有一个非常有吸引力的性质——检验出现偏误的可能性较小。根据这一点，一种妥协的方法论得到了发展。实践者从简单的模型开始，并不断将其进行拓展，不论何时失败。失败由错误设定检验（如样本外预测评估）进行识别。扩展在模型中加入了新层次的复杂性（如加入一个解释变量），所以一方面它必须是稳健的，但是另一方面在自由度允许的条件下，扩展需要覆盖新加入元素的可能作用（例如很多期的滞后），所以它又要非常一般化。实行向下检验可以产生新的简单模型，这个模型从属于模型设定错误检验，重复这一发现的过程。这样，简单性就和从一般到特殊的方法结合到一起，从而产生一个妥协程序，这种操作程序已被广泛证实，并被视为可接受的行为准则。

规则 6 眼间创伤检验（interocular trauma test）

由于研究者尝试大量的函数形式和解释变量，当代实证研究的结果往往占据很多篇幅。这一规则警示研究者要长时间仔细观察结果的过剩：观察结果直至出现了让你眼前一亮的答案！这个规则的部分工作就是检查结果是不是有意义。系数的符号是不是预期的那样？重要的变量在统计上是不是显著的？系数的大小是不是合理？结果的内涵和理论是不是一致？有没有异常？有没有明显的约束？使用"嘲笑检验"——如果把这个结果解释给一个门外汉，能避免那个人嘲笑吗？

但是这个规则的另一面又是更加精细而主观的。通过长时间仔细观察电脑的输出结果，研究者最终应该有意识和无意识地辨识结果所传达出来的信息（可能是一个负面的信息），并且对这个信息感到满意。这个主观的过程应该是与正式统计检验过程相互独立并相互补充的。确实，这些检验过程的结果形成了一个研究者试图解释的、大量统计结果中的一部分。

规则7 理解数据挖掘的成本和收益

如第5章讨论的，"数据挖掘"的途径主要有两种，一种被归入最严重的基本错误，而另一种被认为是数据分析的重要组成部分。遗憾的是，这两种情况不是相互排斥的，所以经常在以下两个方面发生矛盾：从后一种情况中获得好处，就要冒产生前一种情况的成本风险。

当某人根据数据来设定模型时，就可能出现不好的数据挖掘；由此产生的模型设定将具有误导性，因为它包含了手中特定数据的特征。另外，用于使设定的模型"神圣化"的传统检验过程变得不再合法，因为这些数据既然已经被用来产生这个设定的模型，如果又用来检验设定的模型，那么就不能认为是公正的。另一种"数据挖掘"就是用数据做实验来发现实证规律，这些规律能够启发经济学理论。其最大的优点就是：它可揭示能够指出理论模型中的错误和遗漏的实证规律。

得出一个模型设定的过程，夹杂着经济学理论、常识以及自下而上和自上而下的精致结合，这个过程显然包含数据挖掘的成分，数据挖掘是一个具有浓郁情感色彩的学术名词。数据挖掘是不可避免的；计量经济学家的技艺就在于允许从数据出发的理论，但是要避免数据挖掘所带来的一定危险。

规则8 准备妥协

在每个现实的计量经济学分析中，想要研究的问题和计量经济学可以应用的最接近的情形都存在一定的且经常是相当的差距。甚至很少有人研究的问题能够接近满足计量经济学理论给出最优解所需要的假设。这种现象的后果就是实践者常常被迫妥协并接受次优解，而次优解的性质又是未知的。Leamer（1997，p. 552）在给出他为现实数据分析而选择的最重要的三个方面时，使用了这样的特殊强调："妥协，妥协，再妥协。"

这里的问题在于学生们在他们的计量经济学课堂上被灌输标准问题的标准解，但是在现实中没有标准的问题，只有标准解。应用计量经济学家不断遇到棘手的妥协问题，并且必须愿意对标准解做出特别的修改。是否应该使用代理变量？样本的首损（attrition）是不是可以忽略？这些单位根检验是不是可靠的？这里的加总是不是合理的？

规则9 不要把统计上显著和合理的大小混为一谈

感谢电脑革命，它使得很大的样本规模，正如横截面数据中普遍使用的那样，可以给出具有很小标准差的系数估计。这导致非常小的系数可以是统计上显著异于零的，并给人以误导：究竟什么是重要的。因此，除了系数的显著性以外，研究者还必须经常关注系数的大小。

伴随着显著性检验的一个更严重的问题就是我们倾向于发现显著的系数并将理论"神圣化"，这导致研究者倾向于不再进行更深层次的探索。通过显著性检验得到的神圣化应该被探寻更多证据的深入研究所取代，既包括巩固性的证据又包括否定性的证据。如果你的理论是正确的，是不是有可以检验的推论？你可以解释相互关联的发现吗？你能找到大量和你的假说一致但和其他假说不一致的证据吗？你的理论能不能把它的竞争对手"囊括"进来，也就是说它是否可以解释其他模型的结果？

规则 10 报告敏感性分析

计量经济学家将他们的分析建立在假想的"数据产生过程"（DGP）的假设基础上，这种假设被认为是产生了要用于估计的数据。然而很可能的是数据产生过程并不对应数据实际的产生过程。因此，检验实证结果是否对估计所基于的假设十分敏感就显得十分重要。这就是"敏感性分析"的目的，它意味着采用不同的、内行人不赞同的模型设定会在多大程度上影响研究结果。例如，这些结果是不是对样本时期、函数形式、解释变量的选择或者变量的测量或替代十分敏感？稳健估计结果是不是显著地不同？问题的背景应该表明最应该去检验哪方面的问题，但是一般来说这种决策从来都是很困难的。从这个方面来说，该问题和前面规则 8 里讨论妥协时所描述的问题很相似。

敏感性分析还存在另一个维度。发表的研究论文在阐述其研究是如何实施的时存在典型的众人皆知的误导。因此，研究论文的读者很难判断数据挖掘可能在多大程度上不恰当地影响了结果。确实，在计量经济学的战斗中产生了主观设定决策，并由此影响了结果，这种现象应该被视为规则而不能被视为例外。在报告一个敏感性分析时，研究者应该解释他们所有的模型设定搜索，以便读者能够靠他们自己就可以判断结果可能受到了怎样的影响。这基本上就是"诚实是最好的政策"的方法，它得到了 Leamer（1978，p. vi）的支持："犯错误的人并不希望避免错误，他们只需要公开地承认他们的错误。"

这些规则给出了应用计量经济学的十条圣训。

（1）你应该使用常识和经济学理论。

推论：你不应该像背诵你的祷词一样来做你的计量经济学分析。

（2）你应该提出正确的问题。

推论：你应该更加看重相关性而不是数学上的优美。

（3）你应该了解背景。

推论：你不应该进行无知的统计分析。

（4）你应该检查数据。

推论：你应该把数据的"清洁"放在计量理论的"圣洁"之前。

（5）你不应该崇拜复杂的模型。

推论：你不应该愚蠢地使用近似。

推论：你不应该在不懂英文的情况下讲希腊语。

（6）你应该长时间仔细观察结果。

推论：你应该运用嘲笑检验。

（7）你应该意识到数据挖掘的成本。

推论：你不应该崇拜 R^2。

推论：你不应该把统计上的显著性作为目标。

推论：你不应该一味地相信 5% 的显著水平。

（8）你应该做好妥协的准备。

推论：你不应该一味地相信教材中的话。

（9）你不应该把（系数的）显著性和大小混为一谈。

推论：你不应该忽略模型的力度。

推论：你不应该检验尖锐的假说。

推论：你应该追寻更多的证据。

（10）你应该承认敏感性的出现。

推论：你应该预期到批评的存在。

了解了这十条圣训并不能保证工作的质量——检查数据要求你知道如何去检查，要寻找什么，以及怎样解释你的发现，更不用说要记住去看；眼间创伤检验看似简单，但实际很难操作；知道了妥协是必要的并不意味着研究者知道如何去妥协。应用计量经济学家的很多技术是批判的且主观的，在文献中被称为"难以言传的知识"。这种"难以言传的知识"只能通过实践和观察高手的操作进行学习，而这些知识对于这一章或者其他应用计量的课程来说，实在是多得难以全部涵盖。

因此，这一章的剩余部分将不再尝试向读者灌输这些难以言传的知识，而是试图做更加稳健的工作——警示读者实践者易犯的错误，综述大量的研究者应该了解的技术和应用，以及讨论对于很多人来说，什么是主要的创伤——获得了错误的符号。

22.3　获得了错误的符号

做应用计量工作时经常出现的问题是做一个先验上普遍接受的模型，结果却发现"错误"的系数符号。研究者应该把这看作是好运而不是一个灾难——这种结果是一个友好的信息，意味着某些探索性的工作需要去做——毫无疑问地，每个人的理论、数据、模型设定或者估计过程都会有一些缺点。如果已经获得了"正确"的系数符号，分析不应该检验两次。那么应该检验什么？

第一步通常是检验经济学理论。让人吃惊的是经济学家如何在事后为错误的符号找到理由。但是不应该在此止步。如果事先预期有充分的理由支持应该是相反的符号，那么在改变理论前，你就有责任从计量经济学上去寻找原因，为什么会得到"错误"的符号。

（1）忽略的变量。假设正在做一个汽车价格对不同的汽车特征（比如马力、自动换挡以及节能性）的回归，但是始终发现节能性估计的系数符号是负的，因此它是一个"错误"的符号。遗漏了一个解释变量可能是导致这一问题的罪魁祸首。在这种情况下，我们应该在回归中寻找一个可能具有正系数的遗漏特征，但这个特征必须和节能性是负相关的。例如，汽车的净重就是一种可能。另外，我们可以寻找一个在回归中具有负系数的遗漏特征，而这个特征又和节能性是正相关的。

假设你正在使用一个关于女性的样本，这些女士被询问是否吸烟，然后在 20 年后重新取样。你把吸烟作为虚拟变量，用 probit 模型回归她们在 20 年之后是否还活着，并且发现吸烟者仍然活着的概率更高！如果样本中不吸烟者的寿命更长，而吸烟者的寿命更短，那么这是可能发生的。在回归中加入寿命作为解释变量可以解决这个问题。

（2）较高的方差。假设你通过用咖啡的需求对咖啡的价格和茶叶的价格进行回归来估计需求曲线，并且令你吃惊的是，咖啡价格的估计系数是正数。这有可能发生，因为咖啡的价格和茶叶的价格是高度共线的，导致估计的系数有很大的方差——它们的样本分布将会非常分散，并且可能会分散在零的两侧，这说明从这个分布中抽取的样本很有可能会产生一个"错误"的符号。确实，反映多重共线性的非正式指标就是出现"错误"的符号。在这个例子中，解决这个问题的一个合理的方法就是用两个价格之比作为解释变量而不是用它们的水平值。

多重共线性不是高方差的唯一原因；高方差可能源于一个小的样本规模，或者解释变量变化幅度太小。假设你用家庭对橘子的需求对总支出、橘子的价格以及葡萄的价格（所有的变量都是对数形式的）进行回归。施加一致性条件，也就是如果价格和总支出加倍，那么橘子的购买量不应该发生改变；这说明支出的系数和两个价格的系数之和等于零。施加这个额外的信息可能改变价格的符号。

（3）选择偏误。假设你用学术表现——由 SAT 成绩衡量（很多学生都参加学术才能考试来提高他们被自己所选大学录取的机会），对每个学生在教育上的支出进行回归，用不同州的加总数据，就会发现政府花费的钱越多，学生学习就越少！这个"错误"的符号可能是因为数据中包含的观测值不是随机获得的——不是所有的学生都参加 SAT 考试。在那些教育支出较高的州，参与这个考试的学生的比重也越大。这导致参与考试的学生的平均水平要低于教育支出较低的那些州的水平，那些州参加考试的学生的比例也较低。在这个例子中，将参与考试学生的比例作为解释变量应该可以解决问题。当采用个体数据时，针对选择偏误以及合适的极大似然程序的 Heckman 两步修正应该是适宜的。

假设你正在做新生儿体重对几个家庭和背景特征的回归，包括一个对于是否参与 AFDC（对于有小孩家庭的援助）的虚拟变量，希望证明 AFDC 项目能够成功地降低体重偏轻者的比例。令你震惊的是，AFDC 虚拟变量的斜率估计是负数！这有可能发生，因为母亲们自己选择她们是不是加入这个项目——那些相信她们有风险生育低体重新生儿的母亲更有可能参加 AFDC 项目。

（4）"其他条件相同"带来的混淆。假设你用一周岁的赛马的拍卖价格对它们的不同特征进行回归，并加上赛马的父亲和母亲的信息。令你惊讶的是，你发现虽然母马赢得奖金的系数是正数，但是母马获胜次数的系数却是负数，这说明幼马的母亲赢得的比赛次数越多，幼马的价值越低。当你意识到你错误地解释了这个符号时，这个"错误"符号的问题就解决了。在这种情况中，负号表示如果把母马赢得的奖金固定不变，那么母马需要更多次获胜才能够得到前面固定的奖金。尽管适当的解释解决了符号难题，但在这种情况下调整模型设定看起来比较合理：把母马的两个变量替换成一个新变量——每次赢得的收入。

假设你用房子的价格对平方尺、卫生间数目、卧室数目以及一个针对起居室的虚拟变量进行回归，你惊讶地发现起居室的系数是负的。起居室这一虚拟变量的系数告诉我们如果增加一个起居室，而其他回归元的数值保持不变，尤其是面积不变，房价如何变化。因此，增加一个起居室必然导致其他方面的减少，比如更小面积的卧室或损失掉餐厅，这些都会导致房价的降低。在这种情况下，对于房价的净效应是负的。为了解决这一问题，可以这样提问：如果加入一个 600 平方尺的起居室，那么房价如何变化？这样可以使起居室价格的计算包含了对平方尺回归元系数和起居室虚拟变量系数两个方面的贡献。

（5）数据定义/测量。假设你用股价变化对表示坏天气的虚拟变量进行回归，你相信坏的天气使交易者变得沮丧，所以他们倾向于卖出，从而你猜测系数的符号应该为负数。但是你却得到了一个正的系数，反思这个问题，你改变了坏天气的定义，从原先的 100% 多云加上 70% 的湿度，改到 80% 以上的云层覆盖加上在25%～75% 之外的相对湿度。魔术般地，估计的系数符号改变了！这个例子展示了变量定义/测量可以影响系数的符号——它展示了数据挖掘的危险性，强调了敏感性分析的必要性。

关于测量问题的影响的常用例子就是用犯罪率对人均警察进行回归，可以得到正的系数，这说明警察越多，犯罪越多！出现这一问题的可能原因是更多的警察导致更多的犯罪被报道出来。另一种解释是更多的犯罪可能会导致当局雇用更多的警察。

（6）异常值。假设你用婴儿死亡率对每 1 000 人所拥有的医生数量进行回归，数据来自美国 50 个州和哥伦比亚地区，但是你发现医生的系数符号是正的。这有可能发生，因为哥伦比亚地区是一个异常值——相比于其他地区，该地区有大量的医生和极度贫困的人群。正如这里的情况，如果异常值的观测不是具有代表性的，那么它应该被删除。

（7）交互项。假设你用经济学考试成绩对 GPA 以及 GPA 和出勤率乘积的交互项进行回归。把交互项包含进来是因为你相信好学生比坏学生从出勤率中受益更多。尽管交互项的估计系数是正数，这和你的期望一致，但令你惊讶的是GPA 的估计系数是负数，意味着能力越强的学生考试成绩越低。这个问题很容易解释——考试成绩对于 GPA 的偏导是 GPA 系数与交互项系数乘以出勤率之和。对于数据中所有的出勤率观测值，第二项很可能超过了第一项，所以 GPA 对考试成绩的影响是正的，这和预期一致。

（8）设定错误。假设你有学生前一次考试和后一次考试的成绩，并用他们的学习情况（用两次考试分数之差来表示）对前一次考试成绩（用来衡量学生的能力）、教学虚拟变量（因为有的学生参加了创新的教学项目）以及其他的学生特征进行回归。你会惊讶地发现，前一次考试的系数是负的，说明好学生反而学得少。模型设定的错误可能是导致这一问题的原因。例如，真实的设定也许是后一次考试的分数依赖于前一次考试的分数，其相关系数小于1。两边减去前一次考试的成绩可能会导致前一次考试的系数为负。

（9）联立性/缺乏识别。假设你用某种农产品的产量对价格进行回归，希望得到正的系数，因为你想将它解释成供给曲线。但奇怪的是，这个回归得到了负的系数，所以它可以被解释为需求曲线——外生变量"天气"影响的是供给而不是需求，导致这个回归成为可识别的需求曲线。估计一个不可识别的方程可能会产生供给方程和需求方程系数任意组合的估计，所以会导致任意的符号。

这里的一般性问题是联立性。例如，更多的警察可以用来减少犯罪，但是更高的犯罪率将会迫使当局加强它们的警察力量，因此当用犯罪对警察做回归时，很有可能得到正的系数估计。如第11章讨论的，识别问题要通过寻找合适的工具变量来完成。但是这引出了导致错误符号的另一种原因——使用了不合适的工具变量。

（10）不合适的工具变量。假设你用暴力犯罪率对持枪人口比例进行回归，使用的数据来自美国的城市。因为你相信持有枪支是内生的（即高犯罪导致人们持有枪支以自卫），你使用了预订枪支杂志作为是否拥有枪支的工具变量，并且用两阶段最小二乘法进行估计。你仔细确认了识别性，并且检查了枪支持有率和预定枪支杂志之间的相关性，确保它是真实的，因此当你发现工具变量估计系数是负数时会感到十分惊讶，因为它和用普通最小二乘法得到的系数符号相反。当发现预订枪支杂志和枪支持有率之间为负相关时，这个问题迎刃而解。工具变量预订枪支杂志代表枪支持有率，这是因文化而异的，和农村打猎这个文化相关联，因此预订枪支杂志并不代表居住在城市的居民的枪支持有率，城市居民持有枪支主要是为了自卫。

如这些例子（以及这一节的一般性注释和技术性注释中的其他例子）所显示的，发现一个"错误"符号的价值在于它可以推动模型设定的改进。在某些情况下，这反映了数据挖掘的优点（识别异常值、发现一个遗漏的变量、发现选择偏误、使用相对价格或者采用每场比赛赢得的奖金），但是在其他情形中，它反映了数据挖掘的缺点（改变坏天气的定义来适应某人的需求）。在所有情况下都要求使用十条圣训。

22.4　普遍错误

没有遵守十条圣训是实践者犯错误的主要原因——没有使用经济学理论，放弃了常识，提出了错误的问题，不了解问题的背景，从不检查数据，把事情过于复杂化，没有长时间仔细观察并揣摩结果，模型设定为数据量身定做，没有从数据中获取信息，愚蠢地过分关注显著性检验，忘记进行敏感性检验。但是，除了这些基本错误，实践者经常犯的错误很多是可以避免的。以下是13个常见错误。

（1）在解释显著的 DW 检验或异方差检验时，认为需要用 EGLS 替换 OLS 估计。实际上，应该解释为"模型设定有错误"。

（2）认为 White 异方差一致估计产生的系数估计和 OLS 产生的系数估计不同。在这个过程中，其系数估计和 OLS 的没有区别；不同的是方差—协方差矩阵。

（3）在评价变量影响时，遗漏掉交互项或者二次项。在影响因变量的过程中，解释变量的作用由关于该解释变量的因变量的衍生物给出，它不一定就是该变量的系数。

（4）当因变量是分数时，使用了线性的函数形式。如果观测值既不接近于 0 也不接近于 1，那么线性函数形式就是一个比较充分的近似形式；否则，逻辑函数形式可能更加合适，在这种模型中是用对数比率对解释变量进行回归。

（5）相信多重共线性会产生偏误，或者是推断无效。多重共线性不会产生偏误。虽然估计的方差很大，它们却是大方差的无偏估计，因此推断不受影响——第一类错误就是被它选定的。

（6）通过针对 X 进行 W 的残差化（也就是在 W 中除去 X 的线性影响）来解决 X 和 W 之间的多重共线性，得到 Wrx，然后用 Y 对 X 和 Wrx 而不是用 Y 对 X 和 W 进行回归。正如维恩图清晰显示的，这将得到 X 系数的有偏估计。

（7）用有序的定性变量作为回归元。考虑一个"教育"变量，取值为 1 时代表小学，2 代表中学，3 代表大学，如此等等。用这个变量作为回归元导致从小学升至中学和从中学升至大学对因变量产生的影响相同。只有当这些内含的约束经过检验并且被接受时，这个变量才能当作回归元。否则，每一类都应该单独使用一个虚拟变量。

（8）用 logit/probit 模型通过成功预测的比例来衡量预测是否成功。这和把所有的观测值预测为 1 或者预测为 0 有什么不同？用正确预测为 1 的比例和正确预测为 0 的比例来衡量成功率更加合理。

（9）把对面板数据中"随机"系数的非零方差的 LM 检验解释为比较随机效应和固定效应的检验。这是用于检验是否所有的截距都相等的检验，它是针对固定效应截距是否相等的 F 检验的替代形式。需要用豪斯曼检验来检验随机效应设定是否合适。

（10）在使用单独的方程来决定有限观测的情况下，使用 Tobit 模型。一个经典的例子就是当任何支出都包含大量的支出时，这样，零就不是这个估计中应使用的正确限制。

（11）在检验单位根时，没有确定是不是应该加入漂移或者时间趋势。可以通过对是否需要漂移和时间趋势的主观判断来提高单位根检验的说服力。

（12）没有理解选择偏误，尤其没有理解自选择的偏误。个体的不可观测的特征可能影响因变量和个体的决策，这个决策用于确定他/她是不是被观测或者他/她属于哪个虚拟变量。线性回归中可以加入逆 Mills 比率，而进行 logit、probit 或计数模型等非线性回归时这就没有意义。

（13）在实证模型设定中，忘记了可能的内生性。研究者经常不考虑这个问题，导致实证模型设定包含内生的回归元。其结果就是虽然使用了 OLS，而实际上使用其他方法（如工具变量估计）可能更加合适。

22.5 实践者需要了解什么

实践者需要遵循文中提到的十条圣训，来了解怎样处理"错误"的符号并避免普遍错误。但是他们也应该了解大量的计量经济学技术并知道何时运用这些技术。那么实践者需要了解什么？

最重要的事情就是要认清待处理数据的类型，并使用适当的估计技术。定性因变量就应该使用 logit 或者 probit 模型；有序定性因变量要求使用有序的 probit/logit 模型；计数数据需要用泊松模型；久期数据需要用久期模型；有限的因变量需要 Tobit 估计或者选择模型；时间序列数据需要单位根和协整分析。

应用工作中最常用的工具无疑是虚拟变量。实践者需要熟悉大量使用这一工具的技术，例如估计定性变量的影响、结构变迁检验和估计以及应用特定观测值的虚拟变量。

计量经济学理论课程给出了大量超出这些基础的信息。这里有 12 项实践者应该了解的技术。

(1) 工具变量。因为应用非常普遍，所以应该了解清楚。

(2) 混合估计。纯粹主义者认为在估计中包含随机信息需要贝叶斯程序，但是混合估计更加容易。

(3) 博克斯-考克斯。一个检验函数形式和检验对数数据的简单方法。

(4) 非嵌套检验。很容易操作和解释。

(5) 自举法。不容易做，但是必须理解。很多棘手的检验问题可以通过自举法解决。

(6) 极大似然法。棘手的估计问题经常要用到极大似然法。了解如何找到似然函数并且了解怎样用电脑对其进行最大化。

(7) ARIMA。分析时间序列数据的基准方法。

(8) VAR。分析时间序列数据的经典方法。它也是用于估计协整关系的 Johansen 方法的基础。

(9) Heckman 两步法。了解怎样用这个技术修正样本选择偏误；尽管有证据表明极大似然估计（有时候 OLS）要比 Heckman 两步法更优先使用，但它仍十分流行。

(10) 识别。了解如何检查识别，并且明白如果一个方程是不可识别的，那么通过任何方法得到的估计都是没有意义的。

(11) 面板数据。了解固定效应和随机效应估计的不同点，并知道在什么情况下，哪种估计更加合适。

(12) 非平稳性。什么是非平稳性？为什么要关心这个问题？怎样检验单位根？什么是协整？误差修正模型的作用是什么？如何用 Johansen 技术并通过软件进行估计？

最后，很多技术在计量经济学理论中是找不到的，在一定意义上只有根据应用计量经济学才能够理解。例如，通过 Blinder/Oaxaca 分解检验判别式，用"近乎理想的需求系统"估计消费者行为，通过用超对数成本函数的二元性得到的估计要素需求方程来估计厂商行为，了解如何发掘"自然实验"，以及了解数据过滤和总体问题。这些技术的检验超出了本书的范围。（但是可以参见一般性注释中的少量评论和参考文献。）

一般性注释

22.1 引言

● 一些教材具体阐明了应用计量经济学家怎样检验经典问题。Berndt (1991)，Thomas（1993）以及 Stewavt（2004）给出了很好的例子。应用计量经济学中最重要的部分就是数据；《经济学展望》杂志有一个部分叫做"数据观察"，它提供和数据相关的信息，引起了专家的注意。经济学杂志的热门问题也定期出现类似的部分。

● 本章的大部分内容源自 Kennedy（2002）的研究，它包含了大量支持十条圣训和本章中介绍的应用计量经济学的重要观点的文献引用。下面是一些例子。

> 我对计量经济学理论家的担心并不在于我们（理论家们）和应用经济学家之间存在分歧。相反地，这样的分歧是有益的并且是鼓舞人心的。我的担心在于缺乏分歧。现在存在两个问题，计量经济学理论家和应用经济学家之间存在隔阂，并且很少交流。（Magnus，1999，p. 60）

> 很不幸，大部分教材只是关注简单的估计过程，而实际上在前一步的模型设定中更可能出现问题。（Chatfield，1991，p. 247）

> 现存的计量经济学教材至少有 80% 的内容只是纯粹的计量经济学技术。相反，应用计量经济学家通常只将 20% 或者更少的时间和精力花费在技术问题上；其余的时间和精力都花在研究的其他方面上，尤其是如何构建一个相关的计量经济学模型，如何在估计前整理数据，以及如何在估计后解释结果。（Intriligator，Bodkin，and Hsiao，1996，p. xiv）

> 如果没有数据的话，计量经济学就会简单得多。（Verbeek，2000，p. 1）

● Pagan（1999，p. 374）告诉我们一个故事，这个故事基本上刻画了计量经济学理论和应用计量经济学之间的差异。

> 一个禅宗的法师拿出了一根棍子，并问他的弟子他拿的是什么。弟子回答了棍子的长度以及材质，然后法师用棍子打了弟子。一周后，法师又问了

相同的问题，弟子又挨了打，弟子最后拿过棍子打了法师。弟子最后发现，你知道一样东西是什么并不重要，重要的是你如何使用它。

● Heckman（2001，p. 4）抱怨："经济学和计量经济学不能相互衔接"，指出（p. 3）："在过去的 20 年中，计量经济学理论和实证应用之间的隔阂在变大"，并且强调（p. 4）："熟练掌握统计方法有时候只是做出一流实证研究所需技能的很小一部分。"

22.2 应用计量经济学的十条圣训

● 规则 1 使用常识和经济学理论

我频繁地提供并不比任何一个统计学学术研究者所应了解的具有更多含义的建议；对此，我深受打击。一次又一次地，我由于回答了一些在我看来不过是常识的问题和建议而受到感激（和报酬）。这种高度发展的常识是一种容易被忽视但极其有价值的商品。（Trosset，1998，p. 23）

遗憾的是，很多人做统计工作就像是背祷告词——仅仅对权威教材中的公式作一些替换。（Hotelling et al.，1948，p. 103）

● 理论的作用超越了模型设定的发展；这对实证结果的解释和预测的识别十分关键，而实证结果是应该检验的。

● 规则 2 避免第三类错误

……Laurel 和 Hardy 解——初始问题被变换为一个完全不同的问题，并给出问题的解。（Maddala，1999，p. 768）

一个正确问题的近似答案（往往很模糊）要远远胜过错误问题的确切答案（往往可以很精确）。（Tukey，1962，pp. 13-14）

我们经常发现看似细小的简单问题往往会带来对重要问题的轻微误解。（Joiner，1982，p. 333）

● 规则 3 了解背景

在没有理解现实生活系统的非统计学性质时，不要尝试建立模型并对其进行统计学分析。在忽略了主体事物的情况下做出的统计学分析只能是无知的统计分析。（Belsley and Welch，1988，p. 447）

● Tweedie 等（1998）以及 Pfannkuch 和 Wild（2000）给出了一些例子：仔细检验数据生成过程可以得到有用的见解。Burdekin 和 Burkett（1998）以及

Wilcox（1992）则通过例子说明了不了解问题的背景会导致误差。Breuer 和 Wohar（1996）以及 Shannon 和 Kidd（2000）通过例子说明了了解数据生成的机制可以对计量经济学分析起到辅助作用。Chatfield（1991）通过例子说明了对于问题的背景保持敏感以及深入了解数据可以提高实证工作的质量。

● **规则 4 检查数据**

> 每个数据都是可疑的，除非已经被证实是正确的。（Rao，1997，p. 152）

● 经济学家经常被批评说他们从不看他们的数据——他们很少因收集一手数据而弄脏他们的手，他们只是使用电子表格中获得的二手数据。的确，如 Reuter（1982，p. 137）指出的，"经济学家在社会科学家中很特殊，他们接受的训练只是为了分析，而不是为了收集数据……其中一个后果就是他们缺乏对数据质量的怀疑。"Magnus（2002）引用 Griliches 的话说经济学中的坏数据都归咎于数据的收集者，而在其他领域中，研究者本身要承担责任。Aigner（1988）强调我们是多么依赖数据的未知质量，其他人在收集这些数据时不一定对应着我们的需要，并指出，"制作数据是一项耗时、昂贵且不出彩的脏活"（p. 323）。这一切导致经济学家严重缺乏对数据的了解，而这就是计量经济学模型设定和分析中很多错误的来源。这说明寻找更好的模型设定的可能途径是关注更多更好的数据，并更加仔细地观察数据，而不是关注空想的用于处理现存数据的技术。

● EDA（解释变量数据分析）是一项统计方法，它由 Tukey（1977）提出，这种方法强调：在大量想象的方法中，研究者应该总是从仔细观察数据开始，例如通过茎叶图和箱线图。Hartwig 和 Dearing（1979）给出了很好的阐释，例如参见 L. S. Mayer（1980）以及 Denby and Pregibon（1987）。这种方法不推荐使用——很明显，很多统计学家（Ehrenberg，1979）尤其是计量经济学家不会简单地使用 EDA 技术。但是如 Cobb（1987，p. 329）描述的，EDA 的精神或者"态度"非常重要：

> 我发现将解释变量技术和解释态度进行区分十分有用，解释变量技术包括如茎叶图和箱线图等，解释态度则是指作者是否对残差、异常值以及可能的变形给予关注。前者（技术）相对比较肤浅，而后者（残差、异常值、变形）更接近数据分析的核心。

● Maddala（1988，pp. 55 - 57）根据 Anscombe（1973）的文章提供了一个例子，在这个例子中四组数据得出了几乎完全相同的系数估计，但是却给出了差别很大的图形。Leamer（1994，p. Xiii）给出了一个惊人的图形，其数据竟然能拼写出 HELP。Unwin（1992）讨论了相互影响的图形应该如何使统计实践发生变革。也许计量经济学软件应该加入一些方法防止用户进行回归直至数据经过检验！Tufte（1983）提供了一篇关于如何从图形上显示数据的经典文献。Hirschberg，Lu 和 Lye（2005）是利用图形观察横截面数据的教程。

● Day 和 Liebowitz（1998）提供了关于数据清理的范例。Maier（1999）对数据问题进行了很好的阐释。

● **规则5　保持合理的简单性**

5.2节和5.3节的一般性注释讨论了简单性，对比了自上而下和自下而上的问题，并给出了一些引用文献。

● 在其他背景下，也会产生简单性和复杂性之间的矛盾。很多计量经济学家运用最新的和最复杂的计量经济学技术，通常是因为这些技术是创新的并且是可以实施的，而不是因为它们是最合适的。只有当面对明显的诸如联立性或选择偏误时，并且如 Hamermesh（2000，p.378）所强调的，只有在计算了收益—成本之后，才应该选择高级的技术，Hamermesh 用自己的研究说明了这一点。Wilkinson 和 the Task Force on Statistical Inference（1999，p.598）强调了以下观点：

> 不要选择解析方法来打动你的读者或者歪曲批评。如果一个更简单的模型的假设和解释力对于你的数据和研究对象是合理的，那么就可以使用它。"不应当不必要地增加事物的复杂性"这一原则不但适用于理论，也适用于实践。

Maddala（1999，pp.768-769）同意以下观点：

> 在使用你所拥有的技术武器向问题发起进攻并找出一篇数学上十分优美而实际用途有限的论文之前，你首先要考虑你为什么做你正在做的事。简单性应该是要牢记的原则。

Cochrane（2001，p.302）提出了有趣的观点：

> 有影响力的实证工作告诉大家一个故事。如果人们不能清楚地看到数据中有什么风格化的证据能得出结论，那么即使最有效的程序似乎也不能说服他们。

● **规则6　** [*]

● **规则7　理解数据挖掘的成本和收益**

> ……任何希望数据在模型设定中发挥作用的企图……都算是数据挖掘，这是任何研究者可能犯的最严重的错误。（Mukherjee，White，and Wuyts，1998，p.30）
> ……数据挖掘是被人们误解了，并且一旦它被适当地理解，它便根本不再是一个错误。（Hoover，1995，p.243）

数据挖掘和自上而下对自下而上问题的扩展讨论，以及相关引用，见 5.2 节和 5.3 节的一般性注释。

● Hand（1998）赞成数据挖掘的好处。Kramer 和 Runde（1997）则阐述了数据挖掘的危害。Sullivan，Timmermann 和 White（2001）在寻找股票市场收益的日历效应时，提出了纠正数据挖掘的方法。由于极大的数据集已越来越普遍，数据挖掘已进入主流，这通过期刊 *Data Mining and Knowledge Recovery* 的前言以及数据挖掘软件的发展得到证实，见 Haughton et al.（2003）。

● 当要修改数据挖掘时，应该用检验程序以使得数据挖掘的成本最小化。这种程序的例子有进行样本外预测检验、调整显著性水平以及避免使用有问题的准则（如最大化 R^2）。Gets（general-to-specific，从一般到特别）设定搜索软件内置了这些程序，并包含了很多其他有价值的搜索程序。5.2 节的一般性注释中提供了参考。

● **规则 8　准备妥协**

第 1 章引用过的 Valavanis（1959，p. 83）的观点值得在此重复一遍：

> 计量经济学理论就像仔细斟酌过的法国食谱，清楚、精确地说明了混合调味料需要调几次、要加多少克拉的香料以及在恰好 474 度下需要多少毫秒烘烤混合物。可是当统计学的"厨师"转向原材料时，他发现没有仙人掌水果的核，因此用几块哈密瓜代替；当食谱要求用粉条时他就用麦片；他还用绿色服装代替咖喱，用乒乓球代替海龟蛋，还用一罐松脂油代替 1883 年的 Chalifougnac。

● **规则 9　不要把统计上显著和合理的大小混为一谈**

4.1 节的一般性注释中给出了关于统计上显著和有意义的大小的扩展讨论，并给出了一些引文。有意义的数值大小是很难衡量的，并且经常被教科书以主观的评价来进行衡量。一个常用的客观测量是解释变量的 β 值——解释变量的标准差的变化所引起的因变量标准差数值的变化。这个标准化过程试图用因变量中的"典型"变化测量自变量"典型"变化的影响。

● 当从一个一般性模型到具体模型进行向下检验时，没有思想的显著性检验会导致问题的发生。采用传统的 t 为 2 的临界值会导致第二类错误——忽略相关的解释变量。采用更小的 t 临界值可能更加明智，比如 t 为 1。对于 F 检验，p 值是个简单的指标；0.3 的临界 p 值可能比 0.05 的临界 p 值更加合适。之前在 4.1 节和 5.2 节的一般性注释中讨论了第一类错误选择问题。注意，这和对数据挖掘的忧虑不一样，数据挖掘中关注的是尽量避免第一类错误——包含了不相关的解释变量。

● 5.2 节及其一般性注释中讨论的脆弱性分析是敏感性分析的一种。

● Levine 和 Renelt（1992）是敏感性分析中有名的反面例子。Abelson

（1995）强调能够预期到批评才是高质量研究和数据分析的基础。

● Welch（1986，p.405）强调高质量的应用计量经济分析的主观/带有偏见的判断特征：

> 即使有大量的诊断工具，写下指导数据分析的规则仍然十分困难。很多东西确实是主观并且微妙的……我们所教授的应用统计的大部分内容并没有写下来，更不用说用正式的形式表达出来。这就是只可意会，不可言传。

Hendry（2000，ch.20，2001）并不完全同意这一观点；他认为他的 Gets 软件能够很好地找到合适的模型设定。

● 教授应用计量中"难以言传的知识"的困难在 Pagan（1987，p.20）的著名文献中有过突出的论述。

> 很少有人否认，在大师的手中方法论的表现总能给人以深刻印象，但是在他们弟子的手中，全都变得缺乏说服力。

● 虽然在应用计量的课程中教授"难以言传的知识"非常困难，但是把"经验"传授给学生是十分可行的。在这一点上，电脑技术的进步降低了进行应用计量工作和传授应用工作的成本，学术期刊的量增加了，并且在他们刊登的文章中提供了更多的数据，网络上也充斥着大量的数据和教材，这些都带来了很多帮助。但是，为了提供有用的经验，老师不得不设计作业，迫使学生偏离了现实背景。可是老师的指导也只是模糊的、粗枝大叶的，而不是具体地、一步一步地告诉学生应该做什么。Kennedy（2002，reply）给出了一些例子。

22.3 获得了错误的符号

● 没有确切的清单指出哪些方法会产生错误的符号。一般来说，任何理论上的疏漏、模型设定错误、数据问题或者不合适的估计方法都可能导致"错误"的符号。这一部分是以 Kennedy（2005）的研究为基础的，在这方面可以找到参考文献和更多的例子。

● Rao 和 Miller（1971，pp.38-39）给出了一些例子，说明了错误的经济理论如何导致"错误"的符号。假设用锡龙茶的需求对收入、锡龙茶的价格以及巴西咖啡的价格进行回归。你会惊讶地发现，你得到的锡龙茶价格的系数是正的。而当意识到其他茶叶的价格，如印第安茶，是相关的替代时，问题便迎刃而解。

● "其他条件相同带来的混淆"导致的错误的符号在一些例子中可以得到反映，在这些例子中一些人倾向于将愚蠢归结为研究者的一部分。

保留测量。假设你用消费对一些变量进行回归，其中一个变量是某个消费者的信心测量，并且出乎意料地得到了一个负号。这可能是因为你没有明白较小的消费者信心测量对应着较大的消费者信心。

共同的趋势。共同的趋势可以对冲两个变量之间的负相关性；忽略共同的趋势可能会导致错误的符号。

函数形式近似。假设你用房屋价格对几种房屋特征（包括房间的数目和房间数目的平方）进行特征回归。虽然你得到的房间数目平方的系数是正数，但是你会惊讶地发现房间数目的系数是负数，说明对于房间数目较小的情形来说，更多的房间数会降低房屋的价格。这可能是因为在你的数据中，对房间数较少的房屋没有或只有很少的观测值，因此在这个数据范围中，二次项的影响远远超过线性项的影响。线性项出现负的系数主要是因为它能够提供数据的最好近似。Wooldridge（2000，p. 188）列举了这个例子。

动态混淆。假设你用收入对收入的滞后项和投资支出进行回归。你把投资的系数解释为乘数，但却惊讶地发现这个系数小于1，也是一种"错误的符号"。但是，找出这个关系表明的对收入的长期影响则可以解决这一难题。这个例子出现在 Rao 和 Miller（1971，pp. 44 - 45）的研究中。另一个例子，假设你相信 x 对 y 有正的影响，但是却包含一个滞后。你用 y_t 对 x_t 和 x_{t-1} 进行了回归，并惊讶地发现 x_{t-1} 的系数是负数。对于这种现象的解释就是 x 的长期影响小于其短期影响。

● 对"错误"符号更宽泛的理解能够使其对应以下情形：识别出统计上显著但也许并不存在的关系。

（1）假设你选出一些具有高利润销量比率的企业，并且对时间做回归，发现一个负的相关关系，也就是说平均的比率随着时间下降。这个结果可能是因为趋均值回归现象——这些被选的企业由于偶然因素具有较高的比率，在接下来的几年中，其比率逐渐趋于正常的范围。再如另外一个例子，假设你正在用 1950—1979 年的平均年增长对 1950 年每工作小时的 GDP 进行回归，以此来检验收敛性假设。现在假设 GDP 有本质的测量误差。1950 年 GDP 的大幅低估将导致较低的每小时工作的 GDP，并在接下来的几年中得到了一个很高的年增长率（因为1979 年 GDP 的测量不太可能出现大幅度低估）。大幅的高估则会有相反的作用。结果，你的回归结果可能发现收敛性，即使实际上并不存在。这两个例子体现出来的趋均值回归现象都在 Friedman（1992）的文献中进行过阐述。

（2）如果忽略一个和模型相关的变量，它和某个不相关变量有相关性，就可能导致不相关变量成为被忽略变量的代理变量，并因此看起来像是一个相关变量。

（3）用一个随机游走对一个独立的随机游走进行回归会产生一个不显著异于零的斜率系数，但是正如第 19 章中提到的，情况常常不是这样。伴随着非平稳变量的虚假相关是产生"错误"符号的来源。

（4）泊松模型假设计数个数的方差等于它的均值，但是现实中存在过度分散。忽略了过度分散会导致泊松模型产生低的不现实的标准差，并导致不相关的变量呈现出"显著"的系数。

22.4　普遍错误

● 列出来的普遍错误有一定的主观性，它是基于作者参考实证文章的经验列出来的。必须强调的是，这些错误是对违背十条圣训所导致的错误的补充。

22.5　实践者需要了解什么

● 下面是操作者还应该知道的内容。

（1）给变量有意义的名称；为了便于解释，如果赋值为1则代表男性，那么将性别的虚拟变量称作"男性"，而不是将其称作"性别"。

（2）对于那些你所研究的问题中的数据，如果百分比变化更有意义，就应该取对数。工资、收入、价格指数以及人口都应该取对数，但是年龄、受教育的年限以及变化率（比如利率）都不应该取对数。

（3）认识到偏误并不是神圣的；允许一些偏误可以换得效率。效率也不是神圣的，放弃一些效率可以获得稳健性。

（4）将多重共线性问题等价地视为拥有小样本。认识到获得更多的信息是解决问题的唯一办法。

（5）了解怎样分析由忽略变量引起的偏误的大小和方向。

（6）用因变量的滞后来刻画动态性，并用它当作不可观测因素的代理变量，忽略这种不可观测的代理变量会使估计产生偏误。

（7）了解怎样估计虚拟变量对取过对数的因变量的百分比影响。

（8）为了做出对虚拟变量模型设定的解释，写出每一类模型设定。

（9）在检验结构变迁时，不要在固定截距的情况下假设斜率的变化。应该关注假设在不同机制下具有固定方差是不是合理。

（10）当一个理论关系经过代数变形得到估计方程时，不要忘记将误差项也进行变形。

（11）了解怎样通过代表个体行为的方程得到代表总体的模型设定。

（12）认识到如果没有截距项 R^2 就没有意义。一般来说，不要过多留心 R^2。

（13）了解怎样检查异常值和有影响的观测值。认识到应该检查这些观测值，而不是自动忽略。

（14）熟悉计量经济学软件自动给出的各种诊断检验，比如 RESET 和 DW 检验。

（15）熟悉 BIC 和 AIC，并了解应该怎样使用它们。

（16）通过特定观测值的虚拟变量来执行预测失灵检验。

（17）了解方程形式的选项以及它们通常的用途。

（18）了解用 OLS 估计联立方程不一定就是错误的。

（19）面对丢失的数据，应该提问"为什么数据会丢失？"如果不存在选择问题，如果部分而不是全部回归元的值丢失了一个观测值，那么可以考虑用估计值替换解释变量丢失的数据，而不是忽略那个观测值。

（20）意识到"最好"的预测是一个组合预测，而且应该用一个特定背景的损失函数来评价。

（21）检验是不是剔除一个自变量应该采用较低的 t 临界值（例如 1 或者更小，而不是通常用的 2）来尽量减小第二类错误的影响（即避免忽略一个相关的变量）。一般来说，任何种类的预检验都应该用较高的显著水平（比如 25%）而不是传统的 5%。

（22）稳健估计能够在敏感性分析中起到重要作用——检查在使用稳健估计程序时，参数估计是否有大幅的改变。

（23）对于横截面数据的不显著的 DW 统计量不应该被解释为不存在自相关问题。显著的 DW 统计量不应该被忽略；它可能反映了一个带有按照解释变量排序的数据的线性关系。

（24）如果你在估计一个政策的影响，可以模拟典型的政策变化来观察估计结果是否合理。

● 在 Berndt（1991，pp. 182 - 184）的研究中可以找到关于 Blinder/Oaxaca 方法的透彻阐述。Oaxaca 和 Ransom（1994）讨论了使黑人和白人之间差异的歧视命运变为白人的优势和黑人的劣势的方法。Couch 和 Daly（2002）讨论了这种方法的另一种扩展，其中残差被分解为一部分反映黑人向白人残差分布的移动，以及一个不平等的改变量，这个不平等由残差方差的减小来衡量。Fairlie（2005）解释了如何将 Blinder/Oaxaca 拓展到 probit/logit 估计。另一方面，Blinder/Oaxaca 方法的问题在于使用虚拟变量时结果对基准类别的选择过于敏感。具体解释和解决方法请见 Gardeazabal and Ugidos（2004）。

● AIDS 的经典参考文献是 Deaton 和 Muelbauer（1980）。Alston，Foster 和 Green（1994），Moschini（1998），Wan（1998）以及 Buse 和 Chen（2000）讨论了这个模型的变种，并针对估计问题提出了一些实际的建议。Pollak 和 Wales（1992）是一篇关于建模和估计消费者需求系统的一般性参考文献。Fisher，Fleissig 和 Serletis（2001）比较了弹性需求系统函数的不同形式。Deaton（1997）是关于家庭调查数据分析的参考文献。Keuzenkamp 和 Barton（1995）介绍了检验消费者需求的同质条件的历史。

● Berndt（1991，ch. 9）清楚地展现了二元性如何用来帮助估计成本和生产函数。Burgess（1975）对这一技术做出了很好的总结，并根据超对数函数不是自对偶的进行了重要讨论。Coelli，Rao 和 Battese（1998）对效率和生产力分析进行了详尽阐释，并给出了关于要素生产力指数、数据包络分析（DEA）、生产和成本函数估计以及随机边界生产函数估计的引导性讨论。要素生产力指数是通过产出的加权平均与投入的加权平均之比构造出来的，而计算权重的公式多种多样。DEA 是一种利用线性编程原理来估计生产可能性边界的方法。随机边界估计通过要求残差项必须是负数来估计生产可能性边界。关于随机边界分析的更高深的参考文献有 Kalirajan and Shand（1999）以及 Kumbhakar and Lovell（2000）。

● Baxter 和 King（1999）讨论了在数据中剔除趋势来识别经济周期的方法，

比如利用常用的 Hodrick-Prescott 滤波。

● 加总数据经常会导致严重的计量经济学问题。McGuckin 和 Stiroh（2002）对这一问题进行了深入的论述。

● 很多最新的经济学实证研究，尤其是那些伴随政策问题的研究，试图找到并发掘自然实验，或者构造合理的关于它的精确复制。Krueger（2001，p.244）将这一问题中的变化阐述如下："流行于 20 世纪 70 年代的实证工作大部分是被设计出来用于得到参数估计，这些参数估计将作为某个理论的输入内容，并且实证检验高度依赖于理论假设；今天，寻找自然实验变得更加普遍，这种实验可以提供反驳或者支持某个假说的有力证据。"

自然实验是这样一种情形：某个特性（经常是非故意的）对内生变量产生一些外生变化影响，使得研究者能够估计某种处理的影响。例如，如果社会服务收益的变化影响某一些群体但是不影响另一些群体，或者如果某个州改变了它的最低工资但是另一个州没有，那么这种情形就会发生。识别某个工具变量也许是可能的，并且这个工具变量可以反映外生的变化，但是这并不明显。Meyer（1995）与 Blundell 和 Costa Dias（2000）讨论了评价一个变化/处理的影响的几种方法。

（1）一个社会化的实验。在这个实验中一组被随机抽选的人接受了处理。这个处理的影响由这个组经历的改变来度量。Greenberg，Shroder 和 Onstott（1999）对社会实验进行了全面综述。

（2）"自然实验"。在这个实验中，一组个体接受了处理，另一组没有经过处理。这个处理的影响通过观察两个组发生变化的差异来进行估计。这种方法有时候被称为"不同组之间的差异"方法。Murray（2006a，pp.656-664）对此有精彩的阐述，并以练习的形式提供了一些例子（pp.671-676）。

（3）"匹配"方法。在这种方法中，从没有经过政策处理的组中挑选一个人为对照组。对照组中每一个被选的个体都是根据他/她的"倾向得分"挑选出来的，"倾向得分"是指某个体出现在实验组中的估计概率。

（4）例如，选择模型通过 Heckman 两步估计程序进行估计，以避免由于人们将自己选进处理组而导致的选择偏误。

（5）工具变量估计方法被用来规避处理和忽略某个解释变量导致的误差之间的同期相关性。

有证据表明这些方法中的（2）和（3）在实践中表现并不出色，说明非实验程序并不产生可靠的估计；参见 Fraker and Maynard（1987），Bertrand，Duflo and Mullainathan（2004）。也见 Friedlander，Greenberg and Robins（1997），以及 Dehjia and Wahba（2002）。2004 年 2 月的 *Review of Economics and Statistics* 包含了关于此主题的论文集。Michalopoulos，Bloom 和 Hill（2004）以及 Agodiri 和 Dynarski（2004）再次强调了匹配方法未必奏效这一信息。

工具变量方法被称为"自然实验"方法，因为只要非实验数据形成过程产生了合适的工具变量，自然实验就是适用的。例如，不可测量的变量"能力"会影响收入和选择的教育年限，这会对教育回报的估计带来麻烦。它会对教育回报的估计产生向上的偏误。教育测量中的测量误差是误差和回归元之间同期相关的另一个来源，它会使估计产生向下的偏误。同期相关的第三个来源就是教育回报可能因人而异，这种回报对教育水平较低的人来说可能较高。这可能会导致对教育回报的测量产生向下的偏误。这些偏误可以通过找到一个影响教育但不影响收入的变量来避免，这个变量就是一个工具变量。一些学者提出了巧妙的建议，比如个体出生所在的季度以及到大学的距离。Card（2001）给出了文献综述。工具变量方法利用解释变量的一部分（和误差不相关的一部分，如第9章所解释的）变化进行估计，解决了忽略变量的问题。Angrist 和 Krueger（2001）以及 Wooldridge（2002，ch. 18）进行了深入的讨论。Stock 和 Watson（2007，ch. 13）以及 Murray（2006a，ch. 15）对计量经济学中的实验和半实验进行了经典讨论。

● 关于自然实验的文献对"处理"的影响给出了不同的解释。这在9.3节的一般性注释中进行过讨论。平均处理效应（average treatment effect，ATE）是对从总体中随机抽取的个体处理的预期效果。参与者平均处理效应（average treatment effect on the treated，ATET）是实际参与者的预期效应。局部处理效应（local average treatment effect，LATE）是估计方程中的工具变量所捕捉到的行为的预期效应。

这里有一个有趣的问题，就是如果处理的影响因人而异，那么该怎样测量平均处理效应？如果涉及非线性（例如，在一个 logit 模型中，处理的影响依赖于个体的指数值）或者交互项（这使得处理效应受到收入的影响），就有可能出现这一问题。一种测量平均处理效应的方法就是针对一个能够代表样本平均特征的个体，找到其平均处理效应。（例如，如果样本中60％是女性，那么这样一个人有60％的可能是女性。）另一种方法就是找到样本中所有个体的平均处理效应，然后再求平均数。这两种测量是不相同的，且在这两种情况中，测量都依赖代表相关总体的样本。还有一种方法就是不报告平均处理效应，但是报告不同类型的个体受到的影响。对于一个研究者来说，最好的方法可能就是三种方法全部使用。

技术性注释

22.2 应用计量经济学的十条圣训

● 数据挖掘者是后天练就的还是与生俱来的？Green（1990）为199个学生提供了相同的数据但是误差不同，并且让学生们找到合适的模型设定。所有的学生都学过模型的设定应该有理论意义，但是其中一些还学习了怎样使用 F 检验和拟合优度。这些学过 F 检验和拟合优度的学生更快地放弃常识，可能是因为在寻找模型设定时，使用已经被清楚定义的规则和程序更加具有吸引力。

22.5 实践者需要了解什么

● 前面已经提到过很多操作者应该了解一些事项，并可以运用它们。但是，这里有些技术方面的问题也需要操作者深入了解，以避免在他人提到这些技术时感到迷惑。例如，附录 B "关于方差"中涵盖了一些具体的技术问题。以下是一些例子。

(1) OLS 的机械性质。了解这些性质，如残差之和等于 0，会经常被用到。

(2) F 检验对比 χ^2 检验。近似地说，当 F 统计量乘以其分子的自由度（检验中的约束个数）时等价于对应的 χ^2 检验。在小样本中，哪种检验更好是不确定的，但是传统上都是使用 χ^2 检验。

(3) 贝叶斯方法。贝叶斯估计还没有发展到操作者可以直接进行的程度。但是，每个人都应该懂得这一估计方法的不同之处——贝叶斯估计显性包含了先验信念，是与不同的冗余参数值有关的估计的加权平均数。并且，要注意通过损失函数来关注分析的目的。

(4) GMM。广义矩法在计量经济学估计方法中，被一致认为是理论上非常突出但在实际应用中没有达成一致意见的估计方法。

(5) LM、LR 和 W。这些统计量是近似等价的，选择它们的依据主要是计算上是否方便，LR 对小样本来说是最好的选择。

(6) 滞后算子。使用滞后算子可以大幅简化理论关系的代数演算并最终得到估计方程，这种算子可以被视为一个代数项。

(7) 非参数。电脑软件还没有达到操作者可以使用非参数估计量的程度，但是操作者应该了解这些估计技术的本质以及大样本情况下使用它们的必要性。

(8) IIA。不相关选项缺乏独立性会给多项式 logit 带来问题。

(9) 条件指数。条件指数被认为是反映多重共线性的最好指标，但是软件通常并不能轻松地计算出条件指数。

● OLS 估计线穿过观测值均值，或者说，残差和为零。Blinder/Oaxaca 衍生方法利用了这一结论。结果，因变量观测值的估计的平均值正好等于 OLS 估计方程在解释变量均值处的值。

第 23 章 计算的问题

23.1 引言

在早期计量经济学中，计算估计量是最主要的任务。通过使用计算器（计算器，不是计算机！）人们可能需要花费几个小时的时间来进行各种加法，并最终得出最小二乘估计（OLS）。学生通过学习计算技巧来使计算更为便捷。例如，当使用 OLS 估计时，如果有两个解释变量，则需要对 3×3 矩阵（$X'X$ 矩阵）求逆。但假如从数据中减去均值，那么 3×3 矩阵就会退化为 2×2 矩阵（因为与常数项有关的行和列消失了）。

计算机的发明确实让大家摆脱了这个窘境。计算机中储存在打孔卡上的程序接收到计算指令后，就会快速输出 OLS 估计结果，所耗时间只取决于排队时间。但是，对于极少手工进行的更复杂的估计问题，早期计算机也几乎无能为力。例如，20 世纪 60 年代中期，使用完全信息最大似然方法估计包含 3 个方程的联立方程组时，计算机需要耗费数个小时的中央处理器（CPU）时间。通常大学计算机中心只允许在周末通宵运行这样的程序。所以如果编码中有一点错误的话，就得再等一周！

计算机的到来、简明计量经济学软件的开发以及近几年来计算机功能的巨大进步已经极大地改变了计量经济学的实践。一些主要的变化有：

（1）只需点击按钮就能毫不费时地进行 OLS、工具变量（IV）以及各种标准模型（例如 probit、logit、Tobit、FIML、计数模型、博克斯-考克斯，以及样本选择模型等）的最大似然估计。然而这也导致了数据挖掘现象的大幅上升，因为研究者现在可以在多种选择中挑出最合意的结果。

（2）很多计算极为耗时的方法现在成为可能，而这促使了新计量经济学估计方法的开发，如广义矩法、极大模拟似然估计（MSL）以及间接推断等。这些方法过去从未被认为是值得开发的。

（3）使用计算机来生成伪随机数字，以及进行上千次重复计算公式的能力，已经使得计量经济学家们能够通过蒙特卡洛方法来研究估计量的特性以及检验统计量。

（4）基于误差项特征而作出的大胆假设，例如误差项呈正态分布等，检验起来往往令计量经济学家们感到苦恼。而计算机革命使得自举法在计量经济学中扮演了一个非常重要的角色。

（5）计算机的搜集、储存以及简化大量数据计算的能力已经将当前的研究拓展到比过去宽泛得多的领域之内。

（6）计算机功能大大促进了积分的数值计算，而积分是贝叶斯估计的一个重要组成部分。这也重新燃起了学者们对贝叶斯计量经济学的兴趣。

由于计算机革命，目前计量经济学中已有大量的计算机方法趋于成熟。基于很多原因，计量经济学者并不需要非常熟悉计算机技巧，因为对于大多数的应用程序来说，通过简单地按下一个计量经济学软件的按钮，便可实现估计过程；计算机方面的问题都交给软件的编写者吧。但近年来，越来越多的估计方法包含了自定义的程序，这就要求用户具备一定水平的计算机技能。这一章的目的是概括性地展示日益发达的计算机功能，以便提高读者对计算机问题的理解与掌握。本章分为三个部分。第一部分讨论了经典的函数最大化与最小化问题，例如对对数似然函数进行最优化。在计算机功能高度发达之前，寻找这一问题的算法是计量经济学界面临的主要计算问题。第二部分解释如何通过模拟来估计积分变量。积分变量是使用多元 probit 的离散选择模型的似然函数的关键组成部分，也是贝叶斯计量经济学中的关键组成部分。第三部分解释如何从分布中抽取观测值。这是进行模拟估计的前提条件。

23.2 最优化与计算机搜索

很多估计方法都涉及对某目标函数进行最大化或最小化的问题（所得的估计量称为 M 估计量）。例如，在 OLS 方法中需要最小化残差平方和，在广义最小二乘法中需要最小化加权残差平方和，在广义矩法中需要最小化理论矩值和样本实际值之间的加权平均距离，在最大似然估计中需要最大化似然函数。在这些例子中，目标函数都包含已知数据和未知参数，而我们的目标是找到能够最小化或最大化目标函数的参数值。这些参数值就是对未知参数的估计值。

一些最小化或最大化问题能够用代数方法解出，并给出未知参数值的解析表达式。例如，线性回归模型中的 OLS 就是这种情形。但很多其他情形下不可能获得解析解，这就需要计算机来搜索能够最小化或者最大化目标函数的参数值。

非线性最小二乘法就是这样的例子。早在第 6 章中，我们学习过一些非线性函数可以转化为线性形式，从而得以继续使用 OLS。例如，二次函数是解释变量及其平方的线性函数，所以可以用 OLS 进行估计。但是，有些非线性函数不能转化为线性形式。不变替代弹性（constant elasticity of substitution, CES）生产函数就是一例。具有加性干扰项而非乘性干扰项的柯布-道格拉斯函数也是如此。此时，计量经济学家要么采用非线性最小二乘法，要么采用最大似然估计法。这两种方法都需要利用计算机进行搜索。在非线性最小二乘法中，计算机采用迭代方法寻找能够使得残差平方和最小化的参数值。首先，根据对参数的大概猜测来计算残差及其平方和；然后，略微改变参数值并重新计算残差，观察残差平方和变大还是变小。参数值不断在残差平方和减小的方向上改变，直到任何方向的改变都引起残差平方和变大为止。此时参数值就是非线性设定下的最小二乘估计值。要保证所找到的是残差平方和的全局最小值而非局部最小值，那么选好初始参数值就变得很重要。对最大似然函数来说，计算机也采用了相似的搜索技术来寻找能够最大化似然函数的参数值。

进行此种搜索工作的方法之一是网格搜索法。网格搜索法在一个较广的参数可能值区间上多次计算目标函数值，并挑选出最小化或最大化目标函数的参数值集合。之后，重复这一过程，但是计算范围是在围绕这些参数的更小网格中进行。但是，这种方法并不经济，因为如果有 6 个未知参数，并希望为每个参数建立起 10 个左右的可能值网格，这样我们就需要 10^6 个网格点，初始的目标函数计算需要进行 100 万次。更有效的方法是设计算法以便更快地让计算机达到最小值点或最大值点。

这样的算法有很多，其中最突出的算法将在本节技术性注释中给出。这些方法本质上完全相同。首先，选择未知参数值的合理初始集合（初始参数向量），然后利用这些参数值计算目标函数值。接下来，初始值向特定方向（方向向量）进行一个最优调整（步长）的改变以生成新的参数向量，并基于此重新计算目标函数值。这一过程如此往复，直到符合收敛性准则为止（例如，当目标函数变动小于某个设定好的较小值时）。不同算法的主要区别在于对方向向量的选择不同。

23.3　积分估计与模拟

积分变量是 probit 模型估计中似然函数的关键组成部分。考虑面临两种选择 A 和 B 的个体，每种选择的效用都由一些解释变量的线性函数加上误差项给出（如第 16 章所解释的，这种随机效用模型的线性函数随选项不同而变化；误差项随选项和个人而变化）。如果某人选择了 A，那么他的 B 选项误差一定小于能够使 B 的效用等于 A 效用的误差 $\theta\varepsilon_{\mathrm{Bcrit}}$。这件事情发生的概率，就是 B 误差项低于 $\varepsilon_{\mathrm{Bcrit}}$ 的概率，所以是 ε_{B} 与 $\varepsilon_{\mathrm{Bcrit}}$ 之差的无限积分。这个积分就是选 A 的个体对于似然函数的贡献值。

积分也是贝叶斯分析中的核心部分。这里有一些例子。在二次损失下，如果想得到参数 θ 的贝叶斯点估计，就必须首先估计后验分布的均值 $\int \theta p(\theta)\mathrm{d}\theta$，其中 $p(\theta)$ 是 θ 的后验分布密度函数。如果想得到后验分布的方差，还需要估计 $\int \theta^2 p(\theta)\ \mathrm{d}\theta$。如果希望估计 θ 为正的概率，那么就应当在 0 到无穷大的区间上估计 $\int p(\theta)\mathrm{d}\theta$。

有时候积分值易于计算。在之前讨论过的二元 probit 模型中，估算只需点击软件即可完成。在第 16 章讨论的多项式 logit 模型中，服从逻辑分布的独立极值变量之差的积分是一个逻辑函数，这就出现了解析表达式。但经常发生积分难以计算的情形。例如，多项式 probit 模型中有多个选项，而非只有上述 A、B 两个而已。此时未知积分对象就成了几个相关误差项的联合密度函数，并且不同误差项的积分限不同。这种积分就只能通过数值方法来计算，并且在多元情形下极为复杂。即使现在，多项式 probit 模型估计只要包含多于 4 个选项的，计算难度就被认为不可能解决。此时，积分估计通过模拟（有时称为蒙特卡洛模拟）来估计，以解决这一问题。

认识到积分能够写成期望形式是理解能够利用模拟技术估计积分的关键所在。考虑积分 $\int g(x)\mathrm{d}x$。数学家会说，这代表在积分限内 $g(x)$ 之下的区域面积。但是，统计学家会说，这也可以通过乘除 k 变换成 $\int kg(x)(1/k)\mathrm{d}x = E[kg(x)]$。这是 $kg(x)$ 的期望值，对应值落在积分限外的概率为 0，而在积分限内以等概率取到积分限内的任何值（因此 x 在积分上下限内均匀分布，所以 k 等于积分上下限之差）。用更一般的术语表述，则待估积分在计量经济学背景下转化为 $\int g(x)f(x)\mathrm{d}x$ 的形式，其中 x 值落在积分限外的概率为 0，而在积分限内密度函数为 $f(x)$。所以，根据定义，这一积分为 $g(x)$ 的期望值。不严格地讲，这是 $g(x)$ 在所有可能的 x 点值的加权平均，权重由"概率" $f(x)$ 给出。需要提醒的是，如果 x 是标量，那么积分一般容易写出；但是，如果 x 是向量，尤其是高维向量时，积分就很难构造了。

有一个常见的例子：利用二次损失函数进行贝叶斯点估计时，需要计算后验分布的均值。在该例中，我们希望计算 $\int \theta p(\theta)\mathrm{d}\theta$，其中 θ 是未知参数，如同上面的 x，而 $p(\theta)$ 是后验分布的密度函数。此时，$g(x)=x=\theta$，所以 $\int \theta p(\theta)\mathrm{d}\theta$ 相当于 θ 的期望，也就是在所有可能的 θ 点处 θ 值按照后验分布密度函数进行加权平均的结果。

由于积分就是期望，所以可以通过估计期望来估计积分值。但是，从前面对蒙特卡洛研究的讨论中我们知道，对样本点求平均即能估计期望值！所以，为了估计 $\int g(x)f(x)\mathrm{d}x$，我们需要从分布 $f(x)$ 中抽取大量的观测值，对每一个观测值求 $g(x)$，再对 $g(x)$ 值求平均。抽取的观测值数量越多，积分估计就越准确。这就是通过模拟来估计积分的原理。

对贝叶斯方法来说，这已经可以视为经验研究的终点了。在二次损失函数下的贝叶斯点估计就是求后验分布的均值，而一旦均值的估计通过相关积分值的计算机模拟得到，那么整个分析就结束了。但是，对于离散选择模型来说，积分估计只是开始。给定未知参数值，但样本点的似然函数可以看作积分，所以获得完整的似然函数就需要对 N 个观测值都进行这样的处理。之后，对完整似然函数进行最大化。这一般就通过这种搜索方法进行。这意味着参数值发生了改变以不断进行梯度法的迭代过程，并且不断计算新参数的似然函数值。所以，这就包括 N 个新积分模拟。这种将模拟积分作为似然函数组成部分，并利用迭代法进行最大化流程的方法，称为最大模拟似然估计（maximum simulated likelihood，MSL）。计算机的威力、梯度法的效率以及积分模拟估计的天才想法，三者合力将诸如多项式 probit 模型等之前无计可施的模型估计问题解决了。在一般性注释和技术性注释中，这一点还将继续讨论。

但是，这种方法只是看似简单而已。事实上，模拟方法几乎总是遭遇如何从 $f(x)$ 中抽取观测值的问题——这并非轻而易举。例如，多变量贝叶斯后验分布就经常难以利用这一方法进行处理。下一节中，我们将讨论能够解决这一问题的办法。这种办法自从应用之日起，就对模拟估计产生了革命性的影响。

23.4 奇异分布抽样

计算机可以通过近似随机的方法从很多已知分布中抽取样本。2.10 节中讨论蒙特卡洛研究时阐述了这一点。在不清楚真实世界误差分布的精确特征时，蒙特卡洛研究可以通过自举法来进行。此时，可以通过利用数据构造的离散分布来抽取样本点（见 4.6 节自举法的讨论）。在这些条件下，从分布中抽取值以满足计量经济学目的的方法很直接。尽管计算机能够从大量我们所熟悉的分布中抽取样本，但是经常出现需要从"奇异"分布中抽取样本来完成估计的情形。此处"奇异"的意思是难以从该分布中抽取样本点。多项式离散选择模型似然函数中的截尾多变量正态分布就是这样的例子。多变量贝叶斯后验分布是另一个例子。

有两种不同方法可以用来从奇异分布中抽取样本点。第一种方法更好地利用了问题背景：如果希望估计积分值，那么我们所感兴趣的实际上不是实际抽样结果，而只是如何计算积分。所以这种方法只用隐性的随机抽样结果来计算积分。以下称此为"隐性抽样法"。第二种方法直接进行处理，利用一种迂回技术"马尔可夫链蒙特卡洛法"（Markov Chain Monte Carlo，MCMC）来从奇异分布中抽样。这种方法有时称为"MC 平方法"。

隐性抽样。下面介绍两种估计积分的方法。首先，为了加强理解，"接受/拒绝"内容被包括进来。但这种方法有一个重要缺陷，使其在很多情况下——尤其是在 MSL 方法中——无法应用。这一点将在一般性注释中解释。

接受/拒绝。在多项式 probit 模型中，需要从截尾多元正态分布中抽取样本来估计积分。此时积分值就是搜索到能够满足截尾分布误差项的概率。"接受/拒绝"法首先利用计算机从多元正态分布中抽取样本点（做法将在技术性注释中描述），然后检验这次抽样结果是否符合截尾限制。如果符合，那么就"接受"。多次重复这一过程，那么所估计的概率就是被"接受"的样本点所占的比率，通过接受数量除以总数量来计算。

重要性抽样。假设待抽样分布为 $f(x)$，估计目标是积分 $\int g(x)f(x)\mathrm{d}x$。尽管 $f(x)$ 过于奇异，无法抽样，但是可能存在另一个也覆盖 x 区间的分布 $h(x)$，并且容易抽样。将原积分乘除 $h(x)$ 进行变换，可得 $\int\big[g(x)f(x)/h(x)\big]h(x)\mathrm{d}x$。此时只需从 $h(x)$ 中进行抽样，并计算 $g(x)f(x)/h(x)$，最后取平均即可。这种方法中，每个 $g(x)$ 都按照"重要性"进行加权平均来计算期望，权重为 $f(x)/h(x)$。如果某观测值的 $f(x)$ 大于 $h(x)$ 值，那么该观测值就会赋予更大权重。

马尔可夫链蒙特卡洛法。MCMC 方法首先选择初始观测值，然后利用某种随机抽样来根据初始观测值创造新的观测值。新观测值接下来又继续生成更新的观测值，依此类推，直到获得满意的样本数量为止。之所以使用"马尔可夫链"这一术语，是因为新观测值的生成依赖于之前的观测值，并通过迭代的方法来实现。这与马尔可夫链相同。之所以使用"蒙特卡洛"这一术语，是因为迭代过程中包括随机抽样。这一方法有两种不同的版本。

Gibbs 抽样。大部分难以抽样的情形中都存在多变量分布，这意味着需要从联合分布中抽取向量值。假设向量包含两个变量，ε_1 和 ε_2，并且从联合分布 $f(\varepsilon_1, \varepsilon_2)$ 中抽取观测点很困难，但是从条件分布 $f(\varepsilon_1|\varepsilon_2)$、$f(\varepsilon_2|\varepsilon_1)$ 中抽样比较容易。也就是说，如果知道 ε_2，就很容易抽取一般的对应变量 ε_1；如果知道 ε_1，那么也很容易抽取一般的对应变量 ε_2。Gibbs 抽样就是在条件分布中不断进行的抽样方法。首先，选定 ε_1 的初始值，并从 ε_2 对 ε_1 初始值的条件分布中抽取 ε_2 值。接下来，从 ε_1 对 ε_2 初始值的条件分布中抽取新的 ε_1 值。然后再从 ε_2 对 ε_1 最新值的条件分布中抽取新 ε_2 值，继而从 ε_1 对 ε_2 最新值的条件分布中抽取新 ε_1。如此循环往复，直到获得足够的 $(\varepsilon_1, \varepsilon_2)$ 观测值为止。

Metropolis-Hastings 抽样。这种方法首先依照某种随机方法生成潜在（或候选）的观测值，然后进行取舍。高概率区域中的观测值被接受的概率高，低概率区域中的观测值被接受的概率低。这些概率由最后被接受的观测点处的密度函数值以及其他因素确定，因此具有马尔可夫链的特征。例如，如果新观测点比当前观测点具有更高的密度函数值，那么就被接受，并且迭代过程转移到这个更高密度的区域。如果新观测点密度函数比当前观测点低，那么就以相对密度值大小决定的概率被接受。这样迭代过程转移到具有较低密度的区域，但这种事件发生的频率低于进入更高密度区域的事件。这背后的基本思想是在变量空间中移动，覆盖整个空间，但是在高概率区域接受更多的观测点，在低概率区域接受较少的观测点。Metropolis-Hastings 抽样比 Gibbs 抽样更为一般，因为其不需要联合分布可以被分解为易处理的条件分布。事实上，Gibbs 抽样是 Metropolis-Hastings 抽样的特殊形式。

一般性注释

23.1 引言

● 计算机数值精度会产生问题，甚至对 OLS 这样的直接估计方法来说也是如此。这一问题的原因可见 Davidson 和 MacKinnon（1993，pp. 25 - 31）中引人入胜的讨论。Press 等（1992）针对一系列计算问题给出了软件程序。14.1 节的一般性注释中给出了贝叶斯方法的软件。Train（2003）提到了模拟离散选择模型软件在 http://elsa. berkeley. edu/～train 上提供。

23.2 最优化与计算机搜索

● Train（2003，ch. 8），Cameron 和 Trivedi（2005，ch. 10）以及 Greene（2008，Appendix E）很好地讨论了非线性最优化问题。Harvey（1990，ch. 4）还包括了大量时间序列案例。

● 最小化与最大化问题之间的差异微乎其微。最小化问题只要在目标函数上加负号就能转化为最大化问题。

● 有一些估计问题无须最大化或最小化准则函数，而需要解方程组。例如，矩法需要寻找 k 个参数值来满足数据中的 k 个矩条件。这一问题也可以转化为最小化问题：利用计算机最小化 $m'm$，其中 $k \times 1$ 向量 m 的每个元素都是所有样本点上被设定为 0 的矩值的加总。一般来说，每个方程组估计问题都隐含着对应的最优化问题，反之亦然。

● 如果一个参数已知，那么其他参数值就能够通过 OLS 估计出来。这使得计算机搜索流程有时得以简化。例如，假设 $y = \alpha + \beta(x+\delta)^{-1} + \varepsilon$。如果 δ 已知，那么 $w = (x+\delta)^{-1}$ 就能够计算出来，这意味着利用 y 对 w 回归就能够估算出 α 和 β。这暗示可以通过寻找能够最小化第二个回归的 SSE 的 δ 值来简化搜索流程。

● 最优化带有等式约束（如弹性和为 1）的目标函数的方法很直观。常用的做法是利用约束条件将目标函数中的一个参数消去。这在 13.2 节的一般性注释中解释过。另一种方法是建立拉格朗日函数。这一方法增加了问题的维数，但能够额外估计可能有用处的拉格朗日乘子，从而得到补偿。另一方面，不等式约束不好代入，因此需要一些天才想法来解决。Greene（2008，pp. 1073 - 1074）讨论了几种替代方法。一种方法是减少梯度法迭代步骤的步长，以满足约束。另一种方法是重新参数化使新参数不再具有限制。例如，如果 θ 必须为正，那么可以用 α^2 来代替 θ 进入目标函数。无约束计算机搜索将找到最优值 α。而所求的 θ 的估计量是最优值的平方。

● 很多非线性函数 $L(\theta)$ 对 $k \times 1$ 向量 θ 最大化的迭代问题都呈现以下形式：

$$\theta^{**} = \theta^* + \lambda W(\theta^*)g(\theta^*)$$

其中 θ^{**} 是更新后的 θ 估计值；而 θ^* 是上一次迭代后 θ 的估计值；λ 是一个正值缩放因子，称为步长；$W(\theta^*)$ 是加权矩阵；$g(\theta^*)$ 是 L 在 θ^* 处的梯度向量（$L(\theta)$ 对 θ 每个元素求一阶导数而得到的向量）。而"梯度"法的一般逻辑可以通过解释 g、W 和 λ 的作用来说明。

g 的作用。图 23—1 中给出了 $L(\theta)$ 的两个例子，$L1(\theta)$ 和 $L2(\theta)$，其中 θ 是一维的。θ 的当前值为 θ^*。我们必须让其向 L 最大值方向变化，而 L 在 θ^* 处的斜率指出了正确的方向。图 23—1 中，$L1$ 和 $L2$ 被画成在 θ^* 处有相同的斜率。我们的目标是寻找使斜率为 0 的值，此时 L 被最大化。如果斜率为正，那么就要调高 θ^* 至 θ^{**}；如果斜率为负，就需要调低 θ^*（图 23—1 中 θ^* 在 L 最大值点的右侧）。θ^* 处的斜率衡量的是我们距离最终目标有多远（因为目标是斜率为 0），并因此让我们了解还需要在多大程度上根据斜率符号来调节 θ^*（来产生 θ^{**}）。较小的（绝对值意义上）斜率意味着已经"接近"了最终目标（0），所以此时迭代过程中不希望沿斜率符号所指明的方向偏离 θ^*；相反，如果斜率较大，那么意味着我们离目标还远，所以应当在下一次迭代中让 θ^* 沿斜率符号所指方向偏离一个更大的步长。假设 θ 是一个 2×1 向量，令 L 对两个参数 θ_1 和 θ_2 最大化。再假设 L 对 θ_1 处的斜率（在 θ_1^*、θ_2^* 处）为 2，对 θ_2 的斜率为 -4。这说明需要调高 θ_1^*、调低 θ_2^* 以到达 θ_1^{**}、θ_2^{**}，并且 θ_2^* 的调整幅度 2 倍于 θ_1^* 的调整幅度。这里的重点是，g 告诉我们应当沿哪个方向调整 θ^* 以获得 θ^{**}，并且多少也可从中得到步长的信息。

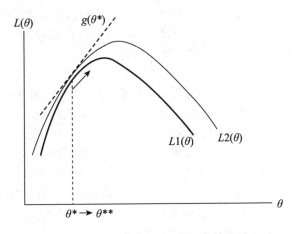

图 23—1　一阶导数和二阶导数的作用

W 的作用。尽管图 23—1 中 $L1$ 和 $L2$ 被画成在 θ^* 处有相同的斜率，但是它们的二阶导数不同。$L1$ 在 θ^* 处的二阶导数是比 $L2$ 在 θ^* 处的二阶导数值的绝对值更大的一个负数，所以 $L1$ 的斜率随 θ 偏离 θ^* 而变化，速度要快于 $L2$。这告诉我们随着 θ 值的上升，$L1$ 的斜率更快地趋于 0（这也是最大化 L 的目标）。因此，调整 θ^* 来分别获得 $L1$ 和 $L2$ 最大值的速度不应该相同。在图 23—1 中可以看出，当增加 θ 以偏离 θ^* 时，$L1$ 比 $L2$ 更早到达最大值点。这些都说明二阶导数应当影响迭代过程中 θ 的合意变化幅度。所以梯度值需要依据二阶导数的大小来进行修正。特别地，较大（较小）的二阶导意味着较小（较大）的移动量。这一修正通过梯度乘上二阶导数的倒数来完成。事实上，需要利用倒数的相反数，因此在本例（L 是凹函数）中，不希望让二阶导数的符号改变梯度的符号（L 是凸函数的情形请见技术性注释）。如果 θ 是向量，那么应当使用 L 对 θ 在 θ^* 处二阶导数矩阵的负逆矩阵来调整梯度缩放比例/权重。这就定义了上式中 θ^{**} 的权重矩阵 W，$W = -H^{-1}$，其中 H 是二阶导数矩阵，即海塞矩阵。技术性注释部分将会说明，不同搜索方法的主要区别就在于如何计算二阶导数矩阵。在文献中，W 和 g 的积称为方向向量，尽管其中也包含了关于步长的信息。

λ 的作用。如果 L 在 θ^* 处的二阶导数不随 θ 上升而改变，那么利用上述办法根据二阶导数进行调整将使我们能够精确达到 L 的最大值点。但是，只有当 L 是 θ 的二次函数时，前提条件才能够成立。一般来说，随着 θ 的变化，二阶导数也随之变化。所以只要 θ 变化较大，那么二阶导数在 θ^* 处的值就不是合适的缩放因子。为了解决这个问题，需要引入步长标量 λ（这实际上是误称，因为步长也受 W 和 g 的影响）。当 W 和 g 的值确定之后，即可通过搜索在当前 W 和 g 值的条件下能够最大化 $L(\theta^{**})$ 的值，从而获得 θ^{**} 值。这大大加速了迭代步骤，因为这种方法极大削减了迭代次数，因而也大大减少了 W 和 g 的计算次数（W 和 g 的计算都很耗时间）。

● 缩小数据极大地促进了计算机搜索算法的成功。此时所有解释变量的值都具有差不多的大小。

● 梯度法的一般形式基于二次逼近（技术性注释中会解释）。所以只要进行最优化的函数足够接近二次，梯度法就能够顺利进行（但请注意，目标函数也许在二次意义上距离最优值足够近，但也许在二次逼近意义上距离最优值并非最近）。梯度法中一些变量的特征（见技术性注释）之一就是对二次偏离不那么敏感。

● 当某种收敛性准则满足的时候，计算机迭代搜索过程也就宣告结束。有三种准则可供选择：L 的最大化结果的变化小于某个小量；梯度与 0 的差异小于某个小量；θ 的变化小于某个小量。不过，最好利用梯度，因为其他两种测度可能仅仅由于算法过慢而值很小。过慢的原因是由于 L 不能够进行良好的二次逼近。比较推荐的收敛准则是看 $g'Wg$ 是否小于某个小量，如 0.000 1。这实际上是用来检验元素是否为零的 χ^2 的统计量（但在此时临界值并不重要！）。

● 恰当选择 θ^* 的初始值是任意迭代算法的关键一环。所有函数都能够在小区间内被二次函数良好逼近。所以，如果初始值接近最优值，那么梯度法即使在目标函数与二次形式相差甚大时也能运作良好。而不恰当地选择初始值的结果则可能是返回局部最大值，而非全局最大值。很多学者利用某种简单的估计技术来确定初始值（与此相对，复杂估计是通过最大化复杂的对数似然函数——计算机搜索的目标函数——来进行的）。此外，出于谨慎性的考虑，迭代流程需要依据不同初始值反复进行，以查看是否最终收敛到全局最大值点。

● 大多数迭代最大化方法是梯度法。但是，某些问题中，梯度法不可行。比如，最小一乘（the least absolute deviations，LAD）估计量的目标函数没有导数，此时就需要利用线性规划技术来进行 LAD 估计。尽管梯度法最为常用，但是这并非唯一的迭代程序。另一种选择是模拟退火法，这在处理一些奇异函数形式时颇为有效，并且时常能够避免局部最大值情形（因此此时目标函数值较最优值低）。参见 Goffe，Ferrier，and Rogers（1994）。

● EM（expectation-maximization，期望最大化）算法是梯度法的另一种替代。梯度法原理是最大化对数似然函数，而样本数据缺失时，对数似然函数形式复杂，EM 方法就更加实用。例如，当估计体育比赛需求时，所有体育馆容量之外的因变量观测值都未知（此时可以利用 Tobit 估计方法，但其他情况下未必有这样现成的方法）。EM 算法的解决方式是将数据缺失问题与某个似然函数更易处理的数据完整问题相关联。E 步骤中，观测值的对数似然函数被模拟出来，如同不缺少数据一样，然后对此对数似然函数取期望。M 步骤则最大化这一期望对数似然函数。迭代直至收敛。如果设定合理，那么该方法将计算出最大似然估计（MLE）。某些情形中，将最近一次迭代结果的缺失样本点预测值代入似然函数的做法与 E 步骤等价，这使得 M 步骤轻而易举——这正是此方法的优势所在。McLachlan 和 Krishnan（1997）进行了深入展开。Ruud（1991）讨论了 EM 算法在计量经济学中的应用。

23.3 积分估计与模拟

● 后验分布经常是多变量分布，如两个参数 θ_1、θ_2 的联合分布为 $p(\theta_1, \theta_2)$，但我们所关注的是边际分布 $p(\theta_1)$，因为 θ_2 没有价值。而边际分布是个积分 $\int p(\theta_1, \theta_2) d\theta_2$。如果从 $p(\theta_1, \theta_2)$ 中抽取样本，我们可以忽略 θ_2 的观测值，并将 θ_1 的观测值当作从边际分布 $f(\theta_1)$ 中抽出的结果。基于这些观测值就能够计算边际分布的特征（积分的特征）。

● 利用 MSL 方法时，我们提到每次梯度法迭代步骤中都需要对 N 个观测值对应进行 N 次积分计算（每个积分都涉及好几次抽样）。实际上，任务还不止这些。每次迭代的梯度值必须经由数值计算得到，这要求 $2kN$ 次积分计算，其中 k 为待估参数个数。

● 低元积分一般利用数值积分（也称求积法）来计算。这一方法将变量积分域分成若干份，并对每一份求面积，最后将区域加总得到积分值的估计。Cameron 和 Trivedi（2005，pp. 388 - 390）清楚阐释了这一方法。考虑一元积分。假设积分域被等分成 100 个区间，这就要进行 100 次面积计算。对二元积分来说，积分域是平面，此时若将两个维度各等分 100 份，那么就需要进行 $100 \times 100 = 10\ 000$ 次面积计算。可见随着积分维数上升，这一方法的计算量也大幅增加。相反，利用模拟（蒙特卡洛积分）来估计积分值就不会受到维数的限制，而只需从相关多元分布中抽样，并取平均即可。因此，模拟估计在多元情形下使得积分计算成为可能。唯一的问题是，有时难以从多元分布中顺利抽样。

● 蒙特卡洛积分精确度有多高？由于积分值是随机抽样结果 $g(x)$ 的平均值，所以平均值方差公式也就决定了此处的方差等于 $g(x)$ 与待平均的抽样结果数量之商。由此我们可以确定估计积分时应当进行多少次抽样。

● 尽管本章重点在于模拟法在积分估计中的作用，但是计量经济学中模拟威力不止于此。之前我们就列举过蒙特卡洛方法和自举法的例子。另一个例子是间接推断。在这种方法中，存在 N 个观测值以及参数为 θ 的模型，其中 θ 极难估计。为了解决估计问题，我们选取具有与 θ 等维或更高维的参数 β 的辅助模型，这一模型相对来说容易估计。我们利用辅助模型来逼近似然模型，或者逼近原模型的复杂似然函数。利用数据可计算得到 β^{MLE}。不同的 θ 值产生不同的模拟数据，得到不同的 β，而能够使其尽可能地接近 β^{MLE} 的 θ 值就是估计真实 θ 的依据。这是间接推断的原理。原模型利用合理的 θ 向量和随机误差集模拟出 N 个因变量观测值，并据此估计 β，得 β^*。选择某种测度来计算 β^* 和 β^{MLE} 之间的差异。常用的标准是 $S=(\beta^* - \beta^{\text{MLE}})'W(\beta^* - \beta^{\text{MLE}})$，其中 W 为权重矩阵。利用不同的 θ 重复这一过程，直到 S 最小化为止。全过程中，随机误差项保持不变，以更好区别不同模拟下 θ 的变化效果。Cameron 和 Trivedi（2005，pp. 404 - 405）对此进行了阐述，并包括 W 常用形式的讨论。

23.4 奇异分布抽样

● Train（2003，ch. 9）中精彩论述了如何从密度函数中抽样的问题。由于计量经济学软件中已经包含了从单变量密度函数中抽样的方法，所以此处不再讨论其过程。Cameron 和 Trivedi（2005，Appendix B）将几种单变量密度函数随机抽样法以列表形式展示出来。Casella 和 George（1992），Chib 和 Greenberg（1995）分别给出了 Gibbs 抽样和 Metropolis-Hastings 算法的可读参考。也见 Brooks（1998）。由于 MCMC 算法在现代贝叶斯分析中有着重要地位，所以计量教科书（如 Koop（2003）和 Lancaster（2004））对此都有全面阐述。更多 Gibbs 抽样可见 Train（2003，p. 215），Cameron and Trivedi（2005，p. 448，pp. 452 - 454），以及 Greene（2008，pp. 614 - 619）。

● 推荐将 MCMC 方法的抽样结果画成散点图进行观察，以检验是否存在异常。如果参数都在某个边界上，那么就可能有问题（如存在单位根等）。

● MCMC 方法的一个显著优势在于其不需要归一化常数（normalizing constant）的信息，而这往往难以利用贝叶斯方法进行计算。

● 只有当抽样是从非截尾密度函数中进行时，才能够使用"接受/拒绝"方法。这一方法的优点是无须归一化常数的知识；缺点是当待估概率很小时，就需要大量抽样来产生合理估计，而这些结果都是未知的。但是，"接受/拒绝"方法的重要缺陷在于其概率估计为阶梯函数，所以斜率要么为零，要么没有意义。这种不连续性意味着使用"接受/拒绝"方法时，梯度法不适用于计算 MSL。变通之道是可以对"接受/拒绝"方法进行平滑处理。参见 Train（2003，pp. 124 - 126）。"接受/拒绝"方法的内容是为了增强理解。GHK（Geweke-Hajivassiliou-Keane）方法是其替代方法，已成为多项式 probit 模型估计的首选技术。

● 尽管重要性抽样似乎能够通过模拟轻易地估计积分，但是必须谨慎选择进行抽样的密度函数，否则这一方法就很不理想。为了估计 $\int g(x) f(x) \mathrm{d}x$，我们将其变换为 $\int [g(x) f(x)/h(x)] h(x) \mathrm{d}x$，并从 $h(x)$ 中抽样。如果 $h(x)$ 不能适当逼近 $f(x)$，那么大量抽样最终的加权平均结果几乎为零，所以必须抽取非常多的样本点才行。另外，如果 x 的维数较高，那么找到合适的 $h(x)$ 的可能性就很小。不过，有一种情况下 $h(x)$ 很容易找到。当利用贝叶斯分析估计受不等式约束的模型的概率时，可以用不受限的后验密度函数作为 $h(x)$，并且只需观察服从约束的观测值占多大比例即可。

● 当利用模拟方法计算积分值时，我们希望获得期望值的估计。不过，并不需要独立抽样来获得无偏估计。事实上，与其进行随机抽样，不如通过在抽样中加入负相关结构来降低方差。这其中的原因是期望估计值是抽样值的平均。例如，对于两次抽样来说，均值方差是第一次抽样方差加上第二次抽样方差再加上两倍的抽样协方差，最后整体结果再除以 4。如果协方差为负而不是零，那么相同抽样次数下，方差更小。对偶抽样（antithetic draws）是实现这一目标的方法之一。对于均值为零的对称分布来说，只需在抽样结果前加上负号就可以得到新抽样。还有些其他类似方法，比如将抽样中的每个元素符号都反转。Train（2003，pp. 219 - 221）进行了很好的拓展。另一种标记方法是 Halton 序列法。见 Train（2003，pp. 224-38）。

● MCMC 法需要"预烧"来将随意选取的初始值影响去除干净。虽然没有广为接受的法则来决定要在多少次迭代后才适合收集样本，但还是存在一些诊断检验的。这里给出一个例子。如果你认为某次迭代结果应当预烧，那么就把下一组观测值按次序分为第一组、第二组和第三组。如果初始观测值中的影响消失，那么第一组特征值（如均值等）就应当和最后一组可比。Koop（2003，pp. 64 - 68）充分讨论了 MCMC 的检验方法。

● 上文 Gibbs 抽样的讨论中，我们在两个条件分布之间来来回回。更一般的做法是将观测值向量分为若干子集或子类，然后就可以轻易让一个子集以另一个子集为条件来抽样。然后根据这若干组条件分布结果来进行 Gibbs 抽样。利用这种方法时，Metropolis-Hastings 算法可以帮助我们根据奇异子集进行抽样。因此这种方法得名 Metropolis-Hastings-Gibbs 抽样。

● Metropolis-Hastings 算法有几种形式，彼此的差异在于候选观测值生成机制不同。例如，在随机游走链模型中，候选变量是通过在当前观测值 x^* 上面加一个零均值随机游走项 z 来获得的。如果 z 对称分布，那么新观测值 $x^{**} = x^* + z$ 当 $f(x^* + z)$ 大于 $f(x^*)$ 时被接受，其中 $f(x)$ 是进行抽样的分布密度函数。如果条件不满足，那么 x^{**} 以 $f(x^* + z)/f(x^*)$ 的概率被接受。如果拒绝了新观测值，那么新观测值重置为 x^*（也就是说，又抽得一个与 x^* 相同的观测值）。这样，算法就能够在 x 的高概率区域中抽到更多样本点，而在低概率区域中减少抽样次数。算法应当按比例排列，来保证单变量分布下 50% 左右的接受比率，这一比率在维数大于 5 时降至大约 25%。虽然算法不同于真正的随机游走过程，而是两次、三次、四次甚至更多次抽到相同观测值，但是这保证了算法能够以合适的频率覆盖空间中的所有区域。另外，积分估计不会受到重复值的影响，所以这不是问题。

技术性注释

23.2 最优化与计算机搜索

● 二阶导数的计算可能非常复杂。尽管一些软件可以计算解析导数，但导数（解析形式）再求导所得的代数表达式冗长，并且很容易产生误差。替代的方法是利用软件计算数值导数值。这种方法下，每一个变量 θ 都改变一个小量，观察 L 发生多大改变。在计算二阶导数时，两种方法都需要进行 $k(k+1)/2$ 次计算，其中 k 是参数向量 θ 的维数。实际上，真正计算数值结果时计算量还要再乘以 2，因为 L 的每个数值导数都要计算两个值：一个对应略高于 θ^* 的 θ，一个对应略低于 θ^* 的 θ。

● 如果 L 整体凹，那么梯度法效果就很好。凹函数斜率和二阶导数符号相反，这意味着之前给出的方向向量 $Wg = -H^{-1}g$ 的符号总是对的（H 是二阶导数），并且梯度法总会指出正确方向。但是，如果 L 有凸部分（L 在这一部分斜率和二阶导数符号相同），那么梯度法就可能误入歧途。图 23—2 揭示了这一点。L 在拐点 θ_{infl} 左边是凸函数，在拐点右边是凹函数。如果起始点为 θ_1，那么斜率 g 为正，二阶导数 H 为负，所以梯度法通过方向向量 $-H^{-1}g$ 告诉我们 L 的最大值点方向所在。但是，如果起始点为 θ_2，那么斜率和二阶导数都为正，所以梯度法下 θ 下降，方向就错了。此时方向可能朝向最小值点（如果步长 λ 选择合适的话）而非最大值点。下面将讨论的梯度法中，有几种具有能够避免这一问题的特征，做法是保证海塞的负性能够被某个正定矩阵逼近。在步长 λ 选取合适的情况下，L 肯定在每次迭代后都会变大。然而，如何寻找局部最大值点而非全局最大值点？这一问题避不过去。唯一的办法就是利用一系列不同的初始值来验算（或者使用低效但必然奏效的网格搜索法）。

● 不同梯度法之间的差异在于计算、估计或者逼近海塞矩阵 H 的方法。权重矩阵通过 $W = -H^1$ 得到。

牛顿切线法。该方法利用二阶导数矩阵（海塞矩阵）的真实值来计算 W，之后的过程与上面梯度法的解释完全相同。该方法有三个主要缺陷。第一，如果二

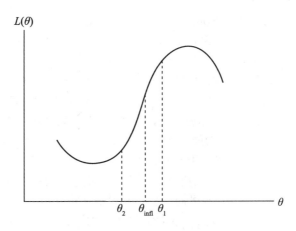

$L(\theta)$

θ_2 θ_{infl} θ_1 θ

图 23—2　凹的作用

阶导数复杂的话计算量就会很大。第二，海塞矩阵如果接近奇异阵，就会因不能可靠求逆而出现问题。第三，方法对上述凸性问题没有对策。不过，当函数整体凹时，该方法极为有效。牛顿切线法的一种变体是判分法（method of scoring）。该方法使用海塞矩阵的期望来简化计算，但这可能在推演上极为复杂。这一方法在最大似然估计时有用武之地，这是因为 MLE 协方差矩阵中出现了海塞矩阵的期望（回忆 Cramer-Rao 下界，参考 2.9 节，也见附录 B 第 6 节）。

高斯-牛顿法。该方法采用高斯-牛顿回归方程，利用一系列 OLS 回归来最小化非线性回归的残差平方和。见 6.3 节的技术性注释。这可以看作牛顿切线法具备判分变量时（适用于非线性最小二乘法）的特例。见 Cameron and Trivedi（2005，p. 345）。

最速上升法。在这种方法中，W 被设定为单位矩阵，忽略了二阶导数。由于单位矩阵正定，这就保证了 L 每步之后都会上升（如果 λ 足够小），即使在 L 为凸的时候也如此。有一种简单方法可以看出这一点：由于二阶导数被忽略，所以梯度方向不可能改变，因而改变的方向也不可能发生变化。这种方法的应用之一是，如果 L 的形式偏离二次形式较大，那么海塞矩阵将会有极大的误导性（这是由于海塞矩阵在二次逼近 L 时发挥的作用）。这种方法之所以得名"最速上升法"，是因为存在某个足够小的步长（λ 值），使得该方法下 L 的上升比其他所有方法在该步长下的上升都要快。但是，小步长实在是太小了，如果要走完一遍的话实在太慢，所以方法效率很低。

二次爬山法。该方法中 $-H$ 被替换为（$-H+\alpha I$），其中 α 是大于零的分数，而 I 是单位矩阵。α 通过某种最优化方法给出，以将 $-H$ 修改为正定矩阵（$-H+\alpha I$）。这使得负海塞矩阵沿梯度方向变化，因此相当于将高斯-牛顿法向最速上升法靠拢。从这个意义上来说，二次爬山法是这两种方法的综合，其改进作用就如同岭回归对 OLS 的改进作用一样（见第 12 章的讨论）。更进一步的，这种方法的好处在于避免了近似奇异海塞矩阵 H 带来的计算问题。

BHHH 方法。这一方法得名自发明人 Berndt 等（1974）的姓名。该方法注意到 L 是对数似然函数时的特征。第 i 个观测值的 s_i 分数表示该观测值对数似然函数对参数所求的导数。梯度就是所有分数和。s_i 的外积为 $k \times k$ 矩阵 $s_i s_i'$，其中 k 是未知参数个数（即参数向量 θ 的维数）。设样本所有外积之和为 S。注意，S 经常被误称为梯度外积（outer product of the gradient，OPG）。计量经济学中著名的信息识别定理告诉我们，在大样本中，对于参数的实际值，S 等于负的海塞矩阵。在 BHHH 方法中，矩阵的二阶导数即海塞矩阵，由 $-S$ 来估计。这一方法具备两个优势。首先，该方法只需要计算一阶导数而不需要计算二阶导数，因此计算过程更加简单快捷。其次，海塞矩阵 H 必然是正定的，因此即使在 L 函数凸的部分都会引起 L 的增加（在恰当的 λ 值下），进而避免之前提到的凸性问题。然而，该方法也有缺陷。假如我们对 θ 的估计值距离真实值较远，或者样本容量很小，则 $-S$ 可能无法很好地估计海塞矩阵。BHHH 的一个变形是 BHHH-2，其中 S 由每个 s_i 减去他们的平均数之后计算得出。$s_i s_i'$ 隐含了 s_i 真实参数值的平均值为 0 的结论，而 BHHH-2 中 S 的算法能够修正这一问题，使得 S 能够更好地估计海塞矩阵。

Marquardt 方法。这一方法把 BHHH 海塞估计量的负数加上 αI，从效果上说，该方法中和了 BHHH 方法与最速上升法。此方法的逻辑与二次爬山法类似。

Davidon-Fletcher-Powell（DFP）方法。这一方法认为，计算二阶导数可以用来估计参数向量 θ 的微小变化。因此，当我们以较大的变动幅度快速向最大化点移动时，可能被误导。DFP 过程使用海塞矩阵的一个正弦估计方法来解决这一问题。例如，假如当 $\theta^* = 12$ 时 L 的斜率为 5，当 $\theta^{**} = 15$ 时 L 的斜率为 3 成立，则斜率的每单位变动将使 θ 变动 $-2/3$ 个单位；这将有助于估计海塞矩阵以便计算 W。Train（2003，p. 202）认为，BFGS（Broyden-Fletcher-Goldfarb-Shanno）作为 DFP 的一个使用更准确的正弦估计的变形，是所有方法中最佳的。因此它在许多软件包中都是缺省运算法则。

● 迭代方程 $\theta^{**} = \theta^* + \lambda W(\theta^*) g(\theta^*)$ 是如何得出的？最大化的一阶条件是梯度 $g(\theta_m) = 0$。当 θ 为标量时，g 关于一个任意点 θ 的线性扩展满足 $0 = g(\theta) + H(\theta)(\theta_m - \theta)$，该式等价于 $\theta_m = \theta - H^{-1}(\theta) g(\theta)$，暗示了迭代核心关系式为 $\theta^{**} = \theta^* - H^{-1} g$，其中步长 λ 等于 1，W 等于 $-H^{-1}$，且方向向量为 $-H^{-1} g$，H 和 g 均在 θ^* 点求得。注意到 L 是二次方程，因此其梯度是线性的，其线性扩展将是完美的并且能从一次迭代中求出 θ_m。同样还能求出向量 θ，其中 g 是一个向量，而 H 是一个矩阵。

23.3　积分估计与模拟

● MSL 的一种情形是给出包含积分的对数似然函数并给予迭代过程将其最大化。这在一般性注释中给出了解释。为了保证算法的收敛性，方法背后的蒙特卡洛抽样不应当随每次迭代后参数的变化而重新进行。随着样本规模 N 和蒙特卡洛模拟中的抽样次数 S 趋向于无穷大，MSL 分布估计就收敛于 MLE。然而，如果 S 是有限的，由于对数似然函数中包含积分的非线性对数变形，那么即使在渐近意义下估计也是有偏的。模拟矩估计法（method of simulated moments，

MSM）是 MSL 方法的替代；同样，矩法和广义矩法是 MLE 方法的替代。MSL 方法在目标函数中包含模拟估计的积分，而 MSM 方法在目标函数中包含模拟估计的矩。Cameron 和 Trivedi（2005，393 - 403）这本教科书包括了对 MSL 和 MSM 两种方法的优劣性的讨论。Train（2003，ch. 10）除此之外还讨论了第三种方法——模拟分数法（method of simulated scores）。

● GHK 方法估计多项式 probit 模型的原理很容易看清楚。假设有 A、B、C、D 四个选项，对于每个选项第 i 个个体都有形如 $U_{Ai} = \alpha_A + \beta_A x_i + \varepsilon_{Ai}$ 的随机效用函数，其中 x 是一元解释变量。向量 $(\varepsilon_A, \varepsilon_B, \varepsilon_C, \varepsilon_D)'$ 的协方差矩阵 $W4$ 未知，其中 4 表示矩阵为 4×4 维。为了估计第 i 个个体选择 A 的概率，我们首先将 A 的效用从每个其他选项中抽离出来，得到

$$(1)\ U_{Bi} - U_{Ai} = \alpha_B - \alpha_A + (\beta_B - \beta_A)x_i + \varepsilon_{Bi} - \varepsilon_{Ai}$$
$$= \alpha_{BA} + \beta_{BA}x_i + \varepsilon_{BAi}$$
$$(2)\ U_{Ci} - U_{Ai} = \alpha_C - \alpha_A + (\beta_C - \beta_A)x_i + \varepsilon_{Ci} - \varepsilon_{Ai}$$
$$= \alpha_{CA} + \beta_{CA}x_i + \varepsilon_{CAi}$$
$$(3)\ U_{Di} - U_{Ai} = \alpha_D - \alpha_A + (\beta_D - \beta_A)x_i + \varepsilon_{Di} - \varepsilon_{Ai}$$
$$= \alpha_{DA} + \beta_{DA}x_i + \varepsilon_{DAi}$$

类似 α_{AB} 和 β_{BA} 这样的新参数被识别出来，但是其组分并不被明确认定。也就是说，这些就是多项式 probit 模型所估计的参数。新误差向量 $(\varepsilon_{BA}, \varepsilon_{CA}, \varepsilon_{DA})'$ 的协方差阵为 $W3$。新误差项是服从正态分布的原误差项构成的线性函数，所以也服从正态分布。$W3$ 可由 $W4$ 得到（出于识别的考虑，$W3$ 首行元素被设定为 1）。

当上述方程（1）、（2）和（3）同时为负时，第 i 个个体选择 A 的概率也就确定了。单独对（1）来说，这意味着 ε_{BAi} 必须小于 $(\alpha_{BA} + \beta_{BA}x_i)$，而这种情况的概率等于 ε_{BA} 从负无穷大到 $-(\alpha_{BA} + \beta_{BA}x_i)$ 的积分值。如果 ε_{BA}，ε_{CA}，ε_{DA} 的分布独立，那么三者同时为负的概率容易计算，也就是三个积分的积，而每个积分都可以看作是单正态分布变量的积分值。但是，误差项是相关的，所以这种方法行不通。

绕开这个问题的第一步是对 $W3$ 进行 Choleski 分解（23.4 节的技术性注释中将给出解释），以获得下三角矩阵 Q，将误差表述为：

$$\varepsilon_{BA} = q_{11}\eta_1$$
$$\varepsilon_{CA} = q_{21}\eta_1 + q_{22}\eta_2$$
$$\varepsilon_{DA} = q_{31}\eta_1 + q_{32}\eta_2 + q_{33}\eta_3$$

其中 η 是不相关的标准正态误差项，q_{ij} 表示 Q 的元素。这样就给出了所希望的 ε 之间的关系。

接下来的处理逻辑如下。我们的目标是求得上述三个概率的卷积，而这受到误差项相关性的影响。能否求得这一概率取决于（a）获得合意的 η_1 的概率，（b）在给定 η_1 的情形下获得合意的 η_2 的概率，（c）在给定 η_1 和 η_2 的情形下获得合意的 η_3 的概率（合意的意思是满足截尾约束）。联合概率估计通过模拟进行。为了达到这一目的，我们首先从多元标准正态分布中对 $(\eta_1, \eta_2, \eta_3)'$ 抽样，使得三个方程都为负。每次抽样都计算对应的概率卷积。重复这一过程多次（不妨

设次数为 R），然后对 R 次结果求均值，就得到第 i 个个体选择 A 的概率估计。这样解释：积分模拟的根本在于 $\int g(x)f(x)\mathrm{d}x = E[g(x)]$。在 GHW 方法中，$x$ 指 $(\eta_1, \eta_2, \eta_3)'$，而 $g(x)$ 则是概率卷积 [提示：重复是针对所有个体选择 A 进行的，之后还要针对所有个体选择 B 进行，如此往复。所有这些完成之后，就得到了梯度法每次迭代中任意未知参数（此时为 α，β 和 W4 的元素）的似然函数]。

那么，如何从标准多元正态分布向量 $(\eta_1, \eta_2, \eta_3)'$ 中进行第 r 次抽样以使得三个方程都为负呢？首先，从大于 $T1_r = -(\alpha_{BA} + \beta_{BA}x_i)/q_{11}$ 的截尾标准正态分布中抽取 η_{1r}。至于如何从单变量截尾密度函数中抽样，请见 23.4 节技术性注释中的解释。在序列中获得 η_{1r} 的概率为 $\Phi(T1_r)$，其中 Φ 是累积正态密度函数。接下来，从大于 $T2_r = -(\alpha_{CA} + \beta_{CA}x_i + q_{21}\eta_{1r})/q_{22}$ 的截尾标准正态分布中抽取 η_{2r}，获得 η_{2r} 的概率为 $\Phi(T2_r)$。最后，从大于 $T3_r = -(\alpha_{DA} + \beta_{DA}x_i + q_{31}\eta_{1r} + q_{32}\eta_{2r})/q_{33}$ 的截尾标准正态分布中抽取 η_{3r}，获得 η_{3r} 的概率为 $\Phi(T3_r)$。由于 η 不相关，所以获得同时满足三个方程的联合观测值概率为 $\mathrm{prob}_r = \Phi(T1_r) \times \Phi(T2_r) \times \Phi(T3_r)$。重复这一过程，进行 R 次抽样，从而产生 R 个 prob_r，取平均即得第 i 个个体选择 A 的概率估计。

这就是目前为止最常用的估计多项式 probit 模型的 GHK 模拟方法。Train（2003，pp. 126 - 137）对此作出了极佳的介绍。他还解释了如何将 GHK 方法表述为重要性抽样的一种应用。

23.4　奇异分布抽样

● 尽管依据单变量密度函数进行抽样可以简单地通过软件进行，但是如果是截尾密度函数的话，常常就没那么简单了。由于这种分布在计算某些积分时具有重要地位，所以有必要对此进行简要阐述。考虑随机变量 ε，其密度函数为 $f(\varepsilon)$，累积密度函数为 $F(\varepsilon)$，如图 23—3 所示。根据定义，在上图中纵轴值 $F(\varepsilon_0)$ 等于下图中 ε 在横轴上小于等于 ε_0 的概率。如果 $F(\varepsilon_0)$ 是从 0—1 之间的均匀分布中随机抽取得到的，那么 ε_0 就是 $f(\varepsilon)$ 的随机抽样结果。这种方法对任意可逆累积密度函数（计算机能够根据给定 F 值计算出对应的 ε 值）都适用。正态分布就是这种情形。现在假设希望从小于 a 和大于 b 的截断区间中获得 $f(\varepsilon)$ 的截尾抽样。首先在上图中计算 $F(a)$ 和 $F(b)$，然后从 $F(a)$ 和 $F(b)$ 之间的均匀分布中抽取随机值 u，并通过下图找到其对应的 ε 值。这就完成了一次截尾分布随机抽样。

● 依据标准正态分布密度函数进行抽样可以简单地通过软件进行。如果重复 k 次，并将结果置于 $k \times 1$ 向量中，就得到了标准多元正态分布抽样。这一分布均值为零，协方差阵为单位阵。如果想从均值为零但协方差阵为 Ω 的多元正态分布中抽取 $k \times 1$ 向量，就需要将该向量前乘矩阵 Q，其中 $QQ' = \Omega$。Q 为下三角阵，是 Ω 的 Choleski 分解，可以通过计量软件获得。将 $k \times 1$ 向量 μ 加到该结果就使其均值由零变为 μ（为了巩固理解，请计算 $\mu + Qx$ 的协方差阵，其中 x 的均

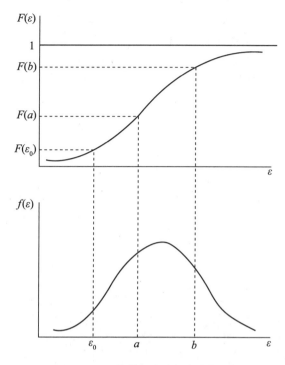

图 23—3　从截断密度函数中抽样

值为零、协方差阵为 Ω)。这一方法适用于正态分布，因为正态分布的线性组合依然服从正态分布。但别的分布未必如此。

●"接受/拒绝"术语也应用于可替代 MCMC 方法的另一种方法上。假设希望从奇异分布 $f(x)$ 中抽样。首先寻找易抽样的分布 $h(x)$，并乘以正系数 k，得到处处大于 $f(x)$ 的分布 $kh(x)$。从 $h(x)$ 中抽取样本点，并以 $f(x)/kh(x)$ 的概率接受之。重复从 $h(x)$ 中抽样，直到获得要求数量的被接受的观测值为止。不过，这种方法的主要问题是难以寻找到合适的 $h(x)$。

● 这里给出一个精彩的例子来说明可以从分布中抽样这一事实是如何改变贝叶斯分析的。在几个经济学模型中，因变量是潜变量。例如，在 Tobit 模型中，因变量只要突破极限值就不再被观察到。在 probit 模型中，由于因变量要么是 1 要么是 0，所以潜变量从来不能被观察到。这对多项式 probit 模型和有序 probit 模型也是同理。在这些模型中，如果我们知道参数值，就可以抽取潜变量的服从原始数据的 N 个观测值（即，对于 Tobit 模型，无限制的值将与原始数据保留一致，但对于有限制的值，我们需要从适当的截断分布中抽取）。由于有了因变量的这些新值，我们可以找到参数的后验分布。（由于无须处理任何限制，所以我们实际上面对的是熟悉的回归模型，所以这一工作很容易进行。）从此后验分布中抽样就得到了新的参数值，并可依次进行 N 个新的潜变量抽样。而这就是所说的 Gibbs 抽样法！继续进行这一过程，通过退火阶段，最终会获得数据和参数的联合分布中相当大的抽样数量 S。接下来，只需对 S 个参数值进行平均即可获得参数估计（利用后验分布均值）。这种强化数据法（data augmentation procedure）通过替换 0—1 或其他限制下的潜变量值，使得 Gibbs 抽样可执行。如果不补充数据，那么基于样本的参数后验分布就不可知，因而 Gibbs 抽样法也就不能使用。Koop（2003，ch. 9）阐述了这一方法在若干定性因变量或者受限因变量模型中的应用。

附录 A　抽样分布——统计的基础

让学生理解抽样分布的概念是非常重要的。这个概念为计量经济学家运用代数方法提供了一致的逻辑，使我们清楚他们运用数据、公式和代数方法努力去追求的到底是什么。本附录的目的就是进一步解释抽样分布这个概念以及计量经济学研究的内涵。

1　一个例子

假如你有 45 个关于变量 x 和 y 的观测值，而且你知道 y 是通过把 x 代入公式 $y = \beta x + \varepsilon$ 得到的，其中 ε 是均值为 0、方差为 σ^2 的随机扰动项。由于在这个线性关系式中没有截距项，因此这里只有一个未知参数 β，即 x 的斜率。这个设定意味着 y 的第一个观测值 y_1 是通过未知参数 β 乘以 x 的第一个观测值 x_1，再加上在均值为 0、方差为 σ^2 的随机扰动项中随机获得的第一个值 ε_1 得到的。y 的其他 44 个值也是由这种方式得到的。

现在你一定对如何估计未知参数 β 很感兴趣。设想你使用了如下公式估计 β：$\beta^* = \sum y / \sum x$，为了方便起见我们省略下标。这种方式只需要你将数据代入代数公式就能得到 β 的一个估计值。假设你这样做了，估计的结果是 $\beta^* = 2.34$。那么这个估计结果是一个好的估计吗？

既然 $y = \beta x + \varepsilon$，你就可以在公式中使用这个替代，得到：

$$\beta^* = \sum (\beta x + \varepsilon) / \sum x = \beta + \sum \varepsilon / \sum x$$

由上式可以清楚地看到这个估计值等于 β 加上含未知值 ε 的关系式的和。因为 ε 有一半的概率为正，一半的概率为负，因此这个表达式中的 ε 值之和很可能十分接近 0，使得这个公式作为 β 的估计显得十分合理。

考虑 $\beta^* = 2.34$。2.34 有多接近 β 的真值，依赖于估计 y 时用到的随机扰动集里 45 个扰动项的值。如果为了得到数据，采用了更多正的扰动项，那么 β^* 很可能高估了 β（假设 $\sum x$ 是正的）。如果采用了更多负的扰动项，那么 β^* 很可能低估了 β。如果采用的是典型的扰动项，β^* 就很可能非常接近 β。重点在于这 45 个未知扰动项的选取直接决定了通过 β^* 的公式得到的估计值，从而不可能知道估计值 2.34 到底有多么接近 β 的真值。

这个问题是通过抽样分布的概念提出的。暂时假设你知道 β 的真值。先目测得到 45 个随机干扰项的值，然后利用 β、x 和这些干扰项计算出 β^*，并记录结果。想象我们做了 100 万次这样的计算，每次都随机得到扰动项的值。这样我们就得到了 100 万个估计的值 β^*，利用这些 β^* 值可以做出可能的 β^* 值的直方图。这个直方图应该显示出这样的特性：很大的 β^* 值的数量稀少，因为这需要非常规地得到 45 个扰动项；同样，很小的 β^* 值的数量也稀少。更加普遍的是接近 β 的 β^* 值，因为它们是从典型的扰动项中得出的。这个直方图估计了 β^* 的分布，给出了在概念化的重复抽样过程中得到不同 β^* 值的相对概率。这个分布称为 β^* 的样本分布。一个统计量的样本分布告诉我们如果不断选取新的随机扰动值，就能得到统计量的不同值出现的相对频率。

2 计量经济学研究的内涵

抽样分布的逻辑，以及一些重要的内涵，是古典统计学的基础。如果理解了这些内涵，学习计量经济学会容易得多。

（1）用 β^* 估计 β 的过程可以形象地比喻为计量经济学家闭上眼睛，在 β^* 的样本分布中随机地抽取一个值作为 β 的估计值。

（2）由于（1），在 β^* 和另一个估计量 β^{**} 之间的选择就变成了：你更倾向于在 β^* 的样本分布中随机抽取一个值作为 β 的估计还是在 β^{**} 的样本分布中随机抽取呢？

（3）由于（2），估计量 β^* 的性质是通过抽样分布定义的。例如，如果抽样分布的均值等于估计的 β 值，那么 β^* 是无偏的。这些性质在第 2 章的 2.5 节、2.6 节、2.7 节中讨论过。

（4）估计量 β^* 的抽样分布的性质取决于产生数据的过程，因此同一个估计量可能在一种情况下是好的，在另一种情况下是不好的。很多计量经济学的理论都致力于寻找一个特殊的数据产生过程，使得由此得出的估计量具有最优的抽样分布性质。例如，最小二乘（OLS）估计量在一些应用中具有很好的样本性质，但是在其他的情形下就不那么理想，如当扰动项和解释变量相关时。

（5）抽样分布的性质还取决于样本的大小。大的样本数量意味着在参数估计过程中使用了更多的信息，因而抽样分布的方差就较小，而且在一些情形下，随着样本数量的增大，偏误会逐渐减小。这部分内容在第 2 章的 2.8 节中具体讨论过。

（6）大多数计量经济学的代数的使用是为了寻找一个统计量的抽样分布的性质。由于研究无一例外地都集中于考察抽样分布的均值和方差，因此同学们首先要学会考察分布的均值和方差。

（7）所有的统计量，不只是参数估计，都有抽样分布。例如，F 值是一个检验统计量而不是参数估计统计量。假设检验是通过检查这个检验统计量的值是否符合零假设成立时计算出的检验统计量的分布来进行的。举个例子来说，假设零假设的命题是统计量服从 F 分布，这意味着当零假设成立时，统计量的抽样分布就可以用大多数统计教材中使用的 F 分布表来描述。计量经济学家努力的方向就是寻找可以用熟悉的统计分布表描述的检验统计量。

3 计算抽样分布

这里有三种学习统计量的抽样分布性质的基本方法：

（1）对于简单的问题，可以通过抽样分布性质的推论利用代数方法解决，例如：

（a）在前面 $y=\beta x+\varepsilon$ 的例子中，抽样分布 β^* 的均值和方差可以轻松地计算出来，分别为 β 和 $45\sigma^2/(\sum x)^2$。如果有截距项 $y=\alpha+\beta x+\varepsilon$，抽样分布 β^* 的均值将变成 $\beta+45\alpha/\sum x$，这也证明了抽样分布的性质取决于数据产生的过程。

（b）正如第 3 章描述的那样，当数据通过经典线性回归（CLR）模型 $y=x\beta+\varepsilon$ 和 $V(\varepsilon)=\sigma^2 I$ 产生时，β^{OLS} 的抽样分布的均值为 β，方差为 $\sigma^2 (X'X)^{-1}$。如果再加上 ε 服从正态分布（CNLR 模型），抽样分布将仍然服从正态分布，而且参数的 OLS 估计值与其标准差的估计值的商应该服从 t 分布。

（c）当 x 的 N 个值是从均值为 μ、方差为 σ^2 的分布中随机抽取的时，$\bar{x}$ 的样本分布将具有均值 μ 和方差 σ^2/N。这个结论是同学们看统计学教材的前言时都应该记住的。利用中心极限定理可以得出服从正态分布时的合适的样本量 N。

（2）经常发生的情形是，当用代数方法不能得到抽样分布的性质时，有两种替代的方法。第一种是仍然运用代数方法，但要样本足够大。这使得代数方法（利用估计量或检验统计量的"渐近"或"大样本"性质（见附录 C））得以简化（参见 2.8 节的技术性注释）。当样本不是很大时，渐近分布通常是抽样分布的一个很好的替代。考虑如下的例子：

（a）参数估计中的非线性方程会使得原本能从小样本分布中轻松得到的渐近的性质复杂化。例如，在短期参数估计程序中通过非线性方程估计常数参数。

（b）当误差项与解释变量相关时，用 OLS 估计抽样分布就显现出很多不合理之处，并且通常用工具变量估计量（IV）来代替，如第 9 章讨论的。IV 估计量的小样本分布是不易得到的，但是它的渐近分布可以很直观地得到。

（c）在第 4 章的 4.5 节讨论的 W，LR 和 LM 检验，在小样本的情况下具有非常复杂的分布，但是每一个的渐近分布都是 χ^2 分布。

（3）当代数方法不易使用时确定抽样分布性质的第二种方法是进行第 2 章的 2.10 节讨论过的蒙特卡洛研究。在做蒙特卡洛研究时，先选出典型的参数值，再选出非随机变量的观测值，还需要一台电脑来随机选取扰动项。根据设想的产生数据的过程利用电脑生成模拟值，利用这些数据计算要研究的统计量的一个值。然后让电脑生成新的误差项，再利用其产生新的模拟数据集，并计算统计量的第二个值。重复以上过程直至产生很多的统计量的模拟值，如 5 000。再利用这 5 000 个数值绘制直方图来估计抽样分布，或者更加可能的是，估计统计量抽样分布的相关性质。下面是关于如何进行蒙特卡洛研究来确定前面非零截距例子中 β^* 的抽样分布的介绍。（其他练习中出现的例子参见附录 D。）

（a）利用实证研究中的数据或者用电脑生成，选择 x 的 45 个值。

（b）为位置参数赋值，如 $\alpha=1$、$\beta=2$、$\sigma^2=4$。

（c）用电脑随机生成 45 个均值为 0、方差为 4 的误差项（ε）。

（d）通过公式 $1+2x+\varepsilon$ 计算 45 个 y 值。

（e）计算 β^* 值并保存。（如果需要和其他估计量进行比较，还应该在这一步中计算那些估计量，并保存。）

（f）回到步骤（c）并重复以上过程，直到你得到 5 000 个 β^* 的估计值。

（g）利用这 5 000 个 β^* 值做出表示 β^* 抽样分布的直方图。由于抽样分布通常是通过三个度量——均值、方差以及均方误决定的，因而这 5 000 个 β^* 值可以用来估计这三个性质，详见第 2 章的 2.10 节。

附录 B 关于方差

本附录的主要目的是综合计量经济学中用于方差计算和估计的基本公式。因为这些公式在正文中讨论过，这里只给出了一些例子而没有证明。强烈建议同学们要对这些结果非常熟悉，因为计量经济学十分关注有效性，需要评价估计量的方差。

1 定义

假定 x 是一个标量随机变量，概率密度函数为 $f(x)$；为了与下面的讨论更加相关，$\hat{\beta}$ 可以看作一个系数估计，这样 $f(\hat{\beta})$ 就是它的抽样分布。x 的方差定义为：

$$V(x) = E(x - E(x))^2 = \int (x - E(x))^2 f(x) \, dx$$

简洁地说，如果你随机产生一组 x 值，计算该值与 x 平均值之差的平方得到

Q，当你无限次重复这个试验时，Q 的平均值将是多少？另一种描述方法如下：x 与其均值之差的平方在所有可能值上进行加权平均，权重就是值的"概率"。大部分计量经济学推导使用的是期望值符号而不是积分符号，所以后者并不常见。

两个变量 x 和 y 之间的协方差定义为：

$$C(x,y) = E(x-E(x))(y-E(y))$$
$$= \iint (x-E(x))(y-E(y))f(x,(y))\mathrm{d}x\mathrm{d}y$$

其中，$f(x,y)$ 是 x 和 y 的联合密度函数。简洁地说，如果你随机产生一对 x 和 y 的值，分别减去各自的平均值再相乘得到 Q，当你无限次重复这个试验时，Q 的平均值将是多少？另一种描述方法如下：x 与其均值之差和 y 与其均值之差的乘积在所有可能值上进行加权平均，权重就是组合的"概率"。注意，期望值符号避免了二重积分的混乱。

如果 x 是 k 阶向量，其方差—协方差矩阵定义为 $k \times k$ 矩阵：

$$V(x) = E(x-E(x))(x-E(x))'$$

2.6 节的技术性注释中有描述。矩阵的对角线上是 x 的各个元素的方差，在其他位置是 x 各个元素间的协方差。

2 估计

上面的定义涉及实际的或理论的方差，不要将其与通过一些可用的数据能计算得到的 $V(x)$ 估计混淆。考虑如下例子：

（a）对于标量 x，如果我们有它的 N 个观测值，比如 $x_i \sim x_N$，那么 $V(x)$ 通常被估计为：

$$s^2 = \sum (x_i - \bar{x})^2 / (N-1)$$

（b）如果我们有对应于 y 的 N 个估计值，比如 $y_i \sim y_N$，那么 $C(x)$ 通常被估计为：

$$s_{xy} = \sum (x_i - \bar{x})(y_i - \bar{y}) / (N-1)$$

（c）如果 x 是一个含有 K 个解释变量（包括截距项）的回归方程的误差，那么 $V(x)$ 通常被估计为：

$$s^2 = SSE / (N-K)$$

（d）当 x 是 k 阶向量时，它的方差—协方差矩阵可以通过使用以上（a）和（b）中的估计公式来计算该矩阵的每个元素而估计出来。

3 著名公式

一些特殊情况下的方差十分著名，以至于应当将其记住，即使它们的推导很简单。

(a) 变量 x 的 N 个随机得到的观测值的平均值 $\bar{x}$ 的方差为：$V(\bar{x})=V(x)/N$。

(b) 变量 x 的线性函数，比如 $w=a+bx$ 的方差（这里 a 和 b 是常量）为：$V(w)=b^2V(x)$。

(c) 两个随机变量的和或差，比如 $w=z\pm y$ 的方差为：$V(w)=V(z)+V(y)\pm 2C(z,y)$。

(d) 如果总体样本的成功比例为 p，那么其中 N 个随机样本的成功比例 $\hat{p}$ 的方差是：

$$V(\hat{p})=p(1-p)/N$$

4 更常见的公式

下面是一些更为常见的公式，上述那些著名公式属于特例。

(a) 对于 CLR 模型，$y=X\beta+\varepsilon$ 中 β^{OLS} 的方差—协方差矩阵为：

$$V(\beta^{\mathrm{OLS}})=V(\varepsilon)(X'X)^{-1}=\sigma^2(X'X)^{-1}$$

如果回归中仅有一个截距项，那么 X 就是一列 1，而 $\beta^{\mathrm{OLS}}=\bar{y}$。而且此时 $V(\varepsilon)=V(y)$，所以从这个公式得到：$V(\beta^{\mathrm{OLS}})=V(\bar{y})=V(y)/N$，即上面 3(a) 中的公式。

(b) 对于标量 x 的非线性函数 $g(x)$：近似地，$V(g(x))=(\partial g/\partial x)^2V(x)$。在 2.8 节的技术性注释中解释了这个公式背后的基本原理。如果 $g(x)=a+bx$，是一个线性函数，那么 $V(g(x))=b^2V(x)$，即上面 3(b) 中的公式。

(c) 对于向量 x 的单变量线性函数 $w=a'x$，a 为常数标量：$V(a'x)=a'V(x)a$。

如果 $x=(z, y)'$ 且 $a=(1, 1)'$，那么对于 $w=z+y$ 有 $V(w)=(1,1)V(x)\binom{1}{1}$。

最后一式乘开后得到：$V(w)=V(z)+V(y)\pm 2C(z,y)$，即上面 3(c) 中的公式。

(d) 对于向量 x 的单变量非线性函数 $g(x)$ 的方差：渐近地，$V(g(x))=(\partial g/\partial x)'V(x)(\partial g/\partial x)$。其中 $\partial g/\partial x$ 是一个向量，它的第 i 个元素是 g 关于 x 第 i 个元素的偏导数。注意，这里相当于把上面公式的 a 换成 $\partial g/\partial x$。这个公式被称为估计方差的 delta 方法。

(e) 对于向量 x 的多变量线性方程 $w=Ax$，其中 A 为固定的矩阵（所以 w

现在是一个向量，它的每个元素都是 x 元素的线性组合）：$V(w) = AV(x)A'$。多变量非线性函数的近似估计公式与之类似，只需用偏导数矩阵来代替矩阵 A。注意夹心形式。

5 更常见的公式的例子

（a）4(b) 中标量非线性函数方差的例子。假定我们做对数对对数的回归，得到 $\ln y$ 的预测 f，其方差为 $V(f)$。我们希望通过 $\hat{y} = e^f$ 预测 y。那么，近似地有：

$$V(\hat{y}) = (\partial \hat{y}/\partial f)^2 V(f) = e^{2f}V(f)$$

（b）4(c) 中向量的单变量线性函数方差的例子。考虑一个房屋价格对一系列房屋特征的回归方程，其中 α 表示卧室个数的系数，β 表示房屋面积的系数。假定 α^{OLS} 和 β^{OLS} 分别有方差 $V(\alpha^{\mathrm{OLS}})$ 和 $V(\beta^{\mathrm{OLS}})$，协方差为 $C(\alpha^{\mathrm{OLS}}, \beta^{\mathrm{OLS}})$。你增加总面积为 30 平米的两个卧室，则你估计增加的房屋价值为：$Q = 2\alpha^{\mathrm{OLS}} + 30\beta^{\mathrm{OLS}}$。那么由定义：

$$\begin{aligned}
V(Q) &= E[(2\alpha^{\mathrm{OLS}} + 30\beta^{\mathrm{OLS}}) - E(2\alpha^{\mathrm{OLS}} + 30\beta^{\mathrm{OLS}})]^2 \\
&= E[2(\alpha^{\mathrm{OLS}} - E(\alpha^{\mathrm{OLS}})) + 30(\beta^{\mathrm{OLS}} - E(\beta^{\mathrm{OLS}}))]^2 \\
&= 4E(\alpha^{\mathrm{OLS}} - E(\alpha^{\mathrm{OLS}}))^2 + 900E(\beta^{\mathrm{OLS}} - E(\beta^{\mathrm{OLS}}))^2 \\
&\quad + 120E(\alpha^{\mathrm{OLS}} - E(\alpha^{\mathrm{OLS}}))(\beta^{\mathrm{OLS}} - E(\beta^{\mathrm{OLS}})) \\
&= 4V(\alpha^{\mathrm{OLS}}) + 900V(\beta^{\mathrm{OLS}}) + 120C(\alpha^{\mathrm{OLS}}, \beta^{\mathrm{OLS}})
\end{aligned}$$

或者，使用 4(c) 中的公式，我们有：$Q = (2, 30) \begin{pmatrix} \alpha^{\mathrm{OLS}} \\ \beta^{\mathrm{OLS}} \end{pmatrix}$，这样有：

$$V(Q) = (2, 30) \begin{bmatrix} V(\alpha^{\mathrm{OLS}}) & C(\alpha^{\mathrm{OLS}}, \beta^{\mathrm{OLS}}) \\ C(\alpha^{\mathrm{OLS}}, \beta^{\mathrm{OLS}}) & V(\beta^{\mathrm{OLS}}) \end{bmatrix} \begin{pmatrix} 2 \\ 30 \end{pmatrix}$$

乘开后，与上面的算法有同样的结果。

（c）4(c) 中向量的单变量线性函数的第二个例子。假设 $y = X\beta + \varepsilon = \alpha + \delta w + \theta q + \varepsilon$，我们用数据估计出 $\beta^{\mathrm{OLS}} = (X'X)^{-1}X'y$，所以 $V(\beta^{\mathrm{OLS}}) = \sigma^2(X'X)^{-1}$。给定 w_0 和 q_0 的值，我们预测 y_0 为：

$$\hat{y}_0 = \alpha^{\mathrm{OLS}} + \delta^{\mathrm{OLS}} w_0 + \theta^{\mathrm{OLS}} q_0 = (1, w_0, q_0)\beta^{\mathrm{OLS}} = x_0'\beta^{\mathrm{OLS}}$$

利用 4(c) 可得预测的方差为：$V(\hat{y}_0) = \sigma^2 x_0'(X'X)^{-1}x_0$。

继续这个例子，预测误差为：

$$fe = y_0 - \hat{y}_0 = \alpha + \delta w_0 + \theta q_0 + \varepsilon_0 - \hat{y}_0$$

前三项是常数，所以预测误差的方差应当等于 $\varepsilon_0 - \hat{y}_0$ 的方差，可以由两随机变量之差的方差公式求出：

$$\begin{aligned}
V(fe) &= V(\varepsilon_0) + V(\hat{y}_0) - 2C(\varepsilon_0, \hat{y}_0) \\
&= \sigma^2 + \sigma^2 x_0'(X'X)^{-1}x_0
\end{aligned}$$

$$=\sigma^2\left[1+x_0'(X'X)^{-1}x_0\right]$$

其中协方差为零，因为 ε_0 与 $\hat{y}_0$ 的成分无关。

(d) 4(d) 中向量的单变量非线性函数的例子。假设

$$\ln y_t=\beta_0+\beta_1\ln y_{t-1}+\beta_2\ln x_t+\varepsilon_t$$

在长期或者均衡时，y 关于 x 的弹性为：$\theta=\beta_2/(1-\beta_1)$，估计值为：$\hat{\theta}=\beta_2^{\mathrm{OLS}}/(1-\beta_1^{\mathrm{OLS}})$，那么由上面的 4(d)：

$$V(\hat{\theta})=(\partial\hat{\theta}/\partial\beta^{\mathrm{OLS}})'V(\beta^{\mathrm{OLS}})(\partial\hat{\theta}/\partial\beta^{\mathrm{OLS}})$$

$$=\sigma^2\left[0,\beta_2^{\mathrm{OLS}}(1-\beta_1^{\mathrm{OLS}})^{-2},(1-\beta_1^{\mathrm{OLS}})^{-1}\right](X'X)^{-1}\begin{bmatrix}0\\\beta_2^{\mathrm{OLS}}(1-\beta_1^{\mathrm{OLS}})^{-2}\\(1-\beta_1^{\mathrm{OLS}})^{-1}\end{bmatrix}$$

由于衍生向量第一项为零，我们可以将其截短，补上矩阵 $V(\beta^{\mathrm{OLS}})$ 的相应部分（右下部）。

(e) 4(e) 中向量的多变量线性函数的例子。假设 $y_t=\alpha+\beta_0 x_t+\beta_1 x_{t-1}+\beta_2 x_{t-2}+\beta_3 x_{t-3}+\varepsilon_t$。我们设定 β 的值由一个如下的多项式滞后分布决定：$\beta_i=\delta_0+\delta_1 i+\delta_2 i^2$，其中 i 为滞后长度。

这意味着：

$$\begin{aligned}\beta_0&=\delta_0\\\beta_1&=\delta_0+\delta_1+\delta_2\\\beta_2&=\delta_0+2\delta_1+4\delta_2\\\beta_3&=\delta_0+3\delta_1+9\delta_2\end{aligned}$$

可以记为 $\beta=A\delta$，其中 A 是一个 4×3 矩阵，第一列为 1，1，1，1；第二列为 0，1，2，3；第三列为 0，1，4，9。

向量 δ 可以通过调整数据后的 OLS 回归（在任何关于多项式或阿尔蒙滞后分布的规范讨论中都有解释）得到 δ^{OLS} 及其方差 $V(\delta^{\mathrm{OLS}})$ 的估计。估计向量 β 要用到估计量 $\hat{\beta}=A\delta^{\mathrm{OLS}}$ 和 $V(\hat{\beta})=AV(\delta^{\mathrm{OLS}})A'$。

(f) 假设正利用不同城市的犯罪率数据研究犯罪促成因素。由于犯罪率是比例，所以特定城市观测值为犯罪人数除以该城市总人口。这一指标的方差等于 $p(1-p)/N$，其中 p 为真实比例，而 N 为城市人口。由于各城市人口不同，方差也就因城市而异，暗示回归分析中需要处理异方差问题。

(g) 假设根据蒙特卡洛研究已经得知使用 t 统计量表中 5% 显著水平时 t 检验的"真实"的第一类错误率。在蒙特卡洛研究中，你计算了 2 000 个 t 值，其中有 140 个超过了 t_{crit}，所以你对第一类错误率的估计值为 $140/2\,000=7\%$。这一估计是否"显著"大于 5%？为了进行检验，你还需要知道这一估计的方差。在第一类错误率为 5% 的零假设下，该估计的方差为 $0.05\times0.95/2\,000=0.000\,023\,75$，标准差为 0.005。检验统计量等于 $(0.07-0.05)/0.005=4.0$，远远大于正态表格中的合理的显著水平。

6　Cramer-Rao 下界

没有任何一个渐近无偏估计量的方差—协方差矩阵小于 Cramer-Rao 下界。因为如果达到这个下界，则一定是由最大似然估计值（MLE）达到的，所以通常认为 Cramer-Rao 下界就是 MLE 的方差，而且对 Cramer-Rao 下界的估计就能估计 MLE 的方差。

Cramer-Rao 下界是信息矩阵的转置。信息矩阵是对数似然函数关于待估参数的二阶偏导数矩阵的相反数的期望值：

$$信息矩阵 = -E(\partial^2 \ln L / \partial \theta^2)$$

其中 θ 指待估参数向量。在 CNLR 模型中，θ 由 β 和 σ^2 组成。这个计算过程得到信息矩阵的公式，转置后即为 θ^{MLE} 的方差—协方差矩阵；它的估计生成了被估计的方差—协方差矩阵。

估计信息矩阵有三种不同的方法。第一种，信息矩阵其本身可以在 MLE 被估计。这需要计算对数似然函数（$\ln L$）的海塞矩阵（二阶导矩阵）相反数的期望值，而这常常难以计算。第二种，使用对数似然函数的海塞矩阵的相反数。这避免了计算期望值，但是仍需要求二阶导。第三种，使用梯度外积（OPG），应用理论结论：OPG 的期望值即为信息矩阵。令 g 为对数似然函数对应于每个独立观测值的梯度（一阶导向量）。那么信息矩阵的 OPG 估计是 gg' 的所有观测值之和。关于为什么这个结论可行的说明，参见 Darnell（1994，pp. 253 - 255）。这在数学上是极具吸引力的，因为它只需要求出一阶导。遗憾的是，像 Davidson 和 MacKinnon（1983）等的研究表明，这是不可靠的。

注　释

● 附加参数的出现对方差没有影响；在平方前减去平均值时，加上的常数被消除了。

● 如前所述，样本比例统计量 $\hat{p}$ 的方差为 $V(\hat{p}) = p(1-p)/N$。注意到成功的数量为 $N\hat{p}$，应用上面的 3(b)，$V(N\hat{p}) = N^2 V(\hat{p})$，得到 $V(N\hat{p}) = Np(1-p)$。

● 知道 χ^2 的方差等于其自由度的两倍有时会有所帮助。

● 估计方差时可能用到一些技巧。像 15.5 节提到的观测设定虚拟变量可以用来产生预测值及其方差。像 4.2 节的一般性注释提到的，回归系数线性组合的方差可以这样计算：设定该线性组合等于一个新的参数，将它代入回归并估计因此生成的人工回归。估计由任意合适的方法完成，而线性组合的方差估计结果视方法而定。Papke 和 Wooldridge（2005）中给出了非线性情形下一个相似的技巧。只需利用一阶导数在系数估计点处的取值将非线性约束线性化，然后应用以上技巧即可。

● 方差估计中一个极为重要的方面出现在第 8 章关于稳健协方差阵的估计的讨论中。当时估计采用了夹心形式。稳健的协方差阵的估计对非球形误差项（如异方差或自相关误差等）不敏感。一般来说，非球形误差项使得传统方差估计结果有偏。而稳健方差估计式利用了不同的方差估计形式，避免了这一问题。很多估计方法下都有稳健方差的变形。当操作者不确信误差项为球形时，就会将稳健标准误报告出来。

● 计量经济学中经常用到两步估计法。第一步产生的估计结果将进入第二阶段估计中。例如，由于某变量的预期值可能是相关解释变量，所以第一阶段对预期值进行估计。另一个例子是 EGLS，其中误差协方差阵的估计进入了第二步估计当中。在这些方法中，一般的方差估计向下偏误，因为都没能包含第一步当中的随机性。解决这一问题最简单的办法是自举法。Murphy 和 Topel（1985）给出了数学推导，并在 Greene（2008，p. 303）中得到了阐述。也见 Gauger（1989）和 Dumont et al.（2005）。

附录 C   渐近理论入门

第 2 章介绍了渐近分布背后的基本原理以及计量经济学家对其感兴趣的原因。本质上，渐近分析是提供信息让我们更好地了解有限样本分布的手段，能够获得更好的逼近。本附录的目的是提供对渐近理论技术细节的全面评述。读者必须注意，为了保证表达的易读性，使用了许多并不十分确切的表述；对那些期望掌握细节的读者，若干近期的高级教科书有很好的阐述，例如 Greene（2008，pp. 63 - 75 and Appendix D）和 Judge et al.（1985，ch. 5）。Greenberg 和 Webster（1983，ch. 1）都是不错的高级参考文献。White（1984）的研究十分深奥，Kmenta（1986，pp. 163 - 172）和 Darnell（1994，pp. 45 - 49，290 - 293，217 - 222）的研究对初学者来说是很好的参考。

渐近分布理论关注当样本容量 N 变得非常大时，一个统计量，如 $\hat{\beta}$，将会发生什么。为了强调样本容量的作用，$\hat{\beta}$ 有时被记作 $\hat{\beta}_N$。特别地，关注点集中于两方面：

（a）当样本容量变得非常大时，$\hat{\beta}_N$ 的分布是否不适用于某个特殊值（也就是说，变得大量集中于该值的邻域）？这导向一致性的大样本定义。

（b）当样本容量变得非常大时，$\hat{\beta}_N$ 的分布是否近似于某个已知形式（如正态分布）？这带来了大样本假设检验程序的发展。

为解决这些问题，使用了收敛的两种概念。依概率收敛用于上面的（a），依分布收敛用于上面的（b）。

1 依概率收敛

假设样本容量变得非常大时，$\hat{\beta}_N$ 的分布不适用于值 k，那么，$\hat{\beta}_N$ 被称作依概率收敛于 k，或者拥有概率极限 k，记为 $\operatorname{plim}\hat{\beta}=k$。如果 k 等于 $\hat{\beta}$ 所估计的值 β，那么 $\hat{\beta}$ 被称作一致的；$k-\beta$ 被称为 $\hat{\beta}$ 作为 β 估计值的渐近偏误。

表示一致性的一种流行方法是说明当样本容量变得非常大时，$\hat{\beta}_N$ 的偏误和方差均逼近于零。这被称为平方平均数收敛或均方收敛；它是依概率收敛的充分条件。例如，考虑由一个在均值为 μ、方差为 σ^2 的分布中随机抽取的样本得到的样本均值统计量。因为样本均值在小样本中是无偏的，在大样本中也具有零偏误；且因为它的方差为 σ^2/N，当样本容量变得非常大时它的方差趋近于零。这样，样本均值平方平均数收敛，从而是 μ 的一致估计量。

使用渐近分布理论的一个主要原因是：只要涉及非线性，与寻找（小样本）期望值有关的代数学可能变得十分困难。特别地，比方说 $\hat{\beta}$ 的一个非线性函数的期望值不等于将 $\hat{\beta}$ 的期望值代入该非线性函数得到的值。这种现象发生的原因已在 2.8 节的技术性注释中解释过。然而，当使用渐近分布理论时，这个问题就消失了；这是因为 $\hat{\beta}$ 的一个非线性（连续）函数的 plim 就是 $\operatorname{plim}\hat{\beta}$ 的非线性函数值。这被称为 Slutsky 定理；这一点的原因也在 2.8 节的技术性注释中解释过。例如，假设你有一个关于乘子 $\pi=1/(1-\beta)$ 的无偏估计量 β^*，而你希望估计 β。现在 $\beta=1-\pi^{-1}$，所以自然会想要使用 $1-(\pi^*)^{-1}$ 来估计 β。由于这是无偏估计量 β^* 的一个非线性函数，它是有偏的；但是幸亏有 Slutsky 定理，它是渐近无偏的。

现在考虑如下任务：证明经典线性回归（CLR）模型 $y=X\beta+\varepsilon$ 中最小二乘（OLS）估计量的一致性。因为 β^{OLS} 可以被记为 $\beta+(X'X)^{-1}X'\varepsilon$，我们有 $\operatorname{plim}\beta^{OLS}=\beta+\operatorname{plim}(X'X)^{-1}X'\varepsilon$。完全清楚地讲明论证剩余部分的逻辑是有启示意义的。

（a）$(X'X)^{-1}X'\varepsilon$ 乘以 N 再除以 N，得到：$(X'X/N)^{-1}(X'\varepsilon/N)$。

（b）使用 Slutsky 定理将这个概率极限平分，也就是：

$$\operatorname{plim}(X'X)^{-1}X'\varepsilon=\operatorname{plim}(X'X/N)^{-1}\operatorname{plim}(X'\varepsilon/N)$$

然后再次使用该定理，将第一个 plim 符号代入求逆符号内，产生：

$$[\operatorname{plim}(X'X/N)]^{-1}\operatorname{plim}(X'\varepsilon/N)$$

（c）现在，插入 N 的原因应该很清楚了。$X'X$ 是一个由和构成的矩阵；每一个额外观测值都使这些和中的每一个都加上了某些项。随着 N 变得很大，有些和将无疑会变得无穷大。（所有的对角元素都是平方和；如果存在截距，该矩

阵的左上角就等于 N。）从而，寻找 $\text{plim}\ (X'X)$ 变得没有多大意义。相反地，通过检查 $\text{plim}\ (X'X/N)$，我们实际上着眼于矩阵 $X'X$ 各元素的均值，而且在一组相当宽泛的假设的集合下，当样本容量变得很大时，它们是有限的。

（d）为了进一步进行下去，有必要对如下问题做出一些假定：当样本容量增大时，自变量的额外观测值是如何得到的。标准假设是：额外观测值将使得 $\text{plim}\ (X'X/N)$ 等于一个有限可逆矩阵 Q。粗略地讲，Q 可以被视为样本容量为 1 时矩阵 $X'X$ 的期望值。理论结果常常用 Q 的形式来表示；必须记住，操作中 Q 通过 $X'X/N$ 来估计。

（e）现在，我们有：$\text{plim}\beta^{\text{OLS}}=\beta+Q^{-1}\text{plim}\ (X'\varepsilon/N)$。这一步中，再一次使用 Slutsky 理论将 $\text{plim}(X'\varepsilon)$ 拆成 $\text{plim}X'\text{plim}\varepsilon$ 是具有诱惑力的。然而，这毫无意义。X 和 ε 都是 N 维，所以随着样本容量的增大，X 变成一个越来越大的矩阵，且 ε 变成一个越来越长的向量。

（f）$X'\varepsilon/N$ 的典型元素是什么样子的呢？假设第 i 个解释变量为 w。那么 $X'\varepsilon/N$ 的第 i 个元素为 $\sum w_i\varepsilon_i/N$。在 CLR 模型中，w 在重复样本中是固定的，且 w 的期望值为零；所以 $\sum w_i\varepsilon_i/N$ 的期望值为零。那么 $\sum w_i\varepsilon_i/N$ 的方差是多少呢？它等于 $\sigma^2\sum w_i^2/N^2=(\sigma^2/N)\sum w_i^2/N$，并当样本容量变得很大时接近零（因为项 $\sum w_i^2/N$ 是有限的，趋近于 Q 的第 i 个对角元素）。这样，因为随着样本容量变得很大，期望值和方差都趋近于零（即平方平均数收敛），$X'\varepsilon/N$ 的 plim 为零向量，且因此 $\text{plim}\beta^{\text{OLS}}=\beta$；$\beta^{\text{OLS}}$ 在 CLR 模型中是一致的。

（g）这种情形下，一种更加直接的取得平方平均数收敛以及一致性的方法可以被表述为：因为 β^{OLS} 在小样本中是无偏的，它在大样本中也是无偏的，而 β^{OLS} 的方差可以记为 $\sigma^2(X'X)^{-1}=(\sigma^2/N)(X'X/N)^{-1}$，其在样本容量变得很大时趋于零。

（h）敏锐的读者会注意到：$\text{plim}\ (X'X/N)$ 等于一个有限可逆矩阵的假设排除了一种十分常见的情况，即一个回归元遵循增长趋势。如果该回归元的值随着样本容量的变大而变大，$\text{plim}\ (X'X/N)$ 将变为无穷大。幸运的是，这不会产生难以克服的问题，主要因为当它变为无穷大时，它的逆变为零矩阵。也可参阅上面（g）的讨论。关键在于当样本容量变得很大时，$(\sigma^2/N)(X'X/N)^{-1}$ 收敛到零；这是因为假设 (σ^2/N) 趋近于零时，$(X'X/N)^{-1}$ 趋近于一个有限值。在有趋势回归元的情况下，后者也是趋近于零的，这使得 $(\sigma^2/N)(X'X/N)^{-1}$ 收敛于零。

（i）上面（f）的关键要素是 $\sum w_i\varepsilon_i/N$ 的期望值为零。如果重复样本中，w 是随机而非固定的，那么当 w 与误差项同期独立时，这种情况也会发生。这揭示了为什么只有回归元与误差项间的同期相关性才可以导致渐近偏误。

2 依分布收敛

假设随着样本容量变得很大，$\hat{\beta}_N$ 的分布 f_N 变得与某个特定分布 f 几近相同。那么称 $\hat{\beta}_N$ 依分布收敛于 f（有时表达为依分布收敛于某个分布为 f 的变量）。分布 f 成为 $\hat{\beta}_N$ 的极限分布；目的是将这个极限分布用作 $\hat{\beta}_N$ 的未知（或不可测）小样本分布的近似。显然，这存在两个困难：

第一，前面我们看到在最多的应用中，$\hat{\beta}_N$ 的分布坍塌于某个峰值，所以用它来近似 $\hat{\beta}_N$ 的小样本分布是没有意义的。这个困难可以通过对 $\hat{\beta}_N$ 进行变形或标准化以防止它的分布坍塌来克服。完成这一步的一种最常见的方法是利用 $\sqrt{N}(\hat{\beta}_N - \beta)$ 的分布。以 CLR 模型中的 β^{OLS} 为例，可以很容易地看到：随着样本容量变得很大，$\sqrt{N}(\beta^{\text{OLS}} - \beta)$ 的均值为零，方差为 $\sigma^2 Q^{-1}$。

第二，我们如何知道 $\sqrt{N}(\hat{\beta}_N - \beta)$ 的分布在样本容量变得很大时遵循何种形式（如正态分布）呢？这个问题借助中心极限定理来得到解决。中心极限定理实际上是说当样本容量变得很大时，样本均值统计量服从正态分布；也就是说，如果 $\hat{\theta}_N$ 是一个样本平均值，$\sqrt{N}(\hat{\theta}_N - \beta)$ 的极限分布是一个正态分布。值得注意的是，如此多的统计量可以被表示为样本平均值统计量的函数，使得中心极限定理能够被用来生成已知形式的极限分布。

为了阐明这一点，再次考虑 CLR 模型中的 β^{OLS}。如果误差服从正态分布，β^{OLS} 应服从均值为 β、方差为 $\sigma^2(X'X)^{-1}$ 的正态分布。如果误差不服从正态分布，β^{OLS} 的分布难以描述且难以用于假设检验。在这种情况下，通常的做法是使用 β^{OLS} 的所谓的渐近分布来近似它的精确分布，而不是尝试找出 β^{OLS} 的精确分布。

3 渐近分布

寻找这种渐近分布的第一步是找到 $\sqrt{N}(\beta_N^{\text{OLS}} - \beta) = (X'X/N)^{-1}(X'\varepsilon/\sqrt{N})$ 的极限分布。首先看 $(X'\varepsilon/\sqrt{N})$，其可以被改写为 $\sqrt{N}(X'\varepsilon/N)$。按照我们前面的讨论，假设第 j 个解释变量是 w。那么 $\sqrt{N}(X'\varepsilon/N)$ 的第 j 个元素是 $\sqrt{N}(\sum w_i \varepsilon_i/N)$。注意到 $\sum w_i \varepsilon_i/N$ 是 $w_i \varepsilon_i$ 的样本平均值，且 $w_i \varepsilon_i$ 的普通平均值为零。因此中心极限定理可以被用来证明 $\sqrt{N}(X'\varepsilon/N)$ 的极限分布是均值为零的正态分布。可以推导出方差为 $\sigma^2 Q$。

现在我们可以使用一个关于 plim 和极限分布相互作用的非常有用的定理：如果一个变量有 plim 而另一个变量有极限分布，那么当处理它们乘积的时候，只要关心的是这个乘积的极限分布，第一个变量就可以视为常数。这样，例如假设 $\text{plim} a_N = a$ 且 b_N 的极限分布是均值为 μ、方差为 σ^2 的正态分布，那么 $a_N b_N$ 的极

限分布是均值为 $a\mu$、方差为 $a^2\sigma^2$ 的正态分布。更明确地，假设 $\sqrt{N}(\bar{x}-\mu)$ 有极限分布 $N(0,\sigma^2)$，且 $\text{plim } s^2 = \sigma^2$，那么，$\sqrt{N}(x-\mu)/s = (\bar{x}-\mu)/(s/\sqrt{N})$ 的极限分布是 $N(0,1)$。

我们希望用这个定理找到 $\sqrt{N}(\beta_N^{\text{OLS}}-\beta) = (X'X/N)^{-1}(X'\varepsilon/\sqrt{N})$ 的极限分布。因为 $\text{plim}(X'X/N)^{-1} = Q^{-1}$，而且 $(X'\varepsilon/\sqrt{N})$ 的极限分布是 $N(0,\sigma^2 Q)$，故 $(X'X/N)^{-1}(X'\varepsilon/\sqrt{N})$ 的极限分布是 $N(0,Q^{-1}\sigma^2 QQ^{-1}) = N(0,\sigma^2 Q^{-1})$。

尽管在技术上是不正确的，但是依照惯例，使用"β^{OLS} 的渐近分布是 $N(\beta, (\sigma^2/N)Q^{-1})$"来表达这一结论。这个分布被用作 β^{OLS} 的未知（或不可测）小样本分布的一个近似；在这个例子中，β^{OLS} 被称为遵循均值为 β、渐近方差为 $(\sigma^2/N)Q^{-1}$ 的渐近正态分布。在样本容量足够大以使得该分布很好近似的假设下（值得注意的是，这种近似对适中容量的样本相当精确），尽管误差不是正态分布的，假设检验仍以通常形式进行。因为 Q 用 $X'X/N$ 来估计，操作上方差 $(\sigma^2/N)Q^{-1}$ 用常见的 $s^2(X'X)^{-1}$ 来估计。

联合假设通过通常的 $F(J,N-K)$ 统计量来检验，或者以它的渐近形式来检验，即 J 乘以上面的 F 统计量，近似服从 $\chi^2(J)$ 分布。这通过诉诸另一个极其有用的定理来证明：如果一个统计量依分布收敛于 x，那么该统计量的一个连续函数 g 依分布收敛于 $g(x)$。例如，如果 θ^* 的极限分布是 $N(0,1)$，那么 $(\theta^*)^2$ 的极限分布是 $\chi^2(1)$。

另一种处理非线性的方法需使用如下结论：如果统计量 $\hat{\beta}$ 服从渐近正态分布，那么该统计量的一个连续函数 g 服从渐近正态分布，其均值为 $g(\text{plim }\hat{\beta})$，方差为 $\hat{\beta}$ 的方差乘以 g 关于 $\hat{\beta}$ 一阶导数的平方；如在附录 B 和第 2 章的技术性注释中所描述的。

注　释

● 术语 $\xrightarrow{p}$ 用于表示依概率收敛，所以 $a_N \xrightarrow{p} a$ 表示 a_N 依概率收敛到 a。术语 $\xrightarrow{d}$ 用于表达依分布收敛，所以 $\sqrt{N}(a_N-a) \xrightarrow{d} x$ 表示 a_N 的极限分布是 x 的分布。如果已知 x 的分布是 $N(0,1)$，那么常常写为 $\sqrt{N}(a_N-a) \xrightarrow{d} N(0,1)$。

● 一致性的正式定义如下：如果可以通过选择足够大的样本容量，使得 $\hat{\beta}$ 与 β 的绝对值之差小于某个预先给定的正数 δ（无论多小）的概率与 1 接近到任意想要达到的程度，那么 β 的一个估计量 $\hat{\beta}$ 是一致的。这通常被记作：

$$\text{plim } \hat{\beta} = k, \text{如果} \lim_{N\to\infty} \text{prob}(|\hat{\beta}-k| < \delta) = 1$$

其中 δ 为任何任意小的正数。

● 上面的讨论偶尔称 plim 为渐近期望。遗憾的是，相关文献中存在一些混乱：一些人定义渐近期望为 plim，但是大部分定义它为期望值的极限，这不是相同的东西。尽管实际上所有实践应用中二者是相同的，且这也解释了为什么大多数人等同对待它们，但是可以找到它们不相等的情况。考察一些例子是有启示性的。

（1）假设 $prob(\hat{\beta}=\beta)=1-1/N$ 且 $prob(\hat{\beta}=N)=1/N$，其中 N 是样本容量。其 plim 是 β，而渐近期望是 $\beta+1$。

（2）假设我们有一个容量为 N 的 x 的样本，并用 $\mu^*=x_1/2+\sum x_i/2(N-1)$ 来估计总体均值 μ，这里求和号从 2 到 N 进行求和。其渐近期望为 μ，而 plim 为 $x_1/2+\mu/2$。

（3）考虑一个作为非零总体均值 μ 的估计的样本均值统计量的逆。它的 plim 是 μ^{-1}，而它的渐近期望不存在（因为样本均值为零的概率）。

无论何时，如果 plim 和渐近期望都存在，且方差随着样本容量趋于无穷而趋近于零，那么二者将相等。

● 上面的例子阐明了为什么平方平均数收敛不是一致性的必要条件。

● 有时会遇到依概率收敛的一种较强形式，称为几乎处处收敛。前者允许收敛序列中的一些不稳定行为，而后者不允许。

● 处理渐近问题时有时会遇到统计量的阶。如果 $plim\,\theta^*/N^k$ 是一个非零常数，那么统计量 θ^* 被称为至多有 N^k 阶。例如，因为 $X'X/N$ 收敛到 Q，$X'X$ 至多有 N 阶。使用大写的符号 O 来表示它，有 $X'X=O(N)$。小写的符号 o，如 $\theta=o(N^k)$ 表示统计量 θ 的阶数小于 N^k，暗示了 $plim\,\theta/N^k=0$。有代表性地，对于有偏但一致的系数估计量，它们偏误的阶数为 $1/\sqrt{N}$，表示偏误以与样本容量平方根成比例的速度消失了：plim（偏误）是一个常数。对于第 19 章中讨论过的协整向量的 OLS 估计量，偏误以与 N 成比例的速度消失；这解释了为什么这个估计量被称为"超一致的"。在这个例子中，前面提出的变形 $\sqrt{N}\,(\hat{\beta}_N-\beta)$ 是不合适的；这种情况下必须使用变形 $N(\hat{\beta}_N-\beta)$。

● 注意，尽管严格地说极限分布或渐近分布是 β^{OLS} 在 β 处的退化峰值，但许多计量经济学家谈及 β^{OLS} 的渐近分布时说它是正态的，其均值为 β，渐近方差为 $(\sigma^2/N)Q^{-1}$。这应该被解释为意味着 $\sqrt{N}(\beta^{OLS}-\beta)$ 的极限分布是均值为零、方差为 σ^2Q^{-1} 的正态分布。

● 继续粗略地讲，一个估计量的渐近方差不能通过取该估计量的方差在样本容量变得很大时的极限来计算，因为通常这个极限是零。在实践中它常常被计算为：

$$Asy.\,Var\,\hat{\beta}=(1/N)\lim_{N\to\infty}NV(\hat{\beta})$$

● 存在应用于不同场合的若干中心极限定理。下面的表述抓住了它们的一般特征：如果 $\bar{x}$ 是 N 个随机取自具有公共有限均值 μ 和（不同的）有限方差的概率分布的数的平均值，那么 $\sqrt{N}(\bar{x}-\mu)$ 的极限分布是正态分布，其均值为零、方差为所有方差均值的极限。

● 如果一个一致估计量的渐近方差小于所有其他一致估计量的渐近方差，那么它被称为渐进有效的。有时候，它仅仅涉及服从渐近正态分布的估计量，最大似然估计量的渐近方差由 Cramer-Rao 下界给出；它是渐近有效的，且因此在这点上被用作基准。

附录 D 习 题

本附录包括了关于多种专题的习题。需要注意以下几点。

（1）为什么本书加入了一套习题？一些教科书中的习题集在品质和水平上都参差不齐，而本书又旨在补充计量经济学教材，所以为教师加入一组备选习题看来是适当的。

（2）我所提供的也许并不对所有的学生和教师都适用。在很大程度上这些问题关注于对材料的了解而不是数值计算或数学处理；在这点上它们反映了本书的风格。问题是为中等学习水平的学生而设计的——高于初学者水平而低于高级研究生水平。根据我的经验，那些知道问题在问什么的学生（无论什么水平）觉得这些问题简单，而不知道的学生则感到它们比较难。特别是不十分理解材料的学生很难弄清问题在问什么以及为什么。教师应该对问题是否适合于学生作出判断。加星号的问题要求更加困难的代数处理。附录 E 有偶数题的答案。

（3）我认为：如果学生无法清晰地描述如何运用蒙特卡洛研究方法去研究一个问题，他们就没有完全理解该问题。这就是蒙特卡洛问题大量出现在本附录的原因。其中一些问题反映了蒙特卡洛研究的结构，并让学生预测结果；读者应该先尝试这些问题，因为它们会帮助学生了解如何构建他们自己的蒙特卡洛研究。Kennedy（1998）对学生研究蒙特卡洛问题提出了建议。

（4）这些问题有两个显著的缺陷：没有案例研究（处理真实数字的问题，表明如何处理实际的实证问题），而且没有计算机习题。这两种类型都很有价值，而且应该作为计量经济学课程的突出部分。Lott 和 Ray（1992）提供了关于 50 篇计量经济学期刊文章的数据和问题来解决这种需求。Berndt（1991）提供的应用计量经济学教材富含以计算机为导向的习题。最近像 Wooldridge（2000）等的教材都包括了章节末尾的问题，要求学生使用计算机软件处理实际数据。以下 AC 节提供了一些实际的应用问题，尽管它们不包括实际数据或计算机操作。

（5）这些问题中的大多数都已经在课堂上测试过，但有一些没有。不管它们被多么频繁地测试，我所惊讶的是需要重写的频率，要么是纠正错误要么是为了更清楚地表达。我相信本附录有很多缺陷，对于改进意见或者关于在未来版本中应该包括的问题的想法，我都十分感激。

（6）出于参考的目的，习题被分成几类并在下面列出：

A　蒙特卡洛：一般性问题

B　计算期望值和方差

C　最优无偏性

D　均方误差

E　经济理论中期望值的应用

F　OLS：蒙特卡洛

G　OLS：一般性问题

H　OLS：数值例子

I　变换变量

J　OLS：估计方差

K　带约束的 OLS

L　多元回归的理论结果

M　混合数据和缺失观测值

N　多重共线性

O　虚拟变量：解释

P　虚拟变量：估计

Q　虚拟变量：假设检验

R　虚拟变量：结构变迁建模

S　最大似然：一般原则

T　最大似然：例子

U　贝叶斯：一般性问题

V　贝叶斯：先验

W　假设检验：蒙特卡洛

X　假设检验：基本原理

Y　假设检验：模型有效性

Z　假设检验：例子

AA　假设检验：数值例子

BB　检验统计量

CC　假设检验：理论推导

DD　预检验估计量

A 蒙特卡洛：一般性问题

1. 假设你已编程让计算机按如下步骤运行：

ⅰ. 从一个标准正态分布中随机抽取 25 个值。

ⅱ. 将所有这些值都乘以 3 后加 2。

ⅲ. 取它们的平均值，并称为 A1。

ⅳ. 重复该程序得到 500 个平均值：A1～A500。

ⅴ. 计算这 500 个 A 值的平均值，称为 Abar 。

ⅵ. 计算这 500 个 A 值的方差，称为 Avar。

（a）该蒙特卡洛研究是为研究什么而设计的？

(b) Abar 应该接近哪个数字？解释你的逻辑。

(c) Avar 应该接近哪个数字？解释你的逻辑。

2. 假设你已编程让计算机按如下步骤运行：

ⅰ. 从一个标准正态分布中随机抽取 100 个值。

ⅱ. 将所有这些值都乘以 5 后加 1。

ⅲ. 求所得到的 100 个值的平均值。

ⅳ. 将该平均值称为 A1 并保存。

ⅴ. 重复上述程序产生 2 000 个平均值：A1～A2 000。

ⅵ. 将这 2 000 个值从小到大排序。

(a) 你对排序后第 1 900 个值的最佳猜测是多少？解释你的逻辑。

(b) 这些值中有多少个为负？解释你的逻辑。

3. 假设你已编程让计算机按如下步骤运行：

ⅰ. 从 10～20 之间的均匀分布中抽取 50 个 x 值。

ⅱ. 计算大于 18 的 x 值的个数 g。

ⅲ. 将 g 除以 50 得到 $h1$。

ⅳ. 计算 $w1 = h1(1-h1)/50$。

ⅴ. 重复该程序得到 5 000 个 h 值：$h1～h5\,000$，以及 5 000 个 w 值：$w1～w5\,000$。

ⅵ. 计算 h 值的均值 $h$av 和方差 $h$var，以及 w 值的均值 $w$av。

(a) 该蒙特卡洛研究是为研究什么而设计的？

(b) $h$ar 应该接近哪个数字？解释你的逻辑。

(c) $h$var 应该接近哪个数字？解释你的逻辑。

(d) $w$av 应该接近哪个数字？解释你的逻辑。

4. 假设你已编程让计算机按如下步骤运行：

ⅰ. 从 0～100 之间的均匀分布中抽取 60 个 x 值。

ⅱ. 计算小于 20 的 x 值的个数 g。

ⅲ. 重复该程序得到 5 000 个 g 值：$g1～g5\,000$。

ⅳ. 计算 g 值的均值 $g$av 和方差 $g$var。

5. 解释当有 44 个样本的数据来自均值为 6、方差为 4 的正态分布时，如何进行蒙特卡洛研究来调查样本均值和样本中位数作为实际均值的估计的相对优点（偏误和方差）。

6. 假设我们有来自 $N(\mu, \sigma^2)$ 的 20 个观测值。

(a) 解释如何进行蒙特卡洛研究来检查样本方差是 σ^2 的无偏估计。

(b) 样本方差为 $2\sigma^4/(N-1)$，其中 N 为样本数量。解释如何进行蒙特卡洛研究来确定这一点。

7. 假设 x 在 $a～b$ 之间均匀分布。你希望从一个样本容量为 25 的样本中估计 $1/x^2$ 分布的均值。A 学生建议使用公式 $(1/\bar{x})^2$，而 B 学生建议使用公式 $\sum (1/x^2)/25$。详细解释你如何使用蒙特卡洛研究来评价这两种建议。提示：

仔细选择 a 和 b。另提示：你要设法找到 $1/x^2$ 分布的均值。用代数方法解决，或者解释如何通过蒙特卡洛研究找到它。

8. 考虑有 N 个关于随机变量 x 的独立观测值，其中 x 的均值为 μ，方差为 σ^2。

（a）详细解释你如何进行蒙特卡洛研究以验证样本均值统计量的方差是 σ^2/N。

（b）这种情况下通常使用的样本均值统计量方差的估计量是什么？

（c）详细解释你如何进行蒙特卡洛研究以验证该估计量作为样本均值统计量方差的估计量是无偏的。

9. 假设在样本量为 25 的样本中，你已经通过蒙特卡洛研究来研究关系式 $y=2+3x+\varepsilon$ 中斜率系数估计量 β^* 的偏误。在这个关系式中，你从一个均值为零、方差为 9.0 的正态分布中抽取了误差（ε）的 400 个重复样本。你的研究估计 β^* 的偏误为 0.04，方差为 0.01。你不确定 0.04 是否足够小以至于可以视为零。根据所提供的信息，检验零假设：β^* 是无偏的。

*10. 对于例如样本大小为 25 的样本，其中每个观测值分别有 95% 的概率来自 $N(50,4)$，5% 的概率来自 $N(50,100)$，解释如何进行蒙特卡洛研究以考察样本均值和样本中位数的相对优点。

*11. 假设你有关于变量 x 的 27 个随机观测值而且你知道 x 服从均值为 μ、方差为 6 的正态分布。你希望估计 $\theta=\mu^3$，并建议用 $\theta^*=(\bar{x})^3$。

（a）用一句话解释为什么 θ^* 在小样本而非大样本中有偏误。

（b）你会用什么公式来估计 θ^* 的方差？

（c）详细解释你如何进行蒙特卡洛研究以检验你在（b）中的公式在样本数量为 27 的条件下估计 θ^* 的实际方差时的表现。提示：将 θ^* 视为 $\bar{x}$ 的非线性函数。另提示：在蒙特卡洛研究中仍需要估计 θ^* 的实际方差。

12. 假设你编了电脑程序，从标准正态分布中抽取 800 个误差值，然后将这些数值乘以 2 再加上 6，最后再取平方。然后你求出它们的平均值，并称其为 A。A 应该是什么数的估计？

13. 假设你已编程让计算机按如下步骤运行：

ⅰ. 从一个标准正态分布中抽取 20 个 x 值。

ⅱ. 将每个 x 值乘以 2 再加 8 得到 20 个 w 值。

ⅲ. 每个 w 值减去所有 w 值的均值后得到 20 个 y 值。

ⅳ. 将 y 值平方后加总得到 s。

ⅴ. s 除以 19 后得到 $a1$，s 除以 20 后得到 $b1$，s 除以 21 后得到 $c1$。

ⅵ. 重复该程序得到 4 000 个 a、b 和 c 的值。

ⅶ. 计算这 4 000 个 a、b 和 c 值的均值和方差。

ⅷ. 将每个 a、b、c 的值减去 4 再平方，然后将每组 4 000 个平方后的值平均，产生 A、B 和 C。

（a）在步骤ⅶ中计算的 3 个均值哪个最接近 4？解释原因。

（b）在步骤ⅶ中计算的 3 个方差哪个最小？解释原因。

（c）步骤ⅷ的目的是什么？A、B、C 哪个最小？

提示：回顾第 2 章中 2.9 节的技术性注释。

14. 考虑从一条生产线得到的观测值，其中不合格率为 θ。比如在一个大小为 60 的样本中，θ 的通常估计为 $\theta^* = k/60$，其中 k 为样本中不合格产品的数量。根据初步统计量，θ^* 的方差为 $v = \theta(1-\theta)/60$，由 $v^* = \theta^*(1-\theta^*)/60$ 估计。

(a) 解释如何进行蒙特卡洛研究以验证 v^* 是 v 的无偏估计。

(b) 如何检验偏误为零？

15. 在一个受欢迎的电视节目中，一个参赛者被出示三道门，只有一道门背后有奖品。参赛者选择了一道门，于是，主持人打开了一道未被选择的门，里面没有奖品。主持人问参赛者是否想改变选择。解释如何通过蒙特卡洛研究来考察一直变化的策略与保持初始选择的策略的相对优点。你预测该研究的结果会如何？

B 计算期望值和方差

1. 假设 x 的概率密度函数为：在 $0 \leqslant x \leqslant 2$ 上，$f(x) = kx(2-x)$，其余为零。试求出 $E(x)$ 和 $V(x)$。提示：你的答案应该是两个数字。

2. 一次交 2 美元可以投 3 个普通的硬币，同时收益为 $x^2 - x$，其中 x 是投到头像那面的次数。你在游戏中的期望收益是多少？

3. 假设一种易腐产品的月需求的概率密度函数为 $f(x)$，同时只有 6 种可能的需求量：

x	100	200	300	400	500	600
$f(x)$	0.05	0.10	0.25	0.35	0.15	0.10

产品成本为每单位 10 美元，而固定价格为 15 美元，这样每单位销售获利 5 美元而剩下没有销售的每单位损失 10 美元。假定你的生产以最大化期望收益为目的，那么你的期望收益以及收益的方差是多少？提示：通过试验各种供给来使用试错法（trial and error）。

4. 假设 x 在 $a \sim b$ 之间均匀分布，试推导 $E(x)$ 和 $V(x)$ 的规范公式，并用 a 和 b 表示。解释你的计算结果。

5. 假设有无穷多个商店，一半要价 1 美元而另一半要价 2 美元。你打算随机核查三家商店并在其中要价最低的一家商店购买。你将支付的期望值为多少？

6. 假设 x 和 y 是 iid（独立同分布）的，并且都有概率分布 $p(2) = 0.5$ 和 $p(3) = 0.5$。$E(x/y)$ 是小于、大于还是等于 $E(x)/E(y)$？请阐明原因。

7. 假设 $E(\alpha^*) = \alpha, V(\alpha^*) = 4\alpha/N + 16\alpha^2/N^2$，其中 N 为样本数量。回答以下论述是正确的、错误的还是不确定的。

(a) α^* 是 α 的渐近无偏估计量。

(b) α^* 的渐近方差为零。

(c) α^* 是一致的。

(d) α^* 是渐近有效的。

8. 假设你从非零均值为 μ 和方差为 50 的分布中得到样本规模为 25 的样本。样本均值为 2。考虑通过样本均值的倒数估计 μ 的倒数。尽管该统计量的期望值不存在，但它仍是一致的。

(a) 用一句话解释如何推断一致性。

(b) 对该统计量的方差你会使用什么估计？

9. 考虑三只股票 A、B、C，各售 10 美元，而且它们的收益独立同分布，均值为 5%，方差为 6。

(a) 对于包括 30 股 A 的组合 1 以及包括 A、B、C 各 10 股的组合 2，它们的相对优点是什么（收益的均值和方差）？

(b) 假如 A 和 B 的收益相关系数为 -0.5（因此协方差为 -3），但它们都与 C 的收益无关。组合 1 和组合 2 的性质会受到什么影响？

(c) "如果股票趋于一起移动，因而它们的收益相互正相关，那么多样化无法降低风险。"这一论述正确、错误还是不确定？请解释。

(d) "如果股票 A 和 B 完全负相关，那么 50% 是 A、50% 是 B 的组合期望收益和方差都为零。"这一论述正确、错误还是不确定？请解释。

10. 假设你从在 $0 \leqslant x \leqslant 1$ 上有密度 $f(x) = \lambda x^{\lambda-1}$ 的分布中获得 N 个观测值。试找出一种 λ 的矩估计的方法。

11. 假设你有关于 x 的 N 个观测值，其中 x 在 10 与一未知数 λ 之间均匀分布。

(a) 推导一种 λ 的矩估计的方法。

(b) 它的方差是多少？提示：对于 $x \sim U(a,b)$，$E(x) = (b-a)/2$，$V(x) = (b-a)^2/12$。

12. 通常是通过将 x 减去 $\bar{x}$ 的平方和再除以 $N-1$ 来计算 x 的样本方差，这样"纠正了自由度"。该纠正达到了什么目的？

13. 一个做计量经济学作业的朋友要为 $\theta = \alpha\beta$ 推算 95% 的置信区间。她得到了无偏估计 $\alpha^* = 2$，$\beta^* = 0.5$，协方差为零，估计方差分别为 1.0 和 0.06。她打算根据 $\alpha^*\beta^* = 1.0$ 加上或减去两倍的 $\alpha^*\beta^*$ 的标准差来计算置信区间。她认为 $\alpha^*\beta^*$ 的方差恰好是二者方差的乘积，因为协方差为零（谢天谢地！），但是她不确定。请向她解释如何计算该标准差。你得到了什么估计？

14. 假设你有关于变量 x 的 N 个随机观测值，其中 x 服从参数为 α 和 β 的伽玛分布，这样它的均值和方差分别为 $\alpha\beta$ 和 $\alpha\beta^2$。α 和 β 的矩估计的方法是什么？

15. 假设 $y_t = (x_t + x_{t-1})/2$，其中 $x_t = 0.8x_{t-1} + \varepsilon_t$ 是均值为零、方差为 σ^2 的随机误差。y 的方差是多少？

16. 假设 $y = 2 + 3x + \varepsilon$，其中 x 和 ε 为独立随机变量，均值分别为 4 和 0，方差分别为 2 和 1。

(a) $V(y)$ 是多少？

(b) $E(y|x)$ 是多少？

(c) $V[E(y|x)]$ 是多少？

(d) $E[V(y|x)]$ 是多少？

C 最优无偏性

1. 假设 $y=\beta x+\varepsilon$，其中 x 是非随机的，而 ε 是 iid 的，其均值为零、方差为 σ^2。考虑用通过原点和绘制出的观测值点连接而成的直线的斜率来估计 β。

(a) 该估计量的偏误是多少？

(b) 它的方差是多少？

(c) 你会选择哪个观测值来计算该估计量？为什么？

(d) 该估计量是否有我们通常想要的渐近性质？用一句话解释为什么有或没有。

2. 假设 $y=\alpha+\beta x+\varepsilon$，其中 ε 是 iid 的，且均值为零、方差为 σ^2。假定数据被平均分为两组并用脚标 a 和 b 表示，那么 β 就由 $\beta^*=(y_a-y_b)/(x_a-x_b)$ 估计，其中 y_a 是 a 组中所有 y 的平均数，等等。

(a) 找到 β^* 的期望值和方差。

(b) 你如何将观测值分为两组？为什么？

3. 一名教授让两个学生通过搜寻文献提出对参数 β 的最优可能估计。学生 A 发现一个研究，它是从一个 R^2 等于 0.86 的回归中得到无偏估计 $\beta^*=5.0$，方差为 8.0。学生 B 发现一个完全不同的研究，它是从一个 R^2 等于 0.43 的回归中得到无偏估计 $\beta^{**}=6.0$，方差为 4.0。他们无法对要报告给教授的结果达成一致，因此征求一个朋友的意见。这位朋友不想得罪两位学生，于是，圆滑地建议他们报告 $\beta^{***}=5.5$，即两个估计的平均。

(a) 你倾向于三种估计的哪一个？解释原因（要清楚）。

(b) 如果这些学生找你征求意见，你会告诉他们什么？给出你的解释。

(c) Kmenta（1986，p. 257）也遇到相同的问题，即两个学生各自用不同组数据来进行相同的回归。如果两组数据都可得，那么你对（b）部分的答案会进行怎样的改变？

4. 假设独立随机变量 x 和 y 的方差分别为 4 和 16。你希望估计它们的均值之差，而且有能力得到总共 30 个观测值。你应该提取多少个关于 x 的观测值以及多少个关于 y 的观测值？

5. 从相同总体提取的两个独立样本导致无偏估计 b^* 和 b^{**}，方差为 Vb^* 和 Vb^{**}。考虑估计线性组合 $b^{***}=ab^*+(1-a)b^{**}$。

(a) 你会怎么选择 a 值？

(b) 解释你回答（a）部分所用的常识。（例如，它是否能给明显的特例以合理的回答？）

6. 假设 $y=\alpha+\beta x+\varepsilon$，其中 CLR 模型假设都成立而且你有 N 个观测值。一个朋友建议用以下式子估计 β。

$$\frac{1}{N-1}\sum_{i=2}^{N}\frac{y_i-y_1}{x_i-x_1}$$

在什么情况下你朋友的建议是好的，而在什么情况下又是不好的？

7. 假设 A、B 两人各自提出了对未知数 θ 的独立无偏估计（方差各自为 V_A 和 V_B）。

（a）在什么情况下，相对于采用这两种估计的平均值，单独使用第一个人的估计会更好？

（b）该结果是否违反了一般的规定：我们应该利用所有可得的信息？解释原因。

D 均方误差

1. 假设 x 服从均值为 μ、方差为 σ^2 的分布。假定有关于 x 的 N 个独立观测值的样本，在什么条件下根据 MSE 准则用 $\beta^* = 0$（即忽略数据并用零估计）会比用 $\beta^{**} = \bar{x}$ 来估计 μ 更好？

2. 假设我们有从均值为 4、方差为 9 的分布中随机抽取的样本 x_1、x_2 和 x_3。

（a）$\mu^* = (x_1 + x_2 + x_3)/3$ 或者 $\mu^{**} = (x_1 + x_2 + x_3)/4$ 作为 $\beta = 4$ 的估计量哪一个有更小的 MSE？

（b）你能从这个例子得到一般性的结论吗？如果可以，是什么？如果不能，为什么？

3. 假设 β^* 是 β 的无偏估计量。令 $\beta^{**} = \alpha\beta^*$，其中 α 为某个数。找到合适的 α 值（用 β 和 $V\beta^*$ 的形式表达）以最小化 β^{**} 的 MSE。为什么该估计量没有更加常用？提示：使用结果：MSE＝方差＋偏误^2。

* 4. MSE 准则的一种推广就是对偏误的平方和方差加以不同权重，最小化 $(wB^2 + V)$，其中 w 是一个正的权重因子。假设 x 有非零均值 μ 和方差 σ^2，而且我们有样本大小为 N 的随机样本。可以表明 μ 的"最小加权 MSE 线性"估计量是 $\mu^* = \sum x / [N + (\sigma^2 / w\mu^2)]$。

（a）试推导该结论。提示：将你的估计量表示为 $\sum a_i x_i$，将 x 表示为 $x_i = \mu + \varepsilon_i$，而且注意正规方程在 a 中是对称的，因此可以通过将 a 等同并凭借一个方程来解决。

（b）最小 MSE 线性估计量的绝对值是小于还是大于 BLUE 的绝对值？

（c）假设根据我们的准则，我们要最小化相对偏误（估计量的偏误相对总体均值）平方之和以及相对方差（估计量的方差相对总体的方差）。将得到的估计量表示为一个"收缩因子"乘上 BLUE。

E 经济理论中期望值的应用

* 1. 假设存在无穷多个商店，价格在 $1 \sim 2$ 美元的区间上均匀分布。

（a）计算随机选择的两家商店的期望最小价格。（答案可以参见 Stigler（1961，p. 213）。）提示：通过找到一个给定的 p 为最小价格的概率，找出最小价格的分布。

（b）解释如何进行蒙特卡洛研究来证实你的答案。

*2. 假设我们知道所有的价格水平 P 服从均值为 μ、方差为 σ_p^2 的正态分布，而第 k 种商品的价格 p_k 以数量 d 随机偏离 P，其中 d 服从均值为零、方差为 σ_k^2 的正态分布。假如知道了 p_k，P 的"理性预期"值为 P 对 p_k 条件分布的均值。用 p_k、μ、σ_p^2 和 σ_k^2 来表示该理性预期。提示：给定 p_k，得到特定的 P 的概率与 $\mathrm{prob}(P) \times \mathrm{prob}(d=p_k-P)$ 成比例，而且此条件密度是正态的，也就是对称的，这样均值可以通过关于 P 进行最大化找到。答案可以参见 Lucas（1973，p. 326）。

F　OLS：蒙特卡洛

1. 假设你已编程让计算机按如下步骤运行：

ⅰ. 从 2~8 之间的均匀分布中抽取 20 个 x 值。

ⅱ. 从一个标准正态分布中抽取 20 个 z 值。

ⅲ. 计算 20 个等于 $5+2x+9z$ 的 w 值。

ⅳ. 从一个标准正态分布中抽取 20 个 ε 值。

ⅴ. 计算 20 个等于 $1+4x+3\varepsilon$ 的 y 值。

ⅵ. 将 y 对 x 回归并保存 R^2 值 $q1$，以及调整后的 R^2 值 $aq1$。

ⅶ. 将 y 对 x 和 w 回归并保存 R^2 值 $s1$，以及调整后的 R^2 值 $as1$。

ⅷ. 重复（ⅳ）步骤得到 3 000 个 q、aq、s 和 as 值。

ⅸ. 计算每组 3 000 个值的平均数，分别得到 Q、AQ、S 和 AS。

（a）Q 和 S 的相对大小应该是多少？解释你的推理。

（b）AQ 和 AS 的相对大小应该是多少？解释你的推理。

2. 假设你已编程让计算机按如下步骤运行：

ⅰ. 从 3~12 之间的均匀分布中抽取 50 个 x 值。

ⅱ. 从一个标准正态分布中抽取 50 个 z 值。

ⅲ. 计算 50 个等于 $4-3x+8z$ 的 w 值。

ⅳ. 从一个标准正态分布中抽取 50 个 ε 值。

ⅴ. 计算 50 个等于 $2+3x+4\varepsilon$ 的 y 值。

ⅵ. 将 y 对 x 回归并保存 x 的斜率系数估计 $b1$。

ⅶ. 将 y 对 x 和 w 回归并保存 x 的斜率系数 $bb1$。

ⅷ. 重复（ⅳ）步骤得到 1 000 个 b 和 bb 值。

ⅸ. 计算每组 1 000 个值的平均数分别得到 B 和 BB。

ⅹ. 计算每组 1 000 个值的方差分别得到 VB 和 VBB。

（a）B 或 BB 应该接近 3 吗？

（b）VB 或 VBB 应该接近 0 吗？

3. 假设经典线性回归应用于货币需求函数 $m=\alpha+\beta y+\delta r+\varepsilon$，而且你有关于

收入 y 和名义利率 r 的 25 个观测值；这两者在你的数据中是负相关的。你希望比较包括相关解释变量 r 的情况下 OLS 的 β 估计和忽略相关解释变量 r 的情况下 OLS 的 β 估计。

(a) 具体说明怎样使用蒙特卡洛试验来完成？

(b) 你期望得到什么结果？为什么？

(c) 如果在你的数据中 y 和 r 正相关，那么你预期结果会有什么改变？

(d) 如果在你的数据中 y 和 r 不相关，那么你预期的结果会有什么改变？

* 4. 假设 $y = \beta x + \varepsilon$，你有两个 (y, x) 的数据，例如是 $(6, 1)$ 和 $(7, 2)$，你通过 OLS 估计，并且希望能够通过自举法来估计其方差。那么你期望得到的方差是多少（你的答案应该是一个具体的数字）？并且你将怎样把这个估计结果和通常的 OLS 估计的方差对比？提示：不要忘记小样本调整——参考 4.6 节的技术性注释。

5. 假设 $y = \alpha_0 + \alpha_1 x + \alpha_2 q + \alpha_3 w + \varepsilon$ 满足 CLR 假定，其中解释变量的观测值互不正交。你关心的是估计 α_3，希望采用一个蒙特卡洛试验来检验加入外部信息（真实）的回报，该信息服从表达式 $\alpha_1 + \alpha_2 = 1$。那么：

(a) 题目中"回报"的意思是什么？

(b) 具体说明你将怎样完成这个试验？

(c) 你期望得到什么结果？

(d) 如果上面的括号中的"真实"是"非真实"的，你在 (c) 问中的答案会有什么变化？

G OLS：一般性问题

1. 对于投资 y 和利润 x 各有关于 100 个公司的观测值，并且知道满足关系式 $y = \alpha + \beta x + \varepsilon$，现在提出要用 OLS 方法估计 α 和 β。

(a) 假设每一个样本中的公司都有相同的利润，那么这个估计方法可能出现什么问题吗？

(b) 如果公司之间的利润分布不满足正态分布，我们将不能根据 CNLR 模型来估计方程。这是正确的、错误的还是不确定的？试给出解释。

(c) 如果在给定利润的条件下，投资的条件方差对于所有的公司来说不一样，我们将不能依赖 CLR 模型来判断我们的估计。这是正确的、错误的还是不确定的？试给出解释。

(d) 如果 CLR 模型可以应用在这个模型中，我们就可以使用 β 的 OLS 估计，因为 β 是 BLUE。这是正确的、错误的还是不确定的？试给出解释。

2. 如果 CLR 模型中的误差项不满足正态分布，那么尽管 OLS 估计不再是 BLUE，但是这个估计仍然是无偏的。这一说法正确、错误还是不确定？试给出解释。

3. 假设 CLR 模型适用于 $y = \alpha_0 + \alpha_1 x + \alpha_2 w + \varepsilon$。如果数据是某一时点的横截

面数据，并且 w 在横截面数据中没有变化，那么你还会把 w 放入模型中来避免估计 α_1 的偏差吗？解释原因。

4. 假设 CLR 模型适用于 $y=\beta x+\varepsilon$，回归中 x 对 y 的斜率系数正好就是 y 对 x 的斜率系数的倒数。这个论断正确、错误还是不确定？试给出解释。

5. 假设你做了家庭每周食品消费（E）对家庭收入（Y）的回归，得到一个负的斜率系数估计值。忽略家庭人数（F）这个解释变量可能是导致负号的原因。如果这种猜测是真实的，那么 F 至少要满足什么条件？说明你的理由。提示：把 F 写成家庭收入的一个近似线性函数的形式。

6. 假设收入 $=\alpha+\beta$（工作经验）$+\delta$（学历）$+\gamma$（性别）$+\theta$（年龄）$+\varepsilon$。试问：

（a）如果年龄这个变量从模型中忽略，那么你估计 β 系数的偏差的方向会是什么？

（b）如果性别虚拟变量被忽略呢？说明你的理由。

7. 假设 CNLR 模型适用于 $y=\alpha+\beta x+\varepsilon$。你的样本只有关于 x 的正数值，产生的 β 的 OLS 估计是 3，你被告知这个结果高估了 β。那么你的截距项的估计可能是高估了还是低估了？或者是正好？说明你的理由，并且画出一条回归线来展示你的解释。

8. 假设你进行 y 对 x 的回归，采用 40 个观测值，其中 $\sum y=140$，$\sum x=20$。如果截距项的 OLS 估计是 2，那么斜率估计是多少？

9. 考虑应用 OLS 在一个消费函数 $C=\alpha+\beta Y$ 和一个相应的储蓄函数 $S=\gamma+\delta Y$ 中，其中所有的观测值 $Y=C+S$。

（a）试证明 $\delta^{OLS}=1-\beta^{OLS}$。

（b）在每一个函数的回归中残差的平方和都是一样的，这一说法正确、错误还是不确定？给出解释。

（c）每一个回归都是一样的，这一说法正确、错误还是不确定？解释原因。

10. 假设 $y=\alpha+\beta(x+\delta)^{-1}+\varepsilon$，请你建议一种搜索程序，怎样通过 OLS 回归来找到最小二乘估计。提示：不停地寻找。

11. 假设我们从 CLR 模型 $y=\alpha+\beta x+\varepsilon$ 中得到 N 个观测值。令 β^* 表示从 y 对 x 的回归中得到的截距项。假设我们有额外的信息：截距项 α 是 0，在这个题目中，有人建议使用"原始矩"（raw moment）估计量，$\beta^{**}=\sum xy/\sum x^2$，或者"比率"估计量 $\beta^{***}=\sum y/\sum x$，或者"斜率均值"估计量 $\beta^{****}=\sum (y/x)/N$ 等来取代 β^*。假设 α 确实是 0：

（a）找出上述各种估计量的期望值和方差。

（b）你会选择哪一个估计量？为什么？提示：哪一个具有 BLUE 的性质？

12. 考虑一个 β^* 表示 x 的斜率，这通过 y 对一个截距项和 x 的回归得出来，β^{**} 通过 y 对一个截距项、x 和 w 回归得到。用一句话说明下面这些情形：

（a）$\beta^*=\beta^{**}$

（b）β^* 显著异于 0，但是 β^{**} 不是。

（c）β^{**} 显著异于 0，但是 β^* 不是。

13. 假设 CLR 模型适用于 $y=\beta x+\varepsilon$，我们有 N 个观测值，我们希望在 x 的样本均值处估计 y 的值。比较下面这两个估计：$\bar{y}$ 和 $\beta^{OLS}\bar{x}$。

14. 随着样本量的增加，R^2 会下降。这一说法正确、错误还是不确定？说明原因。

15. 假设 CNLR 模型适用于你的模型中，且你得到 OLS 结果：$yhat=1.2+0.73x$，其中斜率的标准差估计是 0.2，因为在这个模型中，估计是没有偏差的，斜率估计量的抽样分布以 0.73 为均值，以 0.2 为标准差。这一说法正确、错误还是不确定？解释你的理由。

16. 你对许多国家做了经济增长对收入税占政府总税收收入的比例、占财产税的比例、占销售税的比例的横截面数据回归。其中忽略了其他各种税收，但是从一些经济增长文献中加入了一些其他变量。你将怎样解释收入税比例的斜率系数估计值？

17. 假设你做了 $\Delta \ln y$ 对 $\Delta \ln L$ 和 $\Delta \ln K$ 的回归，其中 y 表示实际产出，L 表示劳动力，K 表示资本。说明你将怎样解释这个回归中的截距项。

18. 你导出了一个理论函数形式：$y=\beta_0+\beta_1 x+\beta_2 w+\beta_3(x+w)+\beta_4(x^2+w^2)$，已知 y、x 和 w 的数据，请问函数中哪一个系数可以通过 OLS 来估计？

19. 假设你通过 y 对一个截距项 x 和 w 的回归得到下面的结果：$yhat=2+3x+4w$，其中 $R^2=0.8$，残差记为 $ehat$。

（a）通过做 $ehat$ 对一个截距项、x 和 w 的回归，能够得到什么斜率估计值和 R^2？

（b）通过做 y 对一个截距项和 $yhat$ 的回归，能够得到什么斜率估计值和 R^2？

（c）通过做 y 对一个截距项和 $ehat$ 的回归，能够得到什么斜率估计值和 R^2？

20. 假设你做了 y 对五个解释变量的回归，并且得到了残差 e。现在假设你得到第六个解释变量 w，那么你认为在 y 对六个解释变量一起回归时得到的 w 的系数和残差对六个解释变量的回归时得到的 w 的系数之间有什么关系？（如果有关系的话。）

H OLS：数值例子

1. 假设 CLR 模型适用于 $y=3x+\varepsilon$，其中 ε 取值 -1、0 和 $+1$，概率分别是 $1/4$、$1/2$ 和 $1/4$。假设你有一个数据集合，其中 x 取值为 0、1、2、3 和 4。那么下面这些回归的斜率的均值和方差的估计都是什么？

（a）做 y 对一个常数和 x 的回归；

（b）做 y 只对 x 的回归。

2. 假设 CLR 模型适用于 $y=\alpha+\beta x+\varepsilon$，样本大小是 25，且 $\sigma^2=9$，$\sum x=5$，$\sum x^2=10$。一个研究者错误地假设 α 等于 0，通过公式 $\sum xy/\sum x^2$ 估计 β。那么：

(a) 这个估计的均方误差是多少？

(b) 在 MSE 的准则下，α 的取值至少应该多小才能让这个研究者声称他的估计量比通常（也就是说，OLS 包含一个截距项）的估计量好？

3. 一篇文章讨论了公司利润（P）在股份分红（D）和未分配利润（R）之间的分配，其中根据定义 $P=R+D$，估计下面这个方程：

$$D_t=\underline{\quad\quad}P_t+\underline{\quad\quad}D_{t-1}+\underline{\quad\quad}P_{t-1},R^2=\underline{\quad\quad},d=\underline{\quad\quad}$$

但是不要把这个结果报告出来，因为 P_{t-1} 的系数是不显著的。对数据重新分析，结果分红而不是未分配利润被看成了残差，因而有：

$$R_t=0.891P_t+0.654R_{t-1}-0.622P_{t-1},R^2=0.99,d=2.23$$
$$\quad\quad(0.027)\quad\ (0.092)\quad\ \ (0.078)$$

(a) 填写上面空出来的 5 个空，说明你为什么不能够填写第 5 个空。

(b) 说明第一个方程的三个系数估计值中的两个标准差，并且解释要计算第三个标准差，还需要得到什么信息。

*4. 假设 CLR 模型适用于 $y=2+3x+\varepsilon$，其中 $\sigma^2=4$。一个样本大小为 10 的数据满足 $\sum x=20$ 和 $\sum x^2=50$。那么 $(\beta^{OLS})'(\beta^{OLS})$ 的期望值是多少？提示：将 β^{OLS} 用 $\beta+(X'X)^{-1}X'\varepsilon$ 来表示，并且运用你了解的关于迹（trace）的知识。

5. 假设你有下面这个 CLR 模型的 100 个观测值：$y=\alpha+\beta x+\varepsilon$，其中 $\sum x=200$，$\sum y=100$，$\sum xy=400$，$\sum x^2=500$，且 $\sum y^2=10\ 300$。数据 z 通过公式 $2\alpha+9\beta$ 来计算，数据 q 通过扔 10 次骰子后把出现的点数求和得到。一个比赛被设计用来猜测 $W=z+q$，比赛参与者根据公式 $P=60-(W-W^*)^2$ 来确定是受到奖励还是惩罚。其中 W^* 表示参与者的猜测值，那么：

(a) 如果你希望你的猜测期望值等于 W 的期望值，你将会怎样猜测？

(b) 这个猜测比赛的期望收益是多少？

(c) 你对这个收益的估计是多少？提示：$\sum \hat{y}^2=(\beta^{OLS})'X'y$。

I 变换变量

1. 使用维恩图来回答下面两个问题：

(a) 在时间序列回归中，把线性的时间趋势从模型中去掉，或者保留趋势并且加入时间 t 作为一组回归元，我们都得到相同的回归系数。这一说法正确、错误还是不确定？说明原因。注：所有的数据都被消除时间趋势。

(b) 假设我们把上面的"回归系数"替换为"判定系数"，上面那个论断还是正确的、错误的还是不确定的？给出解释。提示：当 w 被 w 对 t 的回归的残差替换后，时间趋势从 w 中去掉了。

2. 假设因变量而不是自变量由自身与其均值的偏离来表示，这意味着 OLS

估计的偏误会是多少？

3. 假设你正在使用 1981 年的数据，进行房屋的当前美元价值的对数（lny）对一个截距项和房屋与城市的距离（x）的回归。你又拥有了 1985 年的数据，并且你希望检查这个斜率系数是否从 1981 年就开始改变了。你知道在 1981 年由于通货膨胀导致的房屋价格的上涨是 20%，如果你不对新的数据进行调整，使之用 1981 年的货币来表示，你对估计将有什么解释？

4. 假设你的数据产生的回归结果是 $y=5+2x$。考虑对数据进行调整，以另一年的美元计价，即通过把数据乘以 0.8 来实现。

(a) 如果 y 和 x 都被调整了，新的回归结果会是什么？

(b) 如果 y 被调整了，但是 x 没有（因为 y 由货币单位计量而 x 由物理单位计量），那么新的回归结果是什么？

(c) 如果 x 被调整了，但是 y 没有被调整，那么新的回归结果是什么？

(d) 在（c）问中，假设你做了一个 t 检验来检验斜率系数是否等于 0，这个 t 统计量和没有调整之前的普通的回归结果的 t 统计量相比，更大、更小还是一样大？说明原因。

5. 假设我们有回归结果（括号中的值表示标准差）：

$$y=300+6.0w, R^2=0.8$$
$$(25)\quad(1.1)$$

其中 $w_t=(x_t/x_{t-1})$ 并且系数估计的协方差为 0.5，假设回归在 w 使用百分比表示后重新进行了一次，这样回归元为 $w^*=100(x_t-x_{t-1})/x_{t-1}$。你会得到什么结果？

6. 假设你希望在 $\ln Y=\beta_1+\beta_2\ln W+\beta_3 Q+\varepsilon$ 中估计 β。而 $\ln(Y/W)$ 对 $\ln W$ 和 Q 的回归结果已知。那么，

(a) 你将怎样根据这些结果来估计 β？

(b) 怎样估计标准差？

7. 假设 CLR 模型适用于 $y=\alpha+\beta x+\varepsilon$，一个调皮的人把你的所有 x 的数据乘以了 3。如果原来的 y 对新的 x 回归，那么你期望 α 和 β 的估计值会是多少？

8. 经典线性回归模型应用于 $y=\alpha+\beta x+\varepsilon$，其中 ε 表示随机误差，均值为 0，方差为 4。一个调皮的人把你所有的 y 乘以了 3。那么，

(a) 以 x 为条件，新的 y 的方差是多少？说明你的逻辑。

(b) 如果新的 y 对原来的 x 回归，那么 OLS 估计的 α 和 β 的期望值是多少？说明你的逻辑。

9. 假设你做了重量 W（单位是磅）对高度 H（单位是英尺）的样本大小是 100 个人的回归，并且得到下面这个结果：

$$W=-180+5.0H$$
$$(4.0)(1.0)$$

其中括号里面的数据表示标准差。

在休息了一会儿以后，正在你要公布结果之前，你发现听众都是欧洲人，他

们不希望用磅和英尺来作为单位。所以把这个计量单位改为千克和厘米，换算公式为 1 千克等于 2.2 磅，2.5 厘米等于 1 英尺。

10. 你有一个 1986—1995 年的混合数据，用来估计工资的决定因素和这些决定因素在这段时间内是怎样变化的。特别地，你估计了下面这个方程：

$$\log wage = 0.5 + 0.2D95 + 0.08Edu + 0.01Edu \times D95$$
$$(7.0)(5.0) \quad (23.0) \quad (1.5)$$
$$-0.3Female + 0.07Female \times D95$$
$$(4.0) \quad (2.0)$$

其中 D95 表示虚拟变量，在 1995 年时等于 1。括号中的数据表示 t 值。你正准备在一个会议上公布你的结果，突然接到一个研究助手的电话告诉你他发现在回归中他使用的是名义工资而不是实际工资，而且由于电脑坏了，他现在不能马上重新进行回归。不过，他也确实告诉你，1995 年的价格水平比 1986 年的价格水平高 23%。你将怎样修改你的结果？

11. 你让研究助手从另一个研究中重新产生结果，在这个"另外的研究"中，$r6$ 的报酬对 $r3$ 的报酬进行回归。他报告说尽管斜率系数和标准差是准确的，但截距项的估计应该是 0.005 8 而不是 0.58；标准差是 0.000 7 而不是 0.07。你认为什么导致了这个情况？

12. 假设你有 1991 年的横截面数据，并且你做了实际消费对实际收入和家庭规模的回归。然后，你发现尽管你做了从消费的名义量到实际量的改变，你却忘记了做收入从名义量到实际量的改变（通过将名义收入除以 1991 年的价格指数 1.2 来实现）。说明你将怎样估计参数并且利用实际的估计结果来估计参数？

13. 考虑一个回归：工资的对数（ln$w$）对学历（ed）、性别（male）、交互影响（ed$\times$male）、工作经验（exp）以及工作经验的平方的回归：

$$\ln w = 1 + 2ed + 0.5male + 0.2ed \times male + 3exp - 0.1exp^2$$

如果 ed 的衡量是用受教育的年数减去 12 的话，你能得到什么回归结果？

14. 假设你做了一个回归：$y = 1 + 2x + 3D1 + 1.5D2 + 5D3$，其中 D_i 表示第 i 个季度的虚拟变量。在最后一刻，你发现你的老板希望你以第一季度的数据作为基准，而不是最后一个季度。你会给她什么回归结果？

J OLS：估计方差

1. 如果在一个回归中加入一个新的解释变量，那么 σ^2 的估计值会保持不变或者下降。这个论述正确、错误还是不确定？

2. OLS 估计量的方差—协方差矩阵估计在一个相关解释变量被从模型中去掉以后会变小。这个论述正确、错误还是不确定？说明原因。

3. 假设 y 由 x 和 w 决定。x 的系数由 b^* 和 b^{**} 估计。b^* 来自 y 对 x 的回归，b^{**} 来自 y 对 x 和 w 的回归。你能说出 b^* 和 b^{**} 二者的方差估计的相对数量关系吗？

4. 假设 CLR 模型适用于 $y = \alpha + \beta x + \delta w + \varepsilon$，并且已知 α，β 和 δ 都是正数。那么 $(\beta^{OLS} + \delta^{OLS})$ 的方差就比 $(\beta^{OLS} - \delta^{OLS})$ 的方差大。这一论述正确、错误还是不确定？说明原因。

5. 假设 CLR 模型适用于 $y = \alpha + \beta x + \varepsilon$，且 $\sigma^2 = 30$。一个样本大小为 10 的数据产生 $\sum x = 20$ 和 $\sum x^2 = 50$。你必须产生一个没有偏误的关于 θ^* 的估计值：$\theta = \alpha + \beta$，并且你会得到 $[10 - (\theta^* - \theta)^2]$ 美元。那么你期望的偿付是多少？

*6. 一个朋友没有偏误地预测了名义收入为 6 000 亿美元，预测的方差是 4。独立地，他没有偏误地预测了价格水平为 120，预测方差是 1.0。他将实际收入水平预计为 5 000 亿美元，并想知道如何计算他的预测方差。关于预测误差的方差，你有什么建议？并且你将怎样向他说明你的建议的理由？

7. 假设你有关于工资对数、受教育的年限、参加工作的年限以及当前受雇佣的年限的数据。你设定工资的对数关于其他变量的线性函数，并且希望估计一个雇员在同一个公司每多待一年，其工资对数的预期增加额。说明你将怎样完成这个工作，并且你将怎样为你的估计构造一个置信区间。

*8. 假设在上面这个问题中，你希望估计一个雇员在同一个公司每多待一年，其工资的增长百分比的期望值，说明你会怎样来完成。

*9. 假设你有关于工资和一些决定工资的变量的数据。这些数据包括黑人和白人。你分别针对白人和黑人做了工资的对数对解释变量的回归，得到系数向量 b_w 和 b_B，然后回归所有数据来估计系数向量 b。Oaxaca 和 Ransom（1994）建议了一个衡量对黑人歧视的公式：$d = \bar{x}_B (b - b_B)$，其中 $\bar{x}_B$ 表示黑人的解释变量的平均值。他们发现 $b = \Omega b_w + (I - \Omega) b_B$，其中 Ω 表示加权的矩阵，通过解释变量的数据来计算。假设 Ω 是已知的常数矩阵，说明你将怎样计算 d 的方差。

*10. 假设你已经将工资的对数对一些解释变量和性别虚拟变量进行了回归，得到虚拟变量系数估计 b。根据文献，你估计歧视百分比为 $\exp(b) - 1$。那么如何计算这一结果的方差？

11. 假设我们正在估计 $p = \alpha + \beta \text{sqft} + \gamma \text{beds} + \eta \text{baths} + \theta \text{FR} + \varepsilon$，其中 p 表示房屋价格，sqft 表示平方尺，beds 表示卧室的间数，baths 表示浴室的数目，FR 表示一个虚拟变量，在房屋有一个客厅时等于 1。我们希望估计房屋加入一个 400 平方尺的客厅后的价格，特别地，我们也希望得到这个估计的方差。说明你将怎样做一个回归来直接得到这些结果。

K　带约束的 OLS

1. 把一个回归加上一个线性约束，如果这个约束是真实的，则会导致 R^2 上升。如果这个约束是不真实的，则会导致 R^2 下降。这个论述正确、错误还是不确定？给出解释。

2. 假设 $y = \alpha + \beta x + \theta z + \delta w + \varepsilon$，且模型满足 CLR 假定。如果你知道 $\theta + \delta = 1$ 和 $\beta = 2\delta$，你将会做一个什么样的回归来估计模型系数？

3. 假设你有因变量 y 的观测值 3、4 和 5，相对应的解释变量 x 的值 6、7 和 8，以及解释变量 w 的值 7、9 和 11。假设你知道截距项是 0，两个斜率系数的和是 2，你对斜率系数的估计值是多少？

4. 假设 $\beta^{OLS} = (2, 1)'$，估计的方差—协方差矩阵的对角线元素分别是 3 和 2，非对角线元素都是 1。那么，如果你相信 $\beta_1 + \beta_2 = 4$，那么你对 β 的估计值是多少？提示：使用矩阵公式来计算受约束的 β。

5. 假设 CLR 模型适用于 $y = \alpha + \beta x + \delta w + \theta z + \varepsilon$，则

(a) 解释为了找到包含真实信息 $\beta = 2\delta$ 的 OLS 估计，将要做什么回归？

(b) 这个受约束的回归的 R^2 比没有受约束的回归的 R^2 大还是小？或者一样大？

(c) 你对 θ 的估计是没有偏误的吗？

(d) θ 的估计方差和引入约束后的相比更大还是更小？或者一样大？直观地给出说明。

(e) 如果事实上 $\beta \neq 2\delta$，你对上面几个问题的回答会有什么不一样？

6. 假设 CLR 模型适用于 $y = \alpha + \beta x + \delta w + \varepsilon$，其中 $V(\varepsilon) = 5$。从数据上来看，我们有 $\sum x^2 = 3$、$\sum w^2 = 2$ 和 $\sum xw = -1$，其中观测值都是由自身和其均值之间的差值来表示的。考虑一个约束：$\beta + \delta = 1$，那么受约束的 β 估计的方差会比不受约束的 β 估计的方差小多少？说明你具体是怎样得到这个结果的。

7. 假设我们希望通过假设一个多项式滞后 2 期的分布来估计 $y_t = \alpha + \beta_0 x_t + \beta_1 x_{t-1} + \beta_2 x_{t-2} + \beta_3 x_{t-3} + \varepsilon_t$，这样 $\beta_i = \delta_0 + \delta_1 i + \delta_2 i^2$，其中 i 表示滞后的期数。

(a) 为了得到各个 δ 的估计值，我们要做什么回归？

(b) 假设我们对 δ_0、δ_1、δ_2 的估计分别是 4、2 和 -1，那么各个 β 的估计值是多少？

(c) 假设 δ 的估计的方差—协方差矩阵是一个 3×3 的矩阵 V，那么你将怎样估计 β 的 4×4 的方差—协方差矩阵？具体说明。

8. 假设你有关于 x 和 y 的观测值，分别是：0、0、4、4 和 0、4、0、4。根据 CLR 模型 $y = \alpha + \beta x + \varepsilon$：

(a) 把这些观测值画出来，做一个 OLS 估计线。

(b) 画出包含约束条件 $\alpha = 0$ 的 OLS 估计线。

(c) 根据这两条估计线，并使用公式 $R^2 = 1 - SSE/SST$ 计算 R^2。

(d) 根据公式 $R^2 = SSR/SST$ 计算这些 R^2。

(e) 在此我们学到了什么？

L 多元回归的理论结果

1. 单变量总体中均值的估计可以被看成是经典线性回归的一个特例。给定随机的大小样本 N，例如命名为 $y_1, \cdots, y_N$。这些都来自一个总体，其中 $E(y) = \mu$，$V(y) = \sigma^2$。我们可以将 y_t 写成 $y_t = \mu + \varepsilon_t$ 或者 $y_t = \beta_0 + \varepsilon_t$，其中 $\beta_0 = \mu$。试将下面这些 CLR 概念分别详细表示出来：$X, X'X, (X'X)^{-1}, X'y, \beta^{OLS}, \beta^{OLS} - \beta = (X'X)^{-1}X'\varepsilon$ 和 $V(\beta^{OLS})$。其中哪两个可能是你的猜测？为什么？

*2. 假设 $y = X\beta + \varepsilon$ 变为 $y = X_1\beta_1 + X_2\beta_2 + \varepsilon$。通过同时最小化 β_1 和 β_2 的残差的平方和来证明 $\beta_1^{OLS} = (X_1'M_2X_1)^{-1}X_1M_2y$，其中 $M_2 = I - X_2(X_2X_2)^{-1}X_2'$。

3. 假设 CLR 模型适用于 $y = X\beta + \varepsilon$。我们根据最小化残差平方和来估计 β。这些都受到下面这个约束条件 $R\beta = r$ 的影响。

（a）找到估计量的偏误。

（b）证明这个估计量的方差—协方差矩阵比没有受约束的 OLS 估计量的方差—协方差矩阵要小。

4. 假设 CLR 模型适用于 $Y = X\beta + \varepsilon$，并且已知 J 线性约束 $R\beta = r$ 存在。找出 σ^2 的一个没有偏误的估计，这个估计包含约束条件。提示：先猜测，然后检查是否存在偏误。

*5. 假设你有关于 CLR 模型 $y = X\beta + \varepsilon$ 的数据（其中包括一个截距项），要求你在已知行向量 x_0 的前提下做一个关于 y_0 的预测。那么：

（a）用文字说明你将怎样证明 $x_0\beta^{OLS}$ 是 $x_0\beta$ 的 BLUE。

（b）如果 y_0 用 $x_0\beta^{OLS}$ 来预测，那么预测的误差是多少？

（c）这个预测误差的方差是多少？

（d）通过最小化这个方差，证明当 x_0 是 x 值的平均值时，预测方差是最小值。提示：使用矩阵方法。

6. 假设 CLR 模型适用于 $y = X\beta + \varepsilon$，你决定通过一个常数 θ 乘以 β^{OLS} 来估计 β。进一步，你希望选择一个 θ 来最小化 $\theta\beta^{OLS}$ 的元素的 MSE 之和。那么：

（a）解释为什么 θ 等于 1 时，能够最小化 $(\theta-1)^2\beta'\beta + \theta^2\sigma^2 tr(X'X)^{-1}$？

（b）找出 θ 的最优值。

（c）为什么这个估计值被叫做"压缩"估计？

（d）为什么这个估计量没有被经常使用？

7. 假设 CLR 模型适用于 $y = X\beta + \varepsilon$，并且我们希望找到 $\theta = c'\beta$ 的 BLUE，其中 c 表示一个已知的常数向量。令我们要找的 BLUE $\theta^* = a'y$，其中 a 是待定的。那么：

（a）如果 θ^* 要保持没有偏误，需要满足什么条件？

（b）θ^* 的方差是多少？

（c）通过针对（a）中的条件而最小化 θ^* 的方差，证明 θ 的 BLUE 是 $c'\beta^{OLS}$。

（d）你将怎样利用这些结论来判断 β 的 BLUE 就是 β^{OLS}？

（e）这个结果能够得出什么适当的预测？

*8. 假设 $y = X_1\beta_1 + X_2\beta_2 + \varepsilon$ 以及数据满足 $X_2'y = 0$。那么 y 对 X_1 和 X_2 的回归将会通过零向量来估计 β_2。这是正确的、错误的还是不确定的？给出解释。

*9. 考虑在 CNLR 模型中通过一个常数 θ 乘以 SSE 来估计 σ^2。找出一个合适的值来最小化该估计量的 MSE。提示：记住 SSE 的分布为 σ^2 乘以一个自由度为 $(N-K)$ 的 χ^2 分布，并且 χ^2 分布的均值和方差分别是其自由度和两倍的自由度。

M 混合数据和缺失观测值

1. 假设 $y = X\beta + \varepsilon$，你有两组数据集，分别记为 1 和 2，那么：

(a) 证明使用所有数据做的 OLS 估计就是分别使用每一个数据集的 OLS 估计结果的"矩阵"加权平均。提示：使用分块矩阵方法。

(b) 假设这里只有一个回归元，并且没有截距项。那么（a）中的权重是多少？为什么这样能够讲得通？

2. 假设将 CLR 模型应用于 $Y = X\beta + \varepsilon$，数据由其自身和均值之间的离差来表示，那么：

(a) 假设 X 的最后 N 个观测值 X_2 丢失了，并且由其均值代替。这个均值是一个零向量，那么 β^{OLS} 是否仍然保持没有偏误？

(b) 假设 Y 的一个子集 Y_2 丢失了，并且由其均值——零向量代替，那么 β^{OLS} 是否仍然保持没有偏误？

3. 研究者 A 根据自己的数据做了一个 OLS 回归，估计的 α 和 β 分别是 4 和 4，估计方差分别是 12 和 9，估计的协方差是 -6，估计的残差方差是 3。研究者 B 根据自己的数据做了 OLS 回归，α 和 β 分别是 4 和 2，估计的方差分别是 6 和 6，估计的协方差是 -2，估计的残差方差是 2。如果将数据混合，你得到的 α 和 β 的估计值会是多少？提示：利用"混合"公式。

*4. 假设 CLR 模型适用于 $Y = X\beta + \varepsilon$，但是 Y 的一个子集 Y_2 丢失了。考虑对这个"丢失数据"问题进行一些处理：计算 $Y_2^* = X_2\beta^{OLS}$，其中 β^{OLS} 得自 Y_1 对相对应的观测值 X_1 的回归，然后再使用 Y_2^* 代替丢失的数据进行回归。证明这个结果得到的 β 估计值和 β^{OLS} 相同。提示：在 M(1a) 中寻找答案。

N 多重共线性

1. 说明在哪些情况下去掉一个变量就可以成为解决多重共线性的"方法"。

2. 既然 x^2 是 x 的精确函数，如果我们试图使用 x 和 x^2 同时作为回归元，就会遇到完全多重共线性。这一说法正确、错误还是不确定？

3. 如果回归元相关，那么尽管 OLS 估计仍然保持无偏性，t 统计量却趋向于变得很小。这一说法正确、错误还是不确定？给出解释。提示：弄清楚什么是"很小"。

4. 在 CLR 模型中，多重共线性导致偏误，是针对回归中需要估计的系数本身，而不是针对这些系数的估计方差而言的。这一说法正确、错误还是不确定？给出解释。

5. 在多元回归中，如果所有的回归斜率估计都在 t 统计量的标准下不显著异于 0，那么 R^2 值不可能太高。因为在这种情况下回归中的可变因素都没有能够被解释，所以 R^2 必须很低。这一说法正确、错误还是不确定？给出解释。

6. 假设 CLR 模型适用于 $y = \alpha + \beta x + \delta w + \varepsilon$。对于大多数样本来说，$x$ 和 w 都是相关的，但是幸运的是，你看到了部分样本中二者是不相关的。你做了 y 对 x 和一个截距项的回归，产生了 β^*。那么：

(a) β^* 是无偏的吗？

(b) 你认为 β^* 的方差估计是无偏的吗？

7. 请你对下面这段关于减少多重共线性的提议给出评论："假设 $y = \beta_0 + \beta_1 x_1 + \beta_2 x_2 + \varepsilon$，其中 x_1 和 x_2 高度相关。做 x_2 对 x_1 的回归，得到残差 x_2^*。然后再做 y 对 x_1 和 x_2^* 的回归。我们可以保证的是 x_1 和 x_2^* 是不相关的；这种减少多重共线性的方法可以帮助我们得到 β_1 的具有更低方差的估计。

8. 在关系式 $y = \beta_1 + \beta_2 x + \beta_3 z + \beta_4 w + \beta_5 (x-z) + \varepsilon$ 中，如果和没有最后一项回归元相比的话，最后一项回归元给我们提示的信息表明能够改进对于其他 β 的估计。这一说法正确、错误还是不确定？

9. 假设你有关于 C（人均咖啡消费量）、YD（人均实际可支配收入）、PC（咖啡的价格指数）、PT（茶的价格指数）以及 POP（以百万为单位的人口数量）的年度数据，你做了 C 对 lnYD、PC、PT 以及 POP 的回归，得到一个合理的 R^2，但却是不显著的 t 统计量。你会怀疑其中可能出现什么问题了吗？你将怎样来修正它？

10. 假设 CLR 模型适用于 $y = \alpha x + \beta w + \varepsilon$。令 α^{OLS} 和 β^{OLS} 表示 y 对 x 和 w 的回归的 OLS 估计，α^* 表示 y 对 x 单独回归的 α 估计值。可以证明如果满足条件 $\beta^2 \leqslant V(OLS)$，那么 $MSE(\alpha^*) \leqslant MSE(\alpha^{OLS})$。

(a) 讨论并改进下面这个提议：由于存在高度的多重共线性，因而非常可能有 $\beta^2 \leqslant V(\beta^{OLS})$，在 MSE 准则下，我们应该通过 α^* 而不是 α^{OLS} 来估计 α。

*(b) 导出上面给出的那个条件。提示：使用普通的代数，而不要使用矩阵代数。

*11. 考虑一个特别的例子 $y = \beta x + \varepsilon$，其中 ε 的方差是 σ^2。那么：

(a) 岭估计量 $\beta^* = (X'X + kI)^{-1} X'Y$ 的计算公式是什么？

(b) 岭估计量被看成是 OLS 向量向零向量压缩的过程。在这个特别的例子中，"压缩因子"是多少？

(c) 令压缩因子为 θ，通过找到 θ 的"最优"值，找到这个例子中 k 的"最优"值。

(d) 如果你在实际的应用中使用 k 的这个最优值，你会发现什么问题？

12. 假设 CLR 模型适用于 $Y=X\beta+\varepsilon$。考虑 $\beta^*=(X'X+kI)^{-1}X'Y$，其中 $0\leqslant k\leqslant\infty$，即这个高度多重共线性的岭估计量。

*（a）证明 $V(\beta^*)$ 比 $V(\beta^{\text{OLS}})$ 小。提示：如果 $A-B$ 是 nnd（非负定）的，那么 $B^{-1}-A^{-1}$ 也是 nnd 的。第二个提示：乘法展开 $B^{-1}-A^{-1}$。

（b）这是否意味着 β^{OLS} 在多重共线性存在的情况下不是 BLUE？试给出解释。

13. 假设 CLR 模型适用于 $Y=X\beta+\varepsilon$，但是存在完全多重共线性。不过假设我们希望估计 $a'\beta$ 而不是 β，其中 $a=X'X\lambda$，而 λ 是一个列向量，所以 a 是一个向量，表示 $X'X$ 矩阵列向量的线性组合。

（a）证明尽管我们不能估计 β，但是我们能够估计 $a'\beta$。

（b）证明你的估计是无偏的，然后找到它的方差—协方差矩阵。

O 虚拟变量：解释

1. 假设我们估计了方程 $y=10+2x+3D$，其中 y 表示收入，x 表示经验，D 是虚拟变量，当性别为女性时等于 0，为男性时等于 1。

（a）如果我们再假设：当性别为女性时虚拟变量等于 1，性别为男性时虚拟变量等于 2，重新回归这个方程，我们将会得到什么结果？

（b）如果虚拟变量在性别为女性时等于 -1，性别为男性时等于 1，我们又会得到什么结果？

2. 假设我们得到下面这个回归结果：

$$y=10+5x+4\text{sex}+3\text{region}+2\text{sexregion}$$

其中 sex 为男性时等于 1，为女性时等于 0；region 为北方时等于 1，为其他的地方（南方）时等于 0；sexregion 表示 sex 和 region 的乘积。那么如果我们做 y 对一个截距项、x、NM、NF 和 SF 的回归，我们会得到什么系数估计？其中，NM 等于 1 时表示北方男性，等于 0 表示其他情况；NF 等于 1 时表示北方女性，等于 0 表示其他情况；SF 等于 1 时表示南方女性，等于 0 表示其他情况。

3. 一个朋友在一个回归中加入了区域虚拟变量，每一个区域都有一个虚拟变量，并且回归中没有包含截距项。使用 t 检验，每一个虚拟变量系数估计都显著异于 0，所以她得出结论：区域因素是重要的。

（a）为什么她要使用不含截距项的模型？

（b）在考察区域因素是否重要的时候，她是否使用了合理的检验方法？如果不是，你将怎么检验？

4. 假设 $y=\alpha+\beta x+\delta D+\varepsilon$，其中 D 是表示性别的虚拟变量。假设我们知道样本中男性所占的比例是全部人口中男性所占的比例的两倍，那么如果可能的话，你会建议用什么修正方法？

5. 假设你正在做货币对收入、利率以及一组季节虚拟变量的回归，其中前三个变量都以自然对数的形式表示。因为经济在增长，故季节波动也会增长。那么你会找到些什么方法来反映这个信息?

6. 假设一组成年人的样本被分为 1、2、3 组,这是基于他们的受教育程度是小学、中学还是大学来划分的。关系式是 $y=\beta_1+\beta_2 D_2+\beta_3 D_3+\varepsilon$。其中 y 表示收入,$D_i=1$ 表示属于第 i 组的人,相反,不属于第 i 组的人 D_i 就等于 0。那么:

(a) 根据模型中的参数,那些受教育程度为大学的人的预期收入是多少?

(b) 根据模型中的参数,应该怎样表达零假设:高中毕业后进入大学读书不影响收入?

(c) 这个具体模型能否被表达为一个更加简单并且和 $y=\alpha_0+\alpha_1 x+\varepsilon$ 一样的模型?其中 x 表示受教育的年限?说明原因。

(d) 假设虚拟变量被定义为 $D_4=1$:如果参加了高中的学习,否则等于 0;$D_5=1$:如果参加了大学的学习,否则等于 0,然后估计 $y=\alpha_3+\alpha_4 D_4+\alpha_5 D_5+\varepsilon$,再请你回答 (a) 和 (b) 中的问题。

7. 假设有两个研究者,对于同样的数据,分别回归了下面两个类似的方程:

研究者 A 的回归:$y=\alpha_0+\alpha_1 x+\alpha_2 \text{sex}+\alpha_3 \text{region}+\alpha_4 \text{sexregion}$

研究者 B 的回归:$y=\beta_0+\beta_1 x+\beta_2 \text{sex}+\beta_3 \text{region}+\beta_4 \text{sexregion}$

其中 sexregion 表示一个交互影响的虚拟变量,即 sex 和 region 两个虚拟变量之间的乘积。两个研究者都定义 sex 为男性时等于 1,为女性时等于 0,但是研究者 A 定义了 region 为北方时等于 1,为南方时等于 0;而研究者 B 却做相反的定义:region 为北方时等于 0,为南方时等于 1。研究者 A 得到了 sex 的一个显著的 t 值,而研究者 B 却没有。

(a) 根据模型中的参数和表达方式,研究者 A 在使用他自己的 t 值时,暗含的是什么假设?

(b) 根据模型中的参数和表达方式,研究者 B 在使用她自己的 t 值时,暗含的是什么假设?

(c) 根据模型中的参数和表达方式,研究者 B 为了导出研究者 A 的假设检验,她需要什么假设?

(d) 此处我们能学到什么?

8. 假设你设定的模型为 $C=\alpha+\beta Y+\delta P+\theta N+\eta H+\varepsilon$,其中 C 表示长途电话的数量,Y 表示人均收入,P 表示长途电话的价格相对于其他交流方式的价格的一个指数,N 表示存在的电话数目,$H=1$ 时表示法定假日,$H=0$ 时表示其他情况。你有连续几年的每日数据。

(a) 解释怎样来改变这个模型的设定形式以弄清楚大多数商业是否在周末关闭。

(b) 如果这里有更多的电话机,在节假日时就会有更多的通话。那么该信息在这个设定的模型中能够反映出来吗?如果能,那是怎样反映的?如果不能,你将怎样来反映?

9. 假设 CLR 模型适用于 $\ln y=\alpha+\beta K+\delta D+\varepsilon$,其中 D 表示性别虚拟变量。

(a) 证明 100β 能够由 ΔK 引起的 $\%\Delta y$ 来表示。

(b) 证明 $\theta=100(e^\delta-1)$ 是由 sex 导致的 $\%\Delta y$。(答案参见 Halvorsen and Palmquist (1980, p.474)。)

(c) 解释为什么把 δ^{OLS} 放到 (b) 问中的表达式里会产生一个有偏误的 θ 估计。

*(d) 如果 ε 服从正态分布，详细证明怎样导出这个偏误。提示：如果 $\varepsilon \sim N(\mu, \sigma^2)$，那么 $\exp(\varepsilon)$ 服从对数正态分布，均值是 $\exp(\mu + 0.5\sigma^2)$。（答案可以参考 Kennedy（1981a，p. 802）。）

*(e) 如果 ε 不服从正态分布，详细证明怎样降低这个偏误。提示：你需要使用 Taylor 展开式。

10. 针对下面这个讨论，试给编辑一个建议。

B 的评论："在杂志的最近一期中，A 发表了一篇文章，里面他阐述了一个回归 $y = 4 + 5x + 2D$，其中 y 表示开支，x 表示收入，D 表示性别虚拟变量，为男性时等于 0，为女性时等于 1。样本中女性（x_f）的 x 平均值要高于男性（x_m），但是样本中男性的 y 平均值要高一些。这两个结果之间不一致。"

A 的回复："B 的逻辑不正确，女性的平均支出是 $y_f = 6 + 5x_f + 6e_f$，而男性的平均支出是 $y_m = 4 + 5x_m + 6e_m$，其中 $e_f(e_m)$ 表示平均的女性（男性）残差。他们的差距是 $2 + 5(x_f - x_m) + e_f - e_m$。尽管 OLS 导致平均的残差是 0，从而 $e_f + e_m = 0$，但是 e_f 和 e_m 之间的差距可以显著为负数，这就使得 $y_f - y_m$ 为负数。这里不存在结果的不一致性。"

11. 你正在做一个有 30 个学生参加的实验。每一个学生能够在 10 轮实验中产生 10 个数据。学生们被分为两组，一组作为对照组，另一组作为实验组。在分析这些数据中，你做了结果的衡量（用于公共物品的美元数量）对一些解释变量（由学生的特点和实验的轮数）再加上用于测量处理效应的虚拟变量的回归。一个评论者告诉你加入一些反映个体的虚拟变量（对于每一个个体，你有 10 个观测数据），这个评论者宣称这样做能够改进你的 R^2。你抱怨说加入 29 个虚拟变量会导致和被实验者虚拟变量的完全多重共线性，这个评论者被惹恼了，并且毫不怀疑地认为你本身就是一个笨蛋，回答你道："对每一组，放 14 个虚拟变量到实验组的个体中，再放 14 个虚拟变量到对照组的个体中。"

这样能否避免你所抱怨的完全多重共线性呢？它能够改善你的 R^2 吗？这是个好点子吗？解释原因。

12. 假设你做了工资对数对一组传统的解释变量再加上两个虚拟变量 workpc 和 homepc 以及这两个虚拟变量的交互影响变量 workpc × homepc 的回归。其中 workpc = 1 时表示个人在工作时使用电脑，等于 0 时表示其他情况；homepc = 1 时表示这个电脑在家里使用。得到下面这个方程：

$$\log 工资 = 截距项 + 0.18\text{workpc} + 0.07\text{homepc}$$
$$+ 0.02\text{workpc} \times \text{homepc} + 其他变量$$

(a) 你对那些在工作时使用电脑但是在家里不使用电脑的工人的工资和那些在家里使用电脑但是在工作时不使用电脑的工人的工资之间的预期百分比差异的估计是多少？

(b) 你对那些在工作时和在家里都使用电脑的工人的工资和那些在任何地方都不使用电脑的工人的工资的预期百分比差异的估计是多少？

*(c) 如果在上面方程的基础上再告诉你估计的方差—协方差矩阵，你对上面两个问题的答案会有什么变化？

13. 假设你做了回归 $y=1+2x+3D1+1.5D2+5D3$，其中 Di 表示第 i 季度的虚拟变量。在最后一刻，你发现你的老板希望你以第一季度作为基准而不是以最后一个季度作为基准。你会给她什么回归结果？你需要什么信息来产生新的标准差？通过一个例子来说明你将怎样针对 $D3$ 的估计系数来计算新的标准差。

14. 假设你相信 y 受 x 影响，但是 x 的正向变化对 y 的影响与 x 的负向变化不同。解释你将如何进行估计。

15. 假设你有 N 个相似个体，其中一些参加了某个实验（如接受财务建议等），另一些则进入控制组。你希望估计实验对某个变量 y（例如储蓄）的影响，并且拥有所有人实验前后的数据。你建议使用回归方程 $y=\alpha+\beta$ 控制后 $+\gamma$ 实验前 $+\delta$ 实验后 $+\varepsilon$，其中

控制后=1，如果观测点在实验后的控制组中，否则为 0；

实验前=1，如果观测点在实验前的实验组中，否则为 0；

实验后=1，如果观测点在实验后的实验组中，否则为 0。

你想研究变量对实验的影响，并希望用"差的差"来衡量影响大小。"差的差"是指实验前后实验组均值之差减去试验前后控制组均值之差。

(a) 回归方程中截距项的意义如何表述？

(b) 以参数形式展示你所希望估计 $\theta=\delta-\gamma-\beta$ 的模型。

(c) 利用上式消掉 δ，找到能够直接估计 θ 的回归方程（因此也就能够直接获得标准差的估计）。对所有样本点来说，如果出现在实验后，那么虚拟变量 after=1，否则等于 0；如果在实验组中，那么虚拟变量 treat=1，否则等于 0。利用这两个变量表达以上思路。

P 虚拟变量：估计

1. 假设存在模型 $y=\beta_0+\beta_1 D+\varepsilon$，其中 D 表示性别虚拟变量（男性=1）。对于 20 位男性，y 的平均值等于 3，对于 30 位女性，y 的平均值是 2。并且你知道 $\varepsilon \sim N(0, 10)$。那么：

(a) 各个 β 的 OLS 估计是多少？

(b) 检验 $3\beta_0+2\beta_1=3$ 的统计量的值是多少？

(c) 这个统计量服从什么分布？

2. 假设 $y=\beta_0+\beta_1 D+\varepsilon$，对于前 20 个观测值，$D=0$，对于剩下的 25 个观测值，$D=1$，$\varepsilon$ 的方差是 100。那么：

(a) 把这个回归理解成一种计算两组观测值的均值的方法，那么你对于 β_0^{OLS} 和 $\beta_0^{OLS}+\beta_1^{OLS}$ 的方差的一种先验估计是什么？

(b) 通过使用公式 $\sigma^2(X'X)^{-1}$ 来证明你的答案。

(c) 通过使用相关的矩阵公式来进一步证明（这些公式用来计算在 $D=1$ 时 y 的预测值）。

3. 考虑下面这个回归结果（括号中表示标准差）

$$y=3.0x+4.0DM+10.0DF$$
$$(1.1)\quad (1.0)\qquad (2.0)$$

其中 DM 和 DF 分别代表男性和女性虚拟变量。x 和 DM 两个变量之间的系数估计的协方差是 0.8，x 和 DF 之间的系数估计的协方差是 0.6，DM 和 DF 之间系数估计的协方差是 0.5。那么如果这个回归包含一个截距项而不包含 DF，DM 的 t 统计量是多少?

4. 考虑 $\ln y=\alpha+\beta\ln x+\varepsilon$。

(a) 证明如果把 x 每一个原来的数据乘以 100，β 的估计值不会变。

(b) 现在假设在这个关系式中存在一个斜率虚拟变量，前一半数据取值为 0，后一半数据取值为 $\ln x$。试解释为什么 x 的数据乘以 100 后会改变 β 的估计值，并且给出一种避免这种问题的方法。（答案可以参考 Giordano and Veall (1989, p. 95)。）

5. 一个朋友正在估计工资方程 $\ln w=\alpha+\beta x+\delta z+\varepsilon$，她有关于 w、x 和 z 的 33 个数据，并且她被要求在 $x=6$ 和 $z=10$ 时，通过使用观测值特定的虚拟变量的方法来预测 w 的值。她认为她能够通过人为产生的 34 个观测值，并且加入一个特别的虚拟变量回归元 $D34$ 来完成这个事，其中 $D34$ 对于这 34 个数据等于 1，否则等于 0。她相信这个额外的数据应该是 $x=6$ 和 $z=10$，但是不能够指出 $\ln w$ 应该取什么值。她认为只有当她能够找出这个值时，才能够做这个回归，并且直接使用 $D34$ 的系数估计值作为自己的预测。你会给她什么建议?

Q 虚拟变量：假设检验

1. 假设产品的需求是一个关于收入、相对价格以及季度的线性函数。假设斜率都是一样的，请具体解释你将怎样来检验假设：在其他条件不变时，产品的需求在春季、夏季以及秋季是一样的。如果你有 12 年的数据，你的统计量的自由度是多少?

2. 假设 x 和 y 是独立同分布的正态变量，二者有不同的均值。我们有关于 x 的 6 个观测值和 y 的 10 个观测值。解释你将怎样通过使用回归的结果来检验假设：x 和 y 有相同的均值。

3. 你在 CLR 条件下回归了方程 $Y=X\beta+\varepsilon$。一个评论者指出由于忽略了一个观测值，系数的估计发生了剧烈的变化，但是你感觉这些系数变化不明显。说明你将怎样通过一个统计量来证明你自己的观点。

4. 假设每一周学生喝酒的量可以通过收入、年龄、性别以及这个学生是本科生、硕士生还是博士生来线性解释。你认为性别对喝酒量的影响可以完全表示为一个截距项，而学生受教育程度的影响完全可以通过收入的斜率来表示。给定样本大小为 75，具体说明你将怎样检验受教育程度是否对喝酒量存在影响。

5. 假设存在 $S=\alpha+\beta Ed+\phi IQ+\eta Ex+\lambda Sex+\delta DF+\theta DE+\varepsilon$，其中 S 表示薪水；Ed 表示受教育年限；IQ 表示智商水平；Ex 表示工作经验；Sex 为男性时

等于1，为女性时等于0；DF在只会说法语时等于1，其他情况等于0；DE在只会说英语时等于1，其他情况等于0。给定样本量为N的样本，这些人包括只会说法语、只会说英语以及两种语言都会。那么：

（a）解释你将怎样检验对于女性的歧视问题（即在其他条件不变的情况下，女性的收入更少）。

（b）如果一个人的母语是法语或者英语，这个人变为会说两种语言后，你将怎样测量薪水的改变？

（c）解释你将怎样检验假设：在（b）问中，在母语是法语和母语是英语两种情况下，薪水改变后是相等的。

（d）解释你将怎样检验假设：只说法语的男性和只说英语的女性薪水一样多。

（e）解释你将怎样检验工作经验对男性的影响比对女性的影响要大。

6. 假设你正在估计对新型小汽车的需求量，有季度数据，并且设定需求量是关于收入、新型汽车的价格指数（包含税收）以及一组季节虚拟变量的线性函数。假设在1月1日，即你的中间的一个数据，政府宣布在这一年4月1日新汽车的销售税会增加，你相信这件事情的结果是许多人会在第二季度购买新车而不是在第一季度购买。

（a）解释怎样构造一个虚拟变量来反映这个"支出转换"假设？

（b）说明你将怎样检验这个假设，备择假设是尽管在第一季度会比正常情况下高一些，但在第二季度会比正常情况下低一些，这个变化是不一样的。

7. 假设家庭对汽油的需求量G是家庭收入Y的线性函数，但是截距项和区域有关。区域不妨命名为Maritime，Quebec，Ontario和West。研究者A做了G关于一个截距项、Y与Maritime、Ontario和West三个区域虚拟变量的回归，研究者B做了G关于Y和所有四个区域虚拟变量的回归。那么：

（a）分别使用A的结果和B的结果你将怎样估计Quebec和Ontario两个区域的截距项差异？你预期这两种结果哪一种计算的差异会大一些（或者你预期二者一样)？为什么？

（b）分别使用A的结果和B的结果你将怎样检验假设：Quebec和Ontario两地的截距项是一样的？具体说明。

（c）假设研究者C相信Quebec的截距项和Ontario的截距项完全一样，但是Quebec的斜率和其他区域的共同斜率不一样。说明C将怎样在估计中包含自己的这些信息。

（d）假设研究者D相信每一个区域都有独特斜率和独特的截距项。请详细解释D将怎样检验C相信的内容。

8. 假设$y=\alpha+\beta x+\varepsilon$，你的47个观测值被分为3组：一组是最低的5个$x$值，一组是最高的5个$x$值，以及剩下的37个观测值。对于这个分组方法的"彩虹检验"采用中间的37个观测值来估计这个关系，然后检验剩下的观测值是否落在他们预测的置信区间范围内。具体说明实施这个检验的最简单方法。

9. 你有关于考试成绩S、智商测量指标IQ、性别虚拟变量（D）、学习时间ST以及一个分类变量CAT的数据。其中CAT在"我讨厌这门课程"时等于1，在"我不喜欢这门课程"时等于2，在"我认为这门课程无所谓"时等于3，在"我喜欢这门课程"时等于4，在"我非常喜欢这门课程"时等于5。你做了S对于IQ、D、ST和CAT的回归。一个朋友指出你强行加入了一个约束条件，即你认为非常喜欢这门课程对于S的影响是讨厌这门课程的5倍，是对这门课程无所谓的5/3倍，等等。说明你将采用什么回归来得到受约束和不受约束的残差平方和，并且找到适当的F检验的自由度。

10. Y教授考察了关于在两个垂直关联的市场中的公司从一个市场向另一个市场重新分配成本以逃避管制的问题。她的意见是如果一个公司在一个市场无效率，那么它在另一个市场中也是无效率的。她有45个关于公司的横截面数据，这些公司在两个市场上都营业，既生产电力又分配电力。（所以她实际上有90个数据，每一个公司两个数据。）它估计了一个关于电力生产的成本函数和另一个关于电力分配的成本函数，使用的解释变量都适合每一个市场。她希望检验某一个特定公司在第一个成本函数中的残差项是否等于在第二个成本函数中的残差项。说明你将怎样完成这个检验。

R 虚拟变量：结构变迁建模

1. 假设你相信x和y之间的关系在已知的x^*值处发生改变，并且可以写成两个线性的部分，这两个部分在x^*处交汇，并且连续。

(a) 你将怎样估计这个关系式？

(b) 你将怎样检验连续性假设？

2. 假设我们有1950—1980年的数据，并且我们知道在1964年早些时候有一个变化，影响了截距项。一个虚拟变量DD在1964年之前等于0，在1964年时等于1，在1965年时等于2，在1966年时等于3，在其余年份等于4。

(a) 解释这种设定方法和传统的虚拟变量设定方法：1964年以前等于0，其他年份等于1有什么不同。DD变量究竟测量的是什么？

(b) 在这个模型设定中，如果我们希望DD的系数可以作为测量1964年以前和1966年以后截距项的差异，我们将怎样定义DD？

*3. 假设CLR模型适用于$y = \alpha + \beta x + \varepsilon$，并且你有1956—1976年的年度数据。在1965年发生了一个制度上的改变，这改变了截距项，但是截距项的改变经过了一个5年的过渡期，而不是突然发生剧烈变化。

(a) 说明怎样使用传统的虚拟变量来为此建立模型。你要估计多少个参数？

(b) 假设在这个过渡期截距项的值能够被建模为一个关于时间的三次曲线函数。这个函数将制度变化开始时设为0点（即1965年=0）。现在你将要估计多少个参数？

(c) 说明怎样估计这个模型。提示：给每一个新的参数构造一个特殊的解释变量。答案可以参考Wilton(1975，p.423)。

S 最大似然：一般原则

1. 评论下面的话：最小二乘方法并不要求假设残差的分布，但是最大似然法却要求。所以 OLS 比 MLE 更优先选择。

2. 假设你有关于一个 CNLR 关系式 1950—1984 年的年度数据。这个关系式 1964—1969 年从 $Y=\beta_0+\beta_1 X$ 变化为 $Y=\alpha_0+\alpha_1 X$。你希望估计这个变化什么时候发生。一个导师建议使用最大似然法，其中你选择改变的点可以通过找到相关的最大似然的最大值来完成。说明你将怎样完成，并且你将怎样估计这些参数。

3. 假设某一个 IQ 考试成绩是真实的 IQ（在人群中服从均值为 100、方差为 400 的正态分布）和一个独立的考试误差（服从均值为 0、方差为 40 的正态分布）之和。那么你对于一个 IQ 考试成绩为 140 的学生的真实 IQ 的估计值是多少？

4. 身高服从均值为 70 英寸（男性）和 64 英寸（女性）以及共同方差为 6 的正态分布。那么在下面这些情况下，你认为哪个样本更有可能从男性中获取？（ⅰ）这个样本包含一个人，其身高为 70 英寸；（ⅱ）样本包含 6 个人，平均身高 68 英寸。说明你的理由。

5. 假设 $y=\alpha+\beta x+\varepsilon$，其中残差是 iid 的，并且概率密度函数为 $f(\varepsilon)=\lambda \varepsilon^{-(\lambda+1)}$，其中 $\lambda>2$，$1\leqslant\varepsilon\leqslant\infty$。

(a) 关于 α 和 β 的 OLS 估计是 BLUE 吗？

(b) λ 的先验信息是否有助于我们估计 α 和 β？为什么是或为什么不？

(c) λ 的先验信息是否有助于我们估计 α 和 β 的 OLS 估计的方差？说明怎样估计或者为什么不能。

(d) 如果 λ 未知，说明你将怎样估计 λ、α 和 β？

6. 假设 $w\sim N(\mu,\sigma^2)$。使用变量替换方法来找到密度函数：$Q=a+bw$。

*7. 假设从第 i 组中得到的一个 $K\times 1$ 的观测向量 x 服从 $N(\mu_i,\sum)$ 分布。其中 $i=1,2$。注意，$\sum$ 没有 i 脚标。如果该向量更可能从第 i 组中得到，那么就可指定第 i 组为一个观测值。

(a) 假设有相等的先验概率和相等的错误分类成本，证明：在正规化以后，会产生线性的判别规则，也就是，如果 $(\mu_1-\mu_2)'\sum^{-1}x>(1/2)(\mu_1-\mu_2)'\sum^{-1}(\mu_1+\mu_2)$，把 x 分到第一组。提示：利用多元正态分布的密度函数公式。

(b) 如果先验概率不相等，并且错误分类的成本不相等，这将怎样修正？

*8. 可以证明信息矩阵 $-E[\partial^2\ln L/\partial\theta^2]$ 和 $E[(\partial\ln L/\partial\theta)(\partial\ln L/\partial\theta)']$ 相等，这个结果经常在我们计算 Cramer-Rao 下限时会使用到。通过使用服从 $N(\mu,1)$ 分布的 N 个观测值来证明之。

9. 假设你希望从分布 $f(x)=3e^{-3x}$ 中产生 x 的观测值，其中 $0\leqslant x$。说明你将怎样用电脑完成。电脑能够产生服从 $0\sim1$ 之间均匀分布的观测值 w。提示：使用变量替换理论。

10. 假设 x 服从 0～1 之间的均匀分布。当 θ 为正数时，$y=-(1/\theta)\ln x$ 的概率密度函数是多少？

11. 随机变量 x 的方差的最大似然估计可以通过 x 的和减去 $\bar{x}$ 后求平方，再除以 N 来计算。然而大多数人都会除以 $N-1$。

(a) 为什么？

(b) 哪一个估计量有更小的方差？小多少？

T　最大似然：例子

1. 假设我们有关于随机变量 x 的 N 个观测值，都服从均值为 μ、方差为 σ^2 的正态分布。

(a) μ 的 MLE 是多少？

(b) 通过找到 Cramer-Rao 下限算出这个 MLE 的方差。

2. 假设你希望估计从生产线中出来的有缺陷的产品所占的比例，并且在最后得到随机样本，样本大小为 N，观测到 K 个有缺陷的产品。

(a) 找出 α 的 MLE。

(b) 证明 Cramer-Rao 下限给出了计算这个估计量的方差的传统公式。

3. 假设 x 表示一个随机变量，概率密度函数为 $f(x)=ke^{-kx}$，$x\geqslant 0$。给定一个大小为 N 的样本，找出 k 的 MLE，并且使用 Cramer-Rao 下限来算出这个估计量的方差。

4. 假设收入 y 服从 Pareto 分布：$f(y)=\alpha y^{-(\alpha+1)}$，$1\leqslant y$，其中 $\alpha>1$。你的样本大小为 N，从收入大于或等于 9 000 美元的总体中得到。

(a) α 的 MLE 是多少？提示：密度函数必须调整。

(b) α 的 MLE 的方差是多少？

(c) 假设你相信你得到的观测值的 Pareto 分布的均值受到一个变量 w 的线性影响。给定和每一个 x 观测值对应的 w 观测值，说明你将怎样估计这个线性关系的参数。提示：找到这个 Pareto 分布的均值。

5. 假设你有 100 个观测值，取自一个收入的总体，且这个总体服从 Pareto 分布 $f(y)=\alpha y^{-(\alpha+1)}$，其中 $y\geqslant 1$ 和 $\alpha\geqslant 1$，但是你的样本实际上是为了收入大于或等于 9 000 美元而抽取的，也就是说你的观测值是从截尾分布中得到的。你的收入观测值的自然对数的平均值是 9.62，并且 $\ln 9\,000=9.10$。

(a) α 的 MLE 是多少？

(b) 检验假设：$\alpha=2$，备择假设是 $\alpha<2$。

6. 考虑下面这个泊松分布：

$$f(n)=e^{-\lambda}\lambda^n/n!$$

其中 n 表示一个油井漏油栅的数量，并且你有 N 口井的观测数据。遗憾的是，你没有关于那些没有漏油栅的油井的数据。你应该最大化什么样的似然函数以算出 λ 的 MLE？

7. 假设 x 的 N 个观测值从泊松分布中随机抽取。其中泊松分布为：$f(x)=\lambda^x e^{-\lambda}/(x!)$。均值和方差都等于 λ。

（a）求出 λ 的 MLE。

（b）通过找到 Cramer-Rao 下限来求出这个 MLE 的渐近方差。

8. 假设 $y=\alpha+\beta x+\varepsilon$，其中 ε 都是独立同分布的，服从双指数分布概率密度函数为 $f(\varepsilon)=[2\theta e^{|\varepsilon/\theta|}]^{-1}$。证明 α 和 β 的 MLE 来自最小化误差的绝对值之和，而不是最小化误差的平方和。

9. 假设 x 是一个随机变量，其概率密度函数为 $f(x)=\lambda x^{\lambda-1}, 0 \leqslant x \leqslant 1$，在其他情况下 $x=0$，其中 λ 是正数。假设我们得到的样本大小为 N，记为 x_1，x_2，$\cdots$，x_N。

（a）求出 x 的期望值，记为 μ，求出 x 的方差 $V(x)$。

（b）求出 λ 的 MLE，记为 λ^{MLE}。

（c）根据非线性函数的 MLE 就是 MLE 的非线性函数，求出 μ 的 MLE，记为 μ^{MLE}。

（d）通过 Cramer-Rao 下限找出 λ^{MLE} 的渐近方差。

（e）求出 μ^{MLE} 的渐近方差。

（f）求出样本均值的期望值和方差。

（g）样本均值和 μ^{MLE}，哪一个有更小的渐近方差？

（h）样本均值和 μ^{MLE} 这两个估计量，你更喜欢哪一个？为什么？

10. 假设 x 和 y 都是随机变量，取值只有 0 或 1，概率分布定义为：

$$p(x=1)=\alpha$$
$$p(y=1|x)=e^{\beta x}/(1+e^{\beta x})$$

（a）给定一个样本大小为 N 的 (y, x) 的随机样本，求出 α、β 的 MLE。

（b）假设在你的样本中，所有 $x=1$，有一半的 $y=1$。那么你对概率 $\text{prob}(y=1 \mid x=1)$ 的估计是多少？

11. 某人在你看不见的地方转动一个圆盘，在回答"你是否逃税"这个问题时，如果这个轮盘停留在蓝色的前面，他的答案是"是"或"否"；如果它在绿色前面停下，他的答案就是"是"；如果在红色前面停下，他的答案就是"否"。

（a）说明你将怎样估计一个人逃税的概率。

（b）假设你知道收入水平，并且相信逃税的概率是性别和收入水平的函数。说明你将怎样估计这个关系式的系数。

*12. 假设我们有 N-方程的联立方程模型 $Y\Gamma+XB=E$，其中误差的同期协方差矩阵是 Φ。那么对于一个单独的时期，例如时期 t，我们有

$$f(\varepsilon_t)=(2\pi)^{-N/2}(\det\Phi)^{-1/2}\exp\{-\varepsilon_t'\Phi^{-1}\varepsilon_t/2\}$$

其中 ε_t 是用向量表示的 E 的第 t 行。那么对于整个样本大小为 T 的样本，需要什么对数似然来计算 FIML？提示：表达式 $\varepsilon_t=\Gamma'y_t+B'x_t$，其中 y_t 和 x_t 表示用向量表示的 Y 和 X 的第 t 行。不要忘记雅克比！

13. 假设你希望估计

$$y^\delta = \alpha + \beta x + \varepsilon$$

其中 ε 服从正态分布 $N(0, \sigma^2)$。你会最大化什么对数似然函数来估计 α、β、δ、σ^2？

14. (a) 假设 $y = \alpha + \beta x + \varepsilon$ 和 $\varepsilon_t = \rho \varepsilon_{t-1} + u_t$，其中 u 独立同分布且服从 $N(0, \sigma^2)$。给定 x 和 y 的数据，似然函数是多少？提示：通过 Prais-Winsten 变换矩阵找出 y 和 u 之间的关系，然后利用变量替换理论（答案可以参考 Beach and MacKinnon (1978a, p. 52)）。

(b) 给定 x 和 y 的数据，求出似然函数 $(y^\lambda - 1)/\lambda = \alpha + \beta x + \varepsilon$（即博克斯-考克斯变换），其中 ε 独立同分布且服从 $N(0, \sigma^2)$。

(c) 假设 $(y^\lambda - 1)/\lambda = \alpha + \beta x + \varepsilon$ 以及 $\varepsilon_t = \rho \varepsilon_{t-1} + u$，其中 u 独立同分布且服从 $N(0, \sigma^2)$，给定 x 和 y 的数据，似然函数是多少？

(d) 在这个背景下，假设：（ⅰ）球形误差；（ⅱ）自相关误差，说明你将怎样检验是否为线性（所有问题的答案可以参考 Savin and White (1978, p. 1)）。

15. 根据 Hausman，Hall 和 Griliches (1984，p. 909) 的说法，假设泊松分布反映出每年获得专利权的分布，所以如果 P 表示获得专利权的数目，那么 $f(P) = \theta^P e^{-\theta}/(P!)$。

*(a) 证明 $E(P) = \theta$。

(b) 假设你相信 $E(P) = \exp(\alpha + \beta x)$，其中 x 表示 R&D 的支出。给定关于 P 和 x 的 N 个观测值，找出合适的对数似然函数来计算 α 和 β 的 MLE。

U 贝叶斯：一般性问题

1. 假设后验分布均值 β^* 就是 β 的点估计。这个估计通过一个公式来计算，该公式概念上可以由重复样本来重复计算，因此 β^* 的重复的样本性质可以被检查到，即使它可从贝叶斯分析中得到。对于 CNLR 模型，分别在大样本、小样本的情况下，对具备信息的先验对比 β^* 的样本分布性质和 β^{OLS} 的样本分布性质。

2. 假设你的后验分布的参数 β 在 $0 \leqslant \beta \leqslant 2$ 时与 β 成比例*，其他情况下等于 0。给定损失函数 $(\beta - \beta^*)^2$，β^* 的点估计是多少？

3. 关于 β 的后验分布给定为 2β，其中 $0 \leqslant \beta \leqslant 1$。令 β^* 表示 β 的一个估计，假设如果 β^* 小于 β，你的损失函数是 $(\beta - \beta^*)$，其他情况下损失函数为 $2(\beta^* - \beta)$。那么贝叶斯点估计是多少？解释你的计算。

4. 考虑 CNLR 模型 $y = \beta x + \varepsilon$。对于 β 的均匀先验，后验分布看上去和似然方程完全一样，所以 β 的传统估计和贝叶斯点估计是一样的（使用后验分布的均值作为贝叶斯点估计）。现在假设 β 满足不等式约束：$\beta \geqslant 3$。

---

* 疑有误。——译者注

（a）现在我们要引用的逻辑先验是什么？

（b）这里的后验分布是什么？

（c）说明传统的点估计和贝叶斯点估计之间的区别，特别是在似然函数的峰值对应 β 值小于 3 时。

（d）通过贝叶斯点估计将怎样计算不等式约束条件为正确的概率？（答案参考 Geweke（1986, p. 127。）

5. 假设如果 $\beta \leqslant 1$，一个公司承担一个风险的净成本是 1 800 美元；如果 $\beta > 1$，其净利润就是 Q 美元。你有大量的数据，其中 CNLR 模型可以应用，并且你得到 $\beta^{\text{OLS}}=2.28$，估计方差为 $V^*(\beta^{\text{OLS}})=1.0$。

（a）传统的统计量在 5% 的显著水平上会拒绝假设 $\beta=1$ 而接受备择假设 $\beta>1$ 吗？这是否有什么风险？

（b）假设忽略先验，试表达一个贝叶斯统计量的后验分布。

（c）在已知接受假设 $\beta>1$ 的情况下，贝叶斯的后验几率是多少？

（d）Q 需要多小才能够使贝叶斯产生和古典统计量相同的结果？

6. 假设 CNLR 模型适用于 $y=\beta x+\varepsilon$，其中已知 ε 的方差等于 13。一个针对你的数据的贝叶斯分析产生了 β 的后验分布，这个分布是一个均值等于 6、方差等于 4 的正态分布。你对于在 $x=3$ 时预测 y 值很感兴趣。

（a）说明这里的 y 值的"预测密度"是什么。

（b）这个 y 值大于 25 的概率是多少？

7. 假设对于 $y=\alpha+\beta x+\varepsilon$ 你有从第 1 期到第 T 期的数据。假设 $y_T>y_{T-1}$，给定 x_{T+1}，说明贝叶斯方法怎样估计在 $T+1$ 期出现转折点的概率，即 $y_{T+1}<y_T$。

8. 假设 x 服从泊松分布，所以 $f(x)=e^{-\lambda}\lambda^x(x!)^{-1}$，并且你有大小为 7 的一个随机样本，且有 $\sum x=35$。

（a）λ^{MLE} 是多少？

（b）λ^{MLE} 的方差估计是多少？

（c）假设你是一个贝叶斯主义者，其伽玛先验为 $f(\lambda)\propto\lambda^{\alpha-1}e^{-\beta\lambda}$，其中 $\alpha=4.2$，$\beta=0.7$，于是这个先验的均值为 $\alpha/\beta=6$，那么你对 λ 的贝叶斯点估计是多少？假设是一个二次损失函数。

9. 参数为 α 和 β 的贝塔分布 $f(x)\propto x^{\alpha-1}(1-x)^{\beta-1}$，其均值为 $\alpha/(\alpha+\beta)$，方差为 $\alpha\beta(\alpha+\beta)^{-2}(\alpha+\beta+1)^{-1}$。它是二项式似然的共轭先验，这样就可以作为生产线上残次品的比例 θ 的估计。假设你的先验是一个贝塔分布，参数分别为 $\alpha=1.5$，$\beta=4.5$。并且你有 100 个观测值，里面有 5 个是残次品。如果你的损失函数是 $(\theta-\theta^*)^2$，那么你对 θ^* 的点估计是多少？

10. 假设你正在估计参数 β，并且计划使用 β 的后验分布的均值作为点估计。你已经计算出了在冗余参数 $\theta=100+264/\theta$ 的条件下后验分布的均值。而 θ 的边际分布是离散的，取值分别是 1、2 和 3；对应的概率分别是 0.2、0.4 和 0.4。

（a）θ 的期望值是多少？

（b）你对 β 的点估计是多少？

11. 假设 CNLR 模型能够应用，并且使用非常大的一个样本，你做了利率对一些解释变量的回归。在知道了这些解释变量下个月的值以后，你使用回归结果预测下个月的利率为 6.4，标准差为 0.1。上个月的利率为 6.3%。一个朋友要在你预测的基础上考虑大量投资，并且特别担心这个利率是否会在下一个月中上升或者下降。她是一个风险中性的人，所以使用了复杂的规避方法，这使得如果利率下降，她能够得到 20 000 美元，但是如果利率上升，她只损失 5 000 美元。另外，如果她购买一个担保投资证书，她会挣得 2 000 美元。你对此有什么建议？说明原因。

12. 假设你是贝叶斯主义者，并且你的后验分布是

$$\text{prob}(\theta) \propto 1 + 2\theta + 3\theta^2, \quad 0 \leqslant \theta \leqslant 2; \text{其他情况下为 } 0$$

你的顾客的损失函数是 $3 + 4(\theta^2 + \theta^{*2}) - 8\theta\theta^*$，其中 θ^* 表示 θ 的点估计。那么你会给你的顾客提供一个什么样的 θ 点估计？

13. 假设你要猜罐子中的钱数，猜对的赢得这些钱。你的（对称）后验分布由下表给出，其他所有概率都为零。那么你猜多少？提示：不是 50！

数量	42	43	44	45	46	47	48	49	50
概率（%）	4.00	4.50	5.00	6.00	6.50	6.70	6.85	6.95	7.00
数量	58	57	56	55	54	53	52	51	

14. 假设你要猜金砖的重量来赢得这块金砖。金砖当前价值 500 美元 1 盎司。你的后验分布是正态分布，均值为 100 盎司，方差为 101。那么你猜多少？

V 贝叶斯：先验

1. 由公式 $f(x) \propto x^{\theta-1}(1-x)^{\phi-1}$ 给出的贝塔分布是一种经常使用的先验分布，其中 $0 \leqslant x \leqslant 1$。它的均值是 $\theta/(\theta+\phi)$，方差是 $\theta\phi(\theta+\phi)^{-2}(\theta+\phi+1)^{-1}$。考虑估计一个柯布-道格拉斯生产函数 $\ln y = \ln A + \alpha \ln L + \beta \ln K + \varepsilon = \ln A + \alpha(\ln L - \ln K) + \eta \ln K + \varepsilon$，其中 $\eta = \alpha + \beta$ 表示规模收益参数。关于 (α, η) 的一个先验分布是 $p(\alpha, \eta) = g_1(\alpha|\eta)g_2(\eta)$，其中：

$$g_1(\alpha|\eta) \propto (\alpha/\eta)^{3.2}(1-\alpha/\eta)^{0.05}, \quad 0 < \alpha/\eta < 1$$
$$g_1(\eta) \propto \eta^{3.5}(2-\eta)^{0.5}, \quad 0 < \eta < 2$$

(a) g_1 的均值和方差是多少？提示：g_1 是 α 的函数；η 是个固定的常数。所以你的答案中不应当包括 η。

(b) g_2 的均值和方差是多少？

(c) 用文字说明这个先验分布的合理性。

答案可以参考 Zellner and Richard（1973，p. 112）。

2. 假设你的冰淇淋商店在开张之前，你调查了 45 个人，发现其中的 15 人喜欢软冰淇淋，30 人喜欢硬冰淇淋。

(a) 如果 θ 表示消费者会购买软冰淇淋的概率，那么 θ 的最大似然估计是多少？

(b) 使用均匀先验分布，θ 的后验分布是什么？

(c) 这个分布的均值是多少？提示：贝塔分布由公式 $f(x) \propto x^{\theta-1}(1-x)^{\phi-1}$ 给出，其均值是 $\theta/(\theta+\phi)$。

(d) 如果要求后验分布的均值和最大似然估计相等，那么我们需要一个什么样的先验分布？

(e) 从 Jeffrey 规则中我们得到的先验结果是多少？（先验和信息矩阵的行列式的平方根成比例。）

(f) 假设你忽略的先验就是（d）问中的先验，如果在你的第一周营业中，200 个顾客中有 75 名购买了软冰淇淋，那么更新后的后验分布的均值是多少？

3. 假设一个参数能够表示部分但不是全部的实际值，但是这个系数存在一个变换，这个变换能够表示全部的实际值。一个均匀先验分布可以作为该变换的忽略先验，并且变量替换理论可以用来找到原参数对应的忽略先验分布。使用这个方法找到下面这些变量的忽略先验：

(a) σ，其中 $0 \leqslant \sigma$，变换为 $\ln\sigma$；

(b) θ，其中 $0 \leqslant \theta \leqslant 1$，变换为 $\ln[\theta/(1-\theta)]$；

(c) ρ，其中 $-1 \leqslant \rho \leqslant 1$，变换为 $\ln[\rho^2/(1-\rho^2)]$。

4. 假设 x 服从泊松分布，即 $f(x)=e^{-\lambda}\lambda^x(x!)^{-1}$，你有一个大小为 7 的随机样本，且有 $\sum x=35$。

(a) 通过使用 Jeffrey 规则求出这个问题中的 λ 的忽略先验分布（先验和信息矩阵的行列的平方根成比例）。

(b) 如果要求后验分布的均值和最大似然估计相等，我们需要一个什么样的忽略先验分布？提示：先看下面的（c）问。

(c) 假设 λ 的先验分布形式就是伽玛分布：prior $(\lambda) \propto \lambda^{\alpha-1}e^{-\beta\lambda}$，其中 $\alpha=4.2$，$\beta=0.7$，所以先验的均值就是 $\alpha/\beta=6$，方差 $\alpha/\beta^2=8.6$。这里的后验分布采用了什么形式？这告诉了你有关先验分布的什么内容？

(d) 后验分布的均值和方差是多少？和你对（b）问的回答做比较，它们的变化方向正确吗？给出解释。

5. 假设 $-1 \leqslant \rho \leqslant 1$，所以 $0 \leqslant \rho^2 \leqslant 1$。这样一个可能的关于 ρ^2 的忽略先验就是贝塔分布，参数分别是 $1/2$ 和 $1/2$。这暗示着 ρ 的忽略先验是多少？

6. 假设方程 $f(x)=\theta e^{-\theta x}$，其中 x 和 θ 都是正数，你的先验分布是 $p(\theta)=\theta^{\alpha-1}e^{-\beta\theta}$，其中均值是 α/β，α 和 β 都非负。那么：

(a) 给定 N 个关于 x 的随机观测值，使用二次损失函数得到的 θ 的贝叶斯估计是多少？

(b) α 和 β 取什么值时可以使得 MLE 成为贝叶斯估计？

(c) 这道题中的 Jeffrey 先验是多少（先验和信息矩阵的行列式的平方根成比例）？

W 假设检验：蒙特卡洛

1. 假设你已经编写好了一个电脑程序，它将执行下述任务：

(a) 从 2~8 之间的均匀分布中抽取 20 个 x 值。

(b) 从一个均值为 12、方差为 2 的正态分布中，抽取 20 个 z 值。

(c) 从标准正态分布中抽取 20 个 e 值。

(d) 根据公式 $y=2+3x+4z+5e$，再构造 20 个 y 值。

(e) 做 y 对 x 和 z 的回归，并且得到 z 的系数估计 bz 和 z 标准差的估计 $sebz$。

(f) 从 bz 中减去 4，然后除以其标准差 $sebz$，把得到的数记为 $w1$。

(g) 从（c）开始重复上述步骤，直到产生了 5 000 个 w 值，得到 $w1$~$w5\,000$这样一个序列。

(h) 将这 5 000 个 w 值按照从小到大的顺序排列。

请问你对于这 5 000 个 w 值中第 4 750 个值的最优估计是多少？并且给出你的解释。

2. 假设你已经编写好了一个电脑程序，它将执行下述任务：

(a) 从 2~22 之间的均匀分布中抽取 50 个 x 值。

(b) 产生 50 个满足标准正态分布的 e 值。

(c) 根据公式 $y=2+3x+4e$ 创建 50 个 y 值。

(d) 做 y 对 x 的回归，得到残差的平方和，记为 $SSE1$。

(e) 做 y 对 x 的前 20 个值的回归，得到残差的平方和，记为 $SSE2$。

(f) 做 y 对 x 的后 30 个值的回归，得到残差的平方和，记为 $SSE3$。

(g) 把 $SSE2$ 和 $SSE3$ 相加得到 $SSE4$。

(h) 计算 $w1=(SSE1-SSE4)/SSE4$。

(i) 从第（b）步开始重复上述程序，直到产生 3 000 个 w 值，$w1$~$w3\,000$。

(j) 将这 3 000 个 w 值从小到大排列。

请问你对这 3 000 个排列好的 w 值中第 2 970 个值的最优估计是多少？给出你的解释。

3. 假设你已经编写好了一个电脑程序，它将执行下述任务：

(a) 从一个标准正态分布中抽取 6 个 x 值。

(b) 将这 6 个 x 值取平方，然后分别计算前 3 个平方值的和（记为 w）以及后 3 个平方值的和（记为 y）。

(c) 计算 w 对 y 的比率，记为 $r1$。

(d) 重复上述所有步骤，直到产生了 2 000 个 r 值，得到 $r1$~$r2\,000$。

(e) 将这 2 000 个 r 值从小到大排列。

请问你对这排列好的 2 000 个 r 值中第 20 个值的最优估计是多少？给出你的解释。

4. 假设你已经编写好了一个电脑程序，它将执行下述任务：

(a) 从一个标准正态分布中抽取 8 个 x 值。

(b) 计算这 8 个 x 值的平方和，记为 $w1$。

(c) 重复上述所有过程，直到产生 3 000 个 w 值，得到 $w1 \sim w3\,000$ 的一个序列。

(d) 计算出这 3 000 个 w 值的均值 A 和方差 V。

(e) 将上面 3 000 个 w 值从小到大排列。

(f) 计算出上述排列好的 3 000 个 w 值中第 2 850 个值，记为 AA。

请问你对 A、V 以及 AA 的最优估计是多少？

5. 假设货币需求函数满足经典标准线性回归模型 $m = \theta + \beta y + \delta r + \varepsilon$，并且你有 25 个收入 y 的观测数据和 25 个名义利率 r 的观测数据，且 y 和 r 在数据中是负相关的。你做了 m 对 y 的回归（错误地忽略了 r），并且在 $\alpha = 5\%$ 的显著水平上使用 t 检验来检验零假设 $\beta = 1$，备择假设 $\beta > 1$。

（a）请具体说明怎样创建一个蒙特卡洛实验来找出这个 t 检验的第一类错误。

（b）你预期会得到怎样的结果？请给出解释。

6. 假设你已经编写好了一个电脑程序，它将执行下述任务：

（a）从 4 ~ 44 之间的均匀分布中抽取 25 个 x 值。

（b）令 $ctr = 0$。

（c）从 0 ~ 10 之间的均匀分布中抽取 25 个 e 值。

（d）根据方程 $y = 3 + 2x + e$，计算出 25 个 y 值。

（e）做 y 对 x 的回归，并且记这个回归截距项的估计值为 int，斜率的估计值记为 b，b 的标准差记为 se，回归的残差向量为 res。

（f）计算 $t^{\#} = (b-2)/se$，存储这个数据。

（g）现在再重新产生 25 个 y 值，满足方程 $y = int + 2x + 1.087be$，其中 be 是从 res 向量的分量中随机产生的。

（h）做 y 对 x 的回归，计算 $bt1 = (b-2)/se$，其中 b 是新回归方程中的斜率系数估计，se 是标准差。

（i）从第（g）步开始重复上述步骤，直到产生 1 000 个 bt 的值。

（j）将这 1 000 个 bt 的值按照从小到大的顺序排列。

（k）如果 $t^{\#}$ 比排列好的 1 000 个 bt 值中的第 950 个大，那么 $ctr + 1$。

（l）从第（c）步开始重复上述步骤，直到产生 3 000 个 $t^{\#}$。

（m）让 ctr 除以某一个数，并且和某一个数进行比较……

请你分析上述程序，判断其设计的目的是什么，并且完成第（m）步，回答"某一个"是指什么。

7. 假设你用 30 个观测值做回归，并得到结果 $y = 2 + 3x + 4z + res$。你希望做一个假设检验，即 z 变量的斜率系数为 5，但是由于你怀疑这个回归方程的残差项不满足正态分布的假定，所以你决定采用下面的自举法来检验：

（i）根据方程 $y = 2 + 3x + 5z + e$，产生 30 个 y 值，其中 e 是从原回归方程的 res 中抽取出来的。

（ii）做 y 对 x 和 z 的回归，并且保存 z 的斜率系数估计值。

（ⅲ）重复步骤（a），直到产生 1 000 个 z 的斜率估计值。

（a）请回答你将怎样使用这些结果来完成你想要做的检验。

（b）同事告诉你应该通过自举统计量来完成检验，因为这很关键。解释这应当如何进行。

8. 假设将 CNLR 模型应用到方程 $y=\alpha+\beta x+\theta z+\delta p+\varepsilon$，其中 x、z 和 p 的数据并不是互相正交的。研究者 A 无意地忽略了变量 p，并且做了一个渐近的 t 检验来检测零假设：$\beta(1-\theta)=1$。

（a）请具体说明怎样创建一个蒙特卡洛实验来考察研究者 A 的检验的第一类错误。

（b）你期望得到怎样的结果？

（c）你认为这些结果和相同假设下的 Wald 检验的第一类错误有什么区别？给出你的解释。

9. 考虑回归软件包所给出的关于每个系数估计的 t 统计量。请你给出具体说明，你将采用一个怎样的蒙特卡洛实验来证明这个给出的 t 统计量在零假设为真的条件下确实服从 t 分布。

10. 某一个检验的效力就是用 1 减去犯第二类错误的概率，其势曲线刻画出了这个数值是如何变化的，这种变化取决于零假设在多大程度上是不成立的。假设 $y=\alpha+\beta x+\varepsilon$，并且你计划用传统的 t 统计量来检验零假设 $\beta=1.0$。请你具体说明你将怎样设计一个蒙特卡洛实验来为这个统计量绘制一个大致的势曲线。其中假设你和电脑程序都不知道统计表。

11. 假设你刚好完成了一个蒙特卡洛试验，在这个试验中你根据 CNLR 模型 $y=\alpha+\beta x+\varepsilon$ 产生了数据，其中样本大小为 25，并且你一共做了 2 000 次回归，产生了 2 000 个关于 β 的估计量（记这些估计量为 β^*，而且你已经令 $\beta=3$ 来完成这次蒙特卡洛试验），同时还产生了 2 000 个 β 估计量的方差估计，把它们记为 V^*。现在假设你把每一个 β^* 分别减去 3，然后求平方，再把这个平方结果除以其相应的方差 V^*。这样又得到 2 000 个新的数据，用计算机把这 2 000 个新的数据按照从小到大的顺序排列，请问你对排列好的 2 000 个新数据中第 1 900 个值的估计是多少？给出你的解释。

12. 请解释你将会怎样设计一个蒙特卡洛试验来刻画预检验估计量的风险函数，这个预检验针对的是一个等于零的系数。

13. 假设回归方程为 $y=\alpha+\beta x+\varepsilon$，其中 ε 满足 $-1\sim1$ 之间的均匀分布。

（a）请问如何设计蒙特卡洛试验并使用统计表中 5% 的临界值来估计 $\beta=1$ 的 t 检验的第一类错误。

（b）请具体解释你将怎样（在 1% 的显著水平上）检验下面的假设：你所进行的检验的第一类错误的概率显著异于 5%。

14. 假设在关系式 $y=\beta_0+\beta_1 x+\beta_2 w+\varepsilon$ 中，你计划考察采用 LM 或者 W 统计量来检验零假设 $\beta_1=\beta_2^{-1}$ 时各自的优点。尽管两种统计量都渐近地满足 χ^2 分布（有一个自由度），然而在小样本中，这只能近似成立，因此在小样本的条件下，一种检验会比另一种检验相对好一些。

（a）这个例子中哪种检验的计算量会小一些？说明原因。

（b）决定上述两种检验中哪一种相对好一些的一个准则是：在一个显著水平上，例如 5％ 的显著水平上，这个检验从 χ^2 分布表中查到的适当的临界值在多大程度上就是正确的临界值。请简要说明你将怎样设计一个蒙特卡洛试验来检验这个问题。（你不需要说明这些统计量是怎样计算出来的。）

（c）你又将怎样估算（b）中提到的"正确"的临界值呢？（这些被称作经验决定的临界值。）

（d）另一个相关的标准叫做相对效力（relative power）。请简要说明你将怎样设计一个蒙特卡洛试验来计算这两种检验的相对效力。

（e）请说明如果你在（d）中不引入经验决定的临界值，那么将会产生怎样的误导后果。

X 假设检验：基本原理

1. 通过使用初始样本数据，建立一个假设检验：某个城市人均收入等于 10 000 美元，备择假设是这个城市的人均收入超过 10 000 美元。这个假设在 5％ 的显著水平上被拒绝。假设你采用另一个样本数据，样本大小和初始样本大小一样。那么你猜测在多大概率上这个假设仍然会被拒绝？

2. 对于下面各种情况，你更有信心拒绝的假设检验是哪个？或者都一样？

（a）零假设在 5％ 的显著水平上被拒绝，样本大小为 20。

（b）零假设在 5％ 的显著水平上被拒绝，样本大小为 100。

3. 在一个样本规模为 15 的模型中，研究者 A 得到一个 t 值为 2.2（其中 t 的 5％ 的临界值为 2.1）。研究者 B 用 15 个新的个体重复了 A 的实验，得到一个 t 值为 1.7。单尾的 t 的 5％ 的临界值为 1.75。于是研究者 B 宣称研究者 A 的结果是不可复制的，因此他的结论不能被接受。你同意这个观点吗？请给出解释。（本题答案参见 Busche and Kennedy（1984）。）

4. 最小二乘法斜率的假设检验是建立在 t 分布的基础上的，这要求样本 β^{OLS} 的取样分布满足正态分布。这是正确的、错误的还是不确定的？请给出解释。

5. 现在要做一个回归，这个回归使用了 2 000 个家庭的横截面数据。回归结果显示 F 统计量非常显著，并且所有的 t 值也都非常高。然而，R^2 却只有 0.15。这是怎么回事？请给出你的解释。

6. 一个随机样本大小为 4，它是从方差为 9、均值 μ 为 25 或者 30 的一个正态分布样本 x 中抽取出来的。画出一个直方图，在零假设 $\mu = 25$ 和备择假设 $\mu = 30$ 的前提下，显示随机样本的均值 $\bar{x}$ 的分布。

（a）考虑下面这个检验程序：如果 $\bar{x} < 27.5$，那么我们就接受零假设 H_0。这个检验方法背后的逻辑是什么？

（b）这种检验犯第一类错误和犯第二类错误的概率大概是多少？

（c）用你的直方图说明，当随机样本规模扩大的时候，上述第一类错误和第二类错误的概率将会怎样变化？

（d）如果采用传统的假设检验方法，当随机样本规模扩大时，你对（c）问的回答将会发生什么变化？

（e）上述问题能够说明什么问题？你受到了什么启发？

7. 随着样本规模的增加，t 值将会不断增加，这个论断正确、错误还是不确定？请给出你的解释。

*8. 假设你正在做一个模型设定，方程为 $y = \alpha + \beta x + \varepsilon$。你的一个朋友建议做一个统计检验，给出的形式为：$r = (1/N) \sum x_i(e_i^2 - s^2)$。其中 e 表示最小二乘法回归的残差。

（a）你认为这个统计检验的目的是检验什么？

（b）这个统计检验应该赋予一个什么样的称呼？

9. F 检验属于单尾检验还是双尾检验？请给出解释。

10. 假设你拥有一个货币需求函数的季度数据，并且你怀疑最后两个季度的数据来自另一个货币需求函数。检验这种怀疑的一个方法就是创造一个观测值特定的虚拟变量，这个虚拟变量用来分别考察最后两个季度的数据，并且用它们产生预测误差。然后运用计量软件里面的命令来画出一个置信区间，使你能够通过直接观察来检验联合假设：预测误差没有显著地异于 0。

（a）你将在置信区间中寻找什么来完成你的检验？

（b）除了画出置信区间，你将采用一个什么统计方法来使得这个检验变得正规化？

11. 随着样本规模的扩大，第一类错误和第二类错误将会怎样变化？

Y 假设检验：模型有效性

1. 假设 $y = \alpha + \beta x + \varepsilon$ 满足经典线性回归（CNLR）的假定，并且你将要检验假设 $\beta = 1$。如果残差 ε 的方差变大，那么在其他条件不变的情况下，你的假设检验的有效性会增加。这个论断正确、错误还是不确定？请给出解释。

2. 当显著水平（犯第一类错误的概率）从 5% 增加到 10% 时，单尾检验的有效性将会怎样变化？请给出解释。提示：使用直方图来观察。

3. 假设 x 服从 5～θ 之间的均匀分布，你想通过 x 的单一观测值来检验假设 $H_0: \theta = 10$，备择假设：$H_a: \theta = 25$。如果你选定 $x \geqslant 9.5$ 作为你的拒绝域，那么你将选取的样本规模以及这个检验的有效性是多少？提示：使用直方图观察。

4. 假设 CNLR 模型应用于 $y = \alpha + \beta x + \varepsilon$，且满足 $\sigma^2 = 40$。在样本规模为 10 的情况下，产生如下结果：$\sum x = 20$ 和 $\sum x^2 = 50$。你计划做一个假设检验：在显著水平为 5% 的情况下，$H_0: \beta = 1$，备择假设 $H_a: \beta > 1$。如果 β 的真实值为 4.0，那么你正确地拒绝零假设的概率是多少？

5. 一个样本规模为 64 的随机样本将被用来检验如下零假设：正态样本的均值为 40（方差为 256）。备择假设为正态样本的均值大于 40。假设当且仅当样本

的均值大于 43 时，拒绝零假设。那么，

（a）求出犯第一类错误的概率。

（b）通过找出模型在真实均值为 41、43、45 和 47 时检验的有效性，画出有效性曲线。

6. 假设应用经典正态线性回归模型，选取 200 个样本。你做了这个模型的回归，估计出这个模型的斜率系数为 0.1，其 t 值为 2。如果这个斜率系数的真实值为 0.06，请说明你将怎样通过统计表来检验你做的这个 t 检验的有效性（在 5% 的显著水平上）？其中你的 t 检验用来检验零假设：斜率系数为 0，备择假设：斜率系数大于 0。

Z 假设检验：例子

1. 评价下面这段针对检验假设 $E(\varepsilon)=0$ 的建议："由于最小二乘法回归的残差是最优线性无偏估计量（BLUE），残差的平均值将会是一个很好的关于偏差的期望值的估计量。所以，在完成了最小二乘回归以后，计算残差的平均值，如果这个平均值显著异于 0，那么拒绝零假设 $E(\varepsilon)=0$。"

2. 假设全样本回归方程被设定为：$C=\beta_0+\beta_1 Y+\beta_2 A+\beta_3 YA+\varepsilon$。其中 C 表示消费，Y 表示收入，A 表示年龄。请解释你将会怎样检验假设：边际消费倾向和年龄无关。

3. 假设我们完成了下面两个回归：

$$y^* = \alpha_0^* + \alpha_1^* x + \alpha_2^* (r-p)$$
$$y^* = \beta_0^* + \beta_1^* x + \beta_2^* r + \beta_3^* p$$

其中 y 表示贷款，x 表示销售额，r 表示名义利率，p 表示期望的通货膨胀的一个度量。方程中的星号表示估计值。假设你确定借款人是根据真实利率来作出反应的，而不是根据构成真实利率的元素的各自的影响来作出反应的。

（a）上面的两个模型中，哪一种会有更高的 R^2？或者两个模型的 R^2 一样高？请给出解释。

（b）对于真实利率的影响的估计量你更加倾向于选择哪一个？α_2^*、β_2^* 还是 $-\beta_3^*$？或者你认为这三个估计量无差异？请说明原因。

（c）你将怎样通过上述两个回归模型的结果来检验假设：借款人仅关心真实利率，而不单独关心构成真实利率的元素？请使用 t 检验。

（d）使用 F 检验完成（c）中的问题。

4. 假设你相信模型 $y=\beta_0+\beta_1 x+\varepsilon$ 满足 CNLR 假定，但是你怀疑 x 对 y 的影响受到另外一个解释变量的影响。记这个解释变量为 w。请说明你将怎样检验这个怀疑。

5. 假设你正在估计成本函数：$\ln C=\beta_0+\beta_1 \ln Q+\beta_2 (\ln Q)^2+\varepsilon$。请说明你将怎样完成假设检验：成本 C 对产出 Q 的弹性为 1。请具体说明方法和过程。

6. 考虑超越对数（translog）产出函数：

$$\ln y = \beta_0 + \beta_1 \ln L + \beta_2 \ln K + \beta_3 \ln^2 L + \beta_4 \ln^2 K + \beta_5 \ln L \ln K + \varepsilon$$

（a）请你评价下面这段论述："得到一个 $\ln K$ 的负的系数估计值就会让这个生产函数的适用性受到怀疑，因为在理论上资本的产出弹性是大于 0 的。"

（b）针对柯布-道格拉斯方程，你将怎样完成这个产出函数形式的假设检验？

7. 考虑这样一个"超越生产函数"：$Y = AL^{\alpha} K^{\beta} e^{\theta L + \delta K}$。和柯布-道格拉斯方程相比，你将如何检验这个方程的形式？

8. 假设 $Y_t = \beta E_{t-1} M_t + \varepsilon_t$，其中 $E_{t-1} M_t$ 表示在 $t-1$ 期时，对 M_t 的理性预期。假设 M 由下面这个方程决定：

$$M_t = \theta_1 x_{t-1} + \theta_2 w_{t-1} + u_t$$

于是可以得到：$E_{t-1} M_t = \theta_1 x_{t-1} + \theta_2 w_{t-1}$。

假设我们对检验这个预期是否理性比较感兴趣，那么考虑下面这两个方程：

$$M_t = \theta_1 x_{t-1} + \theta_2 w_{t-1} + \mu_t$$
$$Y_t = \lambda_1 x_{t-1} + \lambda_2 w_{t-1} + v_t$$

（a）什么样的方程约束能够反映出预期是理性的这个假设？

（b）请具体解释你将怎样使用 Wald 检验来检验这个约束。请详细说明过程。（答案可以参见 Hoffman and Schmidt（1981，p.265）。）

9. 假设有如下模型 $y_t = \alpha + \beta_0 x_t + \beta_1 x_{t-1} + \beta_2 x_{t-2} + \beta_3 x_{t-3} + \beta_4 x_{t-4} + \varepsilon_t$。我们希望在假设这个模型是二阶多项式分布滞后的基础上估计这个模型，即 $\beta_i = \delta_0 + \delta_1 i + \delta_2 i^2$，其中，$i$ 表示滞后长度。请你说明怎样来检验这个假设：β_i 是二阶多项式。提示：构造一个标准的 F 检验，通过受约束的和不受约束的两种回归来计算。

10. 假设产出由柯布-道格拉斯函数 $Y = AK^{\alpha} L^{\beta} \varepsilon$ 给出，其中 K 表示资本，L 表示劳动投入。A、α、β 都是参数，ε 表示误差，服从对数正态分布，期望值为 1。

（a）ε 服从对数正态分布意味着什么？为什么我们希望它满足对数正态分布？为什么我们特别指出 ε 的均值是 1？

（b）请你证明检验规模报酬不变等价于证明 $\alpha + \beta = 1$。你将怎样完成这个假设检验？

11. 假设 CNLR 模型适用于 $y = \alpha + \beta x + \theta w + \varepsilon$，但是你拥有的数据覆盖了三个不同的时期。请说明你将怎样检验这样一个假设：β 和 θ（其中不包括 α）在三个不同的时期都保持不变？备择假设是 β 和 α 在三个时期中不一样。

12. 假设你估计了这样一个关系式：$\ln y_t = \beta_0 + \beta_1 \ln y_{t-1} + \beta_2 \ln x_t + \beta_3 \ln x_{t-1} + \varepsilon$。

（a）你将怎样完成假设检验：长期中（稳定状态）y 对于 x 的弹性不变？

（b）请说明你将怎样计算这个弹性的 90% 的置信区间？

13. 假设你有 45 个公司的平均成本 C 和总产出 Y 的观测数据。你做了一个 C 关于 Y 的线性回归，取得了很好的效果。然而你的朋友建议做一个关于函数形式的诊断。于是你决定做一个 RESET 检验，然后接着做一个彩虹检验。请说明你将怎样完成这两个检验。

14. 假设根据 200 个观测值估计了模型 A（有 8 个参数）和模型 B（有 10 个参数），得到最大化的似然函数值，分别为 -400 和 -390。

(a) 利用 AIC 准则应当选择哪个模型？

(b) 利用 BIC 准则应当选择哪个模型？

(c) 如果模型是嵌套的，那么在 5% 的显著水平上检验隐性限制，应当选择哪个模型？

15. 假设你想要检查下面两个函数形式的有效性：

(a) $\ln y = \alpha + \beta \ln x + \gamma \ln z + \varepsilon$

(b) $\ln y = \delta + \theta x + \eta \ln z + u$

说明你将怎样通过计量软件给出的博克斯-考克斯结果来检验这些设定。

16. 假设你要做一个线性回归方程，这个回归方程满足 CNLR 假定，除了方程的残差的方差在男性和女性之间不同之外。你想要通过邹检验来验证男性和女性数据的斜率系数是否一样，但是你的一个同学指出邹检验过程在这个情况下是无效的，因为方程本身存在异方差。她建议通过最大似然方法。请说明这个过程将怎样完成。答案可以参见 Pesaran, Smith and Yeo (1985)。

AA 假设检验：数值例子

1. 一个工资/价格方程有一个截距项和四个解释变量，在以下三种情况下进行估计：

(a) 没有实施收入政策的 39 个季度；

(b) 实施了收入政策的 37 个季度；

(c) 上面两种情况的数据结合在一起。

各自的残差的方差估计分别为：0.605、0.788 和 0.815。我们能否根据上面的结果得出结论：回归方程的参数在收入政策实施和收入政策不实施的两种情况下不发生改变？

2. 假设你有关于三个地区的收入 y 和电消费量 x 的横截面数据。你在每一个地区内分别做了 $\ln x$ 关于 $\ln y$ 的回归，并且在全样本的情况下，你得到如下结果（括号内表示系数的标准差）：

	d	SSE	N
地区 A	1.1 (0.05)	48	92
地区 B	0.90 (0.1)	35	82
地区 C	0.85 (0.08)	17	32
所有地区	0.88 (0.05)	112	206

其中 d 表示斜率系数的估计值。

(a) 检验（$\alpha = 0.05$）这个方程对于所有地区都是一样的。

（b）假设这些方程都是一样的，验证（$\alpha=0.05$）这个方程的弹性为1。

（c）假设在（a）和（b）中，你假设不同地区的回归方程的截距项是明显不同的（这样在（a）中你只需要验证所有方程的斜率系数都是一样的，在（b）中你只需要假设斜率系数都一样）。说明你将怎样回答（a）和（b）中的问题。

3. 假设关于方程 $y=\alpha+\beta x+\varepsilon$ 有24个观测值，方程满足CNLR假定。你希望检验假设：在第20个和第21个数据之间有一个结构变迁。这样，你做了三个回归，其中一个使用了所有数据（$SSE=130$），一个使用了前20个数据（$SSE=80$），最后一个使用了最后四个数据（$SSE=20$）。

（a）计算传统的邹检验的 F 统计量的值。

（b）计算仅当第二个时期观测值数量非常少的情况下，通常使用的邹检验的 F 统计量的值。

（c）说明你将怎样构造一个蒙特卡洛试验来验证哪一个 F 统计量更具有说服力。

4. 假设你在一个既不知道均值 m 也不知道方差 v 的正态分布中抽出了五个数据1、2、3、4、5。

（a）在5%的显著水平上检验零假设：$m=2$；备择假设：$m>2$。

（b）假设你被告知 $v=0.36$，你的假设检验的过程会改变吗？如果会改变，将怎样改变？如果不发生改变，为什么？

5. 假设经典正态线性回归模型应用于产出函数。我们做了产出的对数关于一个截距项、劳动力投入的对数以及资本投入的对数的回归。我们得到截距项的估计为6.0，劳动力投入的对数和资本投入的对数这两个变量的斜率系数估计分别为0.75和0.4。估计的协方差矩阵在每一个对角位置的数值都是0.015，对角位置旁边的数据都是0.005，其他位置都是0。在5%的显著水平上完成假设检验：这个产出函数的规模报酬不变，即两个斜率系数之和为1。说明你将怎样完成这样一个检验。

6. 假设 $y=\alpha+\beta x+\varepsilon$ 满足CLR，你对这个模型进行回归，得到结果 $\alpha=1$ 和 $\beta=2$，各自的方差估计值分别为3和2，α 和 β 之间的协方差估计值为-1，残差的方差的估计值为4。这时一个新的观测数据产生了：$x=3$ 时，$y=17$。计算一个 F 统计量来验证这个新的观测数据是否和先前的数据一致。提示：不要计算残差平方和。

7. 假设 $y=\beta_0+\beta_1 x+\beta_2 w+\varepsilon$，你已经得到回归的结果：$\beta_1^{OLS}=4.0$，$\beta_2^{OLS}=0.2$，方差估计值分别为2.0和0.06，协方差的估计值为0.05。你想进行假设检验：β_1 是 β_2 的倒数。请计算相关的统计量，并说明你的计算结果。提示：注意构造非线性约束的方式。

8. 假设 $y=\theta+\beta(x+\alpha)^{-1}+\varepsilon$，你拥有 x 的观测值：1、1/2、1/3 和 1/4，以及对应的 y 的观测值1、5、7 和7，则检验 $\alpha=0$ 的最大似然统计量是多少？（答案可以参见 Breusch and Pagan (1980，p. 243)。）提示：使用电脑完成最后一步。

9. 假设 $y=\alpha+\beta x+\varepsilon$，其中 $\varepsilon_t=\rho\varepsilon_{t-1}+u_t$。在 Durbin 两步法估计过程中，第一步估计方程为：

$$y_t = \alpha(1-\rho) + \beta x_t + \rho y_{t-1} - \rho\beta x_{t-1} + u_t$$

这个方程可以被重新写成如下形式：

$$y_t = \theta_0 + \theta_1 x_t + \theta_2 y_{t-1} + \theta_3 x_{t-1} + u_t$$

（a）在上面这个方程的回归中应该加入什么约束条件？请用关于 θ 的表达形式。

（b）假设你做了一个没有加入约束条件的回归，得到 θ_0、θ_1、θ_2 和 θ_3 的估计量分别为 8、3、0.5 和 -2。并且你得到了估计的协方差矩阵 V^*。那么你将使用什么公式来计算 Wald 统计量以检验这个约束条件？请用关于 V^* 的表达形式。

BB　检验统计量

1. CNLR 适用于模型 $y = X\beta + \varepsilon$，它有 N 个观测值和 K 个解释变量。可以证明 SSE/σ^2，也就是 OLS 回归的残差平方和除以残差的方差，服从自由度为 $N-K$ 的 χ^2 分布。已知 χ^2 分布的均值和方差分别是该分布的自由度和自由度的两倍。通过这些信息来求出式子 $s^2 = SSE/(N-K)$ 的期望值和方差。

2. 有一个服从正态分布的变量，其偏态为 0，峰度为 3。一种检验正态性的方法是考虑统计量：$N \times$ 偏态$^2/6 + N \times$（峰度-3）$^2/24$。这个统计量服从自由度为 2 的 χ^2 分布，其中 N 表示样本大小。请你说明这个统计量的逻辑是什么，并且演算出统计量中的 6 和 24 是怎样计算出来的。

3. 假设 CNLR 适用于模型 $y = X\beta + \varepsilon$，考虑统计量：

$$\theta = \left[(N-K-1)^{-1} \sum (e_t - \bar{e})^2\right]^{-1/2} (N-K)^{-1/2} \sum e_t$$

其中，N 表示样本大小，e_t 表示递归的残差，k 表示回归模型中解释变量的个数，求和符号从 $t = K+1$ 开始一直到 N。Harvey（1981，p. 156）指出，如果模型的形式正确，θ 满足自由度为 $N-K-1$ 的 t 分布，这个结论可以通过递归残差的性质立刻得出。

（a）说明这个统计量 θ 为什么满足 t 分布。

（b）在这一问题中，递归残差的性质有什么关键作用？

（c）如果模型用 OLS 回归的残差替换递归残差，这个统计量的检验还有作用吗？为什么？

4. 假设 CNLR 模型适用于方程 $y = X\beta + \varepsilon$，我们希望检验 J 随机约束：$E(r) = R\beta$ 或者 $r = R\beta + u$，其中 u 满足均值为 0、协方差矩阵为 Q 的正态分布。统计量：

$$(r - R\beta^{OLS})'[R(X'X)^{-1}R' + Q/s^2]^{-1}(r - R\beta^{OLS})/Js^2$$

在这里可以派上用场。请说明这个统计量的直观含义。提示：这个统计量被称为 Theil 的"兼容性"统计量。

5. 假设你希望通过邹检验来检验当模型从时间段 1 到时间段 2 变化时，整体参数向量是否变化。但是，作为零假设和备择假设的一部分，你希望允许模型的残差在不同时期具有不同的方差。于是统计量：

$$(\beta_1^{\text{OLS}} - \beta_2^{\text{OLS}})'\left[s_1^2(X_1'X_1)^{-1} + s_2^2(X_2'X_2)^{-1}\right]^{-1}(\beta_1^{\text{OLS}} - \beta_2^{\text{OLS}})$$

可以作为一种建议。请说明这个统计量的直观含义。

6. 假设 $y_t = g(x_t, \beta) + \varepsilon_t$，其中函数 g 代表一个非线性函数形式，并且 ε_t 满足正态分布。于是可以证明用来检验约束条件的 LM 统计量可写为：

$$\text{LM} = e'Z(Z'Z)^{-1}Z'e/(s^2)$$

其中，e 表示带约束条件的非线性最小二乘回归的残差向量，Z 表示一个矩阵，其每一列都包含 N 个数据，这些数据都是函数 g 对 β 的偏导。另外 s^2 就是 σ^2 的最大似然估计，可以由 SSE 除以样本大小 N 得到。假设函数 g 包括一个截距项，则：

（a）证明 $\text{LM} = NR^2$，其中 R^2 表示 e 对 Z 的回归的决定系数。

（b）为什么有必要设定 g 包括一个截距项？请给出说明。

7. 请回答：

（a）为得到假设 $\theta = \delta = 0$ 的最大似然检验的 NR^2，你将对方程 $y = \alpha + \beta x + \theta w + \delta z + \varepsilon$ 做怎样的回归？

（b）如果你希望通过使用 F 统计表而不是 χ^2 统计表来实施检验，你将怎样调整 NR^2 的数据？说明你的逻辑。

8. 假设有方程 $y = \alpha + \beta x + \varepsilon$，其中有 $\varepsilon_t = \rho \varepsilon_{t-1} + u_t$，则：

（a）如果你想做一个最大似然检验，零假设为 $\rho = 0$，那么你将对方程做怎样的回归来得到 NR^2？提示：忽略第一个 y 观测值，并且用残差项 u 来表示关系式。注意，衍生的其中一项数据就是 ε_{t-1} 的估计量。

（b）说明下面这段论述的逻辑基础：一阶自相关残差的最大似然检验归根结底就是检验通常的 $\hat{\rho} \neq 0$。

9. 假设方程 $y = \alpha + \beta x + \delta w + \varepsilon$ 满足经典正态线性回归的假定。说明怎样通过下述两种方法来检验假设：$\beta = \delta^2$。

（a）渐近的 t 检验。

（b）W 检验。

10. 假设我们在泊松分布 $f(x) = \lambda^x e^{-\lambda}/x!$ 中有 N 个观测值，那么对于零假设 $\lambda = \lambda_0$ 的检验，你构造的 LR、LM 以及 W 统计量分别是什么？提示：$E(x) = \lambda$。

11. 假设我们在指数分布 $f(x) = \theta e^{-\theta x}$ 中有 N 个观测值，证明对于假设 $\theta = \theta_0$ 的 W 检验和 LM 检验是一样的。

12. 假设将 CNLR 模型应用于方程 $y = \alpha + \beta x + \delta w + \varepsilon$，你希望检验 $\beta = 0$。

（a）证明 LR 就是样本大小乘以受约束的 SSE 与无约束的 SSE 的比值的对数。

（b）W 统计量和 t 统计量之间有什么关系？

（c）为了得到 NR^2 来计算 LM，你将做什么样的回归？

CC 假设检验：理论推导

1. 假设 x 服从正态分布，且均值为 μ，已知的方差为 σ^2。从 x 中随机选出 N 个观测值，一种通常的用来检验假设 $\mu=\mu_0$ 的方法就是用 $(\bar{x}-\mu_0)$ 除以它的标准差，创造一个标准正态分布。

（a）证明这个公式的得出是由于应用了 LR 检验。

（b）证明同样是这个公式，也可以用 Wald 检验进行解释。

（c）通过找出对数似然对均值 μ 的偏导，证明 LM 检验程序仍然可以导出上述公式。

*2. 假设 $Y=X\beta+\varepsilon$ 属于 CNLR 模型，我们希望检验 J 约束 $R\beta=r$ 的集合。进一步假设方差 σ^2 已知。证明在这种情况下 W、LR 和 LM 统计量都是一样的。可以通过下面的提示完成证明：

（a）LR 的形式可以通过 SSE_R 和 SSE_U 的表达形式来演算，然后根据正文中的公式：

$$SSE_R - SSE_U = \varepsilon'X(X'X)^{-1}[R(X'X)^{-1}R']^{-1}(X'X)^{-1}X'\varepsilon/\sigma^2$$

可以得到结果。

（b）利用 $z'V^{-1}z$ 来计算 W，其中 z 服从 $N(0, V)$，并且用 ε 来表达这个式子。

（c）应用这个公式计算 LM 可以检验拉格朗日乘子 $\lambda=0$（可以通过受约束的最大化过程得到 λ 的表达式，这个过程得到了 SSE_R）。或者直接使用 LM 的公式来计算（更加困难）。

*3. 假设 x_1 和 x_2 服从二元正态分布，均值为 0，方差为 1，协方差为 0。令 $w_1=x_1-x_2$，$w_2=x_1+x_2$。再令 $y_1=w_1^2/2$，$y_2=w_2^2/2$，并且令 $u=y_1/y_2$。通过使用一个矩阵公式来证明 u 的概率密度函数是自由度为 (1，1) 的 F 分布，即 $F(1, 1)$。

4. 假设 $Y=X\beta+\varepsilon$ 满足 CNLR 假定，但是不知道 σ^2。现在你想检验 J 线性约束。证明似然比 λ 是一个 F 统计量的单调函数。提示：采用 SSE_R 和 SSE_U 表达式而不是代数公式。

*5. 证明：如果当 J 解释变量的一个集合从回归中去掉时，调整后的 R^2 增加，那么检验这些 J 变量的显著性的 F 统计量小于 1。提示：将调整后的 R^2 定义为：$1-(SSE/df)/v$，其中 v 是因变量的方差，可以通过这个表达式来完成证明。（答案可以参见 Edwards (1969, p. 28)。）

*6. 说明 Utts (1982, p. 1801) 中提到的彩虹检验就是邹检验的一个变形。

DD 预检验估计量

1. 请具体说明怎样构造一个蒙特卡洛试验来刻画预检验估计量的风险函数。

*2. 假设 y 服从 0 和 β 之间的均匀分布，其中 $0 \leqslant \beta \leqslant 4$，这样 $f(y) = 1/\beta$ 在相应的区间内。我们估计 $\beta = 4$，并且决定这样检验这个假定：如果某一个观测值 $y \geqslant 2$，那么 $\beta = 4$。否则我们估计 β 等于 $2y$。这就是我们的预检验估计量。提示：如果 x 服从 a 和 b（其中 $b > a$）之间的均匀分布 $U(a,b)$，那么 $V(x) = (b-a)^2/12$。完成下面的问题：

(a) 对于受约束的估计值 $\beta^* = 4$，其 MSE 是多少？

(b) 对于无约束的估计值 $\beta^{**} = 2y$，其 MSE 是多少？

(c) 对于预检验的估计值 $\beta \leqslant 2$，其 MSE 是多少？

(d) 对于预检验的估计值 $\beta \geqslant 2$，其均值是多少？

(e) 对于预检验的估计值 $\beta \geqslant 2$，其方差是多少？

3. 请你对下面这段关于处理预检验的偏差的建议给出评价：将样本分为两个部分，用第一部分进行预检验，用第二部分来直接估计。

EE 非嵌套假设检验

1. 在一篇文献资料中，有学者认为原始股票发行的价格被定低了。这个定价偏低的程度是以下变量的线性函数：风险、股票购买者和股票发行者之间的信息不对称的程度、股票购买者的声誉。然而，在另一篇文献资料中，有学者认为股票定价偏低的程度则是以下变量的线性函数：风险、股票发行者和投资者之间的信息不对称的程度以及发行的股票中投资者自己持有的比例。现在假设你有合适的数据，具体说明你将怎样来评价这两种观点的准确性。

2. 假设研究者 A 认为存在模型 $y = \beta x + \varepsilon$，而研究者 B 认为存在模型 $y = \theta w + v$。这两种模型假设都满足 CNLR 假定。现在你有关于 (y, x, w) 的四组观测值，分别为 $(4, 1, 2)$，$(3, 2, 1)$，$(-6, -3, -2)$ 和 $(-1, 0, -1)$。

(a) 请你在 5% 的显著水平上做一个非嵌套的 F 检验或者 J 检验，哪个更容易便做哪个。

(b) 说明上面两个检验中你没有做的那个可以怎样来完成。

3. 一位同学感觉：在现有规模下，某种行业中的边际产出 mp 是公司规模大小 N 的减函数，相关方程为：$mp = \alpha - \beta \ln N$。但是你认为这个边际产出会有如下波动：$mp = \theta + \phi e^{-\delta N}$。你有 34 个观测值，这些数据是关于一组组公司的相互比较。每一个观测值包括小公司的规模（N_s）、大公司的规模（N_l）以及两类公司的边际产出的差距（$diff$）。请说明怎样通过这些数据来澄清你和同学之间关于边际产出和公司规模的关系方程的争论。

FF　非球面误差：蒙特卡洛

1. 请详细说明怎样创建一个蒙特卡洛试验来证明当使用广义线性回归（GLR）模型产生的数据来做普通最小二乘（OLS）回归时，干扰项是有偏差的。

2. 在模型 $y_i = \beta_0 + \beta_1 x_i + \varepsilon_i$ 中，如果 ε_i 的方差已知并服从乘法形式 Kx_i^a，请详细说明怎样创建一个蒙特卡洛试验来评价 OLS 和 EGLS 回归方法各自的优点。注意：比较 EGLS 而不是 GLS。

3. 模型 $Y = \alpha + \beta X + u$ 满足 CNLR 假定，但 u 的方差在数据集的一半以后突然变高，请详细说明怎样创建一个蒙特卡洛试验来评价对于 β 估计值采用的 OLS 和 EGLS 各自的优点。

4. 请简要说明怎样创建一个蒙特卡洛试验来研究当检验异方差时，Goldfeld-Quandt 检验和 Breusch-Pagan 检验各自的说服力。

5. 说明你将怎样在 AR(1) 模型的残差中产生 25 个观测值，用于蒙特卡洛试验。

6. 请简单而清楚地说明，你将怎样创建一个蒙特卡洛试验来识别下述情况的区别：OLS 估计量的风险函数、相应的 EGLS 估计量的风险函数以及相应的预检验估计量的风险函数，其中模型满足 CLR 假定，但是可能存在一阶自相关的残差。

7. 你认为模型 $y = \alpha + \beta x + \varepsilon$ 满足 CLR 假定，但你怀疑这个模型的残差的方差在后半部分的数据中可能比在前半部分的数据中大。你也担心这个残差不服从正态分布，以至于 Goldfeld-Quandt 检验的统计量将不服从 F 分布。请说明你将怎样解决这个问题并且使用 Goldfeld-Quandt 统计量来检验零假设：残差的方差不变。

8. 假设你估计了一个成本分担方程，并且假设超越对数产出函数是一阶齐次函数。你采用 SURE 估计程序，并且引入对称约束。你通过看起来可怕的公式估计价格弹性，并且希望能够计算出这些弹性估计的置信区间。请说明你将怎样用自举法求出这个置信区间。

GG　非球面误差：一般性问题

1. 在 GLR 模型中，由于 GLS 估计量能够更好地拟合样本的数据，所以它比 OLS 估计量更加适用。这种说法正确、错误还是不确定？请给出说明。

2. 在不存在滞后的因变量作为回归元时，残差引起的自相关只会影响模型的有效性，而不会影响模型的一致性。这种说法正确、错误还是不确定？请说明原因。

3. 假设在一个 CLR 模型中，我们怀疑其残差的方差—协方差矩阵为已知矩阵 Ω。有建议说对这个怀疑的检验可以通过建立一个基于系数向量的 GLS 估计量和 OLS 估计量的差别的统计量来完成。请你评价这个提议。

4. 假设我们有 GLR 模型产生的数据，但是我们使用的是 OLS。然后我们找到真实残差的方差—协方差矩阵，于是使用 GLS。从电脑程序给出的结果我们看到，在第二个回归结果中，部分系数的标准差比第一个回归结果中的要大。这是可能的吗？请说明原因。

5. 干扰项中的负自相关性会导致 OLS 估计量的方差小于不存在自相关时估计量的方差。那么，负自相关能否将 OLS 估计量的方差降低到比 GLS 估计量的方差还小的程度呢？请说明原因。

6. 如果非球面误差的存在如通常情形那样导致我们的 OLS 估计量系数的方差被低估，那么我们犯第一类错误的概率也就增加了。这种说法正确、错误还是不确定？请给出说明。

HH 异方差性：一般性问题

1. 假设 $y=\alpha+\beta x+\theta w+\varepsilon$ 满足 CLR 假定。一个研究者误认为残差的方差和 x^2 成比例，于是他把所有的数据都除以 x 以后再做 OLS 回归。如果 x 和 w 在数据上存在正相关性，你对于 θ 估计的偏差有什么看法？说明原因。

2. 如果干扰项的方差和 x 成比例，我们应该在回归这个模型之前将所有数据都除以 x。这种说法正确、错误还是不确定？请说明原因。

3. 解决异方差的方法包括让待估计方程乘以某一个修正数。这样做会给我们的估计模型带来谬误相关，以至于最后导致模型的回归结果没有意义。这种说法正确、错误还是不确定？请说明原因。提示：谬误相关导致 R^2 偏高。

4. 假设 $y=\beta x+\varepsilon$ 满足 CLR 假定，但是其残差项 ε 的方差等于常数 K 乘以 x^2。这样的话 BLUE 就是 y 的均值除以 x 的均值。这种说法正确、错误还是不确定？请说明原因。

5. 假设 $y=\beta x+\varepsilon$ 和 $w=\alpha x+u$ 都满足 CLR 的假定，其中 ε 和 u 是方差不同的残差。你通过数据回归得到了 β^{OLS} 估计量和 α^{OLS} 估计量。现在，尽管做 $(y+w)$ 对 x 的回归可以产生无偏估计量 $(\beta+\alpha)$，但是这样不如计算 $(\beta^{OLS}+\alpha^{OLS})$ 有效，因为它不允许存在异方差。这种说法正确、错误还是不确定？请说明原因。

6. 在一个回归模型中，假设收入是因变量，并且有测量误差：（a）受人们收入的正负 100 美元左右的影响；（b）人们不知道自己的确切收入，只在真实值的 5% 范围内猜测。请问这些特殊的情况会怎样影响 OLS 估计量的特征？

7. 假设每个人都有完全一样的消费函数：$C_i=\beta_0+\beta_1 Y_i+\varepsilon_i$，并且假设这个模型满足 CLR 假定，而且 ε 的方差用符号 σ^2 代表。现在假设我们有总体的时间

序列观测值和 N_t 个不同的个体。假设 β_0、β_1 和 σ^2 在不同的时间段都为常数，并且误差项和时间没有关系，那么你将怎样估计 β_0 和 β_1? 提示：搞清楚这个总体数据是怎么产生的。

8. 假设 $y=(\alpha+\beta x)\varepsilon$，乘积形式的残差项 ε 是球面的且满足 $E(\varepsilon)=1$，那么，

（a）你将怎样估计 α 和 β? 提示：将 ε 表示为 1 加上另一个残差项。

（b）如果附加条件：已知 ε 服从正态分布，那么你会怎么估计 α 和 β? 请详细说明。

9. 假设我们有两个方程，每个方程都满足 CLR 假定。这两个方程是：

$$y=\alpha_0+\alpha_1 x+\alpha_2 z+\varepsilon$$
$$p=\beta_0+\beta_1 w+\beta_2 q+\beta_3 z+\phi$$

假设你知道 $\alpha_1+\beta_1=1$，$\alpha_2=\beta_3$ 以及 $V(\varepsilon)=2V(\phi)$。请说明你将怎样估计两个方程。

10. 假设你有某个变量的 N 个观测值，这个变量拥有恒定的均值 μ，但是存在异方差的干扰项。这个样本均值的方差的异方差一致估计是多少？在没有考虑异方差的情况下，该估计和这个方差的平常估计相比，有什么区别？

11. 请对下面这段话做出评价："如果残差由 ARCH 过程产生，那么 OLS 是 BLUE，从而应该成为选择的估计量。"

12. 假设我们有模型 $w=\alpha+\beta x+\varepsilon$，并且这个模型满足 CLR 假定，但 w 是 y 的一个博克斯-考克斯变换，且残差的方差等于 δx^θ。

（a）对于 N 个观测值，写出 y 对于 x 的对数似然关系。

（b）请说明你将怎样完成联合假设检验：模型是线性形式，并且不存在异方差。

（c）假设（b）中的假设检验被拒绝，说明你将怎样在假设存在异方差时，检验模型是线性形式的。（答案可以参见 Lahiri and Egy（1981）。）

13. 朋友为完成作业，将 y 对 x 回归，但又担心 x 的异方差问题。于是她将数据分成两部分，一部分 x 值较大，一部分 x 值较小，并据此进行了 Goldfeld-Quandt 检验，拒绝了零假设。她对两组数据都进行了回归，分别得到了各自误差方差的估计 s_1^2 和 s_2^2。她将第一组数据乘以 s_1^2/s_2^2，然后对所有数据进行 OLS 回归。在作业上交之前她向你征求意见。那么你会给她什么建议？

*14. 假设存在模型 $y=\beta x+\varepsilon$，这个模型对于男性和女性都是一样的，但是有关男性的模型的残差方差是有关女性的模型的残差方差的两倍（注意，模型中没有截距项）。你做了两个回归，其中一个使用男性的 50 个数据，另一个使用女性的 50 个数据。在有关男性的模型中，你得到 β 的估计值为 2，方差为 1。在有关女性的模型中，你得到 β 的估计值为 3，方差为 2。你取了这两个估计值的平均值，得到估计量为 2.5。就在你完成这个作业之前，你的一个同学告诉你这样做是很傻的，因为这样做得到的是一个有偏的结果，而且没有考虑到两个模型残差的方差不同。他说你应该使用 GLS 估计。然而现在已经太晚了，你不能做 GLS，所以你问他有没有其他的快速修正。他说可以对有关男性和女性的这两个回归的估计量进行加权平均。女性估计量的权数是男性估计量权数的两倍（即对于女性，权数为 $\frac{2}{3}$；对于男性，权数为 $\frac{1}{3}$）。请评价你同学的这个

主意——你原来的方法存在偏差吗？你是不是必须通过 GLS 来处理这个问题？是不是存在一个快速的修正？你同学的加权平均法比你的简单平均法好吗？如果使用 GLS，你会得到什么回归结果？

15. 一个学者考察了影响学习的因素，包括老师的作用和其他变量。他使用了 600 个学校的数据，用数学（也就是某个学校中通过九年级数学熟练考试的学生比例）对老师的经验、学生和老师的比率、父母收入以及其他一些变量进行了回归。没有任何关于数学的观测数据是等于或者接近于 0 或者 1 的，所以他认为线性回归（而不是逻辑函数形式）是合适的。但是他补充道："如果在个人层面上存在二分的结果（dichotomous outcome），但是这些结果又被加总到每一个学校的层面，并且每一个学校有不同数目的学生，那么使用普通最小二乘法将导致异方差。"这种说法正确吗？如果正确，请说明你将怎样处理带来的异方差。如果不正确，解释原因。

16. 假设你认为异方差性和某一个解释变量 x 的平方成比例，所以你将所有数据都除以 x 然后再使用 OLS。如果事实上不存在这样的异方差，你刚才做的这件事情就是不必要的，因为这样做所导致的虚假的相关关系会使你的 OLS 估计存在偏差。这种说法正确、错误还是不确定？说明原因。

17. 4.6 节技术性注释中讨论了不定自举法。在该方法中第 i 个残差（为了符号简洁，以下省去下标 i）以 $(1+\sqrt{5})/(2\sqrt{5})$ 的概率替换为 $u^* = [(1-\sqrt{5})/2]\hat{\varepsilon}$，以 $(1-(1+\sqrt{5}))/(2\sqrt{5})$ 的概率替换为 $u^* = [(1-(1-\sqrt{5}))/2]\hat{\varepsilon}$。证明 $E(u^*) = 0$ 和 $V(u^*) = \hat{\varepsilon}^2$。

II 自相关误差：一般性问题

1. 设基于周数据的函数关系 $y_t = \alpha + \beta x_t + \varepsilon_t$ 满足 CLR 假定。

（a）如果你有每两周为一期的总的数据（无互相覆盖），你将怎样估计这个函数关系？

（b）如果你有每周的移动平均数据，这个移动平均数据是前一周、本周和下一周这三周的简单平均值，你将怎样估计这个函数关系？

提示：将上面给出的基于周数据的函数关系进行变形，直至和你的数据相适应。例如：对于（a）问题，把第一周和第二周的关系式相加来对应总体数据中的第一个观测数据。

2. 虽然自相关误差和回归元中存在回归子的滞后都不能在 OLS 估计中引起偏误，但是这两种情况同时存在的条件下却会引入偏差。这种说法正确、错误还是不确定？请给出解释。

3. 假设 $y_t = \alpha_1 + \alpha_2 y_{t-1} + \alpha_3 x_t + \alpha_4 x_{t-1} + \varepsilon_t$ 满足 $\alpha_2 \alpha_3 + \alpha_4 = 0$。

（a）说明你将怎样检验这个约束条件。

（b）在假设这个约束条件为真的条件下，你将怎样估计这个模型？

(c) 假设这个约束条件为真，那么对于 y 对 x 的回归将会伴随怎样的误差？提示：使用滞后算子。

(d) 从中我们能学到什么？

4. 有时候我们建议使用 DW 统计量来检验非线性问题。请给出一个直观的理由来解释为什么这么做。

5. 在 HH 部分中的第 13 题，假设你的一个朋友声明 DW 统计量很接近 2，于是得出结论说自相关并不是问题。你对此有何评论？

JJ　异方差性：检验

1. 假设存在模型 $y=\alpha+\beta x+\gamma D+\varepsilon$，其中 D 表示性别虚拟变量。说明你将怎样完成检验：有关男性和女性的模型的残差 ε 的方差相同。

2. 假设在一个对季度数据的回归中，对残差的检验发现残差的方差在第 4 季度往往比在其他季度大。说明你将怎样检验这个问题。

3. 对模型 $y=\alpha+\beta x+\delta w$ 采用 1961—1970 年的年度数据进行回归得到 $SSE=14$，而采用 1971—1988 年的年度数据进行回归得到 $SSE=45$。根据这些结果，计算 Goldfeld-Quandt 统计量，检验从 1971 年开始的残差方差的变化。

*4. 假设 $y=\beta x+\varepsilon$ 满足 CLR 假定，但这个模型可能存在异方差。对于 x 你有观测值：1、2、-3、0，相应的 y 的观测值为：4、3、-6、-1。

(a) 对于 OLS 估计量的方差，其通常的估计值是多少？

(b) 对于 OLS 估计量的方差，White 的异方差一致估计是多少？

(c) 这个模型异方差的 White 检验统计量的值是多少？

(d) 假设你怀疑这个模型的异方差满足函数关系：$\sigma^2=g(\alpha+\delta x^2)$，其中 g 表示某一种未知的函数形式，那么学生化的 Breusch-Pagan 统计量是多少？

5. 在一个拥有 25 个观测值的样本中，每一个观测值都代表一组家庭（取自一个重要的家庭开支调查），结果是：

$$y=10+0.14x, \mathrm{DW}=0.4, R^2=0.6, \chi^2=7.8$$

其中，y 表示在食物上的开销，x 表示总的开销。χ^2 表示为了检验假设：同方差的 Breusch-Pagan 检验和备择假设：存在形式为 $\sigma^2=\exp(\alpha_1+\alpha_2\ln x+\alpha_3\ln z)$，其中 z 表示每一组数据中家庭数量的倒数。你对此会有什么建议？

KK　异方差性：数值例子

1. 假设我们从 CLR 模型 $y=\beta+\varepsilon$（这个模型只有一个截距项）中得到如下

观测值：$y_1 = 1$，$y_2 = 3$ 和 $y_3 = 5$。并且得到对角线矩阵 $V(\varepsilon)$，其对角线元素分别为 1.0、0.5 和 0.2。计算：

(a) β^{OLS} 和 β^{GLS}。

(b) $V(\beta^{OLS})$ 和 $V(\beta^{GLS})$。

(c) 传统的 $V(\beta^{OLS})$ 的估计值，即 $s^2(X'X)^{-1}$。

(d) $V(\beta^{GLS})$ 的估计值，假设你知道 $V(\varepsilon)$ 与前面提到的协方差矩阵成比例。

2. 假设 x、y、w 分别为 2、6 和 12，并且你知道：$x = \theta + \varepsilon_1$，$y = 2\theta + \varepsilon_2$，$w = 3\theta + \varepsilon_3$，其中 ε_i 在三个方程中是独立的，均值为 0，方差分别是 1、4、9。那么你对 θ 的估计是多少？

3. 假设 $y = \beta x + \varepsilon$ 满足 CLR 假定，但 σ^2 和 x 成比例。你有 y 的三个观测值，分别是：3、10、15 以及对应的 x 的三个观测值：1、4、9。

(a) 找出 β 的 GLS 估计量，并用 GLS 公式估计其方差。

(b) 找出 β 的 GLS 估计量，并对变形后的数据应用 OLS 方法来估计其方差。

(c) 这种估计比 OLS 估计有效率多少？

4. 假设 $y = \alpha + \beta x + \varepsilon$ 满足 CLR 假定，但是你怀疑残差在前 22 个观测值下的方差和在剩下的 32 个观测值下的方差不一样。对于前 22 个观测值（数据表示为关于均值的偏差），有 $\sum xy = 100$，$\sum x^2 = 10$ 以及 $\sum y^2 = 1\,040$。对于剩下的数据，同样有 $\sum xy = 216$，$\sum x^2 = 16$ 和 $\sum y^2 = 3\,156$。提示：回忆 $SSR = \beta^{OLS} X'y$。

(a) 在 5% 的显著水平下，做一个 Goldfeld-Quandt 检验来检验在两个时间段下残差的方差是否一样。

(b) 假设两个时间段的残差的方差不一样，那么 β^{EGLS} 是多少？

(c) 如果你确定两个时间段的残差的方差不一样，那么你会使用 β^{OLS} 的什么样的方差估计值？

5. 假设你有随机变量的独立的观测值：1、2 和 3。这个随机变量的均值为 μ，但是这些观测值的方差分别为 1、4、9。那么你对 μ 的估计值是多少？说明原因。

LL 自相关误差：数值例子

1. 假设我们有 y 的 4 个观测值，分别来自：$y_t = K + \varepsilon_t$，$t = 1, 2, 3, 4$，K 是个常数。进一步假设 $\varepsilon_t = u_t + u_{t-1} + u_{t-2}$。其中 u_t 独立同分布，均值为 0，方差为 $1/3$。令 K^* 表示样本 y 所有值的均值，K^{**} 表示 y 的第一个值和最后一个值的平均值。这两个估计量你更倾向于哪个？为什么？

2. 假设方程 $y_t = K + \varepsilon_t$，其中 $\varepsilon_t = u_t + u_{t-1}$，而 $u_t \sim N(0, \sigma^2)$ 且相互独立。如果你有 y 的三个观测值：$y_1 = 4$，$y_2 = 5$ 以及 $y_3 = 3$，那么你对 K 的估计值是多少？

3. 假设 $y = \beta x + \varepsilon$ 满足 CLR 假定，但是残差 ε 存在一阶自相关且自相关系数 $\rho = 0.5$，残差的方差为 9。你有 x 和 y 的两组观测值，第一组是 $x = 1$，$y = 4$，第

二组是 $x=2$，$y=10$。

    (a) 对 β 的 OLS 估计是多少？

    (b) 对 β 的 GLS 估计是多少？

    (c) 这两种估计各自的方差是多少？

4. 假设 $y=\beta x+\varepsilon$ 满足 CLR 假定，且这个模型仅有两个观测值：$x_1=1$，$x_2=2$，而且残差向量分布为：$p(1,1)=0.1,p(1,-1)=0.4,p(-1,1)=0.4$ 以及 $p(-1,-1)=0.1$。

    (a) β^{OLS} 的估计偏差是多少？

    (b) 它的方差是多少？

    (c) BLUE 的方差是多少？

5. 假设你有两个观测值：10 和 7。每个观测值的均值都是 μ，但是方差分别是 2 和 3，且两个观测值之间的协方差为 1。你将怎样估计 μ？

MM   SURE[*]：数值例子

1. 假设 $y_1=\beta+\varepsilon_1$，$y_2=\varepsilon_2$，其中 ε_1 和 ε_2 的方差为 2，协方差为 1。给定 y 的 N 个对应的观测值，你将使用什么公式来估计 β？提示：答案中应当包含 y_1 和 y_2 的观测值的均值。

2. 假设存在模型 $y_1=\mu_1+\varepsilon_1$ 和模型 $y_2=\mu_2+\varepsilon_2$。其中 ε_1 和 ε_2 的方差分别是 2 和 3。二者的协方差是 1，那么：

    (a) 已知有 20 个观测值，并且满足 $\sum y_1=60$ 和 $\sum y_2=100$，那么你对 μ_1 和 μ_2 的估计是多少？

    (b) 由于每个方程中的回归元都是相同的，因此用 OLS 单独进行回归得到的系数估计应该是相同的。这个说法对吗？

    (c) 如果你还知道 $\mu_2=2\mu_1$，那么利用 SURE 公式，你对 μ_1 和 μ_2 的估计又是多少？

    (d) 这与运行 OLS 来建立约束是否一样？

    (e) 从中你学到了什么？

3. 假设存在模型 $y=\alpha x+u$ 和模型 $q=\beta w+v$。其中 u 和 v 是相互独立的残差序列，均值都是 0，且 $V(u)=2,V(v)=3$，当 $t=r$ 时，$E(u_t v_r)=1$，否则 $E(u_t v_r)=0$。数据表示为与均值的偏差。根据下面这个样本矩的矩阵：

	y	q	x	w
x	3	6	4	2
w	1	1	2	1

---

  * SURE 的全称为 Seemingly Unrelated Estimator。——译者注

(a) 找出 α 和 β 的无偏估计量（BLUE）。

(b) 检验：$\beta=2\alpha$。

(c) 假设你事前没有被告知 $V(u),V(v)$ 以及 $E(u_tv_r)$。如果样本大小为 11，$\sum y^2=25,\sum q^2=33$ 以及 $\sum yq=15$。在这种情况下，你会采用什么替代办法来估计？提示：利用 $SSR=\beta^{OLS\prime}X\prime y$ 这一结果。

NN　随机外部信息

1. 在一个 CLR 模型 $y=\alpha+\beta x+\delta w+\varepsilon$ 中，如果 β 的一个外部无偏估计已知，记为 β^*，那么通过做 $y-\beta^*x$ 对 w 的回归得到的 δ 的估计会比直接做 y 对 x 和 w 的回归得到的 δ 的估计要好。这个论述正确、错误还是不确定？请直观地给出说明。

*2. 假设 $Y=X_1\beta_1+X_2\beta_2+\varepsilon$ 满足 CLR 的假定，那么 β_1^{OLS} 可通过 $(X_2^\prime M_1 X_2)^{-1}X_2^\prime M_1 Y$ 给出。假设 β_2^* 是从以前的研究中获得的 β_2 的无偏估计量，其方差—协方差矩阵记为 V_2^*。

(a) β_1^{OLS} 和 β_2^{OLS} 的方差—协方差矩阵是多少？分别记为 V_1 和 V_2。

(b) 证明通过 $Y-X_2\beta_2^*$ 对 X_1 的回归能够得到 β_1 的无偏估计量 β_1^*。

(c) β_1^* 的方差—协方差矩阵是多少？记为 W。

(d) 证明：如果 $V_2-V_2^*$ 是 nnd 的话，W 比 V_1 小。

(e) 这个结果能够得出什么普遍含义？

提示：在（d）中，根据分块矩阵的逆的算法，利用结果：

$$(X_1^\prime M_2 X_1)^{-1}=(X_1^\prime X_1)^{-1}+(X_1^\prime X_1)^{-1}X_1^\prime X_2(X_2^\prime M_1 X_2)^{-1}X_2^\prime X_1(X_1^\prime X_1)^{-1}$$

（答案参见 Goldberger（1964，pp. 258-259）。）

3. 假设 $y=\beta x+\varepsilon$ 满足 CLR 假定，且已知残差 ε 的方差为 16。假设你有 y 和 x 的观测数据，且 $\sum xy=186,\sum x^2=26$。假设在之前的一个研究中，我们已经得出 β 的一个无偏估计量为 6，方差为 4。

(a) 你对 β 的估计是多少？请说明你的理由，并且对你的估计给出实际数值。

(b) 你的估计的方差是多少？它比不包含之前的研究中的信息的估计量估计出来的方差低多少？

4. 假设 $y=\beta x+\varepsilon$ 中的系数 β 在之前的研究中已经被无偏地估计为 3，估计方差为 4。假设你有 21 个观测值，这些观测值都满足 CLR 假定且 $\sum xy=20,\sum y^2=360$ 和 $\sum x^2=10$，则：

(a) 你对 β 的估计是多少？提示：$SSE=SST-SSR=\sum y^2-(\beta^{OLS})^2\sum x^2$。

(b) 在 $\beta^{OLS}=2$ 的基础上，你的估计结果的有效性大致为多少？

5. 假设你有产出 Y、资本 K 以及劳动力 L 的 22 个年度观测值，你计划估计一个柯布-道格拉斯生产函数。你怀疑在你估计的这个模型中，大致存在不变的规模报酬，于是，你希望能够在你的估计程序中加入这个信息。你的不确定性用方差 0.01 来刻画，针对你对规模报酬不变的猜测，请说明你将怎样来完成估计。

6. 你有因变量 y 以及两个自变量 x 和 w 的 75 个观测值，这些观测值都满足 CLR 假定。你把你的数据都给了研究助手，但是却没有为自己留一个备份。你指导他做一个合适的 OLS 回归，然而不幸的是，他不久之后就在一次车祸中丧生。你重新聘用了一个研究助手，但是她不能够在你前一个助手那里找到原始数据，也不能找到回归的结果。但是她勤奋工作，且找到了一个新的具有可比性的样本，大小为 95。她向你汇报了她用这些新数据回归的结果。

(a) 假设你的第二个助手找到了丢失的那个回归结果，你会对她提出什么指示？请详细说明。

(b) 假设她找到了丢失的数据，你会改变你在（a）中给她的指示吗？如果会改变，你会有什么新的指示？

*7. 一个政府机构拥有 2 000 个小型的房地产（这些房地产每层的平均面积为 900 平方米），分布在全国各地，是该政府机构在 20 世纪不同时间购买的（购买时间的平均年份是 1965 年）。该机构的财务部门报告说目前所有房产折旧后总的重置价值为 15 亿美元，但是具体到某一个房产的重置价值却是未知的。最近的一次法律修正案要求这个政府机构提供每一个房地产的重置价值，但是这么做需要请地产评估机构专家做所有房产的评审，非常耗费资金。在你的建议下，这个政府机构随机选择了 100 处房产，对这些房产做了评估，并得出了这 100 处房产的楼面积大小、购买的日期、各自折旧后的重置价格。你希望在已知总的折旧后的重置价值的基础上，做一个线性回归方程来估计其他房产的重置价值。请说明你将怎样完成这个任务。

8. 假设你有成本 C 和产出 Q 的 25 个观测值，你正在估计成本函数：

$$\ln C = \alpha + \beta \ln Q + \delta (\ln Q)^2 + \varepsilon$$

你发现还有一个研究也在回归这样一个成本函数，但是使用的是不同的数据。你认为两个研究回归的成本函数的截距项不可比较。研究的结果是：β 和 δ 的估计分别为 0.9 和 0.1，它们的方差分别是 0.001 6 和 0.000 4，协方差是 0。请具体说明你将怎样在你的估计中融入这些信息。

○○ 非球面误差：理论结果

1. 假设 CLR 模型成立，请你为 GLS 估计推导出一个公式，这个公式需要包含一个外部信息，其形式为 J 线性约束：$R\beta = r$。

*2. 假设 $Y = X\beta + \varepsilon$，满足 CLR 假定，且已知 $\text{var}(\varepsilon) = \Omega$。进一步假设 $\Omega = I + XVX'$，其中 V 表示任意对称正定矩阵。则：

(a) 通过重复使用定理：

$$(A+BCB')^{-1}=A^{-1}-A^{-1}B(B'A^{-1}B+C^{-1})^{-1}B'A^{-1}$$

证明在这个特殊的例子里，OLS 和 GLS 的估计结果是完全一样的。

(b) 这个结果对于我们想研究非球面误差的蒙特卡洛试验有什么意义？提示：定理的三个应用是必要的。把 LHS 的负号理解成 C 的负号。

*3. 证明看似不相关的估计量（SURE）：

$$\text{SURE} = [W'(\textstyle\sum^{-1} \otimes I)W]^{-1}W'(\textstyle\sum^{-1} \otimes I)y$$

在下面两种情况下，产生的结果与应用 OLS 相同：

(a) $\sum$ 矩阵是对角矩阵；

(b) X 矩阵在所有等式里都是一样的。提示：利用 $(A\otimes B)^{-1}=A^{-1}\otimes B^{-1}$ 以及进一步有 $(A\otimes B)(C\otimes D)=AC\otimes BD$。

PP 异方差性：理论结果

*1. Breusch-Pagan 统计量可以用 $w'Z(Z'Z)^{-1}Z'w/2s^{*4}$ 表示，其中 w_i 表示 $e_i^2-s^{*2}$，e_i^2 表示 OLS 回归残差的平方，s^{*2} 是所有 e_i^2 的平均值。这里的 Z 是一个可能会影响到残差方差的变量的观测值矩阵，其第一列全部都是 1。现在我们认为这个矩阵和 e_i^2/s^{*2} 对 Z 回归的回归平方和的二分之一等价。请解释原因。

*2. 假设 $y=\beta x+\varepsilon$ 满足 CNLR 假定，除了 ε_t 的方差为 $\exp(\alpha w_t)$ 之外。请你找出 α 估计值的方差的 Cramer-Rao 下限。

3. 一个比较流行的异方差的表达式是 $\sigma_i^2=\exp(\alpha' x_i)$，其中，$\alpha$ 表示参数向量，x_i 表示影响方差的观测值向量，其中 x_i 的第一个元素被设定为 1。则：

(a) 为什么 x_i 的第一个元素被设定为 1？

(b) 参数形式的同方差零假设是什么？

(c) 证明为什么下面这个形式 $\sigma^2=kw^\theta$ 是题目中提到的一般表达式的特殊情况。其中 k 和 θ 是参数，w 表示一个外生变量。

*4. 假设 $y=X\beta+\varepsilon$ 满足 CLR 假定，但残差的方差 $\sigma_i^2=\sigma^2 x_i^\alpha$。证明用来检验 $\alpha=0$ 的 LR 统计量就是 $\text{LR}=N\ln(\sigma^2)^*-\textstyle\sum\ln(\sigma_i^2)^{**}$，其中，$N$ 表示样本大小，$(\sigma^2)^*$ 表示 σ_i^2 受约束的最大似然估计，$(\sigma_i^2)^{**}$ 表示 σ_i^2 不受约束的最大似然估计。（答案可以参见 Harvey（1981，p.164）。）

*5. 假设有模型 $y=X\beta+\varepsilon$，你希望计算 OLS 估计量方差的异方差一致估计量。定义一个变换矩阵 P，其逆对角线上的元素都是 OLS 估计残差的倒数，其他位置的元素都是 0。利用这个变换矩阵来变换 y 和 X，得到 $y^*=Py$，$X^*=PX$，并产生 $W=P^{-1}X$。则：

(a) 使用 W 作为 X^* 的工具变量，证明 y^* 对 X^* 的回归的 IV 估计量就

是 β^{OLS}。

（b）假设存在球面误差，利用 IV 估计量方差的计算公式来计算出这个估计量的方差—协方差矩阵。

（c）说明这和对 OLS 估计量的方差的 White 异方差一致估计有什么关系。（答案可以参见 Messer and White（1984，pp. 182-183）。）

6. 设拥有 VCR 的概率 P 由下面这个 logit 公式给出：$P=[1+\exp(-\alpha-\beta x)]^{-1}$，其中 x 表示收入，说明 $Q=\ln[P/(1-P)]=\alpha+\beta x$。根据 x 将数据分组，这样来计算每一组的 $Q^*=\ln[P^*/(1-P^*)]$，这里的 P^* 表示这个组中拥有 VCR 的家庭数的比例。现在考虑 $Q^*=\alpha+\beta x+\varepsilon$，其中 ε 完全从 Q^* 的估计式中得来。对这个式子的估计包含一个对异方差的修正，此异方差是基于表达式 $[N_i P_i(1-P_i)]^{-1}$ 给出的 ε_i 的方差，其中 N_i 表示第 i 组中的家庭数。请说明这个方差表达式是怎样推导出来的。提示：Q^* 是一个关于 P^* 和 P^* 的方差的（非线性）函数。

QQ 自相关误差：理论结果

1. 假设你现在正在做一个 N 个家庭的观测值在两个连贯时间段的回归。假设残差在横截面的意义上是互不相关的，但是在时间序列的意义上自相关，自相关系数为 ρ，则：

（a）这个残差的方差—协方差矩阵是什么？

（b）为了做 OLS 估计，请你设计一个变换矩阵。提示：在 $N=2$ 时求出。

*2. 当一阶自相关系数的值为多少时，一阶差分会减少一阶自相关的程度？提示：令 $\varepsilon_t=\rho\varepsilon_{t-1}+u_t$，这样一阶差分就产生出残差 $v_t=\varepsilon_t-\varepsilon_{t-1}$。找出 ρ 的值，使得 v_t 和 v_{t-1} 之间的自相关系数的绝对值小于 $|\rho|$。

*3. 假设 $y_t=\beta y_{t-1}+\varepsilon_t$ 且 $\varepsilon_t=u_t+u_{t-1}$，其中 u_t 是独立同分布的变量，均值是 0，方差是 σ^2。利用 β 和 σ^2 的形式推导出 β^{OLS} 的渐近偏差的表达式。

*4. 假设 $y=X\beta+\varepsilon$ 满足 CLR 假定，但残差可能存在 $\varepsilon_t=\rho\varepsilon_{t-2}+u_t$ 的形式，例如考虑半年数据。假设你有 5 个观测值，并且已知 u 的方差是 σ^2，而 ρ 已知，则：

（a）为了计算 GLS 估计量，你将做一个怎样的合适的变换？提示：先做一个猜测，这个猜测基于你已知的一阶自相关的误差。

（b）请具体说明这个估计要做的变换所暗含的一个变换矩阵 P 满足 $P'P=\Omega^{-1}$，其中 Ω 表示 ε_t 对比例量的方差—协方差矩阵。通过这个来确认你在（a）问中的结论。

5. 假设你有关于 x 的 3 个观测值：x_1，x_2 和 x_3，而这些观测值的均值都是 μ，方差都是 1。这些变量之间的协方差都是 0，但 x_1 和 x_2 之间的协方差是 0.5。那么 μ 的最优线性无偏估计量是什么？这与样本均值有什么可比性？

6. 假设 $y_t = \mu + \varepsilon_t$，其中 $\varepsilon_t = \rho \varepsilon_{t-1} + u_t$，且 u_t 是独立同分布的变量，方差为 σ^2。当样本大小为 2 时，证明样本均值统计量的方差是 $\sigma^2 / 2(1-\rho)$。

RR　动态学

1. 假设某个公司通过选择 y_t 值来最小化自己的成本 $\alpha_1(y_t - y_t^*)^2 + \alpha_2(y_t - y_{t-1})^2$，这个成本函数是"非均衡"和"调节"成本的加权和（y^* 代表 y 值的期望水平）。说明这将会导致传统的部分调整估计模型。

2. 考虑下面这个"适应性预期"模型：

$$y_t = \beta_1 x_t^e$$
$$x_t^e = \delta x_t + (1-\delta) x_{t-1}^e$$

这两个表达式中有一个必须要加入一个误差项来提供随机因素。我们不考虑这两个表达式中哪一个有误差项，其方程的估计结果都会有非球面误差。这是正确、错误的还是不确定？说明原因。

3. 考虑一个消费函数 $C_t = \beta YP_t + \alpha(L_{t-1} - L_t^*) + \varepsilon_t$，其中 L_{t-1} 表示本期期初的流动资产，L_t^* 表示本期希望达到的流动资产的水平，由永久性收入 YP_t 的 θ 比例给出。永久性收入由一个适应性预期过程来决定：$YP_t = YP_{t-1} + \lambda(Y_t - YP_{t-1})$。

(a) 证明相关的估计方程中的解释变量有 C_{t-1}，L_{t-1}，L_{t-2} 和 Y_t。

(b) 请你评价对这个方程的估计将会出现什么问题。

4. 考虑下面这个部分调整模型：

$$y_t^* = \beta_1 x_t + \beta_2 w_t$$
$$y_t - y_{t-1} = \delta(y_t^* - y_{t-1}) + \varepsilon_t$$

以及适应性预期模型：

$$y_t = \beta_1 x_t^e + \beta_2 w_t + \varepsilon_t$$
$$x_t^e = \delta x_t + (1-\delta) x_{t-1}^e$$

(a) 你将怎样区别这两种模型？

(b) 如果 $\beta_2 = 0$，你怎样回答（a）问？

5. 考虑一个加速模型，在这个模型中实际的资本存量 K 根据下面这个部分调整过程 $K_t - K_{t-1} = \lambda(K_t^* - K_{t-1})$ 向期望的 K^* 靠近。假设存在一个恒为常数的资本—产出比率，这个比率调整 K^* 为产出 Y 的 θ 部分，同时假设存在一个折旧率 δ，使得总投资 I 满足 $I_t = K_t - K_{t-1} + \delta K_{t-1}$。

(a) 请你推导出 I_t 对 Y_t 和 K_{t-1} 回归的关系式，并且讨论其识别性质。

(b) 假设你没有关于 K 的数据，除去 K 以后，请讨论估计方程的结果的识别性质。提示：在模型中用滞后因子来解决 K 的问题。

(c) 产出 Y 的持续的单位变化在长期中会有什么影响? 你的回答有什么经济学含义吗? 请解释。

6. 假设 P 由 P^e 与另外两个解释变量 x 和 w 的线性组合决定, 其中 P^e 由适应性方程决定: $P^e_t = P^e_{t-1} + \lambda(P_{t-1} - P^e_{t-1})$。

(a) 请写出估计方程, 并且讨论可能出现的估计问题。

(b) 考虑下面两种估计这个方程的方法: (1) OLS; (2) 连同搜寻 λ 的 OLS。这两个估计方法都假设存在球面误差项, 那么这两个估计方法本质上是一样的吗? 如果不是, 你更倾向于选择哪个? 为什么?

(c) 如果你知道 w 的系数为 0, 你在回答 (b) 问时会有什么变化?

7. 考虑下面这个动态模型 (1): $y_t = \eta + \alpha y_{t-1} + \beta_0 x_t + \beta_1 x_{t-1} + \varepsilon_t$。长期均衡是 $y = \theta x$, 其中 θ 表示长期乘子, 等于 $(\beta_0 + \beta_1)/(1-\alpha)$, 这个乘子可以通过对模型 (1) 进行 OLS 回归并且把 OLS 估计引入 θ 的表达式中得到。这个估计的方差可以通过某个向量的非线性函数的方差公式来估计。

(a) 请说明模型 (1) 可以怎样被重新表达, 使其允许通过做 y 对 x、Δy 和 Δx 的回归直接把 θ 和它的方差估计出来。提示: 先从模型两边得出 αy_t 的表达式。

(b) 大部分动态模型都可被写成一个 "误差修正" 模型, 这种 "误差修正" 模型把 y 在当期的改变量表示为系统在前一期偏离均衡的程度的一个线性函数, 那么本题中的模型 (1) 的 "误差修正" 模型是什么? 提示: 先从模型两边减去 y_{t-1} 开始。

(c) 在一些经验研究里, 前面讨论的 y 和 x 变量都是以对数形式表示的, 并且误差纠正项 (也就是本期和前一期不同的程度) 用 $(\ln y_{t-1} - \ln x_{t-1})$ 表示。请你用文字说明这暗含着的 y 对 x 的均衡关系的本质是什么?

8. 假设 $E(y)$ 受 x 和 z 的影响, x 和 z 对 $E(y)$ 的影响满足 Koyck 形式, 但是有不同的参数, 即下面这个方程:

$$y_t = \alpha + \beta(1-\lambda L)^{-1} x_t + \theta(1-\delta L)^{-1} z_t$$

其中 L 表示滞后因子。

(a) 找出相关的估计方程, 并且说明为什么它是过度识别的。这里存在多少个过度识别的约束?

(b) 这些约束条件都是什么?

(c) 假设一个随机误差项加入到估计方程, 你将怎样通过 t 检验来单独检验每个过度识别的约束条件? 这个随机误差项需要满足正态分布吗? 为什么?

(d) 请说明你将怎样做这些约束条件的联合检验?

SS　随机回归元: 蒙特卡洛

1. 请说明你将怎样做一个蒙特卡洛试验来检验下面这个联立方程组:

$$D: Q = \alpha_0 + \alpha_1 P + \alpha_2 Y + \alpha_3 A + \varepsilon$$
$$S: Q = \beta_0 + \beta_1 P + \varepsilon$$

比较 OLS 估计和 2SLS 估计的相对优点。

2. 说明你将怎样做一个蒙特卡洛试验来比较对于测量误差的 OLS 估计和 IV 估计这两种方法。

TT 测量误差

1. 在"永久性收入"模型 $c^* = \beta y^*$ 中，样本的均值比（即 c 的均值和 y 的均值的比率）是比 β^{OLS} 更好的对 β 的估计值。其中，模型中带星号的变量是存在观测误差的变量。上述论断正确、错误还是不确定？请用一句话解释。

2. 因变量的测量误差会导致 OLS 估计存在偏差，并且会导致估计的方差增加。这个论述正确、错误还是不确定？请说明原因。

3. 一种认为通货膨胀刺激经济增长的论述因（不同国家在特定的某一年的）实际收入的增长率 y 对通货膨胀率 x 的回归而让人怀疑。然而，对通货膨胀和实际收入的测量受到误差的影响。现在假设确实存在一个严格的关于实际收入的增长率的真实值 y^* 和通货膨胀率的真实值 x^* 的线性关系。这两者的和 $w^* = x^* + y^*$ 表示货币收入的真实增长率，且被正确测量了。但是 x^* 却被错误地测量为 $x = x^* + \varepsilon$，其中 ε 表示独立的随机误差，且 y^* 被测量为 $y = w^* - x$。

（a）导出一个 OLS 估计量渐近偏误的表达式。

（b）上面提到的不可信的测量能够给我们什么暗示？

4. 考虑模型 $y = \beta x + \varepsilon$，其中 x 存在测量误差。（注意这个模型没有截距项。）请详细证明对这个模型采用两组法估计与采用 $+1$ 和 -1 作为工具变量值的估计会产生同样的估计结果。

5. 假设 $y = \alpha_0 + \alpha_1 x + \alpha_2 w + \varepsilon$ 满足 CLR 假定，但在回归中采用了 w 的估计值，这个估计值在你的样本中还被高估了。那么：

（a）如果 w 的测量值是真实的 w 加上 2，那么对你模型中 α_i 的估计有什么影响？

（b）如果 w 的测量值是真实的 w 乘以 1.15，那么对你模型中 α_i 的估计有什么影响？

（c）如果 w 的测量值是真实的 w 加上一个服从（0，4）之间均匀分布的随机变量，那么对你模型中 α_i 的估计有什么影响？

*6. 对于模型 $y = \beta x + \varepsilon$ 的特例，其中 x 具有测量误差，证明 OLS 方法和 β 的逆回归估计能够给我们提供一个 β 的上下限。

UU 工具变量

1. 假设有模型 $y = X\beta + \varepsilon$，并且我们有关于 X 的一组工具变量 Z。假设出现一般情形，Z 包含的 X 中没有问题，因此可以作为自身的工具变量；而 X 中有问题的变量个数超过识别需求。结果，Z 的列数比 X 的列数多。

(a) 证明 β^{IV} 可以通过 y 对 W 的回归得到，其中 W 表示 X 对 Z 的回归得到的 X 的预测值。

(b) 利用（a）问中的结果计算出这个工具变量估计量的方差—协方差矩阵的公式。

2. 假设 $y_t = \alpha_t + \beta x_t + \gamma z_t + \theta y_{t-1} + \varepsilon_t + \phi \varepsilon_{t-1}$，那么回归元 y_{t-1} 和误差是同期相关的。请问你会选择怎样的工具变量来得到 IV 估计量？请具体说明。

3. 假设 $y = \beta x + \varepsilon$ 满足 CLR 假定，但是你选择使用工具变量来估计 β。这个工具变量估计量是通过利用固定回归元 w 作为 x 的工具产生的。你有三个形如 (y, x, w) 的数据：$(-21, -1, 1)$，$(14, 1, 2)$，$(21, 2, 3)$，那么：

(a) β^{OLS} 的 MSE 和 β^{IV} 的 MSE 的比率是多少？

(b) 假设使用 β^{IV}，你会选择什么样的 t 值来完成假设检验 $\beta = 12$？

4. 假设 $y = X\beta + \varepsilon$ 满足 CLR 假定，但 $V(\varepsilon) = \sigma^2 \Omega$ 并且 X 和 ε 同期相关。假设一组关于 X 的工具变量 W 已知，并且你知道一个变换矩阵 P 满足 $P'P = \Omega^{-1}$。根据直觉计算一个 IV 估计量，这个估计量能够修正非球面误差。根据这个 IV 估计量，说明你将怎样估计它的方差—协方差矩阵，并说明你这个直觉的逻辑。为了简化，假设 W 和 X 维数相同，所以 $W'X$ 等能够求逆，从而工具变量方程可以进行化简。

5. 考虑模型 $m = \beta i + \varepsilon$，其中 m 表示货币供给，i 表示利率。为了简化，我们忽略了通常使用的收入变量，去掉了截距项。假设货币供给由货币管理局外生决定，这样和 i 相关联的就是 ε，而不是 m，则：

(a) 具体证明使用 m 作为 i 的工具变量能够得到和逆最小二乘法同样的估计结果。

(b) 假设你知道某些特定的观测值 m 是外生地由货币管理局决定的，而对于其他观测值，i 是外生决定的，那么你将怎样估计？提示：使用（a）问中的结论。（答案可以参见 Kohli（1989，p. 283）。）

6. 假设有模型 $y = \beta x + \varepsilon$，这个模型没有截距项，只有一个解释变量，那么：

(a) 证明使用矩条件 $\sum x\varepsilon = 0$ 就是 OLS 估计。

(b) 证明使用矩条件 $\sum z\varepsilon = 0$ 就是 IV 估计。

(c) 说明在这种情况下你将怎样做一个 GMM 估计。请具体说明。（注意，有两个矩条件！）

7. 你有关于 y、i 和 h 的观测值，你希望估计下面这个关系式：$y = \alpha + \beta i +$

$\theta h + \varepsilon$，但是你怀疑 h 有测量误差。假设你还有关于 h 的两组合理的工具变量，分别记为 w 和 z。

（a）试说明你将怎样检验这个测量误差。

（b）假设确实存在测量误差，试说明你将怎样估计。

VV 联立方程组

1. 在联立方程组模型中，我们对结构方程的系数估计很少采用 OLS 方法，主要是因为存在对这个方程的其他估计方法，并且能够产生更好的拟合结果。这一论述正确、错误还是不确定？请说明原因。

2. 如果一个方程不能够被识别，那么不能计算出 OLS 估计量。这个论述正确、错误还是不确定？请说明原因。

3. 假设你希望估计方程 $y = \alpha_0 + \alpha_1 x + \alpha_2 w + \varepsilon$，但是这里还有另外一个方程：$x = \delta_0 + \delta_1 y + v$。你打算忽略第二个方程，而对第一个方程采用最小二乘法，但是一个同学建议你做 x 对 w 的回归，得到预测的 x 值，记为 x^*，然后再做 y 对 x^* 和 w 的回归。

（a）这个建议背后的理由是什么？

（b）这个建议好吗？

4. 假设存在下面两个模型：

$$y_1 = \alpha_0 + \alpha_1 y_2 + \alpha_2 x + \varepsilon_1$$
$$y_2 = \beta_0 + \beta_1 y_1 + \varepsilon_2$$

简化形式的估计结果为 $y_1 = 2 + 4x$ 和 $y_2 = 1 + 8x$。

（a）估计被识别的结构系数。

（b）假设 $\alpha_1 = 0$，估计被识别的结构系数。

（c）假设 $\alpha_0 = 0$，估计被识别的结构系数。

5. 考虑联立方程组模型 $Q = \alpha P + \delta x + \varepsilon$ 和 $Q = \beta P + u$，其中 x 是外生变量。你的数据得出 $\sum Q^2 = 110, \sum P^2 = 50, \sum x^2 = 80, \sum PQ = 100, \sum Qx = 90$ 以及 $\sum Px = 30$。那么：

（a）β 的 OLS 估计结果是多少？2SLS 估计结果是多少？间接最小二乘估计结果是多少？

（b）你选择哪种方法来估计 α 和 δ？

6. 考虑下面这个联立方程组模型：

$$y_1 = \alpha_1 y_2 + \varepsilon_1$$
$$y_2 = \alpha_2 y_1 + \beta_1 x_1 + \beta_2 x_2 + \varepsilon_2$$

其中

$$X'X = \begin{bmatrix} 1 & 0 \\ 0 & 1 \end{bmatrix}, \quad X'Y = \begin{bmatrix} 2 & 3 \\ 3 & 4 \end{bmatrix}$$

这个模型中可识别的参数的 2SLS 估计结果是多少?

7. 考虑下面这个联立方程模型: $y_1 = \beta x + u_1$ 和 $y_2 = \alpha y_1 + u_2$, 其中模型的误差不是独立的。

(a) 你将怎样估计 β?

(b) 证明 ILS 和 2SLS 对 α 的估计是一样的。记为 α^*。

(c) 在这个例子中,什么原因使得上述两种方法能够产生相同的 α 的估计结果?

(d) 评价在模型中用 α^* 代替 α^{OLS} 这种做法的意义。

(e) 基于这个例子,你能够对递归联立方程组的估计得出什么一般性的结论?

8. 当我们估计某个联立方程组的简化形式时,我们没有考虑下面这个事实:简化形式的干扰项在方程之间是相互关联的。我们是否应该获取更有效的估计?为什么?

9. 考虑一个蛛网模型,需求函数是 $Q_t = \alpha_0 + \alpha_1 P_t$, 供给函数是 $Q_t = \beta_0 + \beta_1 w$, 其中 w 是 (a) P_{t-1}, (b) 关于 P_t 的一个适应性预期,适应性过程满足如下机制: $P_t^e = \theta P_{t-1}^e + (1-\theta) P_{t-1}$, (c) P_t 的一个理性预期。设我们有关于 P 和 Q 的时间序列数据,说明你将怎样在上述三种设定中做出选择。

*10. 假设 S: $q = \alpha p + u$ 和 D: $q = \beta p + v$ 是两个同时运行的关系式,其中残差项 u 和 v 之间的协方差为 0, q 和 p 分别是用对数表示的数量和价格。

(a) 证明 q 对 p 的最小二乘回归系数的 plim 等于 α 和 β 的加权平均数,权重分别是 u 和 v 各自的方差。

(b) 说明为什么这个估计可以被看作是供给和需求弹性的绝对值的下限。

(c) 如果 $\sigma_v^2 = k\sigma_u^2$, 其中 k 表示一个已知的常数,说明怎样才能估计 α 和 β。提示:需要两个回归。

(d) 关于方程识别问题,这个方程说明了什么?

WW Hausman 检验

1. 请评价下面这个关于 X 和 ε 的同期关系的检验。在原始方程上运行 OLS, 然后用估计的误差对 X 进行回归,并且检验系数向量是否等于 0, 采用 F 检验。

2. 假设 $y = \alpha_0 + \alpha_1 x + \alpha_2 w + \varepsilon$ 满足 CLR 假定,但你怀疑 w 存在测量误差。幸运的是,你有一个关于 w 的工具变量,这样你能够做一个 Hausman 检验。因为你只怀疑了 w, Hausman χ^2 检验的统计量的自由度为 1。这个论述是正确的、错误的还是不确定的? 请说明原因。

3. 假设 $y = X\beta + \varepsilon$, 且模型满足 CNLR 假定。令 Z 表示 X 的工具变量 (为避

免渐近讨论，假设 X 和 Z 在重复抽样中固定不变）。考虑 $q=\beta^{OLS}-\beta^{IV}$，则：

(a) q 的期望值是多少？

(b) 通过计算 $E(\beta^{OLS}-E(\beta^{OLS}))(q-E(q))'$，找出 β^{OLS} 和 q 之间的协方差。

(c) 利用（b）问的结论，找出 $V(q)$ 的用 $V(\beta^{OLS})$ 和 $V(\beta^{IV})$ 表示的表达式。

(d) 为了检验向量 $q=0$，你将使用什么统计量？

(e) 用文字说明，如果 q 被检验为显著异于 0，你能得出什么合理的结论（或者说这个检验的零假设和备择假设分别是什么）？答案可以参见 Hausman（1978，p. 1253）。

4. 假设 $y=X\beta+\varepsilon$，且模型满足 CLR 假定。令 Z 为 X 的工具变量（为避免渐近讨论，假设 Z 和 X 在重复抽样中都保持不变）。为了进一步简化，假设 Z 与 X 维数相同（一般情况下会得到与（b）部分相同的答案。你要验证这一点）。

(a) 通过把 $y=X\beta^{OLS}+\varepsilon^{OLS}$ 加入到公式中来得到 IV 估计量，请用 ε^{OLS} 的函数形式表示 $\beta^{IV}-\beta^{OLS}$。

(b) 使用（a）中的结果来计算 $\beta^{IV}-\beta^{OLS}$ 的方差—协方差矩阵公式，使用 $V(\beta^{IV})$ 和 $V(\beta^{OLS})$ 来表示。

5. 假设 $y=\beta x+\varepsilon$，其中你知道 $V(\varepsilon)=100$。假设你有关于 y 的数据：20、30、-50、60、-60，相应的 x 的数据：3、7、-4、5、-11，以及关于 z 的数据：1、2、-2、4、-5。z 是 x 的工具变量。

(a) 通过计算 OLS 和 IV 估计量，并且对它们求差来直接做一个 Hausman 检验。

(b) 这个 Hausman 检验的 OV 变形是什么？计算相关统计量的平方。

(c) 另外一种计算 OV 变形的方法如下：通过 x 对 z 的回归计算出预测的 x、w 的值。再做 y 对 x 和 w 的回归，并且通过检验 w 的系数是否为 0 来间接实施 Hausman 检验。证明这样能够得到和（b）中相同的统计量。

6. 假设你认为有 $y=\alpha+\beta x+\varepsilon$。学生 A 采用 OLS 方法回归这个模型，得到 $\alpha^{OLS}=12$ 和 $\beta^{OLS}=21$，并且估计了 $V(\alpha^{OLS})$、$V(\beta^{OLS})$ 以及 $C(\alpha^{OLS},\beta^{OLS})$ 分别为 2、4 和 -1。学生 B 认为这个方程是一个联立方程组的一部分，并且他做了一个 2SLS，得到 $\alpha^{2SLS}=14$，$\beta^{2SLS}=20$，并估计了 $V(\alpha^{2SLS})$、$V(\beta^{2SLS})$ 以及 $C(\alpha^{2SLS},\beta^{2SLS})$ 分别为 3、6 和 -2。利用这些结论在 5% 的显著水平上验证学生 B 的观点：x 是外生变量。

7. 假设我们从一个联立方程组模型中得到一个单一的方程，记为

$$Q=\alpha_0+\alpha_1 P+\alpha_2 Y+\alpha_3 A+\varepsilon$$

其中 Q 和 P 被认为是内生变量，A 被认为是外生变量。但是关于 Y 究竟是外生变量还是内生变量存在争论。研究者 A 假设 Y 是内生变量而采用 2SLS，得到了估计的 α^* 以及协方差矩阵 $V(\alpha^*)$。研究者 B 假设 Y 是外生变量而采用 2SLS，得到了估计的 α^{**} 和协方差矩阵 $V(\alpha^{**})$。说明你将怎样利用这些结果来检验 Y 是否为内生变量。（答案可以参见 Spencer and Berk（1981，p. 1079）。）

XX 定性和受限因变量：蒙特卡洛

1. 假设你观察的某个二分因变量由一个只有一个解释变量的概率模型产生。由线性概率模型得出 x 斜率的 OLS 估计量，这个估计量可以用来估计 x 的变化对于因变量等于 1 的概率的影响。说明你将怎样设计一个蒙特卡洛试验来检查当 x 取均值时这个估计的偏差。

2. 说明你将怎样设计一个蒙特卡洛试验来比较删失样本中估计量的偏差和 Tobit 估计量的偏差。

3. 假设你要估计收入用于交通的部分 f，这个部分是一些特征的函数。你有 900 个个体的关于 f 及其特征的数据，使用了传统的估计方程式 $y=X\beta+\varepsilon$，但是你的一个朋友建议你采用逻辑模型。

（a）试说明这样做的最简单的方法。

（b）试说明你将怎样设计一个蒙特卡洛试验来考察你和你的朋友各自对某个影响 f 的解释变量的估计的相对优点。假设你的朋友设定的函数形式是正确的。

（c）说明如何用自举法求出你的朋友对影响的估计的方差。

4. 你希望做一个薪水模型：$\ln y=\alpha+\beta x+\varepsilon$。你有关于某些个体的 y、x 和 w 数据，但是对于这些个体，他们的 $\delta+\theta w+u$ 小于 0，y 的观测值计为 0（其中 u 是没有观察到的误差）。说明你将怎样设计一个蒙特卡洛试验来考察 OLS 和 Heckman 两步法估计量的相对优点。

YY 定性因变量

1. 假设一个学生得到学生助学贷款的概率由这个学生的学分绩（GPA）、年龄、性别以及学历水平（学历包括本科、研究和博士）决定。

（a）说明怎样采用一个 logit 模型来表达上述意思。

（b）假设我们有 45 个学生的数据，其中 25 个得到了学生助学贷款。说明你将怎样估计模型中的系数。

（c）你将怎样估计一个 23 岁、男性、本科、学分绩为 3.2 的学生得到助学贷款的概率？请详细说明。

（d）假设你希望检验 $\beta=0$，那么 LM、LR 或者 W 检验是否为最简单的？试说明原因。

（e）请具体说明你将怎样使用（d）问中的检验来检验这个模型中学历对这个学生得到助学贷款的概率是否有影响。

2. 假设某人是烟民的概率由一个 logit 模型给出，记为 $e^{\alpha+\beta x}(1+e^{\alpha+\beta x})^{-1}$。其

中 x 是一个虚拟变量，当这个人是男性时等于 1，当这个人是女性时等于 0。我们有 100 个观测值，其中有 10 个男性烟民和 15 个女性烟民以及 35 个不抽烟的男性。那么：

(a) 在零假设 $\beta=0$ 下，某人是烟民的概率的 MLE 是多少？

(b) α 和 β 的 MLE 分别是多少？

(c) 一个男性是烟民的概率的 MLE 是多少？一个女性是烟民的概率的 MLE 是多少？把这些结论和那些已经得到的相关列表中给出的烟民概率进行比较。

(d) 说明为了检验零假设 $\beta=0$，采用 LR 检验我们还需要计算些什么。

3. 失业保险税收由不同的公司支付，但是税率存在一个上限。假设你相信公司达到这个上限的概率受公司规模的影响，但是公司规模这个影响因素在三大产业中不同。那么：

(a) 你将怎样估计？

(b) 你将怎样完成假设：公司规模的影响在不同的产业类型中不变？请具体说明。

4. 对于一个关于全职带薪工人的大样本，你有关于这些工人受教育年限、工作经验年限、性别、种族、职业类别以及年薪的数据。然而不幸的是，某种原因影响了获取数据的方式，你得到的薪水数据只是一个薪水区间，例如少于 20 000、20 000～30 000、30 000～40 000，等等，最高是 80 000 以上。你希望联合检验：（1）性别通过截距项对年薪的影响；（2）性别是否影响工作经验对年薪的关系。说明你将怎样完成这个检验。

5. 假设你在做一个调查来考察人们对付钱修建一个公园的意愿。你根据偶然性评估文献来做"是"、"否"问题调查问卷。例如你问"你是否愿意付 w 美元？"，其中 w 表示支付的金额，对于不同的人，有不同的值。特别地，你认为人们对于修建公园的评价是根据关系式 $v=X\beta+\varepsilon$，其中 X 表示个人特征的观测矩阵，那么如果 $v_i \geqslant w_i$，这个人就愿意付费 w_i 美元。请具体说明你将怎样估计 β。答案可以参见 Cameron（1988）。

6. 一个新的政策在美国 50 个州执行以后，结果分为很成功、部分成功和完全不成功三种。假设第 i 个州未观测的成功指数是 $y_i^*=\alpha+\beta x_i+\varepsilon_i$，我们希望采用有序 logit 模型来估计，那么最大似然函数是什么？

7. 假设你正在用一个很流行的计量软件估计 probit 或者 logit 模型，并且有辅助。那么：

(a) 大部分计量软件都会自动提供似然比检验的数据。这个数据是怎样计算出来的？可以用它来做什么检验？

(b) 假设你得到一个新的观测值，但是不包括因变量。分别采用 probit 和 logit 模型说明怎样预测这个因变量等于 0 或者 1？

(c) 计量软件的一个典型的输出结果是"预测成功表"，下面给出一个例子。在这个例子中，计算机在数据库中预测了多少个"$y=1$"？有多少是正确的？

		实际值	
		0	1
	0	18	22
预测值	1	12	48

(d) 在这个例子中，计算机正确预测的百分比和所有的观测值的预测为 $y=1$ 相比，哪种更好？试说明你的结论。

(e) 你能给出一个更加合理的对比各个预测的方法吗？利用这个方法，把计算机的预测结果以及所有预测都是 $y=1$ 进行比较。写出你的计算过程。

8. 一位作者做了一个关于治疗乳腺癌的二分选择模型。这个模型的函数包括很多因素，例如保险状况、教育、州虚拟变量、种族、年龄，等等，再加上最近的一所癌症治疗医院是否修设了旁道。这个是否修设旁道也被模型化为一个几个类似的解释变量的函数，这些变量包括治疗选择等，这样整个模型成为一个联立 probit 模型。试说明你将怎样估计这个模型。提示：答案可以由 2SLS 的延伸轻松猜到。

9. 有两位作者考察了个人的价值取向，从唯物主义到唯心主义，是取决于教育还是父母的影响。因变量是一个有 4 分的唯物主义比上唯心主义的度量，计为 1、2、3、4。自变量是教育和另一个指标，这个指标叫做"形成性安全指标"，通过父母背景变量的多种衡量来反映。这两位作者运行了 OLS 回归，但是没有截距项，因为他们认为"我们在做一个可列指标，这个指标没有真实的均值"。他们得到了一个相当高的 R^2，然后宣称这已经能够证明他们的模型设定是好的。他们发现当引入"形成性安全指标"后，教育这个因素的影响就被大大削弱了。他们还认为父母的影响而不是教育在个人价值取向上有关键作用。那么：

(a) 你认为为什么他们能够得到一个很高的 R^2？

(b) 如果是你，你将怎样估计？

10. X 教授使用泊松分布模型来解释 1997 年新奥尔良举办的 AEA 招聘会上，PhD 候选人在求职中获得面试机会的人数。他采用通常的假设：预期的面试数目是 $\exp(X\beta)$，其中 X 表示一组解释变量，包括性别、毕业院校的质量等。性别这个解释变量的系数被估计为 0.22，然后这个教授宣布说：在保持其他条件不变的情况下，女性可以期待比男性多 22％ 的机会获得面试。一个参与者宣布这个论断是不正确的而且比较粗糙，那么你会给出什么建议呢？

11. 在 logit 回归中，如果希望报告解释变量 x 对因变量 1 值出现概率的影响，那么应该报告什么结果？是 x 的斜率系数估计，是样本中所有观测点的斜率系数估计的平均值，是样本平均值的斜率系数估计，还是别的量？解释你的选择。

12. 你的一个朋友在她的 MA 项目中分析了决定一个家庭拥有的小汽车数量的因素。她采用了泊松分布模型，解释变量包括家庭收入、这个家庭中成年人的数目以及这个家庭和最近的一个公交车站之间的距离。她给她的一个朋友展示了结果，但是却发现那些拥有小汽车数目为 0 的家庭不太适合这个特殊的模型。对此，你会给出什么建议？

13. 在 logit 或 probit 模型中，1 值概率从 0.4 变到 0.5 要求解释变量 x 的变动量相比 1 值概率从 0.8 变到 0.9 的变动量，是更大、更小还是相等？

14. 假设你已经完成了私家车（1）对公共交通（0）的 logit 模型估计，发现收入和性别（女性为 1）的系数都是正的。如果其他条件都不变，收入对选择私家车出行的概率影响是在男性身上更明显，还是在女性身上更明显，还是二者相等，抑或不可能获知？解释你的答案。

15. 假设没有解释变量，所以 logit 模型只有一个截距项 α。

（a）如果有 N 个独立观测值，其中 K 个值为 1，那么此时似然函数和对数似然函数是什么？

（b）α 的 MLE 是什么？1 值观测值概率的 MLE——p^{MLE} 是多少？你对此感到惊讶吗？为什么？

（c）计算 Cramer-Rao 下界以获得 α^{MLE} 的方差。利用这个方差，求出 p^{MLE} 的方差。你对此感到惊讶吗？为什么？

（d）给定 N 值和 K 值，解释如何计算 LR 统计量、LM 统计量和 W 统计量，来检验 $\alpha = 0.3$ 的零假设。

16. 假设你使用 logit 模型来调查海难生存概率，并建议将男性、成年人和头等舱作为虚拟解释变量。你有 500 个人的数据，其中 200 个人幸存。数据中，所有头等舱乘客都幸存了。这对估计有何影响？

ZZ 受限因变量

1. 美国 900 名男性教授的平均寿命是 73 岁，和美国的所有男性平均寿命为 70 岁相比，你能够得出教授的寿命更长的结论吗？

2. 假设你希望估计曲棍球门票的需求曲线，你认为这个需求由一些变量线性决定，例如票价、主场和客场球队的相对强弱、主场城市的收入和人口数量，等等。你有 10 年的数据，这 10 年间部分溜冰场偶尔门票会全部销售。对于门票全部销售的数据，你建议怎样来处理？

3. 我们希望估计人们对出租的各种影响因素的特征价格，通过做一个租金对这些影响因素的回归来完成。我们的部分出租房的数据是存在出租管制的，于是这些房屋（可以被识别出来）的租金比自由市场中的租金要低。说明你将怎样估计。

4. 假设某一只股票的价格由下面这个方程决定：$p = \alpha + \beta x + \varepsilon$，其中 ε 服从正态分布，均值为 0，方差为 σ^2。在某些天，这只股票没有交易，所以这些天只报告挂单和要价（分别记为 P_b 和 P_a）而不报告实际价格。（这个实际价格如果已经被决定了，就会在挂单和要价之间。）现在你有一年中每天的数据，包括这只股票停盘的那些天。说明你将怎样进行估计。

*5. 假设你正在估计收入决定模型，并且假设这个模型满足 CNLR 假定。为了保护隐私，所有收入大于 100 000 美元的个人都被设定为收入就是 100 000 美

元。进一步的，所有收入小于 5 000 美元的人都从样本中删除了。说明你将怎样进行估计。

6. 因为交易成本，自变量一个很小的变化不会对决策变量有什么影响。假设 y^* 表示要求达到的资产持有量的改变量，这个改变量由产出 x 的改变量决定。但是真实的资产持有量 y 不会因 y^* 的些许改变而变化。假设这个过程由下面这个"摩擦"模型决定：

$$\Delta y^* = \beta \Delta x + \varepsilon, \text{其中 } \varepsilon \sim N(0, \sigma^2)$$
$$\Delta y = \Delta y^*, \text{如果 } \Delta y^* < a_1 < 0$$
$$\Delta y = 0, \text{如果 } a_1 \leqslant \Delta y^* \leqslant a_2$$
$$\Delta y = \Delta y^*, \text{如果 } \Delta y^* > a_2 > 0$$

(a) 以 Δy^* 和 Δy 为坐标空间，画出一个曲线图。

(b) 这个模型的最大似然函数是多少？

7. 假设你考虑做一个家庭储蓄关于家庭收入、家庭规模、家长受教育年限、家长的年龄以及年龄的平方的回归。

(a) 如果你的样本仅仅包括家长年龄大于 25 岁的情况，你会怎样调整你的估计过程？

(b) 如果你的样本仅仅包含没有子女的已婚夫妇，你会怎样调整你的估计过程？

(c) 如果你的样本排除了所有储蓄超过 20 000 美元的家庭，你会怎样调整你的估计过程？

8. 假设你被你的大学聘请去研究被大学录取的学生是否会来报到的决定因素。给你一个大的随机样本，样本中的学生在去年都被录取了，而且我们知道这些学生高中时期的表现、家庭收入、性别、种族、助学金以及所处地域。一个朋友发表意见说你会得到一个有偏差的结果，因为你没有所有申请大学的学生的随机样本，而仅仅有申请了你们学校的学生的样本。更重要的是，你的数据还仅仅是那些被录取了的学生。根据这个意见，你会怎样做？说明你的理由。

9. 一个朋友正试着估计加拿大低收入者对衣服的需求。根据一个预定义的贫困线，他把样本分为高收入者和低收入者两个部分。然后，采用 probit 模型来获取逆 Mills 比率（IMR），他做了高于/低于贫困线这个虚拟变量关于年龄、年龄的平方、出生地、家庭规模、受教育水平、性别、职业、婚姻状况以及现在居住的省份这些变量的回归。他希望通过做服装的消费对年龄、年龄的平方、出生地、家庭规模、性别、是否有工作（虚拟变量）、贫困线上下（虚拟变量）和 IMR 这些变量的回归来估计服装的消费问题。他告诉你如果在两次回归中使用相同的回归子的话，这个程序就没有什么意义。但是他同时指出这两个回归方程中，第二个方程有更少的变量，而且第一个方程中没有第二个方程中的两个变量。他问你："我这样做违反什么规则了吗？（也就是说我的两个方程之间的区别足够大吗？）有什么检验方法能够帮我查明吗？"你会给他什么建议？

10. 一个作者正在研究数学背景影响某一门基础课程期末考试成绩的程度，他通过做一个期末考试成绩对一些解释变量的回归来完成。这些解释变量包括调查期间做的一个随堂数学小测验的得分。部分学生会被这个回归排除在样本之外，因为这部分学生当时没有参加随堂数学小测验。该作者争辩说这样不会影响自己的研究，因为下面这些原因：

> 我们有调查信息的 1 452 个学生是全部登记参加了微观经济学初级课程的 2 310 个学生的一部分。我们关心的是那些没有按规定上课的学生更可能错过我们的调查，也就更可能在课程的完成上做得更差。事实就是这样，在我们对比班上所有学生和参加了我们的调查的学生的期末考试成绩分布后，我们发现参加我们调查的学生成绩平均来说更好。然而，这个样本选择的偏差问题并不影响我们的研究，因为这样还会加强我们给予数学小测验的考虑。我们预期的是没有参加随堂数学小测验的学生是学习较差的学生，当然相应的也就有更差的数学背景。如果那些没有参加数学小测验的学生参加测验的话会得到更低的分数，并且如果这些人的期末考试成绩也更低，那么我们方程的估计系数实际上会低估数学背景对期末考试成绩的影响。

上面这个结论正确吗？如果是正确的，给出更有说服力的理由；如果不正确，说明原因。

AB　久期模型

1. 假设你有关于几个地区工人的一个随机样本。这些工人最近都面临失业或者已经失业。相对于就业的来说，失业的持续时间记为 x_i；相对于还没有就业的来说，失业的持续时间记为 y_i，这些持续时间按天数来算。假设失业持续期 w 服从指数分布，概率密度函数是 $\lambda e^{-\lambda w}$，其中 $0 < w < \infty$。

（a）找出 λ 的最大似然估计量。提示：找出 w 的累积分布。

（b）你会怎样估计这个最大似然估计量的方差？

（c）假设失业持续期的平均值受当地条件的影响，你将怎样对此建模并且估计此模型的系数？提示：用 λ 的形式表示平均失业持续期。

*2. 假设你有一个保险公司的关于汽车事故报告的数据。在数据库中你可以得到所有汽车的市场价值，但是非常不幸的是，你没有报废的汽车的维修成本数据。假设汽车价值为 p，维修成本为 x，且 p 和 x 相互独立，服从指数分布，形式分别是 $\alpha e^{-\alpha p}$ 和 $\beta e^{-\beta x}$。并且如果一辆汽车的维修成本高于它的价值，就会报废。

（a）找出 α 和 β 的最大似然估计。提示：找出指数分布的累积分布。

（b）假设你从汽车公司了解到，对于所有汽车来说，每年总有一部分会报废，因为发生事故的概率是 2%。结合你在（a）问中的结论，你会怎样利用这个信息来估计发生事故的概率？提示：利用报废的概率表达式。

AC　应用计量经济学

1. 假设你估计了方程 $y = \alpha + \beta x + \varepsilon$，但是一个同学批评你忽略了一个相关的解释变量 z（而且你没有 z 的数据），所以你对 β 的估计是有偏的。尽管你承认这是个问题，但是你想说服这个同学相信的是你的估计偏差是负数，因而在你这个问题的背景中就不用考虑了。此处请给出你的论据。

2. 一个朋友做了 y 对 x 和 w 的回归。他刻画出了所有的信息，以便确信自己"看过了"数据。他注意到 y 相对于 OLS 回归残差的图像有一个明显的模式——二者之间存在一个斜率略大于 0 的线性关系。他找到你问你这说明了什么以及他应该怎样对此采取措施，你会给他什么建议？

3. 一个朋友做了一个巴西咖啡消费量（千克）对巴西咖啡的实际价格 PB、茶的实际价格 PT 以及实际可支配收入 Y 的回归。她发现 PB 的符号是错的，其 t 值为 0.5，她去掉 PB 后重新进行估计，发现其他变量的系数只改变了很小一点，所以她接受了后面这个模型的设定，并且得出结论说在她的模型的基础上，巴西咖啡的需求对价格没有弹性。在她上交这个结论之前，她问你是否有什么建议。你会给她什么建议吗？

4. 一个朋友在一堂计量经济学的课上做一个模型。她从一个调查中收集了 300 个数据，这个调查是询问经济学基础课的学生每周用于睡觉、学习、工作和休息消耗的时间。她还知道这 300 个学生每人的学分绩、性别以及期末考试成绩（满分为 100 分的得分）。她计划做一个期末成绩的对数对学分绩、用于上述各种活动的小时数、性别虚拟变量（如果是男性，虚拟变量等于 1）的回归。她计划根据性别前面的斜率系数来估计男性期末考试成绩比女性期末考试成绩高的百分比，根据用于学习的时间这个变量前面的斜率系数来估计用于学习的额外每个小时对学习成绩提高的效果（表示为学习成绩提高的百分比）。对此，你会给出什么建议？

5. 一个朋友做了某种农产品的产出对农田的亩数、种子的数目、降雨量以及日照时间的回归。但是他得不到合理的结果。你对此有什么建议吗？

6. 一个朋友正打算做一个调查：对啤酒征收更高的税是否会减少交通事故。他提出采用各州的横截面数据做交通事故对啤酒税收、行驶的总里程、16～21 岁的人数比例、啤酒消费量以及交警对道路的检查频率的回归。对此你有什么建议吗？

7. 一个朋友做了 TWH 连锁店的用具年销售量对这家连锁店用具的平均价格、这家连锁店的主要竞争对手的用具平均价格、GDP、消费总支出以及这家连锁店当年开放的货架数目的回归。他的回归结果看上去并不好（错误的系数符号、不显著的系数），于是他来问你的意见。你会给他什么建议？

8. 两个顾问报告了两个回归，来估计某个大城市的用电需求量。采用了 29 年的年度数据，有下面两个结果：

(1) $E = 24 + 48\text{Price} + 0.40\text{Pop} + 37\text{HEAT}$

  (2.1)   (4.0)   (3.0)

$R^2 = 0.859$

(2) $E = 30 + 0.62\text{Pop} + 42\text{HEAT}$

  (5.1)   (3.2)

$R^2 = 0.847$

方程下面的括号中的值表示 t 值的绝对值。方程中的 E 表示电消费量，单位是百万千瓦时，Price 表示每千瓦时电量的实际价格，Pop 指人口数量，HEAT 表示当年温度超过需要空调制冷的温度或者低于需要空调保暖的温度的天数。这两个模型你会建议采用哪一个？为什么？

9. 一个朋友做了一个模型：个人每年收入 y 表示成年龄 x 以及他或她是否有大学学历的线性函数，后面加上了误差项。由于对每个人调查的成本很高，而且这个朋友担心人们不会准确回答他们的收入，所以她采用从人口普查手册上选取数据的方法。特别地，她得到了 550 个人口普查手册观测数据，这些人口普查手册来自一个大城市地区。

tract：人口普查手册数量

Pop：手册中人口数量

Y：手册中人们的平均收入

age：手册中人们的平均年龄

uni：手册中拥有大学学历的人数

她告诉你她打算估计 Y 对 Pop、age、uni 的回归，向你询问意见，你会给她什么建议？

10. 一个朋友做了 1 000 头一岁大的赛马拍卖的实际价格对一组解释变量的回归。这些解释变量包括马的性别（COLT），具体到月份的年龄（AGE），这匹马的父亲的实际饲养费用（STUD），这匹马的母亲赢得的比赛数目（DW）以及母亲赢得的奖金（DD）。所有的斜率系数估计量在 1% 的水平上显著，并且和期望的符号一致。特别地，STUD 和 DD 的符号为正，但是令她吃惊的是，DW 的系数为负数（并且显著）。于是她向你请教，你会给他什么建议？

11. 一个朋友在一堂计量经济学课的项目要求下，做了 90 个成年男性的重量 W 关于身高 H 的回归。得到如下结果：$W = 125 + 4.1H$。他的女朋友是一位生物学专业的学生，告诉他为了反映出个人肥胖问题，有一些变量一定要加入模型。幸运的是，在他的模型中，他确实有这些人肥胖程度的数据 F，于是他把这个变量加入到原来的模型中，得到：$W = 120 + 4.2H + 0.3F$。这样增加了 R^2 并且得到基本上显著的 t 值。进一步，他发现他的结果和 Studenmund（2001, p.62）报告的结果很接近。他的女朋友现在满意了，但是在他上交这个结论之前，他问你的意见。你会给他什么建议？

12. 带预期的菲利普斯曲线的一个可以估计的版本运行了一个通货膨胀率的变化对失业率水平的线性回归。假设你有失业率和通货膨胀率的时间序列数据，请具体说明你将怎样利用这些数据来估计出自然失业率（NRU）并且计算出这个估计值的置信区间。提示：根据宏观经济学理论，在达到自然失业率的时候，通货膨胀率会稳定。

13. 一个朋友被委任做一个美国 50 个州的每单位资本对牛肉的需求的决定因素的研究。他向你说了他的下述程序并且询问你的意见，你会给他什么意见？试说明原因。

> 我有 1991 年的数据，并且用现在的货币单位表示。我做了人均牛肉需求对这个州的 GDP、这个州 1991 年牛肉的平均价格、这个州 1991 年对牛肉的广告支出、一个虚拟变量——东部（E）、中西部（MW）和西部（W）以及所有其他州（AO）的回归。这个回归采用非常数选择法（no-constant option）。DW 统计量非常接近 2，所以这个模型看起来不存在自相关错误。BP 检验显示和 GDP 相关存在异方差，所以我把所有的数据除以了 GDP 并且重新回归了方程。我的结果显示：（a）所有的虚拟变量系数都显著异于 0，所以区域因素应该被考虑；（b）广告费用的系数显著大于 0（t 值是 5.78），这说明广告的费用应该增加。

14. 在工资方程中，比较普遍的是在工作经验作为解释变量的基础上，还要加上工作经验的平方。工作经验的斜率总是大于 0，而工作经验的平方的斜率总是小于 0。一些人对此的解释是工作经验的边际报酬递减，这种说法看似有理，但是其他人指出更多的工作经验甚至最终会降低工资，这种说法看似没有道理。你怎样评价这两种不同的意见？

15. 假设你有 100 个关于磁盘驱动器的数据，这些磁盘驱动器出厂年代是 1972—1984 年间。特别地，你有这些磁盘驱动器的以当前货币计价的价格、这些驱动器的运转速度以及容量大小的数据列单。你设定一个模型：磁盘驱动器的价格的对数由它的运转速度的对数和容量的对数线性决定，其中运转速度和容量反映了这个磁盘驱动器的质量。

（a）说明你将怎样使用这个设定的模型来创建一个磁盘驱动器的质量调整后的价格指数。提示：对时间引入虚拟变量。

（b）说明你将怎样检验假设：质量调整后的价格指数每年的改变量是常数。

16. 19 世纪 60 年代大家普遍认为欠发达国家（LDC：less development countries）的援助金会补充国内储蓄来支持更高的投资，以至得到更高的经济增长。一位作者对此有怀疑，他认为援助金至少会取代某些国内储蓄。他把自己的论述表达为下面的方程：

$$C = \alpha + \beta(Y + A)$$

其中，C 表示消费，Y 表示收入，A 表示援助金。因此有储蓄函数：

$$S = -\alpha + (1-\beta)Y - \beta A$$

他去掉截距项，方程两边同时除以 Y，然后估计：

$$S/Y = \beta_1 + \beta_2(A/Y) + \varepsilon$$

其中他的理论表明 $\beta_2 < 0$。确实，他的结果显示 β_2 大概为 -0.84，表明部分援助

金被减少的储蓄抵消了。一个批评者指出这个模型中一定有错误，而真实的值应该在-0.1或-0.2附近。你怎么认为？说明你的理由。

17. 假设你有 400 个关于房价和房子的特征的数据。房子特征包括建筑面积、批量大小、卧室的数目，等等。这些房子大概有一半是 1989 年销售的，而这一年没有任何人知道这里将来会有一个新的垃圾堆积处。剩下的是 1991 年销售的，而这一年大家都知道已经提议会在这里修建一个垃圾堆积处。房子的价格都是以 1989 年美元计价，并且模型中有一个虚拟变量来表示房子是否在被提议的垃圾堆积处的 4 公里以内。说明你将怎样估计这个被提议的垃圾堆积处对房子价格造成的影响。

18. 一个作者估计了新西兰的税率最大增长模型，他使用了 1927—1994 年的数据，这段时间税率上下波动比较合理。作为他的估计的一部分，他想在模型中设定 $b+c=1$。模型如下：

$$1+g=a\tau^{b}(1-\tau)^{c}(y_{t-1})^{b+c-1}$$

其中 g 表示每年增长率，τ 表示每年税率，y 表示 GDP，a、b、c 是参数。他把模型用对数的形式来估计，并且分别根据有或没有 $(b+c-1)\ln Y_{t-1}$ 这一项来估计。他使用这个结果来检验 $\ln Y_{t-1}$ 的系数是否等于 0。

(a) 说明这个检验怎样完成。

(b) 你能预测出这个检验结果吗？试说明原因。

19. 一个热衷于高尔夫球运动的学生决定估计"击球成功"，以此来作为自己的计量经济学项目。他从 1989 年的《体育世界》杂志上找到了一些数据，这些数据包括击球成功百分比 PP，职业选手从 19 个杆距打出变量 D。他得到下面这个回归结果：$PP=83.6-4.1D$，斜率系数的 t 值是 -10.6，调整后的 R^{2} 是 0.86，DW 统计量是 0.48。他的室友警告他最好不要报告 DW 统计量，因为他使用的是横截面数据。这使他有些迷惑，于是他向你请教，你会给他什么建议？

20. Z 教授正在分析经济学博士生需要多长时间来完成他们的学位。他使用非常大的数据样本，样本中的学生都是 1990 年登记入学的经济学博士研究生。他做了这些学生完成博士学位而花费的学期数对一些解释变量包括性别、年龄、婚姻状况、学校的威望、各种经济支持的度量以及各种表示能力大小的变量的回归。有一些数据被忽略了，因为截至 1999 年他们还没有毕业。针对这种情况，你会给出什么建议？

21. 在一个关于考察一种新的电脑引导技术对学习经济学原理的作用的研究中，一个研究者在一个实验班使用了新的电脑引导技术，而在一个对照班使用了普通的教学方法。她做了学生期末考试成绩（满分 100 分，变量记为 grade）对这个学生学分绩（GPA）、性别（Male）、年龄（Age）、是否采用新技术（这是一个虚拟变量，当采用新技术时等于 1，记为 Tech）以及三个交互影响变量 Tech×GPA、Tech×Male 和 Tech×Age 的回归。其中 Age 和 Tech×GPA 的系数都不显著异于 0，所以她放弃了这两个变量，最后得到的模型如下：

$$grade=45+9GPA+5Male+10Tech-6\ Tech×Male-0.2\ Tech×Age$$

模型中所有 t 值的绝对值都大于 4。于是她的结论如下：

（a）年龄在实验班和对照班之间没有影响，但是年龄更大的学生看上去并没有比年龄小的学生从新技术中获到更多的益处。

（b）不论这个学生是实验班的还是对照班的，GPA 对期末考试成绩的影响都一样。

（c）这个新技术对女生期末成绩的影响（和没有接受这个新技术的女生相比）要高 10%。而男生期末成绩受这个新技术的影响只有 4%。

（d）尽管存在（c）中的这个差别，但实验班中男生的期末成绩和实验班中女生的期末成绩没有显著的差异。

现在你被邀请评价她的研究，请你评价上面这些实证工作。

22. 假设你正在研究学校给学生制定的一个计划对学生在某一门标准化的考试中的成绩的影响。你从 500 个学校中选取综合数据，然后做学校的这门考试的平均分数对这个学校从学校制定的计划中获益的学生比例的回归。然而，让你感到惊讶的是，回归结果的斜率系数是负数。导致这种结果的可能原因是什么？

23. 假设你有关于工资 w、性别虚拟变量 D、区域虚拟变量 BC、学历 ed 以及工作经验 ex 的 132 个观测数据。男性和女性的数据看上去没有顺序，但是你知道一共有 60 个女性数据。你的研究助手做了 OLS 回归，并且报告了所有系数估计值和全部方差—协方差矩阵。结果如下：$\ln w = 0.1 + 0.03ed + 0.04ex + 0.06D + 0.05BC$。你整理了这个结果。那么：

（a）在你就要把这个结果在一个讨论会中报告出来之前，最后一刻你的研究助手给你打电话，说他才发现性别虚拟变量的处理方式是男性等于 1 而女性等于 2，并不是他原来想的男性等于 1 而女性等于 0。在讨论会中你想报告男性和女性之间工资的百分比差别，那么你会报告什么结果？其他条件相同。说明你的理由。

（b）由于你已经对你的研究助手失望了，在讨论会上，你决定重新做这个回归（虚拟变量 D 等于 1 的时候代表男性，等于 0 的时候代表女性）来确定使用 $\ln w$ 而不使用 w 作为因变量是否合适。具体说明你会怎样做。

（c）假设你决定保留 $\ln w$ 作为因变量，具体说明你将怎样检验假设：男性和女性的误差方差是一样的，备择假设是女性的误差方差更大。

（d）假设你在（c）问中的检验表明女性的误差方差确实更大，请具体说明你将怎样根据这个信息来估计方程。你的新的估计程序有什么优点？

（e）你的研究助手后来毕业了，你招了一个新的研究助手。她发现原来那个研究助手错放了数据，而失误的是，你没有备份原始数据。不过幸运的是，你的这个新研究助手工作非常勤奋，她找到了一个可以类比的样本，大小为 100。具体说明你会给她什么指示来让她最优估计未知的系数。

24. Rao 和 Miller（1971，p.48）的一个经典例子就是检验假设：人的心跳是两腿之间长度的差别的线性函数，而不是该人某条腿长度的函数。Studenmund（2001，p.279）通过考察下面两个方程的决定因素来展示这个例子：

方程一：$H = \alpha_0 + \alpha_1 R + \alpha_2 L$

方程二：$H = \beta_0 + \beta_1 R + \beta_2 (L - R)$

其中，H 表示心跳速度，R 表示右腿长度，L 表示左腿长度。为了完成一次计量经济学作业，一个朋友选择了第二个方程，因为他说第二个方程给出了一个关于假设的直接检验办法，并且这个检验方法更加有说服力，因为它排除了 L 和 R 的多重共线性问题。在他提交自己的作业之前，他向你询问意见。你会给他什么建议？

25. 一个朋友在自己的计量经济学课程作业中做了纽芬兰的就业率对数对纽芬兰最低工资与平均工资的比率以及加拿大（不是纽芬兰省）的实际 GDP 的回归。结果令人不满意，尽管最低工资比率这个变量显著，并且符号正确，但是 GDP 这个变量有错误的符号，并且不显著。正要失望之时，她加入了各种各样的变量到回归，想看看能不能得到一个更好的结果。不过，奇怪的是，她发现如果加入一个时间趋势变量作为额外的回归元，所有的问题都解决了。最低工资比率变量和 GDP 变量都显著并且符号正确。一个同学对此泼冷水，指出纽芬兰的就业率显然和时间趋势没有关系，尽管她的回归中存在时间趋势变量，系数显著为负。她应该怎样在她的作业中解释这个问题？并且她应该怎样配合这个时间趋势变量解释其他两个变量的系数？她很着急地来找你，你会给她什么建议？

26. 假设你从一个有 114 名学生的班级中得到如下数据：GRADE（一门三年级经济学必修课程期末考试的评级），STA（学术性倾向得分，一种对学生能力的测量），GPA（总的学分绩），MALE（性别虚拟变量），AGE（学生的年龄），LEVEL（已经完成的学期数目），FRAT（表示是否参加男生联谊会或者女生联谊会的虚拟变量）以及 WORK（花费在学习上的时间）。除了 GRADE 之外，所有数据都来自一手的调查问卷。尽管所有学生都回答了这个调查问卷，但是有 34 名学生却不经意地没有填完问卷。通过合并调查出来的数据和你暗中调查得知的学生的数据，你找到了这 34 名学生中 10 名学生的 GPA，SAT，MALE，AGE，LEVEL 和 FRAT 的值。请说明你将怎样检验 AGE 和 FRAT 是相互独立的还是相互影响的，对 GRADE 有联合的显著影响。

27. 一个朋友有关于工作培训补助金计划的数据，这些数据是用来让公司更有效地接受补助金的。数据涉及 1992 年、1993 年和 1994 年三年的 75 个公司。其中部分公司接受了补助金（按照先来先得的分配原则）。每个公司的观测值包括三个虚拟变量，这三个虚拟变量反映的是这个公司是否得到了补助金，每年一个虚拟变量；包括三个关于这个公司销售额的观测值，每年一个；包括三个关于这个公司雇用员工数量的值，每年一个；还包括三个关于这个公司产量的值，每年一个。由于这个朋友被给予建议，他非常仔细地检查了这些数据，并且发现没有公司在 1987 年获得补助金，所以这些数据没有意义（他发现这个补助金计划直到 1988 年才执行），而且也没有公司在 1989 年获得补助金，所以这些数据仍然没有意义（他发现这个计划在 1988 年下半年一个新的政党执政以后就没有被继续执行）。他使用了 1988 年的数据来做公司产出对补助金数额、销售额以及员工人数的回归，但是令他失望的是，他发现补助金的符号不是预期的那样为正，而是负数。所以他向你询问，你会给他什么建议？

28. 对于到经济学原理课程的课堂上来听讲对这门课程期末考试成绩的影响问题，传统的研究方法是在基本的解释变量例如 SAT、GPA、性别以及年龄等的基础上，把到课堂听讲作为额外的一个解释变量。这样做的一个问题是，我们永远无法弄清楚到课率和期末成绩之间的关系究竟是更差的学生更会不到课堂，还是不到课堂导致了期末考试成绩很差。一本杂志给出的建议是把这个问题用一个 probit 模型来分析，采用 95 个学生在一次有 30 个多项选择题的考试中的成绩数据。因变量是某一个选择题是否被做正确。解释变量是学生的一组 94 个虚拟变量、选择题的 29 个虚拟变量以及这个学生是否在任何一堂涉及这次考试内容的课堂缺席的 1 个虚拟变量。另外一个人评价说，这样做太疯狂，因为这个回归没有包括这个学生是否更加聪明（SAT 得分）、是否学习更加努力（GPA 成绩）、是男性还是女性以及年龄等因素。而且这样做会丢失太多自由度，因为存在这么多的虚拟变量。杂志的这位作者不知道计量经济学的一些问题，所以向你请教，你会给他什么建议？

29. 一个学习计量经济学的本科生做了一个关于 1959—1979 年间加拿大生产的汽车部件年度需求量的回归。她使用了一些解释变量，还包括：一个虚拟变量 $D65$，1965 年以前 $D65=0$，1965 年及以后 $D65=1$；一个虚拟变量 $D66$，1966 年以前 $D66=0$，1966 年及以后 $D66=1$；一个虚拟变量 $D67$，1967 年以前 $D67=0$，1967 年及以后 $D67=1$；一个虚拟变量 $D68$，1968 年以前 $D68=0$，1968 年及以后 $D68=1$。这些虚拟变量是为了考察美国/加拿大汽车协议的影响。

（a）她正在写她的回归结果，并且问你怎样解释 $D67$ 这个变量的系数，你会给她什么建议？

（b）另一个学生在做一个完全一样的回归，并且也使用了完全一样的解释变量，但他定义 $D65$ 在 1965 年等于 1，在其他年份等于 0；$D66$ 在 1966 年等于 1，在其他年份等于 0；$D67$ 在 1967 年等于 1，在其他年份等于 0；$D68$ 在 1968 年等于 1，在其他年份等于 0。他也想知道怎样解释 $D67$ 这个变量的系数。你会给他什么建议？

（c）通过你，这些学生们了解到他们做的是完全一样的回归，所以想知道他们对模型的设定本质上是否一致。你是怎样认为的呢？请给出解释。

30. 数据包络分析（DEA）通过使用最有效率的公司来定义边界给出了产出可能性边界的分段线性估计。这些公司都以 1 为单位给出有效性的测量，凡是在边界线以内的公司，其测量值都低于 1，而且随着它们远离有效边界，测量值会越来越小。一个朋友正在做 50 个公司的 DEA，以此得到公司的有效性测量。他用一些解释变量做了一个有效性测量的回归来解释为什么有些公司比另外一些公司更有效。当发现一些公司的有效性测量值等于 1 时，这位朋友来找你，询问这是否意味着存在一些错误，是否应该放弃后面一部分研究。你会给他什么建议？

31. 一本教科书定义 x 和 y 之间的 Granger 因果关系检验（例如在有两个变量 x 和 y 的情况下，滞后 2 期）就是检验零假设：所有滞后的 x 的系数 β 之和等于 0，这里即 $\beta_1 + \beta_2 = 0$。另一本教科书定义 Granger 因果关系检验就是检验所有滞后的 x 的系数联合检验不显著异于 0，即这个形式：$\beta_1 = \beta_2 = 0$。你认为哪一个更适合检验因果关系？如果结果拒绝了 $\beta_1 = \beta_2 = 0$，但是接受了 $\beta_1 + \beta_2 = 0$，会有什么结论？你会怎样解释这个结果表明的因果关系？

32. 一个学生用韩币对美元的汇率对其滞后一期、韩国贸易平衡、美国和韩国的通货膨胀率的差别以及相对于美国实际利率的韩国实际利率进行了回归。让他吃惊的是，尽管其他所有系数都有预期的正确符号，但是贸易平衡的系数却是相反的。他询问你的意见，你会给他什么建议？

33. 你希望研究家庭中成年人和儿童的食物成本问题。于是，你做了每周的食物开销 F 关于每周可支配收入 Y、Y^2、家庭中成员数目 N 以及家庭中年龄低于 18 岁的儿童数目 NC 的回归，得到下面这个结果：

$$F = -10 + 2Y - 0.05SY + 13N - 2NC$$

系数的 t 值分别是 -5、3、-1、6 和 -1。一个朋友看到这个结果，警告你说，如果把这个结果交给教授，你就会受到批评，因为：（1）Y 的系数太大（这十分荒谬，人们怎么会把自己收入的两倍都花费在食物上？）；（2）如果你想估计成年人和儿童之间食物成本的差别，你应该把成年人的数目和儿童的数目分别作为变量放到方程中（这样会减少多重共线性，并且为你提供更加直接和精确的估计）。请你评价这位朋友的意见。

34. 你做了汽车每开 100 公里花费的汽油加仑数对汽车一些特征的回归。这些特征包括汽车重量和汽车马力，它们是两个高度相关的变量。你发现尽管汽车重量显著影响油耗，并且符号正确，但是马力这个变量的系数却不显著。你感觉没有理由在模型中去掉马力这个因素，于是你询问一个朋友应该怎么做。你的这个朋友很懂汽车，告诉你说，如果汽车重量已经在模型中存在，那么汽车的马力对燃油有效性的影响也就只有通过汽车重量了，因为汽车要么马力足够，要么马力不足。你认为你应该怎么做？

35. 一个朋友有佛罗里达乡村的犯罪率的数据，他打算做这些数据关于一些解释变量（例如警察开销等）的回归。他问你这样做是否合适，你会给他什么建议？

36. 同事正在分析 1982—2004 年间美国 41 个州推出的免税政策对收入的影响。她的研究基于单方程模型，并使用了简单的经济学理论，认为税收取决于税基、税率和免税政策。审稿人评论称，各州是在收入降低的情况下开始免税的，因此存在内生性问题。于是她尝试利用 Hausman 检验来考察内生性，但又不确信这样是否正确，因为存疑变量是个虚拟变量。因此她来寻求你的意见。你会给出什么建议？Hausman 检验此时是否为最佳选择？是否还有更合适的方法？如果有，是什么？

37. 假设你相信 x 对 y 有正向影响，但是存在滞后。你将 y_t 对 x_t 和 x_{t-1} 进行回归，并惊讶地发现 x_{t-1} 的系数为负。你对此如何解释？

38. 假设 1996 年下半年 A 州提升了最低工资，但毗邻的 B 州并没有这样做。如果 1996 年 A 州和 B 州的失业率分别为 5% 和 4%，1998 年分别为 8% 和 6%，那么最低工资上涨对失业率影响的双重差分估计量是什么？

39. 假设你选择了 900 人参加负收入税实验。同时，还选择了 900 个相似的人构成控制组。给定所有人实验前年度中年工作小时数和实验年度中年工作小时数，解释如何通过回归来估计负收入税对工作时长的影响的双重差分估计量。提示：利用虚拟变量作为回归元；重看问题 O15。

AD 自举法

1. 假设你有 25 个关于 y 和 x 的观测数据，你相信存在关系式 $y=\alpha+\beta x+\varepsilon$，这个模型满足 CLR 假定，但是不满足 CNLR 假定，即不满足正态假定，这意味着模型的误差不满足正态分布。你采用了普通最小二乘法，得到 α 和 β 的估计值分别是 0.50 和 2.25，对应的估计方差是 0.04 和 0.01。你保存了残差向量，记为 res，然后编了一个电脑程序来完成下面的任务：

ⅰ. 随机产生 25 个 e 值来代替原来方程中的残差向量 res。

ⅱ. 根据方程 $0.5+2.0x+1.043e$ 计算 25 个 y 值。

ⅲ. 做 y 对 x 的回归，得到 β 的估计值 $\hat{\beta}$ 和标准差 se。

ⅳ. 计算 $t=(\beta-2)/se$，并且储存。

ⅴ. 从第 ⅰ 步开始重复，直至得到 2 000 个 t 值。

ⅵ. 把这些 t 值从小到大排列。

ⅶ. 打印出第 50 个 t 值，记为 $t50$，以及第 1 950 个 t 值，记为 $t1\ 950$。

(a) 说明这个程序设计出来的目的是什么？

(b) 假设 $t50=-2.634$，$t1\ 950=2.717$，你能够得出什么结论？

2. 你正在估计一个复杂的非线性函数，但是你担心你的估计方法会导致利率的系数估计出现偏误。一个朋友告诉你，你可以通过自举法来修正这个错误。假设你通过自举法得到 400 个利率的系数估计值，那么：

(a) 请说明你将怎样使用这 400 个估计值来检验偏误。

(b) 请说明你将怎样使用这 400 个估计值来修正偏误。

3. 假设你有关于 y、x 和 w 的 28 个观测值，并且你相信存在函数 $y=\alpha+\beta x+\delta w+\varepsilon$，这个函数满足 CLR 假定。你采用了普通最小二乘法得到了 α、β 和 δ 的估计值，分别是 1.0、1.5 和 3.0，并且把回归的残差保存为一个向量，记为 res。然后你编写了一个电脑程序来完成下面这些事情：

ⅰ. 随机产生 28 个 e 值，代替原回归中的残差向量 res；

ⅱ. 根据方程 $1.0+1.5x+3.0w+1.058e$ 计算出 28 个 y 值。

ⅲ. 做 y 对 x 和 w 的回归，得到 β 的估计值 b 和 δ 的估计值 d；

ⅳ. 计算 $r=d/b$，存储这个数据。

ⅴ. 从第 ⅰ 步开始重复，直至得到 4 000 个 r 值。

ⅵ. 计算并打印出 r 的平均值 av 和 r 的方差 var。

ⅶ. 把这些 r 值按照从小到大的顺序排列。

说明你将怎样利用这些结果来得到：

(a) d/b 作为 δ/β 的估计值时偏误的估计；

(b) d/b 的标准差的估计；

(c) 关于零假设是偏误为零的检验；

(d) δ/β 的 90% 的置信区间。

4. 假设你正在估计两个方程，每个方程都满足 CLR 假定。这两个方程是：

$$(1) y = \alpha + \beta x + \varepsilon$$
$$(2) w = \gamma + \delta z + u$$

你有 100 个观测值，并且认为 ε 和 u 是同期相关的，这样，适当的估计程序就是 SURE。这两个方程代表一组需求问题，你的目标是估计一个复杂的非线性函数 $g(\beta, \delta)$，并且给出这个估计的 95％的置信区间。由于函数的非线性，并且你怀疑误差并不满足正态分布，你决定通过一次自举法来验证。幸运的是，你有一个软件能够做 SURE，并且有一个研究助手能够利用这个软件来完成。请你逐步写下你对研究助手使用软件以得到这个置信区间给出的指示。

5. 你有关于 y、x、z 和 q 的 100 个观测值，并且你设定了下面两个函数形式：

$$A: y = \alpha_1 + \beta_1 x + \gamma_1 z + \varepsilon_1$$
$$B: y = \alpha_2 + \beta_2 x + \gamma_2 w + \delta_2 q + \varepsilon_2$$

你提议做一个 J 检验来检查这两个函数哪个更合适，但是你的一个同学建议说，由于 J 检验存在一些问题，所以你应该用自举法来完成。请具体说明你将怎样逐步完成。

6. 在一堂计量经济学作业中，你回归了一个复杂的非线性函数，估计结果显示，利率系数 β 的估计值是 1.55，t 值等于 3.0。这个作业的一部分要求你通过自举法得到 β 的 95％的置信区间。通过自举法，你得到了 5 000 个 β 的估计值（β 的值设定为常数 1.55），计算其均值为 1.63，方差为 0.25，按照从小到大的顺序将其排列，发现第 250 个值是 0.67，第 4 750 个值是 2.74。你打算报告 0.67～2.74 就是置信区间，但是一个同学告诉你说，你应该在用自举法的过程中使用关键统计量（pivotal statistic）。你在笔记中找"关键统计量"，发现这是一个值不依赖于真实系数值的统计量，并且检验 $\beta = 1.55$ 的 t 统计量在这里是合适的。所以你用自举法重新做了一遍，这一次得到 5 000 个 t 值（平均值是 0.18），并且排序。第 250 个值是 -1.92，第 4 750 个值是 2.08。那么你将会报告什么置信区间？说明原因和计算过程。

7. 你正在通过一个外生变量 x 的一个线性函数来解释 y。你有一些面板数据，希望检验固定效应和随机效应。但是因为各种原因，你担心你的检验存在错误。那么：

(a) 你将采用什么检验？你的零假设是什么？

(b) "你的检验存在错误"指的是什么？

(c) 题目中提到的"各种原因"可能是什么？

(d) 请逐步具体说明，你将怎样通过自举法完成这个检验。把自举法的过程叙述得足够清楚，以便让你的研究助手在使用自举法时不会出现麻烦。

附录 E 编号为偶数的题目答案

A2：(a) 数据通过一个均值为 1、方差为 25 的正态分布得到。该数据中的每 100 个的抽样分布满足正态分布，均值为 1，方差为 $25/100 = 0.25$（标准差为 0.5）。按大小顺序排列后的第 1 900 个应该减去分布尾部的 5%。根据正态分布表，在均值以上的 1.645 个标准差时就应该这么做，所以一个比较好的估计是 $1 + 1.645 \times 0.5 = 1.82$。

(b) 为了得到负数，平均值应该比分布的均值低两倍以上的标准差。根据正态分布表，发生这种情况的概率是 0.022 8，所以我们预期这些值中有 $0.022\ 8 \times 2\ 000 = 45$ 或 46 个会是负数。

A4：(a) 这个过程检查 60 次抽样中成功次数的样本分布。其中成功率是 20%。

(b) 这 60 次抽样中的每一次，我们预期 20% 的成功率，所以 gav 大概应该为 12。

(c) 根据介绍的统计量，这个抽样分布的方差是 Npq，其中 N 表示产生的数据数目，p 表示成功率，$q = 1 - p$。所以 gvar 应该接近 $60 \times 0.2 \times 0.8 = 9.6$。

A6：(a)（ⅰ）令 μ 和 σ^2 分别等于 2 和 4；（ⅱ）从正态分布 $N(2, 4)$ 中产生 20 个 x 的观测值；（ⅲ）计算样本方差 $s^2 = \sum (x - \bar{x})^2/19$；（ⅳ）从第（ⅱ）步开始重复，得到 500 个 s^2 的估计值；（ⅴ）求出这 500 个 s^2

的平均值，看是否接近 4。

(b) 计算这 500 个 s^2 的方差，公式为 $\sum (s^2 - \bar{s}^2)^2/499$，看是否接近 32/19＝1.68。

A8：(a)（ⅰ）为 N、μ 和 σ^2 选择合适的值；（ⅱ）利用电脑程序产生一个随机变量的 N 个数据，这个变量的均值为 μ，方差为 σ^2（例如从一个正态分布中随机产生）；（ⅲ）计算 $\bar{x}$，即这 N 个数据的均值，储存之；（ⅳ）从第（ⅱ）步开始重复 2 000 次，产生 2 000 个 $\bar{x}$；（ⅴ）计算这 2 000 个值的样本方差，并且和 σ^2/N 比较。

(b) s^2/N，其中 $s^2 = \sum (x-\bar{x})^2/(N-1)$。

(c) 如上面第（ⅲ）步中提到的，同样计算 s^2/N 并保存。然后在第（ⅴ）步中，同样计算这 2 000 个 s^2/N 的均值，并且和 σ^2/N 比较。

A10：（ⅰ）让电脑从均匀分布（例如 0 和 1 之间的均匀分布）中选取一个值。（ⅱ）如果这个值小于 0.95，让电脑从正态分布 $N(50,4)$ 中选择一个 x 值，否则从正态分布 $N(50,100)$ 中选取。（ⅲ）从第（ⅰ）步开始重复 25 次。（ⅳ）计算这 25 个 x 值的均值和中位数，分别记为 $\bar{x}$ 和 x_{med}，并保存。（ⅴ）从第（ⅰ）步开始重复 2 000 次。（ⅵ）计算 2 000 个 $\bar{x}$ 的样本均值和 2 000 个 x_{med} 的样本方差。将这两个均值结果和 50 比较，并且将两个样本的方差互相比较。

A12：A 是抽样分布 $(6+2x)^2$ 的均值估计值，其中 x 是标准正态分布。展开这个式子就是 4 倍的标准正态分布平方的期望值再加上 36。标准正态分布的平方就是自由度为 1 的 χ^2 分布。χ^2 分布的期望值就是自由度，所以 A 的估计值是 40。

A14：(a)（ⅰ）令 $\theta=0.1$，这样 $v=0.09/60=0.001\,5$。（ⅱ）从 $(0,1)$ 的均匀分布中产生 60 个观测值，并且计算这 60 个值中小于 0.1 的个数，记为 k。（ⅲ）计算 $\theta^*=k/60$ 以及 $v^*=\theta^*(1-\theta^*)/60$。（ⅳ）从第（ⅱ）步开始重复，直至得到 2 000 个 v^* 值。（ⅴ）找出 v^* 的均值 mv^*，并与 0.001 5 比较。

(b) 根据公式 $\text{var}v^*=\sum (v^*-mv^*)^2/1\,999$ 计算出这 2 000 个 v^* 的方差。如果令 sev^* 表示 mv^* 估计的标准差，那么可以通过计算 $\text{var}v^*/2\,000$ 的平方根得到。检验统计量 $(mv^*-0.001\,5)/sev^*$ 服从标准正态分布（因为 2 000 为大样本规模）。

B2：有四个可能的结果：$x=0$、1、2 和 3，导致四种可能的净支付结果：－2、－2、0 和 4。发生这些事件的概率分别是 1/8、3/8、3/8 和 1/8，允许的净支付期望损失为 50 美分。

B4：当 $x\in (a,b)$ 时，$f(x)=1/(b-a)$，否则 $f(x)=0$。$E(x)$ 表示 $x/(b-a)=(a+b)/2$ 在 a 到 b 区间上的积分。$V(x)=E(x-E(x))^2$。最简单的方法是计算 $E(x^2)-(E(x))^2$，得到 $(b-a)^2/12$。

B6：x/y 是一个非线性函数，所以 $E(x/y)\neq E(x)/E(y)$。因为 $E(x)$ 和 $E(y)$ 都是 2.5，故 $Ex/Ey=1$。x/y 可能的取值为 2/3、1 或 3/2，概率

分别是 1/4、1/2 和 1/4。$E(x/y)$ 就可以计算得到，为 25/24。

B8：(a) 样本均值的概率极限是 μ，并且由于非线性函数的概率极限是概率极限的非线性函数，所以允许样本均值的倒数的概率极限是 $1/\mu$。

(b) 一个估计量的非线性函数近似方差就是一阶导数的平方乘以这个估计量的方差。样本均值记为 x，x^{-1} 的一阶导数的平方相对于 x 来说就是 x^{-4}，由 1/16 来估计。x 的方差是 50/25＝2，所以 x^{-1} 的方差为 1/8。

B10：x 的期望值是 $\lambda/(\lambda+1)$，由 $xf(x)$ 在 $(0,1)$ 的积分得到；令这个值等于 $\bar{x}$ 的均值，我们就得到 $\lambda^{mm}=\bar{x}/(1-\bar{x})$。

B12：这个修正使得该式成为真实方差的无偏估计。

B14：根据矩条件，设定 $\bar{x}=\alpha\beta$，$V(x)=\alpha\beta^2$，其中 $\bar{x}$ 和 $V(x)$ 分别是样本均值和方差。解这两个方程可得 $\hat{\beta}=V(x)/\bar{x}$，$\hat{\alpha}=\bar{x}^2/V(x)$。

B16：(a) $9V(x)+V(\varepsilon)=19$。

(b) $2+3x$。

(c) 0，因为计算 $V(2+3x)$ 时 x 固定不变。

(d) $E[V(y|x)]=V(y|x)=V(\varepsilon)=1$。

C2：(a) 令样本规模为 N，每组有 $N/2$ 个观测值。那么 $\beta^*=(\beta x_a-\beta x_b)/(x_a-x_b)+(\varepsilon_a-\varepsilon_b)/(x_a-x_b)$，其中 ε_a 是 a 组误差的平均值。由此显然可见 $E(\beta^*)=\beta$。由于 ε_a 由 $N/2$ 个 ε 平均而得，其方差（同时也是 ε_b 的方差）为 $\sigma^2/(N/2)$，所以 $(\varepsilon_a-\varepsilon_b)$ 的方差为 $4\sigma^2/N$。β^* 的方差为 $4\sigma/[N(x_a-x_b)^2]$。

(b) 分配观测值，使得 x_a-x_b 尽可能大——这使得 β^* 的方差尽可能小。

C4：你的估计量是样本均值之间的差额，这是无偏估计量，方差是 $4/N+16/(30-N)$。其中 N 表示产生的 x 观测值的数量。令 $N=10$ 来最小化方差。这意味着应该产生 20 个 y 值。

C6：这个估计量是无偏的，所以在这个意义下这个估计量是好的。但是这并不是有效的——存在其他估计量，例如 OLS 估计量，既是无偏的，又有更小的方差。

D2：(a) $E(\mu^*)=4$，所以偏差为 0。$V(\mu^*)=3$，所以均方误差 MSE＝3。$E(\mu^{**})=3$，所以偏差为 1。$V(\mu^{**})=27/16$，所以 MSE＝2.7。

(b) 根据 MSE 标准，我们很容易会认为 μ^{**} 比 μ^* 好，但是事实上对于所有的（通常是未知的）μ 却不是这样。

D4：(b) 更小。BLUE 是 $\sum x/N$，这个值更大，因为 μ^* 的分母更大。

(c) 在这种情况下，$w=\sigma^2/\mu^2$，所以 $\mu^*=\sum x/(N+1)=[N/(N+1)]$ 是 BLUE。

E2：$\mathrm{prop}(P)$ 和 $(2\pi\sigma_p^2)^{-1/2}\exp[-(P-\mu)^2/2\sigma_p^2](2\pi\sigma_k^2)^{-1/2}\exp[-(p_k-P)^2/2\sigma_k^2]$ 成比例。对上式求对数，关于 P 求最大化就得到 $E(P)=(\mu\sigma_k^2+p_k\sigma_p^2)/(\sigma_k^2+\sigma_p^2)$。

F2：(a) 这个程序用来比较正确设定模型下的 OLS 斜率估计量 b 的抽样分布和通过增加一个不相关的解释变量 w 后的 OLS 估计量 bb 的抽样分

布。由于加入一个不相关的解释变量不会产生偏差，B 和 BB 应该都接近 3。

(b) 由于我们对模型的设定，不相关的解释变量 w 和对应的解释变量 x 相关，包括 w 会增加 x 的斜率估计量的方差，所以 VB 会比 VBB 小。

F4：β 的 OLS 估计值是 4，产生两个估计误差：2 和 -1。出于自举法的目的，这两个误差都应该乘上 1.414，即 $\sqrt{2}$，以此来进行小样本调整。通常的 OLS 估计量的方差是 $s^2/\sum x^2 = 1.0$。在自举法蒙特卡洛试验中，有四个可能的 β 估计值，每一个 β 的概率相等。这四个 β 值分别是 4.0、5.7、3.2 和 4.85，对应四个误差向量。这些估计的方差是 0.87。

G2：在 CLR 模型中 OLS 估计量是 BLUE，这并不要求误差服从正态分布。

G4：在 y 对 x 的回归中，斜率的估计值是 $\sum xy/\sum x^2$。那么逆回归的斜率估计值的倒数是 $\sum y^2/\sum xy$。这两者不一样。

G6：(a) 把年龄看成工作经验的一个近似的线性函数，斜率系数为 λ。消去年龄这个变量就得到工作经验这个变量的斜率，为 $\beta+\lambda\theta$。由于 λ 和 θ 都可能是正数，那么 β 的估计值应该有正的偏差。

(b) 将性别写成工作经验的近线性函数，斜率系数为 δ。将性别消去，得到工作经验的斜率系数为 $\beta+\delta\gamma$。如果性别与工作经验无关，那么 δ 为零，也就不会有偏误。另一方面，如果其他情况都相同，那么女性的经验会更少，因为她们已经抽出时间来组建家庭，这样 δ 就会是负的。如果女性受到劳动力市场的歧视，那么 γ 也是负的，这样就产生了正向偏误。

G8：$\beta^{\text{OLS}}=3$，这个结果可以通过 OLS 估计得到的截距项 $=\bar{y}-\beta^{\text{OLS}}\bar{x}$ 而得到。上面这个结果参考 3.3 节的技术性注释。

G10：找一个合理的 δ 值，根据 x 的 N 个观测值，用它来计算 $w=(x+\delta)^{-1}$ 的 N 个值。现在做 y 对一个截距项和 w 的回归，并且注意回归结果产生误差平方和。然后选择一个略微不同于 δ 的值，重复上面的步骤，直到最小误差平方和产生后为止。

G12：(a) x 和 w 是正交的。

(b) x 和 w 是高度共线的。

(c) y 的很多变化都是单独由 w 引起的，以至于在误差方差的估计量中，包含 w 会排除很大的向上的偏差（并且同样的效果适合 β^* 的方差估计）。

G14：正确。因为 R^2 没有自由度的修正。一个有 N 个解释变量的回归在有 N 个观测数据的时候拟合得最好。随着 N 的增加，拟合度下降。这是因为前 N 个观测数据最好的拟合随着 N 的增加对整体拟合的影响越来越小。

G16：增加收入税份额的增长率和同时对其他税收降低同样数量的影响，基础分类。

G18：β_0 和 β_4 可以被估计。$\beta_1+\beta_3$ 和 $\beta_2+\beta_3$ 可以被估计，但是组合系数不能

被估计。这是因为 x, w 和 $x+w$ 之间存在完全多重共线性。

G20：同样的参数估计。检查 Ballentine，找出最简单的解释。

H2：(a) $E(\beta^*)=\beta+\alpha\sum x/\sum x^2$，所以偏差是 $\alpha/2$。$V(\beta^*)=\sigma^2/\sum x^2=9/10$。所以 $\mathrm{MSE}=\alpha^2/4+9/10$。

(b) 通常的估计量的 MSE 是 $V(\beta^{\mathrm{OLS}})=\sigma^2/\sum(x-\bar{x})^2=\sigma^2/[\sum x^2-N\bar{x}^2]=1$。这样如果 $\alpha^2<0.4$，$\mathrm{MSE}(\beta^*)<\mathrm{MSE}(\beta^{\mathrm{OLS}})$。

H4：$E(\beta^{\mathrm{OLS}})'(\beta^{\mathrm{OLS}})=\beta'\beta+E\varepsilon'X(X'X)^{-1}(X'X)^{-1}X'\varepsilon$。由于这是一个标量（scalar），所以它就和它的迹（trace）相等。所以这个式子可以写为：

$$\beta'\beta+\mathrm{tr}[E\varepsilon'X(X'X)^{-1}(X'X)^{-1}X'\varepsilon]$$
$$=\beta'\beta+\mathrm{tr}[EX\varepsilon\varepsilon'X(X'X)^{-1}(X'X)^{-1}]$$
$$=\beta'\beta+\mathrm{tr}[\sigma^2(X'X)^{-1}]=15.4$$

I2：从方程两边减去 y 的均值，例如为 θ，得到 $y-\theta=\alpha-\theta+\beta x+\varepsilon$。证明 β 的估计量是无偏的，而 α 的估计量是有偏的。

I4：(a) $0.8y=4+2(0.8x)$。

(b) $0.8y=4+1.6x$。

(c) $y=5+2.5(0.8x)$。

(d) t 统计量没有改变。新的斜率估计值是原来的估计值再除以 0.8，新的方差是原来的方差除以 0.8 的平方，所以当我们建立新的 t 统计量时，0.8 的影响被抵消，得到的还是原来那个 t 统计量。

I6：(a) $\ln(Y/W)=a_1+a_2\ln W+a_3Q$ 意味着 $\ln Y-\ln W=a_1+a_2\ln W+a_3Q$，所以 $\ln Y=a_1+(a_2+1)\ln W+a_3Q$。那么，$a_1$、$(a_2+1)$ 和 a_3 分别是 β_1、β_2 和 β_3 的估计值。

(b) 标准差就是 a_1、a_2 和 a_3。

I8：(a) 新数据中的关系是 $3y=3\alpha+(3\beta)x+3\varepsilon$，所以新的残差方差是 36，即 ε 的方差的 9 倍。

(b) α 和 β 估计量现在分别是 3α 和 3β 的无偏估计量。

I10：1986 年观测值不必改变。将 1995 年工资观测值乘除 1.23，那么写成实际工资的形式时，左边就会出现额外的 $\log(1.23)$ 项。当移到等式右边时，会使得 D95 的系数估计下降 $\log(1.23)$。而其他所有系数和所有标准差都保持不变。

I12：收入乘除 1.2 之后得到的新收入系数是之前系数的 1.2 倍。该系数的新方差估计是之前系数的方差估计的 1.2^2 倍。而其他所有系数和所有标准差都保持不变。

I14：只有截距项受到了影响。从结果来看，可以看出第一期的截距为 4；如果第一期作为新的基期，那么新模型的截距项也为 4。从结果来看，可以看出第二期的截距为 2.5；如果这仍然成立，D2 的新系数必然是 -1.5。对其他期来说，同理可得 $y=4+2x-1.5D2+2D3-3D4$。

J2：方差—协方差矩阵变小，但是其估计却是过高估计，因为 σ^2 被高估了。净影响是不确定的。

J4：不确定。因为我们不能找出 β^{OLS} 和 δ^{OLS} 的协方差的符号。

J6：我们希望得到 x/y 的方差。这是 x 和 y 的非线性函数，其中 x 为 600，为 1.2。向量 $(x, y)'$ 的协方差阵 V 是对角矩阵，对角线上为 4 和 $1 \times (0.01)^2$。由附录 B 中给出的向量的非线性函数的方差表达式可得 $V(x/y) = (1/y, -x/y^2) V(1/y, -x/y^2)'$。据此计算，得 $1\,000/36 = 27.8$。

J8：假设你对前面那个问题的答案是 b，估计的方差是 Vb，其中 b 是 β 的一个估计值。我们希望估计 $\exp(\beta) - 1$，所以正如我们在 2.8 节的技术性注释中解释的方法，使用 $\exp(b - (1/2)Vb) - 1$。

J10：使用附录 B 中随机变量 b 的非线性函数的方差公式，我们可以利用 $[\exp(b)]^2 V(b)$ 估计 $V[\exp(b)]$，其中 $V(b)$ 是 b 的方差估计。注意，上面 J8 的答案给出了更好的判别百分比估计。

K2：利用约束条件将 β 和 θ 消去，并进行整理，得到了 $y - z$ 对截距项和 $(2x - z + w)$ 的回归方程，且斜率估计为 δ^*。根据 δ^* 可得 $\beta^* = 2\delta^*$ 以及 $\theta^* = 1 - \delta^*$。

K4：受约束的 OLS $= \beta^{\text{OLS}} + (X'X)^{-1} R'[R(X'X)^{-1}R']^{-1}(r - R\beta^{\text{OLS}})$，其中约束条件是 $R\beta = r$。对于这个例子，$R = (1, 1)$，$r = 4$。注意，尽管 $(X'X)^{-1}$ 未知，但是消掉的影响比例的因素是已知的。替代数值后，得到受约束的 OLS $= (18/7, 10/7)'$。

K6：由于观测值都是离差形式，α 可以认为等于 0。β 的不受约束的估计值的方差可以从矩阵 $\sigma^2 (X'X)^{-1}$ 左上位置的元素得到，也就是 2。受约束的估计通过 $(y - w)$ 对 $(x - w)$ 的回归来计算，所以它的方差就是 $\sigma^2 / \sum (x - w)^2 = 5/7$。

K8：(a) OLS 估计线是水平线 $y = 2$。

(b) 这条线必须通过原点，这意味着前两个观测值的残差必须是 0 和 4。误差平方和可以通过令其他两个残差相等，并且 OLS 估计线通过 $(4, 2)$ 这一点，再产生最后两个观测值的残差分别为 -2 和 2 这三步来最小化。这样估计线就是 $y = 0.5x$。这可以通过斜率的估计公式 $\sum xy / \sum x^2$ 计算出来。

(c) 对于不受约束的估计线，R^2 等于 0，对于受约束的估计线，R^2 等于 $1 - 24/16 = -0.5$。

(d) 对于不受约束的估计线，R^2 等于 0，对于受约束的估计线，$R^2 = -8/16$ 或者 $4/16$；等于前面这个值的条件是，估计的 y 的平均值就等于 y 的均值。

(e) 如果一个回归受到约束，R^2 就有误导作用。

L2：让误差平方和关于 β_1 的偏导值等于 0，再对 β_2 求偏导，令它等于 0，然后求解这两个方程。

L4：找到伴随受约束的 OLS 估计量的误差平方和的期望值；这要求自由度的调整是 $(N - K + J)$。

L6：(a) $\theta \beta^{\text{OLS}}$ 的期望值是 $\theta \beta$，所以其偏差是 $(\theta - 1)\beta$。那么 $\theta \beta^{\text{OLS}}$ 的偏差平方

和就是$(\theta-1)^2\beta'\beta$。$\theta\beta^{\mathrm{OLS}}$的方差—协方差矩阵就是$\theta^2\sigma^2(X'X)^{-1}$，$\theta\beta^{\mathrm{OLS}}$的元素的方差之和就是$\theta^2\sigma^2\mathrm{tr}(X'X)^{-1}$。

(b) $\beta'\beta/[\beta'\beta+\sigma^2\mathrm{tr}(X'X)^{-1}]$。

(c) OLS估计量被乘上了一个小于1的元素θ，让这个估计量向0收缩。

(d) 最优的θ依赖于未知的参数β。

L8：错误。β_2的OLS估计是

$$(X'_2M_1X_2)^{-1}X'_2M_1y=(X'_2M_1X_2)^{-1}X'_2(I-X_1(X'_1X_1)^{-1}X'_1)y$$
$$=(X'_2M_1X_2)^{-1}X'_2(X_1(X'_1X'_1)^{-1}X'_1)y$$

这个式子并不一定等于0，这个例子告诉我们在什么情况下维恩图会让我们失望。尽管y和X_2正交，y和关于X_1残差化的X_2却可能不是正交的。

M2：(a) 是。OLS公式没有考虑x值为0的相关观测变量情况，因为x为0时没有给我们提供任何当x变化时，y会怎么变化的信息。这可以通过合并后的公式看出来。合并后的公式在OLS估计前一组数据时是失效的，而前一组数据的OLS估计是无偏估计。

(b) 否。它和0向量是有偏差的，因为OLS公式包含当x变化时，y没有发生变化的信息。这也可以通过合并后的公式看出来。

M4：第M1题（a）问中的混合公式是$[X'_1X_1+X'_2X_2]^{-1}[X'_1X_1\beta_1^{\mathrm{OLS}}+X'_2X_2\beta_2^{\mathrm{OLS}}]$。其中下标表示第一组和第二组数据。用$Y_2$代替$X_2\beta_2^{\mathrm{OLS}}$，我们可以得到下面这个结果：

$$[X'_1X_1+X'_2X_2]^{-1}[X'_1X_1\beta_1^{\mathrm{OLS}}+X'_2X_2(X'_2X_2)^{-1}X'_2X_2\beta_2^{\mathrm{OLS}}]=\beta_1^{\mathrm{OLS}}$$

N2：不正确。x^2不是x的线性函数。

N4：不正确。方差变得更大，但是它们的估计值也会变得更大。没有偏误产生。

N6：(a) 对。因为x和w之间不相关。维恩图说明了这一点。

(b) 否。由于忽略了w、σ^2的估计值有向上偏误。维恩图说明了这一点。

N8：不正确。引入回归元导致了完全多重共线性。回归不能进行。

N10：(a) 没有任何办法知道这个条件是否在推理上满足。一个更加合理的建议可能是检验这个条件能否满足，然后根据这个结果选择估计量。

(b) α^{OLS}的方差，也就是MSE等于$\sigma^2\sum w^2/[\sum x^2\sum w^2-(\sum xw)^2]$。$\alpha^*$的估计偏差是$\beta\sum xw/\sum x^2$，它的方差是$\sigma^2/\sum x^2$，所以$\alpha^*$的MSE是下面这个式子：$\beta^2(\sum xw)^2/(\sum x^2)^2+\sigma^2/\sum x^2$。后面这个MSE比前面那个MSE小的条件是$\beta^2<\sigma^2\sum x^2/[\sum x^2\sum w^2-(\sum xw)^2]=V(\beta^{\mathrm{OLS}})$。

N12：(a) $V(\beta^{\mathrm{OLS}})=\sigma^2(X'X)^{-1}$，$V(\beta^*)=\sigma^2(X'X+kI)^{-1}X'X(X'X+kI)^{-1}$，所以我们希望证明$(X'X)^{-1}-(X'X+kI)^{-1}X'X(X'X+kI)^{-1}$是nnd的，或者另一种情况，$(X'X+kI)(X'X)^{-1}(X'X+kI)-X'X$是nnd

的。乘以这一项要求 $2kI+k^2(X'X)^{-1}$ 是 nnd 的，当 $k\geqslant 0$ 时为真。

(b) 否。因为 β^* 是有偏的。

O2：$y=14+5x+5NM-NF-4SF$，通过计算每一个分类的截距项得到。

O4：没有。这个信息对于参数的取值没有暗示。

O6：(a) $\beta_1+\beta_3$。

(b) $\beta_2=\beta_3$。

(c) 不是。因为最开始的设定没有指明在某一个分类中年数的增加会引起收入的增加。

(d) (a) 问中的答案变为 $\alpha_3+\alpha_4+\alpha_5$。(b) 问中的答案变为 $\alpha_5=0$。

O8：(a) 对周末设定一个虚拟变量，加入到模型中。

(b) 加入一个 N 和 H 的交互影响虚拟变量。

O10：B 是正确的。虚拟变量的系数是 2，这是从正规方程得出的。该正规方程迫使 e_f 和 e_m 等于 0，同样地，截距项估计导致残差之和等于 0。

O12：(a) $\exp(0.11)-1$。

(b) $\exp(0.27)-1$。

(c) 估计 0.11 和 0.27 的方差是可能的，这样在取指数之前抽去了这些方差中的一半，正如我们在 2.8 节的技术性注释中所介绍的一样。

O14：设定虚拟变量 D，在 Δx 为正时取值为 1，其他情况下取值为 0。那么模型设定为：$\Delta y=\beta\Delta x+\theta\Delta x^*D$。由于存在一阶差分误差项，所以使用 GLS 方法进行估计。

P2：(a) β_0^{OLS} 应该是前 20 个观测值的均值，所以它的方差应该是 $100/20=5$。$(\beta_0^{OLS}+\beta_1^{OLS})$ 应该是第二组 25 个观测值的均值，所以它的方差应该是 $100/25=4$。

(b) 用式子 $\sigma^2(X'X)^{-1}$ 计算出 OLS 估计量 β_0 和 β_1 的方差分别是 5 和 9。二者的协方差是 -5。这意味着 $(\beta_0^{OLS}+\beta_1^{OLS})$ 的方差是 $5+9-10=4$。

(c) 相关的式子是 $\sigma^2(1,1)(X'X)^{-1}(1,1)'$，计算结果是 4。

P4：(a) $\ln y=\alpha+\beta\ln(100x/100)+\varepsilon=\alpha-\beta\ln(100)+\beta\ln(100x)+\varepsilon$，所以做 $\ln y$ 对一个截距项和 $\ln(100x)$ 的回归应该产生同样的 β 估计，但是却有不同的（存在偏差的）α 估计。

(b)

$$\ln y =\alpha+\beta\ln(100x/100)+\delta D\ln(100x/100)+\varepsilon$$
$$=\alpha-\beta\ln(100)-\delta D\ln(100)+\beta\ln(100x)+\delta D\ln(100x)+\varepsilon$$

这意味着一个截距项虚拟变量应该加入到模型中来以确定其形式。这个虚拟变量如果被忽略就会影响 β 的估计。引入这个截距项，虚拟变量就会避免这个情况。

Q2：把所有观测值安排到一个向量 w 中来，做 w 对一个截距项和一个虚拟变量的回归。这个虚拟变量当观测值是 y 时等于 1，当观测值是 x 时等于 0。使用传统的 t 统计量来检验假设：这个虚拟变量的系数等于 0。

Q4：$Alcohol=\alpha+\beta income+\delta age+\lambda sex+\theta MAincome+\eta PhDincome$，其中 sex 是表示性别的 0—1 虚拟变量；MAincome 表示研究生的收入，在其

他情况下，这个值等于 0；PhDincome 表示博士生的收入，在其他情况下，这个值等于 0。使用 F 检验来检验假设 $\theta=\eta=0$。不受约束的 SSE 可以通过做上面的回归得到。受约束的 SSE 可以通过这个回归去掉 MAincome 和 PhDincome 这两个变量来得到。分子的自由度是 2，分母的自由度是 69。

Q6：(a) 这个变量在宣布了销售税的季度中等于 1，在下一季度等于 -1，在其他情况下等于 0。

(b) (a) 问的回归中存在受约束的 SSE 的 F 检验，用两个观测值特定虚拟变量的不受约束的回归替代 (a) 问中回归的虚拟变量，每一个观测值特定虚拟变量分别表示问题中的两个时期。这里存在一个约束条件，即这两个观测值特定的虚拟变量的系数互为相反数。

Q8：为最低的 10 个观测值和最高的 10 个观测值设定观测值特定虚拟变量。使用 F 检验来检验这两个变量的系数是否等于 0。

Q10：在 generation 市场中加入一个第 i 家公司的观测值特定虚拟变量，在 distribution 市场中加入另一个观测值特定虚拟变量。检验这两个观测值特定虚拟变量的系数是否相等。

R2：(a) 这个设置允许截距项在四年之间可以逐步移动到新的水平，而不是在 1964 年突然跳动。DD 的系数用来衡量截距项最终变化的 $1/4$。这是发生在每一个过渡年的变化。

(b) 定义 DD 在 1964 年等于 0.25，在 1965 年等于 0.5，在 1966 年等于 0.75，在剩余的年份都等于 1。

S2：假设在 1964 年发生变化，计算其最大似然估计，注意似然估计值。在其他年份重复这个估计，一直到 1969 年。根据哪一个假设的转折年份能够产生最高的最大似然估计这个标准选出转折年份；最大似然估计对这个转折年份的估计就是所要的参数估计值。

S4：使用男性的参数和正态分布公式来估计高度 $5'10''$，再使用女性的参数重新估计这个高度，然后求得前者与后者的比例。这就产生了 e^3。针对高度 $5'8''$ 重复上面的计算，但是方差为 $6/6=1$。这就产生了 e^6，一个更高的相关几率。

S6：$f(w)=(2\pi\sigma^2)^{-1/2}\exp[-(w-\mu)^2/2\sigma^2]$，

$f(Q)=f(w)|\mathrm{d}w/\mathrm{d}Q|$，

其中 $w=(Q-a)/b$，且 b 大于 0 时有

$|\mathrm{d}w/\mathrm{d}Q|=(2\pi\sigma^2)^{-1/2}\exp[-((Q-a)/b-\mu)^2/2\sigma^2](1/b)$

$\qquad\qquad =(2\pi b^2\sigma^2)^{-1/2}\exp[-(Q-(a+b\mu))^2/2b^2\sigma^2]$

所以 $Q\sim N(a+b\mu,b^2\sigma^2)$。

S8：对数似然估计 $=-(N/2)\ln 2\pi-(1/2)\sum(x-\mu)^2$。一阶偏微分 $=\sum(x-\mu)$，二阶偏微分 $=-N$。二阶偏微分的期望值的负数 $=N$。一阶偏微分平方的期望值 $=E[\sum(x-\mu)]^2=NV(x)=N$。

S10：$f(y)=f(x)|\mathrm{d}x/\mathrm{d}y|$，其中 $x=\mathrm{e}^{-\theta y}$，所以 $f(y)=\theta \mathrm{e}^{-\theta y}$。

T2：(a) 似然估计和 $\alpha^K(1-\alpha)^{N-K}$ 成比例，其对数似然估计是 $K\ln\alpha+(N-K)$ $\ln(1-\alpha)$。一阶偏微分是 $K/\alpha-(N-K)/(1-\alpha)$。这个式子当 $\alpha=N/N$ 时等于 0。所以 α 的最大似然估计是 K/N。

(b) 对数似然估计的二阶偏微分是 $-K/\alpha^2-(N-K)/(1-\alpha)^2$，这个式子的期望值是 $-N/\alpha-N(1-\alpha)$。这个结果的倒数的相反数是 $\alpha(1-\alpha)/N$，即传统的公式。

T4：(a) 把初始分布分为收入大于 9 000 的样本空间和收入等于 9 000 的样本空间两部分，调整后得到 $f(y)=\alpha9\,000^{\alpha}y^{-(\alpha+1)}$，其中 $y\geqslant9\,000$。对数似然是 $N\ln\alpha+N\alpha\ln9\,000-(\alpha+1)\sum\ln y$。其一阶偏导数是 $N/\alpha+N\ln9\,000-\sum\ln y$，使得 α^{MLE} 是 $N(\sum\ln y-N\ln9\,000)^{-1}$。

(b) 二阶偏导数是 $-N/\alpha^2$，这样 Cramer-Rao 下限是 α^2/N。在这个表达式中用 α^{MLE} 替代后，估计其方差。

(c) 这个分布的均值是 $9\,000\alpha/(\alpha-1)$。计算方法为 $yf(y)$ 在 9 000 到无穷大范围上求积分。令它等于 $\theta+\beta w$，我们可以得到 $\alpha=(\theta+\beta w)/(\theta+\beta w-9\,000)$。把这个式子代入似然估计，我们就可以用 MLE 来估计 θ 和 β。

T6：在 $n>0$ 的条件下，必须调整泊松密度函数来反映这个密度。这可以通过让 $f(n)$ 除以 $n>0$ 时的概率来实现，约定 $1-f(0)=1-e^{-\lambda}$，则似然估计和 $(1-e^{-\lambda})^{-N}e^{-N\lambda}\lambda^{-\Sigma n}$ 成比例。

T8：似然估计是 $(2\theta)^{-T}\exp\left[-\sum|(y-\alpha-\beta x)/\theta|\right]$，所以对数似然估计是 $-T\ln2\theta-\sum|(y-\alpha-\beta x)/\theta|$。对于任何 θ 值，最大化这个式子也就是要求最小化 $\sum|y-\alpha-\beta x|$，也就是最小化残差的绝对值之和。

T10：(a) $\mathrm{prob}(1,1)=\alpha e^{\beta}/(1+e^{\beta})$，$\mathrm{prob}(0,1)=\alpha/(1+e^{\beta})$，$\mathrm{prob}(1,0)=(1-\alpha)/2$，$\mathrm{prob}(0,0)=(1-\alpha)/2$。似然估计是 $\alpha^{Nx}(1-\alpha)^{N-Nx}(1/2)^{N-Nx}e^{\beta Nxy}(1+e^{\beta})^{-Nx}$。其中，$Nx$ 是 $x=1$ 时的观测值的个数，Nxy 是当 $x=1$ 且 $y=1$ 时观测值的个数。这个对数似然估计对 α 的一阶偏导是 $Nx/\alpha-(N-Nx)/(1-\alpha)$，得到了 α 的 MLE 是 Nx/N。对数似然估计对 β 的一阶偏导是 $Nxy-Nx(1+e^{\beta})^{-1}e^{\beta}$，得到 β 的最大似然估计是 $\ln[Nxy/(Nx-Nxy)]$。

(b) 对于所有满足 $x=1$ 的观测值，有一半也满足 $y=1$，也就是 β 的最大似然估计等于 0。所以估计的概率 $\mathrm{prob}(y=1|x=1)=1/2$。

T12：$f(y_t)=f(\varepsilon_t)|\mathrm{d}\varepsilon_t/\mathrm{d}y_t|$，
$f(y_t)=(2\pi)^{-\frac{N}{2}}(\det\Phi)^{-\frac{1}{2}}\exp(-(\Gamma'y_t+B'x_t)'\Phi^{-1}(\Gamma'y_t+B'x_t)/2)\det\Gamma$，
似然估计 $=(2\pi)^{-NT/2}(\det\Phi)^{-T/2}(\det\Gamma)^T\exp(-\sum(\Gamma'y_t+B'x_t)'\Phi^{-1}(\Gamma'y_t+B'x_t)/2)$。

T14：(a) u 有普通的密度分布，但是我们需要的是观测的 y 的密度分布。ε 到 y 的雅克比变换是 1，所以我们需要 u 到 ε 的雅克比变换，Prais-Winston 转换矩阵左上角元素为 $(1-\rho^2)^{1/2}$，对角线元素为 1，对角线

左边元素为 $-\rho$，其他元素都为 0。其行列式，即雅可比，等于 $(1-\rho^2)^{1/2}$。

(b) ε 有普通的密度分布，但是我们需要的是观测的 y 的密度分布。ε 到 $(y^\lambda-1)/\lambda$ 的雅克比变换是 1，所以我们需要 $(y^\lambda-1)/\lambda$ 到观测的 y 的雅克比变换，其结果是 $y^{\lambda-1}$。

(c) 两个雅克比我们都需要。

(d)（i）使用 LR 检验，其中，受约束的似然估计在约束 $\lambda=1$ 和 $\rho=0$ 下进行计算，不受约束的似然估计在约束 $\rho=0$ 下进行计算。（ii）使用 LR 检验，受约束的似然估计在约束 $\lambda=1$ 下进行计算，不受约束的似然估计没有约束条件。

U2：寻找预期的损失，损失函数从 0 到 2 的积分乘以后分布，然后对 β^* 求最小值，结果是 3/4。或者，因为损失函数是二次方程，只需找到后验分布的均值。

U4：(a) 使用同样的均匀先验，但是在所有 $\beta<3$ 时高度减为 0。

(b) 正如截尾的正态分布，$\beta<3$ 时值等于 0。

(c) 经典的点估计是似然函数的峰值（和截尾的后验分布一样）和 3 中较大的一个。贝叶斯点估计是后验分布的均值。当似然函数的峰值和小于 3 的 β 值对应时，经典估计总是 3，但是贝叶斯估计大于 3，当似然函数的峰值离 3 越来越远时，贝叶斯估计离 3 越来越近。

(d) 通过计算 $\beta=3$ 右边的、在"没有截尾的"后验分布下的面积。

U6：(a) 可预测的密度是 $y=3\beta+\varepsilon$，其中 3β 和 ε 分别独立地服从正态分布 $N(18,36)$ 和 $N(0,13)$。所以 y 服从 $N(18,49)$。

(b) $\mathrm{prob}(y>25)=\mathrm{prob}(z>1)$，其中 z 服从 $N(0,1)$。从正态分布表可知这等于 16%。

U8：(a) 似然估计 $\propto e^{-7\lambda}\lambda^{35}$，其中当 $\lambda=5$ 时达到最大值。

(b) Cramer-Rao 下限是 $\lambda/7$（参考 V4(a) 题的答案），估计值是 5/7。

(c) 后验分布 $\propto e^{-7\lambda}\lambda^{35}\lambda^{3.2}e^{-0.7\lambda}=\lambda^{38.2}e^{-7.7\lambda}$，它的均值是 39.2/7.7=5.1。

U10：(a) $0.2\times1+0.4\times2+0.4\times3=2.2$。

(b) $0.2\times(100+264/1)+0.4\times(100+264/2)+0.4\times(100+264/3)=240.8$。

U12：损失函数是二次的，所以后验分布的均值是点估计。比例因子是 1/14，可以通过后验分布在 0～2 上的积分求得。期望值是 29/21，可以通过后验分布在 0～2 上的 θ 重积分得到。

U14：如果猜中 w^*，则奖励是 $500w^*$，否则所得为零。那么期望支付与 $w^*\exp[-(w^*-\mu)^2/2\sigma^2]$ 成比例，其中 $\sigma^2=101$，$\mu=100$。将此式对 w^* 最大化，得 $w^*=\mu/2+\sqrt{(\sigma^2+\mu^2/4)}=101$。

V2：(a) 似然估计和 $\theta^{15}(1-\theta)^{30}$ 成比例，得到 θ 的最大似然估计值为 1/3。

(b) 后验分布和 $\theta^{15}(1-\theta)^{30}$ 成比例。

(c) 后验分布的均值为 16/47。

(d) 要求的先验分布是 $\theta^{-1}(1-\theta)^{-1}$。

(e) 对数似然估计的二阶偏导数是 $-S/\theta^2-(N-S)/(1-\theta)^2$，其中 N 表

示样本大小，S 表示软冰淇淋购买人数。这个式子的期望值是 $-N/\theta-N/(1-\theta)$。所以，信息矩阵是标量 $N/\theta(1-\theta)$，先验分布和 $\theta^{-1/2}(1-\theta)^{-1/2}$ 成比例。

(f) 后验分布是 $\theta^{14}(1-\theta)^{29}$，更新的后验分布是 $\theta^{89}(1-\theta)^{154}$，此时均值为 $90/245$。

V4：(a) 一个样本大小为 N 的似然估计和 $e^{-\lambda N}\lambda^{\Sigma x}$ 成比例。对数似然估计的二阶偏导数为 $-\sum x/\lambda^2$，其期望值是 $-N/\lambda$（$E(x)=\lambda$）。所以信息矩阵是标量 N/λ。从而忽略先验分布（ignorance prior）和 $\lambda^{-1/2}$ 成比例。

(b) 如果先验分布是 λ^{-1}，那么后验分布和 $e^{-7\lambda}\lambda^{34}$ 成比例，其均值为 $35/7=5$，和最大似然估计相同。

(c) 后验分布服从 γ 分布，意味着先验分布是一个共轭先验分布。

(d) 后验分布和 $e^{-7.7\lambda}\lambda^{38.2}$ 成比例，它的均值是 $39.2/7.7=5.1$，这个后验分布向先验分布略微靠近，正如它应该的那样。其方差为 $5.1/7.7=0.66$，比忽略先验分布的方差 $5/7=0.71$ 要小，正如它应该的那样。

V6：(a) $(\alpha+N)/(\beta+\sum x)$。

(b) $\alpha=0$；$\beta=0$。

(c) $1/\theta$。

W2：蒙特卡洛试验产生了 3 000 个值，这 3 000 个值是 F 统计量，用来检验零假设：$y=2+3x$ 这个形式对于前 20 个观测值和最后 30 个观测值相同，除了自由度需要修正（分子除以 2，分母除以 46）。如果经过了自由度的修正，第 2 970 个值就会在自由度为 2 和 46 的 F 分布中去掉最高的 1% 的值，这在 F 统计量表中等于 5.1。所以 $46/2=23$ 再乘以第 2 970 个值应该和 5.1 接近。所以第 2 970 个值应该接近 $5.1/23=0.22$。

W4：这个蒙特卡洛试验程序计算了 3 000 个 χ^2 值，自由度为 8。由于 χ^2 的均值就等于它的自由度，而方差等于自由度的两倍，所以 A 应该等于 8，而 VA 大概为 16。第 2 850 个值去掉这些值最高的 5%，通过 χ^2 分布表我们知道其值大概是 15.5。

W6：这个蒙特卡洛试验是为了检查自举法检验程序在误差不服从均匀分布时是否有一个合适的第一类错误。试验的步骤中最后完成的一步是"将 ctr 除以 3 000，并和 0.05 比较"。

W8：(a)（ⅰ）选择参数值，例如 $\alpha=1$，$\beta=2$，$\theta=0.5$，$\delta=4$，$\sigma^2=5$，这样可保证 $\beta(1-\theta)=1$，并且选择样本大小为 50。（ⅱ）找出或者产生 50 个 x、z 和 p 的值，这三个变量之间互不正交。（ⅲ）令 ctr$=0$。（ⅳ）从正态分布 $N(0,5)$ 中产生 50 个 e 值。（ⅴ）根据公式 $y=1+2x+0.5z+4p+e$ 产生 50 个 y 值。（ⅵ）做 y 对 x 和 z 的回归得到估计值 β^* 和 θ^*，估计方差是 $V\beta^*$ 和 $V\theta^*$，估计协方差为 C^*。（ⅶ）计算渐近 t 统计量，分子为 $n=\beta^*(1-\theta^*)-1$，分母为 d，即 $(1-\theta^*)^2V\beta^*-2\beta^*(1-\theta^*)C^*+(\beta^*)^2V(\theta^*)$ 的平方根。（ⅷ）计算 n/d，如果超过了 t 统计量 5% 的显

著水平，令 ctr 加 1。（ⅸ）从第（ⅳ）步开始重复，直至得到 5 000 个 t 值。（ⅹ）将 ctr/5 000 和 0.05 比较。

（b）由于被忽略的解释变量，我们对其系数的估计值会存在偏差，所以我们犯第一类错误的概率会远远超过 5%。

（c）Wald 检验统计量和渐近的 t 统计量一样，所以两个结果是一样的。

W10：（ⅰ）选择截距项的值、ε 的方差和样本大小 N。令 β 略比 1 大。（ⅱ）为 x 选出 N 个值。（ⅲ）让电脑得到 N 个误差项，并且用它计算 N 个 y 值。（ⅳ）做回归，计算 t 统计量，并且在合适的显著水平上（例如 $\alpha=0.05$）接受或者拒绝零假设。储存检验结果，不论接受还是拒绝。（ⅴ）从第（ⅲ）步开始重复 1 000 次，这样得到 1 000 个关于接受还是拒绝零假设的决定。（ⅵ）用拒绝的次数在 1 000 次中所占的百分比来估计这个效力。（ⅶ）从第（ⅲ）步开始重复，针对略大于 1 的那些 β 值。（ⅷ）用图画出估计的效力和选择的 β 值之间的关系。

W12：下面来描绘出 θ^* 的风险、方程 $y=5+3x+\beta w+\varepsilon$ 中的系数估计值（其中 $\varepsilon \sim N(0, 4)$）以及样本大小（例如为 30）。选择 x 和 w 的 30 个值，使它们略微有共线性。首先令 $\beta=0$，然后：（ⅰ）让电脑得到 30 个误差项，用它计算 30 个 y 值。（ⅱ）做 y 对一个截距项、x 和 w 的回归，用标准的 t 统计量检验假设 $\beta=0$。（ⅲ）如果零假设被拒绝，保存估计的 x 系数并且到下一步（ⅳ）；如果零假设被接受，做 y 对一个截距项和 x 的回归，保存估计的 x 系数并且到下一步（ⅳ）。（ⅳ）从第（ⅰ）步开始重复 1 000 次。（ⅴ）利用 1 000 个估计的 x 系数，用通常的方法估计 MSE，并且用图画出这个 MSE 和 β 之间的关系。（ⅵ）选取一些更大的 β 值，然后从第（ⅰ）步开始重复。

W14：（a）W 统计量。因为 LM 检验需要包含非线性约束的估计，而 W 统计量仅仅需要不受约束的估计。

（b）（ⅰ）给 σ^2 和 β_i 选取合适的值，保证 $\beta_1=\beta_2^{-2}$。（ⅱ）令样本大小为 25，并且为 x 和 w 各选取 25 个值。（ⅲ）让电脑从 $N(0, \sigma^2)$ 中产生 25 个误差，然后计算对应的 25 个 y 值。（ⅳ）计算 W 和 LM 检验统计量并且保存。（ⅴ）从第（ⅲ）步开始重复，直到你得到 5 000 个 W 和 LM 统计量。（ⅵ）把 W 和 LM 统计量的这 5 000 个值按照从小到大的顺序排列。（ⅶ）找出那些超过 5% 的显著水平值 3.84 的值的个数，并且用占 5 000 个数的百分比的形式表示。对统计量 LM 进行同样的操作。（ⅷ）这两个统计量中，更接近 5% 的那个更好。

（c）对于 W，使用排列好的 5 000 个值中的第 4 750 个。对于 LM，使用排列好的 5 000 个 LM 值中的第 4 750 个。

（d）像（b）问中那样回答。但是有下面这些改动：在第（ⅰ）步中，选择 β 值使得 $\beta_1 \neq \beta_2^{-2}$。把这个不等式两端数值的偏差叫做 d。在第（ⅱ）步中，使用相关的经验决定的显著值（从（b）问中得到）取代 3.84。在第（ⅲ）步中，有更高的百分比的统计量更好，因为这个百分比是效力的一个测量。这个研究应该通过不同的 d 值来重复进行，以此来研究相关的效力是怎样在零假设为假时变化的。

（e）如果使用 3.84，而不使用相关的经验决定的显著水平，那么有更高的犯第一类错误的概率的统计量更好。对于无穷小的 d 值，效力和犯第一类错误的概率相等。随着 d 的增加，效力增加。

X2：理论上来说，对于两种情况我们都应该一样有信心。因为两个检验都是在同样的显著水平上完成的。然而实际上，"特大样本空间"的现象可能在这里会有作用。由于所有的点上，零假设都好像是错误的，那么如果样本允许足够大，所有零假设都可以被拒绝。从这个角度出发，我们更可能会拒绝（a）中的假设。

X4：真。t 统计量是一个分子服从正态分布的变量的比率。

X6：图表将会有两条正态曲线，它们的方差都是 9/4，一个以 25 为中心，一个以 30 为中心，二者相交于 27.5。

（a）如果 $\bar{x}$ 小于 27.5，抽样分布的顶点在零假设 $\mu=25$ 下比在备择假设下的要高。所以概率也就比数据来自前面这个假设下的抽样分布要大。更可能的是，前面这个假设是真的。

（b）prob（第一类错误）＝prob（$\bar{x}>27.5$｜零假设为真）＝prob（$z>2.5/1.5$）$\approx 5\%$。prob（第二类错误）＝prob（$\bar{x}<27.5$｜备择假设为真）＝prob（$z<-2.5/1.5$），这和犯第一类错误的概率是相等的。这些概率都是在前面的抽样分布大于 27.5 且后面的抽样分布小于 27.5 的假设基础上给出的。

（c）随着样本容量增加，两个抽样分布都变得更高、更狭窄，导致上面说的两个空间向 0 收缩，所以犯第一类错误和犯第二类错误的概率都减小并趋向于 0。

（d）使用传统的检验方法，犯第一类错误的概率在给定的水平（例如 5%）上保持不变，所以随着样本容量增加，临界值向 25 收缩，导致犯第一类错误的概率不变而犯第二类错误的概率向 0 靠近。

（e）传统的检验方法有一些特殊的性质。

X8：（a）检验 r 是否等于 0 就是检验 x 和残差平方是否相关，所以就是检验异方差。

（b）一个条件矩检验。

X10：（a）看（0，0）这个点是否落在置信椭圆线内部。

（b）使用 F 检验来检验两个系数联合是否显著异于 0。

Y2：效力增加。通过采用一个有点零假设和点备择假设的图来解释是最简单的方法。移动临界值来产生一个 10% 的大小就会增加效力。更一般地，效力曲线在第一类错误的概率处达到最小值。如果升高第一类错误的概率，那么整条曲线都会向上移动。

Y4：使用 $\sigma^2(X'X)^{-1}$，则 β^{OLS} 的方差为 4。使用的检验统计量是 $(\beta^{\mathrm{OLS}}-1)/2$，临界值是 1.645，这意味着如果 $\beta^{\mathrm{OLS}}>4.290$，则零假设被拒绝。prob（$\beta^{\mathrm{OLS}}>4.290$｜$\beta=4$）＝prob[$z>0.145$]＝0.442。

Y6：斜率系数的标准差估计为 0.1/2＝0.05。检验的临界值是 1.645，但是由于真实的斜率值是 0.06（相当于标准差的 1.2 倍），所以临界值仅仅表达了 0.445 倍的标准差。通过正态分布表，效力可以被估计为，得到一个等于 0.445 倍标准差的值或者比均值更大的值的概率大概为 33%。

Z2：$MPC = \beta_1 + \beta_3 A$，所以采用传统的 t 检验来检验 $\beta_3 = 0$。

Z4：定义一个新的变量 xw，即 x 和 w 的乘积。把这个新的变量作为一个回归元，检验它的系数是否等于 0，采用传统的 t 检验。

Z6：(a) $\ln y$ 对 $\ln K$ 的偏微分是 $\beta_2 + 2\beta_4 \ln K + \beta_5 \ln L$，这个偏微分对于正的弹性应该是正的，而不是 β_2 本身。

(b) 对 $\beta_3 = \beta_4 = \beta_5 = 0$ 做一个 F 检验。

Z8：(a) $\theta_1 / \lambda_1 = \theta_2 / \lambda_2$ 或 $\theta_1 \lambda_2 = \theta_2 \lambda_1$。

(b) 回归两个方程，不带约束条件，来获得四个参数的估计值。通过这些估计值的组合来估计 $(\theta_1 \lambda_2 - \theta_2 \lambda_1)$，并且把这个式子的平方作为最后的 χ^2 检验统计量的分子（自由度是 1）。分母是这个分子的估计方差，例如为 $\delta' V \delta$。这里的 V 表示一个不受约束的参数估计的 4×4 的方差—协方差矩阵。该方差—协方差矩阵的计算是通过两个从不受约束的回归中估计出来的 2×2 的方差—协方差矩阵得到的。δ 是一个 4×1 的向量，表示 $(\theta_1 \lambda_2 - \theta_2 \lambda_1)$ 的一阶差分。

Z10：(a) ε 服从对数正态分布意味着 $\ln \varepsilon$ 服从正态分布。如果估计是在对数对对数回归的基础上完成的，相关的误差项就是 $\ln \varepsilon$，而这个误差项如果服从正态分布就说明 OLS 估计量就是 MLE（伴随着我们想要的特性），并且对我们的推断也是有帮助的。如果它的均值刚好被设定为 1，$A K^\alpha L^\beta$ 就是在给定 K 和 L 的条件下 Y 的期望值。这也是通常附加在函数形式中的。

(b) 两个投入都乘以一个常数 w，注意到产出就被乘上了 $w^{\alpha+\beta}$，所以不变规模报酬就要求 $\alpha + \beta = 1$。最简单的检验方法是 F 检验，先做对数对对数的回归，不受约束。对于受约束的情况，$(\ln Y - \ln L)$ 是对一个常数和 $(\ln K - \ln L)$ 的回归。

Z12：(a) 通过设定 $y_t = y_{t-1}, x_t = x_{t-1}$，然后求解 y_t，则长期的弹性可以估计为 $(\beta_2 + \beta_3)/(1 - \beta_1)$。为了检验这个弹性是否等于 1，我们可以检验 $\beta_1 + \beta_2 + \beta_3 = 1$，而这个检验可以通过 F 检验轻松完成。

(b) 置信区间更难估计，因为它要求找出 $(\beta_2^* + \beta_3^*)/(1 - \beta_1^*)$ 的标准差，这个标准差是参数估计向量的一个非线性函数。这可以通过求 $d' V d$ 的平方根得到，其中 V 表示向量 $(\beta_1^*, \beta_2^*, \beta_3^*)'$ 的方差—协方差矩阵，d 表示长期弹性的一阶差分，即 $[(\beta_2^* + \beta_3^*)(1 - \beta_1^*)^{-2}, (1 - \beta_1^*)^{-1}, (1 - \beta_1^*)^{-1}]'$。

Z14：(a) 模型 A 的 AIC 为 816，模型 B 的 AIC 为 800，所以选模型 B。

(b) 模型 A 的 BIC 为 824，模型 B 的 BIC 为 833，所以选模型 A。

(c) LR 统计量为 20，服从自由度为 2 的 χ^2 分布。这超过了临界值 5.99，所以拒绝选择模型 B 的零假设。

Z16：对于男性和女性，通过系数相同但是方差不同的似然法来得到最大对数似然约束条件。同样，通过系数不同和方差不同的似然法来得到最大对数似然无约束条件。使用 LR 检验。

AA2：(a) 受约束的 SSE 是 112，不受约束的 SSE 是 100，这里存在 4 个约束条件，所以 F 检验的分子为 3。这个 F 检验的分母的自由度是 200，所以分母应该等于 1/2。所以 F 统计量等于 6，这对于自由度为 4 和 200 的 F 分布，超过了 $\alpha=0.05$ 的临界值 2.37。所以零假设被拒绝。

(b) 做一个 t 检验来看一看 0.88 是否显著异于 1。统计量是 0.12/0.05＝2.4，这对于自由度为 204 的 t 分布，超过了 $\alpha=0.05$ 的临界值 1.96，所以零假设被拒绝。

(c) 对于 (a) 问，我们需要通过加入两个虚拟变量来获得受约束的 SSE，这两个虚拟变量分别表示两个地区。这里只有 2 个而不是 4 个约束条件，从而改变了分子的自由度。对于 (b) 问，那个被检验是否等于 0 的系数必须从新的受约束的回归中得来；所以分布的自由度现在是 202。

AA4：(a) m 的估计就是数据的均值 3。v 的估计就是样本的方差 2.5。所以估计的样本均值的方差为 2.5/5＝0.5，差不多等于 0.7 的平方。检验 $m=4$ 的 t 统计量是 1/0.7＝1.43，这个结果必须和显著值 2.015 比较。

(b) 一个 z 统计量，计算结果为 1/0.6＝1.667。这个统计量必须和临界值 1.645 比较。

AA6：预测误差是 10。要求的 F 统计量就是 t 统计量的平方，这个 t 统计量用来检验该数据是否显著异于 0。预测误差的方差，通过 $s^2[1+x'(X'X)^{-1}x]$ 来计算，等于 64。所以要求的 F 统计量是 100/64。

AA8：在零假设下，β 的 OLS 估计为 2，产生的误差有－1、1、1 和－1。y 对各个系数的偏导分别和 x^{-1}、x^{-2} 成比例，这可以通过受约束的估计计算得到。LM 统计量可以由样本大小乘以 R^2 计算得到，其中 R^2 表示上面提到的残差对一个常数和这些偏导回归的拟合度。

BB2：在零假设下，（峰度－3）和偏态必须相互独立，且服从正态分布，均值为 0。这样当把它们调整为方差为 1 时，它们的平方服从 χ^2 分布。所以偏态和峰度的方差分别是 $6/N$ 和 $24/N$。

BB4：这是一个 F 统计量，拥有 J 和 $T-K$ 的自由度，并且通过两个互相独立的 χ^2 分布相除得到，每一个 χ^2 分布都除以了自己的自由度。表面上看来分子是 $(r-R\beta^{OLS})'V^{-1}(r-R\beta^{OLS})/J$，分母是 $s^2/\sigma^2=(SSE/\sigma^2)/(T-K)$，其中 V 表示 $(r-R\beta^{OLS})$ 的方差－协方差矩阵，即 $[\sigma^2R(X'X)^{-1}R'+Q]$。未知的 σ^2 在最后的表达式中被消除，这样在分母中就不再有 σ^2，通过 Q/s^2 来估计剩下的 Q/σ^2。

BB6：(a) $NR^2=N\hat{e}'\hat{e}/e'e=[Z(Z'Z)^{-1}Z'e]'[Z(Z'Z)^{-1}Z'e]/(e'e/N)=e'Z(Z'Z)^{-1}Z'e/s^2$。

(b) 如果 g 不包括截距项，那么 es 和 $\hat{e}s$ 的均值就不会等于 0。从而计

算 R^2 的公式就会从分子和分母中分别减去 es 和 $\hat{e}s$ 的平方，导致上面的结果让人失望。

BB8：（a）根据提示，我们得到 y、它是滞后的 y、x 和滞后的 x 的线性函数。在三个差分中，对 ρ 的偏微分（ρ 通过受约束的估计得到）就是 y 对 x 的 OLS 回归的滞后的残差。为了得到 NR^2，做上面的残差对一个截距项、x 和滞后的 OLS 残差项的回归。

（b）考虑到 OLS 残差，x 本身不具有说服力，因为 x 和这个残差之间不相关。结果，一个大的 R^2 只有在滞后的 OLS 残差具有一定的解释力时才会出现，这意味着在对 OLS 残差项（通常的 $\hat{\rho}$）进行回归时，斜率系数会显著异于 0。

BB10：对数似然是 $(\ln\lambda)\sum x - N\lambda - \sum\ln x!$。其一阶偏导是 $\sum x/\lambda - N$，二阶偏导是 $-(\sum x)/\lambda^2$，所以 $\lambda^{\text{MLE}}=\bar{x}$，且 Cramer-Rao 下限是 λ/N（根据提示 $E(x)=\lambda$）。LR 是 $2[(\ln\bar{x})\sum x - \sum x - (\ln\lambda_0)\sum x + N\lambda_0]$，LM 是 $(\sum x/\lambda_0 - N)^2(\lambda_0/N)$，而 W 是 $(\bar{x}-\lambda_0)^2(N/\bar{x})$。

BB12：（a）受约束的对数似然是 $-(N/2)\ln2\pi - (N/2)\ln(SSE_R/N) - N/2$，而不受约束的对数似然是 $-(N/2)\ln2\pi - (N/2)\ln(SSE_U/N) - N/2$，所以 LR 就等于 $-2[(N/2)\ln(SSE_U/N) - (N/2)\ln(SSE_R/N)]$，即等于 $N\ln(SSE_R/SSE_U)$。

（b）W 是检验假设 $\beta=0$ 的 t 统计量的平方。

（c）将从受约束的回归中得到的残差对 1、x 和 w 进行回归。

CC2：通过计算 $-2\ln\lambda$，其中 λ 表示受约束的最大似然估计和不受约束的最大似然估计的比值，LR 可以由

$$(SSE_R - SSE_U)/\sigma^2 = \varepsilon'X(X'X)^{-1}[R(X'X)^{-1}R']^{-1}(X'X)^{-1}X'\varepsilon/\sigma^2$$

计算得出。W 检验的统计量是 $(R\beta^{\text{OLS}}-r)'[V(R\beta^{\text{OLS}}-r)]^{-1}(R\beta^{\text{OLS}}-r)$，这就转化为同一问题了。对于 LM 统计量，$\lambda$ 可以由 $\lambda^*=[R(X'X)^{-1}R']^{-1}(R\beta^{\text{OLS}}-r)$ 来计算，$\text{LM}=\lambda^{*'}[V(\lambda^*)]^{-1}\lambda^*$ 简化为同一形式。

CC4：似然比变成：

$$(2\pi SSE_R/N)^{-N/2}/(2\pi SSE_U/N)^{-N/2} = (SSE_R/SSE_U)^{-N/2}$$
$$= [JF/(N-K)-1]^{-N/2}$$

CC6：邹检验，应用到在一组观测值不足以做一个回归的情况下，检验了这些数据本质上是否在一个置信区域内。它可以由观测值特定虚拟变量的形式来构造公式，并且可以检验许多数据（从数据集合的开始到最后）是否在一个置信区域内。

DD2：（a）$(4-\beta)^2$，是偏差的平方。方差为零。

（b）$4\beta^2/12$，是方差。偏差为零。

（c）当 $\beta<2$ 时，预检验估计量和不受约束的估计量相同，所以它的

$MSE = 4\beta^2/12$。

(d) 预期值由两部分组成——$2y$ 乘以 $1/\beta$ 所得乘积在 0 到 2 上的积分值，再加上 4 倍的 y 大于 2 的概率：$4/\beta + 4 \times [(\beta-2)/\beta] = 4 - 4/\beta$。

(e) 最简单的方法是使用公式：方差等于平方的期望值减去期望值的平方。$4y^2$ 的期望值是 $4y^2$ 乘以 $1/\beta$ 所得乘积在 0 到 2 上的积分值，再加上 16 倍的 y 大于 2 的概率。由此可得 $32/3\beta + 16 \times [(\beta-2)/\beta] = 16 - 64/3\beta$。所以方差为 $16 - 64/3\beta - (4-4/\beta)^2 = 32/3\beta - 16/\beta^2$。

EE2：(a) 做 y 对 x 和 w 的回归产生的系数估计值是 1.0 和 1.4，且 $s^2 = 0.2$，估计方差为 0.05 和 0.07。把 A 的模型看成零假设，非嵌套 F 检验在这里也就是系数 1.4 的 t 统计量的平方，即 28。对于 B 的模型，它是系数 1.0 的 t 统计量的平方，即 20。这两者都比 5% 的临界值 18.5 高，所以两个零假设都被拒绝。

(b) 将 y 对 x 回归，得到 $\beta^* = 2$，以及取值为 2、4、－6 和 0 的 $\hat{y}$。为了利用 J 检验考察 B 的模型的零假设，将 y 对 w 和 $\hat{y}$ 回归，并对 $\hat{y}$ 的系数进行 t 检验。将 y 对 w 回归，得到估计 $\theta^* = 2.4$，以及取值为 4.8、2.4、－4.8 和－2.4 的 $\hat{y}$。为了检验 A 的模型的零假设，将 y 对 x 和 $\hat{y}$ 进行回归，并对 $\hat{y}$ 的系数进行 t 检验。

FF2：（i）为四个参数选择合适的值，选择一个样本大小，例如为 25。然后获得 25 个 x 的值。（ii）让电脑随机产生 25 个误差项，这些误差项来自均值为 0、方差为 1 的正态分布。对这些误差进行调整：第 i 期误差乘以 Kx_i^α 的平方根。（iii）计算对应的 25 个 y 值。（iv）做 y 对一个截距项和 x 的回归，得到 OLS 估计，保存这个结果。（v）做上述的 OLS 回归的残差的对数对一个截距项和 $\ln x$ 的回归，得到斜率系数的估计值 α^*。y、x 和 1（截距项）都除以 x_i^α。（vi）由这个变形后的 y 做对变形后的 x 和变形后的截距项的回归，得到 EGLS 估计。保存之。（vii）从第（ii）步开始重复，直至得到例如 2 000 个估计结果。（viii）使用这 2 000 个 OLS 估计值来估计 OLS 估计量的均值（然后就是偏差）、方差以及 MSE。对 EGLS 做同样的估计，采用 2 000 个 EGLS 估计值。比较上述各值。

FF4：选择异方差的形式、参数值、样本大小以及 x 的值。产生 $N(0, 1)$ 的误差项，并且根据异方差形式转换。计算 y 值。做 OLS 回归。执行 Goldfeld-Quandt 检验，看异方差是否被检测到；重复做 Breusch-Pagan 检验，产生新的误差项，重复 1 000 次。效力可以通过比较两个检验检测得出异方差的次数来比较。为了得到一个更加有效的比较，做蒙特卡洛试验来决定两个检验的显著值，这样产生犯第一类错误的概率，然后使用这些临界值在蒙特卡洛实验中研究效力。

FF6：选择参数值、样本大小以及 x 值。产生 $N(0, \sigma^2)$ 的误差并且做适当的转换以产生自相关。计算 y 值，做 OLS 回归然后存储估计结果。计算 EGLS 估计并存储之。检测自相关误差。如果无自相关的零假设被接受，令预检验（PT）估计等于 OLS 估计，否则令 PT 估计等于 EGLS

估计。存储这个 PT 估计。产生新的误差项，重复上述过程并且得到例如 2 000 个 OLS、EGLS 和 PT 估计。对于每一个估计，计算 MSE。用不同的自相关系数值重复，并且对三种估计分别画出一条 MSE 对这个自相关系数 ρ 的关系图。

FF8：假设有 N 个成本分摊方程，每一个方程有 T 个观测值。使用 SURE 估计，但是不要引入约束条件。储存 N 个误差的 T 个结果，称为 EN。使用计算的系数估计作为"真实"系数值，用其产生新的因变量。这个因变量和从 EN 误差向量中替换的 T 个结果相关。使用 SURE 估计，加入约束条件，计算弹性估计值。重复上述过程 2 000 次。通过找到这些估计值的均值和去掉一个适当的截尾的百分比的差距来计算要求的置信区间，即你最初的弹性估计减去和加上这些差距。

GG2：错误。尽管有效性是一个问题，但是连续性却不是，主要问题在于推论。

GG4：可能。因为电脑给出的结果包括方差的估计，但是不包括实际的方差。

GG6：正确。如果方差被低估，那么 t 值就会非常大，这意味着假设会被拒绝，同时也意味着犯第一类错误的概率会更小。

HH2：错误。所有数据都应该除以 x 的平方根。

HH4：错误。把所有数据除以 x，然后做 y/x 对一个常数的回归，产生 GLS 估计量为 $\sum (y/x)/N$，而不是 $\sum y/\sum x$。

HH6：在（b）中，误差存在异方差，因为误差的方差在收入更大时也更大。所以 OLS 估计不是有效的，并且其估计的方差是有偏的。在（a）中，不存在异方差，所以 OLS 估计不受影响。

HH8：（a）关系可以被重新写为 $y=\alpha+\beta x+u$，其中 u 表示误差，均值为 0，方差是 $\sigma^2(\alpha+\beta x)^2$。采用一个迭代的方法估计，先用 α 和 β 的 OLS 估计来估计误差，之后再转换为异方差的形式。找出 EGLS 估计，然后使用这些结果来重新估计异方差的形式，等等。

（b）使用 MLE。对数似然是 $-\dfrac{N}{2}\ln 2\pi-\dfrac{N}{2}\ln\sigma^2-\sum \ln(\alpha+\beta x)-$ $(1/2\sigma^2)\sum\left[(y-\alpha-\beta x)^2/(\alpha+\beta x)^2\right]$。

HH10：异方差一致的方差—协方差矩阵估计由 $(X'X)^{-1}X'WX(X'X)^{-1}$ 给出，其中 W 表示一个对角矩阵，由残差平方构成。在这里，X 表示元素为 1 的列向量。这样产生了 SSE/N^2。通常的估计是

$$s^2/N=SSE/[N(N-1)]$$

HH12：（a）$\ln L=-(N/2)\ln 2\pi-(N/2)\ln\delta-(\theta/2)\sum \ln x-$ $(1/2\delta)\sum\left[(y-\alpha-\beta x)^2/x^\theta\right]+(\lambda-1)\sum \ln y$。

（b）做一个检验联合假设 $\lambda=1$、$\theta=0$ 的 LR 检验。

（c）做一个检验假设 $\lambda=1$ 的 LR 检验，允许 θ 取任何值。

HH14：没有偏差。偏差不产生偏差。你应该使用 GLS。一个快速的修正是可能的：通过建立 GLS 公式，在这个特别的情况下，你会发现 GLS 是男性和女性之间的一个加权平均。男性的权重是女性的方差估计除以二者的方差估计之和，这里是 2/3。女性估计的权重就是 1/3。这样 GLS 估计就是 7/3。你的简单平均是无偏的，方差是 $1/4+2/4$ $=3/4$。你的朋友的加权平均也是无偏的，方差是 $1/9+(4/9)\times2=$ 1，更大。GLS 估计的方差是 $4/9+(1/9)\times2=2/3$。

HH16：这个程序产生了异方差，在之前没有出现过。OLS 估计在异方差出现的情况下是无偏的，所以这个论述是错误的。但是导致了效率的损失，并且估计的标准差也是有偏的。

II2：错误。回归子的滞后值作为一个回归元出现会产生偏误（误差渐近消失）。

II4：拟合一个非线性函数的直线容易产生一列正误差和一列负误差，这也是自相关的误差结构容易产生的。

JJ2：使用 Goldfeld-Quandt 检验法。仅使用第四季度的数据做回归来估计误差项的方差。使用其他所有数据做回归来检验误差项的方差。这两个估计的比值服从 F 分布，自由度为 SSE 的公约数。

JJ4：（a）$\beta^{OLS}=2$，得到 OLS 残差为 2、-1、0 和 -1。$s^2=2$，所以估计的 $V(\beta^{OLS})=1/7$。

（b）满足异方差一致性的方差—协方差矩阵估计由 $(X'X)^{-1}X'W(X'X)^{-1}$ 决定，其中 W 是由 OLS 残差平方组成的对角矩阵。依据这个步骤产生 $8/14^2=2/49$。

（c）怀特检验的数据由 4 倍的 R^2 得来，其中 R^2 通过做 OLS 残差平方对一个截距项、x 和 x^2 的回归得到。

（d）学生化的 Breusch-Pagan 检验统计量通过 4 倍的 R^2 得来。其中 R^2 通过做 OLS 残差的平方对一个截距项和 x^2 的回归得到。

KK2：通过基于观测值（2，6，12）对观测值（1，2，3）的 GLS 估计。通过变形来去掉异方差性意味着做（2，3，4）对（1，1，1）的回归，得到的 GLS 估计量是 3。

KK4：（a）对于前 22 个观测值，$SSR=1\,000$，所以 $SSE=40$，$s^2=2$。对于接下来的 32 个观测值，$SSR=2\,916$，所以 $SSE=240$，$s^2=8$。它们的比例服从一个自由度为 30 和 20 的 F 分布。由于这个比例 4 超过了临界值 2.04，方差相等的零假设被拒绝。

（b）针对异方差，一个合适的变形就是对第一个时期的数据乘以 2，改变其 $\sum xy$ 至 400，改变其 $\sum x^2$ 至 40。那么 EGLS 估计量就是 $616/56=11$。

（c）估计 OLS 的方差可以通过 $(X'X)^{-1}X'WX(X'X)^{-1}$，其中 W 表示

一个对角矩阵，对角线上有 22 个 2 以及 32 个 8。结果是 $(1/26)^2 \times (2 \times 10 + 8 \times 16) = 0.22$。

LL2：ε 的方差—协方差矩阵是 $\sigma^2 V$，其中 V 在对角线上的元素为 2，对角线边上的数据是 1，其他位置的数据为 0。V^{-1} 表示 1/4 乘以一个矩阵 Q，其中 Q 的对角线上的元素为 3、4、3，对角线边上的数据为 -2，其他位置的数据是 1。K 的 GLS 估计是 $(X'QX)^{-1}X'Qy$，其中 X 表示元素为 1 的列向量。结果是 7/2。

LL4：(a) 没有偏差，因为 $E(\varepsilon) = 0$。

(b) $V(\beta^{\mathrm{OLS}}) = (X'X)^{-1}X'WX(X'X)^{-1}$，其中 W 表示误差向量的方差—协方差矩阵，在这里对角线上的元素是 1，非对角线上的元素是 -0.6。结果是 0.1。

(c) $V(\beta^{\mathrm{OLS}}) = (X'W^{-1}X)^{-1} = 0.09$。

MM2：(a) 把这两个等式写成一个等式，我们得到 y 向量，由 y_1 和接下来的 y_2 组成，X 矩阵是由一个有 20 个 1 和 20 个 0 的列向量和一个有 20 个 0 和 20 个 1 的列向量组成。误差向量的方差—协方差矩阵有四个分块，左上角的分块是 2 乘以 20×20 的单位矩阵，右下角的分块是 3 乘以 20×20 的单位矩阵，剩下的分块都是单位矩阵。用 GLS 估计，结果是 3 和 5。

(b) 分开的 OLS 估计为 60/20 和 100/20，完全相同。

(c) X 矩阵变成一个 20 个 1 和 20 个 2 的列向量，参数向量现在仅仅包含 μ_1。SURE 估计结果是 μ_1 等于 18/7，这样 μ_2 等于 36/7。

(d) 带约束的 OLS 回归相当于 y 对一列 1 值和一列 2 值进行回归。得到的结果是 μ_1 等于 13/3，μ_2 等于 26/3。这些与 SURE 估计不同。

(e) 一个交叉方程约束条件意味着即使所有方程的回归元都相同，SURE 也能改善估计。

NN2：(a) $V_1 = \sigma^2(X_1'M_2X_1)^{-1}$，$V_2 = \sigma^2(X_2'M_1X_2)^{-1}$。

(b) $E(\beta_1^*) = E(X_1'X_1)^{-1}X_1'(X_1\beta_1 + X_2\beta_2 + \varepsilon - X_2\beta_2^*) = \beta_1$。

(c) $W = V[(X_1'X_1)^{-1}X_1'\varepsilon] + V[(X_1'X_1)^{-1}X_1'X_2\beta_2^*]$，假设 $E(\varepsilon\beta_2^*) = 0$，这样结果为 $W = \sigma^2(X_1'X_1)^{-1} + (X_1'X_1)^{-1}X_1'X_2V_2^*X_2'X_1(X_1'X_1)^{-1}$。

(d) 根据提示，我们可以得到：$V_1 - W = (X_1'X_1)^{-1}X_1'X_2[\sigma^2(X_2'M_1X_2)^{-1} - V_2^*]X_2'X_1(X_1'X_1)^{-1}$，

其中如果 $V_2 - V_2^*$ 是 nnd 的，那么这个结果也是 nnd 的。

(e) 如果从前面的学习中我们得到的关于 β_2 的无偏估计比我们通过现有数据估计的 β_2 要好，这就是说前者有更小的方差，那么我们就最好使用前面研究的估计，并且忽略通过手中数据得到的估计，而不是相反。

NN4：(a) 我们需要加入一个人工观测值 $y = 3$，$x = 1$，加上一个均值为 0、方差为 4 的误差项。根据提示，ε 的方差可以估计为 $(360 - 40)/20 = 16$。为了让这些误差同方差，我们必须把这个人工观测值乘以 2，这

就产生了额外的观测值，为 $y=6$，$x=2$。这样导致 $\sum xy$ 增加到 32，而 $\sum x^2$ 增加到 14，导致 $\beta^* = 32/14 = 2.3$。

(b) 在两种情况下，误差的方差都是一样的，所以相对方差可以通过 $\sum x^2$ 来得到。新方差对于原来的方差的比例是 10/14，减少了 29%。

NN6：(a) 告诉她做一个混合的估计，通过附加一个 95×1 的观测值向量到因变量 3×1 的系数估计向量上，其中系数向量来自原始回归。然后再把下面的 95×3 的 X 矩阵附加一个 3×3 的单位矩阵。GLS 估计将会这样得以实现，因为误差的方差—协方差矩阵将会变成一个 98×98 的矩阵，其中有一个从原始回归中得来的 3×3 的方差—协方差矩阵，这个矩阵在前一矩阵的右边的底部角落。

(b) 是的。告诉她将数据混合，然后做一个新的回归，检查残差的方差项在两个样本中是否是一样的。

NN8：在数据中加入两个人工观测值，对于 $\ln C$、截距项、$\ln Q$ 以及 $(\ln Q)^2$，第一组数据是 0.9、0、1 和 0，第二组数据是 0.1、0、0 和 1。第一组数据需要每一个都乘以 $s^2/0.001\,6$ 的平方根，第二组数据需要每一个都乘以 $s^2/0.000\,4$ 的平方根，其中 s^2 表示原始回归的 ε 的方差估计。

OO2：(a) $[X'(I+XVX')^{-1}X]^{-1}X'(I+XVX')^{-1}y$

$= \{X'[I-X(X'X+V^{-1})^{-1}X']X\}^{-1}X'[I-X(X'X+V^{-1})^{-1}X']y$

$= \{X'X-X'XQ^{-1}X'X\}^{-1}\{I-X'XQ^{-1}\}X'y$，其中 $Q=(X'X+V^{-1})$

$= \{(X'X)^{-1}-(X'X)^{-1}X'X[(X'X)(X'X)^{-1}(X'X)-Q]^{-1}$
$\quad (X'X)(X'X)^{-1}\}\{I-X'XQ^{-1}\}X'y$

$= \{(X'X)^{-1}-[(X'X)-Q]^{-1}\}\{I-X'XQ^{-1}\}X'y$

$= \{(X'X)^{-1}-(X'X)^{-1}+(X'X)^{-1}[(X'X)^{-1}-Q^{-1}]^{-1}(X'X)^{-1}\}$
$\quad \{I-X'XQ^{-1}\}X'y$

$= (X'X)^{-1}X'y$

(b) GLS 对 OLS 的偏离程度取决于矩阵 X 的设定，因此，蒙特卡洛研究的结论不能一般化。

PP2：对数似然函数为 $-(N/2)\ln(2\pi)-(\alpha/2)\sum w_i-(1/2)\sum[(y_i-\beta x_i)^2 \exp(-\alpha w_i)]$。其二阶交叉偏导数为 $-\sum xw(y-\beta x)\exp(-\alpha w)$，期望值为零，所以不用担心关于 β 的二阶偏导数问题。对 α 的二阶偏导数为 $-(1/2)\sum(y-\beta x)^2 w^2 \exp(-\alpha w)$，期望值为 $-(N/2)\sum w^2$，所以要求 Cramer-Rao 下界为 $2/N\sum w^2$。

PP4：受限最大似然函数为 $-(N/2)\ln(2\pi)-(N/2)\ln(\sigma^2)^* -(N/2)$，而不受限最大似然函数为 $-(N/2)\ln(2\pi)-(1/2)\sum\ln(\sigma_i^2)^{**} -(N/2)$，所以 LR $= N\ln(\sigma^2)^* -\sum\ln(\sigma_i^2)^{**}$。

PP6：$V(Q^*)=(\partial Q^*/\partial P^*)^2 V(P^*)=[P(1-P)]^{-2}P(1-P)/N=[NP(1-P)]^{-1}$。

QQ2：$E(\varepsilon_t-\varepsilon_{t-1})(\varepsilon_{t-1}-\varepsilon_{t-2})=2E(\varepsilon_t\varepsilon_{t-1})-V(\varepsilon)-E(\varepsilon_t\varepsilon_{t-2})=(2\rho-1-\rho^2)$ $V(\varepsilon)$，且$V(\varepsilon_t-\varepsilon_{t-1})=2V(\varepsilon)-2\rho V(\varepsilon)=2(1-\rho)V(\varepsilon)$，所以条件为 $|2\rho-1-\rho^2|/2(1-\rho)<\rho$，当$|\rho|>1/3$时得到满足。

QQ4：(a) 将 x_t 变换为 $x_t-\rho x_{t-2}$，并将最初两个观测值乘以 $1-\rho^2$ 的平方根。

QQ6：得到这一结果最简单的方法是将样本均值看作 y 仅对截距项进行 OLS 估计的结果。OLS 估计量的协方差阵为 $(X'X)^{-1}X'\varOmega X(X'X)^{-1}$，其中 X 是 2×1 的列向量，元素为 1；$\varOmega$ 是 ε 的协方差阵。$\varOmega$ 是 2×2 的矩阵，对角线元素为 1，非对角线元素为 ρ，整体乘以 ε 的方差 $\sigma^2/(1-\rho^2)$。除此之外，另一种推导方法中，方差计算通过将方差视为 $(\varepsilon_1+\varepsilon_2)/2$ 的期望进行。检验两种方法结果是否相同是非常好的练习。

RR2：错误。第二个方程加上误差项后，得到的回归方程中 y 对滞后的 y 值和 x 进行回归，并包含球形误差项。为了看清楚这一点，在第二个包含误差项的方程中将 x_t^e 利用滞后算子进行求解，并将解代入第一个方程中，最后整体乘以包含滞后算子的分母表达式来完成。

RR4：(a) 第一个模型的估计方程中，y 对滞后的 y、x、w 进行回归。第二个模型的估计方程中 y 对滞后的 y、x、w 和滞后的 w 进行回归。这暗示可以通过在第二个方程回归结果中检验滞后 w 的系数是否显著异于零来区分两个模型。滞后算子的使用方便了适应性预期模型的变换。

(b) 两个估计方程中，y 都对滞后的 y 和 x 进行回归。第二个方程中有移动平均误差项，而第一个方程中包含球形误差项。所以针对此种差异的检验可以作为区分两个模型的基准。

RR6：(a) 回归方程中，p 对 p 的滞后项、x、x 的滞后项、w 和 w 的滞后项进行回归。假设原方程中包含球形误差项，那么这个估计方程就包含了移动平均误差项。进一步地，还存在过度识别问题：x 的系数估计可以用在 x 的滞后项上来估计 λ，但是 w 的系数估计也可以用在 w 的滞后项上来获得 λ 的另一个估计。

(b) 这些估计并不相同。过度识别约束下搜索 λ 值的做法因此更被推荐。

(c) 如果 w 的系数为零，那么方程就不存在过度识别问题。此时两种估计方法应当获得相同结果。

RR8：(a) 将方程两边同时乘以 $(1-\lambda L)(1-\delta L)$ 并进行整理，得 $y_t=(1-\delta-\lambda+\delta\lambda)\alpha+(\delta+\lambda)y_{t-1}-\delta\lambda y_{t-2}+\beta x_t-\beta\delta x_{t-1}+\theta z_t-\theta\lambda z_{t-1}$。进一步写为一般形式，得 $y_t=\theta_0+\theta_1 y_{t-1}+\theta_2 y_{t-2}+\theta_3 x_t+\theta_4 x_{t-1}+\theta_5 z_t+\theta_6 z_{t-1}$。因为有 7 个系数估计，但是只有 5 个待估参数，所以存在过度识别问题。此时有两个过度识别约束。

(b) 约束可以重写为 $\theta_1=-\theta_4/\theta_3-\theta_6/\theta_5$ 和 $\theta_2=-\theta_4\theta_6/\theta_3\theta_5$，或者 $\theta_1\theta_3\theta_5+\theta_4\theta_5+\theta_6\theta_3=0$ 和 $\theta_2\theta_3\theta_5+\theta_4\theta_6=0$。

(c) 在（a）最后的约束表达式中插入无约束 θ 值并逐一进行估计，就

得到了渐进 t 统计量的分子。t 统计量的分母由分子方差估计的平方根给出，利用非线性函数方差公式即得。由于具有非线性，所有结果都是渐近的，因此不依赖于正态分布误差项。如果强调误差非球形的性质，将会使得问题变得更加复杂。

（d）联合检验约束条件需要使用 Wald 检验，并用到向量的非线性函数向量的协方差阵表达式。

SS2：（ⅰ）选择参数值（包括回归误差项方差 σ^2 和测量误差的误差项方差 σ_x^2）、样本规模（不妨设为 30）、30 个 x 值以及 30 个工具变量（与 x 相关）。（ⅱ）利用计算机产生 30 个均值为 0、方差为 σ^2 的误差项。利用这些误差项和真实值计算 30 个 y 值。（ⅲ）利用计算机抽取 30 个均值为 0、方差为 σ_x^2 的误差项。利用这些误差项计算 x 的测量值。（ⅳ）利用 y 值和 x 的测量值计算 OLS 估计量和 IV 估计量，并保存结果。（ⅴ）从第（ⅱ）步开始重复（次数不妨设为 800 次），得到 800 组估计量。（ⅵ）利用 800 个 OLS 估计量来估计偏差、方差和 MSE。利用 800 个 IV 估计量来进行同样的操作。之后进行比较。

TT2：错误。所说的后果是关于自变量的测量误差，而非因变量的。

TT4：两分组估计量为 $(y2-y1)/(x2-x1)$，其中 $x2$ 为 x 观测值中值较大的那一半。IV 估计量为 $(W'X)^{-1}W'y$，其中 X 是 x 观测值的排序向量（从小到大排列）；y 是 y 观测值对应的列向量；W 列向量的前一半元素为 -1，后一半元素为 1。当平均过程中的 $N/2$ 个被除数删掉时，这就与两分组估计表达式相同。

TT6：OLS 的概率极限为 $\beta-\beta\sigma_x^2/\text{plim}\,(x^2/N)$，所以如果 β 为正，那么极限就会向下偏误；OLS 逆回归的倒数的概率极限为 $\beta+\sigma_\epsilon^2/\beta\,\text{plim}(x^2/N)$，那么极限会向上偏误。前者通过计算 $\sum x_m y / \sum x_m^2$ 获得，其中 $x_m=x+\epsilon_x$；后者通过计算 $\sum y^2 / \sum x_m y$ 获得。例如，后者的概率极限为

$$\text{plim}(\sum (\beta x+\epsilon)^2/N)/\text{plim}(\sum (x+\epsilon_x)(\beta x+\epsilon)/N)$$
$$=[\beta^2\,\text{plim}(\sum x^2/N)+\sigma_\epsilon^2]/\beta\,\text{plim}\sum (x^2/N)$$

UU2：使用 y 对截距项、x 和 z 的估计方程给出的 y 的滞后项预测值。这是可能的工具变量 x 和 z 的"最佳"线性组合。

UU4：关系式 $Py=PX\beta+P\epsilon$ 有一个球形误差。使用 PW 作为 PX 的一个工具变量，得到结果：$\beta^{\text{IV}}=(W'P'PX)^{-1}W'P'Py=(W'V^{-1}X)^{-1}W'V^{-1}y$，其方差—协方差矩阵是 $(W'V^{-1}X)^{-1}W'V^{-1}W(X'V^{-1}W)^{-1}$。

UU6：(a) $\sum xe=\sum x(y-\beta x)=\sum xy-\beta\sum x^2$，令其等于 0，得到 $\beta^*=\sum xy/\sum x^2=\beta^{\text{OLS}}$。

(b) $\sum ze=\sum z(y-\beta x)=\sum zy-\beta\sum xz$，令其等于 0，得到 $\beta^{**}=\sum zy / \sum xz=\beta^{\text{IV}}$。

(c) GMM 要求最小化 $\sum xe$ 和 $\sum ze$ 的加权和，即 $d'V^{-1}d$，其中 $d' = (\sum xe, \sum ze)$，V 表示 d 的方差—协方差矩阵，对角线上的两个元素分别是 $\sigma^2 \sum x^2$ 和 $\sigma^2 \sum z^2$，非对角线上的元素是 $\sigma^2 \sum xz$，其中 σ^2 表示误差项的方差，并且和最大化这个目标不相关。

VV2：不正确。它可以计算，但是我们不知道估计的结果是什么。

VV4：(a) $\beta_1^* = 8/4 = 2$；$\beta_0^* = 1 - 2\beta_1^* = -3$。

(b) β 估计不变，$\alpha_0^* = 2$ 以及 $\alpha_2^* = 4$。因为第一个方程发生了退化。

(c) β 估计不变，$\alpha_2^* = 2$ 以及 $\alpha_0^* = -12$。

VV6：唯一被识别的系数是 α_1，其 2SLS 估计可以通过 y_1 对 y_2 的工具变量回归，使用 y_2 的预测的简化形式，命名为 y_2^*，作为 y_2 的工具变量，或者使用 y_1 对 y_2^* 的回归完成估计。这样 $\alpha_2^* = \sum y_1 y_2^* / \sum y_2 y_2^*$ 或 $\sum y_1 y_2^* / \sum (y_2^*)^2$，其中 $y_2^* = 3x_1 + 4x_2$。两个公式产生的结果是 18/25。

VV8：每一个简约形式的等式都有相同的外生变量，所以这里使用 SURE 是没有什么好处的。

VV10：(a) 简化形式是 $p = (v - u)/(\alpha - \beta)$，并且 $q = (\alpha v - \beta u)/(\alpha - \beta)$。将 q 对 p 回归可得 $\mathrm{plim} \sum qp / \sum p^2 = \mathrm{plim}[\sum (v - u)(\alpha v - \beta u)/N]/\mathrm{plim} [\sum (v - u)^2/N] = [\alpha V(v) + \alpha V(u)]/[V(v) + V(u)]$。

(b) 这以后接下来就是一个正数和负数的加权平均。

(c) 将 $V(v) = kV(u)$ 代入上面 (a) 的答案当中，得到 $(\alpha k + \beta)/(k + 1)$。然后将 p 对 q 进行回归。估计的概率极限为 $[\alpha V(v) + \beta V(u)]/[\alpha^2 V(v) + \beta^2 V(u)]$。替换 $V(v) = kV(u)$，得到 $(\alpha k + \beta)/(\alpha^2 k + \beta^2)$。

这使得两个可以通过求解来计算 α 和 β 的估计的等式用 k 和两个回归估计来表示。

(d) 知道误差方差的相对维度可以帮助识别。

WW2：不确定。因为存在测量误差，所有的系数估计都有偏差，这表明自由度应该和估计的系数的数量相等，正如最初的 Hausman 的文章所陈述的。但是这里存在一些矛盾：最近的一些思考是 OLS 和 IV 估计量二者之间的差别的方差—协方差矩阵是奇异矩阵，所以只有与这个矩阵相关的子集（以及参数向量）才能够在这个检验中被使用，导致自由度在这里等于 1。

WW4：(a) $\beta^{\mathrm{IV}} = (Z'X)^{-1}Z'(X\beta^{\mathrm{OLS}} + \varepsilon^{\mathrm{OLS}})$，所以 $\beta^{\mathrm{IV}} - \beta^{\mathrm{OLS}} = (Z'X)^{-1}Z'\varepsilon^{\mathrm{OLS}}$。

(b) $V(\beta^{\mathrm{IV}} - \beta^{\mathrm{OLS}}) = E[(Z'X)^{-1}Z'\varepsilon^{\mathrm{OLS}}\varepsilon^{\mathrm{OLS}'}Z(X'Z)^{-1}]$

$\qquad = E[(Z'X)^{-1}Z'M\varepsilon\varepsilon'MZ(X'Z)^{-1}]$

$\qquad = \sigma^2(Z'X)^{-1}Z'MZ(X'Z)^{-1}$

$\qquad = \sigma^2(Z'X)^{-1}Z'[I - X(X'X)^{-1}X']Z(X'Z)^{-1}$

$$=\sigma^2(Z'X)^{-1}Z'Z(X'Z)^{-1}-\sigma^2(X'X)^{-1}$$

WW6：(IV−OLS)＝(2,−1)′，其方差—协方差矩阵 V 在对角线上的元素是 1 和 2，非对角线上的元素是−1。Hausman 检验统计量是 (2,−1) V^{-1} (2,−1)′＝5，这小于 5％的临界值 5.99，自由度是 2。所以零假设：x 是外生变量被接受。

XX2：(ⅰ) 设定模型为 $y＝\alpha+\beta x+\varepsilon$，选择 α、β、σ^2 的值，选择样本规模（例如 35），得到 35 个 x 的值，然后决定受限制的 k 值，比如大于 y 的值是没有观测到的（并且令其等于 k）。选择 k 使得大约 10 个观测值期望落在这个分类中。(ⅱ) 让计算机产生 35 个误差，计算 35 个 y 值，然后令任何大于 k 的 y 值都等于 k。(ⅲ) 利用 y 和 x 的数据来得到 OLS 和 Tobit 估计。储存之。(ⅳ) 从第 (ⅱ) 步开始重复，得到600 个估计。(ⅴ) 利用这 600 个估计来估计 OLS 的偏差，并且使用600 个 Tobit 估计来估计 Tobit 估计量的偏差。

XX4：(ⅰ) 选择样本大小，例如为 90，选择 α、β、δ、θ 的值，两个误差项的方差，以及两个误差项之间不等于 0 的一个协方差。在实践中，你可以产生一个误差作为随机误差，另一个误差作为一个常数乘以这个误差再加上另一个随机误差。δ 和 θ 的值必须选择好，以保证 $\delta+\theta w$是一个合理的负数，以及误差 u 的方差必须要允许在加上 u 的时候，$\delta+\theta w$ 会改变符号。(ⅱ) 产生 90 个 ε 和 u 值，然后使用这些值来产生90 个 y 值，并且如果 $\delta+\theta w+u$ 是负数，y 取值为 0。(ⅲ) 计算 β^{OLS}和 β^*，即 Heckman 两步法估计量。(ⅳ) 从第 (ⅱ) 步开始重复，产生3 000 个 β^{OLS} 和 β^* 估计。(ⅴ) 计算这些估计量的偏差和方差。

YY2：(a) 似然是 $[e^\alpha/(1+e^\alpha)]^{25}(1+e^\alpha)^{-75}$。关于 α 最大化对数似然产生$e^\alpha/(1+e^\alpha)$ 的 MLE，是吸烟者的概率，为 25/100＝1/4。注意，e^α 的MLE 是 1/3。

(b) 似然是 $[e^\alpha/(1+e^\alpha)]^{15}(1+e^\alpha)^{-40}[e^{\alpha+\beta}/(1+e^{\alpha+\beta})]^{10}(1+e^{\alpha+\beta})^{-35}$。对数似然是 $25\alpha+10\beta-55\ln(1+e^\alpha)-45\ln(1+e^{\alpha+\beta})$。关于 α 和 β 的最大化得到 $\alpha^{\mathrm{MLE}}＝\ln(3/8)$，$\beta^{\mathrm{MLE}}＝\ln(16/21)$。

(c) 2/9 和 3/11。这分别与男性数据中男性吸烟者的比例以及女性数据中女性吸烟者的比例是一样的。

(d) 对于 $e^\alpha＝3/8$ 和 $e^\beta＝16/21$ 估计 (b) 问中的似然，得到不受约束的最大似然。对于 $e^\alpha＝1/3$ 估计 (a) 问中的似然，得到受约束的最大似然。减去两倍的后者对前者的比例的对数，得到 LR 检验统计量。

YY4：一个有序 logit 或者有序 probit 估计程序就是合适的，但是必须知道门限值（一些统计软件如 LIMDEP 能够做到这一点）。在解释变量中，有一个关于性别的虚拟变量和一个性别乘以工作经验的交互影响的虚拟变量。LR 检验可以用来检验这两个解释变量的系数是否等于 0。

YY6：　　　prob(不成功)＝prob$(\alpha+\beta x+\varepsilon<\delta_1)$

$$=\text{prob}(\varepsilon < \delta_1 - \alpha - \beta x)$$
$$=\exp(\delta_1 - \alpha - \beta x)/[1 + \exp(\delta_1 - \alpha - \beta x)]$$

$$\text{prob}(\text{部分成功}) = \text{prob}(\delta_1 < \alpha + \beta x + \varepsilon < \delta_2)$$
$$=\text{prob}(\delta_1 - \alpha - \beta x < \varepsilon < \delta_2 - \alpha - \beta x)$$
$$=\exp(\delta_2 - \alpha - \beta x)/[1 + \exp(\delta_2 - \alpha - \beta x)]$$
$$-\exp(\delta_1 - \alpha - \beta x)/[1 + \exp(\delta_1 - \alpha - \beta x)]$$

$$\text{prob}(\text{成功}) = \text{prob}(\alpha + \beta x + \varepsilon > \delta_2)$$
$$=\text{prob}(\varepsilon > \delta_2 - \alpha - \beta x)$$
$$=[1 + \exp(\delta_2 - \alpha - \beta x)]^{-1}$$

依照传统，为了正态化，令 δ_1 等于 0。对于样本大小 N，似然估计就是这 N 个概率表达式的乘积，每一个不成功的结果都贡献一个表达式，由 prob（不成功）给定；每一个部分成功的结果都贡献一个表达式，由 prob（部分成功）给定；每一个成功的观测也贡献一个表达式，由 prob（成功）给定。

YY8：对迂回决定做一个 probit，使用所有的外生变量作为解释变量。这就和估计的简化形式等价了。使用通过这个 probit 估计的概率来代替等式中的迂回虚拟变量，作为修正。

YY10：影响的程度是 exp（系数）-1，这个式子应该被估计为 $\exp(0.22 - 0.5V) - 1$，其中 V 表示 0.22 这个估计量的估计方差。这个问题在 2.8 节的技术性注释中已经有所说明。

YY12：0 值需要用其他方法来决定。一个为 0 值而设定的 probit 或者 logit 模型可以和一个为其他值设定的泊松模型结合起来。相对应地，一个 0 膨胀因子的泊松分布也可以用于研究。

YY14：不可能知道，因为答案依赖于观测点与 S 曲线的相对位置。如果观测点位于 S 曲线的左侧，那么女性收入影响就更大，因为此时 S 曲线的斜率是增的；如果观测点位于 S 曲线的右侧，那么女性收入影响就更小。画图即见。

YY16：头等舱状态不能作为解释变量。计算机会赋予该虚拟变量很大的系数来最大化似然函数。这并没有被识别出来。

ZZ2：一个门票售空的溜冰场意味着：需求超过了溜冰场的负载能力。把这些观测值作为 Tobit 模型中受限制的观测值。

ZZ4：使用双极限 Tobit 估计程序来估计。在这个估计中，没有交易的股票的似然项是从 $P_b - \alpha - \beta x$ 到 $P_a - \alpha - \beta x$ 的积分。

ZZ6：(a) 从 SW 图来看，图形上它满足 45°的向上的斜率，直到 Δy^* 变化到 α_1，在这个点曲线直接跳到横轴上，并且伴随着这条线，一直从 Δy^* 变化到 α_2，该曲线再次变回 45°线。

(b) 似然是两项的乘积。对于一个非零 Δy 的观测值，它的似然项就是 $N(0, \sigma^2)$ 在 $\Delta y - \beta \Delta x$ 的取值公式。对于 Δy 等于 0 的观测值，它的似然项就是这个正态分布的公式从 $a_1 - \Delta y - \beta \Delta x$ 到 $a_2 - \Delta y - \beta \Delta x$ 的

积分。

ZZ8：什么都不做。你被要求考察关于那些被录取的学生的事，所以申请其他学校的学生和那些申请你的学校但是没有被录取的学生就是不相关的。

ZZ10：这个结论有可能是对的，但是不是题中给出的原因。那些错过课堂学习的可能是更穷的学生，他们可能在数学测验中考得更糟，但是这本身并不能在估计中产生偏差。能产生估计偏差的是这样一个事实：那些错过课堂学习的学生可能有一些其他的没有被测量的特点（坏的学习态度，缺乏勤奋，等等），这些特点影响了他们参与课堂学习的倾向和他们最后的考试成绩。这可以由以下说明给出传统解释：参与课堂学习与否是一个数学测验潜力加上一个误差项 u 的正函数。如果这个值超过了 0，学生就会参与课堂学习。误差项 u 很可能和来自决定课堂等级的方程的误差项 e 正相关，因为没有测量的特点会同方向地影响 u 和 e。随着数学测验越来越少，只有那些拥有越来越高的（正的）u 值的学生才会参与课堂学习。这意味着那些数学测验得分较低的样本中的学生将可能会有一个较大的（正的）e 值。当期末考试成绩对数学测验进行回归时，数学测验成绩和误差项 e 之间的负相关关系就会导致偏差。特别地，随着数学考试成绩降低，误差很可能增加，所以就会抵消更低的数学测验成绩对课程等级的影响能力，即系数估计就会在绝对值上更小，这和作者所宣称的相同。

AB2：(a) $\beta e^{-\beta x}$ 从 x 等于 0 到 x 等于 p 的积分是 $1-e^{-\beta p}$，所以维修成本超过给定的 p 值的概率就是 $e^{-\beta p}$。根据这一点，似然函数可以写成 $\alpha^N \exp(-\alpha \sum p)\beta^{N1} \exp(-\beta \sum_1 x)\exp(-\beta \sum_2 p)$，其中 N 表示观测值的总数，$N1$ 表示可以得到维修成本的数据的观测值的个数，$\sum_1$ 表示这 $N1$ 个观测值的和，$\sum_2$ 表示那些报废的和。最大化对数似然得到：$\alpha^{MLE}=N/\sum p$ 以及 $\beta^{MLE}=N1/(\sum_1 x+\sum_2 p)$。

(b) prob(报废)＝prob(事故)prob($x>p$)，所以，prob(事故)＝0.02/prob($x>p$)。对于给定的 p 值，prob($x>p$)＝$e^{-\beta p}$，所以非条件概率 prob ($x>p$) 等于所有等式 $e^{-\beta p}\alpha e^{-\alpha p}=\alpha/(\alpha+\beta)$ 中的 p 值的积分，这可以通过 MLE 估计。

AC2：什么都不做。这是自然现象——其他条件都不变，高的 y 值很可能就很高，因为有一个高的误差项，所以有一个高的残差，如果规模扩大的话。最简单的例子就是这样一个问题：做 y 对一个截距项的回归。

AC4：这里将会存在完全多重共线性，因为时间分布求和到 24 就是一个常数项乘以一个截距项。你的分类应该被放弃，例如休息时间，在这里学习的系数将会被解释为在牺牲休息时间的基础上，由于额外多学习一分钟，成绩得到的回报的百分比。对于一个小时，估计这个回报的百分比形如 exp（相关系数估计——估计方差的一半）－1 更好，这正如 2.8 节的技术性注释中说明的一样。对于性别的区别，一个类似的 exp 计算也可以实现。

AC6：引入啤酒消费量在这个研究中没有什么意义。啤酒税收背后的道理就是减少啤酒消费，但是把啤酒消费引入回归中就把这个税收固定为常数了，即使这个税收是变化的。一个更好的方法就是要么放弃啤酒消费量，要么放弃啤酒税收，然后用各自单独的研究来分析，看看是否改变啤酒税收会改变啤酒的消费量。

AC8：第一个设定中有错误的符号，所以选择第二个设定。错误的符号很可能是因为真实的系数非常接近 0，并且样本可变性也导致了负号。

AC10：错误的符号很可能是因为我们假设赢的美元数量为常数，那些赢得这些比赛但是赢的次数不多的马在有较高风险的比赛中是这样的，这些比赛更加有竞争性，所以会出现较高质量的马。调整模型设定，把每场比赛所赢得的美元作为标准而不是同时采用赢得的美元和赢得的比赛场数作为标准。

AC12：做通货膨胀率的一阶差分对失业率的回归得到 Δ 通货膨胀率 $= c + d$ 失业率，这样自然失业率的估计就是 $-c/d$。这个估计的方差可以通过一个向量的非线性函数的方差估计公式来计算，这可以在附录 B 中找到。这就是 $a'Va$，其中 V 表示向量 $(c, d)'$ 的估计的方差—协方差矩阵，a 表示 $(-c/d)$ 对 $(c, d)'$ 的一阶导数向量，可以在参数估计时得到估计。

AC14：二次方程仅仅和合理的数据列中的函数形式接近，所以应该按此来解释。

AC16：截距项不应该被禁止出现。保留它可以让作为额外的解释变量的 $1/Y$ 增加。忽略这个变量会导致偏差，这可能就能解释该结果。

AC18：（a）这是最原始的 F 检验，其中两个回归产生了不受约束和受约束的残差平方和。

（b）约束条件显然要被接受。解释变量有趋势，但是回归中其他两个变量没有这个趋势。所以趋势变量不能够有一个非零的系数。这个模型的设定也有一定的错误，一个平稳的变量不能够对一个不平稳的变量回归，除非还有其他不平稳的变量来产生协整。

AC20：回归过程是不合适的。应该使用一个久期模型，这允许保留那些还没有毕业的学生的观测值。

AC22：学校午餐计划的合格性是更低的社会经济状态的一个代替，这反过来可能反映了学习能力。

AC24：方程 2 确实提供了一个更加直接的关于假设的检验，但是这个检验和第一个设定方程中的检验完全一样，所以没有得到更高的效力。然而更重要的是，两个模型设定都不适合，H 应该对两腿长度的差的绝对值进行回归。

AC26：通过使用遗漏掉 WORK 值的估计来储存 10 个观测值。可以使用 80 个完整的观测数据并且通过做 WORK 对所有其他解释变量的回归来得到这些估计。下一步就是做一个有序的 probit/logit，这是因为因变量的性质。在加入 AGE、FRAT 以及 AGE×FRAT 这些解释变量和不加入这些解释变量两种情况下完成这个工作。做一个 LR 检验来检验这样的模型设定：三个解释变量的系数均为零。结果的 χ^2 自由度是 3。

AC28：这是一个关于使用面板数据的范例——面板数据程序如何修正了未知或者没有测量的变量，例如能力或者勤奋程度等，使我们对问题有了一个更加清晰的观察。那个评判者的抱怨没有任何价值——使用关于个人的虚拟变量自然就控制了他们的特点，例如性别、年龄和 GPA。

AC30：没有问题，但是需要使用 Tobit 回归。

AC32：其他条件不变，一个更高的贸易平衡可以增加外汇汇率，但是同样在其他条件不变时，一个更高的外汇汇率会降低贸易平衡。这里有个联立性问题。

AC34：马力/重量就是一个合理的测量，它把握了超过/没有超过负荷。如果这里有一个最优的马力/重量的值，其更高的值和更低的值都会降低燃油效率，那么模型应该被这样设定来研究一个程序，直到找到这个最优值。

AC36：这最好当成样本选择问题来分析。构造选择方程，当方程值大于 0 时，免税变量等于 1。通过 MLE 方法得到 rho 的估计，即选择方程误差项与税收收入方程误差项之间的相关性估计。检验 rho 是否等于 0。如果 rho 不等于零，就用 MLE 估计量。17.3 节的一般性注释讨论了此种情况下的内生处理变量（大学教育）问题。

AC38：双重差分估计量为 A 州比 B 州所经历的更大的变化。即（8−5）−（6−4）=1。

AD2：(a) 从自举法程序中使用的"真实"值中减去这 400 个估计的平均值，然后除以这些差值的标准差。差值的方差可以通过这 400 个估计值除以 400 的方差来估计。将这个值和正态分布表中的临界值进行比较。

（b）把上面提到的差值加入估计值。

AD4：使用 SURE 回归这两个方程，得到估计的系数和残差。使用估计的系数来产生自举法的样本，其误差项就是对配对的残差组合的代替（也就是说，为了保证自举法样本中两个误差的同期相关性，当你从残差 ε 中产生残差时，就自动决定了从残差 u 中得到的对应的残差）。使用 SURE 估计，并且使用估计的系数来计算 g 函数。储存这个 g 值，重复这个过程，得到例如 1 000 个 g 估计量，将这些 g 值排序，95% 的置信区间就是第 25 个和第 975 个值之间的范围。

AD6：把 1.55 调整到 1.63 来弥补这个偏差。为了得到置信区间的上下限，还要加上 2.08 乘以 β 估计的标准差 0.5，再减去 1.92 乘以 0.5。这就得到结果：0.59~2.67。

难词表

　　这份难词表包括了常见的但未在本书的主体部分解释的计量经济学术语。这里没有包括的术语会出现在词汇表部分。

　　a.c.f——自相关函数，用于时间序列（博克斯-詹金斯（Box-Jenkins））分析的识别阶段。

　　a priori information——先验信息。

　　admissible——可容许的。参见 *inadmissible*。

　　aggregation（*grouping*）——总体（分组）。运用组和或组均值代替单个观测值进行回归。虽然理论上，由于数据加总所引起的信息损失使有效性削弱，但在应用中未必如此；因为加总在一定程度上抵消了度量误差和对微观关系的错误设定。参见 Grunfeld and Griliches（1960）。正因为误差在加总时趋于相互抵消，因而分组数据的 R^2 值较高。但是在确定分组的依据时必须谨慎，因为不同的分组准则通常会带来不同的结果。参见 Maddala（1977，pp. 66 – 69）。注意，若各组包含不同数目的观测值，那么将会产生异方差。Johnston（1972，pp. 228 – 238）有关于分组的一般性讨论。

　　ANOVA——方差分析。

　　balanced panel——平衡面板，所有横截面单位在所有时间区间内都有观测值的面板数据。

　　BAN——最优渐近正态；BAN 估计量是一致的、渐近正态分布的且渐近有效的。

Bernoulli distribution——伯努利分布，只能取 0、1 两个值的随机变量服从的概率分布。

beta coefficient——变量标准化回归的系数估计量。它可以通过将一般系数估计乘以回归子的标准误并除以回归元的标准误计算出；它可以被解释为自变量一标准误的变化能引起因变量几倍标准误的变化。它有时也被用作一种关于回归子对因变量影响的相对强度的测量。

Beveridge/Nelson decomposition——Beveridge/Nelson 分解。将 $I(1)$ 过程重新表示为一个随机游走与一个协方差平稳过程之和。

Binomial distribution——二项分布，当每次实验有相同的成功概率时，N 个伯努利独立随机变量中成功个数所服从的概率分布。

bounds test——界限检验。一种只能确定临界值落在已知范围内的检验。例如，DW（德宾-沃森）检验的情形。

breakdown point——击穿点。估计量在击穿及产生无意义估计前所能容忍的数据中异常值的最大比例。

bunch map analysis——束图分析。一种由 Frisch 提出的来分析多重共线性问题的方法。参见 Malinvaud（1966，pp. 32 - 36）。

C(α) test——$C(\alpha)$ 检验。一种近似 LM（拉格朗日乘子）检验的检验；区别在于该检验是在一个满足零假设的任意根 n 的一致估计上评估，而不是在受约束的最大似然估计上评估。当使用受约束的最大似然估计进行判别时，两项中的一项会消失，而另一项就是 LM 检验统计量。

canonical correlation——典型相关。一种分析方法，借此能够找到两组变量（各自）的线性组合，使得两个线性组合的相关性最大化。这些线性组合可解释为代表它们各自变量组的指数。例如，一个经济学家可能需要能反映肉类消费的指数，其中除了统一的价格指数外，存在各种不同标价的肉类。

Cauchy distribution——柯西分布，自由度为 1 的 t 分布。柯西分布尾部极厚，因此被认为适于分析数据，如金融数据以及包含大量异常值点的数据。

Chebyshev's inequality——切比雪夫不等式，经常用来证明概率收敛性。对任意均值为 μ、方差为 σ^2 的随机变量 x，切比雪夫不等式指出，对任意 $k > 0$，$\text{prob}[(x - \mu)^2 > k] \leqslant \sigma^2 / k$。考虑样本均值统计量 $\bar{x}$，我们知道其方差为 σ^2 / T。那么 $\text{prob}[(\bar{x} - \mu)^2 > k] \leqslant \sigma^2 / kT$，从中即可得收敛概率。

Cholesky decomposition——Cholesky 分解。一个类似方差—协方差矩阵 Σ 的正定矩阵，可以通过 Cholesky 分解被分解为 $\Sigma = PP'$ 的形式，其中 P 是一个下三角矩阵。实质上，这是一个可简单计算的 Σ 的"平方根"，允许通过计算 $P\varepsilon$，将从 $N(0, I)$ 中提取 ε 转化成从 $N(0, \Sigma)$ 中提取 ε。

classical——古典的。一个用来描述非贝叶斯学派统计学家的形容词。

cointegrating vector——协整向量。如果非平稳变量的一个线性组合是平稳的，那么这个线性组合的系数被称为协整向量。

collinearity——多重共线性。

concentrated log-likelihood——集中对数似然。一种对数似然，其中无关项被忽略，且某些参数被替换成根据剩余参数计算出的值。

conditional——条件的，形容词，表示某变量取值依赖于一些特定变量的取值。

confluence analysis——汇合分析。参见 *bunch map analysis*。

consistent test——一致检验。保持大小不变，有效性随样本数量增加而增大至 1 的检验。

contemporaneous——同期的。用于说明"在同一时期"的形容词。

Cook's distance——库克距离。衡量 OLS 回归中数据点影响力的指标，由检验 β^{OLS} 和 $\beta^{\text{OLS}}_{(i)}$ 是否相等的 F 统计量计算而得，后者假设是非随机的。其中，$\beta^{\text{OLS}}_{(i)}$ 指去除第 i 个样本点后的 OLS 系数估计。如果值大于 F 统计量的中位数 1，那么这一般就被视为第 i 个样本点具有显著影响的信号。另一个等价的衡量指标由删除第 i 个样本点前后所得的因变量估计值相减而得。

copula——联结函数。仅使用边际分布中的信息来表达的随机变量多元联合分布的函数形式。任何连续多元累积分布函数都可以拆分成单变量边际分布函数。这些边际函数通过联结函数互相连接，通过其中的参数值来确定依存度。

correlation coefficient——相关系数。一种用于度量两个变量之间线性相关性的指标，可以通过将一个变量对另一个变量作回归来计算所得的 R^2 的平方根得到（符号反映是正相关还是负相关）。同时参 *partial correlation coefficient*、*multiple correlation coefficient* 和 *Fisher's z*。

correlation matrix——相关矩阵。一种展现一个向量中不同元素之间相关系数的矩阵（其中第 ij 个元素包含了向量中第 i 个和第 j 个元素之间的相关系数；由于一个变量与其自身完全线性相关，所以矩阵对角线上的元素都是 1）。因为回归元向量的相关矩阵对分析多重共线性十分有用，所以大多数计算机回归软件包都会计算这一项。

count variable——计数变量。只取正整数值的变量。

covariance matrix——方差—协方差矩阵。

degenerate distribution——退化分布。完全集中在一点的分布。

degrees of freedom——自由度。在计算一个统计量时使用的自由的或线性独立的样本观测值的数目。

discounted least squares——贴现最小二乘。一种加权最小二乘过程。它赋予时间上较近的观测值以较高的权重以应对近期的结构变化。

dominant variables——支配变量。即能够在很大程度上解释一个因变量的变化，以至于其他变量的影响无法被估计的自变量。例如在原材料供应背景下，对决定产出起主导作用的（是）资本和劳动力。参见 Rao and Miller (1971，pp. 40 - 43)。

double k-class estimator——双重 k 阶估计量。k 阶估计量的一种广义形式。

dummy variable trap——虚拟变量陷阱。当包含截距项时，忘记略去一类虚拟变量，因为如果对每一类都包含一个虚拟变量，那么在虚拟变量和截距项之间就存在一个确定的线性关系。

ecological inference——生态学推论。使用总体数据研究个体行为；通常用于检验类似人们在不同选举中改变投票意向的转变。因为这种条件下使用总体数据得到的统计结果未必反映了潜在的个体行为关系，所以在使用总体数据设定

"生态学"回归时必须十分小心。参见 Achen and Shively（1995）及 King（1997）。

endogeneity——内生性。解释变量与误差项相关的情形，此时该解释变量就被称为内生的。作为对照，经济学理论中，内生变量是经济学模型中的解释对象，而不是如同外生变量那样变动由外部因素决定，从而不在计量经济学研究范围之内。5.3 节的技术性注释中会发现很多关于外生性的讨论。

ergodic——遍历的。如果一个时间序列是平稳的，而且其中时间间隔较长的观测值可以视为无关的，就可称其为遍历的。

exogenous——参见 *endogeneity*。

Fisher's z——关于总体相关系数 ρ 的假设可以通过应用以下事实来检验：$z=\frac{1}{2}\ln[(r+1)/(r-1)]$（其中 r 是样本相关系数）渐近服从标准差为 $1/\sqrt{T-3}$ 的正态分布（在 $r=\rho$ 时计算出的 z 值附近）。

FIVE——完全信息工具变量有效估计量，用于当存在大量外生变量导致 3SLS（三阶段最小二乘法）不可行的时候。

garrote——参见 *lasso*。

generalized additive model——广义加性模型。一种半参数模型，设为 $y=\alpha+\sum g_i(x_i)+\varepsilon$，其中 g_i 形式未知，是第 i 个变量的函数。参见 Hastie and Tibsharani（1990）。

generalized linear model（GLM）——广义线性模型。一些非线性模型中，条件均值可以写为某个指数的非线性函数形式，而该指数为解释变量的线性组合。也就是说，条件均值 $\mu=g(x'\beta)$，其中 g 为函数符号。所以，例如，线性回归模型中有 $\mu=x'\beta$，泊松模型中有 $\mu=\exp(x'\beta)$，logit 模型中有 $\mu=\exp(x'\beta)/[1+\exp(x'\beta)]$。另外，$g$ 的反函数 g^{-1} 满足 $g^{-1}(\mu)=x'\beta$，称为连接函数。统计学文献中，这种方法常用来演绎一些常见模型；但在计量经济学文献中，这种设定太过严格（所有矩本质上都只依赖于一个参数 μ）。

generalized residual——广义残差。在许多模型中对数似然函数最大化的一阶条件的形式表示成残差乘以参数与解释变量的函数。例如，在 CNLR 模型中，残差是普通残差；在其他模型中，比如 probit 或 Tobit，残差更加复杂。在这些模型中，残差经常通过找到截距参数的一阶条件来揭示，称为广义残差。

Granger representation theorem——格兰杰表示定理。如果两个 $I(1)$ 变量协整，那么它们的动态设定就能表示成一个误差纠正模型（ECM）；反之亦然，即如果两个 $I(1)$ 变量的动态关系能够写成一个 ECM，那么它们协整（cointegrated）。

grouping——参见 *aggregation*。

hat matrix——hat 矩阵。矩阵 $H=X(X'X)^{-1}X'$，其对角元素在通过 DFFITS 等方法寻找有影响的观测值的过程中十分显著。注意被估计的 $y=Hy$。当被用于其他目的时，该矩阵也被称为映射矩阵。

hierarchical model——层次模型，其中一些参数值随着样本所在总体的簇类的不同而发生改变。例如，学习方程中，种族斜率可能因学校而异（同一所学校

的学生构成一个簇类）。一些学科已经将层次模型软件化，但是经济学家通常的做法是将种族斜率替换为学校特征（如黑人百分比或每学生教育投入等）的线性函数（并带有误差项！），这样就得到了包含学校特征和特定形式的非球形误差的估计方程。完成估计需要借助于 EGLS 来发现非球形误差项的已知形式。最后，如果引入更多层次的话，就会产生更为复杂的层次模型。例如，将学校置于地理区域簇类当中。

Holt-Winters——一种旨在合并趋势和季节变化的指数平滑的一般化。

inadmissible——不容许的。考虑一种特定的风险定义，对于一个参数的所有值，如果存在另一个估计量，其风险小于等于原估计量的风险，那么该参数的原估计量就是不容许的。

incidental truncation——偶然断尾，样本选择现象的一种。如果一个变量的取值只有在另一个变量取特定值时才能观测到，就发生了这种现象。

index model——指数模型。一种因变量等于自变量线性函数的非线性函数，而非自变量本身的非线性函数的模型。其中的线性函数可视为一种指数。probit 和 logit 模型都是相应的例子。

iterated expectations——参见 *law of iterated expectations*。

jackknife——折叠刀。一种纠正小样本偏误的方法。该方法通过将一个估计量与轮流省略每个观测值而从该估计量得到的估计的平均值合并来估计参数。这可视为自举法的近似。但是，自举法的出现使得应用者对折叠刀技术失去了兴趣。

Janus coefficient——Janus 系数。一种关于预测精确性的度量，由额外样本数据预测方差的均值与样本中数据相应的均值之比得出。

Jensen's inequality——詹森不等式。x 的凹函数的期望值小于该函数在 x 的期望值处的取值。（这可以从 2.8 节的技术性注释中的材料推断出来。）

KLIC——参见 *Kullback-Leibler information criterion*。

Kullback-Leibler information criterion——*Kullback-Leibler* 信息准则。一种度量两个密度函数 p 和 q 之间的差异/距离的方法。它是 $\log(p/q)$ 的期望值，即两个对数密度的期望差异，其中期望的概率是密度函数 p 的概率。

lasso——回归收敛和选择算子试图通过最小化受约束的误差平方之和将子集选择与收敛（到零）估计结合起来，其中的约束为系数估计的绝对值之和小于一个特定常数。参见 Tibshirani（1996）。一种十分简单的被称为非负绞刑绳的方法由 Brieman（1995）提出。

latent variable——潜变量，指不可观测到的变量。潜变量模型是存在不可观测的解释变量的模型。

law of iterated expectations——迭代期望法则，当处理 x 和 y 的联合分布时，y 的期望值是以 x 为条件的期望值：$E(y)=E_x[E(y\mid x)]$，其中 E_x 表示对 x 取期望。

LIVE——有限信息工具变量有效估计量，适用于存在大量外生变量导致 2SLS（两阶段最小二乘法）不可行的情况。

longitudinal data——纵向数据。面板数据的另一种称呼。

Markov process——马尔可夫过程在该过程中变量根据一组转移概率 p_{ij}（变量从状态 i 转移到状态 j 的概率）从一个状态转移到另一个状态。

martingale——一种数据生成机制，大多数情况下可以被视为一个随机游走的一般化，允许异方差性存在。最终在任意点的期望值就是最近的值。

minimax——极小极大化。考虑一种风险的特定定义，如果对于一个参数的所有取值，一个估计量的最大风险小于等于所有其他估计的最大风险，那么该估计量就是极小极大化（鞍点）。

minimum variance bound——Cramer-Rao 边界。

multiple correlation coefficient——多重相关系数。多元回归得到的判定系数 R^2 的平方根。

ordinal variable——序数变量。该变量值没有意义，而值的排序有意义。

p. a. c. f.——偏自相关函数，用于时间序列（博克斯-詹金斯）分析的识别阶段。

p value——p 值。在零假设下得到一个大于观测值的检验统计量的概率。或者说是观测到的检验统计量的值导致拒绝零假设的最低显著水平（第一类错误）。对于 z 统计量和 t 统计量来说，计量软件报告双边 p 值；该 p 值的一半对应单边情形。

partial correlation coefficient——偏相关系数。在其他设定变量保持不变时，对两个变量的线性关联的一种度量。这通过在回归方程中加入所有解释变量进行。它等于分别将讨论的这两个变量对其他保持不变的变量回归得到的残差之间的相关系数。参见 Goldberger（1968b, ch. 4）。

partial regression coefficient——偏回归系数。一个回归系数，其计算结果考虑了其他回归元的影响。很少会遇到不考虑其他回归元的影响而得到的"粗劣"或"简单"的回归系数。参见 Goldberger（1968b, ch. 3）。

pivotal statistic——关键统计量。一个独立于模型参数的统计量。

point optimal test——点最优检验。对一个特定的零假设的错误程度，该检验的效力比相同样本数量下的任何其他检验更加显著（也就是说它面临选择时，最大化在一个预先决定点的效力）。它在如下情形时尤为有用：理论考量显示我们需要检验在系数空间的某个特定部分内具有较好的相对效力。与一致最有力检验相对。

precision——精度。一个估计量根据其方差的倒数度量的精确性。

predetermined variable——前定变量。外生变量或者滞后的内生变量。

prior information——外部信息。

projection matrix——映射矩阵。在 y 的估计值等于 Py 的意义下，矩阵 $P = X(X'X)^{-1}X'$ 将向量 y "投射"到 X 的列空间。该矩阵若用于估计有影响的观测值，也称为 hat 矩阵。

propensity score——倾向得分。从 probit 或 logit 模型估计出的概率，用来匹配个体以估计处理效果。

pseudo-maximum likelihood——参见 *quasi-maximum likelihood*。

quasi-differenced data——半差分数据，一种数据变换的结果。将当前观测

值变为当前观测值与前一期观测值的常数倍之差，即可得半差分数据。消除一阶自相关误差项的变换就是应用了半差分数据。

quasi-maximum likelihood——半最大似然法，最大化"错误"似然函数的方法。之所以如此，是因为寻找"正确"的似然函数存在困难。在某些情况下例如当一阶条件正确时，该方法能够获得"稳健"的参数和方差估计。参见 Godfrey（1988，pp. 40 - 42）。

rational distributed lag——有理分布滞后，两个有限阶滞后多项式的比值，可用来逼近极为广泛的分布滞后结构。ARIMA 模型就包含有理分布滞后形式（通过误差滞后项体现）。如果将 y_t 利用滞后算子解出来，那么这就更为明显了。

regularity conditions——正则性条件。推导统计学定理时，需要进行假设。例如，假设随机变量的某些矩是有限的，或者某函数关系是连续的，等等。

risk function——风险函数。即贝叶斯估计中损失函数的期望值；在经典分析中，通常被解释为参数估计量的均方误差（MSE）之和。

sampling error——抽样误差。当前样本干扰项全不为零的事实导致在参数估计中产生的误差。

score test——得分检验。LM 检验的别名，因为 LM 检验实际上就是检验得分向量是否等于零向量。

score vector——得分向量。对数似然函数对参数向量的一阶导数向量，并对所有观测点进行加总的结果。

scoring, method of——得分方法。一种最大化使用了得分向量的对数似然函数的迭代方法。

serial correlation——自相关。

sieve bootstrap——筛网自举法。一种用来自举时间序列数据误差项的方法，是块自举法的替代。估计模型，然后利用 AR 设定对残差项建模，得到第二组残差。利用第二组残差有替代地抽样，从 AR 模型估计中生成预测时间序列（在退火阶段完成后进行）。将这些残差值用作原待估方程的自举残差。

size of a test——犯第一类错误的可能性，也称显著水平。

stationarity, strong versus weak——平稳，强对弱。强平稳指所讨论的变量的矩全部独立于时间，而弱平稳指只有前两个矩具有这样的性质。对于正态分布的情况，这两个概念是一致的。

stochastic process——随机过程，以时间为下标的随机变量序列。

stochastic trend——随机趋势。参见 *martingale*。

stock-adjustment model——局部调整模型。

stratified sampling——分层抽样。该抽样过程中总体首先被分成不重叠的穷尽的子集，然后随机样本从每个子集中抽取。

sufficient statistic——充分统计量。如果我们得到所有观测值或仅有显著统计量的值，得到的参数估计是一样的；从这个意义上说，这是一个使用了样本中包含的所有信息的估计量。

threshold loss function——临界损失函数。一种损失函数：当误差小于某个显著或临界水平，取值为零；当误差大于等于这个显著水平时，取值为常数。该

函数抓住了二分性质的损失，例如用药过量导致的死亡。

truncated squared error loss——截断平方误差损失。损失函数等于误差平方，但对任一观测值都有一个最大损失。这是用来处理异常值的一种方法。

UMP——参见 *uniformly most powerful test*。

unbalanced panel——非平衡面板。某些横截面单元在某些时间区间的观测点缺失的面板数据。

unbiased test——无偏检验。对所有参数值，效力大于等于尺度的检验。

uniformly most powerful test——一致最有力检验。对零假设错误的所有程度，该检验的效力比相同尺度下的任何其他检验都高。区别于点最优检验。

Vuong statistic——Vuong 统计量。对比两种模型设定的检验量，不要求是否嵌套，也不假设这些设定中是否存在真实模型。检验的原理如下：找到每个模型的 MLE，之后对每个观测点都计算对模型 A 和模型 B 的对数似然函数贡献的大小之差。如果结果是较大的正值，那么暗示模型 A 比模型 B 更接近真实情况。如果结果是绝对值较高的负值，那就相反。该检验的效力取决于未知的真实模型形式。

weakly dependent——弱依赖。如果观测值的相关性随着观测值之间时间距离的拉长而减弱，就说该时间序列是弱依赖的。

white noise——白噪音。时间序列数据的一种，其中每个元素都是从均值为零、方差为常数的分布中独立抽样的。

Wold representation——Wold 表示式。任何零均值、协方差稳定的随机过程都可以写成白噪音的无限滞后项形式。

词汇表

augmented Dickey-Fuller（ADF）tests 增广迪基-富勒检验

autocorrelated disturbances 自相关干扰项

    Bayesian analysis ～的贝叶斯分析

    bootstrapping 自举法

    in CLR model CLR 模型中的～

    consequences ～的后果

    Durbin-Watson test ～的德宾-沃森检验

    error-correction models 误差修正模型

    estimated generalized least squares 估计的广义最小二乘法

    estimating techniques ～估计方法

    exercises 习题

    first-order AR（1）一阶 AR（1）的～

    forecasting 预测

    with lagged dependent variables 含滞后因变量的～

    maximum likelihood 最大似然

    Monte Carlo studies ～的蒙特洛研究

    nonspherical disturbances 非球面干扰项

    simultaneous equations 联立方程

    sources ～的来源

    spatial 空间～

    tests for ～的检验

    unit root testing ～单位根检验

autocorrelation function（a. c. f）自相关函数（a. c. f）

    partial 偏自相关函数

autoregression（AR）自回归

    ARIMA models ARIMA 模型

    order of AR model AR 模型的阶数

    stationarity 平稳性

autoregressive conditional heteroskedasticity（ARCH）自回归条件异方差（ARCH）

autoregressive distributed lag models 自回归分布滞后模型

autoregressive fractionally-integrated moving average（ARFIMA）自回归分数积分移动平均（ARFIMA）

average economic regression（AER）平均经济回归（AER）

average treatment effect（ATE）平均处理效应（ATE）

backpropagation 反向传播

Ballentine 维恩图

BAN（best asymptotically normal）estimator BAN（最优渐近正态）估计量

baseline hazard 基准危险

Bayes factor 贝叶斯因子

Bayes' theorem 贝叶斯定理

Bayesian information criterion see Schwarz criterion 贝叶斯信息准则 参见施瓦茨准则

Bayesian estimation 贝叶斯估计

    advantages ～的优点

    applied econometrics 应用计量经济学

    autocorrelated disturbances 自相关干扰项

    complaints ～的怨言

    definition ～定义

    exercises 习题

    extraneous information 外部信息

    forecasting accuracy 预测准确性

    fragility analysis 脆弱性分析

    generalized least squares 广义最小二乘法

    heteroskedasticity 异方差性

    maximum likelihood 最大似然

    notions of probability ～概率定义

    probit models probit 模型

    ridge estimator ～岭估计量

    Stein estimator ～Stein 估计量

    time series analysis 时间序列分析

    unit root tests ～单位根检验

best asymptotically normal（BAN）estimator 最优渐近正态（BAN）估计量

best linear unbiased estimator（BLUE）最优线性无偏估计量（BLUE）

best unbiased estimator 最优无偏估计量

    exercises 习题

beta coefficient 贝塔系数

between estimator 间估计量

Beveridge/Nelson decomposition Beveridge/Nelson 分解

BHHH method BHHH 方法

bias 偏误

    panel data 面板数据中的～

    sample selection 样本选择～

bias proportion 偏误比例

biased intercept problem 截距偏误问题

BIC see Schwarz criterion BIC 参见施瓦茨准则

BIF 有限影响估计量

binary response model regression（BRMR）二分响应模型回归（BRMR）

Blinder/Oaxaca method Blinder/Oaxaca 方法

BLUE 最优线性无偏估计量

bootstrapping 自举法

    applied econometrics 应用计量经济学

    autocorrelated disturbances 自相关干扰项

    exercises 习题

    Hausman test 豪斯曼检验

    hypothesis testing 假设检验

    misspecification tests 错误设定检验

    simultaneous equations 联立方程

    Stein estimator Stein 估计量

    time series analysis 时间序列分析

bottom-up modeling 自下而上建模

bounded influence estimators（BIF）有限影响估计量（BIF）

bounds test 界限检验

Box-Cox transformation 博克斯-考克斯变换

Box-Jenkins 博克斯-詹金斯

    multivariate 多元的

Box-Pierce test 博克斯-皮尔斯检验

box plots 箱线图

breakdown point 击穿点

Breusch-Godfrey test Breusch-Godfrey 检验

Breusch-Pagan test Breusch-Pagan 检验

BRMR 二分响应模型回归

bunch map analysis 束图分析

C(α) test C(α) 检验

CADA 软件

calibration 校准

canonical correlation 典型相关

capitalizing on chance 偶然利用

causality 因果关系

censored samples 截断的样本

central limit theorem 中心极限定理

chance events 偶然事件

change-of-variable technique 变量替换方法

chi-square distribution χ^2 分布

Cholesky decomposition Cholesky 分解

Chow test 邹检验

    dummy variables 虚拟变量

    error-correction models 误差修正模型

    forecasting 预测

    hypothesis testing 假设检验

    nonlinearity 非线性

    panel data 面板数据

    parameter changes 参数变化

    specification ～设定

classical linear regression（CLR）model 经典线性回归（CLR）模型

classical normal linear regression（CNLR）model 经典正态线性回归（CNLR）模型

CLR model CLR 模型

CLT（central limit theorem）CLT（中心极限定理）

CM（conditional moment）tests CM（条件矩）检验

CNLR model CNLR 模型

Cobb-Douglas production function 柯布-道格拉斯生产函数

    logarithmic transformation 对数变换

    multicollinearity 多重共线性

    nonlinearity 非线性

Cochrane-Orcutt method Cochrane-Orcutt 方法

coefficient instability 系数不稳定性

coefficient of determination *see* R^2 判定系数参见 R^2

cointegrating vector 协整向量

cointegration 协整

COMFAC COMFAC 分析

common trend 共同趋势

compatibility statistic 相容性统计量

compromise 折中

computational considerations 计算问题

    awkward distributions, observations from 奇异分布观测点

    integrals estimation, via simulation 模拟积分估计

    Monte Carlo simulation 蒙特卡洛模拟

    optimizing via computer search 计算机搜索最优化技术

computational cost 计算成本

computer-assisted numerical techniques 计算机辅助数值技术

concentrated log-likelihood 集中对数似然

concentration, probability of 集中，～概率

condition index 病态指数

conditional efficiency 条件有效性

conditional logit model 条件 logit 模型

conditional moment（CM）tests 条件矩（CM）检验

conditional probit model 条件 probit 模型

conditional quantile functions 条件分位数函数

conditioning error 条件误差

confidence interval 置信区间

    Bayesian analysis 贝叶斯分析

    estimation ～的估计

    forecasting 预测的～

    multicollinearity 多重共线性

confluence analysis 汇合分析

confusion 混淆

congruence 一致

consistency 一致性

consistent test 一致检验

constant elasticity of substitution 不变替代弹性

contemporaneous uncorrelation 同期不相关

    positive 正相关

convergence 收敛性

Cook outlier test Cook 异常值检验

Cook's distance Cook 距离

corner solution model 角点解模型

correlation, contemporaneous 相关性，同期的

    serial 序列～

correlation coefficient 相关系数

    multiple 多重～

    partial 偏～

correlation matrix 相关矩阵

correlogram 相关图

count-data model 计数模型

covariance matrix *see* variance-covariance matrix 协方差矩阵 参见方差-协方差矩阵

Cox test 考克斯检验

Cramer-Rao lower bound Cramer-Rao 下界

cross-section estimations 横截面估计

cross-sectional studies 横截面研究

cross-validation 交叉验证

cumulative normal function 累积正态函数

Current Population Survey（CPS）当前人口调查

cusum-of-squares test 累积平方和检验

cusum test 累积和检验

d test *see* Durbin-Watson（DW）test *d* 检验 参见德宾-沃森（DW）检验

data 数据
  admissibility 可容许性
  aggregation problems 总体问题
  cleaning 清理～
  coherency ～一致性
  definitions ～定义
  filters ～滤波器
  inspection ～检查
  logging ～记录
  manipulation ～处理
  measurement ～测量
  mining ～挖掘
  missing ～缺失

data envelopment analysis（DEA）数据包络分析（DEA）

data-generating process 数据生成过程

Data Mining and Knowledge Recovery 数据挖掘和信息恢复

data set creation 数据集构造

data transformation tests 数据变换检验

Davidon-Fletcher-Powell method Davidon-Fletcher-Powell 法 DEA（data envelopment analysis）DEA（数据包络分析）

decision trees 决策树

degenerate distribution 退化分布

degrees of freedom 自由度

deterministic relationship 确定性关系

DF test DF 检验

DFBETA DFBETA 统计量

DFFITS DFFITS 统计量

DFITS measure DFITS 测量

diagnostic tests 诊断检验
  time series 时间序列～

diagonal regression 对角回归

dichotomous dependent variables 二分因变量

Dickey-Fuller（DF）test 迪基-富勒（DF）检验

difference in differences method 不同组之间的差异

difference stationarity 差分平稳性

differencing tests 差分检验

directional forecasting 定向预测

discounted least squares 贴现最小二乘

discrete choice model 离散选择模型

discrete-time duration model 离散时间久期模型

discriminant analysis 判别分析

distributed lags 分布滞后

distribution 分布
  chi-square 卡方（χ^2）分布
  convergence in ～中的收敛性
  degenerate 退化～
  limiting 极限～
  normal 正态～
  predictive 预期～
  see also posterior distribution；prior distribution；sampling distribution 同样参见后验分布，先验分布，抽样分布

disturbance 干扰项
  correlation with regressors ～同回归元的联系
  limited dependent variables 有限因变量
  multiplicative 乘法的
  nonspherical errors 非球面误差
  nonzero mean 非零均值～
  proportion 比例
  uncorrelated 无关联的
  see also autocorrelated disturbances；heteroskedasticity 同样参见自相关干扰项，异方差

DLR（double-length regression）DLR（双倍长回归）

dominant variables 支配变量

double k-class estimator 双重 *k* 阶估计量

double-length regression（DLR）双倍长回归（DLR）

double selection 双选择

duality 二元性

dummy variables 虚拟变量
  applied econometrics 应用计量经济学
  Chow test 邹检验
  exercises 习题
  F test *F* 检验
  linear structural relations 线性结构关系
  multicollinearity 多重共线性
  observation-specific 特定观测值的
  panel data 面板数据
  qualitative dependent variables 定性因变量
  trap 陷阱

duration density function 久期密度函数

duration models 久期模型
  exercises 习题

Durbin *h* test 德宾 *h* 检验

Durbin *m* test 德宾 *m* 检验

Durbin measurement errors method 德宾测量误差方法
Durbin's two-stage method 德宾两阶段法
Durbin-Watson (DW) test 德宾-沃森 (DW) 检验
    applied econometrics 应用计量经济学
    autocorrelated disturbances 自相关干扰项
    nonlinearity 非线性
    unit root tests 单位根检验
dynamic confusion 动态混淆
dynamics 动态学
    panel data 面板数据

ECMs *see* error-correction models ECMs 参见误差修正模型
ecological inference 生态学推论
Econometric Society 计量经济学社会
Econometrica《计量经济学》
econometrics, definition 计量经济学，定义
Economic Journal《经济学杂志》
EDA (exploratory data analysis) EDA (探索性数据分析)
efficiency 有效性
    applied econometrics 应用计量经济学
    nonspherical disturbances 非球面干扰项
    time series analysis 时间序列分析
EGLS *see* estimated generalized least squares EGLS 参见估计的广义最小二乘法
EM (expectation-maximization) algorithm EM (期望最大化) 算法
encompassing principle 包含原则
endogeneity 内生性
endogenous regressors 内生回归元
Engle-Granger two-step method 恩格尔-格兰杰两步法
ergodic 遍历的
error components estimator *see* random effects estimator 误差构成估计量 参见随机效应估计量
error-correction models (ECMs) 误差修正模型 (ECMs)
    autocorrelated disturbances ～的自相关干扰项
    Chow test ～邹检验
    cointegration 协整
    F test F 检验
    Granger representation theorem 格兰杰显示理论
error term *see* disturbance 误差项 参见干扰项
errors in variables *see* measurement errors in CLR model 变量误差 参见 CLR 模型中的误差测量
estimated generalized least squares (EGLS) 估计的广义最小二乘法 (EGLS)
    applied econometrics 应用计量经济学
    autocorrlated disturbances ～自相关干扰项
    changing parameter values 变换参数值的～
    heteroskedasticity 异方差性

kernel estimation 核估计
    nonspherical disturbances 非球面干扰项
    panel data 面板数据
    simultaneous equations 联立方程
estimation, time series 估计，时间序列
estimators 估计量
    criteria for ～的标准
    good and preferred 良好和首选的～
event history analysis 事件历史分析
EVIEWS 软件
exact relationship 精确关系
exogeneity 外生性
exogenous regressors 外生回归元
expectation-maximization (EM) algorithm 期望最大化 (EM) 算法
expected value 期望值
    exercises 习题
experimentation, controlled 实验，受控的
exploratory data analysis (EDA) 探索性数据分析 (EDA)
exponential duration density 指数久期密度
exponential lag 指数滞后
exponential smoothing 指数平滑
extra-sample prediction tests *see* predictive failure test 额外样本预测检验 参见预测失灵检验
extraneous information 外部信息
    Bayesian estimation 贝叶斯估计
    exercises 习题
    mean square error (MSE) 均方误差 (MSE)
extreme bounds analysis 极限边界分析
extreme-value distribution *see* Weibull distribution 极值分布 参见 Weibull 分布
eyeball test 视觉检验

F test F 检验
    applied econometrics 应用计量经济学
    dummy variables 虚拟变量
    error-correction models 误差修正模型～
    hypothesis testing ～假设检验
    non-nested 非嵌套～
    omitted variables 忽略变量
    panel data 面板数据
    simultaneous equations 联立方程
    time series analysis 时间序列分析
factor analysis 因子分析
factor productivity indices 要素生产力指数
failure time analysis 故障时间分析
fast Fourier transform 快速傅立叶变换
feasible generalized least squares (FGLS) 可行的广义最小二乘法 (FGLS)

FI/LGV 完全信息，最小广义方差

FI/ML 完全信息，最大似然

first-order autocorrelated errors 一阶自相关误差

Fisher's z

FIVE 完全信息工具变量有效估计量

fix-point estimator 固定点估计量

fixed effects estimator 固定效应估计量

fixed effects model 固定效应模型

flat hazard function 平坦危险函数

flexible least squares 可变最小二乘

forecast encompassing

    test ～检验

forecasting 预测

    accuracy ～准确性

    applied econometrics 应用计量经济学

    causal 因果关系～

    Chow test 邹检验

    errors ～误差

    ex ante 事前～

    interval ～区间

    mean square error ～均方误

    misspecification 错误设定

    multicollinearity 多重共线性

    normative 标准～

    time series 时间序列～

    variance of error ～误差方差

forward selection technique 向前选择技术

Fourier (spectral) analysis 傅立叶（光谱）分析

Fourier transform 傅立叶变换

fractional integration 分数积分

fragility analysis 脆弱性分析

    applied econometrics 应用计量经济学

    Bayesian analysis 贝叶斯分析

    inference testing 推断检验

    specification 设定

frontier production function 边界生产函数

full information, least generalized variance (FI/LGV) 完全信息，最小广义方差

full information, maximum likelihood (FI/ML) 完全信息，最大似然

full information methods *see* systems methods 完全信息法 参见 系统方法

functional form tests 函数形式检验

gamma lag 伽玛滞后

GARCH 广义自回归条件异方差

garrotte

Gatswirth Gatswirth 方法

GAUSS 软件

Gauss-Markov theorem 高斯-马尔可夫定理

Gauss-Newton estimator 高斯-牛顿估计量

Gauss-Newton method 高斯-牛顿法

general linear model (classical linear regression model) 一般线性模型（经典线性回归模型）

generalized ARCH 广义 ARCH

generalized instrumental variable estimation (GIVE) 广义工具变量估计 (GIVE)

generalized least squares (GLS) 广义最小二乘 (GLS)

    Bayesian analysis 贝叶斯分析

    extraneous information 外部信息

    forecasting 预测

    measurement errors 测量误差

    nonspherical disturbances 非球面干扰项

    simultaneous equations 联立方程

generalized linear regression (GLR) model 广义线性回归 (GLR) 模型

generalized method of moments (GMM) 广义矩法

generalized residual 广义残差

geometric lag 几何滞后

Gets 软件

GHK simulation procedure GHK 模拟法

Gibbs sampler Gibbs 取样器

GIVE 广义工具变量估计

Glejser test 格莱泽检验

GLM model (classical linear regression model) GLM 模型（经典线形回归模型）

GLR model GLR 模型

GLS *see* generalized least squares GLS 参见 广义最小二乘

GMM 广义矩法

Goldfeld-Quandt test 戈德菲尔德-匡特检验

goodness-of-fit measure 拟合优度测量

Granger causality 格兰杰因果关系

Granger representation theorem 格兰杰表示定理

graphs 图表

grouped-data duration model 分组数据久期模型

grouping (aggregation) 分组（集合）

grouping test 分组检验

h test h 检验

habit-persistence theory 习惯持续理论

Hannan criterion Hannan 准则

harmonic lag 谐波滞后

hat matrix hat 矩阵

Hausman test 豪斯曼检验

    applied econometrics 应用计量经济学

    bootstrapping 自举法

    exercises 习题

    measurement errors 测量误差

    panel data 面板数据

qualitative dependent variables 定性因变量
simultaneous equations 联立方程
specification 设定
hazard function 危险函数
Heckman two-stage estimation Heckman 两阶段估计
Hessian 海塞
heterogeneity 异质性
heteroskedastic extreme value model 异方差极值模型
heteroskedasticity 异方差性
    applied econometrics 应用计量经济学
    Bayesian estimation 贝叶斯估计的～
    changing parameter values 变换参数值的～
    in CLR model CLR 模型中的～
    consequences ～的后果
    exercises 习题
    limited dependent variables 有限因变量
    logit and probit models logit 和 probit 模型
    maximum likelihood 最大似然
    nonspherical disturbances 非球面干扰项
    panel data 面板数据
    qualitative dependent variables 定性因变量
    simultaneous equations 联立方程的～
    sources ～的来源
    tests for ～检验
    zero intercept 零截距
heteroskedasticity-consistent estimator 异方差一致估计量
hierarchical linear models 层次线性模型
highest posterior density interval 最高后验密度区间
Hildreth-Lu search procedure 希尔德雷斯-卢搜寻程序
histograms 直方图
Hodrick-Prescott filter Hodrick-Prescott 滤波
Holt-Winters 豪尔泰-温特
homoskedasticity 同方差
human indeterminacy 人性不确定性
hurdle models 篱笆模型
hypothesis testing 假设检验
    Bayesian analysis 贝叶斯分析
    bootstrapping 自举法
    Chow test 邹检验
    exercises 习题
    F test *F* 检验
    simultaneous equations 联立方程
    t test *t* 检验
hypothetical bets 假想赌博

identification 识别
    applied econometrics 应用计量经济学
    just-identified 恰好识别
    over-identified 过度识别

    tests for ～检验
    time series 时间序列
ignorable selection phenomenon 可忽略的选择现象
IIA 无关选择的独立性
ILS estimator ILS 估计量
implicit draws 隐性抽样
importance sampling 重要性抽样
impulse response function 脉冲响应函数
inadmissible estimator 不容许估计量
independence of irrelevant alternatives (IIA) 无关选择的
    独立性（IIA）
index model 指数模型
indirect inference 间接推断
indirect least squares (ILS) estimator 间接最小二乘
    (ILS) 估计量
inertia 惯性
inference principles 推断原则
information *see* extraneous information; prior information
    信息 参见外部信息；先验信息
information identity 信息身份
information matrix 信息矩阵
instrumental variable estimation 工具变量估计
    autoregression with autocorrelated errors 存在自相关
    的自回归
    interpretation 结果表述
    issues 问题
    measurement error in explanatory variables 解释变量
    测量误差
    omitted explanatory variable 忽略解释变量
    sample selection 样本选择
    simultaneity 内生性
instrumental variable estimator 工具变量估计量
innovations 冲击
instrumental variables (IVs) 工具变量（IVs）
    applied econometrics 应用计量经济学
    exercises 习题
    limited dependent variables 有限因变量
    panel data 面板数据
    simultaneous equations 联立方程
integral notation 积分符号
integrated mean squared error (IMSE) 积分均方误
integrated variables 积分变量
interaction effects 交互影响
intercept 截距
    applied econometrics 应用计量经济学
    biased 有偏～
    dummy variables 虚拟变量
    panel data 面板数据
    zero 零～
interocular trauma test 眼创伤检验

interval estimation *see* confidence interval 区间估计 参见
置信区间

intervention model 干预模型

inverse functional form 逆函数形式

inverse least squares 逆最小二乘

inverted V lag 倒 V 型滞后

iterated 3SLS estimator 迭代 3SLS 估计量

iterative instrumental variable estimator 迭代工具变量估计量

IVs *see* instrumental variables IVs 参见工具变量

J test *J* 检验

jackknife 折叠刀

Jacobian 雅可比

Janus coefficient Janus 系数

Jarque-Bera test 雅克-贝拉检验

Jeffrey's rule Jeffrey 规则

Jensen's inequality Jensen 不等式

Johansen procedure Johansen 程序

joint probability density function 联合概率密度函数

Journal of Applied Econometrics《应用计量经济学期刊》

Journal of Econometrics《计量经济学期刊》

Journal of Economic Perspectives《经济展望杂志》

Journal of Economic Surveys《经济综述杂志》

judgmental modification 判定修正

k-class estimator *k* 阶估计量

Kalman filter 卡尔曼滤波

Kaplan-Meier method Kaplan-Meier 方法

kernel estimation 核估计

kernel smoothing 核估计

kitchen sink dilemma 水槽两难局面

Koyck distributed lag 考伊克分布滞后

KPSS test KPSS 检验

Kuipers score Kuipers 得分

L estimators L 估计量

LAE *see* mean absolute deviation LAE 参见平均绝对变差

lag distributions 滞后分布

lag lengths 滞后长度

lag operator 滞后算子

lagged values 滞后值

Lagrange multiplier（LM）test 拉格朗日乘子（LM）检验

    applied econometrics 应用计量经济学

    autocorrelated disturbances 自相关干扰项

    limited dependent variables 有限因变量

    logit and probit models logit 和 probit 模型

nonspherical disturbances 非球面干扰项

panel data 面板数据

sampling distributions 抽样分布

simultaneous equations 联立方程

test for ARCH ARCH 检验

LAR *see* mean absolute deviation LAR 参见平均绝对变差

lasso

LATE（local average treatment effect）LATE（局部平均处理效应）

laugh test 嘲笑检验

leading indicator 先行指标

least absolute deviations estimator 最小绝对变差估计量

least absolute error（LAE）*see* mean absolute deviation 最小绝对误差（LAE）参见平均绝对变差

least absolute residual（LAR）*see* mean absolute deviation 最小绝对残差（LAR）参见平均绝对变差

least squares estimator 最小二乘估计量

    applied econometrics 应用计量经济学

    in CLR model CLR 模型中的～

    discounted 贴现～

    exercises 习题

    flexible 可变～

    good and preferred 良好和首选的～

    indirect 间接～

    inverse 逆～

    mechanical properties 机械性质

    nonlinearity 非线性～

    orthogonal 正交～

    panel data 面板数据

    qualitative dependent variables 定性因变量

    restricted 受约束的～

    simultaneous equations 联立方程

    t test *t* 检验

    three-stage 三阶段～

    time series analysis 时间序列分析

    trimmed 平衡～

    two-stage 两阶段～

    see also estimated generalized least squares; generalized least squares 同样参见估计的最小二乘；广义最小二乘

leverage point 杠杆作用点

life table method 寿命表法

likelihood ratio 似然比

likelihood ratio（LR）test 似然比（LR）检验

    applied econometrics 应用计量经济学

    limited dependent variables 有限因变量

    panel data 面板数据

    sampling distributions 抽样分布

    simultaneous equations 联立方程

LIMDEP 软件

limited dependent variables 有限因变量

  applied econometrics 应用计量经济学

  exercises 习题

  maximum likelihood 最大似然

limited information, least generalized variance (LI/LGV) 有限信息，最小广义方差 (LI/LGV)

limited information, least variance ratio (LI/LVR) 有限信息，最小方差比 (LI/LVR)

limited information, maximum likelihood (LI/ML) 有限信息，最大似然 (LI/ML)

limited information methods *see* single-equation methods 有限信息法 参见单方程法

limiting distribution 极限分布

linear discriminant rule 线性判别规则

linear probability model 线性概率模型

linear structural relations 线性结构关系

LIVE 有限信息工具变量有效估计量

Ljung-Box test Ljung-Box 统计量

LM test *see* Lagrange multiplier (LM) test LM 检验 参见拉格朗日乘子 (LM) 检验

lnL function *see* log-likelihood (lnL) function lnL 函数 参见对数-似然 (lnL) 函数

local alternative 局部替代

local average treatment effect (LATE) 局部平均处理效应 (LATE)

local histogram 局部直方图

local power 局部能力

local regression 局部回归

loess loess 方法

log-likelihood (lnL) function 对数—似然 (lnL) 函数

log-linearity 对数—线性

log-logistic duration density 对数—逻辑久期密度

log-normality 对数—正态

log-odds ratio 对数—机会比率

logarithmic transformation 对数变换

logistic function 逻辑函数

logit model logit 模型

logits

long-run elasticity 长期弹性

loss function 损失函数

Lp estimators Lp 估计量

LR test *see* likelihood ratio (LR) test LR 检验 参见似然比 (LR) 检验

Lucas critique 卢卡斯批判

M-competition M-竞争

M estimator M 估计量

m test *m* 检验

MA error MA 误差

MA model MA 模型

MAD 平均绝对变差，最小绝对变差

MAE *see* MAD MAE 参见 MAD

MAPE 平均绝对百分比误差

marginal effects 边际影响

Markov chain Monte Carlo (MCMC) 马尔可夫链蒙特卡洛 (MCMC)

Markov switching models 马尔可夫转换模型

Marquardt method Marquardt 方法

martingale 鞅

matching method 匹配法

matrix *see* information matrix; variance-covariance matrix 矩阵 参见信息矩阵；方差—协方差矩阵

maximum likelihood 最大似然

  applied econometrics 应用计量经济学

  asymptotic properties 渐近形式

  asymptotic variance of ～渐近方差

  autocorrelated disturbances 自相关分布

  autoregression 自回归

  Bayesian analysis 贝叶斯分析

  CLR model CLR 模型

  cointegration 协整

  errors in variables 变量误差

  exercises 习题

  full information 完全信息～

  heteroskedasticity 异方差性

  invariance property 不变性

  limited dependent variables 有限因变量

  limited information 有限信息～

  nonlinearity 非线性～

  nonspherical disturbances 非球面干扰项

  panel data 面板数据

  qualitative dependent variables 定性因变量

  time series analysis 时间序列分析

  variance 方差

maximum-likelihood-type (M) estimators 最大似然 (M) 估计量

maximum simulated likelihood (MSL) 最大模拟似然法

MCMC (Markov chain Monte Carlo) MCMC (马尔可夫链蒙特卡洛)

mean absolute deviation (MAD) 平均绝对变差 (MAD)

mean absolute error *see* mean absolute deviation 平均绝对误差 参见平均绝对变差

mean absolute percentage error (MAPE) 平均绝对百分比误差 (MAPE)

mean absolute scaled error (MASE) 绝对比例误差均值

mean square error (MSE) 均方误 (MSE)

  exercises 习题

  extraneous information 外部信息

  forecasting 预测～

Heckman two-stage estimator Heckman 两阶段估计量

multicollinearity 多重共线性

OLS estimator OLS 估计量

simultaneous equations 联立方程

mean square forecast error 均方预测误差

measurement error, in explanatory variables 测量误差，解释变量的

measurement errors in CLR model CLR 模型中的测量误差

Durbin method 德宾方法

errors in variables 变量误差

exercises 习题

Heckman two-stage estimator Heckman 两阶段估计量

MELO (minimum expected loss) estimators MELO（最小预期损失）估计量

meta-regression 后回归

method of moments 矩法

method of simulated moments (MSM) 模拟矩法

Metropolis-Hastings method Metropolis-Hastings 抽样法

Metropolis-within-Gibbs procedure Gibbs 内部 Metropolis 流程

Micro-FIT（软件）

microecomometrics 微观计量经济学

micronumerosity 微数缺测性

Mills ratio Mills 比

minimax estimators 极小极大估计量

minimum absolute deviation (MAD) 最小绝对变差 (MAD)

minimum expected loss (MELO) estimators 最小预测损失 (MELO) 估计量

minimum variance 最小方差

bound see Cramer-Rao lower bound 限制 参见 Cramer-Rao 下界

misspecification see specification errors 错误设定 参见设定误差

mixed estimators 混合估计量

mixed logit model 混合 logit 模型

mixed probit model 混合 probit 模型

MLE see maximum likelihood MLS 参见最大似然

model selection 模型选择

moment tests 矩检验

Monte Carlo integration, accuracy of 蒙特卡洛积分，精确度

Monte Carlo simulation 蒙特卡洛模拟

bootstrapping 自举

Monte Carlo studies 蒙特卡洛研究

ARIMA models ARIMA 模型

autocorrelated disturbances 自相关干扰项

autoregression 自回归

cointegration 协整

definition ～定义

error-correction models 误差修正模型

estimators and 估计量和～

exercises 习题

Heckman two-stage estimators Heckman 两阶段估计量

heteroskedasticity 异方差

Markov chain (MCMC) 马尔可夫链～ (MCMC)

multicollinear data 多重共线数据

nonspherical disturbances 非球面干扰项

panel data 面板数据

pre-test estimators 预检验估计量

ridge estimators 岭估计量

sampling distributions 抽样分布

Schwarz criterion 施瓦茨准则

simultaneous equations 联立方程

specification 设定

unit root testing 单位根检验

see also bootstrapping 同样参见自举法

moving average (MA) errors 移动平均 (MA) 误差

MSE see mean square error MSE 参见均方误

multicollinearity 多重共线性

applied econometrics 应用计量经济学

in CLR model CLR 模型中的～

cointegration 协整

consequences ～的后果

detection ～的检测

dummy variables 虚拟变量

exercises 习题

forecasting 预测

interval estimation 区间估计

mean square error 均方误差

panel data 面板数据

what to do 对策

multinomial logit model 多项式 logit 模型

multinomial probit model 多项式 probit 模型

multiple correlation coefficient 多重相关系数

multiple hypotheses method 多重假设法

multivariate density function 多元密度函数

multivariate regressions 多元回归

National Longitudinal Surveys of Labor Market Experience (NLS) 劳动力市场经验的国家纵向调查

natural experiments 自然实验

nearness, probability of 接近，～概率

negative binomial model 负二项式模型

nested logit model 嵌套 logit 模型

neural nets 神经网络

Newton-Raphson method 牛顿-拉夫森迭代法

NLS 劳动力市场经验的国家纵向调查

nonlinear two-stage least squares 非线性两阶段最小二乘

nonlinearity 非线性

 asymptotic distribution 渐近分布

 Chow test 邹检验

 constraint testing 约束检验

 DW test DW 检验

 extraneous information 外部信息

 logarithmic transformation 对数变换

 maximum likelihood 最大似然

 qualitative dependent variables 定性因变量

 rainbow test 彩虹检验

non-negative definite matrix 非负定矩阵

non-nested tests 非嵌套检验

 exercises 习题

 nonlinearity 非线性

non-parametric estimators 非参数估计量

nonspherical disturbances 非球面干扰项

 autocorrelated errors 自相关误差

 estimated generalized least squares（EGLS）估计的广义最小二乘（EGLS）

 exercises 习题

 generalized method of moments 广义矩法

 generalized least squares（GLS）广义最小二乘（GLS）

 heteroskedasticity 异方差性

 maximum likelihood 最大似然

 misspecification 错误设定

 Monte Carlo studies 蒙特卡洛研究

 R^2

nonstationarity 非平稳性

normal distribution 正态分布

normality tests 正态性检验

normalization problem 标准化问题

observation-specific dummy variables 特定观测值的虚拟变量

observations，influential 观测值，有影响的

OLS estimator *see* least squares estimator OLS 估计量 参见最小二乘估计量

omitted variable（OV）tests 忽略变量（OV）检验

 applied econometrics 应用计量经济学

 explanatory 解释性的

 Hausman test 豪斯曼检验

 Heckman two-stage estimator Heckman 两阶段估计

 nonlinearity 非线性

 panel data 面板数据

 see also RESET test 同样参见 RESET 检验

OPG test OPG 检验

order condition 阶条件

ordered logit model 有序 logit 模型

ordered probit model 有序 probit 模型

ordinal dummies 顺序哑元

ordinary least squares（OLS）estimator *see* least squares estimator 普通最小二乘（OLS）估计量 参见最小二乘估计量

orthogonal innovations 正交冲击

orthogonal least squares 正交最小二乘

orthogonal regressors 正交回归元

outer product of gradient（OPG）test 梯度外积（OPG）检验

outliers 异常值

OV test *see* omitted variable（OV）test OV 检验 参见忽略变量（OV）检验

overfitting 过度拟合

overidentification 过度识别

overtesting 过度检验

P test P 检验

p value p 值

p. a. c. f. 偏自相关函数

panel data 面板数据

 applied econometrics 应用计量经济学

 fixed v. random effects 固定、随机效应

 intercepts，different 截距，不同的

 long，narrow panels 长而窄的面板

 maximum likelihood 最大似然

 Monte Carlo studies 蒙特卡洛研究

 short v. long run 短期，长期

Panel Study of Income Dynamics（PSID）收入动态面板研究

parameter vector, interval estimation for 参数向量，～区间估计

parameters 参数

 changing values of 变换～值

 constancy tests ～常数性检验

 reduced-form 简化形式～

 structural 结构～

Park test 帕克检验

partial adjustment model 局部调整模型

partial autocorrelation function 偏自相关函数

partial correlation coefficient 偏相关系数

partial likelihood function 偏似然函数

partial regression coefficient 偏回归系数

Pascal lag Pascal 滞后

PC-GIVE 软件

Pearson distribution Pearson 分布

period-specific dummies 特定时期的哑元

periodogram 周期图

permutation tests 置换检验

Perron procedure Perron 程序

piecewise linear model 分段线性模型

pivotal statistic 关键统计量

plim *see* probablility limit plim 参见概率极限

point optimal test 点优化检验

Poisson model 泊松模型

polychotomous dependent variables 多分因变量

polynomial functional form 多项式函数形式

polynomial inverse lag 多项式逆滞后

pooling data 混合数据

Portmanteau tests Portmanteau 检验

post-sample prediction tests 后样本预测检验

posterior distribution 后验分布

posterior odds ratio 后验机会比率

precision 精度

predetermined variables 前定变量

predictive density 预测密度

predictive distributions 预测分布

predictive failure tests 预测失灵检验

predictive validity 预测有效性

pre-test bias 预检验偏误

pre-test estimators 预检验估计量

principal component 主成分

prior distribution 先验分布

    choice 选择

    coherence 一致性

    exercises 习题

    ignorance 忽略

    informative 含有信息的

    natural conjugate 自然共轭的

    non-informative 缺乏信息的

prior information 先验信息

probability 概率

    Bayesian v. classical notions of ～的贝叶斯、经典定义

    of concentration 集中～

    convergence in ～收敛性

    of nearness 接近的～

probability density function 概率密度函数

probability limit (plim) 概率极限 (plim)

probit model probit 模型

    applied econometrics 应用计量经济学

projection matrix 映射矩阵

propensity scores 倾向得分

"prospensity to buy" index "购买倾向" 指数

proportional hazards model 成比例危险模型

proxy variable 代理变量

PSID (Panel Study of Income Dynamics) PSID (收入动态面板研究)

"public transport comfort" index "公交舒适" 指数

quadratic estimators 二次估计量

quadratic hill climbing method 二次爬山法

quadratic score 二次得分

quadrature 求面积法

qualitative dependent variables 定性因变量

    applied econometrics 应用计量经济学

    dichotomous 二分～

    exercises 习题

    maximum likelihood 最大似然

    panel data 面板数据

    polychotomous 多分～

quantitative variables 定量因变量

quasi-maximum likelihood estimators 准最大似然估计量

R^2

    adjusted 调整～

    aggregation 集合

    applied econometrics 应用计量经济学

    autocorrelated disturbances 自相关扰项

    dummy variables 虚拟变量

    estimators and 估计量和～

    forecasting accuracy 预测精确性

    functional form 函数形式

    heteroskedasticity 异方差性

    hypothesis testing 假设检验

    multicollinearity 多重共线性

    nonspherical disturbances 非球面干扰项

    OLS estimator OLS 估计量

    partial 偏～

    pseudo 拟～

    qualitative dependent variables 定性因变量

    specification 设定

    time series 时间序列

    uncentered 非中性化

    zero intercept 零截距

rain dance theory 祈雨舞理论

rainbow test 彩虹检验

random coefficients 随机系数

random effects estimator 随机效应估计量

random effects model 随机效应模型

random error 随机误差

random parameters logit model 随机参数 logit 模型

random utility model 随机效用模型

random walks 随机游走

randomization tests 随机化检验

rank condition 秩条件

rational forecast bias 理性预测偏误

rational lag 理性滞后

RATS RATS 软件

recursive residuals 递归残差

recursive system 递归系统

SHAZAM 软件

Shiller's distributed lag 希勒分布滞后

shocks 冲击

significance tests 显著性检验

simulated annealing 模拟退火

simulation 模拟

simultaneity 联立性

simultaneous equation estimation 联立方程估计

 applied econometrics 应用计量经济学

 autocorrelated errors 自相关误差

 exercises 习题

 Hausman test 豪斯曼检验

 hypothesis testing 假设检验

 Monte Carlo studies 蒙特卡洛研究

single-equation methods 单方程法

size of a test 检验的尺度

slope coefficients 斜率系数

Slutsky's theorem 斯拉茨基定理

smooth transition autoregressive (STAR) models 平滑变换自回归（STAR）模型

smooth transition models 平滑变换模型

smoothing parameter 平滑参数

social experiments 社会实验

spatial econometrics 空间计量经济学

spatially-autoregressive regression 空间自回归模型

specification 设定

specification errors 设定误差

 forecasting 预测～

 limited dependent variables 有限因变量

 logit and probit models logit 和 probit 模型

 multicollinearity 多重共线性

 nonspherical disturbances 非球面干扰项

 tests for ～检验

spectral analysis 光谱分析

spectral window 光谱窗口

speed-of-adjustment parameters 调整速度参数

spline theory 样条理论

split population survival model 分离总体幸存者模型

SPSS SPSS 软件

SSE (error sum of squares) SSE（误差平方和）

SSR (regression sum of squares) SSR（回归平方和）

SST (total sum of squares) SST（总体平方和）

standard error estimate (sterr) 标准误估计

STAR models STAR 模型

Stata Stata 软件

state space model 状态空间模型

stationarity 平稳性

 ARIMA models ARIMA 模型

 unit root tests 单位根检验

steepest ascent 最速上升

Stein estimator Stein 估计量

stem-and-leaf diagrams 茎叶图

stepwise regression 分步回归

stochastic frontier analysis 随机前沿分析

stochastic relationship 随机关系

stochastic restrictions 随机约束

stochastic trend 随机趋势

stock-adjustment model 存量调整模型

structural change tests 结构变化检验

 changing parameter values 变换参数值

 nonlinearity 非线性

 specification 设定

structural econometric time series approach (SEMTSA) 结构计量经济学时间序列方法（SEMTSA）

structural vector autoregressions 结构向量自回归

studentized residual 学生化残差

sufficient statistic 充分统计量

superconsistency 超一致性

SURE *see* seemingly unrelated regression estimation SURE 参见表面无关回归估计量

survival analysis 生存分析

survivor function 残存函数

symmetrically trimmed least squares estimator 对称平衡最小二乘估计量

systems methods 系统方法

t test *t* 检验

 asymptotic variance 渐近方差

 hypothesis testing 假设检验

 observation-specific dummies 特定观测值虚拟变量

 omitted variables 忽略变量

 time series 时间序列

Taylor series expansion 泰勒级数展开

tender loving care 温柔的爱护

test, test, test (TTT) 检验、检验再检验

 error correction models 误差修正模型

 independent variables 自变量

 specification 设定

testing down 向下检验

testing up 向上检验

Theil's compatibility statistic 泰尔相容性统计量

Theil's inequality statistic 泰尔不等式统计量

theory-consistency 理论一致性

theta model theta 模型

three-group method 三分组方法

three-stage least squares 三阶段最小二乘

threshold autoregressive (TAR) models 临界自回归模型

threshold loss function 临界损失函数

threshold models 临界模型

Time《时代》

time series 时间序列

applied econometrics 应用计量经济学

ARCH 自回归条件异方差

ARIMA models ARIMA 模型

autocorrelated disturbances 自相关干扰项

Bayesian estimation ～贝叶斯估计

changing parameter values 变换参数值的～

cointegration 协整

cross-sectional studies 横截面研究

error-correction models 误差修正模型

forecasting ～预测

maximum likelihood 最大似然

panel data 面板数据

period-specific dummies 特定时期虚拟变量

R^2

random shocks 随机冲击

unit root tests 单位根检验

VARs 向量自回归

time-varying explanatory variables 时变解释变量

Tobit model Tobit 模型

top-down modeling 自上而下建模

transcendental functional form 超越函数形式

transfer model 转移模型

transformation 变换

exercises 习题

logarithmic 对数～

simultaneous equations 联立方程

translog 超越对数

treatment on the treated (TT) 对被处理对象的处理

trend stationarity 趋势平稳

trimean 三分位数

trimmed least squares 平衡最小二乘

troublesome variable 有问题变量

truncated samples 截断样本

truncated squared error loss 截断平方误差损失

TSP TSP 软件

TTT see test，test，test TTT 参见检验、检验再检验

turning points forecast 转折点预测

two-group method 两分组方法

two-stage least squares 两阶段最小二乘

nonlinear 非线性～

type I error rate 第一类错误比率

average economic regression 平均经济回归

Bayesian analysis 贝叶斯分析

extraneous information 外部信息

hypothesis testing 假设检验

J test J 检验

time series analysis 时间序列分析

type I extreme-value distribution see Weibull distribution I 型极值分布 参见 Weibull 分布

type II error rate 第二类错误比率

type III error rate 第三类错误比率

UMP test UMP 检验

umbiasedness see also best unbiased estimator 无偏性 同时参见最优无偏估计量

uniformly most powerful (UMP) test 一致最有力检验

unit root tests 单位根检验

unobserved heterogeneity 未观测的异质性

VARs see vector autoregressions VARs 参见向量自回归

variable addition tests 变量增加检验

variables 变量

applied econometrics 应用计量经济学

dichotomous dependent 二分因变量

dominant 支配～

incorrect set of independent 自变量设定错误

polychotomous dependent 多分因变量

predetermined 前定～

quantitative 定量～

transformation ～变换

see also dummy variables；instrumental variables；limited dependent variables；measurement errors in CLR models；qualitative dependent variables 同时参见虚拟变量；工具变量；有限因变量；CLR 模型中的测量误差；定性因变量

variance 方差

exercises 习题

minimum 最小～

variance components estimator see random effects estimator 方差组成估计量 参见随机效应估计量

variance-covariance matrix 方差-协方差矩阵

autocorrelation-consistent estimator of ～自相关一致估计量

biased estimation of ～有偏估计

contemporaneous 同期的

heteroskedasticity-consistent estimator of ～异方差一致估计量

nonspherical disturbances 非球面干扰项

OLS estimator OLS 估计量

panel data 面板数据

simultaneous equations 联立方程

three-stage least squares 三阶段最小二乘

time series analysis 时间序列分析

two-stage least squares 两阶段最小二乘

variance inflation factors 方差膨胀因子

vector autoregressions (VARs) 向量自回归 (VARs)

applied econometrics 应用计量经济学

cointegration 协整

specification 设定

structural 结构～

time series analysis 时间序列分析

vector moving average representation 向量移动平均表示法

Venn diagrams *see* Ballentine 维恩图 参见 Ballentine

Wald (W) test 瓦尔德（W）检验

applied econometrics 应用计量经济学

changing parameter values 变换参数值的～

error-correction models 误差修正模型

extraneous information 外部信息

panel data 面板数据

sampling distributions 抽样分布

specification 设定

"wanting to work" index 就业意愿指数

Wavelet analysis 小波分析

Weibull distribution Weibull 分布

Weibull duration densities Weibull 久期密度

weighted regression 加权回归

weighted squared error criterion 加权平方误差准则

white noise 白噪声

White test 怀特检验

window width 窗口宽度

within estimator *see* fixed effects estimator 内估计量 参见固定效应估计量

Wold representation Wold 表达

zero-inflated Poisson (ZIP) model 零通胀泊松（ZIP）模型

zero intercept 零截距

zero restrictions 零约束

ZIP model ZIP 模型

经济科学译丛

序号	书名	作者	Author	单价	出版年份	ISBN
1	计量经济学原理(第六版)	彼得·肯尼迪	Peter Kennedy	69.80	2014	978 - 7 - 300 - 19342 - 7
2	统计学:在经济中的应用	玛格丽特·刘易斯	Margaret Lewis	45.00	2014	978 - 7 - 300 - 19082 - 2
3	产业组织:现代理论与实践(第四版)	林恩·佩波尔等	Lynne Pepall	88.00	2014	978 - 7 - 300 - 19166 - 9
4	计量经济学导论(第三版)	詹姆斯·H·斯托克等	James H. Stock	69.00	2014	978 - 7 - 300 - 18467 - 8
5	发展经济学导论(第四版)	秋山裕	秋山裕	39.80	2014	978 - 7 - 300 - 19127 - 0
6	中级微观经济学(第六版)	杰弗里·M·佩罗夫	Jeffrey M. Perloff	89.00	2014	978 - 7 - 300 - 18441 - 8
7	平狄克《微观经济学》(第八版)学习指导	乔纳森·汉密尔顿等	Jonathan Hamilton	32.00	2014	978 - 7 - 300 - 18970 - 3
8	微观银行经济学(第二版)	哈维尔·弗雷克斯等	Xavier Freixas	48.00	2014	978 - 7 - 300 - 18940 - 6
9	施米托夫论出口贸易——国际贸易法律与实务(第11版)	克利夫·M·施米托夫等	Clive M. Schmitthoff	168.00	2014	978 - 7 - 300 - 18425 - 8
10	曼昆版《宏观经济学》习题集	南希·A·加纳科波罗斯等	Nancy A. Jianakoplos	32.00	2013	978 - 7 - 300 - 18245 - 2
11	微观经济学思维	玛莎·L·奥尔尼	Martha L. Olney	29.80	2013	978 - 7 - 300 - 17280 - 4
12	宏观经济学思维	玛莎·L·奥尔尼	Martha L. Olney	39.80	2013	978 - 7 - 300 - 17279 - 8
13	计量经济学原理与实践	达摩达尔·N·古扎拉蒂	Damodar N. Gujarati	49.80	2013	978 - 7 - 300 - 18169 - 1
14	现代战略分析案例集	罗伯特·M·格兰特	Robert M. Grant	48.00	2013	978 - 7 - 300 - 16038 - 2
15	高级国际贸易:理论与实证	罗伯特·C·芬斯特拉	Robert C. Feenstra	59.00	2013	978 - 7 - 300 - 17157 - 9
16	经济学简史——处理沉闷科学的巧妙方法(第二版)	E·雷·坎特伯里	E. Ray Canterbery	58.00	2013	978 - 7 - 300 - 17571 - 3
17	微观经济学(第八版)	罗伯特·S·平狄克等	Robert S. Pindyck	79.00	2013	978 - 7 - 300 - 17133 - 3
18	克鲁格曼《微观经济学(第二版)》学习手册	伊丽莎白·索耶·凯利	Elizabeth Sawyer Kelly	58.00	2013	978 - 7 - 300 - 17002 - 2
19	克鲁格曼《宏观经济学(第二版)》学习手册	伊丽莎白·索耶·凯利	Elizabeth Sawyer Kelly	36.00	2013	978 - 7 - 300 - 17024 - 4
20	管理经济学(第四版)	方博亮等	Ivan Png	80.00	2013	978 - 7 - 300 - 17000 - 8
21	微观经济学原理(第五版)	巴德,帕金	Bade,Parkin	65.00	2013	978 - 7 - 300 - 16930 - 9
22	宏观经济学原理(第五版)	巴德,帕金	Bade,Parkin	63.00	2013	978 - 7 - 300 - 16929 - 3
23	环境经济学	彼得·伯克等	Peter Berck	55.00	2013	978 - 7 - 300 - 16538 - 7
24	高级微观经济理论	杰弗里·杰里	Geoffrey A. Jehle	69.00	2012	978 - 7 - 300 - 16613 - 1
25	多恩布什《宏观经济学(第十版)》学习指导	鲁迪格·多恩布什等	Rudiger Dornbusch	29.00	2012	978 - 7 - 300 - 16030 - 6
26	高级宏观经济学导论:增长与经济周期(第二版)	彼得·伯奇·索伦森等	Peter Birch Sørensen	95.00	2012	978 - 7 - 300 - 15871 - 6
27	宏观经济学:政策与实践	弗雷德里克·S·米什金	Frederic S. Mishkin	69.00	2012	978 - 7 - 300 - 16443 - 4
28	宏观经济学(第二版)	保罗·克鲁格曼	Paul Krugman	45.00	2012	978 - 7 - 300 - 15029 - 1
29	微观经济学(第二版)	保罗·克鲁格曼	Paul Krugman	69.80	2012	978 - 7 - 300 - 14835 - 9
30	微观经济学(第十一版)	埃德温·曼斯费尔德	Edwin Mansfield	88.00	2012	978 - 7 - 300 - 15050 - 5
31	《计量经济学基础》(第五版)学生习题解答手册	达摩达尔·N·古扎拉蒂等	Damodar N. Gujarati	23.00	2012	978 - 7 - 300 - 15091 - 8
32	国际宏观经济学	罗伯特·C·芬斯特拉等	Feenstra,Taylor	64.00	2011	978 - 7 - 300 - 14795 - 6
33	卫生经济学(第六版)	舍曼·富兰德等	Sherman Folland	79.00	2011	978 - 7 - 300 - 14645 - 4
34	宏观经济学(第七版)	安德鲁·B·亚伯等	Andrew B. Abel	78.00	2011	978 - 7 - 300 - 14223 - 4
35	现代劳动经济学:理论与公共政策(第十版)	罗纳德·G·伊兰伯格等	Ronald G. Ehrenberg	69.00	2011	978 - 7 - 300 - 14482 - 5
36	宏观经济学(第七版)	N·格里高利·曼昆	N. Gregory Mankiw	65.00	2011	978 - 7 - 300 - 14018 - 6
37	环境与自然资源经济学(第八版)	汤姆·蒂坦伯格等	Tom Tietenberg	69.00	2011	978 - 7 - 300 - 14810 - 0
38	宏观经济学:理论与政策(第九版)	理查德·T·弗罗恩	Richard T. Froyen	55.00	2011	978 - 7 - 300 - 14108 - 4
39	经济学原理(第四版)	威廉·博伊斯等	William Boyes	59.00	2011	978 - 7 - 300 - 13518 - 2
40	计量经济学基础(第五版)(上下册)	达摩达尔·N·古扎拉蒂	Damodar N. Gujarati	99.00	2011	978 - 7 - 300 - 13693 - 6
41	计量经济分析(第六版)(上下册)	威廉·H·格林	William H. Greene	128.00	2011	978 - 7 - 300 - 12779 - 8
42	国际经济学:理论与政策(第八版)(上册国际贸易部分)	保罗·R·克鲁格曼等	Paul R. Krugman	36.00	2011	978 - 7 - 300 - 13102 - 3

经济科学译库

序号	书名	作者	Author	单价	出版年份	ISBN
25	国际贸易理论:对偶和一般均衡方法	阿维纳什·迪克西特等	Avinash Dixit	45.00	2011	978 - 7 - 300 - 13098 - 9
26	契约经济学:理论和应用	埃里克·布鲁索等	Eric Brousseau	68.00	2011	978 - 7 - 300 - 13223 - 5
27	反垄断与管制经济学(第四版)	W·基普·维斯库斯等	W. Kip Viscusi	89.00	2010	978 - 7 - 300 - 12615 - 9
28	拍卖理论	维佳·克里斯纳等	Vijay Krishna	42.00	2010	978 - 7 - 300 - 12664 - 7
29	计量经济学指南(第五版)	皮特·肯尼迪	Peter Kennedy	65.00	2010	978 - 7 - 300 - 12333 - 2
30	管理者宏观经济学	迈克尔·K·伊万斯等	Michael K. Evans	68.00	2010	978 - 7 - 300 - 12262 - 5
31	利息与价格——货币政策理论基础	迈克尔·伍德福德	Michael Woodford	68.00	2010	978 - 7 - 300 - 11661 - 7
32	理解资本主义:竞争、统制与变革(第三版)	塞缪尔·鲍尔斯等	Samuel Bowles	66.00	2010	978 - 7 - 300 - 11596 - 2
33	递归宏观经济理论(第二版)	萨金特等	Thomas J. Sargent	79.00	2010	978 - 7 - 300 - 11595 - 5
34	剑桥美国经济史(第一卷):殖民地时期	斯坦利·L·恩格尔曼等	Stanley L. Engerman	48.00	2008	978 - 7 - 300 - 08254 - 7
35	剑桥美国经济史(第二卷):漫长的19世纪	斯坦利·L·恩格尔曼等	Stanley L. Engerman	88.00	2008	978 - 7 - 300 - 09394 - 9
36	剑桥美国经济史(第三卷):20世纪	斯坦利·L·恩格尔曼等	Stanley L. Engerman	98.00	2008	978 - 7 - 300 - 09395 - 6
37	横截面与面板数据的经济计量分析	J. M. 伍德里奇	Jeffrey M. Wooldridge	68.00	2007	978 - 7 - 300 - 08090 - 1

金融学译丛

序号	书名	作者	Author	单价	出版年份	ISBN
1	国际金融市场导论(第六版)	斯蒂芬·瓦尔德斯等	Stephen Valdez		2014	978 - 7 - 300 - 18896 - 6
2	金融数学:金融工程引论(第二版)	马雷克·凯宾斯基等	Marek Capinski	42.00	2014	978 - 7 - 300 - 17650 - 5
3	财务管理(第二版)	雷蒙德·布鲁克斯	Raymond Brooks	69.00	2014	978 - 7 - 300 - 19085 - 3
4	期货与期权市场导论(第七版)	约翰·C·赫尔	John C. Hull	69.00	2014	978 - 7 - 300 - 18994 - 2
5	固定收益证券手册(第七版)	弗兰克·J·法博齐	Frank J. Fabozzi	188.00	2014	978 - 7 - 300 - 17001 - 5
6	国际金融:理论与实务	皮特·塞尔居	Piet Sercu	88.00	2014	978 - 7 - 300 - 18413 - 5
7	金融市场与金融机构(第7版)	弗雷德里克·S·米什金 斯坦利·G·埃金斯	Frederic S. Mishkin Stanley G. Eakins	79.00	2013	978 - 7 - 300 - 18129 - 5
8	货币、银行和金融体系	R·格伦·哈伯德等	R. Glenn Hubbard	75.00	2013	978 - 7 - 300 - 17856 - 1
9	并购创造价值(第二版)	萨德·苏达斯纳	Sudi Sudarsanam	89.00	2013	978 - 7 - 300 - 17473 - 0
10	个人理财——理财技能培养方法(第三版)	杰克·R·卡普尔等	Jack R. Kapoor	66.00	2013	978 - 7 - 300 - 16687 - 2
11	国际财务管理	吉尔特·贝克特	Geert Bekaert	95.00	2012	978 - 7 - 300 - 16031 - 3
12	金融理论与公司政策(第四版)	托马斯·科普兰等	Thomas Copeland	69.00	2012	978 - 7 - 300 - 15822 - 8
13	应用公司财务(第三版)	阿斯沃思·达摩达兰	Aswath Damodaran	88.00	2012	978 - 7 - 300 - 16034 - 4
14	资本市场:机构与工具(第四版)	弗兰克·J·法博齐	Frank J. Fabozzi	85.00	2011	978 - 7 - 300 - 13828 - 2
15	衍生品市场(第二版)	罗伯特·L·麦克唐纳	Robert L. McDonald	98.00	2011	978 - 7 - 300 - 13130 - 6
16	债券市场:分析与策略(第七版)	弗兰克·J·法博齐	Frank J. Fabozzi	89.00	2011	978 - 7 - 300 - 13081 - 1
17	跨国金融原理(第三版)	迈克尔·H·莫菲特等	Michael H. Moffett	78.00	2011	978 - 7 - 300 - 12781 - 1
18	风险管理与保险原理(第十版)	乔治·E·瑞达	George E. Rejda	95.00	2011	978 - 7 - 300 - 12739 - 2
19	兼并、收购和公司重组(第四版)	帕特里克·A·高根	Patrick A. Gaughan	69.00	2011	978 - 7 - 300 - 12465 - 0
20	个人理财(第四版)	阿瑟·J·基翁	Athur J. Keown	79.00	2010	978 - 7 - 300 - 11787 - 4
21	统计与金融	戴维·鲁珀特	David Ruppert	48.00	2010	978 - 7 - 300 - 11547 - 4
22	国际投资(第六版)	布鲁诺·索尔尼克等	Bruno Solnik	62.00	2010	978 - 7 - 300 - 11289 - 3
23	财务报表分析(第三版)	马丁·弗里德森	Martin Fridson	35.00	2010	978 - 7 - 300 - 11290 - 9

Guide to Econometrics, 6e
by Peter Kennedy

Copyright © 2008 by Peter Kennedy

All Rights Reserved. Authorised translation from the English language edition published by Blackwell Publishing Limited. Responsibility for the accuracy of the translation rests solely with China Renmin University Press and is not the responsibility of Blackwell Publishing Limited. No part of this book may be reproduced in any form without the written permission of the original copyright holder, Blackwell Publishing Limited.

Simplified Chinese version © 2014 by China Renmin University Press.

图书在版编目（CIP）数据

计量经济学原理：第 6 版/（美）肯尼迪著；周尧等译 . —北京：中国人民大学出版社，2014.6
（经济科学译丛）
ISBN 978-7-300-19342-7

Ⅰ.①计⋯　Ⅱ.①肯⋯ ②周⋯　Ⅲ.①计量经济学-高等学校-教材　Ⅳ.①F224.0

中国版本图书馆 CIP 数据核字（2014）第 110047 号

经济科学译丛
计量经济学原理（第六版）
［美］彼得·肯尼迪 著
周 尧 张 伟 等译
Jiliang Jingjixue YuanLi

出版发行　中国人民大学出版社

社　　址	北京中关村大街 31 号	邮政编码	100080
电　　话	010 - 62511242（总编室）	010 - 62511770（质管部）	
	010 - 82501766（邮购部）	010 - 62514148（门市部）	
	010 - 62515195（发行公司）	010 - 62515275（盗版举报）	
网　　址	http://www.crup.com.cn		
	http://www.ttrnet.com（人大教研网）		
经　　销	新华书店		
印　　刷	涿州市星河印刷有限公司		
规　　格	185 mm×260 mm　16 开本	版　　次	2014 年 6 月第 1 版
印　　张	35.75　插页 2	印　　次	2014 年 6 月第 1 次印刷
字　　数	790 000	定　　价	69.80 元

版权所有　侵权必究　印装差错　负责调换

教学支持说明

中国人民大学出版社经济分社与人大经济论坛（www. pinggu. org）于 2007 年结成战略合作伙伴后，一直以来都以种种方式服务、回馈广大读者。

为了更好地服务于教学一线的任课教师与广大学子，现中国人民大学出版社经济分社与人大经济论坛做出决定，凡使用中国人民大学出版社经济分社教材的读者，填写以下信息调查表后，发送电子邮件、邮寄或者传真给我们，经过认证后，我们将会向教师读者赠送人大经济论坛论坛币 200 个，向学生读者赠送人大经济论坛论坛币 50 个。

教师信息表	学生信息表
姓名：	姓名：
大学：	所读大学：
院系：	所读院系：
教授课程：	所读专业：
联系电话：	入学年份：
E-mail：	QQ 等联系方式：
论坛 id：	E-mail：
使用教材：	论坛 id：
论坛识别码（请抄下面的识别码）：	使用教材：
	论坛识别码（请抄下面的识别码）：

我们的联系方式：

　　E-mail：gaoxiaofei11111@sina. com　hanzd@crup. com. cn

　　邮寄地址：北京市中关村大街甲 59 号文化大厦 1506 室中国人民大学出版社经济分社，100872

　　传真号：010 - 62514775

附：人大经济论坛（www. pinggu. org）简介

　　人大经济论坛依托中国人民大学经济学院，于 2003 年成立，致力于推动经济学科的进步，传播优秀教育资源。目前已经发展成为国内最大的经济、管理、金融、统计类在线教育和咨询网站，也是国内最活跃和最具影响力的经济类网站：

　　● 拥有国内经济类教育网站最多的关注人数，注册用户以百万计，日均数十万经济相关人士访问本站。

　　● 是国内最丰富的经管类教育资源共享数据库和发布平台。

　　● 提供学术交流与讨论的平台、经管类在线辞典、数据定制和数据处理分析服务、免费的经济金融数据库、完善的经管统计类培训和教学相关软件。

　　论坛识别码：pinggu _ com _ 1545967 _ 4210768